2nd Edition 산업조직론

— 사례를 중심으로

Industrial
Organization

2nd
Edition

산업조직론

―사례를 중심으로

김광두 · 공명재 지음

율곡출판사

2nd Edition

들어가는 글

Second Edition
Industrial Organization
Preface

2009년 8월 『산업조직론』을 출간한 지 만 12년이 흘렀다. 10년이면 강산도 변한다고 했는데, 그 10년에 2년을 더하니 세상이 아날로그 경제에서 네트워크 경제, 디지털 경제로 바뀌는 패러다임 쉬프트(paradigm shift)가 일어나고 있다. 산업생태계도 변화하고 있다. 이러한 변화를 가능한 한 담기 위해 이번 개정판을 준비하였다.

코로나19로 인해 패러다임 전환은 더욱더 빠르게 일어나고 있다. 코로나19가 끝난다고 하더라도 비대면거래와 대면거래가 공존하겠지만, 비대면거래가 보다 큰 비중을 차지할 것으로 예상된다. 예를 들어 메타버스(Metaverse)는 가상세계와 현실이 뒤섞여 시공간의 제약이 사라진 세상을 뜻하는데, 관련 기업들이 빠르게 성장하고 있다. AI, 메타버스, 블록체인, 클라우드 컴퓨팅 등 기술 발전은 산업생태계를 완전히 바꿀 가능성이 크다.

세상이 바뀌고 있다.

Tesla의 Elon Musk는 SpaceX를 설립하여 인류의 화성 이주 꿈을 실현해 나가고 있고, Amazon 창업자 Jeff Bezos의 Blue Origin은 2021년 7월 Bezos 본인을 포함하여 우주여행 티켓을 구입한 최초의 민간 우주관광객을 태우고 인류 역사상 첫 민간 상업우주여행을 실현하였다. Bezos에 앞서 Virgin Group의 Richard Branson 회장은 자신의 기업 Virgin Galactic에서 제작한 유인 우주선 'VSS Unity'를 타고 지구 고도 88.5km까지 올라가 미세중력을 체험하고 귀환하는 데 성공한 바 있다. 한편, 지구 전역에 초고속 우주인터넷 서비스를 판매하려는 Elon Musk의 목표는 SpaceX를 통해 실현되고 있다. 2021년 3월 스타링크 위성 60개를 한꺼번에 지구 저궤도에 쏘아 올리고 1단 로켓을 지구로 재착륙시켜 회수하는 데 성공했다.

Elon Musk나 Jeff Bezos 등은 돈이 아니라 꿈을 이루기 위해 일하고 있다. 다행히 우리나라의 경우에도 카카오의 김범수, 배민의 김봉진 등과 같이 전혀 새로운 유형의 자본가들이 출현하고 있다. 더 나은 세상을 만드는 것이 꿈이라는 이들은 교육 불평등 같은 사회문제 등을 해결하기 위해 돈을 쓰겠다고 했다. 우리나라 기업가와 기업구조가 바뀌고 있는 것이다.

시장경제의 핵심은 기업이다. 기업은 경쟁을 통하여 소비자에게 끊임없이 좋은 재화와 서비스를 공급하기 위해 노력하고, 근로자를 고용하여 일자리를 만들며, 소득을 제공하여 국민경제를 성장시킨다. 불필요한 규제를 만들고 강화하여 이러한 기업 경영을 더욱 제약하는 것은 경제회복을 더디게 하고 우리나라의 국가경쟁력을 약화시킬 뿐이다. 코로나19로 1년 늦게 개최된 2021년 7월 도쿄 올림픽에서 한국 남녀 모두 혼성 및 단체전 양궁에서 금메달을 땄다. '공정' 과 '기회의 평등' 이 만든 33년 무패는 양궁에게만 적용되는 것이 아니라 세계무대에서 경쟁하고 있는 우리 기업들에 대한 공정거래정책에도 당연히 적용될 것이다. 국내 시장경쟁이 제대로 기능해야 치열한 글로벌 시장에서 우리 기업들이 제대로 된 경쟁력을 갖고 경쟁할 것이다. 때로는 경쟁력이라는 단어를 넘어 혁신을 거듭하는 경우도 있다. Amazon의 Jeff Bezos나 Tesla의 Elon Musk가 바로 그러한 혁신가이다. 정부 규제개혁의 방향은 투명하고 일관된 정책을 통해 시장경쟁을 유도하여 기업경쟁력을 높이고, 기업가들의 혁신을 북돋우는 것이어야 한다.

글로벌 전기차시장을 생각해 보자. 현재는 2003년 창업한 Tesla가 주도하고 있지만 전기차시장에 기존 자동차메이커인 Mercedes-Benz, BMW, Volvo, GM뿐만 아니라 Apple, MS 등 빅테크기업들이 뛰어들고 있다. 현대차 및 기아차는 이러한 기업들과 글로벌 시장에서 경쟁해야 한다. 차세대 전기차 시장을 둘러싼 생존경쟁은 더욱 치열해질 것이다. 이러한 경쟁의 과정에서 기업들은 효율적 · 혁신적이 될 수밖에 없고, 이들의 경쟁 결과 소비자들은 한 번 충전으로 오래 주행할 수 있는 좋은 품질의 전기차를 보다 싸게 이용할 수 있게 될 것이다. 경쟁의 결과 독점이나 과점이 이루어진다 하더라도 독점을 지키기 위해, 과점시장에서 선두기업이 되기 위해 기업들은 사실 부단히 혁신을 이루어야 한다.

최근 이슈가 되고 있는 플랫폼 독점의 경우도 이러한 연장선상에서 생각해야 한다. 이 책은 독점이 무조건 비난받아야 할 것인지 생각해 볼 수 있는 사례를 다루고 있다. 경쟁은 항상 좋고, 독점은 항상 나쁜 것인가? 물론 일반적으로 독점은 사회적 후생을 감소시킨다는 점에서 바람직하지 않다. 하지만 특정 시장의 독점의 경제적 효과가 긍정적이냐 부정적이냐에 대한 판단은 case by case로 하는 것이 바람직하다.

온라인 플랫폼의 경우 '네트워크 효과'가 중요하다. 사용자가 많아질 경우 오히려 소비자후생이 극대화될 수 있다. 온라인 서비스는 다른 플랫폼으로 갈아타는 '전환비용'이 낮아서 그 독점적 지위를 계속 유지하기 쉽지 않다. 독점기업도 혁신하지 않으면 독점이 지속되기 어려운 구조이다. 그러나 플랫폼 독점의 경우에도 혁신이 아니라 불법행위나 불공정행위를 통해 독점적 지위를 유지하고자 하는 것은 안 될 것이다. 미국 법무부는 2020년 10월 Google이 경쟁자의 시장진입을 막고 독점적 위치를 유지하기 위해 불법행위를 하였다고 Google을 상대로 반독점 소송을 제기했다. 미국연방거래위원회(FTC)와 주요 주정부가 2020년 12월 Facebook을 상대로 경쟁을 저해하는 불공정행위를 하였다고 반독점 소송을 제기한 이유도 이 때문이다.

시장의 또 다른 중요한 축인 소비의 경우도 과거와는 다른 모습으로 변화하고 있다. 소비자가 소유를 포기하고 일정 금액을 내고 정기적으로 제품이나 서비스를 받아보는 '구독경제'가 빠르게 증가하고 있다. 가전제품, 생필품 중심에서 자동차, 그림, 가구 등으로 그 영역이 계속 확장하고 있다. MZ세대의 경우 자동차를 소유하는 대신 차량구독 서비스를 많이 활용하고 있다. 구독경제의 경우도 서비스에 가입한 사람들이 많아질수록 네트워크 효과에 의해 서비스 가격은 낮아지고 만족도가 높아지고 있다.

구독경제도 공유경제의 한 모습이다. 이처럼 공유경제가 빠르게 발전하고 있다. 공유경제는 재화나 서비스를 소유하지 않고, 필요에 의해 서로 공유하는 활동이다. 공유경제는 개인이나 공동체가 연결된 네크워크를 통하여 재화나 서비스를 만들거나 소비할 수도 있고, 필요한 곳에 자금을 조달할 수도 있으며, 원하는 것을 학습할 수도 있다. 중고 교환 및 매매도 공유경제에서 활발하게 이루어지고 있다. 때로는 무료로, 때로는 중고교환으로, 때로는 현금결제를 통해 재화와 서비스의 재분배가 이루어진다. 이처럼 소비와 소비자의 행태도 변화하고 있다.

하지만 우리나라 정치인들과 정부는 과거의 아날로그 경제에서 벗어나지 못하고 있는 것 같아 우리 경제가 상당히 우려된다. 1930년대 대공황으로 경제 위기가 닥쳤을 때, 영국의 J. M. Keynes가 정부의 적극적 시장개입을 통해 위기를 극복할 수 있다고 주장하면서, Keynesian Economics가 태동되었다. 그러나 Keynes는 당시 경제가 극히 어려워지면서 급속도로 퍼진 사회주의 이념에 동의하지 않았다. Keynes는 시장경제의 틀 안에서 정부가 시장개입을 할 경우는 예외적 상황일 경우에만 시장개입을 인정하였다. 최근 코로나19 팬데믹 상황으로 미국 등은 경제위기 상황을 벗어나기 위해 정부가 적극적으로 시장에 개입하였지만, 기업 규제 등을 강화하는 것이 아니라 금융정책으로 돈을 풀고 거두어들이는 등 유동성을 조정하여 경제를 활성화시키기 위해 노력하고 있다. 우리나라의 경우 반대방향으로 가고 있다. 각종 규제법안들의 남발로 소비자후생은 감소하고 기업들의 경영은 더욱 어려워지고 있다.

제2판을 준비하면서 지난 12년 동안 일어난 산업생태계의 변화를 가능한 한 담고자 했다. 기존 사례연구를 모두 바꾸었다. 산업조직론의 이론 부분도 관련 장들 및 제14장을 통해 그 변화의 방향을 그려보고 보완하고자 했다. 플랫폼 독점을 다루었고, MZ세대의 구독경제 등 공유경제를 새롭게 포함시켰다. 네트워크 경제 또한 논의를 보충하였다. 제11장 지식재산권의 경우에도 이론 부분뿐만 아니라 BTS, 아이유 저작권 등 최신 사례를 통해 그 중요성을 살펴보았다.

2009년 발간된 이래 많은 사랑을 해주신 교수님들과 학생들께 감사드린다. 사례의 인용을 허락해 주신 조선일보, 동아일보, 중앙일보, 매일경제신문, 한국경제신문의 책임자들께도 감사드린다. 책 개정을 줄곧 기다려주시고, 출판을 맡아 주신 율곡출판사 박기남 사장, 편집과정에서 공을 들여 주신 방조일 선생께 감사드린다.

2021년 8월

지은이 씀

1st Edition

들어가는 글

First Edition
Industrial Organization
Preface

우리는 하루하루 치열한 경쟁을 겪으면서 살고 있다. 유치원 시절부터 대학 입시에 이르기까지 우리 젊은이들이 경험하고 있는 치열한 입시 경쟁부터 삼성전자, 현대자동차 등이 세계시장에서 노키아, 도요타자동차 등과 벌이고 있는 생존 경쟁까지 다양한 형태의 경쟁 속에서 우리는 살고 있는 것이다.

서울 강남지역 집값이 비싼 이유는 무엇일까? 젊은이들의 미래에 중대한 영향을 미치는 입시 경쟁에 유리한 여건을 강남지역이 제공하고 있기 때문이다. 수도권에 기업과 공장들이 몰리는 이유도 비슷하다. 기업과 공장들이 시장 경쟁에서 이길 수 있기 위해서 필요한 여건들이 수도권에 잘 갖추어져 있기 때문인 것이다. 입시 경쟁이든 시장 경쟁이든 경쟁자들을 이겨야만 한다. 그러기 때문에 이기기 위해서 노력하고, 이기기 위해서 유리한 입지를 선택하려 한다.

그런데 각 경쟁자들이 처해 있는 경쟁 조건들이 각각 다르다면 어떻게 될까? 어떤 젊은이는 건강하고 머리가 좋은데, 다른 젊은이는 병약하고 바보스럽다면 이들 간의 경쟁은 어떻게 될까? "토끼와 거북이"의 우화가 그대로 적용될 수 있을까? 어느 기업은 역사가 길고 대규모 생산시설을 갖고 있는데, 다른 기업은 새로 설립되었고 생산시설도 영세하다면 이들 간의 경쟁 결과는 어떻게 될까? "다윗과 골리앗"이라는 성경 이야기가 통할까?

산업조직론은 경쟁생태계의 움직임을 관찰하여 생태계의 특성에 따라 경쟁자들이 어떤 행태를 보여주고, 그 결과 생태계가 어떻게 변화되는지를 체계적으로 고찰하는 연구분야이다.

경쟁시장, 독점시장, 독점적 경쟁시장, 과점시장 등은 경쟁생태계의 각각 다른 모습으로 각각의 독특한 특성들을 지니고 있다. 야구장과 축구장이 다르듯이 각 시장들은 서로 차별화된 생존 조건들을 갖고 있다. 때문에 각 시장에서 경쟁에 참여하는 경쟁자들은 차별화된 조건들에 맞추어 경쟁전략을 준비하게 된다.

이러한 경쟁전략들은 매우 특수한 내용을 가진 것들이 있고 어느 정도 보편성을 띤 것들도 있다. 그러나 어떤 경우든 경쟁상대의 대응전략에 따라 유동적으로 변화할 수밖에 없는데 이것이 매우 고민스러운 현상이다. "유동적 변화"가 내포하는 수없이 다양한 전략의 가변성 때문에, 경쟁자들의 전략적 행태를 일반화된 모형으로 압축 표현하기 어렵게 되는 문제가 발생하게 되는 것이다.

이 문제로 인하여 시장경쟁의 행태를 이론화하는 데 한계가 있으며, 이 한계는 국제무역이론의 현실 설명력 한계로도 연장된다. 국내시장에서의 재벌계열 대기업, 세계시장에서의 거대 다국적기업들의 전략적 행태는 일반화된 경쟁모형으로 적절히 설명하기 어려운 것이 현실인 것이다.

더 나아가 지식재산권제도, 행정규제, 공정거래정책 등이 내포하고 있는 내용들은 경쟁형태에 다면적 영향을 주게 되고, 그 결과 경쟁전략의 가변성 폭을 더 넓게 해주기 때문에 일반화된 이론의 범위 내에서 경쟁전략을 설명하려는 노력을 더욱 어렵게 한다.

이러한 제도와 정책은 경기규칙을 명시하고 심판의 자격도 규정하고 있기는 하다. 그러나 그 해석과 운용에는 애매모호한 측면이 있을 수밖에 없다. 이 숨어있는 여백에 경쟁참여자들의 전략이 스며들 수 있다. 수많은 컨설팅펌이나 로펌들이 이 여백 활용의 기법을 개발하는 역할을 하기도 한다. 이러한 현실적 상황은 일반화된 모형의 한계를 더욱 실감나게 한다.

정부의 정책은 국민후생 극대화의 차원에서 이 경쟁자들의 경쟁전략을 관찰하고 개입한다. 그러나 능력의 한계와 부조리의 유혹으로 개입의 결과가 그 의도와 다르게 나타날 수도 있다.

필자들은 위에서 서술한 문제의식을 가지고 시장경쟁과 정부개입의 행태, 이에 관한 일반화된 이론과 그 한계를 제시하되, 그것이 보다 더 독자들의 피부에 와닿게 하려는 시도로써 다양한 사례들을 인용했다. 경쟁현상에 대한 이해는 사례연구를 통해 큰 도움을 받을 수 있다고 판단했기 때문이다.

사례의 인용을 허락해 주신 조선일보사, 한국경제신문사의 책임자들께 감사드린다. 또한 홈페이지에 그동안의 의결 사항들을 사건번호 순으로 올려 놓아 연구자들에게 접근할 수 있게 해주신 공정거래위원회 당국자께도 감사드린다. 출판을 맡아 주신 율곡출판사 박기남 사장, 편집과정에서 세심하게 공을 들여 주신 방조일 선생께도 감사드린다. 그래프를 그려준 김윤섭 군에게도 감사드린다.

아쉬운 것은 세계화, 정보화라는 새로운 시장여건의 변화를 충분히 소화해서 소개하지 못한 점과 강의자들을 위한 PPT를 준비하지 못했다는 점이다.

이번 가을에 이 아쉬움을 메꾸어 보려는 노력을 하려고 다짐하고 있다.

2009년 8월

지은이 씀

2nd Edition

차 례

Second Edition
Industrial Organization
Contents

제2장 시장구조와 시장성과

2부 Industrial Organization Part Two 경쟁시장

제3장 완전경쟁시장의 경제적 의미

3부

Industrial Organization Part Three

독점시장

제4장 독점시장의 경제적 의미

제5장 독점기업의 여러 가지 전략적 행태

4부 Industrial Organization Part Four 독점적 경쟁시장

제6장 독점적 경쟁시장의 경제적 의미

5부 과점시장

Industrial Organization Part five

제7장 과점시장의 경제적 의미

제8장 과점시장의 기업행태

제10장 광고

제11장 지식재산권

제12장 규제

7부 Industrial Organization Part Seven 산업조직론의 새로운 전개

제14장 네트워크 경제, 공유경제 및 경매

Chapter

01 산업조직론이란?

02 시장구조와 시장성과

산업조직론 개관

Industrial Organization
Part One

1

01 산업조직론이란?

Chapter One

1. 산업조직론의 개념, 방법론, 구성 / 2. 산업조직론의 기초 개념 및 도구 / 3. 기업이란?

1. 산업조직론의 개념, 방법론, 구성

1.1 산업조직론이란?

산업조직론은 기본적으로 시장의 경쟁과 독점에 관한 학문이다.

산업조직론이란 기본적으로 시장의 경쟁과 독점에 관한 학문이다. 산업조직론에서는 시장의 경쟁상황이 무엇에 의해 결정되고 경쟁상황에 따라 기업의 행위와 성과, 그리고 국가경제의 효율성이 어떻게 달라질 수 있는지를 연구한다. 동시에 국가경제의 효율성과 기업의 성과 간의 잠재적 갈등관계와 이에 대응하는 정부의 정책도 연구한다.

시장이 경쟁적일 때 시장참여자들은 충분한 기회를 갖게 되면서 그들의 활동이 효율적 · 혁신적으로 되어 가고 있는 것을 종종 발견하게 된다. 반면에 독점은 보통 효율성을 훼손하며, 혁신을 늦추고, 선택의 기회를 줄인다고 평가된다. 부의 이전 문제에서도 독점은 일반 국민들로부터 부유한 계층의 국민들에게 부가 이전되도록 하는 역할을 할 수도 있다.

예를 들어 글로벌 자동차산업의 경우를 보자. 차세대 자동차산업은 전기차로 가는 추세이다. 2003년 창업한 신생기업 테슬라(Tesla)는 전기차의 최초 설계부터 부품까지 모두 전기차 전용으로 개발하고 생산하고 있다. 2017년 하반기 '모델 3'를 판매하면서 계속 글로벌 전기차 시장 점유율 1위를 차지하고 있다. 지금까지 테슬라가 주도하고 있는 이 전기차 시장에 기존 자동차 메이커인

Mercedes-Benz, BMW, Volvo, GM, 현대차 및 기아차뿐만 아니라 애플, MS 등 많은 Tech 기업들이 뛰어들고 있다.[1]

차세대 전기차 시장을 둘러싼 생존경쟁은 더욱 치열할 것으로 예상된다. 이러한 경쟁의 과정에서 기업들은 효율적 · 혁신적이 될 수밖에 없고, 이들의 경쟁 결과 소비자들은 한 번 충전해 오래 주행할 수 있는 좋은 품질의 전기차를 보다 싸게 이용할 수 있게 될 것이다. 경쟁의 결과 독점이나 과점이 이루어진다 하더라도 독점을 지키기 위해서나 과점시장에서 선두기업이 되기 위해 기업들은 사실 부단히 혁신을 이루어야 한다.

경쟁과 독점은 스펙트럼의 양 끝에 존재하기는 하지만 단순히 정반대의 개념이라 하는 데에는 견해차이가 있다. 시장은 다양한 경쟁의 정도에 따라 구분될 수 있고, 어떤 한 시장이 효율적이냐 하는 것도 가치판단에 따라 달라질 수 있기 때문이다.[2] 따라서 특정 시장이 공정한 시장이냐 아니냐 하는 것도 단순한 문제가 아니다. 이 책은 독자들이 이러한 판단을 할 때 지침서 역할을 하게 될 것이다.

효율적 경쟁시장은 산업조직의 핵심적 개념이다. 전통적인 산업조직론은 효율적 경쟁시장을 정의하고, 측정하고, 그 효과를 평가하는 분야이다. 1970년대 이후 산업조직의 새로운 접근방법은 산업조직의 외연을 넓히면서 복점이나 시장진입의 문제들도 다루게 되었다.[3]

산업조직론은 기본적으로 미시경제학의 한 분야로서 공급 측면의 응용미시경제학이라 할 수 있다. 산업조직론은 현대자본주의가 발전하면서 동시에 꽃을 피우고 있는 분야이다. 자본주의의 핵심은 기업이기 때문이고, 기업은 시장에서 소비자와 만나고 다른 기업들과 때로는 협조적 관계에서 때로는 치열한 경

산업조직론은 기본적으로 미시경제학의 한 분야로서 공급 측면의 응용미시경제학이다.

1. 2021년 볼보자동차 및 Mercedes-Benz는 2030년까지 생산하는 모든 차종을 전기차로 100% 전환한다고 선언한 바 있다. GM은 2035년까지 내연기관차의 생산과 판매를 중단하겠다고 했다. 다른 기존 자동차회사들도 비슷한 구상을 하고 있다. 내연기관을 장착한 자동차의 미래는 없어 보인다.
2. 산업조직론의 주류학자들은 경쟁시장을 효율적으로 보지만, 다른 학자들은 독점이 보다 효율적인 시장이라고 설명한다. 이에 관해서는 Shepherd & Shepherd(2004)를 참조 바람.
3. 산업조직론의 발달을 역사적으로 살펴보고자 하는 독자들은 Shepherd & Shepherd(2004), p.18～26을 참조 바람. 이들은 B.C. 2100 함무라비법전의 독점적 관행에 대한 언급에서부터 1880년대 시작된 산업조직론의 근대적 연구, 그리고 1930년대 이후부터 1970년대 및 2000년대의 연구동향까지 자세하게 언급하고 있다.

쟁적 관계에서 경쟁하고 있기 때문이다.

1.2 산업조직 연구를 위한 방법론

산업조직 연구는 경제학의 모든 분야가 그렇듯이 논리(logic)를 필요로 한다. 시장에 대한 명확한 개념과 분석적 방법이 요구된다. 다음으로, 산업조직론은 사실(facts)에 입각한 학문이어야 한다. 산업조직론은 실제 시장자료들을 통해 실증분석의 방법으로 연구되어야 할 뿐만 아니라 이론적 모형도 현실을 설명하는 데 도움이 되어야 한다.

일찍이 아리스토텔레스는 B.C. 347년에 "상당한 돈을 갖고 있는 시실리(Sicily) 사람이 있었는데 철광산에서 생산되는 모든 철들을 매집했다. 결국 상인들이 철을 사고자 했을 때 이 사람이 유일한 판매자였고, 별로 가격을 올리지 않고도 2배의 이득을 취하게 되었다" 고 기술한 바 있다.[4]

박지원의 허생전에도 그와 비슷한 사례가 있다. "허생이 10년 계획으로 남산골에서 공부를 하고 있었는데, 가난을 못 이긴 아내의 성화에 따라 어느 날 공부를 중단하고 장안의 갑부인 변씨를 찾아가 10만 금을 빌려 제사물품을 매집해 큰 돈을 벌어 20만금을 갚는다" 는 이야기가 나온다.[5]

이러한 사례들은 산업조직 연구의 필요성이 오늘날에만 국한된 것이 아니라는 것을 시사한다. 앞의 사례들은 단순하지만, 오늘날 시장은 훨씬 더 복잡하고 다양하다. 우리나라 재벌기업들의 경우에도 그 성장과 발전배경에 많은 설명들이 가능하지만, 관련 시장의 독점적 성격에서 부의 형성이 이루어진 것도 하나의 설명이 될 수 있을 것이다.

산업조직의 연구는 크게 두 가지 방법에 의해 이루어진다. 하나는 이론적 모형, 다른 하나는 실증적 분석을 통한 연구이다.

산업조직의 연구는 크게 두 가지 방법으로 구분될 수 있다. 하나는 이론적 모형을 통해 분석하는 것이고, 다른 하나는 실증적 분석을 통해 연구하는 것이다.

실증적 분석의 경우에는 시장 및 기업 관련 자료들의 계량경제학적 분석을 통해 대부분 이루어진다. 이러한 자료들에 기초해 산업조직의 여러 가지 문제들을 분석하고, 설명하고, 예측하는 일련의 과정이 이루어진다.

---

4. Aristotle, *Politics*, Book 1, Ch.12.
5. 박지원, 『열하일기』, 권10 〈옥갑야화〉.

이론적 분석의 경우에는 경제학의 기본적 이론 틀 안에서 이루어진다.

경제모형은 지도와 같다는 말이 있다. 즉, 복잡한 지형들을 지도 안에 모두 그려넣을 수 없기 때문에 여러 가지 약속을 통해 단순화한다. 산업조직론의 이론모형도 마찬가지이다. 복잡한 시장상황을 모두 분석할 수 없고, 사실 그럴 필요도 없기 때문에 현실을 단순화해 표현한다. 분석하고자 하는 대상이나 변수에 여러 가지 요인들이 영향을 미칠 수 있지만, 특히 관심 있는 요인들에 초점을 맞춘다. 이러한 요인들이나 변수들을 토대로 하여 모형이나 이론을 수립한다. 이를 통해 경제현실을 설명하고 예측한다. 변수는 독립적으로 변하는 독립변수와 이의 영향을 받는 종속변수로 구분된다. 이론모형에서 가정(assumption)은 복잡한 경제현실을 단순화하는 방법이고, 변수(variable)는 그것을 관찰하고 측정함으로써 경제현실을 설명하고 예측하는 것이다. 모형을 수립하는 것은 때로 가설(hypothesis)을 세운다는 것과 같은 말로 쓰인다. 이는 최종적으로 모형을 확정하는 것이라 할 수 있다. 가설의 실증적 검증이 뒷받침될 때 우리는 이론을 받아들일 수 있게 된다.

경제학의 가정 가운데 가장 대표적인 것은 '다른 모든 것들이 변하지 않는다(라틴어로는 *ceteris paribus*, 영어로는 other things being equal)'라는 가정이다. 이는 분석대상인 독립변수가 변할 때 다른 독립변수들은 변하지 않는다는 것을 의미한다. 이러한 가정에 따라 독립변수가 종속변수에 미치는 영향을 명확하게 분석할 수 있다. 가정은 이론적 모형이 기초하고 있는 토대라 할 수 있다.

경제학의 가정 가운데 가장 대표적인 것은 '다른 모든 것들이 변하지 않는다(라틴어: *ceteris paribus*, 영어 : other things being equal)'라는 가정이다.

2. 산업조직론의 기초 개념 및 도구

Industrial Organization, Ch. One

2.1 시장과 가격

산업조직론은 경제학을 크게 미시경제학과 거시경제학으로 구분할 때 미시경제학의 한 분야이다. 거시경제학은 소위 헬리콥터 경제학으로 멀리서 전체적으로 국가경제를 조망하면서 인플레이션, 국민소득, 경제성장, 경기변동, 실업 등의 문제를 분석한다. 반면에 미시경제학은 현미경 경제학이라고 할 수 있다. 소비자, 기업, 정부 등 개별 경제주체 및 그들이 만나는 시장을 주된 연구대상으로 하여 상세하게 분석하고 있다. 산업조직론은 미시경제학 가운데 생산자인 기업에 초점을 맞추어 분석하고 있기 때문에 기업이 활동하는 시장이 당연히 분석대상에 포함된다. 이하에서 시장, 그리고 시장에서 자원을 효율적으로 배분하는 기능을 하는 가격을 좀더 살펴보자.

시장은 기본적으로 수요자와 공급자가 재화와 서비스를 교환하는 기구라고 정의할 수 있다. 이러한 기구는 구체적인 장소일 수도 있고 'Amazon' 과 같은 인터넷 웹사이트일 수도 있다. 컴퓨터 및 정보통신기술의 발달은 시장의 범위를 넓은 의미로 해석하도록 하고 있다. 시장에서 기본적으로 거래가 일어나기 때문에 시장의 발달은 이러한 거래에서 발생하는 비용, 즉 거래비용을 줄이는 방향으로 이루어져 왔다.

시장에서 수요자와 공급자는 가격에 기초해 재화와 서비스를 교환한다. Adam Smith는 1776년에 발간한 『국부론』에서 교환은 인간의 본성이고, 그 본성을 충족시켜주는 곳이 시장이라고 하였다. '보이지 않는 손(invisible hand)' 인 가격이 제대로 작동할 때 시장에서 재화와 서비스가 효율적으로 배분된다. 예를 들어 동일한 품질의 가죽으로 벨트를 만들 경우 5만원을 받을 수 있고, 구두를 만들 경우 10만원을 받을 수 있다면 생산자는 구두 만드는 데 가죽을 사용하게 된다. 수요자인 소비자의 경우도 가격이 좋은 신호 역할을 해주고 있다. 동일한 질, 동일한 브랜드의 가방을 한 곳에서는 10만원에 판매하고 다른 곳에서는 12만원에 판매한다면, 그 소비자는 10만원에 파는 곳에서 구매할 것이다. 가격은 이렇게 수요자와 공급자 모두에게 효율적인 의사결정을 하도록 한다.

만약 재화와 서비스를 시장에서 거래를 자유롭게 할 수 없도록 규제하면 시장에서 정책의도와는 다른 결과를 가져올 수도 있고, 암시장에서 그 거래가 이루어질 수도 있다. 2020년 2월 23일 시행한 독일 베를린시의 월세상한제는 세입자를 돕자는 정책의도는 괜찮았지만, 결국 월셋집 공급을 크게 줄이면서 세입자들이 베를린에서 살지 못하고 교외로 나가는 결과를 가져와 임대인도, 임차인도 모두 손해를 보는 결과를 낳았다.[6] 더욱이 〈사례연구 1-1〉은 북한과 같이 시장이 제대로 없거나 작동하지 않을 경우 때로는 상상도 못하는 일들이 벌어진다는 것을 보여준다. 2021년 3월 평양에 7만 세대를 건설한다는 것이 어떠한 결과로 나타날지 사례를 통하여 생각해 보자.

사례연구 1-1 "7만 세대 건설, 우린 죽었습니다" 평양에서 온 편지

요즘 김정은이 주택 건설에 정신이 완전히 꽂혔습니다. 2021년 3월 25일 고위 간부들을 우르르 데리고 평양 보통문 주변 강안지구 주택단지 부지를 시찰했습니다. 이곳에 호안다락식주택구를 건설한다고 합니다.

김정은은 3월 23일에도 사동구역의 송신지구와 송화지구 착공식에 참석했습니다. 강안지구와는 별개로 올해 1만 세대를 짓고 앞으로 5년 동안 매년 1만 세대씩 모두 5만 세대를 짓겠다고 합니다. 김정은은 착공식에서 한 연설에서 "이미 건설 중에 있는 1만 6,000여 세대의 살림집까지 포함하여 거의 7만 세대의 살림집이 생겨난다"고 밝혔습니다.

평양에 앞으로 5년 안에 7만 세대가 건설되면 세대당 식구를 4명으로 계산해도 28만 명이 살 수 있는 아파트가 새로 건설됩니다. 평양시 인구가 250만 명 정도로 추산되는데 28만 명이면 10% 이상이 살 수 있는 규모로 매우 방대하다고 볼 수 있습니다. 알기 쉽게 서울과 비교해 보면 서울 전체 주택 수가 350만 채인데, 10% 이상이면 대략 40만 세대가 신규 건설되는 셈입니다. 2021년 '2 · 4 부동산대책'에서 서울에 32만 세대를 공급하겠다고 하는데, 그것보다 더 큰 대책인 것이죠.

이렇게 김정은은 평양시 주택난을 완전히 풀겠다고 호언장담하고 나섰습니다. 사실 매년 1만 세대 건설은 엄청난 숫자입니다.

김정은 시대 들어 평양에 건설된 가장 대표적 거리가 미래과학자거리와 여명거리입니다. 그런데 미래과학자거리는 2,500세대, 여명거리는 4,800세대 규모입니다. 즉, 김정은은 매년 미래과학자거리와 같은 규모의 거리를 4개씩, 여명거리와 같은 규모의 거리를 2개씩 건설하겠다고 밝힌 것입니다. 이렇게 방대한 건설을 5년 내내 일관성 있게 밀고 나가는 것이 가능할지 모르겠습니다.

이렇게 대규모 주택단지들이 건설되면 평양시민들은 환영할까요? 전혀 그렇지 않습니다. 김정은이 1만 세대 건설을 선포한 다음날 평양시민인 한 간부가 저에게 연락을 해왔습니다. 눈앞이 새까맣다는 겁니다. 그가 저에게 한 이야기를 그대로 한번 옮겨보겠습니다.

"저 건설에 이제부터 백성들의 등껍질이 또 벗겨지게 생겼습니다. 지금까지 미래과학자거리, 창전거리, 여명거리 건설 방식을 보면 한결같이 똑같았습니다. 기본 골조공사까지만 전문 건설부대가 동원되고 마감 미장부터 마무리까지는 또 성 · 중앙기관들에 나눠줄 것입니다. 이 나누기가 그대로 주민들의 동원과 세금으로 연결됩니다. 아주 전통적인 건설 모델인 것입니다. 이번에도 예외는 아닐 겁니다.

주택뿐만 아니라 발전소 건설, 공장 건설 등 북에서 뭘 하는 것을 보면 다 기업소별로 나누기입니다. 그리고 그 참가 정형을 통해 충성심을 평가한다면서 수탈을 시작합니다. 그러다 여론이 나빠지면 누가 세(금)외 부담을 시키라고 했냐며 누굴 또 처형시키겠죠.

이번에 건설하는 규모면 성 단위로 건설상무 기구를

6. 베를린의 월세상한제는 2014년 이전에 지어진 집의 월세는 5년간 동결하고, 지방정부가 제시한 표준임대료 보나 20% 이상 비싼 월세는 강제로 낮추도록 하고 있다.

조직하고 교대제로 돌격대 동원과 지원이 진행돼야 합니다. 이렇게 5년 동안 진행하면 백성들에게 뭐가 남아날지 걱정입니다. 가뜩이나 재앙들이 겹쳐 국고도 텅 비었는데, 이 건설 때문에 백성들에게 가해지는 부담만 엄청나게 커지게 될 겁니다. 빨치산의 후손들이라 시원시원한 정규전은 못하고 유격전에만 재미들였는지, 국가 시스템은 안 바꾸고 편법으로 다 해결하려 하네요. 정말 나라에서 하는 꼴이 눈이 감기고, 앞으로 나와 가족들이 고생할 것을 생각하면 한숨만 나와 이렇게 하소연해봅니다."

저는 이 간부의 이야기가 100% 이해됩니다. 그런데 한국 사람들은 잘 이해하기 어려울 것 같아 평양에서 거리를 어떻게 만드는지 설명해 보겠습니다.

우선 김정은이 특정 지역을 지정하며 여기에 거리를 조성하라고 말합니다. 그리고 군부대 등을 투입하라고 지시합니다. 그런데 군인들은 지방에서 올라와 평양에 천막 등을 치고 임시로 거주하는 인력들입니다. 이들은 늘 허기에 시달립니다. 밥을 충분히 주지 않기 때문이죠. 북에선 군인을 '허가받은 강도', '허가받은 도둑'이라고 합니다. 떼를 지어 가정집을 습격해 훔쳐가는데, 워낙 무리로 움직이다 보니 잡기도 어렵고, 또 겨우 잡아도 처벌도 잘 되지 않습니다.

이런 실정이니 평양에 너무 많은 군인들을 투입하면 치안이 마비됩니다. 그래서 적당한 인원만 동원하고, 나머지는 평양시민들을 노력 동원시켜 인력문제를 해결합니다.

김정은이 엄청난 규모의 주택단지를 짓는다고 호언장담한 것이 이번이 처음이 아닙니다. 2011년 5월에도 '수도 10만 주택 건설'을 내걸고 시민 총동원령'이 떨어졌습니다.

이때는 특히 대학생들이 고생을 했습니다. 당시 평양엔 22개 대학이 있었는데, 대학들이 모두 문을 닫았습니다. 교원과 학생들은 능라도유원지, 창전거리, 력포구역의 10만 주택 건설장에 동원됐습니다. 당초 1년 예정이었지만 동원령은 2013년 2월까지 지속됐고, 대학생들은 무려 1년 9개월을 건설노동자로 일한 셈입니다. 이 때문에 4년 만에 마쳐야 할 대학과정을 6년 만에 마쳤습니다.

이때도 살림집 건설에 국가 지원은 일절 없었습니다. 한 개 학부에 대략 10층짜리 아파트 한 동을 짓도록 과제를 주고 알아서 완공하라는 식이었습니다. 인력은 대학생들로 충원됐지만 자재를 살 돈이 없었죠. 그렇다고 학생들에게 돈을 걷는 일은 '세(금)외 부담'이라며 금지했기 때문에 대학들은 꼼수를 썼습니다. 100달러를 내면 열흘 휴식을 줬습니다. 지친 학생들이 앞다퉈 돈을 냈습니다. 심지어 10만 달러를 내면 노동당에 입당까지 시켜주었습니다. 북한에서 대학생의 노동당 입당은 상상하기 어려운 일이지만, 자재 확보를 위해 당원증을 판 것입니다. 권력과 돈을 가진 집의 자제들은 노동당원이 됐고, 졸업할 땐 당원이란 명목으로 군에도 안 가고 제일 좋은 부서에 배치됐습니다. 대학생들이 많이 쉬어 인력이 부족하게 되면, 쉬는 학생들이 낸 돈으로 군인을 수십 명씩 고용하기도 했습니다.

대학생들만 설명했지만 다른 평양시민들도 똑같습니다. 소속 직장에서 인력을 절반으로 나누어 몇 달씩 교대로 건설장에 투입됐습니다. 그렇다고 보상은 없습니다.

그렇게 고생하고도 지금까지 평양시 10만 세대 건설 완공 소식은 없습니다. 아마 1만 세대나 건설했으면 잘했을 겁니다. 그런데 지금 2011년에 벌어졌던 일이 그대로 반복돼 또 벌어질 겁니다. 인력을 충당하려면 어쩔 수 없죠. 이렇게 평양의 거리가 백성들의 고혈을 짜내 건설됩니다.

그런데 여기에 또 숨은 비밀이 하나 더 있습니다.

아파트는 그럭저럭 건설될 수 있는데, 내부 인테리어를 하고 가구 등을 기본적으로 갖춰 넣으려면 또 엄청난 돈이 듭니다. 이건 북에서 자체로 해결하기도 어려워 중국에서 사와야 합니다. 사실 건설은 기초를 팔 때부터 다 돈입니다. 시멘트, 철강재도 다 돈으로 사야 하는 것이거든요. 하지만 수탈로 해결하는 데 한계가 있습니다.

그러면 특정 아파트 건설을 맞은 기관은 부자인 '돈주'들에게 조건을 제시합니다. 10만 달러를 내면 아파트 2채를 주겠다는 식으로 말입니다. 그런데 북에서 돈주는 중앙당 고위 간부일 가능성이 매우 높습니다. 사업을 하는 사람들이 돈을 많이 벌 것 같지만, 그들의 뒤를 봐주는 간부가 뇌물로 훨씬 더 많이 받습니다. 이렇게 받은 뇌물은 은행에 저축할 수도 없고, 또 눈을 피해 굴리기도 쉽지 않습니다. 바로 이럴 때 평양에 대규모 아파트가 건설되면 돈다발을 숨겨두었던 고위 간부들은 만세를 부릅니다. 이들이 숨겨두었던 돈들이 명의자를 바꾸어 돈주의 돈처럼 투입되죠. 그리고 아파트 건설이 완공되면 이들은 약속받은 아파트를 받고 다시 팝니다. 최소 2배 이상 이윤이 나옵니다.

그런데 또 반전이 있습니다.

특정 거리가 건설되면 이 거리 건설에 가장 큰 기여를 한 사람은 김정은이 됩니다. 왜냐면 그는 땅을 제공했고, 인력을 조달했기 때문입니다. 김정은이 챙겨가는 몫이 50% 이상입니다. 그는 완공된 거리에 나와 특정 아파트 단지를 가리키며 "저 아파트는 과학자들을 주고, 저 아파트는 예술인에게 주고 …" 하는 식으로 배정합니다. 자기가 정책적으로 지원해 사기를 고양시켜야 할 대상들에게 선물하는 것입니다.

이렇게 김정은이 50% 이상 챙겨 가면 두 번째로 거액의 돈을 투자한 돈주들이 또 약속받은 아파트를 받습니다. 그리고 나머지가 일반 주민에게 갑니다. 미래과학자거리 때에는 돈주들이 투자금의 2배는 벌었다고 합니다. 하지만 여명거리 때는 본전을 겨우 건졌다고 합니다. 왜냐하면 김정은이 여명거리에 와서 제일 큰 82층 고층아파트를 김일성대 교원들에게 통째로 하사하는 등 자기 몫을 너무 많이 챙겼기 때문입니다.

아파트 단지가 건설되면 간부들에게 호재가 또 있습니다. 새 아파트로 이주해 가는 사람들이 원래 살던 집이 남습니다. 이를 '뒷그루'라고 합니다. 여명거리 때 보면 김일성대 교원들을 82층 아파트에 살라고 했기 때문에 평양시 중심구역에서 더 비싼 아파트를 갖고 있던 교원들도 어쩔 수 없이 이사를 가야 했습니다. 김정은의 지시였기 때문입니다.

그런데 자기가 살던 집을 팔 수가 없었습니다. "장군님이 좋은 집을 공짜로 하사했는데, 기존 주택을 팔아먹는 나쁜 짓은 용서할 수 없다"는 논리 때문입니다. 당시 몰래 기존 주택을 팔려고 하던 교원들, 아들에게 몰래 기존에 살던 집을 넘겨주려던 교원들 수십 명이 체포돼 지방으로 추방당했습니다. 1만 세대의 거리가 건설되면 '뒷그루'도 거의 1만 채가 생깁니다. 좋은 '뒷그루'를 뇌물을 받고 배정하는 것이 바로 간부들 몫입니다.

평양시 부동산이 어떻게 굴러가는지를 여기서 다 설명하긴 어렵습니다. 결론을 말하면 평양에 대규모 주택단지들을 건설하면 김정은과 뇌물을 숨겨두었던 고위 간부들만 신이 납니다. 일반 시민들은 공사비를 뜯기고, 노력 동원을 다녀야 하는 등 고생문이 열립니다. 그걸 1년도 아니고 5년이나 한다고 하니 얼마나 눈앞이 캄캄하겠습니까. 그렇게 생고생은 생고생대로 하고도 김정은의 계획대로 5년 내로 7만 세대가 과연 건설될 수 있을지 의문입니다.

출처 : 동아일보(2021. 3. 28) ⓒ 동아일보 & donga.com

2.2 경쟁

Shepherd and Shepherd(2004)는 경쟁의 사전적 의미를 "1. 경쟁이란 통상 공정하거나 공평한 규정과 환경 하에서 다른 이가 얻고자 하는 것을 동시에 얻고자 추구하는 행위나 행동이며, 특히 상대적으로 동등한 위치에 있는 개인들 간 동일한 목적물을 얻고자 하는 공통된 투쟁이다"라고 하고 있다. 다른 한편으로는 "4b. 경쟁이란 수많은 독립된 구매자들과 판매자들이 동일한 상품들에 대해 경쟁하면서 서로 자유롭게 거래하고, 시장에서 진입하고 퇴출할 수 있는 권리를 보유하고 있는 시장상황이다"라고 언급하고 있다.[7]

어떤 정의를 채택하든지 간에 기본적으로 기업들 간의 경쟁은 소비자들의 선택폭을 넓히고 후생이나 복지를 개선시킨다. 왜냐하면 기업들 간의 경쟁은 제품의 질을 향상시키고, 다른 기업들보다 나은 가격을 소비자들에게 제시하고자 하며, 제품의 특성들을 소비자에게 알리는 기능을 한다. 경쟁이 없는 사회는 열심히 노력해야 할 동기를 부여해 주지 않는다. 예를 들어 산업조직론을 수강하고 있는 학생 모두에게 A학점이나 C학점을 일률적으로 준다면 대부분 공부를 전혀 하지 않을 것이다. 이는 학생들이 누릴 수 있는 강의의 질을 떨어뜨리고, 이 과목을 통해 향상시킬 수 있는 자기계발의 기회를 빼앗는 것이 된다. 학생들의 치열한 학점 경쟁은 분위기를 경직시킬 수도 있지만, 학생들은 이를 통해 자신의 잠재능력을 확대하고 개발할 수 있다. 경쟁이 최선의 방책일 수 있는 것이다.

삼성전자를 비롯해 동네 상점들에 이르기까지 이윤이나 경제적 지배력(economic power)를 갖기 위한 경쟁은 매일 매 순간, 지금 이 순간에도 우리나라의 수많은 시장에서뿐만 아니라 미국 등 모든 글로벌 시장에서 발생하고 있다. 기업들은 자기가 속한 시장에서 수익을 추구하고 시장을 통제해 경쟁력에서 우위를 확보하고자 경쟁하고 있다. 시장에서 우위를 확보한다는 것은 시장에서 승자가 될 가능성이 높다는 것이고, 이에 따라 결국 시장에서 경쟁력을 갖게 되는 것이다. 동물의 세계를 약육강식의 세계라고 하는데, 기업들 세계도 마찬가지라 할 수 있다. 승자가 된 기업들과 그에 맞설 수 있는 기업들만이 시장에서 그 지배력과 수익을 향유할 수 있는 것이다.

---

7. Shepherd & Shepherd(2004), p.3의 *Merriam-Webster Dictionary of the English language* 정의를 사용한 영문 표현은 다음과 같다. "… 1: the act or action of seeking to gain what another is seeking to gain at the same time and usually under or as if under fair or equitable rules and circumstances: a common struggle for the same object especially among individuals of relatively equal standing. … 4b: a market condition in which a large number of independent buyers and sellers compete for identical commodities, deal freely with each other, and retain the right of entry and exit from the market. …"

다음의 〈사례연구 1-2〉는 삼성전자와 LG전자라는 라이벌이 존재할 때 라이벌과의 경쟁을 통해 기업들이 어느 정도 발전할 수 있는가를 시사한다. 선의의 경쟁은 서로 발전하는 상승작용을 일으킬 수 있다. 경쟁이 치열해지면 어떻게든 살아남기 위해 혁신할 수밖에 없기 때문이다. 삼성전자와 LG전자 사이가 대표적이다. 라이벌 관계는 기업뿐만 아니라 스포츠 등에서도 많이 볼 수 있다. 스포츠의 경우 라이벌이 있어야 보다 더 재미있어진다. 미국 프로야구의 경우 뉴욕 양키즈와 보스턴 레드삭스의 라이벌전은 1910년대부터 시작됐다. 영국 프로축구 리그 EPL의 맨체스터 유나이티드와 리버풀의 경기가 벌어지면 관중들이 만원사례를 보인다.

사례연구 1-2 삼성전자, TV · 생활가전에서 4년 만에 LG전자보다 더 벌었다

2016년 이후 처음으로 소비자 가전 통합 영업이익 많아

코로나19 덕에 생활가전 양사 모두 호실적, TV에서 갈린 듯

국내 전자업계의 라이벌 삼성전자와 LG전자가 2020년 경영실적을 공개한 가운데 TV와 생활가전을 합한 통합 소비자 가전 부문에서 삼성전자가 LG전자의 영업이익을 2016년 이후 4년 만에 처음 근소한 차이로 앞질렀다.

두 회사 모두 신종 코로나바이러스 감염증(코로나19) 집콕 및 펜트업(억눌린) 수요 덕에 생활가전 실적이 성장세를 보인 가운데 TV 실적에서 영업이익이 갈린 것으로 보인다.

삼성전자는 2020년 TV와 생활가전을 합한 소비자 가전(CE) 부문에서 총 48조 1,700억원의 매출과 3조 5,600억원의 영업이익을 거둔 것으로 나타났다. 코로나19 펜트업 · 집콕 수요 덕에 매출 비중이 큰 TV 부문에서 꾸준한 실적을 냈고, 생활가전도 '비스포크' 시리즈의 인기를 앞세워 선전한 결과다.

LG전자 역시 2020년 생활가전에서만 매출 22조 2,691억원, 영업이익 2조 3,528억원을 기록하며 역대 최대 실적을 올렸다. LG전자의 생활가전 영업이익은 삼성은 물론 미국의 월풀보다 높은 글로벌 1위 실적이다.

그러나 LG전자의 생활가전과 TV부문을 합한 가전 전체 통합 영업이익은 3조 3,200억원으로 삼성전자에 2천억원가량 뒤졌다.

삼성전자는 그간 매출 면에서는 LG전자와 비교해 큰 격차로 1위 자리를 지켰지만 영업이익은 2017년부터 3년 연속 LG전자에 1위를 내줬다. 중국의 거센 공격 속에서도 QLED를 앞세운 TV는 15년 연속 글로벌 1위 판매 실적을 거두며 선전했으나, 생활가전의 부진이 컸다.

반면 LG전자는 2017년부터 생활가전이 급성장했다. 의류관리기 · 드럼세탁기 · 건조기 등 소비자의 호응을 높인 신가전 제품 출시로 삼성전자에 우위를 점하며 '가전은 LG'라는 공식을 만들어낸 것이다.

그러나 삼성전자가 2020년 LG전자의 영업이익을 넘어선 것은 TV 시장에서의 우위와 신혼부부 등 젊은층에 호응을 얻은 비스포크 시리즈를 바탕으로 생활가전 부문에서도 눈에 띄는 성장세를 보인 영향이 크다.

올해 양 사는 TV 시장에서는 기존 QLED와 OLED TV 외에 미니 LED TV에서 격돌하고, 스팀가전(LG)과 맞춤형 취향가전 비스포크(삼성)를 앞세운 생활가전 시장에서도 경쟁 관계를 이어갈 것으로 보인다.

전자업계의 한 관계자는 "삼성전자와 LG전자가 TV와 생활가전 부문에서 서로 오랜 기간 선의의 경쟁을 벌인 덕분에 글로벌 시장에서 기술력과 시장 점유율을 뽐낼 수 있었다"며 "양 사의 올해 실적 경쟁도 지켜볼 만하다"고 말했다.

출처 : 한국경제신문(2021. 2. 1) ⓒ 한경닷컴

2.3 소비자

산업조직론에서 소비자는 재화와 서비스를 수요하는 경제주체이다. 소비자가 소득을 어떻게 사용하느냐에 따라 기업이 생산에 대한 의사결정을 조정하는 경우를 '**소비자주권**(consumer sovereignty)'이라 부른다. 소비자주권이 존중될 때 시장이 활성화되고 소비자는 자신이 필요한 것을 구입할 수 있게 된다.

'소비자주권'이란 소비자가 소득을 어떻게 사용하느냐에 따라 기업이 생산에 대한 의사결정을 조정하는 것을 의미한다.

미시경제학에서 소비자는 보통 자신의 소득, 즉 예산제약 하에서 효용 또는 자기만족을 극대화한다고 가정하고 있다. 사실 소비는 욕망을 충족시키기 위해서 이루어진다는 점에서 현실적인 가정이라고 할 수 있다.

2.4 생산자

생산자는 소비자들에게 재화와 서비스를 생산해 판매하는 경제주체이다. 산업조직론은 이러한 생산자인 기업에 초점을 맞추어 기업이 활동하는 시장구조, 시장성과, 다양한 경쟁 및 불완전경쟁의 세계를 분석한다.

시장에서 생산자인 기업들은 서로 간에 치열한 경쟁을 하게 되고, 끊임없이 경쟁력을 갖고자 노력한다. 때로는 경쟁력이라는 단어를 넘어 혁신을 거듭하는 경우도 있다. Amazon의 제프 베조스(Jeffrey Bezos)나 Tesla의 일론 머스크(Elon Musk)가 바로 그러한 혁신가이다. 〈사례연구 1-3〉은 머스크의 혁신적 삶을 보여준다. 한 사업에서 돈을 벌면 다른 사람들이나 기업들이 볼 때 성공가능성도 별로 없는 새로운 사업에 위험을 무릅쓰고 벌어들인 모든 돈을 재투자해 온 것이 그의 삶이다.

사례연구 1-3 머스크는 창업중독 … 한 사업서 돈 벌면 신사업에 전액 재투자

글로벌 혁신기업 테슬라 대해부
일론 머스크, 그는 누구인가?

23세에 지역 정보사 창업
31세에 1,000억대 부자로

현실에 만족하지 않고
테슬라 등에 2억弗 쏟아

일론 머스크가 이끌고 있는 기업

테슬라	전기차기업
	CEO 겸 초기 투자자
스페이스X	우주탐사기업
	창업자, CEO 겸 최고기술책임자
솔라시티	태양에너지기업
	회장
오픈AI	비영리 인공지능 연구기관
	공동창업자
보링컴퍼니	터널굴착기업
	창업자, CEO
뉴럴링크	생명공학기업
	창업자, CEO

일론 머스크(Elon Musk)는 '연쇄창업가'로 이름났다. 20대 초반부터 지금까지 창업했거나 초기 투자를 통해 사업을 주도한 기업·기관이 10곳 이상이다. 전기자동차, 인공지능(AI), 에너지, 우주, 인터넷 등 분야도 가리지 않는다. 한 분야에서 돈을 벌면 이를 새 사업에 대거 투입하는 식으로 포트폴리오를 늘려왔다. 언뜻 일관성이 없어 보이는 사업 목록이지만 공통점이 있다. 기존 시장에서 틈새를 엿보는 게 아니라 완전히 새로운 기회를 만들어 세상을 바꾸고 있다는 점이다.

31세에 1,000억원대 부자 … 전부 신사업에 투입
한 사업서 돈 벌면 신사업에 전액 재투자 … 머스크는 창업중독

머스크는 1995년 23세에 첫 회사를 차렸다. 언론에 온라인으로 지역 정보를 제공하는 스타트업 'Zip2'였다. 창업 3년 만에 160개 신문과 파트너 계약을 맺은 Zip2는 다음 해인 1999년 컴퓨터 기업 컴팩에 팔렸다. 인수 가격은 3억 700만 달러(약 3,500억원). 이 중 머스크의 지분 약 7% 가치는 2,200만 달러(약 247억원)였다.

27세에 백억원대 부자가 된 머스크는 또 다른 인터넷 기업 X닷컴을 창업했다. Zip2 지분을 넘긴 지 약 한 달 만이었다. 아직 시장이 제대로 형성되지 않아 무주공산 격이었던 온라인 결제시장을 노렸다. 당시엔 "어떤 멍청이가 인터넷상에서 돈거래를 하겠느냐"는 반응이 주를 이뤘다. 온라인 결제는 신뢰성이 떨어지기 때문에 실현하기 어렵다는 게 당시 통념이었다.

하지만 머스크는 이런 걱정을 신경 쓰지 않았다. 보안·결제 기술에 대거 투자해 창업 1년 만에 사용자를 매달 수천 명씩 늘렸다. 2000년 비슷한 서비스를 개발하던 컨피니티와 합병한 뒤 임원들과 불화가 심해져 최고경영자(CEO) 자리에서 해임됐지만 여전히 최대주주로 권한을 행사했다. 다음 해 X닷컴은 사명을 페이팔로 바꿨고, 2002년엔 이베이에 15억 달러(약 1조 6,850억원)에 팔렸다. 이 거래로 머스크는 31세에 약 1억 6,500만 달러(약 1,850억원)를 손에 쥐었다. 페이팔은 현재 온라인결제 시장의 60% 이상을 차지한다.

보통 사람이라면 이쯤 은퇴해 부유한 삶을 즐겼을지 모른다. 그러나 머스크는 번 돈을 고스란히 새 기업에 투자했다. 우주기업 스페이스X, 전기차 기업 테슬라, 태양발전기업 솔라시티 세 곳에 총 1억 9,000만 달러가량을 쏟아부었다. 세 기업 모두 초반엔 분야 자체의 미래가 불확실하다는 평이 중론이었지만, 이젠 세계적인 차세대 유망 기업으로 자리 잡았다.

"혁신 도전이 쉬운 이유? 과학과 논리"

머스크는 끊임없는 창업 동력이 과학과 논리라고 설명한다. "상식은 제쳐둬라. 그저 과학적으로 세상을 보면 훨씬 나은 길이 보인다"는 게 그의 주장이다. 이 같은 생각이 그를 자신의 기존 전문인 정보기술(IT) 분야가 아닌 곳에서도 주춤하지 않고 과감히 뛰어들 수 있게 했다.

테슬라가 전기차 1위 기업으로 떠오른 것도 그런 이유에서다. 머스크는 애초 전기차를 복잡한 차량부품 집합체로 보지 않았다. 바퀴를 붙인 소프트웨어라고 봤다. 이 때문에 초반부터 자동차 부품을 움직이는 모든 소프트웨어를 단일 시스템으로 디자인했다. 기존 완성차 업체가 각기 다른 공급업체로부터 소프트웨어와 부품을 공급받아 서로 연결하는 식인 것과는 정반대다. 테슬라의 최고 장점 중 하나로 꼽히는 차량 업데이트도 이 덕분에 가능한 일이다.

머스크의 혁신 방법은 단순하다. 고질적인 문제에 대해 논리가 맞는 답 하나를 찾는다. 이때 현실적인 조건이나 세부사항엔 얽매이지 않는다. 실행 방안은 도전과 실패를 거듭하면서 조율하면 된다고 생각한다.

우주탐사기업 스페이스X도 그렇다. 그간 이렇다 할 민간 우주사업자가 나오지 않은 이유는 결국 하나다. 우주 탐사는 돈이 너무 많이 든다. 로켓 추진체는 일회용이어서 발사할 때마다 천문학적 비용이 들기 때문에 대규모 초기투자도 답이 아니다. 그렇다면? 머스크의 답은 간단했다. 로켓을 재활용하면 된다. 스페이스X는 이 한 문장을 실현하기 위해 수년간 온갖 자원을 집중했다. 수차례의 실패 끝에 2017년 재활용 로켓을 다시 우주로 쏘아 올리는 데 성공했다. 미 항공우주국(NASA)도 못 했던 일이다.

머스크는 이런 방식으로 끊임없이 신사업을 선보이고 있다. 최근엔 '모빌리티 혁신'을 이루겠다며 하이퍼루프 프로젝트를 들고나왔다. 어떤 물체든 이동 시간이 늘어나는 이유는 마찰과 중력, 공기 때문이다. 그렇다면 진공튜브 열차로 이 세 요소를 제거해 속도를 키우면 된다는 게 머스크식 생각이다. 머스크는 이 프로젝트 계획과 기술을 모두 공개한 채 추진하고 있다.

출처 : 한국경제신문(2021. 3. 10) ⓒ 한경닷컴

2.5 정부

시장실패는 시장이 효율적인 자원배분에 실패하는 경우를 의미한다.

시장이 효율적인 자원배분에 실패하는 경우, 즉 '시장실패'가 발생할 때 정부가 개입한다. 공해문제와 같은 외부효과가 존재할 때, 국방의 의무와 같은 공공재의 경우, 시장 자체가 독점이나 과점과 같은 불완전 경쟁시장인 경우, 시장 참여자들 사이에 정보가 비대칭적인 경우 시장이 효율적인 자원배분에 실패하는 '시장실패'가 발생할 수 있다.

정부실패는 정부의 시장 개입이 오히려 자원배분을 개입 전보다 왜곡시키는 경우를 의미한다.

정부의 개입이 때로는 해결책을 제시할 수도 있지만 많은 경우 오히려 그 부작용을 드러내기도 한다. 정부의 시장개입이 오히려 자원배분을 개입 전보다 왜곡시키는 경우 이를 '정부실패'라고 한다. 정부실패는 사실 심각하다. 소비자나 기업과 같은 민간경제주체는 기본적으로 자기 돈을 바탕으로 소비나 생산활동을

하지만 정부의 경우 국민 세금을 그 활동의 기초로 한다는 점에서 국민 세금을 민간처럼 효율적으로 사용할 동기가 부족한 것이 사실이다. 물론 기업의 경우도 '주인-대리인 문제'가 심각할 수 있지만, 정부부문이 훨씬 더 심각한 '주인-대리인 문제'를 야기할 수 있다. 〈사례연구 1-4〉는 이러한 예를 잘 설명해 준다. 2019년 1월 국립공원관리공단이 간판을 '국립공원공단'으로 바꾸면서 간판과 표지석 교체, 업무용 차량 스티커와 안내물 재배치 등에 예산 6억원이 투입됐다. '관리'라는 용어가 소극적 · 관료적 이미지가 있기 때문에 이를 삭제해서 보다 적극적 · 진취적으로 공단 업무를 수행하겠다는 취지였다. 민간기업이라면 상당한 돈이 소요되는 회사 이름 변경을 쉽게 하지 못할 것이다.

사례연구 1-4 국립공원 '관리' 공단 두 글자 빼는 데 혈세 6억 펑펑

10년새 이름 바꾼 기관 71곳
간판 교체 · 안내물 재배치 등
사명변경에 세금 140억 투입

2019년 1월 국립공원관리공단이 간판을 '국립공원공단'으로 바꿔 달았다. '관리'라는 용어에서 풍기는 소극적이고 관료적인 이미지를 삭제하면 보다 적극적이고 진취적으로 공단 업무를 수행할 수 있을 것이라는 게 이유였다. 공원별 공단 사무소 간판과 표지석 교체, 업무용 차량 스티커와 안내물 재배치 등에 예산 6억원이 투입됐다.

최근 10년 사이 무려 70곳 넘는 공공기관이 이처럼 사명을 변경하면서 막대한 예산을 쏟아부은 것으로 나타났다.

실제 업무 효율화와는 동떨어진 '보여주기식' 명칭 변경이 행정 비효율과 예산 낭비를 초래한다는 지적이다. 2019년 11월 5일 국회예산정책처의 '공공기관 명칭 변경에 관련된 예산집행 및 업무내용 변동 조사 · 분석' 결과에 따르면 2009년부터 2019년 6월까지 명칭을 변경한 국내 공공기관은 71곳으로 집계됐다. 이들 기관이 이름을 변경하면서 사용한 예산은 140억원에 달했다.

명칭 변경으로 가장 많은 비용이 들어간 곳은 한국콘텐츠진흥원이다. 2009년 한국문화콘텐츠진흥원, 한국방송영상산업진흥원, 한국게임산업진흥원 등 콘텐츠 관련 기관 5곳이 통합해 출범하는 과정에서 총 23억 7,200만원이 소요됐다.

한국국토정보공사는 2015년 대한지적공사에서 이름을 바꾸면서 약 15억 6,000만원을 썼고, 2012년 한국해양연구원에서 명칭을 변경한 한국해양과학기술원은 6억 7,400만원을 명칭 변경에 따른 제막식 개최 등에 사용했다. 농수산물유통공사는 2012년 명칭을 한국농수산식품유통공사로 변경하면서 간판과 조직 명칭 변경, 명함 교체 등에 10억 9,300만원을 사용했다.

10년 사이 세 번이나 사명을 변경한 곳도 있었다. 한국데이터진흥원은 2018년 말 열린 이사회에서 기관명을 한국데이터산업진흥원으로 변경하기로 의결하고 2019년부터 변경된 기관명을 사용하고 있다. 1993년 한국데이터베이스진흥센터로 출범해 2009년 한국데이터베이스진흥원, 2016년 한국데이터진흥원에 이어 또 다시 명칭 변경에 나선 것이다.

A교수는 "공공기관 이름이 바뀌면 그 간판뿐 아니라 행정 처리에 필요한 모든 서식을 바꿔야 한다"며

"불필요한 명칭 변경은 행정 및 예산 낭비로 이어지며 결국 비용 부담을 떠안는 것은 국민이 될 것"이라고 지적했다.

출처 : 매일경제신문(2019. 11. 7) ⓒ 매일경제 & mk.co.kr

정부의 개입은 때로 '규제(regulation)'라는 모습으로 기업 등에 영향을 미친다. 규제는 반드시 나쁜 것도, 반드시 좋은 것도 아니다. 그러나 시장에 대한 정부정책이나 규제는 그 기본 방향이 명확해야 한다. 시장이라는 경쟁터에서 시장참여자들이 게임의 규칙을 지키게 하고 다른 시장참여자들의 경쟁을 저해하는 각종 장애를 제거해 시장이 제대로 기능하게 하는 것이 정부정책이나 규제의 목적이 되어야 한다.

산업조직분야에서 시장규율을 담당하는 대표적인 정부기관은 '공정거래위원회'이다. 이 책은 각종 관련 법규나 공정거래위원회의 규제 등에 관해 살펴볼 것이다.

〈사례연구 1-5〉에서는 전통주와 맥주 규제를 풀었더니 일자리가 더 늘어나는 바람직한 결과를 초래했다는 것을 보여준다. 한국노동연구원에 따르면

사례연구 1-5 전통주와 맥주 규제 푸니 일자리가 더 늘더라

정부가 2012년부터 주류 산업에 대한 각종 규제를 완화했더니 일자리가 늘었다는 국책연구기관의 분석이 나왔다.

2021년 3월 2일 한국노동연구원의 '소규모 주류 제조업 규제 완화의 고용 효과' 보고서에 따르면 2013년 9,070명이던 주류 제조업의 취업자는 이후 꾸준히 늘어 2018년 10,617명을 기록했다. 5년 만에 17%가 늘어난 것이다. 주류 제조업의 일자리 증가는 이례적이다. 국내산 주류 출고량이 2014년 380만 8,000kL로 정점을 찍은 후 계속 줄고 있기 때문이다. 노동연구원은 "출고량이 줄고는 있지만 정부의 규제 완화에 따라 신규 주류 제조업자의 진입이 늘었다"고 했다.

정부는 2009년 '우리 술 산업 경쟁력 강화 방안' 발표를 시작으로 이후 조금씩 규제를 완화했다. 2013년 주류 제조시설의 기준과 주류 판매업 면허 요건을 완화하고, 2014년 소규모 맥주 제조자가 만든 맥주의 외부 유통을 허용했다. 2017년엔 온라인 쇼핑몰의 전통주 판매를 허용했고, 2018년 소규모 주류를 마트와 편의점 등에서도 팔 수 있도록 허용했다. 노동연구원은 특히 수제 맥주 업체들이 혜택을 봤다고 분석했다. 노동연구원에 따르면 수제 맥주 업체는 현재 150개까지 늘었고, 프랜차이즈 매장도 800곳을 넘어선 것으로 추정된다.

출처 : 조선일보(2021. 3. 3)

2013년부터 주류 제조 및 판매에 대한 규제를 완화하였더니 2013년 9,070명이던 주류 제조업의 취업자가 계속 늘어 2018년 5년 만에 17%가 늘어난 10,617명을 기록했다. 아울러 소규모 수제맥주 업체들이 규제완화의 혜택을 보아 업체 수가 150개까지 늘었고, 프랜차이즈 매장도 800곳을 넘어섰다.

2.6 국제무역

오늘날 세계는 컴퓨터 및 정보통신기술의 발달로 인해 물리적 국경은 있지만 시장의 경계는 사라져 가고 있는 추세이다. 대한민국은 기본적으로 천연자원이 부족하고 인구밀도가 높아 세계의 다른 나라들과 교역, 즉 국제무역을 통하지 않으면 소비자들의 다양한 욕구를 충족시키기가 불가능하다.

WTO와 같은 다자간 협상에 의해 국제무역의 규칙이나 시장이 형성되기도 하고, 2개국 간 자유무역지대(FTA) 협정에 의해 특정 재화나 서비스의 경우 관세가 궁극적으로 철폐되기 때문에 시장이 하나로 통일되기도 한다.

사실 지금도 국내시장에는 국내기업뿐만 아니라 외국기업들의 제품들이 소비자들의 선택을 기다리고 있다. 해외시장의 경우도 마찬가지이다. 다른 나라 시장에서 한국 제품들이 절찬리에 팔리고 있기도 하다.

국제무역을 통해 시장의 외연이 확장되기도 하지만, 중요한 것은 소비자들의 선택 범위가 커지고 보다 큰 경쟁을 통해 소비자후생이 증가할 가능성이 크다는 것이다. 이러한 의미에서 국제무역의 산업조직론에 대한 영향은 과소평가될 수 없다. 그러나 이 책에서 국제무역부분은 상세하게 다루지 않을 것이다.

3. 기업이란?

3.1 기업의 의미

산업조직의 핵심 구성주체는 기업이다. 시장을 소비자와 생산자가 만나는 곳이라 한다면 기업은 생산자에 해당한다. 시장에 재화와 서비스를 공급하는 역할을 하는 것이 기업이다. 아담 스미스(Adam Smith)는 모든 사람이 각자의 사익을 최대로 추구할 때 경제가 발전할 수 있다고 하였다. 기업들이 최선을 다해 경쟁할 때 소비자들은 과거보다 좋은 제품을 시장에서 예전보다 저렴하게 소비할 수 있다.

컴퓨터산업의 발전은 이러한 점을 시사한다. 개인용 컴퓨터가 처음 나왔을 때 XT나 AT의 가격은 최근의 100만원대 컴퓨터보다 훨씬 비쌌고, 성능은 지금 기준으로 보면 사용하기가 불가능하다. 그러나 기술의 발전은 이러한 컴퓨터의 가격을 크게 낮추고 성능을 크게 향상시키는 역할을 했다. 1975년에 가정에서 영화를 보기 위해서는 영사기와 스크린 등을 임대해야 했고, 그 비용은 수백 명의 영화관람 비용과 비슷했다. 1976년에 VCR이 나오면서 소비자들은 약 US$2,000의 가격으로 VCR을 구입해 가정에서 영화를 볼 수 있게 되었다. 오늘날 VCR은 골동품이 되었고, 이제는 넷플릭스(netflix)나 왓차(watcha) 등으로 월정액을 내고 영화, 드라마, 예능, 다큐멘터리 등을 무제한으로 보는 시대이다. 이처럼 기업이 추구하는 기술발전은 소비생활에 많은 영향을 미친다.

기업의 목적을 여러 가지 측면에서 이야기할 수 있다. 어떤 기업은 매출이나 시장점유율을 극대화하는 것이 목적일 수 있고, 또 다른 기업은 기업가치나 이윤을 극대화하는 것이 목적일 수 있다. 또 ESG(환경 · 사회 · 지배구조) 경영을 내세우면서 기업의 사회적 책임을 다하고자 할 수도 있고, 비영리를 목적으로 공공이익을 극대화하는 것이 목적인 사회적 기업 등도 있을 수 있다. 그러나 이 책에서는 '이윤을 극대화하고자 하는 조직'으로 기업을 정의한다.

〈사례연구 1-6〉은, 기업은 이윤을 추구하지만 따듯한 마음으로 소비자를 대할 때 그러한 기업의 경영은 감동이 된다는 사실을 보여준다. 116년 된 미국

수퍼마켓 체인인 H-E-B는 1905년에 설립되어 텍사스주에 340개 지점을 운영하는 가족 기업이다. 텍사스에서만 주민 10만여 명을 고용하고 수익 상당 부분을 지역사회에 환원해 왔다. 2021년 2월 중순 한파가 몰아닥쳐 텍사스주에 대규모 식수 및 식량 부족 사태가 벌어지자 생수와 음식, 생필품을 평소보다 싼 가격에 공급했다. 대량의 식료품을 긴급구호센터에 무상으로 갖다주는 등 '주민 구호 작전' 에도 적극 동참했다. 마트 계산대가 정전으로 작동하지 않자 생필품을 공짜로 주면서 많은 사람들을 감동하게 했다.

사례연구 1-6 생필품 공짜로 준 마트 … 텍사스 주민은 추위를 잊었다

한파 녹인 온정에 주민들 감동

2021년 2월 16일 기록적 한파와 정전으로 공황 상태에 빠진 미국 텍사스 오스틴의 한 대형 식료품점. 추위와 배고픔에 떨다 장을 보러 나온 시민들이 정신없이 물건을 담는데 갑자기 매장의 전기가 끊겼다. 계산대의 카드단말기까지 꺼진 것을 보고 사람들은 '쇼핑을 못 하겠구나' 생각했다. 그런데 빵과 우유, 기저귀로 가득 찬 쇼핑 카트들이 줄줄이 계산대를 통과하기 시작했다. 직원들이 "오늘은 값을 치르지 않아도 되니 집으로 빨리 안전하게 돌아가시라"고 안내한 것이다.

손님들의 제보와 휴스턴 크로니클 등 현지 매체 보도에 따르면, 이날 얼떨결에 밖으로 나온 몇몇 고객은 서로 쳐다보다 하나둘 눈물을 터뜨렸다고 한다. 이어 빙판이 된 주차장에서 다른 사람이 흘린 물건을 주워주고 차를 밀어주는 등 서로 돕기 시작했다. 고객들은 며칠 후 이 식료품점에 물건값을 치르겠다고 했지만 업주가 사양하자 수백 달러씩 이 업체 이름으로 불우이웃에 기부했다고 한다.

이 업체는 H-E-B라는 텍사스의 116년 된 수퍼마켓 체인이다. 1905년 설립돼 텍사스주에 340개 지점을 운영하는 가족 기업이다. 텍사스에서만 주민 10만여 명을 고용하고 수익 상당 부분을 지역사회에 환원해 온 것으로 유명하다. 이번 한파로 대규모 식수 · 식량 부족 사태가 벌어지자 이 업체는 자체 생산 · 유통망을 풀가동해 생수와 음식, 생필품을 평소보다 싼 가격에 공급했다. 대량의 식료품을 긴급구호센터에 무상으로 갖다주는 등 '주민 구호 작전' 에도 적극 동참했다.

현재 텍사스의 한파는 물러갔지만 아직 수백만 명이 전력난과 식수난을 겪고 있으며, 주택 · 공공 인프라가 붕괴되다시피 했다고 뉴욕타임스(NYT)는 2021년 2월 23일 보도했다. 자존심 강하고 독립적인 텍사스 사람들은 60여 명이 숨진 이번 후진국형 사태로 기본적 존엄조차 무너지게 되자 "우리는 저주받았다"며 큰 충격에 빠졌다고 한다. 특히 비상사태에도 식수조차 공급 못하는 무능을 드러낸 주정부, 휴양지 캉쿤으로 가족과 함께 도피했던 T 상원의원 같은 정치인들을 향해 분노를 표출하고 있다. 텍사스의 일부 전력업체는 전력 수급 불안을 틈타 가구당 수천만원의 전기료 폭탄을 부과하는 일도 일어났다. 논란이 된 전력업체의 임원진은 2월 23일 사퇴했다.

이런 상황에서 지역 수퍼마켓 체인의 감동적인 활약상이 알려지자 주민들은 열광하고 있다. 텍사스 주민들은 "우리를 버리지 않은 건 HEB뿐", "HEB가 주정부 운영을 하라"고 말할 정도로 고마워하고 있다고 한다. 학자들은 정치 리더십 공백을 채우고 나선 이 가

족 기업을 '도덕적 중심(moral center)'으로 표현한다고 NYT는 전했다.

HEB는 2020년 코로나 발발 초기에도 우왕좌왕했던 정부와 달리, 15년 전 조류 독감 유행 때부터 자체적으로 만든 '팬데믹 대응 매뉴얼'을 전파해 주민들에게 거리 두기와 손씻기를 안내하고 사재기를 하지 않도록 안심시켰다고 한다. 이번에도 텍사스 주민들은 정부가 아닌 HEB 홈페이지에서 날씨와 생활정보를 얻고 있다.

텍사스 비상사태가 낳은 '영웅'은 또 있다. 워싱턴포스트는 2월 23일 가정마다 수도 · 하수관이 얼어터져 극심한 고통을 겪는 가운데 배관공들이 영웅 · 구세주 대접을 받고 있다고 전했다. 이들은 배관 수리 요청이 폭발해 쪽잠을 자야 할 정도로 예약이 밀렸지만, 수리 비용을 과다 청구하지 않고 겁에 질린 노인들을 위로하며 해결사 노릇을 톡톡히 하고 있다. 이를 계기로 사회를 떠받치는 블루칼라 직종에 대한 존경심도 높아지고 있다는 말도 나온다.

뉴욕의 A 민주당 하원의원은 텍사스 주민을 위한 모금을 벌여 500만 달러(약 55억원)를 모아 화제가 되기도 했다. A의원은 급진 진보 좌파를 상징하는 정치인인데, 보수 텃밭인 텍사스의 푸드뱅크에 달려와 봉사활동을 하면서 "이것이 뉴욕의 정신, 텍사스의 정신, 미국의 정신"이라고 했다.

출처 : 조선일보(2021. 2. 25)

기업은 자본주의 경제성장의 동력이다. 이는 기업의 기본 속성에서 비롯된다. 이윤극대화가 목표이기 때문에 자원을 효율적으로 사용해야 한다. 즉, 생산요소를 투입해 산출물을 만드는 과정에서 효율적이어야 한다. 기업은 생산한 재화나 서비스로 소비자에게 만족을 줄 뿐만 아니라, 경쟁을 통해 얻어진 비용절감이나 새로운 기술개발 등에 의해 다양화되고 개선된 재화나 서비스를 제공해 소비자의 만족을 향상시킨다. 기업이 경쟁력을 보유하고 시장에서 활동할 때 근로자의 소득이 증가될 뿐만 아니라 새로운 고용기회도 창출될 수 있다.

3.2 기업의 종류

기업은 본질적으로 사익을 추구하는 생산주체이며, 다양한 기준에 의해 다음과 같이 분류할 수 있다.

1) 규모에 따른 분류

중소기업기본법 제2조 및 동법 시행령 제3조는 우리나라 기업을 업종별로 매출액이나 자산총액 등의 규모 기준에 따라 중소기업과 대기업으로 구분하고

있다.[8]

다만 중소기업 기준에 부합한다고 하더라도 자산총액이 5천억원 이상인 법인이 발행주식 총수의 100분의 30 이상을 소유하고 있는 기업이거나, "독점 규제 및 공정거래에 관한 법률" 제14조 제1항의 규정에 의한 상호출자제한 기업집단에 속하는 기업인 경우 중소기업이 아니라 대기업으로 구분하고 있다.[9]

2) 소유형태에 따른 분류

기업은 소유형태에 따라 주식회사, 합자회사, 합명회사, 개인회사로 구분할 수 있다. 개인회사는 말 그대로 개인이 소유하는 회사로, 보통 회사가 파산하는 경우 무한책임을 지는 소유자가 경영자인 경우가 대부분이다. 합명회사는 2인 이상의 개인들이 소유하는 있는 경우이다. 소유주 1인의 의사결정이 다른 소유주들에게도 적용되며, 변제에 대한 무한책임 역시 지게 된다. 합자회사는 무한책임과 유한책임을 결합한 형태이다. 무한책임사원은 합명회사의 소유주와 그 성격이 같으나, 유한책임사원은 본인이 출자한 한도 내에서만 책임을 지는 구조를 갖고 있다.

주식회사는 주주라고 불리는 소유주들이 그 출자액 한도 내에서만 책임을 지는, 즉 유한책임을 지는 기업구조이다. 주주들은 이사회와 경영진을 선임하고, 경영진은 회사운영을 책임지는 형태이다. 주주들은 기업의 순이익 가운데 일부 또는 전부를 배당금으로 받게 되고, 기업가치가 상승할 경우 주식을 매매함으로써 자본이득을 볼 수 있다. 따라서 주주와 경영진들의 이해관계가 다를 경우 발생할 수 있는 '주인-대리인 문제'가 자연스럽게 야기된다. 주식회사는 독립된

주식회사는 주주라고 불리는 소유주들이 그 출자액 한도 내에서만 책임을 지는 기업구조이다.

8. 중소기업기본법 시행령 제3조 1은 해당 기업의 주된 매출액(평균 또는 연간)이 기준에 맞아야 하고, 동시에 자산총액이 5천억원 미만인 기업을 중소기업으로 규정하고 있다.

9. 중소기업기본법 시행령 제3조 2 나항은 "자산총액이 5천억원 이상인 법인(외국법인을 포함하되, 비영리법인 및 제3조의 2 제3항 각 호의 어느 하나에 해당하는 자는 제외한다)이 주식 등의 100분의 30 이상을 직접적 또는 간접적으로 소유한 경우로서 최다출자자인 기업(이 경우 최다출자자는 해당 기업의 주식 등을 소유한 법인 또는 개인으로서 단독으로 또는 다음의 어느 하나에 해당하는 자와 합산하여 해당 기업의 주식 등을 가장 많이 소유한 자를 말하며, ① 주식등을 소유한 자가 법인인 경우 그 법인의 임원으로 ② 전항에 해당하지 아니하는 개인인 경우 그 개인의 친족)은 중소기업으로 보지 않는다"고 규정하고 있다.

법인이기 때문에 주주의 변동에도 불구하고 연속성이 유지될 수 있고, 자본조달이 용이하기 때문에 오늘날 자본주의체제 하에서 가장 일반적인 기업형태라 할 수 있다.

3) 소유주체에 따른 분류

국가나 지방자치단체가 소유 및 운영하고 있는 경우 공기업, 그렇지 않으면 사기업으로 구분할 수 있다. 한국전력공사, 한국철도공사, 한국주택공사, 예금보험공사 등과 같이 특정 목적을 수행하고 있는 기업들이 공기업에 해당한다. 그러나 공기업이 공공이익을 추구하는 것이 설립목적이라 하더라도 기업운영에 따른 최소한의 이윤확보는 불가결하다. 이러한 공기업을 제외한 모든 기업이 사기업이다.

우리나라의 경우 사기업이라고 하더라도 취약계층에게 사회서비스 또는 일자리를 제공하거나 지역사회에 공헌함으로써 지역주민의 삶의 질을 높이는 등의 사회적 목적을 추구하면서 재화 및 서비스의 생산 · 판매 등 영업활동을 하는 기업을 "사회적 기업"으로 분류하여 그 인증을 받을 경우 육성하고 있다.[10] 이 책에서 다루고 있는 사기업은 사회적 기업 등을 제외한 개념이다.

4) 우리나라 특유의 기업분류

다른 나라와 달리 우리나라는 특유한 기업구조를 갖고 있다. 소위 재벌기업 또는 기업집단 소속기업으로 불리는 것이 그것이다. 우리나라의 '독점 규제 및 공정거래에 관한 법률(공정거래법)'은 동법 제2조 제2호 및 동 시행령 3조에서 기업집단을 동일인이 단독으로 또는 배우자, 6촌 이내의 혈족, 4촌 이내의 인척 등과 합해 당해 회사의 발행주식 총수의 30/100 이상을 소유하거나, 임원의 임면 등으로 당해 회사의 경영에 영향력을 행사하고 있다고 인정되는 회사 등으로 규정하고 있다. 정부는 이러한 기업집단에 대해 여러 가지 규제를 하고 있다.

10. 사회적 기업 육성법 제2조를 참조 바람.

예를 들어 상호출자제한 기업집단이나 채무보증제한 기업집단 등으로 지정해 규제하고 있다.

기업을 단순히 자산규모에 의해 규제하는 것은 많은 문제점을 안고 있는 것이 사실이다. 경제력 집중의 문제도 심각하게 다루어질 수 있겠으나 중요한 것은 국가경쟁력을 결정짓는 기업의 경쟁력이 여러 가지 규제에 의해 약화될 수 있다는 점일 것이다.

〈사례연구 1-7〉에서는 기존 재벌과는 다른 지금껏 본 적 없는 카카오의 김범수, '배달의민족'의 김봉진 등과 같이 전혀 새로운 유형의 자본가들이 출현했다고 주장하고 있다. 우리나라 기업구조도 바뀌고 있는 것이다. 우리나라에서 기업의 역사를 말할 때 재벌을 빼놓을 수 없다. 기존 재벌도 변화하고 있지만, 새로이 부를 축적한 이들은 교육 불평등 같은 '사회문제' 해결에 돈을 쓰겠다고 했다. 글로벌 산업 패러다임도 14장에서 논하는 네트워크 경제로 옮겨가고 있다. "더 나은 세상을 만들고 다른 사람에게 영감을 주는 것"이 꿈이라는 이들에 의해서 한국 기업사가 다시 씌어질 것으로 기대된다.

사례연구 1-7 한 번도 경험 못한 '신체제 자본가'들이 출현했다

지금 우리가 보는 재벌 총수들이 자본주의 구체제의 마지막 세대일 수 있다

한국 자본주의사에서 2021년은 기념비적 해다. 지금껏 본 적 없는 전혀 새로운 유형의 자본가들이 출현했기 때문이다. 카카오의 김범수, '배달의민족'의 김봉진 두 창업자가 재산 절반을 기부하겠다고 발표했다. 사업으로 번 돈을 교육 불평등 같은 '사회문제' 해결에 쓰겠다고 했다. 이는 곧 자녀에게 기업을 물려주지 않겠다는 선언이기도 했다. 두 사람은 각각 50대, 40대의 한창 나이다. 기업가로서 절정기에 부의 세습을 끊고 사회 환원에 나선 것이다. 지금껏 한국에 이런 기업인은 없었다.

한국에서 기업의 역사는 곧 재벌의 역사였다. 총수로 통칭되는 대기업 오너들이 '확장 지상주의'와 '혈통 승계'라는 한국형 기업 문화를 확립시켰다. 자장면에서 미사일까지 돈만 된다면 분야와 업종을 가리지 않는 것이 재벌의 법칙이었다. 그렇게 문어발 식으로 확장시킨 거대 기업군을 2세, 3세로 넘겨 확대 재생산을 거듭했다. 밝음도, 어두움도, 재벌은 한국 경제 그 자체였다.

그리고 2021년, 김범수·김봉진으로 대표되는 신흥 기업가들이 새로운 자본주의 모델을 제시했다. 편의상 이를 '2021년 체제'라고 하자. 신체제의 키워드는 '네트워크'와 '사회 지향'이다. 신흥 자본가들은 대개 IT 사업가다. 디지털 플랫폼으로 대중과 개방적 네트워크를 구축함으로써 부를 축적했다. 업종을 넘나드는 다른 분야 확장은 이들의 관심 대상이 아니다. 자신이 창업한 회사라도 영원히 자기 것이라 생각하지도 않는다. 그래서 분신과도 같은 기업을 팔아 치우고 삶의 경로를 바꾸는 데 주저함이 없다. 유목민 같은 기업관이다.

신체제 자본가들은 세습의 성채를 쌓지 않는다. 성공한 스타트업 기업인치고 자식에게 물려줄 궁리 하는 사람은 없다는 게 그 바닥 상식이다. 구체제 재벌가에선 가업 상속을 위해 무리수를 두는 경우가 잦았다. 신흥 자본가들에겐 상속이 관심거리가 아니다. 그러니 일감 몰아주기 같은 편법의 유혹에서도 상대적으로 자유롭다.

'2021년 체제'의 자본가들은 '혈통'보다 '사회'를 중시한다. 김범수도, 김봉진도 "더 나은 세상을 만들고 다른 사람에게 영감을 주는 것"이 꿈이라 했다. 두 사람뿐 아니다. 넥슨 창업주 김정주는 1,000억원을 내놓아 전국에 아동 재활병원을 짓고 있다. '배틀 그라운드' 게임을 히트시킨 크래프톤의 장병규는 100억원을 카이스트에 기부했다. 재벌 중심의 구체제에선 기업인의 자발적 기부가 드물었다. 설사 하더라도 은퇴 후거나 사회적 물의를 일으켰을 때 수동적 헌납이 주류였다. 반면 신흥 자본가들은 선제적으로 돈을 쓴다. 김범수 말대로 "내가 태어나기 전보다 더 나은 세상을 만들기 위해서"다.

이들이 태어날 때부터 도덕적이기 때문은 아닐 것이다. 신체제 자본가들은 사업을 통해 사회 친화적 기업관을 학습했다. 비즈니스 자체가 사회와 연결된 쌍방향 네트워크 모델이기 때문이다. 이들의 사업 성패는 플랫폼에 대중을 얼마나 참여시키느냐에 달려 있다. 카카오는 4,000만 가입자, 배달의민족은 월 1,500만 명 이용자 덕분에 돈을 번다. 자신의 성공이 '사회적 호응' 덕분이란 사실을 신흥 자본가들은 잘 안다. 그래서 사회에 빚을 졌다는 부채 의식이 있다. 반면 구체제 자본가들은 네트워크 아닌 생산요소 투입으로 돈을 번다. 자본을 투자하고 공장을 지어 제품을 만들어 파는 일방향 사업 모델이다. 사회적 관계에 덜 민감한 것은 어쩔 수 없다.

재벌 시스템이 무조건 악인 것은 아닐 것이다. 이건희와 정몽구의 강력한 오너십이 아니었다면 삼성과 현대차의 성공은 없었다. 한국이 '반도체 치킨게임'의 최종 승자가 된 것도 다른 계열사에서 번 돈으로 손실을 메워 넣는 '문어발 경영'의 힘이었다. 지금도 제조업 분야에선 오너 주도의 재벌 시스템이 강점을 발휘하고 있다. 그 가치를 폄훼해선 안 된다.

그러나 시대 상황은 결코 재벌 체제에 우호적이지 않다. 산업 패러다임이 디지털 기반의 네트워크 경제로 옮아가고 있다. 대중과 소통이 서툴고, 사회 친화적이지 못한 구체제 자본가에게 불리한 장이 펼쳐졌다. 능력과 무관하게 경영권을 물려받는 승계 경영은 3세, 4세로 갈수록 경쟁력이 약해질 수밖에 없다. 이건희나 정몽구 같은 인물이 나올 확률이 줄기 때문이다. 무엇보다 사회적 환경이 절대 불리하다. 기업에 대한 감시가 깐깐해지고 윤리적 요구 수위가 높아지고 있다. 재벌 체제가 금방 소멸하진 않겠지만 방향은 정해져 있다. 멀지 않은 시일에 신체제 자본가들이 재벌을 대체해 한국 자본주의의 주류를 차지할 것이다.

지금 우리가 보는 재벌 총수들이 구체제 자본가의 마지막 세대일 수 있다. '재벌의 종언'은 이미 시작됐는지 모른다.

출처 : 조선일보(2021. 2. 26)

생각해 봅시다

1. 기업이란 무엇인가? 자본주의 경제체제에서 기업은 어떤 역할과 기능을 하는가?
2. 소비자주권이란 무엇인가?
3. 우리나라 재벌기업 또는 기업집단의 공과에 대해 어떻게 생각하는가?
4. 산업조직론이란 무엇인가?
5. 시장이 실패할 때 정부개입이 왜 필요한가? 다른 문제점들은 없는가?
6. 주식회사의 경우 '주인-대리인 문제'가 발생할 수 있다. 현실적으로 어떤 문제들이 실제로 발생하고 있는가?

중요 용어

산업조직	시장	가격
소비자주권	시장실패	정부실패
주식회사	주인-대리인 문제	

참고문헌

1. Michael Parkin, *Economics*, 13th ed. (Pearson, 2019).
2. W. G. Shepherd and Joanna M. Shepherd, *The Economics of Industrial Organization*, 5th ed. (Long Grove, IL: Waveland Press, Inc., 2004).
3. 독점 규제 및 공정거래에 관한 법률
4. 독점 규제 및 공정거래에 관한 법률 시행령
5. 중소기업기본법
6. 중소기업기본법 시행령

02 시장구조와 시장성과

Chapter Two

1. 시장이란?

시장을 정의하는 것은 가장 중요하고도 어려운 일 가운데 하나이다. 시장을 넓게 정의하는 경우 불완전경쟁의 정도는 낮아질 수밖에 없으며, 시장을 지나치게 좁게 정의하면 독점 등 불완전경쟁의 정도가 높아진다.

시장은 상호 대체할 수 있는 가능성이 높은 재화와 서비스의 교환을 가능하게 해주는 기구(mechanism).

'시장(market)'은 넓은 의미에서 보면 상호 대체할 수 있는 가능성이 높은 재화와 서비스의 교환을 가능하게 해주는 기구(mechanism)로 정의할 수 있다.

시장을 정의할 때 전통적으로 사용되는 기준은 첫째로 교환되는 재화와 서비스의 특성이다. 다음으로 교환의 지리적 범위지만 오늘날 디지털 시대를 맞아 지리적 범위는 예전처럼 중요한 의미를 갖고 있지 않다.

우선, 재화의 특성을 살펴보자. 재화의 특성을 결정하는 것은 재화 간 교차탄력성의 정도, 시장참여자들의 정보에 근거한 판단, 수요자와 판매자의 특성, 재화 간 가격격차와 가격변동의 독립성 정도 등이다.

수요의 교차탄력성 = $\frac{\text{재화 2의 수요량 변화율}}{\text{재화 1의 가격 변화율}}$

수요의 교차탄력성은 한 재화(재화 1)의 가격이 1% 변할 때 다른 재화(재화 2)의 수요량은 몇 % 변하느냐로 정의된다.

$$\text{수요의 교차탄력성} = \frac{\text{재화 2의 수요량 변화율}}{\text{재화 1의 가격 변화율}}$$

두 재화가 밀접한 대체재인 경우 교차탄력성이 높으며, 동일한 시장에 있다고 할 수 있다. 반면에 대체될 수 없는 재화들은 한 시장에 있다고 말할 수 없다. 한편, 수요의 교차탄력성은 지리적 시장범위에 영향을 미치는 개념이다. 예를 들어 하이트진로의 참이슬 소주 가격이 서울에서 1% 상승할 때 강원도의 참이슬 소주 수요량이 영향을 받는다면 두 시장은 동일한 시장에 있고, 영향을 받지 않는다면 두 시장은 분리된 시장이라 할 수 있다.

그러나 수요의 교차탄력성은 개념적으로 분명하고 논리적임에도 불구하고 실제로 정확하게 측정하기가 불가능하다는 점에서 그 한계가 있다. 따라서 실제로 시장을 분석할 때 많이 사용하지는 않는다. 두 재화의 대체가능성을 살펴보는 경우 교차탄력성뿐만 아니라 재화의 일반적 특성과 용도, 그리고 전문가들의 판단에 기초하는 경우가 많다.

시장은 소비자가 선택하는 범위에 따라 정의될 수 있지만, 공급조건도 시장을 구분하는 요소가 될 수 있다. 어떤 학자들은 이에 따라 측정하기 어려운 수요의 교차탄력성보다 공급의 교차탄력성에 따라 시장을 구분하기도 한다. 공급의 교차탄력성은 예컨대 한 재화(재화 1)의 가격이 1% 변할 때 다른 재화(재화 2)의 공급량이 몇 % 변하느냐를 측정한다.

$$\text{공급의 교차탄력성} = \frac{\text{재화 2의 공급량 변화율}}{\text{재화 1의 가격 변화율}}$$

공급의 교차탄력성 = 재화 2의 공급량 변화율 / 재화 1의 가격 변화율

공급의 교차탄력성은 재화 1의 가격이 변할 때 재화 1을 생산하지 않고 있던 생산자가 재화 2의 생산을 위한 생산설비를 재화 1의 생산으로 전환시켜 재화 1 시장에 진입할 수 있는 능력을 측정한다고 할 수 있다.[1]

한편, 두 재화의 가격이 같다면 이는 밀접한 대체재라는 것을 시사하는 경우가 많다. 왜냐하면 완전대체재라면 시장경쟁에 의해 두 재화의 가격이 같아지기 때문이다. 두 재화의 가격격차가 크다면 이는 두 재화가 이질적이거나, 동질적이라 하더라도 상이한 수요자들에게 판매되고 있다는 것을 시사한다. 경주의 호텔숙박료와 모텔숙박료가 다른 것이 그러한 예이다. 만약 두 재화의 가격이 독립적으로 움직인다면, 이는 두 재화가 대체재가 아니라는 것을 시사한다.

두 재화의 가격격차가 크다면 이는 두 재화가 이질적이거나, 동질적이라고 하더라도 상이한 수요자들에게 판매되고 있다는 것을 시사한다.

1. 보다 자세한 내용을 알기 원하는 경우 Shepherd and Shepherd(2004), pp.67~68을 참조 바람.

따라서 두 재화는 같은 시장에 있지 않다.

다음으로, 시장을 교환의 지리적 측면에서 크게 나누면 동네 시장(local market), 광역시장(regional market), 국내시장(national market), 해외시장(international market) 등으로 구분할 수 있다.

사실 지리적 측면의 시장은 보다 구체적으로 수요자가 구매하는 지역의 범위, 실제 구매패턴, 판매자가 선적하는 곳, 생산비 대비 선적비의 비율, 운송거리 등에 따라 구분할 수 있다. 따라서 시장을 지리적으로 어떻게 정의하느냐에 따라 운송비, 선적비, 적재량 등이 차이가 날 수 있고, 이는 그대로 가격의 차이나 시장을 구분하게 하는 요인이 될 수 있다.

한편, 시장은 산업별로도 구분이 가능하다. 이는 사실 제품의 특성에 따라 분류한 것이라 할 수 있다. 예를 들어 전자제품 또는 섬유제품 시장 등으로 구분이 되는 경우를 의미한다. 통계청의 한국표준산업분류는 사업체가 주로 수행하는 산업활동을 그 유사성에 따라 체계적으로 분류하고 있다.[2]

한국표준산업분류는 "산업을 유사한 성질을 갖는 산업활동에 주로 종사하는 생산단위의 집합"이라 정의한다. 또 "산업활동을 각 생산단위가 노동, 자본, 원료 등 자원을 투입하여, 재화 또는 서비스를 생산 또는 제공하는 일련의 활동과정"이라고 하고 있다. 이러한 산업활동의 범위에는 영리적 · 비영리적 활동이 모두 포함되나, 가사 활동은 제외한다.

한국표준산업분류의 분류구조는 대분류, 중분류, 소분류, 세분류, 세세분류의 5단계로 구성된다.

분류구조는 대분류(알파벳 대문자 사용/Sections), 중분류(2자리 숫자 사용/Divisions), 소분류(3자리 숫자 사용/Groups), 세분류(4자리 숫자 사용/Classes), 세세분류(5자리 숫자 사용/Sub-Classes)의 5단계로 구성된다.

한국표준산업분류는 생산단위가 주로 수행하고 있는 산업활동을 그 유사성에 따라 유형화한 것으로, 크게 세 가지 분류기준에 의해 분류한다. 첫째는 산출물(생산된 재화 또는 제공된 서비스)의 특성이다. 이는 다시 산출물의 물리적 구성 및 가공단계, 산출물의 수요처에 의해 구분된다. 두 번째 분류기준은 원재료, 생산공정, 생산기술 및 시설 등과 같은 투입물의 특성이다. 마지막 기준은 생산활동의 일반적인 결합형태이다.

2. 이하의 논의는 통계청, 2021, 한국표준산업분류, http://www.kostat.go.kr 및 통계청, 2020. 12, 한국표준산업분류 실무적용가이드북에 기초하고 있음.

이러한 기준에 따라 한국표준산업분류는 대분류로 다음과 같이 산업을 구분하고 있다. 대분류는 A 농업, 임업 및 어업, B 광업, C 제조업, D 전기, 가스, 증기 및 공기 조절 공급업, E 수도, 하수 및 폐기물 처리, 원료 재생업, F 건설업, G 도매 및 소매업, H 운수 및 창고업, I 숙박 및 음식점업, J 정보통신업, K 금융 및 보험업, L 부동산업, M 전문, 과학 및 기술 서비스업, N 사업시설 관리, 사업 지원 및 임대 서비스업, O 공공 행정, 국방 및 사회보장 행정, P 교육 서비스업, Q 보건업 및 사회복지 서비스업, R 예술, 스포츠 및 여가 관련 서비스업, S 협회 및 단체, 수리 및 기타 개인 서비스업, T 가구 내 고용활동 및 달리 분류되지 않은 자가 소비 생산활동, U 국제 및 외국기관으로 산업을 크게 구분하고 있다.

다시 이 가운데 C 제조업을 살펴보자. 통계청의 한국표준산업분류는 제조업을 '원재료에 물리적 · 화학적 작용을 가해 투입된 원재료를 성질이 다른 새로운 제품으로 전환시키는 산업활동'으로 정의하고 있다. 따라서 단순히 상품을 선별, 정리, 분할, 포장, 재포장하는 경우 등과 같이 그 상품의 본질적 성질을 변화시키지 않는 처리활동은 제조활동으로 보지 않고 있다.

한국표준산업분류는 제조업을 '원재료에 물리적 · 화학적 작용을 가해 투입된 원재료를 성질이 다른 새로운 제품으로 전환시키는 산업활동'으로 정의하고 있다.

이러한 C 제조업을 '중분류' 하면 [표 2-1]과 같다.

표 2-1 **C 제조업의 중분류**(10 ~ 34)

10 식료품 제조업
11 음료 제조업
12 담배 제조업
13 섬유제품 제조업; 의복 제외
14 의복, 의복 액세서리 및 모피제품 제조업
15 가죽, 가방 및 신발 제조업
16 목재 및 나무제품 제조업; 가구 제외
17 펄프, 종이 및 종이제품 제조업
18 인쇄 및 기록매체 복제업
19 코크스, 연탄 및 석유정제품 제조업
20 화학 물질 및 화학제품 제조업; 의약품 제외
21 의료용 물질 및 의약품 제조업
22 고무 및 플라스틱제품 제조업
23 비금속 광물제품 제조업
24 1차 금속 제조업
25 금속 가공제품 제조업; 기계 및 가구 제외
26 전자 부품, 컴퓨터, 영상, 음향 및 통신장비 제조업
27 의료, 정밀, 광학 기기 및 시계 제조업

28 전기장비 제조업
29 기타 기계 및 장비 제조업
30 자동차 및 트레일러 제조업
31 기타 운송장비 제조업
32 가구 제조업
33 기타 제품 제조업
34 산업용 기계 및 장비 수리업

이러한 중분류를 다시 소분류, 세분류, 세세분류로 구분한다는 것은 앞에서 언급한 바 있다. 예를 들어 중분류 가운데 15 가죽, 가방 및 신발제조업은 다시 151 가죽, 가방 및 유사 제품 제조업, 152 신발 및 신발 부분품 제조업으로 '소분류' 된다. 이러한 소분류 가운데 152 신발 및 신발 부분품 제조업은 1521 신발 제조업, 1522 신발 부분품 제조업으로 '세분류' 된다. 1521 신발 제조업은 15211 구두류 제조업, 15219 기타 신발 제조업과 같이 '세세분류' 에 의해 다시 구분되고 있다.

2. 시장구조의 측정

Industrial Organization, Ch. Two

2.1 시장구조

시장을 경쟁의 정도에 따라 구분할 때 시장구조라고 한다.

시장을 경쟁의 정도에 따라 구분할 때 '시장구조(market structure)'라고 하며, 크게 완전경쟁시장과 불완전경쟁시장으로 구분된다. 불완전경쟁시장은 다시 독점시장, 복점시장, 과점시장, 독점적 경쟁시장으로 구분할 수 있다. 이러한 시장구조는 이론적으로 또는 실제 시장자료 등을 통해 평가될 수 있다.

이러한 시장구조에 어떤 것들이 영향을 미칠까? 구매자와 판매자의 수 및 규모의 분포, 진입장벽이나 퇴출장벽 등과 같은 진입 및 퇴출의 조건, 제품의 특성을 나타내는 제품차별화의 정도, 기업의 수직적 통합의 정도 및 다각화 정도 등이 시장구조에 영향을 미치고 시장구조를 결정한다.[3]

3. 보다 자세한 논의를 위해서는 Lipczynski, Wilson, and Goddard(2017), p.7~8을 참조 바람.

완전경쟁시장의 조건

완전경쟁시장은 몇 가지 조건이 충족되어야 한다. 첫째, 시장참여자, 즉 구매자와 판매자들이 너무 많아 어느 누구도 시장가격을 마음대로 결정할 수 없어야 한다. 즉, 시장참여자들은 가격수취자(price taker)이다. 둘째, 제품이 동질적(homogeneous)이어야 한다. 제품이 이질적이면 같은 시장으로 구분하기가 어렵기 때문이다. 제품이 동질적이라는 것은 제품 상호 간에 완전대체가 가능하다는 것을 의미한다. 셋째, 시장에 대한 진입(entry)과 탈퇴(exit)가 자유로워야 한다. 시장의 수익성이 좋아 보이면 어떤 기업도 자유롭게 시장에 들어올 수 있어야 하며, 시장상황이 이러울 때 해당 기업은 어떤 법률적 · 관습적 제약 없이 언제든지 시장에서 빠져나올 수 있을 때 완전경쟁의 한 조건을 충족시킨다. 넷째, 시장참여자들 사이에 '완전한 정보(perfect information)'가 주어져야 한다는 것이다. 완전한 정보란 모든 정보가 시장참여자들에게 대칭적으로, 즉 대등하게 이용될 수 있어야 한다는 것이다. 이러한 완전정보의 조건은 가격 등 제품의 모든 것에 대해 시장참여자들이 모두 확실히 알고 있다는 것을 의미한다. 그러나 완전정보의 조건은 현실적으로 볼 때 지나치게 엄격한 가정이라 할 수 있다. 제품의 구매자들과 판매자들 사이에 정보의 비대칭이 항상 존재할 가능성이 있기 때문이다.[4] 이 책에서는 위에서 언급한 이러한 조건들이 충족될 때 완전경쟁시장이라고 정의하고자 한다.

불완전경쟁시장은 완전경쟁의 조건들이 충족되지 않을 때 발생한다.

불완전경쟁시장은 앞서 언급한 완전경쟁시장의 조건들이 충족되지 않을 때 발생한다. 불완전경쟁시장은 우선 시장 내에 경쟁기업들의 수에 따라 구분되기도 한다.

불완전경쟁시장의 종류
— 독점시장
— 복점시장
— 과점시장
— 독점적 경쟁시장

독점시장은 시장 내에 경쟁기업이 전혀 없는 경우이다. 시장 내에 오직 하나의 공급자만이 존재하기 때문에 해당 기업은 자신의 이윤을 극대화하고자 하는 유인을 갖게 된다.

복점시장은 시장 내에 두 기업만이 존재하는 경우이다. 만약 두 기업의 모든 조건이 동일하다면 시장생산량을 꾸르노복점의 경우처럼 $\frac{1}{2}$씩 생산할 수 있다.

과점시장은 가장 치열한 형태의 불완전경쟁시장이라 할 수 있다. 시장에 소수의 기업들이 경쟁하는 구조이기 때문에 본질적으로 경쟁이 치열하다. 이러한

4. 보통의 경우 구매자들보다는 판매자들이 특정 제품을 보다 잘 알고 있을 가능성이 높다.

이유 때문에 해당 기업들은 담합의 유인을 갖게 되고, 현실 경제에서도 많은 담합이 발생하고 있다. 이러한 담합은 본질적으로 소비자후생을 감소시키기 때문에 각국의 규제당국에서는 이를 규제하고 있다. 담합은 많은 산업들에 걸쳐 발생한다.

과점시장의 경우 경쟁이 치열하기 때문에 가격경쟁이 발생하는 경우도 있으나 통상 비가격경쟁이 치열하게 이루어진다. 광고의 경우를 살펴보자. 독자들이 인터넷, TV, 신문 등 모든 미디어에서 매일 부딪치게 되는 광고가 대부분 과점시장에서 이루어지는 경우가 많다. 예를 들어, SK텔레콤, KT, LG유플러스와 같은 이동통신업체 시장도 과점시장이라 할 수 있다. 삼성, 애플과 같은 휴대폰단말기업체도 과점시장을 구성하고 있다. 현대자동차, 기아자동차, GM대우자동차 등으로 구성된 자동차시장도 과점시장이라 할 수 있다. 네이버, 구글, 야후, 다음 등과 같은 검색시스템 분야도 과점시장이다. 유통산업의 경우 대형마트 시장은 이마트, 홈플러스, 롯데마트 등의 대형 3사가 시장을 점유하고 있고, 백화점 시장의 경우 롯데백화점, 신세계백화점, 현대백화점, TV홈쇼핑의 경우 GS홈쇼핑, 현대홈쇼핑, 롯데홈쇼핑 등이 과점시장을 형성하고 있다. 우리가 즐겨 찾는 영화관도 CGV, 메가박스, 롯데시네마 등이 과점하고 있는 시장이라 할 수 있다.

독점적 경쟁시장은 시장에 수많은 수요자들과 공급자들이 있지만, 공급자 나름대로 충성스러운 단골고객들이 있기 때문에 우하향하는 수요곡선을 갖게 된다. 따라서 독점기업보다 크게 약하지만 자기 나름대로 이윤을 극대화하는 가격정책을 갖게 된다. 독점적 경쟁시장의 예를 들어 보면, 가장 대표적인 시장이 미장원이다. 살고 있는 동네의 경우 많은 미장원이 있다. 비슷한 가격을 보이기는 해도 다양하게 다른 가격 하에 미장원들이 운영되고 있다는 것을 발견할 수 있다.

시장구조를 평가함에 있어서 단순한 시장점유율뿐만 아니라 제한된 수의 기업들에게 시장점유율이 어느 정도 집중되어 있는지를 살펴보는 시장집중도가 또 다른 중요한 기준이 된다.

2.2 시장구조의 측정방법

한 기업의 시장점유율은 단순하게 측정된다. 한 기업의 시장점유율은 산업총매출액에서 해당 기업이 차지하는 비중(%)을 의미한다. 따라서 시장점유율은 0일 수도 100일 수도 있는데, 보통은 이 범위 내에서 시장점유율을 차지하게 된다. 시장점유율은 시장의 독점 정도를 평가하는 데 가장 중요한 측정지수이다.

한 기업의 시장점유율은 산업총매출액에서 해당 기업이 차지하는 비중(%)을 의미한다.

허쉬만-허핀달지수 *HHI*는 시장점유율의 단순한 변형이다. 시장에 존재하는 기업들의 시장점유율을 제곱해 모두 더한 개념이 *HHI*이다.

$$\begin{aligned} \text{즉, } HHI &= (\text{기업 1의 시장점유율})^2 + (\text{기업 2의 시장점유율})^2 \\ &\quad + (\text{기업 3의 시장점유율})^2 + \cdots + (\text{기업 } N\text{의 시장점유율})^2 \\ &= \sum_{i=1}^{N}(\text{기업 } i\text{의 시장점유율})^2 \end{aligned}$$

$HHI = \sum_{i=1}^{N}(\text{기업 } i\text{의 시장점유율})^2$

로 정의할 수 있다.

예를 들어 순수독점의 경우 $HHI = 100^2 = 10{,}000$이 된다. 한편 순수완전경쟁의 경우 *HHI*는 100 이하로 측정된다.

한편, 상위 k기업 집중률 CR_k도 시장구조를 측정하는 방법이다. 상위 4기업 또는 3기업 집중률로 시장구조를 평가할 수 있는데, 상위 k기업 집중률 CR_k는 시장 내에서 가장 시장점유율이 높은 k개 기업들의 결합 점유율로 정의할 수 있다. 예를 들어 CR_3는 시장 내에서 가장 시장점유율이 높은 세 개 기업들의 결합 점유율이다. CR_k는 통상 2기업 이상 8기업 이내로 측정된다.

상위 k기업 집중률은 시장 내에서 가장 시장점유율이 높은 k개 기업들의 결합 점유율이다. $CR_k = \sum_{i=1}^{k} s_i$

$$\text{즉, } CR_k = \sum_{i=1}^{k} s_i,$$

단, s_i는 기업 i의 시장점유율이고, $s_1 \geq s_2 \geq s_3 \geq \cdots \geq s_k$이다.

상위 k기업 집중률은 과점의 정도를 평가하는 데 이용된다. 두 기업으로 구성된 과점시장을 상상해 보자. 이 두 기업은 서로 치열하게 경쟁할 수도 있고, 마치 하나의 독점기업처럼 협력해 행동할 수 있다. 하나의 독점기업처럼 과점기업들이 시장에서 움직이는 경우일지라도 실제의 독점기업보다는 시장지배력

차원에서 보면 다소 시장이 완화될 수도 있다. 이는 과점시장의 집중 정도나 기업들의 상호의존 정도 등에 따라 다양하게 나타날 수 있다. 시장집중률은 시장의 집중 정도를 잘 알려주는 지수이다. 상위 k기업 집중률의 경우 대체로 CR_1이 50% 이상이면 독점시장, CR_2가 75% 이상이면 복점시장, CR_3가 75% 이상이면 과점시장, CR_4가 40% 이하면 경쟁시장으로 구분할 수 있다. 공정거래위원회는 특정 시장의 경쟁 정도를 평가하기 위하여 상위 k기업 집중률과 허쉬만–허핀달지수(HHI)를 함께 사용하고 있다.

〈사례연구 2–1〉은 우리나라 게임산업과 게임업계의 빅 3, 시장점유율이 가장 높은 소위 게임산업의 '3N'인 넥슨, 넷마블, 엔씨소프트의 성과 등을 살펴보고 있다. 게임산업의 유·무형 경제적 가치는 연간 24조원으로 평가되고 있고, 일자리도 26만 5,000개 정도를 창출하고 있다. 2020년 코로나19로 인한 비대면 시대로 인해 모바일게임이 성장을 주도하여 게임산업 빅 3의 실적은 상당히 개선되었지만, 해결하여야 할 과제도 많이 보인다. 넥슨의 경우 중국 매출이 계속 하락하고 있고, 넷마블은 매출에 비해 영업이익이 여전히 낮은 편이다. 엔씨소프트의 경우 단일 IP에 대한 의존도가 지나치게 높아져 게임 인기가 시들해질 경우 문제가 클 수 있다. 2020년 게임업계 빅 3의 매출이 전체 매출의 절반 정도를 차지한다는 것은 CR_3가 50% 정도라는 것을 말한다.

사례연구 2–1 2020년 게임 3사 매출이 전체 게임업계 매출의 절반가량을 차지

2021년 국내 게임산업 7% 성장 기대 … 18조원 넘는다

'팬덤'의 경제가치 년 24조원
일자리 26만 5,000개 창출
이용자 1%가 매출 90% 차지

한국 게임산업이 2021년도 고성장세를 이어갈 전망이다. 2020년 17조원을 돌파한 데 이어 2021년 18조원을 넘어설 것으로 추정된다. 국내 판매 기준 자동차 시장(59조원)의 3분의 1수준으로 덩치가 커진 것이다. 이 같은 성장은 1980년대 '전자오락실' 세대에서부터 이어져온 게임 마니아들의 '팬덤'이 이끌었다는 분석도 나온다. 이들의 소비로 꾸준히 성장한 게임산업의 유·무형 경제적 가치는 연간 24조원으로 평가됐다.

2021년 1월 4일 한국콘텐츠진흥원이 발간한 『2020 대한민국 게임백서』에 따르면 2020년 한국 게임시장 규모는 17조 93억원으로 추산됐다. 2019년보다 9.2% 성장한 규모다. 2021년 한국 게임산업 규모는 작년보다 7.4% 커진 18조 2,683억원으로 보고서는 내다봤다.

모바일 게임이 성장 주도
수출은 8조원 육박

한국 게임산업의 견조한 성장은 모바일 게임이 이끌었다는 분석이다. 2020년 모바일 게임시장 규모는 9조 3,926억원으로 1년 전보다 21.4% 늘었다. 국내 전체 게임시장의 55.2%를 차지한다. 수출도 꾸준히 증가하고 있다. 2019년 수출액은 전년 대비 3.8% 늘어난 66억 5,778만 달러로 집계됐다. 같은 해 연평균 환율을 적용하면 7조 7,606억원 규모다.

매출 상위 업체들이 성장을 주도했다. 국내 게임업체 처음으로 시가총액 30조원을 넘어선 넥슨은 2020년 매출이 3조원을 돌파했을 것으로 진흥원은 추산했다. 넷마블도 2020년 2조 5,000억원을 벌어들여 역대 매출 최고치를 갈아치운 것으로 보인다. 엔씨소프트도 모바일 게임 '리니지' 시리즈의 흥행으로 매출 2조원 돌파가 확정적이다. 게임 3사 매출이 전체 게임업계 매출의 절반가량을 차지한 셈이다.

게임 '배틀그라운드'를 앞세운 크래프톤도 매출 2조원 달성이 예상된다. 스마일게이트는 2020년 매출 1조원을 처음으로 돌파했다고 최근 발표했다. 게임업계 관계자는 "신종 코로나19 영향으로 게임 이용자들의 게임 이용 시간이 늘면서 한국 게임업체 실적이 예상보다 좋아졌다"고 설명했다.

일자리 26만 5,000개 만든 '게임 덕후'

10년 전(7조 4,312억원)보다 두 배 이상 커진 한국 게임산업의 성장을 게임 마니아들이 이끌었다는 분석도 나왔다. 한국콘텐츠진흥원의 '게임분야 팬덤' 보고서에 따르면 게임 관련 산업의 연간 매출과 무형 가치는 2020년 기준 139조 1,000억원이다. 이 가운데 게임 팬덤에 힘입어 발생한 매출은 24조 1,000억원으로 추산됐다. 게임 이용 빈도가 1주일에 6~7회인 '게임 애호가' 덕분에 누린 산업 효과라는 게 보고서의 결론이다. '게임 팬덤'이 한국 경제 전체에 기여한 유·무형 가치를 분야별로 보면 생산유발효과 41조 9,000억원, 부가가치유발효과 21조 2,000억원, 취업유발효과 26만 5,000명으로 집계됐다. "기존 PC 온라인 게임 팬덤이 (같은 게임 IP의) 신규 모바일 게임과 후속작 소비로 이어지고 있다"며 "게임방송 중계, 게임 리그도 생기고 다른 업종의 기업들도 광고주로 나서는 새로운 산업 생태계가 등장하는 데 팬덤이 큰 기여를 했다"고 설명했다.

앱 분석업체인 아이지에이웍스에 따르면 2015년 상반기 구글플레이 기준 모바일 게임 매출의 90%가 이용자 1%에서 나온 것으로 조사됐다. 게임업계 관계자는 "지금도 특히 모바일 다중접속역할수행게임(MMORPG)의 경우 일명 '고래'라고 불리는 게임 지출 최상위 이용자들이 게임업체를 먹여 살리고 있다"고 말했다.

출처 : 한국경제신문(2021. 1. 4) ⓒ 한경닷컴

Hannah-Kay 지수(Hannah & Kay Index)

Hannah-Kay 지수
$HK(\alpha)=\sum_{i=1}^{N}s_i^{\alpha}$

Hannah-Kay(1977)는 *HHI*의 일반화를 제안했다. 이 공식은 Hannah-Kay 지수 $HK(\alpha)$라 하고, 다음과 같이 정의된다.

$$HK(\alpha)=\sum_{i=1}^{N}s_i^{\alpha} \quad \text{단}, \alpha>0,\ \alpha\neq 1.$$

위에서 $\alpha=0$인 경우 $HK(0)=N$이 되고, $\alpha=1$인 경우 $HK(1)=1$이 되므로,

α는 $\alpha > 0, \alpha \neq 1$인 임의의 수이다.

HHI를 시장점유율에 가중치를 부여한 것으로 해석할 수 있듯이 $HK(\alpha)$도 가중치를 부여한 것으로 볼 수 있다.

시장점유율에 대한 가중치를 $\omega_i = s_i^{\alpha-1}$이라고 하면, 다음과 같이 쓸 수 있다.

$$\begin{aligned} HK(\alpha) &= \sum_{i=1}^{N} \omega_i s_i \\ &= \sum_{i=1}^{N} s_i^{\alpha-1} s_i \\ &= \sum_{i=1}^{N} s_i^{\alpha} \end{aligned}$$

만약 $\alpha = 2$인 경우 $HK(2) = HHI$가 된다.

$0 < \alpha < 2(\alpha > 2)$인 경우 $HK(\alpha)$는 HHI보다 작은 규모의 기업에 더 큰(작은) 가중치, 큰 규모의 기업에 더 작은(큰) 가중치를 부여한다.

엔트로피지수
$E = \sum_{i=1}^{N} s_i \log_e\left(\frac{1}{s_i}\right)$

엔트로피지수(entropy index) E는 시장점유율에 시장점유율 역수의 로그값을 곱한 것의 합으로 정의된다. 엔트로피지수는 시장에 기업 수가 많을수록, 시장점유율이 비슷할수록 경쟁이 심할 것이라는 전제 하에서 이용된다.

$$E = \sum_{i=1}^{N} s_i \log_e\left(\frac{1}{s_i}\right)$$

엔트로피지수 E는 시장집중률의 역이라 할 수 있다. 엔트로피지수가 클수록 경쟁적 시장이 되고, 작을수록 불완전경쟁의 정도가 심한 것을 의미한다.

독점의 경우 $E = 0$이 된다. N개의 동일한 규모로 구성된 산업의 경우 E의 최대가능값은 $\log_e(N)$이 된다. E의 최대값이 기업 수에 의존하기 때문에 엔트로피지수로 다른 규모의 산업들을 비교하는 것은 적절하지 않을 수 있다.

상대적 엔트로피지수
$RE = \frac{E}{\log_e(N)}$

이 때문에 **상대적 엔트로피지수**(relative entropy index) RE가 만들어졌는데, RE는 기업 수에 의존하지 않는다. RE는 다음과 같이 정의된다.

$$RE = \frac{E}{\log_e(N)} = \left[\frac{1}{\log_e(N)}\right] \sum_{i=1}^{n} s_i \log_e\left(\frac{1}{s_i}\right)$$

독점의 경우 $RE = 0$이다. N개의 동일 규모로 이루어진 산업의 경우 RE의 최대가능값은 $RE = 1$이다.

지니지수(Gini index) G는 소득불평등 정도를 측정하는 로렌츠곡선에서 도출될 수 있는데, 시장의 집중도를 측정하는 데도 사용된다. 지니지수의 값이 클수록 시장의 독점 정도가 심해지고, 작을수록 경쟁적 시장이 된다. 지니지수는 아래와 같이 정의된다.[5]

지니지수

$$G = \left\{ \frac{\sum_{n=1}^{N} \sum_{i=1}^{n} x_i}{0.5(N+1) \sum_{i=1}^{N} x_i} \right\} - 1$$

$$G = \left\{ \frac{\sum_{n=1}^{N} \sum_{i=1}^{n} x_i}{0.5(N+1) \sum_{i=1}^{N} x_i} \right\} - 1$$

위 식에서 x_i는 기업 i의 규모를 의미한다. 기업규모는 보통 매출이나 자산, 종업원수 등으로, 내림차순으로 측정된다.

지니지수는 기업규모 분포에서 불균등의 정도를 가장 정확하게 측정한다고 할 수 있다.

3. 시장구조와 시장성과

3.1 시장성과

시장성과는 다음과 같은 여러 가지 요소들에 의해 평가될 수 있다.

우선 수익성이다. 신고전파이론(neoclassical theory)에서는 기업의 높은 수익이나 비정상이윤은 시장지배력의 남용에 따른 결과로 보고 있다. 반면에 시카고학파(Chicago School)에서는 기업이 생산비를 절감하거나 우월한 생산적 효율성을 확보함으로써 가격을 낮추게 되고, 이에 따라 경쟁기업을 시장에서 퇴출시킴으로써 결과적으로 독점적 지위를 얻게 된 기업들이 비정상이윤을 얻을

5. Lipczynski, Wilson & Goddard(2017), pp.223~225.

수 있다고 보고 있다. 즉, 비정상이윤은 생산비를 절감하거나 우월한 생산적 효율성을 확보한 대가로 얻을 수 있다는 것이다.

수익성에 바탕을 둔 평가에는 신중을 기해야 한다. 어떤 기업은 앞으로의 수익증대를 위해 투자를 많이 하는 경우가 있다. 한편 다른 기업들은 현재 높은 수익을 구가하고 있으나 2~3년 후에는 악화된 경영환경 때문에 수익성이 크게 나빠질 수 있다. 따라서 기업을 수익성이라는 잣대에 의해 시장성과를 평가하는 경우 이러한 장기 및 단기적 상황들과 재무제표 작성상의 감가상각처리 등 회계처리방법 등을 종합적으로 고려해 이루어져야 한다.

다음으로 **성장성**이다. 수익성은 이윤을 극대화하고자 하는 기업들의 경우에는 타당한 성과지표가 될 수 있지만, 어떤 기업들은 매출성장이나 기업규모의 성장 등과 같은 다른 목표들을 추구할 수도 있다. 예를 들어 매출, 자산, 고용 등의 성장은 기준시점과 비교시점을 비교함으로써 유용한 성과지표가 될 수 있다.

제품과 서비스의 질 또한 중요한 성과지표가 될 수 있다. 이는 소비자나 소비자집단의 입장에서뿐만 아니라 정부 등 규제당국이 시장성과를 평가하는 유용한 지표가 될 수 있다.

기술진보 역시 시장성과를 나타낼 수 있다. 기술진보는 연구개발투자의 결과로 발생할 수 있기 때문에 기술진보의 정도는 시장성과를 나타낸다고 할 수 있다. 기술진보는 수요와 공급 측면에 모두 영향을 미칠 수 있다. 예를 들어 신제품이 시장에 도입되는 경우 소비자의 선호나 취향에 영향을 미칠 수 있고, 보다 효율적인 신공정이 개발되는 경우 생산기술이나 비용구조를 변화시킬 수 있다.

생산적 효율성은 주어진 투입물을 결합해 기술적으로 생산 가능한 최대 산출량을 얻거나, 일정한 산출량을 생산하기 위해 투입물을 효율적으로 결합해 가장 낮은 비용으로 생산하는 것을 의미한다.

배분적 효율성은 시장균형에서 사회적 후생이 극대화될 때를 의미한다.

생산적 효율성(productive efficiency)과 **배분적 효율성**(allocative efficiency)의 개선 정도도 시장성과를 나타낼 수 있다.[6] 생산적 효율성은 주어진 투입물을 결합해 기술적으로 생산 가능한 최대산출량을 얻거나, 일정한 산출량을 생산하기 위해 투입물을 효율적으로 결합해 가장 낮은 비용으로 생산하는 것을 의미한다. 배분적 효율성은 시장균형에서 사회적 후생이 극대화될 때를 의미한다. 이러한 생산적 효율성과 배분적 효율성 역시 시장성과를 나타낼 수 있다.

---

6. 생산적 효율성과 배분적 효율성에 대한 보다 자세한 논의는 13장 1절을 참조 바람.

그러나 앞에서 언급한 것뿐만 아니라 소득과 부의 분배에서 형평성의 문제, 소비자선택의 자유 등도 시장성과를 나타내는 지표라 할 수 있다.

3.2 시장구조와 시장성과

시장구조와 시장성과는 어떤 관계가 있는가? 시장구조와 시장성과의 관계에 대해서는 여러 가지 논의가 있다.

구조-행동-성과(SCP; structure-conduct-performance) **패러다임** 하에서 살펴보면 시장구조는 일반적으로 기업행동과 시장성과에 영향을 미친다.[7] 예를 들어 하나 또는 소수의 기업들이 시장을 지배한다고 하자. 이 경우 시장지배력이 생기면서 가격은 높아지고, 산출량은 감소하고, 여러 가지 사회적 비용이 발생할 수 있다. 이러한 사회적 비용에는 비효율성이 발생한다거나 혁신이 더뎌지고 소득과 부의 분배가 형평성을 잃게 되고, 소비자선택의 자유 등이 제한될 수 있는 것들이 포함될 수 있다. 이처럼 한 산업 내의 성공적인 기업의 성과나 시장성과는 그 산업 내의 기업 수와 기업규모가 어떻게 분포되어 있느냐에 의존할 수 있다. 또한 해당 산업의 특징이 기업과 시장성과에 영향을 미칠 수 있다.

구조-행동-성과(SCP) 패러다임

반면에 시장집중률과 수익성의 관계를 분석하면 상관관계가 어느 정도 있거나, 아예 관계가 존재하지 않을 수도 있다. 왜 어떤 기업은 도태되고 어떤 기업은 계속 생존할 수 있을까?

개별기업의 성장이나 기업규모의 분포 등은 완전히 우연일 수도 있다. 이러한 이론에 따르면 기업의 성장이나 기업규모의 분포는 복권에 당첨되는 것과 마찬가지로 우연히 그렇게 이루어졌을 뿐이다. 이러한 이론을 '**무작위성장가설**(random growth hypothesis)'이라고 한다. 이 이론에 따르면 우연히 어떤 기업은 성과가 좋고, 다른 기업은 성과가 나쁘다. 기업들 간 고성장이나 저성장의 분포 등은 본질적으로 우연히 이루어진 것일 뿐이다. 더욱이 과거의 성장은 기업

무작위 성장가설에 따르면, 어떤 기업은 성과가 좋고, 다른 기업은 성과가 나쁜 것은 우연이다.

7. Lipczynski, Wilson, and Goddard(2017)에 따르면 기업행동을 나타내는 변수들은 기업의 목적, 가격정책, 제품디자인, R&D, 담합, 합병 등을 들 수 있다. 보다 자세한 내용에 대해서는 Lipczynski, Wilson, and Goddard(2017), p.9를 참조 바람.

이 미래에 성장할 것인지, 쇠락할 것인지에 대한 신뢰할 수 있는 척도가 아니라는 것이다. 따라서 개별기업의 성장은 복권당첨자가 누가 될지 예측할 수 없는 것처럼 예측될 수 없다.

그러나 '무작위성장가설'은 개별기업의 사후적(ex post) 성장이나 성과가 경영진의 능력, 성공적인 혁신, 효율적 생산이나 소비자수요의 변화 등에 체계적으로 의존하고 있다는 것을 배제하고 있지는 않다. '무작위성장가설'은 이러한 요인들로부터 이루어지는 기업성장을 사전적으로(ex ante) 예측할 수 없다는 것이다. 이러한 종류의 체계적 요인들은 기업성장에 영향을 미치지만 이 요인들 자체가 기업들 간 무작위적으로 분포되어 있기 때문이다.

기업들이 동일한 규모로 성장하고 매기 성장기회도 동일함에도 불구하고 시간이 지나면서 산업구조가 더욱더 집중화되는 것을 Gibrat의 법칙이라고 한다.

'무작위성장가설'은 기업성장에서 **'비례효과의 법칙**(law of proportionate effect)'으로 불리며, 이는 다른 한편으로 **'Gibrat의 법칙**(Gibrat's law)'으로 알려져 있다.[8] 시장구조는 수많은 요인들에 의존할 수 있다. 이러한 요인들 가운데 기업규모와 그 성장률 사이의 관계를 들 수 있다. Gibrat은 100개의 동일한 규모의 기업들을 모집단으로 하고 있는데, 매기 각 기업은 평균성장률의 분포(일정 상수의 평균과 분산)에서 무작위적으로 성장률을 할당받게 된다. 이 경우 기업규모와 성장은 어떤 관계에 있을까?

Gibrat은 기업들이 동일한 규모로 성장하고 매기 성장기회도 동일함에도 불구하고 시간이 지나면서 산업구조는 더욱더 집중화됨을 발견했다. 이를 'Gibrat의 법칙'이라 한다. 그러나 'Gibrat의 법칙'은 많은 것을 간과하고 있기도 하다. 기업가 혁신이나 연구개발 노력, 기업결합이나 새로운 기업의 시장진입, 기존 기업의 시장퇴출, 시장진입과 퇴출 뒤에 있는 여러 가지 기업전략들 등과 같은 것을 고려하고 있지 못한 것이다.

8. 'Gibrat의 법칙'은 프랑스 통계학자 Gibrat의 이름을 딴 것이다.

4. 시장구조와 시장지배력

4.1 시장지배력

시장에서 가격이나 판매량에 영향을 미칠 수 있는 힘을 '**시장지배력**(market power)'이라고 한다. 어떤 기업이 강력한 시장지배력을 갖고 있다는 것은 수익을 제고하기 위해 가격결정 등과 같은 미시적 정책을 선도적으로 할 수 있다는 것을 의미한다. 이는 시장경쟁에서 이미 성공했다는 것을 의미하며, 따라서 기업은 이러한 시장지배력을 최소한 유지 내지 향상시키기 위해 많은 노력을 경주하게 된다.

시장지배력이란 시장에서 가격이나 판매량에 영향을 미칠 수 있는 힘을 의미한다.

이러한 노력에는 제품개발과 같은 노력뿐만 아니라, 다른 기업들의 시장진입을 저지하는 것도 포함될 수 있다. 시장진입을 방해하는 것은 특허, 광업권, 프랜차이즈와 같은 법적인 방법뿐만 아니라 보다 일반적인 경제적 방해들을 망라한다. 시장진입 방해는 시장의 기본적 특성에 따라 다양하게 전개될 수 있다.[9] 예를 들어 기업규모가 큰 경우도 진입을 막을 수 있고, 광고비와 같은 비가격경쟁이 심한 경우도 잠재적 진입기업들이 해당 시장에 들어가는 것을 저지할 수 있다. 시장진입을 방해하는 여러 가지 벽들의 높이가 실제로 어느 정도 되는 가를 추정하기는 어려운 일이다.

4.2 시장구조와 시장지배력

시장점유율이 높아지면서 기업들의 시장지배력이 커지게 된다. 어떤 시장에서 한 기업의 시장점유율이 25%에서 30% 정도의 수준이면 불완전경쟁의 정도가 높다고 보며, 40%에서 50% 범위의 경우 해당 기업은 강력한 시장지배력을 갖고 있는 경우가 보통이다. 시장에서 불완전경쟁의 정도가 심해질수록 시장점유율이 높은 기업들의 시장지배력이 커지게 된다.

9. 1950년대 Joe S. Bain이 이를 지적했다.

보통 시장점유율이 40% 이상이고 시장 내에 필적할 만한 경쟁기업이 없는 경우 그러한 기업을 시장지배적 기업이라고 한다.

보통 시장점유율이 40% 이상이고 시장 내에 필적할 만한 경쟁기업이 없는 경우 그러한 기업을 '**시장지배적 기업**(dominant firm)'으로 부른다. 시장지배적 기업의 시장점유율이 높아지면 독점의 정도가 높아진다고 할 수 있다. 시장지배적 기업은 때로는 순수 독점기업처럼 시장에서 지배력을 행사할 수 있다. 이는 시장지배적 기업이 다른 기업들의 경쟁을 의식하지 않고 수익을 극대화하는 의사결정을 할 수 있다는 것을 의미한다.

시장지배적 기업은 수익을 높이기 위해 가격을 올리거나 가격차별을 행하는 경우가 있다. 가격차별은 시장지배적 기업이 시장을 분리해 가격탄력성에 기초해 소비자그룹별로 다른 가격을 받는 것을 종종 의미한다. 시장지배적 기업은 거의 독점에 가깝다고 해도 틀리지 않다.

단일품목의 매출액이 5백억원을 넘고 시장점유율이 50%를 넘거나 매출액 상위 3개사의 시장점유율이 75% 이상인 경우 시장지배적 사업자로 선정된다.

우리나라의 경우 시장지배적 기업과 거의 일치하는 개념이 '**시장지배적 사업자**'란 용어이다. 공정거래법은 매출액 요건과 점유율 요건의 두 가지 기준을 동시에 충족시키는 경우 시장지배적 사업자로 지정하고 있다. 단일품목의 매출액이 5백억원을 넘고, 한 회사의 시장점유율이 50%를 넘거나 매출액 상위 3개사의 시장점유율이 75% 이상인 경우 **이러한 매출액과 점유율 기준들을 동시에 충족시키면 시장지배적 사업자로 선정**된다. 단, 매출액 상위 3개사 중 매출액 점유율이 10% 미만인 업체는 시장지배적 사업자 지정에서 제외하고 있다. 〈사례연구 2-2〉는 매출액 상위 3개사의 시장점유율, 즉 CR_3가 75% 이상인 이동통신시장을 보여준다. 5G 시장 역시 이동통신시장과 마찬가지로 소위 45 : 30 : 25, 즉 수년째 SK텔레콤 45%, KT 30%, LG유플러스 25% 안팎의 시장점유율 구조를 보이고 있다. 이러한 구조의 시장지배적 사업자로 구성된 시장은 새로운 서비스나 콘텐츠, 요금 및 단말기 경쟁이 활성화되지 못할 경우 관련 산업 발전을 늦추고, 결국 소비자 후생에 부정적인 영향을 미칠 수 있다.

사례연구 2-2 '어차피 1등은 SKT' … 5G 시대에도 바뀌지 않는 이통시장점유율

45 : 30 : 25 구도 회귀 … "마케팅 대신 서비스 · 콘텐츠 · 요금 · 단말기 경쟁해야"

45대 30대 25. 국내 이동통신 3사의 점유율로 굳어진 이 같은 숫자는 5G 시대에도 바뀌지 않을 것으로 보인다.

5G 상용화 초기 출렁이던 시장 판도가 점차 안정화한 끝에 각사의 점유율이 기존 전체 평균으로 수렴한 것이다. 2020년 10월 7일 과학기술정보통신부에 따르면 2020년 8월 말 기준 이통 3사의 5G 시장 점유율(알뜰폰 제외)은 SK텔레콤 46.0%, KT 30.4%, LG유플러스 23.6% 순이었다.

이로써 각사의 5G 시장 점유율은 전체 이통시장 점유율(알뜰폰 제외)인 SK텔레콤 46.6%, KT 29.9%, LG유플러스 23.5%에 거의 일치하게 됐다.

최근 수년째 SK텔레콤 45%, KT 30%, LG유플러스 25% 안팎으로 유지된 이통시장과 같은 구도로 5G 시장이 자리를 잡은 것이다.

5G 시장은 상용화 직후인 2019년 4월 말 KT가 1위를 차지하는 등 기존과 다른 양상으로 전개되며 시장 구도의 변화에 대한 기대감이 커졌다. 2019년 6월 말에는 LG유플러스가 29.0%까지 점유율을 끌어올리며 당시 2위 KT를 위협하기도 했다. 그러나 KT와 LG유플러스는 이후 하락세를 면치 못했고, 반대로 SK텔레콤은 꾸준히 점유율을 끌어올린 끝에 3사 모두 기존의 '제자리'를 찾아가게 됐다.

업계에서는 이통 3사의 서비스가 크게 차별화되지 않은 상황에서 5G 가입자들도 기존에 가입한 통신사를 다시 찾는 경우가 많은 것으로 풀이했다. 가족결합 등 할인제도 역시 가입자를 묶어두는 효과가 있는 것으로 분석된다.

그러나 국내 통신시장이 여전히 보조금 위주의 마케팅 경쟁에 안주하고 있다는 지적도 나온다. 또한 이런 구태 탓에 5G 시대에도 새로운 서비스나 콘텐츠, 요금 및 단말기 경쟁이 활성화되지 못하면서 관련 산업 발전과 소비자 후생 증진을 저해한다는 우려가 커진다.

일각에서는 업계 1위인 SK텔레콤의 영향력이 5G 시장에까지 그대로 미치는 것은 문제라는 주장도 제기된다.

업계 관계자는 "통신업 특성상 3~4개 이상 다수 사업자가 시장에 진입해 활발하게 경쟁하는 경우는 세계적으로 찾아보기 힘들다"면서도 "지금처럼 가입자를 뺏어오는 유통망 위주의 경쟁보다는 서비스와 콘텐츠 위주의 경쟁 구도로 발전하는 것이 바람직할 것"이라고 말했다.

출처 : 매일경제신문(2020. 10. 7) ⓒ 매일경제 & mk.co.kr

공정거래위원회는 시장지배적 사업자가 가격을 마음대로 올리거나 제품의 출고를 조절하는 행위, 새로 시장에 진입하고자 하는 기업을 방해하는 행위, 기타 소비자의 이익을 해칠 우려가 있는 행위 등을 금지해 소비자의 이익을 보호하고자 하고 있다. 〈사례연구 2-3〉은 공정거래위원회의 코리안리재보험(주)에 대한 시장지배적 지위 남용행위에 대한 제제를 설명하고 있다. 2018년 12월 17일 공정거래위원회는 코리안리재보험(주)가 국내 일반항공보험 재보험시장에서 잠재적 경쟁사업자의 진입을 배제하였다고 결정하고, 그에 대한 시정명령과 약 76억원(잠정)의 과징금 부과를 결정했다. 이는 독점사업자의 남용행위를 제재함으로써 자유로운 경쟁이 도입될 수 있는 기반을 조성하는 데 그 의의를 찾을 수 있다. 이러한 조치는 결국 경쟁을 통해 보험료 인하와 보험서비스 개선을 도모하고, 보험계약자의 선택기회를 확대하는 데 그 목적이 있다. 이러한 주장의 이면에는 시장지배적 사업자가 높은 시장점유율에 근거해 소비자의 이익을 해치는 등 독점적 행동을 할 가능성이 있기 때문이다.

왜 어떤 기업들은 시장지배력을 갖게 되고, 다른 기업들은 그러한 지배력을 갖지 못하게 될까? 그리고 시장지배력을 어떻게 유지할까? 규모의 경제, 우월한 성과, 공권력의 남용 등이 그 이유가 될 수 있다.[10]

사례연구 2-3 코리안리재보험(주)의 시장지배적 지위 남용행위 제재

공정거래위원회는 2018년 12월 17일 코리안리재보험(주)가 국내 일반항공보험 재보험시장에서 잠재적 경쟁사업자의 진입을 배제한 행위에 시정명령과 약 76억원(잠정)의 과징금 부과를 결정했다. 공정거래위원회에 따르면 코리안리는 1999년부터 국내 손해보험사들과 '항공보험 재보험 특약'을 체결하면서 관련 시장을 독점화하고 잠재적 경쟁사업자를 배제했다.

◉ 시장구조 및 현황

재보험이란 보험회사가 인수한 보험계약상 보상책임의 일부 또는 전부를 다른 보험회사에게 전가하는 보험을 의미한다. 이때 다른 보험회사에게 보상책임을 전가하는 것을 '출재', 반대로 책임을 인수하는 것을 '수재'라고 한다.

코리안리는 국내 일반항공보험 재보험 시장에서 최근 5개년 평균 시장점유율 약 88%를 차지하는 사실상 독점사업자에 해당한다. 코리안리는 국내 손해보험사들로부터 수재한 일반항공보험료 중 약 30%만 자신이 보유하고, 나머지는 국내 손해보험사 또는 해외재보험사에 다시 재재보험으로 출재하고 있다.

재보험서비스는 국경 간 거래가 허용돼 있어 국내외 소재 재보험사들이 모두 진출할 수 있는 시장이다. 다만, 항공보험 분야에서는 1993년 4월까지 해외재보험사의 진입에 제도적 장벽이 존재했다.

◉ 법 위반내용

재보험자유화 정책으로 항공보험 분야에서 보험요율 구득협정과 국내우선출재제도가 폐지됨에 따라 1993년 4월부터 코리안리와 해외 재보험사 간 요율과 수재경쟁이 가능하게 됐다.

그러나 코리안리는 손해보험사들의 해외요율 구득을 제한하고 재보험 물량이 자신에게 집중되도록 하는 독점적 거래구조가 유지되도록 했다.

뿐만 아니라, 코리안리는 특약을 위반해 해외 재보

10. 1970년대 포스너 등 시카고학파가 이러한 이유들을 제시한 바 있다.

험사로부터 경쟁적인 요율을 구득하고자 했던 손해보험사들에게 불이익을 가해 이들이 자신과만 거래하도록 강제했다.

코리안리는 보험중개사 또는 해외 재보험사에 대한 지위를 이용해 국내 손해보험사들이 다른 해외 재보험사와 거래하는 것을 방해했다.

코리안리는 국내 진출 가능성이 높은 잠재적 경쟁사업자들을 자신의 재재보험 출재거래선으로 포섭해, 이들이 직접 국내 손해보험사와 거래하지 않고 자신을 경유하여 거래하도록 하기도 했다.

코리안리는 국내에서 수재한 일반항공보험료 중 약 70%를 재재보험으로 출재하고 있으며, 이 중 대부분은 해외로 출재된다. 코리안리와의 재재보험 거래에 참여하는 해외 재보험사는 코리안리와의 관계를 고려해 국내시장 진출을 적극적으로 시도하기 어려워졌다.

코리안리는 위 행위들을 통해 국내 일반항공 원수보험과 재보험시장의 경쟁을 크게 제한했다.

모든 국내 손해보험사들을 대상으로 장기간 위 행위들을 지속함으로써 일반항공 재보험물량의 약 88%가 자신에게 출재되도록 해 잠재적 경쟁 재보험사의 진입가능성을 봉쇄했다.

국내시장 내 해외요율 도입가능성을 차단함으로써 경쟁수준에 비해 높은 보험요율이 형성된 것으로 보인다.

모든 손해보험사들이 코리안리의 동일 요율과 조건으로 입찰에 참여하게 돼 낙찰자가 추첨으로 선정됨에 따라 손해보험사들 간 보험료와 서비스 경쟁이 차단되고, 손해보험사들의 자체적인 보험료 산출능력 개발유인도 저해됐다.

국내시장에 코리안리의 요율과 조건이 일률적으로 적용됨에 따라 보험계약자가 다양한 보험상품을 비교·선택할 수 있는 기회가 차단되는 등 최종소비자의 선택권이 크게 제한됐다.

◉ 적용법조와 주요 조치내용

공정위는 코리안리가 국내 일반항공 재보험시장에서 모든 손해보험사들이 자신하고만 거래하도록 함으로써 잠재적 경쟁사업자를 배제했다고 판단하고 시정명령을 부과했다. 잠정 과징금은 약 76억원으로, 최종 금액은 심의일 기준으로 관련매출액을 재산정해 확정할 예정이다.

◉ 의의와 기대효과

재보험시장에서 제도적으로 독점적 지위를 보장받았던 사업자가 재보험자유화 이후에도 부당한 방법으로 자신의 시장지배력을 유지·강화한 행위를 제재한 것이다. 이는 장기간 폐쇄적 거래구조를 유지해 최종소비자의 희생 아래에 이윤을 향유한 독점사업자의 남용행위를 제재하고 자유로운 경쟁이 도입될 수 있는 기반을 마련했다는 데 의의가 있다.

아울러 코리안리의 보험료와 조건이 일률적으로 적용됐던 국내 일반항공보험 시장에 경쟁을 도입해 보험료 인하와 보험서비스 개선에 기여하고, 보험계약자가 다양한 보험요율과 보장조건을 비교해 선택할 수 있는 기회도 확대할 것으로 기대된다.

출처 : 공정거래위원회 보도자료(2018. 12. 17)

한편, Carlton & Perloff(2015)는 이러한 시장구조를 창출하는 요인들로 세 가지를 들고 있다.[11] 첫 번째는 시장지배적 기업이 한계기업 등 다른 기업들보다 낮은 생산비를 갖고 있는 경우이다.

11. Dennis W. Carlton and Jeffrey M. Perloff, *Modern Industrial Organization*, 4th cd., pp.135 (Pearson, 2015).

두 번째로 시장지배력을 갖게 되는 이유는 개별기업이 차별화된 제품을 판매하는 시장에서 시장지배적 기업이 제품의 질에서 우월한 제품을 생산할 수 있는 경우를 들 수 있다.

세 번째 요인은 다수의 기업들이 마치 하나의 기업처럼 시장지배력을 행사하는 경우를 들 수 있다. 사실 기업들은 이윤을 추구하고 있기 때문에 경쟁을 피하고 담합을 하게 될 유인을 갖게 될 수 있다. 카르텔은 그러한 명시적 담합의 예이다. 산업 내의 모든 기업들이 카르텔을 형성하는 경우 독점기업처럼 시장지배력을 행사할 수 있다. 일부 기업들이 카르텔을 형성하는 경우 다른 비협조적 기업들에 비해 시장지배력을 행사할 수 있다.

Carlton & Perloff(2015)가 제시한 이러한 요인들 이외에도 사실 많은 요인들이 시장지배적 기업의 생성 및 유지에 영향을 미친다. 예를 들면, 합병, 단순한 운, 비경쟁적인 경제행위, 다양한 경영전략 및 기업전략 등이다.

어떤 산업 내에 시장지배적 기업이 있는 경우 가격결정에서도 시장지배적 기업은 가격선도(price leadership) 역할을 하게 된다. 즉, 제품이 동질적인 경우 시장지배적 기업이 가격을 결정하면 다른 기업들은 그 가격을 그대로 따르게 된다.

생각해 봅시다

1. 시장을 어떻게 정의할 수 있는가?
2. 시장을 경쟁의 정도에 따라 어떻게 분류할 수 있는가?
3. 시장구조에 따라 시장성과가 달라진다고 생각하는가? 그렇다면 왜 그러한가?
4. 시장구조를 측정하는 지수가 다양하게 있다는 것을 알고 있다. 이러한 지수에는 문제점이 없는가?
5. '시장지배적 기업'이나 '시장지배적 사업자'를 규제하는 이유는 무엇이라고 생각하는가?
6. '무작위성장가설(random growth hypothesis)'을 설명하라.
7. '시장성과를 평가할 수 있는 요소들을 설명하라.

중요 용어

수요의 교차탄력성	공급의 교차탄력성	한국표준산업분류
시장구조	시장구조의 측정방법	시장성과
구조-행동-성과(SCP)	무작위성장가설	Gibrat's law
시장지배력	시장지배적 기업	시장지배적 사업자

참고문헌

1. Dennis W. Carlton and Jeffrey M. Perloff, *Modern Industrial Organization*, 4th ed., (Pearson, 2015).
2. Hannah, L. and Kay, J.A. *Concentration in Modern Industry*, (London: Macmillan, 1977).
3. Lipczynski, John, John Wilson, and John Goddard, *Industrial Organization: Competition, Strategy and Policy*, 5th ed., (England : Pearson Education Limited, 2017).
4. W.G. Shepherd and Joanna M. Shepherd, *The Economics of Industrial Organization*, 5th ed. (Long Grove, IL: Waveland Press, Inc., 2004).
5. 통계청, 2019. 12, 제10차 기준 한국표준산업분류 실무 적용 가이드북.
6. 통계청, 2021, 한국표준산업분류, http://www.kostat.go.kr/

Chapter

03 완전경쟁시장의 경제적 의미

경쟁시장

Industrial Organization
Part Two

2

03 완전경쟁시장의 경제적 의미

Chapter Three

1. 완전경쟁시장의 특징 / 2. 소비자잉여 vs. 생산자잉여 / 3. 개별기업 vs. 시장 전체

1. 완전경쟁시장의 특징

완전경쟁시장의 조건
① 시장참여자들은 가격수취자
② 동질적 제품
③ 자유로운 시장진입과 탈퇴
④ 완전정보

완전경쟁시장은 몇 가지 조건이 충족되어야 한다.

첫째, 시장참여자들은 **가격수취자**(price taker)이어야 한다. 이는 시장참여자, 즉 구매자와 판매자들이 너무 많아 어느 누구도 시장가격에 영향을 미칠 수 없어야 한다는 것을 의미한다.

둘째, 제품이 **동질적**(homogeneous)이어야 한다. 제품이 이질적이면 같은 시장으로 구분하기가 어렵기 때문이다. 제품이 동질적이라는 것은 제품 상호 간에 완전대체가 가능하다는 것을 의미한다.

셋째, 시장에 대한 **진입**(entry)**과 탈퇴**(exit)**가 자유**로워야 한다. 시장의 수익성이 좋아 보이면 어떤 기업도 자유롭게 시장에 들어올 수 있어야 하며, 시장 상황이 어려울 때 해당 기업은 어떤 법률적·관습적 제약 없이 언제든지 시장에서 나올 수 있어야 한다.

넷째, **완전정보**(perfect information)의 조건, 즉 시장참여자들 사이에 모든 정보가 대칭적으로 이용 가능해야 한다. 이는 가격 등 제품의 모든 것에 대해 시장참여자들이 모두 확실히 알고 있다는 것을 의미한다. 동일한 제품에 대해 소비자의 경우 더 비싼 가격을 지불하지 않으려 할 것이고, 공급자인 기업의 경우에도 낮은 가격으로 공급하지 않을 것이기 때문에 자연스럽게 일물일가의 법칙이 성립하게 된다. 그러나 완전정보의 조건은 현실적으로 볼 때 지나치게 엄격

한 가정이라 할 수 있다. 제품의 구매자들과 판매자들 사이에 정보의 비대칭이 항상 존재할 가능성이 있기 때문이다. 이 책에서는 이러한 네 가지 조건들이 충족될 때 완전경쟁시장이라고 정의한다.

2. 소비자잉여 vs. 생산자잉여

2.1 수요곡선의 의미와 소비자잉여

수요곡선은 가격과 수요량이 역의 관계에 있다는 것을 보여준다.

수요곡선은 가격이 상승하면 수요량이 감소하고 가격이 하락하면 수요량이 증가하는 관계를 보여준다. 이렇게 우하향하는, 즉 오른쪽 아래로 기울어져 있는 수요곡선은 〈그림 3-1〉에 나타나 있다. 수요곡선은 가격과 수요량이 역(-)의 관계에 있다는 것을 보여준다.

수요량에 영향을 미치는 요인들은 가격 외에 다양하다. 소비자의 주머니 사정이라 할 수 있는 소득수준, 대체재 및 보완재 등 다른 재화의 가격, 소비자의

그림 3-1

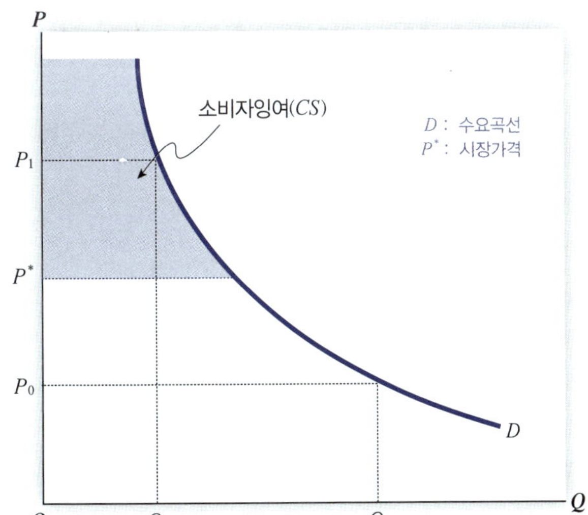

수요곡선

수요곡선은 가격과 수요량이 역의 관계에 있다는 것을 보여준다. Q_1의 양을 사기 위해 P_1의 가격을 기꺼이 지불하고자 하는 소비자는 시장가격이 P_1보다 낮은 P^*가 되는 경우 이득을 본다. 소비자잉여(CS)는 이렇게 소비자들이 기꺼이 지불하고자 하는 가격과 실제 지불한 가격의 차이에서 발생하는 소비자 이득의 합이다.

취향, 인구분포 등 다양한 것들이 소비자의 수요량에 영향을 미친다.

수요곡선을 아래와 같이 함수관계로 표현하면 이해에 도움이 될 것이다.

수요함수 : $Q_D = f(P, P_{\text{others}}, I, Pop, T)$

$$Q_D = f(P, P_{\text{others}}, I, Pop, T)$$

위의 식에서 Q_D는 수요량, P는 해당 재화의 가격, P_{others}는 다른 재화의 가격, I는 소비자의 소득수준, Pop은 인구분포, T는 소비자의 취향을 의미한다. 이처럼 가격을 포함한 여러 변수들이 수요량에 영향을 미칠 수 있다.

수요곡선은 이들 변수 중 가격과 수요량 이외에는 변하지 않는다는 전제 하에 그려진다. 따라서 가격 이외의 요인들이 변화할 때 수요곡선은 왼쪽 또는 오른쪽으로 이동하게 된다. 예를 들어 소비자의 소득수준이 높아지는(낮아지는) 경우를 생각해 보자. 이때 모든 가격 수준 하에서 보다 많은(적은) 재화를 살 수 있기 때문에 수요곡선은 오른쪽(왼쪽)으로 이동한다.

수요곡선은 다른 측면에서 볼 수도 있다. 〈그림 3-1〉에서 보듯이 수요곡선은 Q_0의 양을 사기 위해 소비자가 기꺼이 P_0의 가격을 지불할 용의가 있다는 것을 의미하기도 한다. 마찬가지로 수요곡선은 Q_1의 양을 사기 위해 소비자가 기꺼이 P_1의 가격을 지불할 용의가 있다는 것을 의미한다. 이러한 관점에서 볼 때 만약 시장에서 가격이 P^*로 결정이 되었다면 그보다 높은 가격을 기꺼이 지불하고자 했던 소비자들의 경우에는 다행스러운 일이 될 것이다. 이러한 소비자들의 후생을 합해 **소비자잉여**(consumer surplus)라 한다. 소비자잉여는 소비자들이 기꺼이 지불하고자 하는 가격과 실제 지불한 가격의 차이에서 발생하는 소비자 이득의 합이라고 정의할 수 있다.

소비자잉여는 소비자들이 기꺼이 지불하고자 하는 가격과 실제 지불한 가격의 차이에서 발생하는 소비자 이득의 합이다.

2.2 공급곡선의 의미와 생산자잉여

공급곡선의 경우에도 마찬가지로 설명할 수 있다.

공급곡선은 가격이 상승하면 공급량이 증가하고 가격이 하락하면 공급량이 감소하는 관계를 보여준다. 이러한 우상향하는, 즉 오른쪽 위로 올라가 있는 공급곡선은 〈그림 3-2〉에 나타나 있다. 공급곡선은 가격과 공급량이 정(+)의 관

그림 3-2

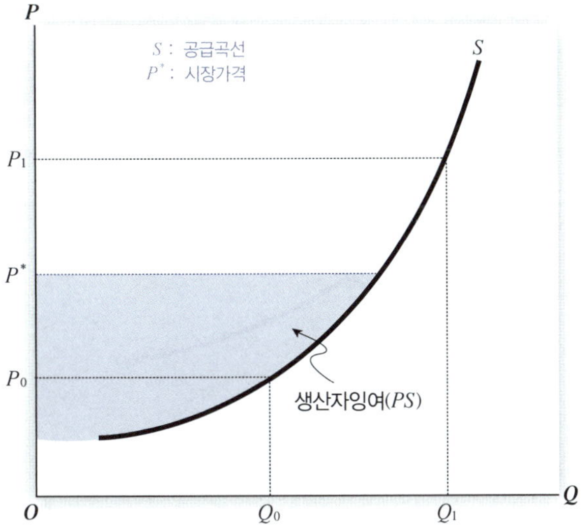

공급곡선

공급곡선은 가격과 공급량이 정의 관계에 있다는 것을 보여준다. P_0의 가격을 받을 경우 Q_0의 양을 기꺼이 공급하고자 하는 생산자는 시장가격이 P_0보다 높은 P^*가 되는 경우 이득을 본다. 생산자잉여(PS)는 이렇게 생산자들이 기꺼이 받고자 하는 가격과 실제 받은 가격의 차이에서 발생하는 생산자 이득의 합이다.

계에 있다는 것을 의미한다. 사실 공급량에 영향을 미치는 요인들은 가격 외에 다양하다. 공급자인 기업의 제품을 생산하는 기술수준, 원자재 가격, 생산에 투입되는 노동의 가격인 임금, 대체재 및 보완재 등 다른 재화의 가격, 미래 경기 상황에 대한 기대 등 다양한 요인들이 기업의 공급량에 영향을 미친다.

아래와 같이 함수관계로 표현하면 이해에 도움이 될 것이다.

$$Q_S = g(P, P_{others}, \omega, P_M, Tech, E)$$

공급함수
$Q_S = g(P, P_{others}, \omega, P_M, Tech, E)$

위의 식에서 Q_S는 공급량, P는 해당 재화의 가격, P_{others}는 다른 재화의 가격, ω는 근로자의 임금수준, P_M은 원자재 가격, $Tech$는 기업의 기술수준, E는 미래 경기상황에 대한 기대를 의미한다. 이처럼 가격을 포함한 여러 변수들이 공급량에 영향을 미칠 수 있다.

〈그림 3-2〉에서 보듯이 공급곡선은 P_0의 가격을 받을 경우 Q_0의 양을 공급할 용의가 있다는 것을 의미하기도 한다. 이러한 관점에서 볼 때 만약 시장에서 가격이 P^*로 결정되었다면 그보다 낮은 가격을 받아도 기꺼이 공급하고자 했던 기업들의 경우에는 다행스러운 일이 될 것이다. 이러한 생산자들의 이득을

그림 3-3

완전경쟁시장의 균형

완전경쟁시장은 수요곡선과 공급곡선이 만나는 E점에서 균형을 갖게 된다. 그림은 이러한 균형에서 소비자잉여와 생산자잉여의 크기를 보여준다.

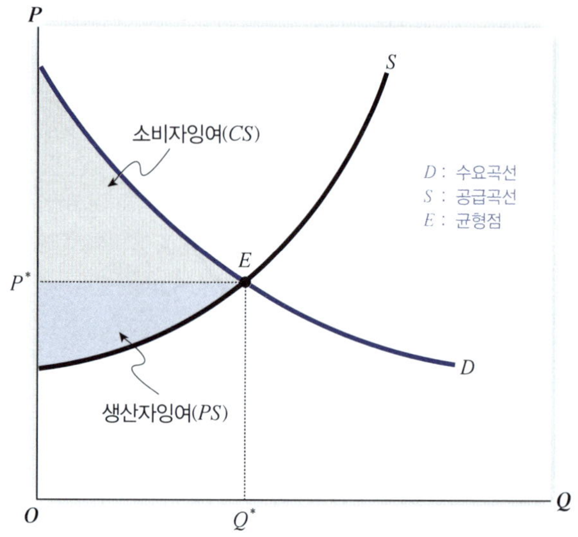

생산자잉여는 생산자들이 기꺼이 받고자 하는 가격과 실제 받은 가격의 차이에서 발생하는 생산자 이득의 합이다.

합해 **생산자잉여**(producer surplus)라 한다. 생산자잉여는 생산자들이 기꺼이 받고자 하는 가격과 실제 받은 가격의 차이에서 발생하는 생산자 이득의 합이라고 정의할 수 있다.

2.3 완전경쟁시장의 균형

완전경쟁시장의 경우 수요곡선과 공급곡선이 만나는 점, 즉 균형점에서 소비자잉여와 생산자잉여가 발생한다. 불완전경쟁시장의 경우는 이러한 소비자잉여와 생산자잉여의 합이 완전경쟁시장에 비해 감소할 수 있기 때문에 완전경쟁시장이 가장 바람직하다고 하는 것이다. 〈그림 3-3〉은 완전경쟁시장의 균형에서 소비자잉여와 생산자잉여의 크기를 보여주고 있다.

3. 개별기업 vs. 시장 전체

Industrial Organization, Ch. Three

3.1 수요곡선

1) 개별기업의 수요곡선

완전경쟁시장의 모든 기업들은 가격을 그대로 받아들이는 가격수취자(price taker)이다. 이것은 시장의 수요곡선과 공급곡선이 만나는 균형점에서의 가격, 즉 시장가격을 그대로 받아들인다는 뜻이다. 따라서 완전경쟁시장에서 가격수취자인 개별기업이 공급하는 재화와 서비스에 대한 수요곡선은 가격 P^*수준에서 수평선인 수요곡선이다. 이는 가격을 조금만 올려도 어느 누구도 이 기업의 제품을 사지 않으며, 가격을 조금만 내려도 수요량을 무한대로 늘릴 수 있다는 것을 의미한다. 완전경쟁시장에서 기업은 무수히 많다. 따라서 시장 전체의 수요량을 한 개별기업이 감당할 수 없는 것은 당연하고, 따라서 가격을 조금 내릴 유인도 없게 된다. 〈그림 3-4〉는 완전경쟁시장에서 개별기업이 직면하는 수

완전경쟁시장에서 가격수취자인 개별기업이 공급하는 재화와 서비스에 대한 수요곡선은 가격 P^* 수준에서 수평선인 수요곡선이다.

그림 3-4

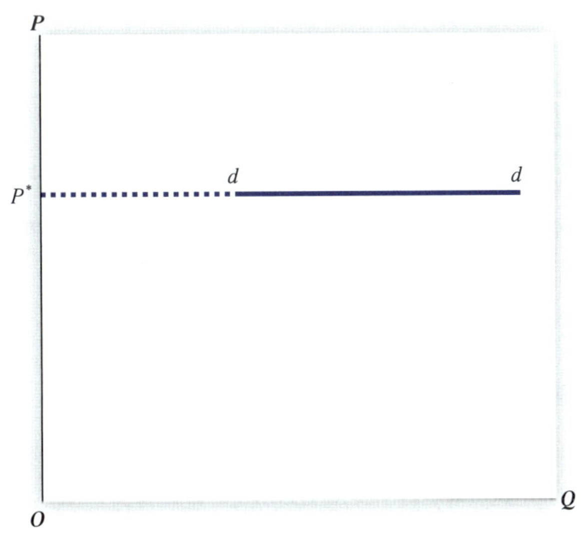

개별기업이 직면하는 수요곡선

완전경쟁시장의 모든 기업들은 시장의 수요곡선과 공급곡선이 만나는 균형점에서의 가격, 즉 시장가격을 그대로 받아들인다. 따라서 완전경쟁시장에서 가격수취자인 개별기업의 수요곡선은 가격 P^*수준에서 수평선인 수요곡선 dd를 갖게 된다.

그림 3-5

시장 전체에서 개별기업 수요곡선의 도출 왼쪽 그림의 수요곡선과 공급곡선이 만나는 시장균형점 E에서 결정된 가격 P^*를 가격수취자인 개별기업이 그대로 받아들이기 때문에, 오른쪽 그림처럼 균형가격 P^*에서 수평선인 수요곡선을 갖는다.

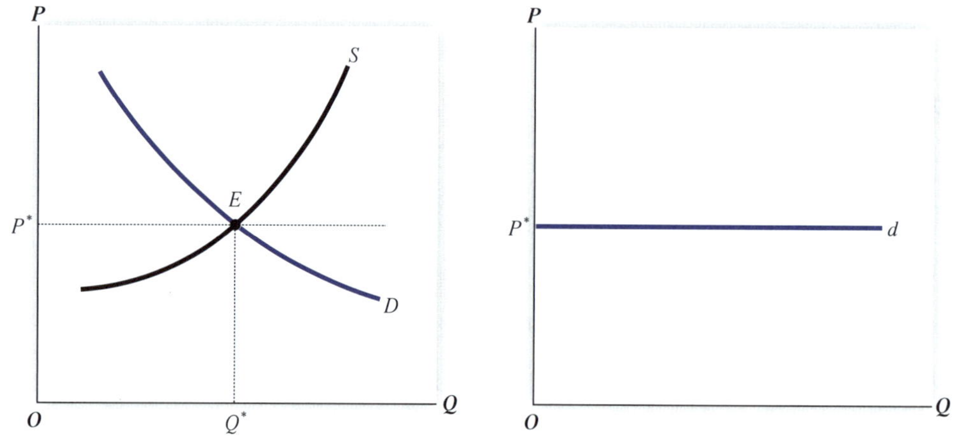

요곡선 dd를 나타내고 있다.

2) 시장 전체의 수요곡선

시장 전체의 수요곡선은 우하향한다. 시장 전체적으로 가격과 수요량이 역관계에 있기 때문이다. 〈그림 3-5〉는 시장균형에서 개별기업의 수요곡선이 어떻게 도출될 수 있는지 보여주고 있다. 수요곡선과 공급곡선이 만나는 시장균형점 E에서 결정된 가격 P^*를 가격수취자인 개별기업이 그대로 가격을 받아들이기 때문에, 〈그림 3-5〉의 오른쪽 그림처럼 균형가격 P^*에서 수평선인 수요곡선을 갖는다.

3.2 비용곡선과 총생산곡선

경제학에서 기간을 크게 장기와 단기로 구분하는 경우, 단기는 고정된 요소가 존재하는 경우이고, 장기는 어떤 요소도 고정되어 있지 않은 경우를 의미한다. 완전경쟁시장에서 단기를 고려할 때 생산설비 등이 대표적인 고정요소의 예가 된다. 이는 기업의 생산설비를 짧은 기간 내에 변화시킬 수 없다는 의미로, 대부분의 기업들에게 현실적으로 해당된다고 할 수 있다. 생산설비를 증설하거나 기계설비를 늘리는 의사결정은 경제학의 경우 장기로 취급한다. 산업조직론도 이러한 테두리 안에서 단기와 장기를 구분하고 있다.

1) 비용곡선

완전경쟁시장에서 단기의 경우 생산설비 등이 고정되어 있다고 가정하자. 이렇게 고정된 요인에 대한 지출을 **고정비용**(FC; fixed cost)이라고 하고, 원재료나 노동에 대한 지출과 같은 변동적인 비용을 **가변비용**(VC; variable cost)이라고 한다. 단기에 총비용(TC; total cost)은 이러한 고정비용과 가변비용의 합으로 정의된다.

고정된 요인에 대한 지출을 고정비용이라고 하고, 원재료나 노동에 대한 지출과 같은 변동적인 비용을 가변비용이라고 한다.

$$TC = FC + VC \tag{3.1}$$

단기에 총비용은 고정비용과 가변비용의 합이다. $TC = FC + VC$

한편, 기업이 재화를 생산할 때 여러 가지 투입물 등이 투입된다. 예를 들어 내연기관 자동차의 경우 수많은 볼트와 너트, 팬벨트와 타이머벨트, 워터펌프, 엔진, 브레이크, 유리, 범퍼, 기타 수많은 부품들, 각종 오일 등 원재료들이 결합되어 자동생산공정을 통해 근로자의 최종 확인 등을 거쳐 생산된다. 현실적으로 이렇게 수많은 것들이 결합해 생산을 하게 되지만 생산량 Q는 단순히 가변요소인 노동 L과 고정요소인 자본 K가 결합되어 이루어진다고 가정하자.

$$Q = f(L, K) \tag{3.2}$$

위 식에서 L은 투입되는 노동의 양, K는 자본의 양을 의미한다. 위 식을 생산함수라고 부른다.

비용의 경우도 생산요소가 노동과 자본 두 가지밖에 없다는 가정 하에서 기업의 생산비 C를 다음과 같이 간단히 표현할 수 있다.

$$C = g(r, \omega)$$

위 식에서 r은 자본의 가격(사용료)을 의미하고, ω는 노동의 가격, 즉 임금을 의미한다. 위 식을 비용함수라고 부른다.

단기에 생산설비는 고정되어 있다고 가정하기 때문에 유일한 가변비용은 노동에 대한 지출로 단순화된다. 단순한 선형관계를 가정하면, 가변비용 VC는 다음과 같다..

$$VC = \omega \times L$$

한편, 고정비용 FC는 다음과 같이 표현될 수 있다.

$$FC = r \times K$$

앞에서 총비용 TC는 VC와 FC의 합으로 정의했다. 따라서 총비용이 어떤 모습을 보일 것인가를 이 시점에서 고민해야 한다. 고정비용은 말 그대로 고정되어 있으므로 단기의 경우 총비용을 결정하는 것은 결국 가변비용이다. 이러한 총비용은 생산량이 증가하면서 계속 증가할 것으로 생각될 수도 있다. 그러나 생산의 효율성이 증가한다면 생산비가 감소할 수 있지 않을까? 다행스럽게도 단기에는 이러한 고민을 할 필요가 없다. 왜냐하면 유일하게 가변적인 것은 노동의 양이어서 생산설비가 커지면서 생기는 규모의 경제를 가져오지 않기 때문이다.

단기의 경우 생산량이 증가하면서 생산비가 증가할 것으로 보는 것이 보편적이다. 따라서 생산량과 비용의 관계에서 우상향하는 총가변비용곡선, 나아가 총비용곡선을 쉽게 상상할 수 있다.

이제 총비용곡선의 모양을 좀더 구체화하자. 처음에 생산량이 증가하면서 노동의 투입량이 늘어나게 된다. 노동의 투입량이 늘어나게 되면서 분업 등 효율적인 생산이 가능하게 되고, 이에 따라 총비용곡선은 어느 정도 생산량까지는 느린 속도로 증가할 것으로 생각될 수 있다. 그러나 일정한 산출량 수준을 지나고 노동의 투입량이 많아지면서 여러 가지 비효율이 발생할 수 있다. 즉, 노동

그림 3-6A

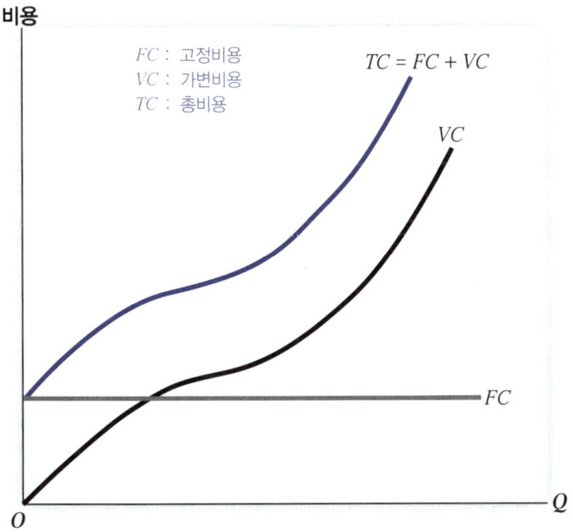

기업의 총비용곡선

총비용은 VC와 FC의 합이므로 VC를 FC만큼 상방이동하면 총비용곡선(TC)이 된다. 총비용곡선은 한계생산물체감의 법칙 때문에 생산량이 증가하면서 처음에는 총비용이 느린 속도로 증가하다가 일정한 점(변곡점)을 지나면서부터 빠른 속도로 증가한다는 것을 보여준다.

의 투입량이 많아져 생산량이 어떤 수준을 지나면서부터는 노동의 한계생산물이 감소하게 되기 때문이다. 이는 '**한계생산물체감의 법칙**'을 반영하는 것이다.

이러한 한계생산물체감의 법칙 때문에 기업의 총비용은 생산량의 증가에 따라 처음에는 느린 속도로 증가하다가 일정한 점(변곡점)을 지나면서부터 빠른 속도로 비용이 증가하게 된다. 〈그림 3-6A〉는 기업의 총비용곡선을 보여준다.

한계생산물체감의 법칙 때문에 기업의 총비용은 생산량의 증가에 따라 처음에는 느린 속도로 증가하다가 일정한 점(변곡점)을 지나면서부터 빠른 속도로 비용이 증가하게 된다.

총비용을 산출량 한 단위당으로 표현할 때 산출량 한 단위당 총비용$\left(\frac{TC}{Q}\right)$의 개념을 생각할 수 있다. 이는 식 (3.1)을 산출량 Q로 나눈다는 것을 의미한다.

$$\frac{TC}{Q} = \frac{FC}{Q} + \frac{VC}{Q} \quad (3.3)$$

$\frac{TC}{Q}$를 평균비용(AC), $\frac{FC}{Q}$를 평균고정비용(AFC), $\frac{VC}{Q}$를 평균가변비용(AVC)으로 정의한다. 이는 다음 방정식을 의미한다.

평균비용 = 평균고정비용 + 평균가변비용
$AC = AFC + AVC$

$$AC = AFC + AVC \quad (3.4)$$

한계비용 MC의 개념은 산출량을 한 단위 더 생산할 때 총비용이 얼마나 변

한계비용 : $MC = \frac{\Delta TC}{\Delta Q}$

그림 3-6B

기업의 평균비용곡선과 한계비용곡선

한계비용곡선 MC는 평균가변비용곡선 AVC와 평균비용곡선 AC의 최저점을 지난다. AVC의 최저점은 (평균고정비용 AFC가 Q가 증가하면서 계속 감소하기 때문에) AC의 최저점보다 왼쪽에 위치한다.

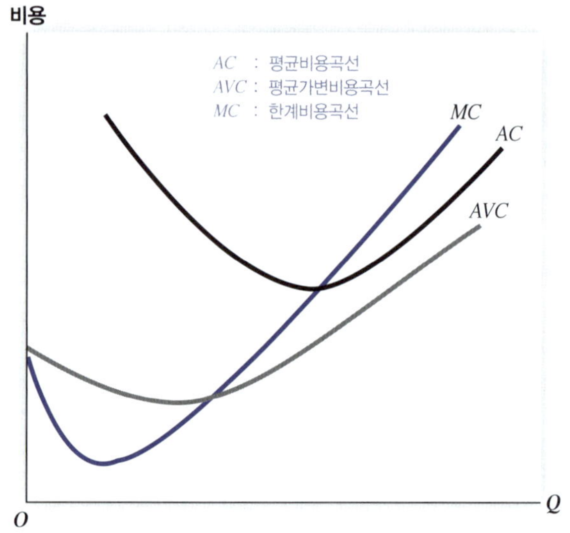

하느냐로 정의할 수 있다. Δ를 증분(increment)이라고 하면, 한계비용은 산출량이 ΔQ만큼 변화할 때 총비용의 증분 ΔTC가 어떻게 되느냐는 것을 의미한다. 즉, 한계비용은 다음과 같은 식으로 표현될 수 있다.

$$MC = \frac{\Delta TC}{\Delta Q} \tag{3.5}$$

평균비용은 총비용곡선의 한 점과 원점을 이은 직선의 기울기를 의미하고, 평균비용곡선은 이러한 기울기의 궤적이다.

한계비용은 총비용곡선의 한 점에서의 접선의 기울기를 의미하고, 한계비용곡선은 이러한 기울기의 궤적이다.

산출량 한 단위당 총비용, 즉 평균비용 AC를 $\frac{TC}{Q}$로 정의하였다. 이는 결국 평균비용이 총비용곡선의 한 점과 원점을 이은 직선의 기울기라는 것을 의미하고, 평균비용곡선은 이러한 기울기의 궤적이라는 것을 뜻한다. 한계비용 MC의 경우는 $\frac{\Delta TC}{\Delta Q}$로 정의하였다. ΔQ가 아주 작으면 $\frac{\Delta TC}{\Delta Q}$는 총비용곡선의 한 점에서의 접선의 기울기이다. 결국 한계비용곡선은 이러한 기울기의 궤적이다. 따라서 기업의 평균비용과 한계비용의 그래프는 〈그림 3-6B〉와 같이 그릴 수 있다.

2) 생산물곡선

다른 한편으로, 기업의 총생산곡선은 노동의 투입량에 따라 생산량이 어떻

그림 **3-7A**

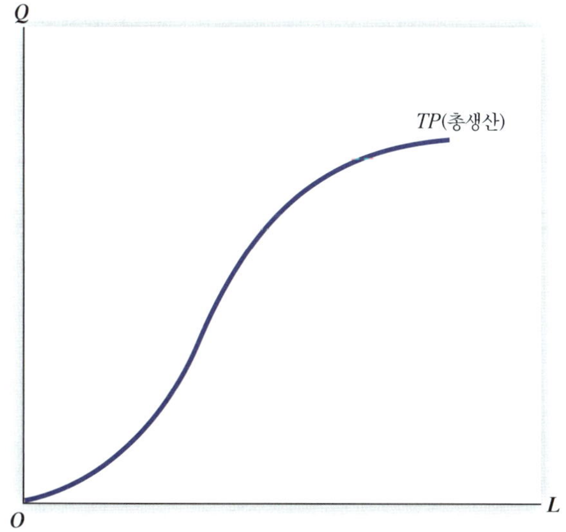

총생산곡선

총생산곡선은 노동의 투입량에 따라 생산량이 어떻게 변하느냐를 보여준다. 총생산곡선은 생산량이 초기에는 노동의 투입량이 증가하면서 빠른 속도로 증가하다가 일정 수준(변곡점)을 지나면서 느린 속도로 증가한다는 것을 반영한다.

게 변하느냐를 보여준다. 총생산곡선은 생산량이 초기에는 투입되는 노동의 투입량이 증가하면서 빠른 속도로 증가하다가, 일정 수준을 지나면서 느린 속도로 증가한다는 것을 반영한다. 이러한 기업의 총생산곡선은 〈그림 3-7A〉와 같이 그릴 수 있다.

투입물 한 단위당 산출량을 평균생산물(*AP*)이라고 부른다. 이는 식 (3.2)를 단기의 경우 L로 나누고 장기의 경우에는 L과 K로 나눈다는 것을 의미한다. 지금 고려하고 있는 단기의 경우 **노동의 평균생산물 AP_L**은 다음과 같이 정의된다.

노동의 평균생산물 : $AP_L = \frac{Q}{L} = \frac{f(L, K)}{L}$

$$AP_L = \frac{Q}{L} = \frac{f(L, K)}{L} \tag{3.6}$$

장기의 경우 자본 K도 가변적이 되므로 이 경우 **자본의 평균생산물 AP_K**는 다음과 같이 나타낼 수 있다.

자본의 평균생산물 : $AP_K = \frac{Q}{K} = \frac{f(L, K)}{K}$

$$AP_K = \frac{Q}{K} = \frac{f(L, K)}{K} \tag{3.7}$$

한계생산물(*MP*)의 개념은 생산요소를 한 단위 더 투입할 때 총생산은 어떻

그림 3-7B

한계생산물곡선과 평균생산물곡선

$AP_L = \frac{Q}{L}$로 정의되기 때문에 노동의 평균생산물은 TP의 임의의 한 점과 원점을 이은 직선의 기울기라는 것을 의미하고, 평균생산물곡선은 이러한 기울기의 궤적이다.

$MP_L = \frac{\Delta Q}{\Delta L}$로 정의되기 때문에 노동의 한계생산물은 TP의 임의의 한 점에서의 접선의 기울기라는 것을 의미하고, 한계생산물곡선은 이러한 기울기의 궤적이다.

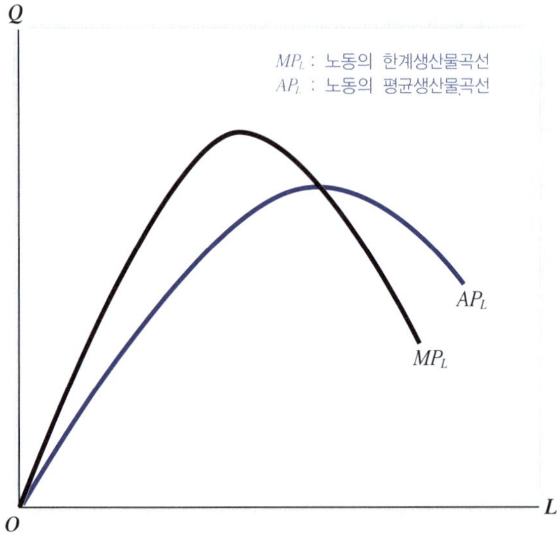

게 변하느냐로 정의할 수 있다. Δ를 증분(increment)이라 하면, 한계생산물은 생산을 위해 투입되는 노동의 양이 ΔL만큼 변화할 때 총생산의 증분 ΔQ는 어떻게 되느냐는 것을 의미한다. 즉, **노동의 한계생산물 MP_L**은 다음과 같은 식으로 표현될 수 있다.

노동의 한계생산물 : $MP_L = \frac{\Delta Q}{\Delta L}$

$$MP_L = \frac{\Delta Q}{\Delta L} \tag{3.8}$$

자본의 한계생산물 : $MP_K = \frac{\Delta Q}{\Delta K}$

장기의 경우 자본의 양도 가변적이 되므로 **자본의 한계생산물 MP_K** 역시 다음과 같은 식으로 표현될 수 있다.

$$MP_K = \frac{\Delta Q}{\Delta K} \tag{3.9}$$

노동의 평균생산물 AP_L은 $\frac{Q}{L}$로 정의된다. 이는 결국 평균생산물이 총생산곡선의 임의의 한 점과 원점을 이은 직선의 기울기라는 것을 의미하고, 평균생산물곡선은 이러한 기울기의 궤적이라는 것을 뜻한다. 노동의 한계생산물 MP_L은 $\frac{\Delta Q}{\Delta L}$로 정의된다. 이는 총생산곡선의 임의의 한 점에서의 접선의 기울기이다.

결국 한계생산물곡선은 이러한 기울기의 궤적이다. 따라서 기업의 평균생산물과 한계생산물의 그래프는 〈그림 3-7B〉와 같이 그릴 수 있다.

3.3 단기의 이윤극대화

1) 산출량 결정 : 경제학적 이윤이 양(+)일 때

생산자인 기업의 목표를 이윤의 극대화라고 가정하자. 기업의 이윤은 총수입에서 총비용을 차감한 것으로 정의할 수 있다. 총이윤을 π, 총수입을 TR, 총비용을 TC라고 하면 아래와 같이 쓸 수 있다.

$$\pi = TR - TC \tag{3.10}$$

총이윤 : $\pi = TR - TC$

총이윤을 산출량 한 단위당으로 표현할 때 '평균이윤($A\pi$)'의 개념으로 생각할 수 있다.[1] 이는 식 (3.10)을 산출량 Q로 나눈다는 것을 의미한다.

$$\frac{\pi}{Q} = \frac{TR}{Q} - \frac{TC}{Q} \tag{3.11}$$

이는 평균이윤이 평균수입에서 평균비용을 차감한 것이라는 말이다. $\frac{\pi}{Q}$를 평균이윤 $A\pi$라 하자. $\frac{TR}{Q}$을 평균수입 AR, $\frac{TC}{Q}$를 평균비용 AC라고 하면 아래와 같이 쓸 수 있다.

$$A\pi = AR - AC \tag{3.12}$$

한계수입 MR의 개념은 산출량을 한 단위 더 생산할 때 총수입이 얼마나 변하느냐로 정의할 수 있다. Δ를 증분(increment)이라 하면, 한계수입은 산출량이 ΔQ만큼 변화할 때 총수입의 증분 ΔTR은 어떻게 되느냐는 것을 의미한다. 즉,

---

1. 이는 평균비용이 $\frac{TC}{Q}$, 노동(자본)의 평균생산물이 $\frac{Q}{L}\left(\frac{Q}{K}\right)$라는 것과 동일한 선상에서 논의하는 것이다.

한계수입은 다음과 같은 식으로 표현될 수 있다.

한계수입 : $MR = \frac{\Delta TR}{\Delta Q}$

$$MR = \frac{\Delta TR}{\Delta Q} \tag{3.5}$$

기업의 이윤극대화 조건 $MR = MC$

기업의 이윤이 극대화되는 산출량 수준은 어디에서 결정될까? 바로 $MR = MC$가 되는 산출량 수준에서 극대화가 된다. $MR = MC$를 기업의 이윤극대화 조건(profit maximization condition)이라고 한다.[2] 이는 시장의 형태가 무엇인가에 관계없이 적용된다. 한계수입 MR은 산출량을 한 단위 더 생산할 때 얻게 되는 총수입 변화의 크기를 의미하고, 한계비용 MC는 산출량을 한 단위 더 생산할 때 지불해야 하는 총비용 변화의 크기를 의미한다. 따라서 기업은 MR이 MC를 초과하는 한 생산을 늘리다가 MR이 MC와 같아질 때 생산을 증가시키는 것을 그만두게 된다. 왜냐하면 이 수준의 생산량에서 생산을 늘릴 경우 추가적인 수입이 추가적인 비용보다 작아지기 때문이다.

한계수입 MR은 산출물을 한 단위 더 생산할 때 총수입 변화의 크기를 의미하고, 한계비용 MC는 산출물을 한 단위 더 생산할 때 총비용 변화의 크기를 의미한다.

완전경쟁시장의 경우 평균수입 AR과 한계수입 MR은 가격 P와 같게 된다. 이는 다음의 간단한 식을 통해 설명될 수 있다.

$$AR = \frac{TR}{Q} = \frac{P \times Q}{Q} = P$$

$$MR = \frac{\Delta TR}{\Delta Q} = \frac{\Delta(P \times Q)}{\Delta Q} = \frac{(P \times \Delta Q)}{\Delta Q} \text{ (왜냐하면 } P\text{는 완전경쟁시장에서 주어짐)}$$
$$= P$$

완전경쟁시장에서 다음이 성립한다. $P = AR = MR$

그러므로 완전경쟁시장에서 $P = AR = MR$이 된다. 〈그림 3-8〉의 수요곡선은 가격 P^*($\overline{OG}$의 가격 수준)에서 수평이고, 수요곡선 자체가 $d = AR = MR$이 된다.

〈그림 3-8〉의 기업은 한계수입과 한계비용이 같아지는 F점에서 생산량을 결정하게 된다. 이때 생산량은 선분 GF의 길이에 해당한다. 가격은 완전경쟁시

2. 사실 이 조건은 (총)이윤함수가 미분가능할 때 기업의 이윤극대화를 위한 제1계 필요조건이라고 한다. 이는 제2계 조건이 충족된다는 가정 하에서 이윤극대화 조건으로 서술한 것이다. 제2계 조건은 $\frac{d^2\pi}{dQ^2} < 0$이다.

그림 3-8

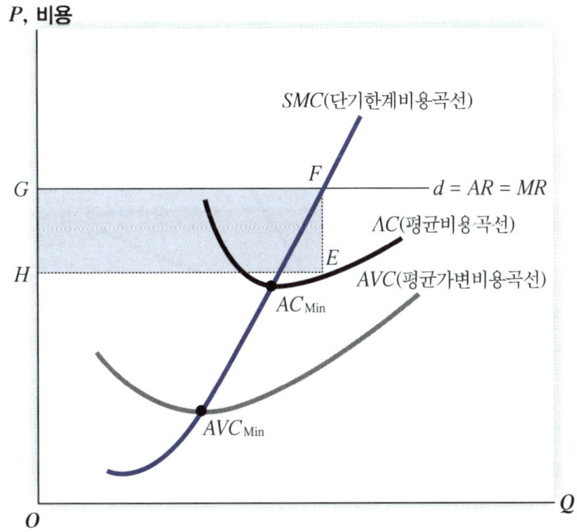

이윤극대화 산출량의 결정 : 경제학적 이윤이 양(+)일 때

기업이 이윤극대화를 위해 $MR = MC$가 되는 F점에서 생산량 $\overline{GF}$를 결정하면 총이윤은 $\overline{GF}$에 평균이윤 $\overline{FE}$(즉, $AR-AC$)를 곱한 □$GFEH$의 면적이 된다. 완전경쟁시장에서 가격이 평균비용을 초과하는 경우 해당 기업은 양(+)의 경제학적 이윤을 얻는다.

장에서 주어지므로 $\overline{OG}$의 가격 수준을 그대로 받아들이게 된다. 완전경쟁시장의 가격은 평균수입과 같으므로 가격이 평균비용을 초과하는 경우 이 기업의 한 개당 이윤, 즉 평균이윤은 양(+)이다. 총이윤은 이러한 평균이윤 $\overline{FE}(\overline{GH})$에 산출량 $\overline{GF}$를 곱한 면적의 넓이가 된다. 기업이 이렇게 양(+)의 '경제학적 이윤(economic profit)'을 얻는 경우는 가격이 평균비용을 초과하는 경우이다.[3]

2) 산출량 결정 : 경제학적 이윤이 음(−)일 때(손실을 보는 경우)

완전경쟁시장의 경우 어떤 기업은 양(+)의 경제학적 이윤을 누릴 수 있지만 또 다른 기업은 손실을 볼 수 있고, 손실의 정도가 큰 기업의 경우 시장에서 퇴출된다. 〈그림 3-9〉에서 $MR = MC$가 되는 산출량 수준에서 가격, 즉 평균수입이 평균비용보다 작기 때문에 평균이윤이 음(−), 즉 손실을 보게 되는 상황이 발생한다. 이 기업의 총손실은 평균손실 $\overline{EF}(\overline{HG})$에 산출량 수준 $\overline{GF}$를 곱한 면적이 된다. 이 기업의 경우 손실을 보긴 해도 평균수입인 가격이 평균가변비용을 초과하기 때문에 여전히 생산에 종사하는 것이 낫다. 그러나 평균수입이 평

3. 경제학적 이윤은 총수입에서 명시적 비용과 암묵적 비용을 포함한 모든 기회비용을 뺀 금액이다.

그림 3-9

이윤극대화 산출량의 결정 : 경제학적 이윤이 음(−)일 때

$MR = MC$가 되는 F점에서 생산량 $\overline{GF}$를 결정하면 총손실은 $\overline{GF}$에 평균손실 $\overline{EF}$ ($\overline{HG}$)(즉, $AC - AR$ ∵ $AR < AC$)를 곱한 □$HEFG$의 면적이 된다. 완전경쟁시장에서 가격이 평균비용을 충당하지 못하는 경우 해당 기업은 음(−)의 경제학적 이윤, 즉 경제학적 손실을 입게 된다.

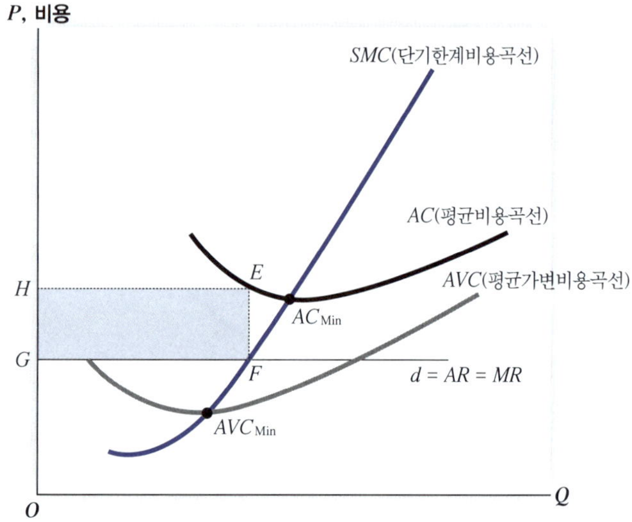

$AVC \le P < AC$인 경우 가격이 평균가변비용을 초과하므로 여전히 생산하는 것이 낫지만, 가격이 평균가변비용도 충당하지 못하게 되는 경우 조업을 중단하게 된다.

균가변비용보다 작은 경우는 생산을 하지 않는 것이 낫다. 즉, $P < AVC$인 경우에는 조업을 중단하게 된다. 이렇게 조업을 중단하게 될 때 이를 **조업중단점**이라 한다.

3) 고정비용의 무관련성

단기에 고정비용이나 매몰비용은 기업의 생산량 결정에 영향을 미치지 않는다. 이를 고정비용의 무관련성이라고 한다.

생산자, 즉 기업은 산출량에 대한 의사결정을 할 때 가격과 한계비용이 일치하는 곳에서 생산량을 결정한다. 이는 결국 가격과 평균가변비용을 비교함으로써 생산을 할지 안 할지 결정한다는 의미이다. 예를 들어 $P > AVC$인 경우 기업은 $P = SMC$인 점까지 생산량을 늘리고, $P < AVC$인 경우는 생산을 하지 말아야 한다. 이처럼 단기에서는 고정비용이나 **매몰비용**(sunk cost)이 기업의 생산량을 결정하는 데 어떤 역할도 하지 않는다는 것을 '고정비용의 무관련성(Irrelevance of Fixed Cost)'이라고 한다.[4]

4. 매몰비용은 과거에 이미 발생했거나 지출되었기 때문에 설령 기업이 시장에서 퇴출한다고 하더라도 회수가 불가능한 비용을 의미한다. 기업의 실물투자나 연구개발투자, 브랜드이미지를 창출하기 위한 광고비 지출, 또는 마케팅네트워크를 구축하기 위한 지출 등이 그 예이다.

그림 **3-10**

개별기업의 단기공급곡선 도출 기업은 결국 $P = AVC$인 수준 이상에서 생산량을 결정하므로 왼쪽 그림에서 AVC의 최저점 위에 있는 SMC가 개별기업의 단기공급곡선이 된다. 이를 오른쪽 그림처럼 가격과 공급량 사이의 관계로 나타낸 것이 개별기업의 공급곡선이다.

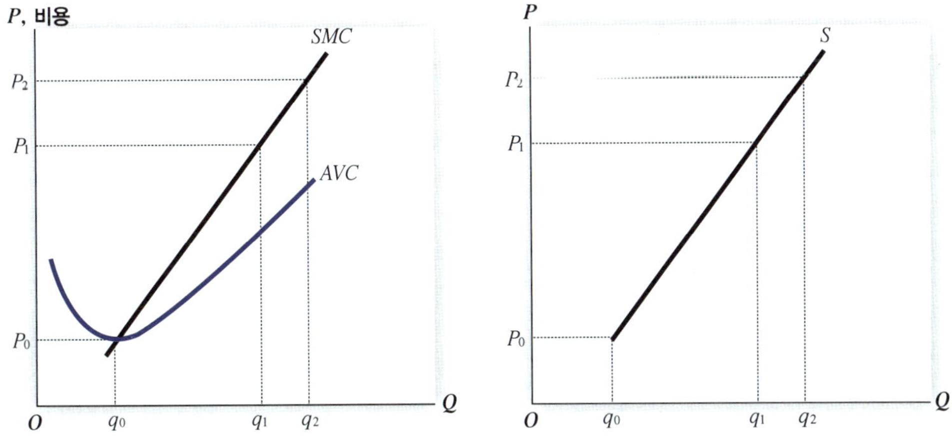

3.4 개별기업과 시장 전체의 단기공급곡선

위의 논리에 따르면 기업은 결국 $P = AVC$인 수준 이상에서 생산량을 결정하므로 〈그림 3-10〉의 왼쪽 그림에서 AVC의 최저점 위에 있는 SMC가 사실상 개별기업의 단기공급곡선이 된다. 이를 오른쪽 그림처럼 가격과 공급량 사이의 관계로 나타낸 것이 개별기업의 공급곡선이다.

시장 전체의 공급곡선은 이러한 개별기업의 공급곡선을 수평으로 모두 더한 것이다. 예를 들어 〈그림 3-11〉에서처럼 시장에 오직 2개의 기업만이 있는 경우, 모든 가격 수준에서 이들 기업의 생산량을 합한 것이 시장공급량이 된다. 따라서 오른쪽 그림에서와 같이 모든 가격 수준에서 이 기업들의 공급량을 좌표에 표시해 그 궤적을 연결한 것이 시장 전체의 공급곡선이다.

그림 3-11

시장 전체의 공급곡선 왼쪽 그림처럼 시장에 오직 2개의 기업만이 있는 경우, 모든 가격 수준에서 이들 기업의 생산량을 합한 것이 시장공급량이다. 따라서 오른쪽 그림처럼 이 기업들의 공급량을 좌표에 표시해 그 궤적을 연결한 것이 시장 전체의 공급곡선이다.

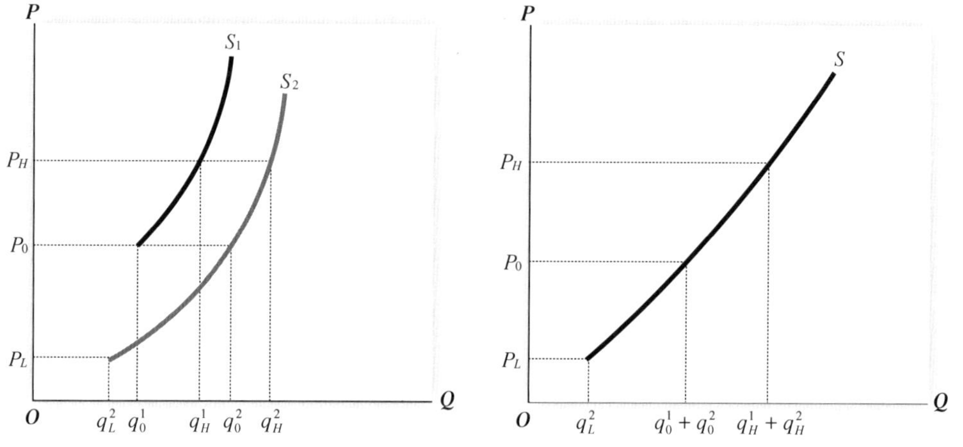

3.5 장기의 이윤극대화

1) 장기에서 개별기업의 이윤극대화 균형

단기의 경우 경영진의 의사결정은 제한적이다. 이는 생산설비 등과 같은 자본에 대한 의사결정이 이루어질 수 없기 때문이다. 장기에는 모든 요소들이 가변적이다. 이에 따라 기업의 의사결정도 유연하게 이루어진다. 이는 생산을 효율적으로 하기 위해 노동뿐만 아니라 생산설비, 즉 자본의 양도 선택할 수 있다는 것을 의미한다. 생산설비의 규모를 확장함에 따라 산출량이 증가하여 장기평균비용이 하락하면 규모의 경제도 실현할 수 있다. 이처럼 최적생산규모의 결정은 장기에 이루어진다.

장기에는 새로운 기업이 이 시장에 진입할 수 있고, 시장에 존재하는 비효율적인 기업들, 그 가운데 손실을 보는 기업들은 시장에서 퇴출된다. 이는 완전경쟁시장에서 중요한 역할을 하게 된다. 실제 시장에서 많은 기업들이 퇴출되고 있다. 코로나19가 1년 이상 지속되면서 보다 악화되기는 하였지만, 〈사례연구 3-1〉은 줄폐업으로 2020년 4분기 3개월 동안 하루 평균 1,559개의 상가 점포가 문을 닫았다는 사실을 보여준다.

사례연구 3-1 줄폐업 … 점포 하루 1,500개씩 사라졌다

전국 상가데이터 분석 … 2020년 4분기 14만여 곳 문닫아

거리두기 · 영업시간 제한 직격탄으로 1년 만에 자영업 점포 23만 개 증발

PC방 등 관광 · 오락 15%↓ 최악
학원 등 교육업종 9.8% 줄어들어
상가도 10곳 중 1곳은 텅텅 비어

경기도 부천에서 3년째 PC방을 운영해 온 A 사장은 지난해 2020년 12월 사업장 문을 닫았다. 그는 "대당 100만원에 들여놓은 PC 본체 200대를 중고업자에게 각 30만원에 던졌다"고 한숨을 내쉬었다.

3개월 만에 자영업 점포 5.6% 줄어

코로나19 사태가 1년 이상 장기화하면서 소상공인 및 자영업자들의 줄폐업이 잇따르고 있다. 2021년 2월 14일 소상공인시장진흥공단의 '전국 17개 시 · 도 상가업소 데이터'를 분석한 결과 2020년 4분기 전국 상가 점포는 241만 6,252개로 집계됐다. 3분기(255만 9,655개)보다 14만 3,403개(5.6%) 줄었다. 3개월 새 하루 평균 1,559개의 상가 점포가 문을 닫은 셈이다. 1년 전과 비교하면 점포 23만 3,758개가 사라졌다.

노래방, PC방 등 관광 · 여가 · 오락 업종의 4분기 소상공인 점포는 5만 3,961개로 나타났다. 전 분기 대비 15% 줄며 조사대상 8개 업종에서 감소폭이 가장 컸다. 학원, 독서실 등 학문 · 교육 업종은 3분기 19만 4,827개에서 4분기 17만 5,809개로 9.8% 줄었다. 소매 업종은 3분기 84만 8,474개에서 4분기 77만 45개로 9.2% 감소했다. 미용실, 예식장 등 생활서비스 업종(-9%)을 비롯해 부동산(-5.8%), 숙박(-4.6%)도 2020년 4분기에 점포 수가 줄어든 것으로 나타났다.

전국 상가 공실률은 3분기 연속 신기록을 썼다. 한국부동산원에 따르면 2020년 4분기 전국 중대형 상가(3층 이상 또는 전체면적 330m² 초과) 공실률은 12.7%로 통계 작성 이래 가장 높은 것으로 조사됐다.

출처 : 한국경제신문(2021. 2. 15) @hankyung.com

기업은 장기의 경우에도 단기에서와 마찬가지로 이윤극대화를 추구한다. 단지 단기와 차이가 나는 것은 모든 요소들이 변한다는 것이다. 즉, 장기에는 고정비용은 없고, 가변비용만이 존재한다.

〈그림 3-12〉의 경우처럼 만약 산업 내의 기업들이 양(+)의 경제학적 이윤을 누리고 있다면, 이 시장 밖에서 다른 기업들이 이 시장에 진입하는 것을 고

그림 **3-12**

많은 기업들의 경제학적 이윤이 +인 경우 (장기에 다른 기업들의 진입 계속)

이윤극대화를 위해 $MR = MC$에서 산출량 수준을 결정하면 평균수입 P가 LAC를 초과하므로 양(+)의 경제학적 이윤을 얻게 된다. 그러나 이 상황은 장기적으로 지속될 가능성이 적다. 왜냐하면 양(+)의 경제학적 이윤 때문에 다른 잠재적 기업들의 시장진입이 이루어지고, 수요가 일정한 상황에서 시장 전체의 공급량이 증가해 시장가격을 하락시킬 수 있기 때문이다.

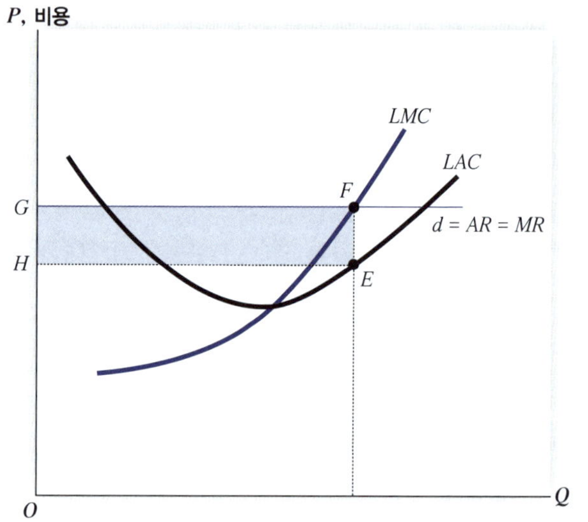

려하게 된다. 잠재적 진입기업은 장기생산비용과 재화의 가격 등에 관해 알고 있으므로 양(+)의 경제학적 이윤을 볼 것으로 기대하면 이 시장에 진입하게 된다. 진입기업은 적절한 생산설비를 결정해 시장에 진입한다. 경제학적 이윤의 크기는 평균이윤 $\overline{GH}$에 산출량 $\overline{GF}$를 곱한 면적, 즉 청색부분이다.

〈그림 3-12〉에서 보는 것처럼 개별기업은 장기에도 이윤을 극대화할 수 있는 $MR = MC$에서 산출량 수준을 결정하게 되고, 이에 따라 이 기업의 경우 평균수입 P가 장기평균비용 LAC를 초과하므로 양(+)의 경제학적 이윤을 얻게 된다. 그러나 이러한 경제학적 이윤은 장기적으로 지속될 가능성이 적다. 왜냐하면 다른 잠재적 기업들도 시장에 진입할 것이고, 수요가 일정한 상황에서 시장 전체의 공급량이 증가해 시장가격을 하락시킬 수 있기 때문이다.

〈그림 3-12〉에서처럼 $MR = LMC$가 되는 곳에서 이윤을 극대화하는 균형이 발생할 수 있지만, 산업 전체의 균형은 아직 이루어지지 않을 수 있다. 산업 전체의 균형은 시장에 더 이상 진입과 퇴출이 일어나지 않을 때 발생한다. 양(+)의 경제학적 이윤이 존재하면 시장에 다른 기업들이 추가적으로 진입하게 되고, 경제학적 손실이 발생하면 시장에서 생산비용이 높은 기업들부터 퇴출된다. 시장가격이 하락하면 결국 기업들의 양(+)의 경제학적 이윤은 감소하고 비용열

그림 3-13

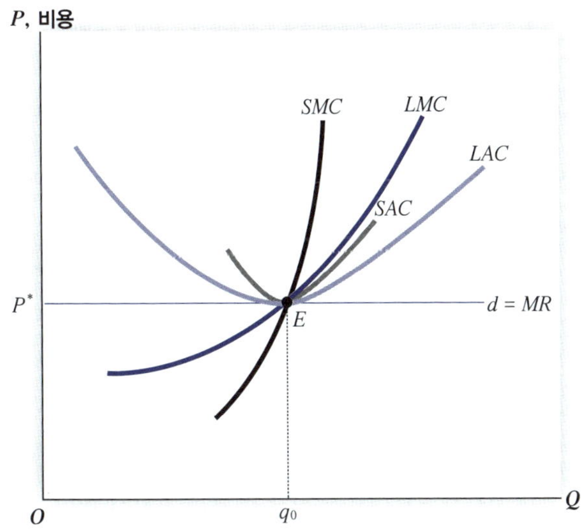

장기에서 개별기업의 완전경쟁 균형

장기평균비용의 최저점인 균형점 E에서 생산이 이루어지기 때문에 가장 효율적이다. 장기완전경쟁균형에서 모든 기업들은 이윤을 극대화하고 있지만 경제학적 이윤은 0인 상태이다. 또 $P = LMC$이자 $P = LAC$이기 때문에 더 이상 시장진입도 퇴출도 없다.

위에 있는 기업들은 퇴출된다. 이러한 과정은 산업 내에 더 이상 양(+)의 경제학적 이윤이 존재하지 않을 때까지 계속된다. 양(+)의 경제학적 이윤이 존재하지 않으면 더 이상 시장진입을 하고자 하는 기업들이 없게 되고, 산업 내에 있는 기업들은 다른 산업에 종사할 경우 얻을 수 있는 정상이윤만을 누리게 된다. 〈그림 3-13〉은 장기에서 개별기업의 이러한 균형을 설명하고 있다.

장기평균비용의 최저점인 균형점 E에서 생산이 이루어지기 때문에 가장 효율적이다. 이러한 장기완전경쟁균형에서 모든 기업들은 이윤을 극대화하고 있고, 경제학적 이윤은 0인 상태이다. 또 $P = LMC$이자 $P = LAC$이기 때문에 더 이상 시장진입도 퇴출도 없는 상태이다.

2) 장기에서 산업 전체의 완전경쟁균형

〈그림 3-13〉의 균형점 E에서 장기균형가격 P^*는 장기평균비용의 최저점과 같아지고, 개별기업들은 최소효율 규모와 같은 수량인 q_0를 생산하게 된다. 장기에 P^* 하에서 시장 전체의 생산량이 Q^*라고 하면 완전경쟁시장에 존재하는 기업의 수는 $\frac{Q^*}{q_0}$가 된다. 이는 장기에서 완전경쟁시장의 모든 기업은 장기평균

비용의 최저점에서 생산하며, 동일한 수량을 생산한다는 것을 의미한다.

다시 말하면, 장기완전경쟁균형은 수요와 공급이 일치하고 산업 내에 더 이상 진입과 퇴출이 발생하지 않을 때 이루어진다.

〈그림 3-3〉은 사실 산업 전체의 장기완전경쟁균형으로도 파악할 수 있다. 수요와 공급이 일치하는 곳에서 균형가격 P^*와 균형량 Q^*가 결정되면, 개별기업은 〈그림 3-13〉과 같이 가격 P^*를 그대로 받아들이며 q_0의 양을 생산하게 되는 것이다.

한편, 완전경쟁시장에서의 장기공급곡선은 시장 내 모든 기업들이 생산을 늘릴 경우 투입물 가격이 상승하느냐, 변함이 없느냐, 감소하느냐에 따라 산업별로 달라질 수 있다. 비용체증산업은 모든 기업들이 생산을 늘릴 때 투입물 가격이 상승하는 경우이고, 비용불변산업은 투입물 가격이 변함이 없고, 비용체감산업은 투입물 가격이 오히려 하락하는 경우를 말한다. 비용불변산업의 경우 산업의 장기공급곡선은 수평선이 되고, 비용체증산업의 경우는 장기공급곡선이 우상향하는 보통의 경우가 된다. 물론 비용체감산업은 우하향하는 장기산업공급곡선을 보이게 된다.

장기완전경쟁균형에서 경제학적 이윤이 0이라고 해서 완전경쟁시장에서 어느 누구도 부유해지지 않는다는 것은 아니다. 높은 기술력이나 재능을 가진 사람들에 대해서는 수요가 높은 것이 사실이고 이에 따라 이들에 대한 임금수준이 높을 수 있기 때문이다. 어떤 자원의 기회비용을 초과하는 대가를 **경제적 지대**(economic rent)로 부른다. 이러한 자원을 소유하고 있는 사람들은 경제적 지대를 누리게 된다.

경제적 지대는 어떤 자원의 기회비용을 초과하는 대가이다.

생각해 봅시다

1. 완전경쟁시장이 후생 측면에서 왜 가장 바람직하다고 하는가?
2. 기업의 비용곡선과 생산물곡선은 현실세계를 잘 설명한다고 보는가?
3. 장기에서 완전경쟁산업의 경우에는 초과이윤이 없는 상태인데, 개별기업의 경우에는 초과이윤을 보는 경우가 왜 발생하는가?
4. 가격 이외의 다른 요인이 변화할 때 시장균형은 어떻게 변하는가?
5. 완전경쟁시장에 해당하는 시장을 실제 산업에서 발견할 수 있는가? 만약 그렇다면 왜 완

전경쟁시장이라고 생각하는가?

6. 실제 시장에서 경제적 지대를 보이고 있는 사례가 있는가? 있다면 어떤 점에서 경제적 지대가 있다고 보는가?

중요 용어

완전경쟁시장의 특징	수요곡선의 의미	공급곡선의 의미
소비자잉여	생산자잉여	평균비용
한계비용	한계수입	고정비용의 무관련성
경제학적 이윤	매몰비용	단기에서의 완전경쟁균형
장기에서의 완전경쟁균형	경제적 지대	

참고문헌

1. Christopher R. Thomas and S. Charles Maurice, *Managerial Economics*, 13th ed. (New York, N. Y.: McGraw Hill, 2020).

Chapter

04 독점시장의 경제적 의미

05 독점기업의 여러 가지 전략적 행태

독점시장

Industrial Organization
Part Three

3

04 독점시장의 경제적 의미

Chapter Four

1. 독점시장이란? / 2. 시장구조와 독점이윤 / 부록 가격탄력성의 기하학적 의미

1. 독점시장이란?

1.1 독점기업의 이윤극대화

1) 수요곡선과 평균수입, 한계수입

독점기업의 수요곡선은 시장에 오직 하나의 기업밖에 없기 때문에 오른쪽 아래로 기울어진 형태를 갖는다. 〈그림 4-1〉은 이러한 독점기업의 수요곡선을 설명하고 있다.

가격이 P_0에서 P_L로 하락할 때 감소하는 총수입의 크기는 A가 되고, 산출량을 한 단위 더 생산할 때 얻게 되는 추가적인 총수입의 크기는 B가 된다. 독점기업은 이러한 총수입의 변화를 살펴보고 가장 이윤이 높은 수준에서 산출량을 결정한다.

독점기업의 평균수입 AR과 한계수입 MR에 대해 생각해 보자. 평균수입 AR은 정의에 의해 산출량 한 단위당 총수입을 의미한다. 평균수입 AR은 아래와 같이 가격 P와 같아진다.

$$AR = \frac{TR}{Q} = \frac{P \times Q}{Q} = P$$

그림 4-1

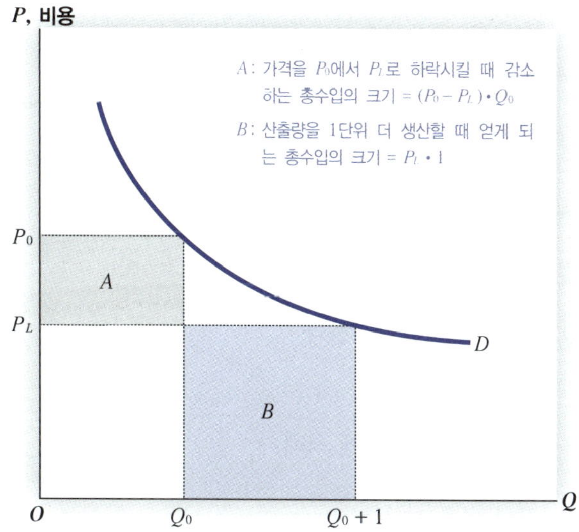

독점기업의 수요곡선

독점기업의 수요곡선은 시장에 오직 하나의 기업밖에 없기 때문에 오른쪽 아래로 기울어진 형태이다.

다만, 독점기업의 경우 가격을 그대로 받아들이는 것이 아니라 이윤을 극대화할 수 있는 가격을 스스로 결정하므로 가격 $P(Q)$는 수요곡선에 의해 결정된다. 그러므로 독점기업의 평균수입곡선은 수요곡선과 일치하게 된다.

독점기업의 평균수입곡선은 수요곡선과 일치한다. $AR(Q) = P(Q)$

$$AR(Q) = P(Q)$$

평균수입곡선이 수요곡선과 동일하게 되기 때문에 산출량 Q가 0보다 큰 경우에는 한계수입곡선은 평균수입곡선인 수요곡선 아래에 놓이게 된다. 이는 다음 예를 통해 쉽게 이해할 수 있다. 산업조직론을 수강하는 학생들이 40명이라 하자. 40명 학생의 첫 시험 평균점수가 70점이라 할 때 추가로 수강 신청한 학생 1명이 이 시험을 치르면서 69점을 받았다면 평균점수가 하락하게 된다. 추가 등록 학생의 점수는 이전 평균에 미치지 못하기 때문이다. 그러나 새로운 평균점수는 전보다 하락했지만 추가 등록 학생의 점수, 즉 한계점수보다 높다. 마찬가지로 평균수입곡선인 수요곡선은 우하향하므로 한계수입곡선은 그 밑에 놓이게 된다.

다음의 구체적 예를 통해 수식으로 설명해 보자. 단순화를 위해 수요곡선이 1차함수, 즉 선형으로 나타난다고 하자. 즉, 수요곡선이 나음과 같다고 하자.

$P = a - bQ$

단, a, b는 상수, P는 가격, Q는 수요량

평균수입 AR을 계산해 보자. 정의에 의해,

$$AR = \frac{TR}{Q} = \frac{P \times Q}{Q} = P = a - bQ \tag{4.1}$$

즉, $AR = a - bQ$로 수요곡선과 일치한다.

한계수입 MR을 계산해 보자. 정의에 의해,

$$MR = \frac{\Delta TR}{\Delta Q} = \frac{P \times \Delta Q + Q \times \Delta P}{\Delta Q} = P + Q\frac{\Delta P}{\Delta Q} \tag{4.2}$$

식 (4.1)에서 다음과 같이 쓸 수 있다.

$$\frac{\Delta P}{\Delta Q} = -b$$

이를 식 (4.2)에 대입하면 MR은 다음과 같다.

$$MR = P + Q\frac{\Delta P}{\Delta Q} = P - Qb = (a - bQ) - bQ = a - 2bQ \tag{4.3}$$

식 (4.3)에서 보듯이 수요곡선이 1차함수인 선형일 때 한계수입곡선 역시 1차함수가 되고, 그 기울기는 수요곡선의 2배가 된다. 이는 한계수입곡선이 원점과 수요곡선의 수평축 절편 사이의 중간지점($Q = \frac{a}{2b}$)을 지난다는 것을 의미한다. 산출량이 이 중간점을 지나면서부터 한계수입은 음(-)이 된다. 〈그림 4-2〉는 이러한 한계수입곡선을 보여주고 있다.

사실 한계수입은 수요의 가격탄력성과 밀접한 관계에 있다.

식 (4.2)를 정리하면 다음과 같다.

그림 4-2

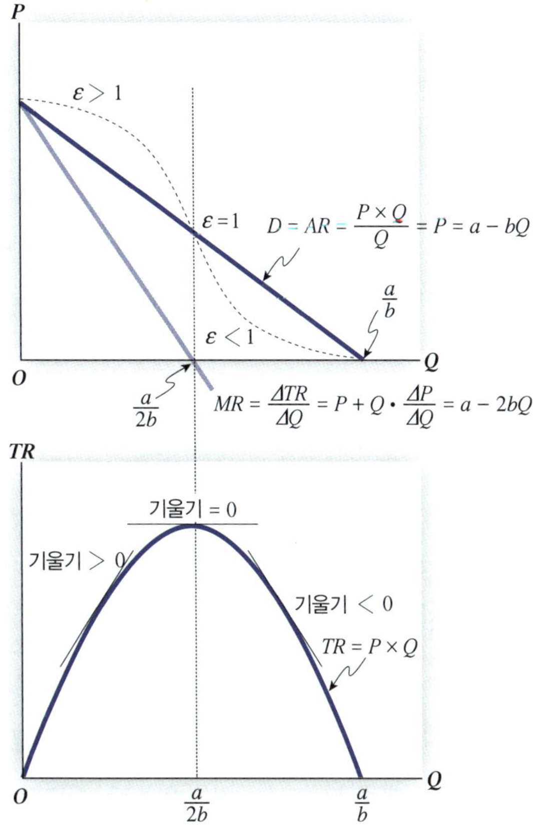

독점기업의 수요곡선, 평균수입, 한계수입, 총수입

독점기업의 수요곡선은 평균수입곡선과 동일하다. 수요곡선이 $D = a - bQ$로 표현되면, 한계수입곡선은 $MR = a - 2bQ$가 된다. 한계수입곡선은 원점과 수요곡선의 수평축 절편 사이의 중간지점 $Q = \frac{a}{2b}$를 지난다. 아래 그림은 총수입곡선을 보여준다. 총수입은 MR이 음(−)이 될 때까지 계속 증가하다가 MR이 음(−)이 되면서 감소한다.

$$MR = P + Q\frac{\Delta P}{\Delta Q} = P\left(1 + \frac{Q}{P} \times \frac{\Delta P}{\Delta Q}\right) \tag{4.4}$$

한편, 수요의 가격탄력성 ε은 가격이 1% 변할 때 수요량은 몇 % 변하느냐를 측정한다. 즉,

$$\varepsilon = \frac{\frac{\Delta Q}{Q}\%}{\frac{\Delta P}{P}\%} = \frac{P}{Q} \times \frac{\Delta Q}{\Delta P} \tag{4.5}$$

식 (4.5)는 식 (4.4) 괄호 안의 두 번째 항의 역수이다. 따라서 식 (4.5)를 식 (4.4)에 대입해 정리하면 한계수입은 수요의 가격탄력성 ε과 다음과 같은 관계를 갖는다.

$$MR = P\left(1 + \frac{1}{\varepsilon}\right) \tag{4.6}$$

수요의 가격탄력성 ε이 절대값을 취하지 않는다면 수요량과 가격은 음의 관계이기 때문에 $\varepsilon < 0$이 된다. 따라서 식 (4.6)은 $MR < P$라는 것을 다시 한 번 보여준다.

〈그림 4-2〉는 독점기업의 수요곡선, 평균수입, 한계수입, 총수입의 관계를 보여준다.

2) 독점기업의 공급곡선

독점시장의 경우 완전경쟁시장처럼 가격과 공급량 사이에 단일 관계는 성립하지 않는다. 따라서 독점기업은 공급곡선을 갖지 않는다.

독점기업의 공급곡선은 어떤 모양일까? 결론부터 이야기하면, 독점기업의 공급곡선은 존재하지 않는다. 왜냐하면 독점기업의 경우 가격은 외생적인 것이 아니라 내생적이다. 즉, 독점기업은 가격과 공급량 모두를 수요곡선의 형태에 따라 결정한다. 수요곡선에 따라 동일한 가격에서 서로 다른 양을 공급할 수도 있고, 동일한 공급량에서 서로 다른 가격을 책정할 수도 있다. 완전경쟁시장에서처럼 가격과 공급량 사이에 1 : 1 대응관계는 성립하지 않는다. 따라서 독점기업

그림 **4-3**

독점기업의 공급곡선이 존재하지 않는 이유

동일한 산출량 Q_M에 서로 다른 가격 P_M^1, P_M^2가 수요곡선에 따라 대응할 수 있다. 따라서 이윤을 극대화하는 유일한 공급곡선은 존재하지 않는다.

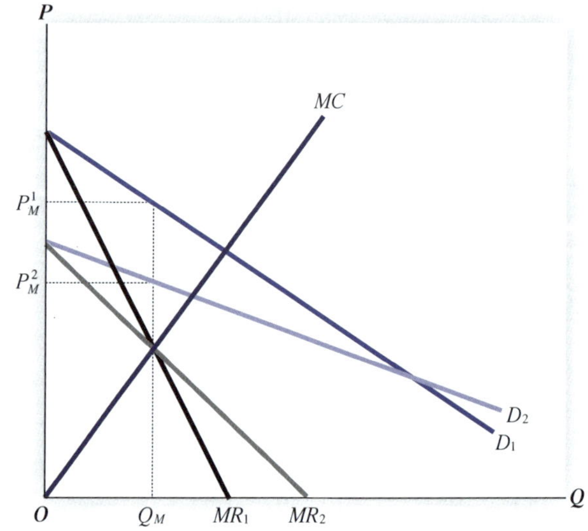

그림 4-4

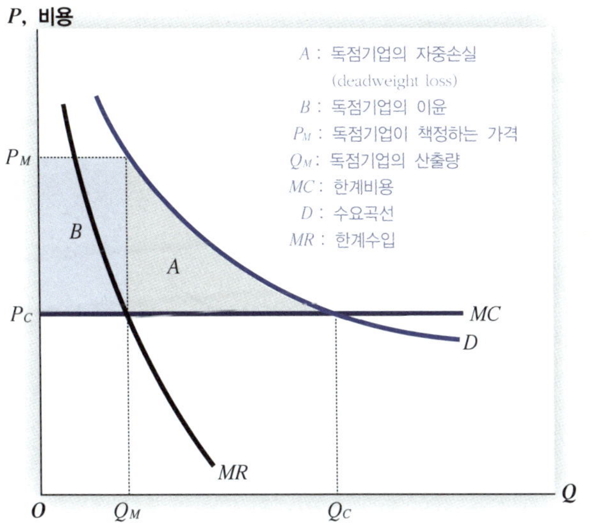

독점기업의 이윤극대화

완전경쟁시장의 경우 수요곡선과 MC가 교차하는 곳에서 가격은 P_C, 산출량은 Q_C가 된다. 독점시장은 이윤극대화원칙에 따라 $MR = MC$인 곳에서 가격 P_M과 산출량 Q_M을 결정한다. $P_M > P_C$, $Q_M < Q_C$이다.
만약 MC와 AC가 일치하면 이 독점기업의 이윤은 완전경쟁시장에서 소비자잉여 가운데 일부인 B가 되고 A는 그대로 사라져 버린다. 이때 사라지는 A를 독점의 자중손실이라 한다.

은 공급곡선을 갖지 않는다. 〈그림 4-3〉은 이러한 사실을 보여주고 있다.

3) 이윤극대화

독점기업은 총수입에서 총비용을 차감한 것, 즉 이윤이 극대화될 때 산출량 및 가격을 결정한다. 기업의 이윤이 극대화될 때는 한계수입과 한계비용이 같아질 때이다.

즉, $MR = MC$일 때 독점기업의 이윤은 극대화되며, $MR = MC$가 되는 수요곡선 상의 점에서 독점가격과 독점산출량을 결정한다. 〈그림 4-4〉는 이러한 독점기업의 이윤극대화를 설명하고 있다. 완전경쟁시장의 경우 수요곡선과 MC가 교차하는 곳에서 가격은 P_C, 산출량은 Q_C가 되지만, 독점시장의 경우 가격은 P_M, 산출량은 Q_M이 된다. 독점시장의 가격은 완전경쟁시장의 가격 P_C보다 높게 되며, 산출량 수준은 완전경쟁시장의 Q_C에 비해 낮은 수준인 Q_M을 생산하게 된다. 만약 MC와 AC가 일치하는 경우 독점기업의 이윤은 청색으로 표시된 직사각형 B가 된다. 이때 완전경쟁시장의 소비자잉여 가운데 B는 독점기업에게로 가고, A는 그대로 사라지게 된다. 사라지는 A를 독점에 의해 소래되는 경제

$MR = MC$일 때 독점기업의 이윤은 극대화되며, $MR = MC$가 되는 수요곡선 상의 점에서 독점가격과 독점산출량을 결정한다.

그림 **4-5**

공장이 2개인 독점기업의 산출량 결정

공장이 2개인 독점기업의 경우 두 공장의 한계비용 MC_1과 MC_2를 수평적으로 합해 한계비용곡선 MC_T를 얻는다. 이 MC_T와 한계수입곡선 MR이 만나는 곳에서 독점기업은 가격 P_M과 산출량 Q_M을 결정한다.

$Q_1(Q_2)$: 공장 1(공장 2)의 산출량
Q_M : 독점기업의 산출량 $= Q_1 + Q_2$
D : 수요곡선
MR : 한계수입곡선
$MC_1(MC_2)$: 공장 1(공장 2)의 한계비용곡선
MC_T : 독점기업의 한계비용곡선 MC_1과 MC_2의 수평적 합계

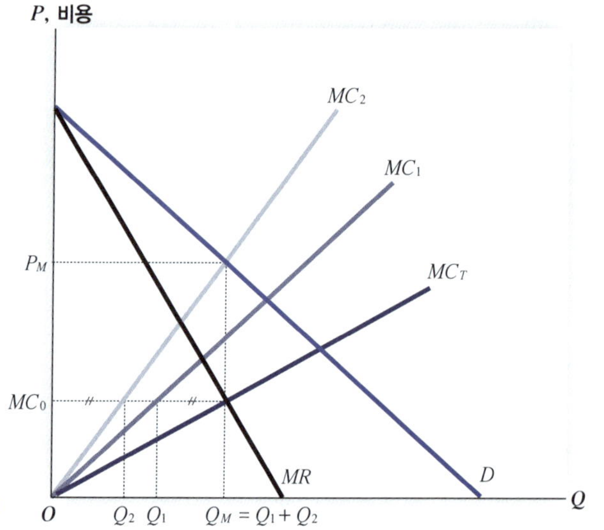

독점의 자중손실은 독점시장에서 사라져 버리는 완전경쟁시장의 소비자 잉여 A를 의미한다.

적 순손실이라 하며, 독점의 비효율성을 의미한다. 때로 이를 독점의 자중손실(deadweight loss)이라 한다.

독점기업의 공장이 여러 곳에 있는 경우를 생각해 보자. 만약 독점기업이 2개의 공장이 있고, 공장 1의 한계비용곡선을 MC_1, 공장 2의 한계비용곡선을 MC_2라 하자. 이 경우 독점기업의 가격 및 산출량은 어떻게 될까? 만약 독점기업의 공장이 2개라 하더라도 독점기업의 가격 및 산출량 결정 방법에는 변함이 없다. 즉, 두 공장의 한계비용을 수평적으로 합계하면 기업 전체의 한계비용곡선 MC_T가 도출된다. 왜냐하면 한계비용이 MC_0일 때 공장 1의 산출량은 Q_1, 공장 2의 산출량은 Q_2가 되어 이 기업 전체의 산출량은 Q_1과 Q_2의 합인 Q_M이 되므로, 독점기업의 한계비용곡선은 두 공장의 한계비용곡선을 수평적으로 합하면 된다. 이 MC_T와 한계수입곡선 MR이 만나는 곳에서 이 독점기업은 가격 P_M과 산출량 Q_M을 결정하게 된다.

〈그림 4-5〉의 경우에서 보듯이 한계수입과 한계비용이 같아지는 수요곡선 상의 점에서 독점가격과 독점산출량을 결정하며, 이때의 산출량 Q_M은 실제로 공장 1의 산출량 Q_1과 공장 2의 산출량 Q_2를 더한 것이므로, 공장 1은 Q_1을 생산하게 되고, 공장 2는 Q_2를 생산하게 되는 것이다. 이는 상식적으로 판단하

더라도 이해할 수 있다. 공장 1이 낮은 생산비를 갖고 있어 공장 2보다 효율적이므로 공장 2를 닫지 않는 한 공장 1에서 보다 많은 생산을 하게 되고, 비효율적인 공장 2에서 보다 적은 산출량을 생산하게 되는 것이다.

1.2 독점기업의 행태

1) 독점기업의 시장지배력

독점기업은 시장에서 가격을 그대로 받아들이는 것이 아니라 이윤을 극대화하기 위해 스스로 가격을 결정한다. 독점기업의 이러한 가격결정은 산출량에도 영향을 미친다. 어떤 기업이 자기가 생산하는 제품의 가격결정에 영향을 미칠 수 있다면 그 기업은 시장지배력을 갖고 있다고 할 수 있다. 독점기업은 분명히 그러한 시장지배력을 보유하고 있다.

시장지배적 사업자는 독과점사업자와 같은 의미이다. 즉, 독과점적 지위에 있는 사업자를 말한다. 〈사례연구 4-1〉에서 법원은 퀄컴이 시장지배적 및 거래상 지위를 남용하고 불공정거래 행위를 한 점이 상당 부분 인정된다고 보고 공정위의 1조원대 과징금 부과가 정당하다고 판결했다. 법원은 퀄컴이 특허와 칩세트에서 시장지배적 지위에 있었고, 휴대전화 제조사들에는 거래상 우위에 있었으며, 이런 지위를 남용하여 칩세트사의 특허권 사용을 제한하고, 휴대전화 제조사에 특허권 계약까지 맺도록 한 점이 인정된다고 판단했다.

Industrial Organization

사례연구 4-1 법원 "퀄컴, 시장지배적 지위 및 거래상 우위 남용 역대 최대 과징금 부과" 판결

공정위 시정명령 대부분 '적법' 판단 … 3년 가까운 심리 끝에 판결

공정위 "퀄컴 사업모델 부당성 인정" … 퀄컴 "즉각 상고"

법원 1조원대 과징금 부과 "정당" 판결

다국적 통신업체 퀄컴이 휴대전화 제조업체 등에 부당한 계약을 강요했다는 이유로 공정거래위원회가 부과한 1조원대 과징금은 정당하다는 법원 판단이 나왔다.

법원은 퀄컴이 시장지배적 지위를 남용하고 불공정거래 행위를 한 점이 상당 부분 인정된다고 보고 사실상 공정위의 손을 들어줬다.

서울고법 행정 7부는 2019년 12월 4일 퀄컴 인코포레이티드, 퀄컴 테크놀로지 인코포레이티드, 퀄컴 CDMA 테크놀로지 아시아퍼시픽 PTE LTD 등이 공정

위를 상대로 낸 시정명령 등 취소 소송에서 이처럼 판결했다.

미국에 있는 퀄컴의 본사 퀄컴 인코포레이티드는 특허권 사업을, 나머지 2개사는 이동통신용 모뎀칩세트 사업을 하고 있다. 공정위는 2016년 이들 3개 회사에 역대 최대 규모의 과징금 1조 311억원을 부과하고 시정명령을 내렸다. 공정위는 퀄컴이 모뎀칩세트 공급과 특허권을 연계해 기업들에 이른바 '갑질'을 하고, 특허권을 독식했다고 판단했다.

퀄컴은 휴대전화 생산에 필수적인 이동통신 표준필수특허(SEP)를 보유했다. 퀄컴은 특허 이용을 원하는 사업자에게 SEP를 차별 없이 제공하겠다는 '프랜드(FRAND) 확약'을 하고 SEP 보유자 지위를 인정받았다.

그러나 삼성 · 인텔 등 칩세트사가 계약 체결을 요구하면 이를 거부하거나 판매처를 제한하는 등 실질적인 특허권 사용을 제한했다고 공정위는 판단했다. 퀄컴은 또 칩세트를 공급받는 휴대전화 제조사들에도 특허권 계약을 함께 맺도록 강제했다. 이렇게 강화된 칩세트 시장지배력을 지렛대 삼아 휴대전화 제조사와의 특허권 계약도 일방적인 조건으로 체결했다고 공정위는 결론 내렸다. '끼워팔기' 식으로 필수적이지 않은 특허권 계약도 요구하거나, 휴대전화 판매가격의 일정 비율을 '실시료' 명목으로 받는 식이다. 휴대전화 제조사들의 특허권을 넘겨받기도 했다.

재판부는 우선 퀄컴이 특허와 칩세트라는 상품에 있어 '세계시장'에서 시장지배적 지위에 있었고 휴대전화 제조사들에는 거래상 우위에 있었다는 점을 인정했다. 이어 이런 지위를 남용해 칩세트사의 특허권 사용을 제한하고, 휴대전화 제조사에 특허권 계약까지 맺도록 한 점이 인정된다고 판단했다.

재판부는 "정상적인 거래 관행에 비춰 칩세트사에 타당성 없는 조건을 제시하고, 부당하게 경쟁을 제한하는 등 시장지배적 지위를 남용한 점이 인정된다"고 밝혔다. 또 "거래상 우위를 남용해 휴대전화 제조사에 불이익한 거래를 강제하고, 부당하게 경쟁을 제한한 점도 인정된다"며 이에 대한 공정위의 시정명령은 적법하다고 했다.

다만 휴대전화 제조사에 끼워팔기식 계약을 요구하거나 실시료 등을 받은 부분에 대해서는 불이익한 거래를 강제하거나 경쟁을 제한한 행위가 아니라고 봤다. 일방적으로 불균형한 계약이 이뤄졌다는 근거가 부족하다는 등의 이유를 들었다.

이에 따라 총 10개의 시정명령 가운데 2개 명령은 위법하고, 나머지는 적법하다고 재판부는 결론 지었다. 재판부는 적법하다고 인정된 시정명령만으로도 휴대전화 제조사들에 부당한 계약을 강요할 수 없게 되므로, 일부 시정명령이 취소되더라도 시장질서를 회복하는 효과를 낼 수 있다고 설명했다. 비록 일부 처분이 위법했다고 보긴 했지만, 공정위가 매긴 과징금 역시 적법하다고 재판부는 판단했다.

재판부는 "시장지배적 지위를 남용했거나 불공정거래를 했다고 인정되지 않은 행위는 앞서 인정된 행위의 효과가 반영된 구체적 내용에 불과하다"며 "인정된 행위를 토대로 산정한 과징금이 적법하다고 판단하는 데 영향이 없다"고 설명했다.

법원은 3년 가까이 심리한 끝에 이날 첫 판단을 내놓았다. 공정거래 사건은 다른 재판과 달리 서울고법이 1심 재판을 맡고, 대법원이 2심 재판을 맡는 2심제로 진행된다.

법원의 첫 판단에 대해 공정위 측은 "SEP 보유자의 프랜드 확약 의무를 재확인하고, 퀄컴의 특허 라이선스 사업모델이 부당하다는 점을 인정했다"고 밝혔다.

반면 퀄컴 측은 입장문을 내고 "이번 판결에 동의하지 않는다"며 "즉각 대법원에 상고할 방법을 찾겠다"고 밝혔다.

출처 : 한국경제신문(2019. 12. 4) ⓒ 한경닷컴

2) 효율적 생산을 위한 유인

독점기업은 경쟁기업과 달리 생산의 효율성을 추구하지 않는가? 경쟁시장에서 기업들은 생존을 위해 비용절감에 최선을 다하지만, 독점시장에서는 오직 하나의 기업밖에 없으므로 비용절감에 최선을 다하지 않는다고 주장할 수는 없다. 왜냐하면 독점기업이 이윤의 극대화를 추구한다는 것은 다른 한편으로 비용의 극소화를 추구한다는 말과 마찬가지이기 때문이다. 생산비를 절감함으로써 이윤의 증가가 이루어진다면 독점기업은 당연히 생산비를 줄이려는 노력을 할 것이다. 따라서 독점기업은 효율적 생산유인을 갖는다고 할 수 있다.

독점기업이 이윤의 극대화를 추구한다는 것은 다른 한편으로 비용의 극소화를 추구한다는 것이다.

다만, 경쟁시장에서는 다른 경쟁기업들을 살펴보면서 생산비를 줄일 수 있는 반면에 독점기업은 비교할 만한 경쟁기업이 시장 내에 없으므로 효율성을 달성하기가 경쟁기업보다 어려울 수 있다. 이러한 경우 경쟁기업이 독점기업보다 효율적으로 생산한다고 할 수 있다.

3) 시간에 걸친 독점기업의 행태

독점기업은 수요곡선의 비탄력적인 부분에서 가격이나 산출량을 결정하지 않는다. 가격에 대한 수요탄력성이 비탄력적이면, 독점기업이 가격을 1% 상승시킬 때 수요량은 1% 미만 감소한다. 즉, 가격에 대한 수요탄력성이 비탄력적이면 가격을 계속 상승시키는 것이 총수입을 증가시키는 것이고, 가격 상승에 따른 산출량의 감소는 비용을 감소시켜 이윤을 증가시킨다. 이는 시간을 고려하지 않는 단순한 모형의 경우에 타당한 논리이기는 하지만, 독점시장에서 시간을 고려하면 독점기업의 가격정책에 관한 의사결정은 시간적인 요소를 반영해 이루어져야 한다.

소비자들은 일반적으로 단기보다는 장기에 보다 탄력적으로 가격변화에 반응한다. 독점기업이 가격을 상승시키는 경우 단기에는 소비자들이 이에 빠르게 대응하지 못하지만 시간이 지나면서 다른 대체재를 찾게 된다. 커피값이 비싸지면 다른 대용음료를 찾게 되는 것과 마찬가지이다. 따라서 독점기업이라 할지라도 소비자들이 장기의 경우 독점기업의 제품에 탄력적인 대응을 할 우려가 있다. 그동안 가솔린 가격의 급격한 상승을 경험하면서 미국 및 글로벌 시장에서 가솔린과 전기를 함께 이용할 수 있는 hybrid형 자동차 및 테슬라(Tesla) 등 전기자동차에 대한 수요가 증가하고 있는 것은 한 예이다.

4) 독점의 생성과 유지

독점은 여러 가지 이유로 만들어지고 유지될 수 있다. 그 대표적인 것은 다음과 같다.[1]

(1) 우선, 어떤 기업이 다른 경쟁기업들이 모방할 수 없는 신제품이나 보다 나은 제품을 생산할 수 있는 특별한 know-how를 갖고 있는 경우이다.

(2) 특별한 know-how에 의한 생산기술에 의해 다른 기업들보다 저렴하게 동일한 제품을 생산할 수 있는 경우 독점이 발생할 수 있다.

(3) 생산기술 등을 모방할 수 있다고 하더라도 특허권 등 법제도에 의해 독점적 생산을 부여받는 경우 독점이 생성되고 유지될 수 있다.

(4) 특허권 이외에 정부가 다른 법적 제재를 하고 있는 경우이다. 우리나라의 경우 담배 생산은 아직도 KT&G가 전담하고 있다. 담배 수입까지 제한한다면 독점이 생성되고 유지될 수 있다. 많은 대학에 의대가 있지만 여러 가지 이유 때문에 의대생들의 정원을 제한하고 있다. 따라서 대학들이 의대를 설립하고자 하거나 의대학생 수를 늘리고자 하더라도 여러 가지 제한 때문에 가능하지 않다.

뉴욕시의 경우 택시의 수가 법에 의해 제한되고 있다. 유동인구가 아무리 늘어도 택시 수는 1937년 대당 10달러에 허가한 11,787대에서 현재도 13,000대 수준으로 제한되고 있기 때문에 택시사업면허의 가격은 계속 치솟은 바 있다. 그러나 〈사례연구 4-2〉에서 보듯이 최근 공유차량 우버 및 리프트의 등장으로 택시사업면허의 가격은 크게 하락하여 많은 택시기사들의 파산을 초래하고 있다.

1. Carlton & Perloff(2015, pp.124~129) 참조.

(5) 자연독점 등으로 다른 기업들이 시장에 들어올 이유가 없는 경우나 특정 기업이 여러 가지 전략적 행동 등으로 다른 기업들의 시장진입을 제한하는 경우 독점이 발생되고 유지될 수 있다.

바이올린 줄은 처음에 양의 창자로 만들어졌지만, 그 이름은 고양이 창자(catgut)였다. A.D. 130년경 로마의 에라스모(Erasmo)라는 사람이 현악기를 만들기 시작하면서 그렇게 이름을 붙였기 때문이다. 그 당시 고양이를 죽이는 것은 불운을 가져온다고 믿어졌기 때문에, 다른 사람들이 시장에 들어오지 못하도록, 즉 독점을 유지하기 위해 자기 제품에 고양이 창자라는 이름을 바이올린 줄에 붙였다고 한다.[2] 이처럼 기업의 전략적 행동으로 독점이 유지될 수도 있다.

사례연구 4-2 뉴욕 택시면허 거품 꺼지자 … '죽음의 초대장' 된 100만 달러 면허의 배신

'약탈적 대출' 그림자 드러나 … 82년 제도 실효성도 논란

2018년 11월 미국 뉴욕 퀸즈에서 한국계 택시기사 A씨(58)가 스스로 목숨을 끊었다. '커피 인심'이 후했던 그의 사망에 동료 기사들과 주변 사람들은 큰 충격에 빠졌다. A씨는 2017년 '택시 오너'가 됐다. 1만 3,000개밖에 없는 뉴욕택시 면허(메달리온)를 57만 8,000달러(약 6억 8,800만원)에 매입해 '아메리칸 드림'을 이룬 듯했다. 그런 그는 왜 끔찍한 선택을 했을까?

뉴욕시와 의회는 택시기사들을 죽음으로 내몬 주범으로 우버, 리프트 등 승차공유 회사를 지목했다. 이들이 택시 시장을 빠르게 잠식하면서 기사들의 소득이 감소했기 때문이다. 시의회는 2018년 승차공유 서비스 기사의 수를 제한하는 법안으로 대응했다.

그러나 NYT는 2019년 4월 19일 기사에서 "우버가 진출한 2011년 이후 뉴욕 택시 수입이 10% 감소했지만 메달리온 가격은 96% 떨어졌다"며 뉴욕 택시면허의 '거품 붕괴'를 지목했다. 그러면서 1937년 도입된 택시면허 제도의 허점, 택시업계와 브로커들의 '약탈적 대출' 관행을 파헤쳤다.

NYT에 따르면 메달리온 가격은 2002년 20만 달러에서 2014년 100만 달러로 뛰었다. 뉴욕시는 2004년 메달리온 경매 제도까지 도입하고 '일생일대의 기회', '주식보다 나은 투자상품'이라며 투자광고까지 했다. 메달리온이 비싼 값에 낙착될수록 뉴욕시 세수는 불어났다.

대출은 느슨해졌다. 과거엔 메달리온 매입 금액의 40%는 갖고 있어야 나머지 메달리온 대출을 받을 수 있었다. 택시업계 신용협동조합은 돈 한 푼 없어도 전액 대출을 해주고 3년 내에 상환하게 하는 상품을 내놓았다. 택시업계 브로커들은 대출 중개로 돈을 벌었다. 90%가 이민자인 뉴욕 택시기사들은 모아둔 돈이 없어도 '택시 오너'가 될 수 있다는 꿈에 부풀었다.

2. 이는 Carlton & Perloff(2015), p.125를 참조.

거품이 빠지면서 '아메리칸 드림의 보증수표'는 '죽음의 초대장'으로 바뀌었다. 우버와 리프트에 밀려 수입이 준 택시기사들은 대출금 상환에 어려움을 겪었다. 면허 값은 추락했다. 금융사는 대출을 회수하고 집과 소득을 압류했다. 메달리온은 경매로 넘어갔다. 2016년 이후 950명의 택시기사들이 파산했다. NYT는 "2008년 금융위기 원인인 주택대출 거품과 비슷하다"며 "메달리온 거품에 대한 경고가 여러 번 있었지만 당국이 외면했다"고 지적했다. 워싱턴포스트(WP)는 예일대 저널을 인용해 "(뉴욕 메달리언)은 강력한 이익집단의 압력에 취약한 정치적 의사결정에 의해 유지되는 비효율적 사적 소유권의 사례"라며 "왜 사회가 이 산업을 보호해야 하는가"라는 의문을 제기했다.

이에 앞서 정부의 인위적인 택시 공급과 가격 통제, 택시업계와 금융사의 도덕적 해이, 약탈적 대출에 대한 감시 소홀 등 구조적 문제에 귀 기울이고 피해자 구제에 나서는 노력들이 있었다면 적어도 극단적 선택은 막을 수 있지 않았을까? 모든 문제를 신기술과 경쟁자 탓으로 돌리는 건 진실을 외면하는 가장 쉬운 방법일 뿐이다.

출처 : 동아일보(2019. 5. 31)

1.3 독점시장의 분석

1) 지대추구행위

〈그림 4-4〉에서 경쟁시장이 아니라 독점시장이 될 경우 가격은 P_M, 수량은 Q_M으로 경쟁시장의 가격 P_C보다 높고, 수량은 Q_C보다 적게 결정되는 것을 살펴보았다. 경쟁시장의 소비자잉여가 독점시장에서 B는 독점이윤으로 전환되고, A는 자중손실로 사라진다는 것도 분석했다. 기업 입장에서 시장을 독점하게 되면 경쟁시장에서 얻지 못한 이윤 B를 얻을 수 있다. 만약 이 기업이 이러한 독점이윤, 즉 '지대'를 누리기 위해 시장에 다른 기업들이 진입하지 못하도록 기업자원을 사용해 정부나 국회를 대상으로 로비활동 등을 할 수 있다. 이를 **지대추구행위**(rent seeking behavior)라고 한다.

기업이 지대를 누리기 위해 시장에 다른 기업들이 진입하지 못하도록 기업자원을 사용해 정부나 국회를 대상으로 로비활동 등을 할 수 있다. 이를 지대추구행위라고 한다.

지대추구행위에서 독점기업은 극단적인 경우 독점이윤 B 모두를 로비활동으로 사용할 수도 있지만 일반적으로 그보다 적게 사용할 것이다. 이러한 지대추구행위에서 사용되는 자원은 다른 생산활동에 사용될 수 있으므로 사회적 입장에서 보면 비용이 된다. 독점기업이 지대추구행위를 할 경우 사회적 비용은 자중손실에다 이러한 지대추구행위 비용을 합한 것이 되기 때문에 극단적인 경우 경쟁시장의 소비자잉여가 전부 사회적 비용으로 전환될 수 있다.

2) 독점의 편익

앞에서 보면 독점은 비용만을 사회에 부담시키는 것처럼 보이나, 긍정적인 면도 있다. 예를 들어 독점시장에서 독점이윤을 얻기 위해 독점기업이 끊임없이 신제품을 개발한다든가, 소비자들이 훨씬 쓰기 좋게 개선된 제품을 시장에 내놓는다거나, 생산비를 줄이기 위한 여러 가지 노력을 행할 수 있는 것이다.

독점은 특히 기업들의 연구개발이나 혁신에 대한 투자를 증가시킬 수 있다. 어떤 기업이 연구개발투자를 통해 획기적인 제품을 만들어 특허를 얻게 되면 특허기간 동안 다른 기업들이 이를 모방해 사용할 수 없다. 자연스럽게 특허기간 동안 독점이 유지될 수 있다. 정부가 특허제도 등을 통해 연구개발을 보호하지 않는 경우 어느 누구도 연구개발이나 혁신에 비용을 지출하지 않을 것이다. 보호되지 않는 제품은 쉽게 모방되어 독점이윤이 아니라 연구개발이나 혁신에 들어간 비용도 충당할 수 없게 되기 때문이다.

연구개발투자나 혁신 등을 통해 생산된 새로운 제품이나 개선된 제품 등은 소비자들의 편익을 높이기 때문에 독점시장에서 사라지는 자중손실을 보전할 수도 있다. 예를 들어 기존 제품의 성능이나 형태를 획기적으로 개선하는 신제품이 시장에 나올 경우 소비자들의 편익이 증가할 수 있다. 우리가 사용하고 있는 인터넷의 경우도 획기적인 혁신이 나타나고 있다. 〈사례연구 4-3〉은 그동안 아무도 생각하지 못했던 우주 인터넷이 우리 삶을 바꿀 가능성을 언급하고 있다. 2015년 일론 머스크가 처음 구상을 밝힌 후 불과 5년 만인 2020년에 현실이 된 우주 인터넷은 현재 통신비가 다소 높고 연결이 불안정하지만 앞으로 새로운 인터넷 세상에서 우리의 삶을 획기적으로 변화시킬 수 있다.

사례연구 4-3 '우주 인터넷' 써보니 … "설치하는 데 단 15분, 속도 100배 빨라"

"우리의 삶이 바뀌고 있다"
통신비 다소 높고 연결은 불안정

"인터넷 속도가 아니라 우리 삶이 바뀌고 있다."

최근 민간 우주업체 스페이스X의 위성 인터넷 서비스 '스타링크'를 체험한 미국 이용자들이 온라인 게시판에 남긴 소감이다. 스타링크는 지구 저궤도(300~1,000km)에 수많은 소형 인공위성을 배치해 전 세계에 초고속 인터넷을 제공하는 서비스다. 2020년 말부터 미국·캐나다 등 북미 지역과 일부 유럽 국가에서 베타 서비스가 시작되면서 후기들이 공개되고 있다. 지난 2015년 스페이스X 창업자 일론 머스크가 처음 구상을 밝힌 지 5년 만에 현실이 된 우주 인터넷에 대해 이용자들은 "기대 이상"이라며 높은 점수를 주고 있다.

사용자들이 꼽은 스타링크의 장점은 쉬운 설치와 빠른 속도다. 17만 명의 구독자를 보유한 IT 전문 유튜버 앤디 슬라이는 최근 미국 켄터키의 한적한 농촌에 사는 친구 집에 기기를 설치해 스타링크 서비스를 이용했다. 안테나 접시를 지붕에 설치하고 스마트폰에 인터넷을 연결하기까지 15분밖에 걸리지 않았다고 한다. 속도도 빨랐다. 그는 "1초당 1메가비트 미만이던 인터넷 속도가 스타링크에 연결하자마자 100메가비트를 넘었다"며 "광대역 인터넷을 이용하지 못하는 시골 주민들에게는 혁신에 가까운 변화"라고 평가했다. 미 IT 매체 톰스가이드도 "낮은 궤도에서 수시로 인터넷 신호를 받기 때문에 우려했던 것보다 신호 지연 시간이 짧았다"고 했다.

다소 높은 통신비와 불안정한 연결은 단점으로 지적됐다. 스타링크 서비스를 이용하려면 기기 구입에 600달러, 월 이용료 99달러를 내야 한다. 베타 테스트에 참가한 미국 IT 매체 시넷의 존 킴 기자는 서비스 이용 첫 주에 나흘가량 인터넷 연결 끊김을 경험했다. 그는 "잠깐씩 중단되는 것만 제외하면 완벽하게 작동했다"고 평가했다.

스페이스X는 위성 발사를 늘려 인터넷 속도와 연결 안정성을 높일 계획이다. 현재 예정된 1만 2,000개 위성 중 1,260여 개의 위성을 우주로 보냈다. 스페이스X는 최근 "인터넷 속도가 2021년 말 초당 300메가비트로 두 배가량 빨라질 것"이라고 밝혔다.

출처 : 조선일보(2021. 4. 7)

〈사례연구 4-4〉는 최근 이슈가 되고 있는 플랫폼 독점에 대한 이야기를 통해 독점이 바람직한 것인지, 아니면 비난받아야 할 것인지 생각해 볼 수 있는 사례를 다루고 있다. 경쟁은 항상 좋고, 독점은 항상 나쁜 것인가?

온라인 플랫폼의 경우 '네트워크 효과'가 중요하다. 사용자가 많아져 특정 기업이 독점할 경우 오히려 소비자 후생이 극대화될 수 있다. 온라인 서비스는 다른 플랫폼으로 갈아타는 '전환비용'이 낮아서 그 독점적 지위를 계속 유지하기 쉽지 않다. 독점기업도 혁신하지 않으면 독점이 지속되기 어려운 구조이다.

반면에 미국 법무부는 2020년 10월 구글이 경쟁자의 시장 진입을 막고 독점적 위치를 유지하기 위해 불법행위를 하였다고 구글을 상대로 반독점 소송을 제기했다. 미국연방거래위원회(FTC)와 주요 주정부는 2020년 12월 페이스북을 상대로 경쟁을 저해하는 불공정행위를 하였다고 반독점 소송을 제기하였다. 이는 플랫폼 독점의 경우에도 불법행위나 불공정행위를 통해 독점적 지위를 유지하고자 하는 것은 안 된다는 것을 보여준다.

사례연구 4-4 '뜨거운 감자' 플랫폼 독점 … 독점기업이 더 혁신 vs. 지배력 남용

'경쟁은 선, 독점은 악'

시장경제에서 금과옥조처럼 회자되는 얘기다. 과연 사실일까. 적잖은 경제학자들의 답은 'No'다. 일부 독점은 선할 수도 있다는 것. 통신, 수도, 전기, 가스, 철도 등의 '자연독점'이 대표 사례다. 대대적인 초기 투자와 장기적인 수익 회수가 이뤄지는 특성상 여러 기업이 생산하기보다 한 기업이 독점 생산하는 것이 효율적이어서 자연스럽게 생겨난 독점을 말한다. 최근에는 '플랫폼 독점'도 추가 사례로 언급된다. 19~20세기 전통산업의 독점과 달리 독점 유지력이 현저히 낮고, 글로벌 기업과 경쟁하거나 막대한 투자를 단행하기 위해 독점 플랫폼 기업 육성이 불가피하다는 판단에서다. 세계적으로 확산되고 있는 플랫폼 독점에 대한 기대와 걱정의 목소리를 살펴봤다.

시선 1 긍정론

슘페터 "독점 기업이 가장 혁신적"
"혁신 기업이 독점하고, 언제든 교체 가능."
애플, 구글, 아마존, 마이크로소프트, 삼성.

모두 각자 영역에서 독점적 지위를 누리고 있는 글로벌 기업들이다. 이들이 시장을 독과점한다 해서 혁신적이지 않다고 말할 수 있을까. 보스턴컨설팅그룹(BCG)은 오히려 더 혁신적이라고 말한다. BCG가 2020년 발표한 '세계에서 가장 혁신적인 기업 50'에서 이들을 1~5위로 꼽은 것. 독점을 하면 경쟁이 줄어 혁신 동력이 떨어질 것이라는 염려를 반박하는 단적인 예다.

4차 산업혁명 시대의 독점은 19~20세기 전통산업 시대의 그것과 다르다는 주장도 제기된다.

온라인 플랫폼은 '네트워크 효과'가 중요하다. 이런 특성에 비춰볼 때 특정 기업이 독점했을 때 오히려 소비자 후생이 극대화될 수 있다. 또 온라인 서비스는 다른 플랫폼으로 갈아타는 '전환비용'이 낮다. 독점기업도 혁신하지 않으면 독점이 지속되기 어려운 구조라는 분석이다.

'창조적 파괴' 이론으로 유명한 조지프 슘페터도 알고 보면 '독점 옹호론자'였다. 그는 정상적인 경제환경에서는 가장 혁신적인 기업이 독점하게 되고, 그 독점은 영구 지속되지 않는 '일시적 상태'일 뿐이며, 따라서 독점기업은 잠재적 경쟁자에 대비해 끊임없이 혁신할 것이라고 주장했다. 정부가 경계할 것은 독점기업의 시장지배력 '남용'이지, 시장지배력 그 자체가 아니라는 얘기다. 슘페터는 자본주의 사회에서 성공적인 혁신자의 독점이윤은 정당할 수 있다고 보았다.

▶ 초국적 기업 맞서려면 '토종 독점' 반드시

글로벌 기업 간 경쟁이 국가 간 경쟁의 축소판이자 대리전이 된 오늘날 경제 지형 변화는 '독점 불가피론'

으로 이어진다. 초국적 기업이 전 세계를 휘젓는 글로벌 시대에 압도적 토종 기업이 없으면 국내 시장을 내줄 수 있다는 우려에서다. 이른바 '토종 플랫폼 기업 육성론'이다.

결국 자국 플랫폼 기업의 독과점은 제한적으로 용납해도 해외 기업의 그것은 (적대국이라면 더더욱) 절대 안 된다는 지정학적 이해관계가 공공연히 작동하고 있는 셈이다.

▶ 독점이라 가능한 투자와 혁신

▷ 우주산업, 로켓배송 조 단위 투자

어떤 독점은 정부가 합법적으로 보장한다. '지식재산권' 같은 특허제도가 대표 사례다. 특허를 통한 배타적 이익 추구권이 보장되지 않는다면, 굳이 기업이 막대한 투자를 해서 남 좋은 일을 할 이유가 없기 때문이다. 특히 인류 복지에 중요한 의약품의 경우 필요하다면 5년 더 연장해주며 독점권을 훨씬 보장해준다.

오늘날 글로벌 기업들이 각 분야에서 조 단위 초대형 투자에 나설 수 있는 것도 같은 맥락에서다. 민간기업으로는 40년 만에 처음으로 나사(NASA)로부터 우주왕복선 사업권을 따낸 스페이스X는 2020년 2조원 넘는 신규 투자금을 유치할 수 있었다. 국내에서는 쿠팡이 지난 7년간 5조원 가까운 누적 적자를 내며 로켓배송 서비스 구축에 지속 투자 중이다. 사업 성공 시 독점적 이익에 대한 기대가 없다면 애초에 시도조차 불가능한 프로젝트들이다. 독점기업이어서, 또는 독점에 대한 기대가 있어 소비자 후생을 위한 막대한 투자와 도전에 나설 수 있는 '독점의 역설'인 셈이다.

시선 2 부정론

"독점은 독점"… 공급자 역할 엄금해야

'그래도 독점은 독점'이라며 독점 반대 목소리가 여전히 높다. 플랫폼 기업들이 비대해지며 사용자를 '연결'하는 초기 역할에서 제품과 서비스를 직접 제공하는 '공급자' 역할까지 확장해가는 데 대한 경계가 강화되는 분위기다.

구글, 애플 등 플랫폼 독점 기업이 즐비한 미국이 대표 사례다.

미국 법무부는 2020년 10월 구글을 상대로 반독점 소송을 제기했다. 구글이 자사 앱이 스마트폰에 선탑재되도록 스마트폰 제조사와 통신사에 수십억 달러를 제공했다는 이유에서다. 이는 경쟁자의 시장 진입을 막고 독점적 위치를 유지하기 위한 불법행위라고 힐난했다. 페이스북도 2020년 12월 미국연방거래위원회(FTC)와 주요 주정부로부터 반독점 소송에 휘말렸다. 페이스북이 자사 사업에 위협이 될 가능성이 큰 기업들을 인수·합병한 것이 경쟁을 저해하는 불공정행위라는 것이 FTC 의견이다.

해외에서는 플랫폼 독점 기업 어떻게 규제하나?

미국은 전통산업 시절부터 독점에 대해 엄격한 입장을 고수해 왔다. 2020년 미국 하원 법사위원회 산하 반독점소위가 구글과 페이스북, 아마존, 애플 등이 시장에서 독과점 행위를 일삼는다고 지적하며 기업 분할 등을 해결책으로 제시한 보고서를 발표한 점도 눈길을 끈다.

EU는 2020년 12월 '디지털 시장법'과 '디지털 서비스법' 초안을 공개했다. 디지털 시장법은 거대 IT 기업의 불공정 관행을 금지하고 인수·합병 계획을 EU에 알리도록 의무화하는 규정을 담았다. 디지털 서비스법은 IT 기업의 플랫폼 악용이나 불법 콘텐츠에 대한 대응을 강화하는 내용이 핵심이다. 규정을 어기면 매출의 10%까지 벌금을 부과하거나 서비스 중단, 사업 매각 등을 명령할 수 있다. 연매출 65억 유로 이상, 이용자 4,500만 명 이상, EU 회원국 3곳 이상에서 쓰이는 플랫폼을 보유한 기업이 적용 대상이다.

중국, 일본, 호주 등도 플랫폼 기업이 지배력을 남용할 수 없도록 조치를 취하려는 시도가 이어지고 있다.

출처 : 매일경제신문(2021. 2. 4)

그림 4-6

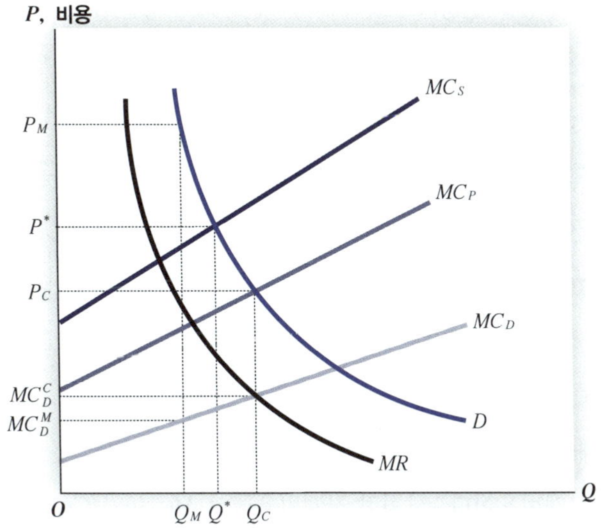

MC_S : 사회적 한계비용(MC_P + MC_D) MC_P : 사적 한계비용
MC_D : 환경오염에 대한 한계비용 MR : 한계수입
MC_D^C : 경쟁시장의 한계오염비용 MC_D^M : 독점시장의 한계오염비용

독점과 환경오염

사회적 한계비용곡선 MC_S가 수요곡선 D와 만나는 곳에서 사회적으로 바람직한 가격 P^*와 생산량 Q^*가 결정된다.
독점시장의 생산량 Q_M이 경쟁시장의 생산량 Q_C보다 적다. 따라서 환경오염을 고려할 경우 독점시장이 경쟁시장보다 바람직한 생산량을 산출하게 된다. 환경오염에 따른 한계비용도 경쟁시장은 MC_D^C, 독점시장은 MC_D^M으로 독점시장이 보다 낮은 한계비용을 지불한다.

3) 독점과 외부효과

독점과 외부효과의 관계를 살펴보자. 독점시장이 완전경쟁시장에 비해 항상 나쁜 결과를 가져오는 것은 아니다. 〈그림 4-6〉은 환경오염과 같은 외부비경제효과가 존재하는 경우 독점이 완전경쟁보다 적은 산출량을 생산하기 때문에 오히려 바람직한 결과를 가져올 수 있다는 것을 보여준다.

자동차의 생산에서는 조립과정은 물론 관련 부품 생산의 경우에도 환경오염이 발생할 수 있다. 〈그림 4-6〉을 살펴보자. D는 자동차에 대한 수요곡선, MR은 한계수입곡선을 의미한다. 편의상 자동차시장을 독점시장이라고 가정하자. MC_P는 자동차시장 안에 있는 모든 공장의 사적 한계비용의 총합을 나타내는 곡선이다. MC_P는 자동차 생산과정 중에 발생하는 환경오염비용은 고려하지 않은 것이다. 만약 자동차시장이 경쟁시장이라면 MC_P는 산업공급곡선이 되어 수요곡선과 만나는 곳에서 경쟁시장의 가격 P_C와 수량 Q_C가 결정된다.

만약 시장 내에 오직 한 개의 기업만이 있는 경우, 즉 독점시장이라면 MC_P

는 독점기업의 한계비용곡선이 된다. 독점기업은 한계수입과 한계비용이 일치하는 곳에서 가격과 수량을 결정하므로 독점가격은 P_M, 수량은 Q_M으로 결정해 경쟁시장보다 가격은 높아지지만 산출량은 보다 적게 된다. 자동차 생산이 환경오염을 가져오기 때문에 이러한 환경오염에 따른 비용은 누군가가 지불해야 한다. 정부의 개입이 없는 경우 경쟁시장과 독점시장 모두 이러한 비용을 무시하게 된다. 자동차 생산이 가져오는 환경오염에 대한 한계비용은 MC_D로 나타나 있다. MC_D는 생산을 한 단위 더 하게 됨에 따라 발생하는 환경오염을 환경오염의 피해자가 용인할 경우 환경오염의 대가로 받아야 하는 금액을 의미한다.

따라서 자동차를 생산하는 총 한계비용은 사적 한계비용과 환경오염에 대한 한계비용을 합해야 한다. 이것이 자동차를 생산하는 데 수반되는 사회적으로 지불해야 하는 한계비용이다. 사회적 한계비용곡선 MC_S는 MC_P와 MC_D를 더한 것이 된다. MC_S가 수요곡선 D와 만나는 곳에서 사회적으로 바람직한 가격 P^*와 생산량 Q^*가 결정된다.

독점시장의 생산량 Q_M이 경쟁시장의 생산량 Q_C보다 적다. 이는 환경오염을 고려할 경우 독점시장이 경쟁시장보다 바람직한 생산량을 산출하게 된다는 것을 의미한다. 환경오염에 따른 한계비용도 경쟁시장은 MC_D^C, 독점시장은 MC_D^M으로 독점시장이 보다 낮은 한계비용을 지불한다. 그러나 독점시장이 지나치게 산출량을 제한하는 경우 소비자들은 환경오염이 많이 발생하더라도 더 많은 생산량을 선호할 수도 있다.

독점시장이 지나치게 산출량을 제한하는 경우 소비자들은 환경오염이 많이 발생하더라도 더 많은 생산량을 선호할 수도 있다.

2. 시장구조와 독점이윤

Industrial Organization, Ch. Four

2.1 독점기업은 항상 양(+)의 경제학적 이윤을 획득하는가?

〈그림 4-4〉에서 독점기업은 독점이윤을 누리고 있는 것처럼 보이나 단기에 독점기업도 손실을 볼 수 있다. 한계수입과 한계비용이 일치하는 곳에서 가격과 수량을 결정하지만, 이러한 결정이 이윤의 극대화가 아니라 손실을 극소화

하는 의사결정이 될 수도 있다. 즉, 평균비용이 가격보다 높을 경우 손실이 발생하는 것이다. 이러한 손실이 지속되면 어느 기업도 시장에서 활동하지 못하게 된다. 즉, 장기에 그러한 제품을 생산하는 기업은 사라지게 된다. 만약 이러한 제품이 사회적으로 반드시 필요한 경우 문제가 생길 수 있다.

예를 들어 철도사업은 매몰비용(sunk cost)이 많이 드는 사업이다.[3] 단기에 이러한 철도사업은 매몰비용을 고려하면 손실을 볼 가능성이 높다. 단순히 경제학적 손실만을 고려한다면 철도서비스가 소비자에게 제공되지 않을 수 있다. 이러한 경우 철도사업을 국영기업이 운영하게 하여 철도서비스를 소비자에게 제공할 수 있다. 그러나 국영기업이나 공기업이 운영할 경우 많은 비효율성이 발생할 수 있다. 많은 국가에서 철도나 전력사업을 민영사업으로 하고 있는 것은 이러한 점을 시사한다.

2.2 자연독점

평균비용이 더 이상 하락하지 않고 평균비용이 극소화되는 곳에서 최소효율 규모(MES ; minimum efficiency scale)가 발생한다. 최소효율 규모는 생산을 위한 최적 생산설비 규모로 생각할 수 있다.[4] 1개 기업의 이러한 최소효율 규모가 시장수요에 비해 클 경우 이 기업이 생산할 때의 비용수준이 두 개 이상의 기업이 생산하는 경우보다 낮기 때문에 소비자에게 바람직할 수 있고, 그 결과 독점이 발생할 수 있다. 이를 자연독점이라 한다. 평균비용이 산출량이 많아지면서 계속 하락한다면 규모의 경제가 발생하는 것이고, 이에 따라 여러 기업이 생산량을 나누어 생산하는 것보다 하나의 기업이 생산하는 것이 비용을 절감하게 된다. 전기산업, 상하수도산업 등에서 자연독점이 발생하는 경우가 많다.

평균비용이 더 이상 하락하지 않고 평균비용이 극소화되는 곳에서 최소효율 규모(MES)가 발생한다.

〈그림 4-7〉은 이러한 자연독점과 가격규제로 인한 손실을 설명하고 있다. 장기평균비용이 계속 하락하는 자연독점이 발생하는 시장에서 독점기업은

3. 매몰비용에 관해서는 3장의 p.68 주석 4)를 참조 바람.
4. 최소효율 규모를 초과하게 되면 '규모의 비경제(diseconomies of scale)'가 발생하거나 비용이 일정한 수준에서 변하지 않는 '규모에 대한 보수불변(constant returns to scale)'이 나타날 수 있다. Shepherd & Shepherd(2004), p.46~47을 참조 바람.

그림 4-7

자연독점과 가격규제

장기평균비용이 계속 하락하는 자연독점이 발생하는 시장에서 독점기업은 이윤극대화를 위해 $MR = MC$가 되는 곳에서 독점 가격 P_M과 산출량 Q_M을 결정한다. 이 시장이 완전경쟁시장이라면 가격은 P_C가 되고 산출량은 Q_C가 된다. 만약 정부가 경쟁시장의 산출량 Q_C가 공급되도록 독점기업의 가격을 한계비용과 동일하게 P_C로 제한(가격규제)할 경우 청색 부분의 손실이 발생한다. 이러한 손실을 가격규제로 인한 손실이라고 한다.

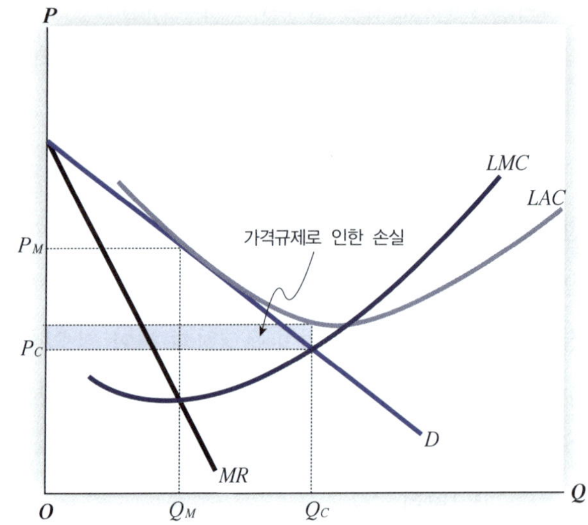

LAC : 장기평균비용곡선
D : 수요곡선
P_M : 독점기업의 가격
LMC : 장기한계비용곡선
Q_M : 독점기업의 산출량
MR : 한계수입곡선

이윤극대화를 위해 $MR = MC$가 되는 곳에서 독점 가격 P_M과 산출량 Q_M을 결정한다. 이 시장이 완전경쟁시장이라면 가격은 P_C가 되고 산출량은 Q_C이다. 그러나 많은 기업들이 이 시장에 존재할 가능성은 없다. 왜냐하면 생산규모가 커지면서 계속 평균비용이 하락하기 때문에 오직 하나의 기업만 있게 될 것이다.

만약 정부가 경쟁시장의 산출량 Q_C가 공급되도록 독점기업의 가격을 한계비용과 동일하게 P_C로 제한(가격규제)할 경우 청색 부분의 손실이 발생한다. 이러한 손실을 가격규제로 인한 손실이라고 한다. 손실이 보전되지 않으면 독점기업은 조업을 중단할 것이다. 이러한 손실은 가격규제 때문에 발생하기 때문에 정부가 보전해 주는 것도 한 가지 방법이다. 또 다른 방법은 이 독점기업이 상이한 소비자들에게 가격차별을 할 수 있도록 해주는 경우이다. 이 경우 손실이 보전될 뿐만 아니라 독점이윤도 발생할 수 있다.

그림 4-8

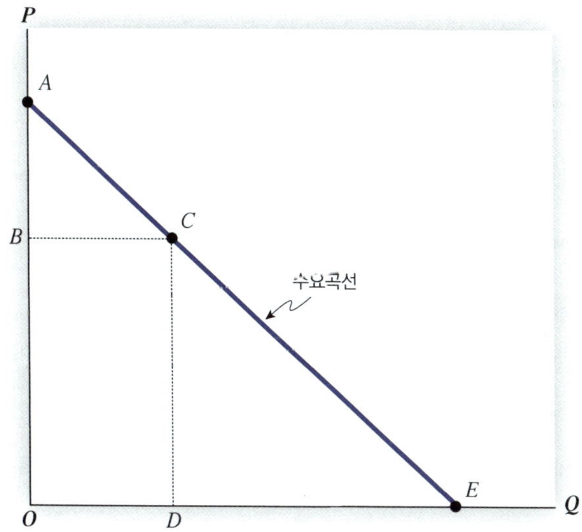

점 C에서의 기하학적인 수요곡선의 탄력도 $\varepsilon = \dfrac{CE}{AC}$

부록 가격탄력성의 기하학적 의미

수요곡선 상의 한 점 C에서 수요의 가격탄력성을 기하학적으로 구할 수 있다. 이곳에서 의미하는 탄력성은 수요곡선 상의 한 점에서 극히 작은 변화의 정도를 보는 것이므로 점탄력성이라고도 한다. 〈그림 4-8〉에서와 같이 식 (4.5)의 기하학적 의미를 살펴보자.

식 (4.5)에서 〈그림 4-8〉을 참조해 아래와 같이 쓸 수 있다.

$$\begin{aligned}
\varepsilon &= \frac{P}{Q} \times \frac{\Delta Q}{\Delta P} \\
&= \frac{OB}{OD} \times \frac{BC}{AB} \\
&= \frac{OB}{BC} \times \frac{BC}{AB} \quad (\because OD = BC) \\
&= \frac{OB}{AB} \qquad\qquad (\because \text{분모, 분자에서 } BC \text{ 소거}) \\
&= \frac{DE}{BC}
\end{aligned}$$

$$= \frac{CE}{AC} \qquad (\because \Delta ABC\text{와 } \Delta CDE\text{의 닮음비에 의하여})$$

그러므로 수요의 가격탄력성 ε은 수요곡선 상의 임의의 점 C에서 다음의 식이 성립한다.

$$\varepsilon = \frac{CE}{AC} \tag{4.7}$$

이러한 관계는 수요곡선이 직선인 경우에 성립하지만, 수요곡선이 곡선인 경우에도 수요곡선 상 임의의 한 점에서의 접선이 수요곡선의 기울기이므로 수요곡선을 이 점에서의 접선으로 보아도 큰 무리가 없다. 따라서 식 (4.7)을 그대로 사용할 수 있다.

생각해 봅시다

1. 독점기업의 공급곡선은 존재하지 않는가? 만약 그렇다면 왜 그러한지 설명하라.
2. 독점기업의 수요곡선의 의미를 생각해 보라. 산출량을 1단위 더 늘릴 때 총수입의 변화는 어떻게 되는가?
3. 독점기업의 공장이 여러 군데에 있다면 독점기업은 산출량과 가격을 어떻게 결정할 것인가?
4. 독점기업의 지대추구행위를 실제 시장에서 발견해 보라. 그러한 지대추구행위를 분석해 보라.
5. 외부경제효과가 있는 경우 독점시장의 산출량은 완전경쟁시장에 비해 어떤가? 환경오염이 발생하는 경우 독점시장과 경쟁시장을 비교해 보라.
6. 자연독점이 실제로 존재하는 경우를 들고, 이를 설명해 보라.
7. 〈사례연구 4-4〉는 최근 이슈가 되고 있는 플랫폼 독점에 대한 이야기를 다루고 있다. 독점이 바람직한 것인지, 아니면 비난받아야 할 것인지 생각해 볼 수 있는 사례를 다루고 있다. 두 가지 중 하나의 입장만을 취해 자기 주장의 타당성을 주장하라.

중요 용어

독점기업의 수요곡선　독점기업의 공급곡선　독점의 자중손실
지대추구행위　자연독점　최소효율 규모
플랫폼 독점

참고문헌

1. Dennis W. Carlton and Jeffrey M. Perloff, *Modern Industrial Organization*, 4th ed., (Pearson, 2015).
2. W.G. Shepherd and Joanna M. Shepherd, *The Economics of Industrial Organization*, 5th ed. (Long Grove, IL: Waveland Press, Inc., 2004).

05 독점기업의 여러 가지 전략적 행태

Chapter Five

1. 가격차별 / 2. 제품의 다양성과 질 / 3. 끼워팔기와 묶어팔기

1. 가격차별

1.1 가격차별의 형태

애독하는 웹툰을 1달 이상 회원 가입하여 보면 매일 돈을 내고 보는 경우보다 훨씬 저렴하게 구독할 수 있다. 동일한 영화를 보는 경우에도 조조에 보면 다른 시간대에 보는 것보다 값싸게 볼 수 있다. 유럽행 비행기 안의 승객들도 어떤 이들은 할인티켓으로 요금을 저렴하게 지불한 반면, 옆자리의 다른 승객들은 정상가격의 티켓을 사서 여행을 하고 있을 수 있다. 동일한 재화와 서비스에 대해 복수의 가격이 존재하는 경우를 가격차별이라 한다. 그러나 이는 단순히 가격차이가 존재하기 때문이 아니다. 한계비용 대비 가격 비율($\frac{P}{MC}$)이 소비자들 간에 차이가 있다면, 이를 '**가격차별**(price discrimination)'이라고 한다.[1] 예를 들어 동일한 영화에 대해 성인의 경우 $\frac{P}{MC}$가 3이고, 아동의 경우 $\frac{P}{MC}$가 2라면 이는 가격차별이다. 그러나 동일한 상품, 예를 들어 맥주 1캔의 가격이 서울 시내와 한라산 중턱이 다르다고 하더라도 $\frac{P}{MC}$가 동일하다면 가격차별이 아니다. 왜냐하면 이는 수송비 등 거래비용의 차이에서 비롯된 것이기 때문이다.

한계비용 대비 가격 비율($\frac{P}{MC}$)이 소비자들 간에 차이가 있다면, 이를 가격차별이라고 한다.

가격차별은 기업이 이윤을 증가시키고자 할 때 사용하는 방법이다. 1990년

1. 따라서 가격이 동일하다고 하더라도 MC가 다르다면 $\frac{P}{MC}$가 달라지므로 가격차별이 된다.

대에 들어서는 경쟁기업들의 경쟁력을 약화시키기 위한 동태적 전략으로서 많이 사용되고 있다.[2] 그러나 가격차별은 특별한 조건들이 충족될 때에만 가능하다.

가격차별이 가능하기 위해서는 크게 두 가지 조건이 필요하다. 첫째, 시장이나 소비자집단별로 수요의 가격탄력성이 서로 달라야 한다. 이는 수요곡선의 형태가 달라야 가격차별이 가능하다는 것이다. 사실 수요곡선이 두 시장 간에 동일하다면 동일한 수요곡선에서 동일한 한계수입곡선이 도출되고, 한계비용이 두 시장에서 동일하다면 가격차별은 가능하지 않다.

가격차별을 위한 두 가지 조건
① 시장이나 소비자집단별로 가격탄력성이 서로 달라야 한다.
② 기업은 이러한 탄력성의 차이를 기초로 하여 소비자들을 구분할 수 있고, 이들을 시장에서 분리시킬 수 있어야 한다.

둘째, 기업은 이러한 탄력성의 차이를 기초로 하여 소비자들을 구분할 수 있고, 이들을 시장에서 분리시킬 수 있어야 한다. 시장이 분리되어야 차익거래가 불가능하기 때문이다. 차익거래는 한 시장에서 싸게 구입해 다른 시장에 보다 높은 가격에 판매할 수 있을 때 발생한다. 따라서 시장을 분리시킬 수 있다는 것은 소비자들이 낮은 가격에 사서 비싸게 파는 '상품의 재판매'가 불가능하다는 것을 의미한다.

이하에서 가격차별의 여러 형태를 살펴보자.

〈사례연구 5-1〉은 같은 제품의 TV라도 해외직구가 좀 번거롭지만, LG전자의 경우 해외직구 가격이 한국에서 사는 것보다 12~26% 정도, 삼성전자의 경우 7~46% 정도 저렴하다고 지적하고 있다.

Industrial Organization

사례연구 5-1 해외에선 더 싼 '세계 최고' 한국 TV, 이유는?

해외직구 전성시대이다. 매년 블랙프라이데이 · 광군제 등 해외 할인행사 철이면 쇼핑정보 사이트에선 직구 정보 공유에 열을 올린다. 관세청에 따르면 2018년 전자상거래 수입(해외직구)은 총 27억 5,000만 달러(3조 2,500억원)를 기록했다. 이는 2016년보다 68% 늘어난 수치이다.

전통의 직구 선호 품목은 건강식품 · 의류이지만, 최근엔 전자제품 직구 규모가 빠르게 성장하고 있다. 2017년 전체 품목 중 5위이던 전자제품 직구 규모는 2018년 79% 늘어, 3위로 뛰어올랐다.

전자제품 직구 대표 품목 중 하나는 TV이다. 가격비교사이트 다나와의 전체 TV 판매 중 해외직구 비중은 2017년 1분기 3%에 불과했지만, 2018년 1분기 두 자릿수를 돌파하더니 2019년 1분기에는 17%까지 늘어났다. 2019년 1분기 판매량은 2017년 1분기보다 545% 늘었다.

해외직구는 번거롭다. 관세를 계산해야 하고, 배송에 1달 이상이 걸리기도 한다. 주문이 취소되는 경우는 물

2. Shepherd & Shepherd(2004), p.205를 참조 바람.

론, '배송사고'로 물품이 사라지는 일도 종종 있다. 상품에 문제가 있을 땐 반품도 쉽지 않다.

그럼에도 해외직구가 날로 늘어나는 이유는 저렴한 가격 때문이다. 특히 TV는 삼성전자 · LG전자 등 국내 기업이 세계 1 · 2위를 차지하고 있지만, 가격은 해외에서 더 저렴한 경우가 많다. 이 때문에 일부 국내 소비자들은 "국내 기업들이 자국 소비자를 호구로 본다"는 불만을 쏟아내기도 한다.

정말 그럴까? 2019년 6월 7일 다나와를 통해 국산 TV의 국내 · 해외직구 가격을 비교해 봤다. 해외 제품은 관세와 배송비를 포함한 가격을 기준으로 했다. 같은 '스펙'의 제품도 지역에 따라 모델명이 다르기 때문에 같은 인치 · 등급 · 연식을 비교했다.

LG전자의 대표 프리미엄 제품인 OLED(유기발광다이오드) 제품을 비교해 봤다. 55인치 OLED의 국내판 가격은 263만원이다. 반면 비슷한 북미 제품은 234만원이었다. 65인치는 2018년에 나온 국내 제품이 301만원, 동일 등급 북미판은 240만원이었다. 2019년식 65인치는 국내 제품이 480만원, 북미 제품은 380만원이었다. 모델에 따라 다르지만 해외직구 가격이 12~26% 가량 저렴함을 알 수 있다.

삼성전자는 어떨까? 2019년형 시리즈Q 55인치 국내판은 136만원, 북미판은 127만원이다. 65인치는 국내가 263만원, 북미에선 171만원이었다. 75인치로 가면 내수 제품이 401만원, 북미 제품은 273만원이다. 삼성전자의 프리미엄 제품군인 8K QLED 2018년형 65인치는 국내에서 496만원, 북미에선 444만원이었다. 가격은 해외직구가 7~46% 저렴했다.

기업들도 해외 가격이 더 저렴한 경우가 많다는 것을 인정하고 있다. 그러나 "국내에서 폭리를 취한다"는 지적에는 억울하다는 입장이다. TV 제조사들은 가격 차이의 원인으로 인건비 · 시장규모 · 세금 · 유통구조 등 시장환경이 다른 점을 꼽고 있다. 전자업체 한 관계자는 "북미는 세계 최대의 TV 시장으로 경쟁이 심해 가격 인하 요인이 크고 대부분 멕시코에서 생산해 인건비가 저렴하다"며 "국내 판매가격엔 빠른 배송과 출장 A/S 등을 유지하기 위한 부대비용이 포함돼 있다"고 설명했다.

제조사들은 그 근거로 현지 재고 · 마케팅 상황에 따라 국내 가격이 저렴한 경우도 있다는 점을 내세우고 있다. 실제 삼성전자 2018년식 8K QLED TV의 경우 65인치는 해외가 더 저렴했지만, 75인치는 국내 가격이 642만원, 해외 가격이 730만원으로 해외직구가 더 비쌌다.

출처 : 조선비즈(2019. 6. 9)

1.2 1차 가격차별

1차 가격차별은 심리적 최대가격이 소비자별로 다르기 때문에 개별 소비자별로 서로 다른 가격을 받아 완전경쟁시장의 소비자잉여를 생산자가 모두 갖는 경우이다.

'**1차 가격차별**(first-degree price discrimination)'을 '**완전가격차별**(perfect price discrimination)'이라고도 한다. 소비자가 제품에 대해 기꺼이 지불하고자 하는 최대가격을 '**심리적 최대가격**(reservation price)'이라고 한다. 1차 가격차별은 이러한 심리적 최대가격이 소비자별로 다르기 때문에 개별 소비자별로 서로 다른 가격을 받아 완전경쟁시장의 소비자잉여를 생산자가 모두 갖는 경우를 말한다. 1차 가격차별은 '**개인별 가격책정**(personalized pricing)'이라고도 한다.

그림 **5-1**

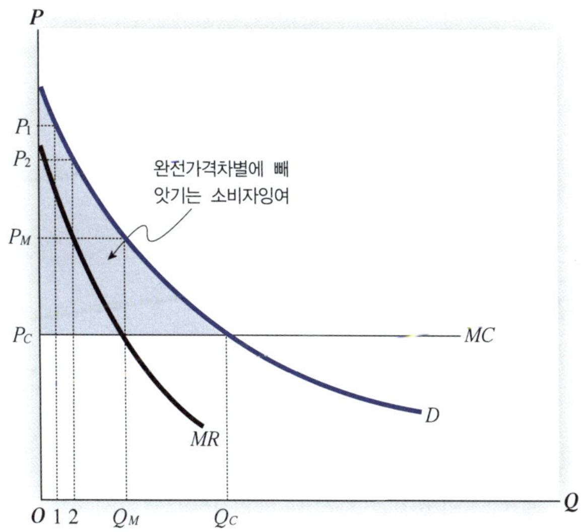

완전가격차별

완전경쟁시장의 경우 $D = MC$가 되는 곳에서 가격 P_C와 산출량 Q_C가 결정되어 소비자잉여는 청색 부분이다. 완전가격차별은 심리적 최대가격이 소비자별로 다르기 때문에 개별 소비자별로 서로 다른 가격을 받아 완전경쟁시장의 소비자잉여를 생산자가 모두 갖는 경우이다.

〈그림 5-1〉은 이러한 완전가격차별을 설명하고 있다. 일반적인 경우 독점기업은 한계수입과 한계비용이 일치하는 곳에서 독점가격 P_M과 산출량 Q_M을 결정하게 된다. 그러나 완전가격차별은 개별 소비자별로 각각 서로 다른 가격을 받는 경우이다. 소비자들의 심리적 최대가격을 가격이 높은 수준에서 낮은 가격 수준으로 배열하면 수요곡선 D처럼 우하향의 수요곡선을 그릴 수 있다. 심리적 최대가격이 소비자 1의 경우 P_1이면 독점기업은 그 소비자에게 P_1을 책정하고, 그 다음 소비자 2의 경우 심리적 최대가격이 P_2이면 독점기업은 P_2의 가격을 받는 그러한 구조이다. 이러한 완전가격차별은 현실적으로 드물다. 가능한 예는 고정된 가격구조를 갖고 있지 않은 동네 한의사가 환자들의 지불능력을 기초로 하여 상이한 치료비를 받는 경우를 생각할 수 있다.

1차 가격차별로 들 수 있는 다른 예는 **이중가격 책정**(two-part pricing)이다. 이중가격 책정은 두 가지, 우선 소비자가 재화를 구입할 자격을 취득하는 회비(membership fee)와 소비자가 실제로 구입하는 재화 한 단위당 지불하는 가격이나 사용료(usage fee)로 구성된다. 이중가격 책정은 이중관세(two-part tariff)와 마찬가지 성격을 갖고 있다. 이러한 이중가격 책정의 예로서 골프회원의 회원권가격과 라운딩비, 헬스클럽의 회원권료와 월이용료, 코스트코와 같은 대형

할인점의 연회비 등을 들 수 있다.

또 다른 예는 **블록가격 책정**(block pricing)이다. 블록가격 책정은 기업이 판매하고자 하는 수량을 묶어 단위당 가격 대신 받고자 하는 총수입을 가격으로 책정해 판매하는 것이다. 클럽의 경우 한 테이블당 받는 가격 등이 이에 해당한다고 할 수 있다.

1.3 2차 가격차별

2차 가격차별은 독점기업이 소비자들의 구입량에 따라 몇 개의 그룹으로 구분해 각 그룹에 대해 서로 다른 가격을 책정하는 것을 말한다.

'**2차 가격차별**(second-degree price discrimination)'은 독점기업이 소비자들의 구입량에 따라 몇 개의 그룹으로 구분해 각 그룹에 대해 서로 다른 가격을 책정하는 것을 말한다. 개별 소비자별로 상이한 가격을 받는 것이 아니라 수량별로 상이한 가격을 책정하며, 특정 수량을 구입하는 모든 소비자들은 동일한 가격을 지불한다.

독점기업이 소비자들의 특징을 기초로 하여 소비자들을 구분하기 어려운 경우 최선의 가격정책은 모든 소비자들에게 동일한 메뉴표 상의 가격과 수량을 제시해 소비자 스스로 최적 가격-수량 결합을 메뉴표에서 결정하도록 하는 것이다. 때문에 2차 가격차별은 '**메뉴가격 책정**(menu pricing)'이라고도 한다.[3]

〈그림 5-2〉는 이러한 2차 가격차별을 설명한다. 예를 들어 구입량이 OQ_1까지는 P_1, 구입량 OQ_2수준에서는 가격 P_2, 구입량 OQ_3수준에서는 가격 P_3를 각각 받아 구입량에 따라 가격차이를 두는 것을 말한다. 2차 가격차별은 수량할인(quantity discount)이라고 할 수 있다.

현실 경제에서도 이러한 가격차별은 쉽게 찾을 수 있다. 가격은 소비자들이 어떤 사람들이냐에 따라 달라지는 것이 아니다. 특정 수량을 구입하는 모든 소비자들은 단위당 동일한 가격을 지불한다. 휴대폰 요금, 인터넷 요금 등은 사용량에 따라 상이한 가격을 고객들로부터 받는다. 대량구입을 하는 경우 할인가격을 적용받는 것도 2차 가격차별의 한 가지 예이다. 캔맥주를 낱개로 구입하는 것보다 6팩, 6팩보다 12팩, 12팩보다 24팩으로 구입하면 개당 구입가격이

3. 메뉴가격 책정에 의해 소비자들의 특징을 기초로 소비자들을 구분하기 어렵기 때문에 발생하는 인식 문제(identification problem)와 차익거래 문제(arbitrage problem)를 동시에 해결한다.

그림 5-2

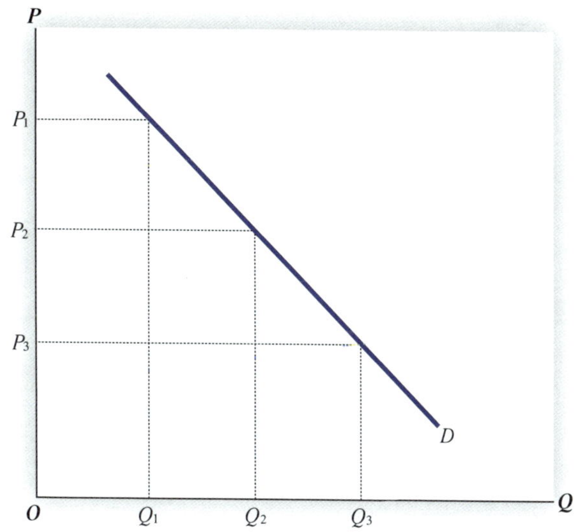

2차 가격차별

2차 가격차별은 구입량이 OQ_1인 경우는 P_1, OQ_2인 경우는 P_2, OQ_3인 경우는 P_3를 각각 받아 구입량에 따라 가격차이를 둔다. 수량할인이라고 할 수 있다.

낮아지는 것도 그 예이다. 기아 타이거즈의 프로야구경기를 관람할 때 티켓을 매 경기마다 구입해 모든 경기를 관람하는 것보다 기아 타이거즈 시즌티켓을 구입하는 것이 경기당 지불하는 가격을 더 낮게 만든다.

1.4 3차 가격차별

〈그림 5-3〉은 소비자집단을 2개의 분리된 집단으로 구분할 수 있는 경우의 가격차별을 설명하고 있다. 두 소비자집단은 서로 다른 수요의 가격탄력성을 갖고 있고, 이는 상이한 수요곡선으로 나타나고 있다. 2개의 수요곡선을 일정 가격 수준과 연계해서 보면 어느 수요곡선이 더 탄력적인지 비탄력적인지 알 수 있다. 수량축을 기준으로 하여 수평에 가까운 모습의 수요곡선은 탄력적, 수직에 가까우면 비탄력적이라고 구분할 수 있다. 완전경쟁시장의 경우를 다시 기억해 보자. 완전경쟁시장에서 개별기업의 수요곡선은 수평선이라는 언급을 하였다. 수요곡선을 살짝 아래로 기울여 보면 그 이유를 알 수 있다. 가격이 조금만 변해도 수요량이 크게 변하는 것을 알 수 있을 것이다. 수요의 가격탄력성은 가격이 1% 변화할 때 수요량은 몇 % 변화하는가를 측정하는 것이다. 따라서 가

그림 **5-3**

3차 가격차별 : 수요의 가격탄력성이 다른 두 집단의 소비자에 대한 가격차별

이윤극대화원칙에 따라 독점기업은 MR_1, MR_2와 MC가 만나는 곳에서 가격을 결정한다. 수요의 가격탄력성이 낮은 소비자집단 1에게는 높은 가격 P_1, 수요의 가격탄력성이 높은 소비자집단 2에게는 낮은 가격 P_2를 책정한다. 산출량은 각각 Q_1, Q_2가 된다. 3차 가격차별은 가격에 민감한 소비자집단 2에게는 낮은 가격을 받고, 가격에 민감하지 않은 소비자집단 1에게는 높은 가격을 책정한다.

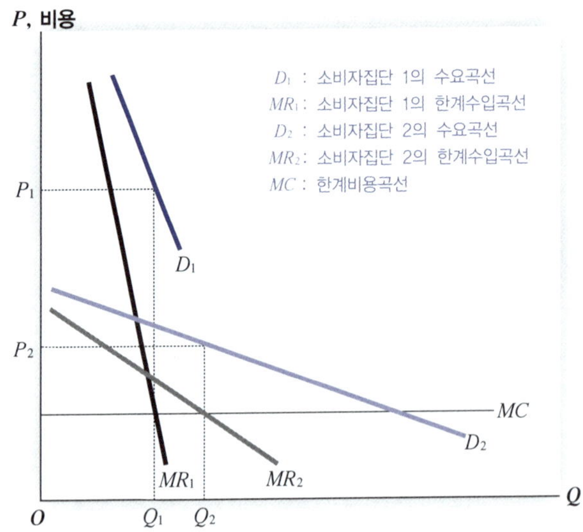

격변화에 민감하게 수요량이 변화하면 탄력적이라고 할 수 있다. 수요곡선이 수평에 가까울수록 그러한 가격민감도는 더 커진다.

〈그림 5-3〉에서와 같이 소비자집단을 분리해 상품의 재판매가 불가능할 때 수요의 가격탄력성이 서로 다른 두 시장을 대상으로 독점기업이 가격차별을 행하는 경우를 '**3차 가격차별**(third-degree price discrimination)'이라 한다. 2차 가격차별과 다른 점은 구입량이 아니라 가격탄력도에 따라 소비자들을 구분한다는 것이다. 3차 가격차별은 '**그룹별 가격책정**(group pricing)'이라고도 한다.[4]

3차 가격차별은 소비자집단을 분리해 상품의 재판매가 불가능할 때 수요의 가격탄력성이 서로 다른 두 시장을 대상으로 가격차별을 하는 것을 말한다.

소비자집단 1의 수요곡선을 D_1, 소비자집단 2의 수요곡선을 D_2, 이로부터 얻을 수 있는 한계수입곡선을 각각 MR_1, MR_2라고 하자. 독점기업의 한계비용은 편의상 일정하다고 가정하고, 이를 MC라 나타내자. 이 경우 독점기업의 이윤극대화원칙에 따라 MR_1, MR_2와 MC가 만나는 곳에서 독점기업은 각각 두 시장에 대한 가격을 결정한다. 수요의 가격탄력성이 낮은 소비자집단 1에 대해서는 높은 가격 P_1, 수요의 가격탄력성이 높은 소비자집단 2에 대해서는 낮은 가격 P_2를 책정하고, 산출량은 각각 Q_1, Q_2가 된다. 동일한 소비자그룹의 경우 동

4. 1차, 2차, 3차 가격차별을 각각 개인별 가격책정, 메뉴가격 책정, 그룹별 가격책정이라고 명칭화한 것은 Shapiro & Varian(1998)이다.

그림 5-4

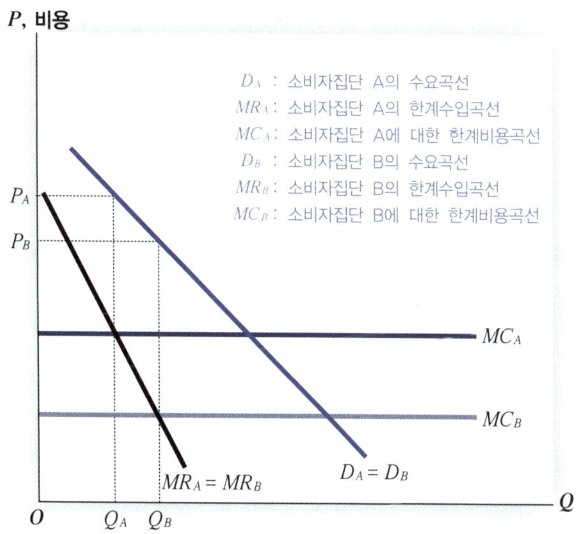

서로 다른 생산비 하의 가격차별

비록 동일한 수요곡선과 한계수입곡선을 갖고 있다고 하더라도, 소비자그룹별로 판매되는 독점 제품의 한계생산비가 다르다면, 소비자집단 A와 소비자집단 B에게 책정되는 가격이 서로 다르다. 소비자집단 A는 보다 높은 한계비용 때문에 소비자집단 B에게 책정되는 가격 P_B보다 높은 가격 P_A를 지불한다.

일한 가격을 책정해 판매하는 것이 3차 가격차별이다.

이러한 3차 가격차별이 성공하기 위해서는 3가지 요건이 충족되어야 한다. 첫째, 독점기업이 소비자들을 그룹화할 수 있는 기준들이 있어야 한다. 그 기준들은 쉽게 관찰할 수 있어야 하는데, 대표적으로 사용되는 것들이 나이, 소득, 지리적 위치, 교육수준 등이다. 중요한 것은 이러한 기준들이 '소비자들이 제품에 대해 기꺼이 지불하고자 하는 의사'를 반영해야 한다는 것이다. 둘째, 독점기업은 소비자그룹 간 차익거래를 방지할 수 있어야 한다. 셋째, 독점기업은 동일 그룹에 속하는 모든 소비자들에게 단위당 가격을 동일하게 책정해야 한다. 이에 따라 동일 그룹 내의 각 소비자는 책정된 가격 하에서 어느 정도의 수량을 구입할지 결정한다.

3차 가격차별의 성공 요건
① 소비자들을 그룹화할 수 있는 기준들이 있어야 한다.
② 소비자그룹 간 차익거래를 방지할 수 있어야 한다.
③ 동일 그룹에 속하는 모든 소비자들에게 단위당 가격을 동일하게 책정해야 한다.

1.5 서로 다른 생산비 하의 가격차별

〈그림 5-4〉는 여러 가지 이유에 의해 서로 다른 생산비로 독점기업이 제품을 생산할 경우의 가격차별을 설명하고 있다. 만약 지리적 위치나 다른 이유 등으로 소비자그룹별로 판매되는 독점제품의 한계생산비가 다르다면 〈그림 5-

4〉에서 보듯이 비록 동일한 수요곡선과 한계수입곡선을 갖고 있다고 하더라도 소비자집단 A와 소비자집단 B에게 책정되는 가격이 상이하게 된다. 소비자집단 A는 보다 높은 한계비용 때문에 소비자집단 B에게 책정되는 가격 P_B보다 높은 가격 P_A를 지불하게 된다.

2. 제품의 다양성과 질

Industrial Organization, Ch. Five

2.1 제품의 다양성

동일한 제품을 상이한 가격으로 다른 소비자들에게 판매할 때 $\frac{P}{MC}$가 소비자들 간 차이가 있다면 가격차별이 발생한다고 하였다. 그러나 제품이 동일하지 않으면 가격차별이 발생하지 않는가? 현대자동차의 경우 옵션이 다양한 승용차 소나타를 소비자들에게 판매하고 있다. 우유, 치약 등도 다양한 제품들이 시장에서 판매되고 있다. 예를 들어 우유의 경우 지방을 덜 또는 더 포함한 것, 아예 포함하지 않은 것 등을 들 수 있다. 사실 다른 형태의 제품을 생산하는 비용은 동일하지 않다. 이에 따라 Phlips(1983)는 가격에서 제품차별화와 관련된 비용을 제외한 '순가격(net price)'을 논의하고 있다. 그에 따르면 동일한 기업이 상이한 소비자들에게 서로 다른 순가격을 받는 경우 이를 3차 가격차별 또는 그룹별 가격책정이라고 한다. 50만원의 비용이 드는 내비게이션시스템을 장착한 소나타와 그렇지 않은 차의 가격차가 50만원이라면 이는 가격차별에 해당하지 않는다. 그러나 차의 가격차가 50만원을 초과하는 경우 가격차별이 발생한다.

Phlips의 순가격은 가격에서 제품차별화와 관련된 비용을 제외한 것을 의미한다.

제품다양성을 고려해 독점기업이 가격책정을 하는 경우, 제품다양성이 없는 경우보다 서로 다른 가격을 소비자들에게 책정하는 것이 보다 쉽다. 다양한 제품모델들을 소비자들에게 제공함으로써 시장지배력을 가진 독점기업은 가격차별화를 할 수 있는 능력을 높일 수 있다. 원칙적으로 가격차별은 소비자들을 기업이 구분할 수 있어야 하고, 분리된 소비자들 간에 상품의 재판매가 가능하지 않도록 해야 가능하다. 다양한 제품모델들을 소비자들에게 제공함으로써 기업은 이러한 문제를 해결할 수 있다. 상이한 소비자들이 제품의 다양한 모델들 가운데 하나를 선택하게 함으로써 소비특성도 드러나게 하고, 제품의 재판매 문제 또한 크게 감소시킬 수 있다.

컴퓨터 소프트웨어 가운데 SPSS, Gauss, Limdep 등 통계패키지는 학생용, 풀버전 학술용 등으로 나뉘어 판매되고 있다. 이는 소비자군별로 상이한 제품을 상이한 가격에 판매하는 가격차별이라 할 수 있으나 $\frac{P}{MC}$ 비율이 동일하게 유지된다면 가격차별이 아닐 수도 있다.

2.2 제품의 질

제품의 질이 다를 때 상이한 가격을 책정하면 이를 가격차별이 아니라고 생각할 수 있다. 이를 좀더 생각해 보자. 질이 좋으면 높은 가격을 받고 질이 나쁘면 낮은 가격을 받는 것이 당연하다고 생각할 수도 있지만, 상황이 단순하지 않을 수 있다. 예를 들어 기존 제품의 질보다 떨어지는 제품으로 생산을 전환하는 경우, 그 전환에 따른 비용이 들어 나쁜 품질의 제품을 생산하는 것이 기존 제품을 생산하는 것보다 더 많은 비용이 드는 경우도 있다. 앞서 언급한 SPSS나 Gauss, Limdep 등 통계패키지의 제조기업들은 상이한 생산설비를 만들어 낮은 품질의 제품을 생산하는 것보다 풀버전 학술용 생산라인에서 상당 기능을 제외한 학생용 등을 생산하는 방법을 채택하고 있어 오히려 학생용 등의 생산비가 풀버전 학술용 생산비보다 더 든다.

3. 끼워팔기와 묶어팔기

끼워팔기나 묶어팔기는 가격차별의 한 가지 예이다. 이러한 행위는 보통 시장에서 경쟁의 정도를 약화시킬 수 있다.

3.1 끼워팔기

소비자가 다른 제품의 구매와 연계되어야만 어떤 제품을 구입할 수 있다면, 이를 끼워팔기라고 한다.

소비자가 다른 제품의 구매와 연계되어야만 어떤 제품을 구입할 수 있다면, 이를 **끼워팔기**(tie-in sales)라고 한다. 복사기 구입의 경우 관련 공급품, 예를 들어 그 회사의 토너 등을 계속 사용한다는 약정 하에 구입하는 것이 끼워팔기의 예이다. 때때로 소비자들은 이러한 끼워팔기의 경우 외에는 제품을 구입할 수 없는 경우도 있다. 끼워팔기 역시 가격차별의 한 가지 방법이다.

끼워팔기의 예는 다양하다. 요즘은 과학기술의 발전으로 인해 다양한 측면에서 끼워팔기가 이루어지고 있다. 예를 들어 Hewlett-Packard사의 프린터는 Hewlett-Packard사의 카트리지만 사용할 수 있게 되어 있다.

〈사례연구 5-2〉는 공정거래위원회의 프랑스 엔지니어링업체 GTT의 끼워팔기 등에 대한 처리사항 등을 보여준다. GTT는 '조선업계의 퀄컴'으로 불릴 정도이고, 세계 화물창 기술 특허 시장에서 시장점유율 95%에 달하는 기업이다. 공정거래위원회는 2020년 11월 25일 GTT가 시장지배적 지위를 남용해 국내 조선업체를 대상으로 기술 특허를 제공하며 엔지니어링 서비스까지 '끼워팔기' 한 불공정거래를 강요했기 때문에, 이에 시정명령과 과징금 총 125억 2,800만원을 부과하였다.

〈사례연구 5-3〉은 한국소비자원이 2019년 9~10월 3주간 서울과 6대 광역시에 위치한 예식장 200곳을 조사한 결과 예식장을 이용하려면 10곳 중 4곳이 반드시 피로연 식당까지 이용하도록 하는 끼워팔기의 사례를 설명하고 있다. 피로연 식당뿐만 아니라 폐백실, 꽃장식, 폐백의상 등까지 함께 이용하도록 한 예식장이 많았다.

사례연구 5-2 공정위, 국내 조선업체에 '끼워팔기' 한 프랑스 GTT 과징금 125억

액화천연가스(LNG) 선박 핵심 특허기술을 보유한 프랑스 엔지니어링업체 GTT가 국내 조선업체를 대상으로 기술 특허를 제공하며 엔지니어링 서비스까지 '끼워팔기' 한 혐의로 과징금을 부과받았다.

공정거래위원회는 2020년 11월 25일 GTT가 국내 조선업체에 시장지배적 지위를 남용해 불공정거래를 강요했다며 시정명령과 함께 과징금 총 125억 2,800만원을 부과한다고 밝혔다.

공정위는 LNG 화물창(저장탱크) 기술 특허 시장에서 압도적 1위 사업자인 GTT가 LNG 운반선 건조업체들이 자사 특허기술을 활용할 수밖에 없다는 점을 악용해 국내 대형 조선회사들에 '끼워팔기'와 같은 부당한 거래조건을 강요한 것으로 보고 있다.

GTT는 LNG 운반선 저장탱크 원천기술 '멤브레인'을 보유해 '조선업계의 퀄컴'으로 불린다. 세계 화물창 기술 특허 시장에서 GTT의 시장점유율은 95%에 달한다. 멤브레인은 LNG 온도를 영하 163도 이하로 유지해 부피를 600분의 1로 줄여 저장탱크의 적재량을 늘려주는 기술이다.

세계 LNG 운반선 건조시장의 70% 이상을 점유하고 있는 대우조선해양, 삼성중공업, 현대중공업 등 국내 대형 조선 3사 역시 GTT와 특허 계약을 맺고 있다. 이 밖에 한진중공업, 현대삼호중공업, 성동조선해양, 대한조선, 현대미포조선 등 국내 조선업체 대부분이 GTT와 계약한 상태다.

공정위 조사 결과 GTT는 국내 조선업체를 대상으로 저장탱크 기술 특허를 제공하면서 엔지니어링 서비스를 끼워파는 계약을 강요했다. 국내 업체들이 별도 거래를 수차례 요청했지만 모두 거절했다. GTT가 시장지배적 지위를 남용해 엔지니어링 서비스 시장에서 잠재적 경쟁사업자의 진입이 봉쇄되고, 조선업체의 선택권이 제한됐다는 것이 공정위 판단이다. 공정위는 또 국내 조선업체가 특허권의 유효성을 다툴 경우 GTT가 언제든지 계약을 해지할 수 있도록 한 조항도 부당하다며 삭제 명령을 내렸다.

공정위가 시장지배적 사업자의 지위 남용을 통한 '끼워팔기' 사례를 제재한 것은 지난 2006년 마이크로소프트(MS) 사건 이후 두 번째다. 공정위는 당시 MS가 독점적 시장 지배력을 확보한 윈도 운영체제(OS)에 미디어플레이어와 메신저 등을 결합판매했다는 이유로 시정조치와 함께 과징금 330억원을 부과했다.

공정위 관계자는 "마이크로소프트 사건 이후 시장지배적 사업자의 끼워팔기 행위의 위법성을 다시 한 번 확인했다는 데 의의가 있다"며 "이번 조치를 통해 장기간 GTT가 독점해 온 관련 LNG 저장탱크 엔지니어링 서비스 시장에서 경쟁이 촉진될 것으로 기대된다"고 밝혔다.

출처 : 조선비즈(2020. 11. 25)

사례연구 5-3 신혼부부 울리는 예식장 '끼워팔기' … 10곳 중 4곳 "피로연 식당도 써야"

예식장을 계약하는 예비 신혼부부들에게 피로연 식당과 폐백 등을 '끼워팔기'하는 관행이 여전히 만연한 것으로 나타났다. 서울 등 주요 도시에 있는 예식장 중 피로연 식당을 꼭 이용해야만 하는 곳이 10곳 중 5곳에 이르렀다.

한국소비자원은 2019년 9~10월 3주간 서울과 6대 광역시에 위치한 예식장 200곳을 미스터리 쇼핑 방식으로 현장 모니터링하고 직접 계약상담을 진행해 이같은 결과가 나타났다고 2020년 2월 5일 밝혔다.

조사 결과 46.2%(92곳)는 예식장을 이용하려면 반드시 예식장에 딸린 피로연 식당까지 이용하도록 했다. 이 중 폐백실까지 함께 이용하도록 한 곳은 42곳(31.6%), 꽃장식은 24곳(18.0%), 폐백의상은 22곳(16.5%) 순(중복응답)이었다.

예식장 표준약관에 따라 사무실에 약관과 이용요금을 보기 쉽게 게시한 예식장은 단 1곳(0.5%)뿐이었다. 계약을 해제할 때 계약금 환급과 관련해 소비자분쟁해결기준을 따르는 곳은 47곳(23.5%)에 불과했다.

홈페이지를 통해 서비스 이용 가격을 알 수 있는 곳도 많지 않았다. 서울 및 6대 광역시 소재 예식장 439곳의 홈페이지를 확인한 결과 상품별 세부 가격을 표시한 곳은 35곳(8.0%)뿐이었다. 계약해제와 관련된 위약금 정보를 게시한 곳도 3곳(0.7%)에 그쳤다. 예식장을 방문하지 않으면 중요한 정보를 알기 어려운 셈이다.

또 2016년 1월~2019년 6월까지 소비자원에 접수된 예식장 관련 피해 구제 신청 총 623건을 분석한 결과 계약을 해제할 때 계약금 환급을 거부하거나 미룬 경우가 261건(41.9%)으로 가장 많았다.

이어 과도한 위약금을 청구한 경우가 184건(29.5%), 예식사진을 인도하지 않는 등 계약을 불이행하는 경우가 103건(16.5%) 순이었다. 특히 계약 시점과 위약금이 파악되는 405건을 분석해 보니 368건(90.0%)은 소비자분쟁해결기준에서 권고하는 위약금보다 더 많은 금액을 소비자에게 청구한 것으로 확인됐다.

소비자원은 "예식장을 이용할 때는 예식일자를 고려해 신중히 계약을 체결하고 계약서에 예식시간, 식사메뉴, 지불보증인원 등의 주요 계약내용과 구두설명 내용 중 중요한 사항을 반드시 기재해 분쟁 발생에 대비해야 한다"고 당부했다.

출처 : 동아일보(2020. 2. 5) © 동아일보 & donga.com

3.2 묶어팔기

여러 가지 상품들을 하나의 번들, 즉 꾸러미로 묶어 판매하는 전략을 묶어팔기라고 한다.

여러 가지 상품들을 하나의 번들, 즉 꾸러미로 묶어 판매하는 전략을 '**묶어팔기**(commodity bundling)'라고 한다. 묶어팔기 또한 가격차별의 한 방법이라고 Stigler(1968)는 지적했다. 1950년대 및 1960년대 미국 영화배급사들은 지역 TV회사들에 영화상영권을 판매하면서 흥행대작과 저급 영화들을 묶어 판매했다. 영화배급사 입장에서는 이러한 영화를 개별 판매하는 것보다 묶어서 판매할 때 수익이 증가한다. 묶어팔기는 일반적으로 기업의 수입이나 이윤을 증가시키지만 꼭 그렇지는 않다.

묶어팔기와 끼워팔기는 두 가지 점에서 차이가 난다. 첫째, 끼워팔기는 둘 이상의 제품을 묶어 팔지만 묶어팔기와 달리 한 제품을 적어도 어느 정도 구입해야 하는지는 명시하지 않는다. 복사기 구입의 경우 그 회사의 관련 공급품인 토너 등을 계속 사용한다는 약정 하에 구입하는 것이 끼워팔기의 예인데, 토너 등을 어느 정도 구입해야 하는지는 명시하지 않는다. 둘째, 끼워팔기를 구성하는 제품들은 보통 서로 보완재 관계이지만 묶어팔기를 구성하는 제품들은 그렇지 않다. 끼워팔기의 예로 든 복사기와 토너는 서로 보완재라 할 수 있다.

〈사례연구 5-4〉는 2016년 소위 '프리패스'가 등장하면서 패러다임이 바뀐 온라인 교육 플랫폼 시장을 설명하고 있다. 프리패스는 사실 '묶어팔기'의 전형적인 사례라 할 수 있다. 프리패스는 일정 금액을 지불하면 해당 사이트의 모든 온라인 강좌를 들을 수 있는 상품이기 때문이다. 제공되는 강의를 통째로 묶어팔기하는 것이다. 저렴한 가격에 모든 수업을 무제한으로 들을 수 있게 되자 온라인 수능 강의 시장은 제로섬게임 시장에서 수능 강의 사이트들이 같이 성장하는 시장으로 바뀌었다.

Industrial Organization

사례연구 5-4 신학기 맞은 교육주 —'프리패스' 덕에 메가스터디 · 디지털대성 훨훨

교육부가 정시모집 인원 비율을 늘리겠다는 방침을 발표하고 2019학년도 수능이 불수능이라 평가받자 교육주에 투자자 관심이 쏠린다.

새학기를 맞아 교육주 투자 열기가 뜨겁다. 교육주는 2018년 하반기부터 꿈틀거리기 시작했다. 교육부가 20%대 초반인 정시 모집 인원 비율을 30%까지 끌어올리겠다고 발표하고 2019학년도 수능 난이도가 높아 '불수능'이라고 평가받은 게 직접적인 도화선이 됐다. 사교육 수요가 증가할 것이라는 전망이 나오며 관련 종목이 눈길을 끌기 시작했다. 교육주가 경기방어적 성격을 띤다는 점도 투자자 관심을 모으는 요소다. 우리나라에서 사교육은 선택이 아니라 필수라는 인식이 강하다. 경기 불황에도 사교육비는 크게 줄어들지 않는 게 보통이다.

최근 주가가 급등한 대표적인 교육주는 수능 강의 사이트의 두 강자 디지털대성과 메가스터디다.

과거 온라인 수능 강의 시장은 제로섬게임이었다. 수강생이 1타 강사(스타 강사)를 따라 학원을 옮기는 일이 비일비재했다. 1타 강사를 몇 명 데리고 있는지가 실적을 좌지우지했다. 지난 2014년 수학 1타 강사 S씨가 메가스터디에서 이투스로 자리를 옮겼을 때 메가스터디 고등부문 매출이 크게 줄어든 사례가 이를 여실히 보여준다. 시장 성장세는 정체된 가운데 1타 강사를 영입하기 위한 경쟁이 점점 치열해지면서 기업 실적도 지지부진했다.

그러나 2016년 소위 '프리패스'가 등장하고 패러다

임이 바뀌었다. 프리패스는 일정 금액을 지불하면 해당 사이트의 모든 온라인 강좌를 들을 수 있는 상품. 저렴한 가격에 모든 수업을 무제한으로 들을 수 있게 되자 굳이 강사를 따라 학원을 옮기지 않고 여러 학원 수강권을 동시에 구매하는 수험생이 늘었다. 이 덕분에 제로섬게임 시장이 다 같이 성장하는 시장으로 바뀌었다. 2015년 2,500억원이었던 온라인 수능 강의 시장규모는 2018년 4,000억원으로 커졌다.

이하 생략

출처 : 매일경제신문(2019. 3. 18) ⓒ 매일경제 & mk.co.kr

생각해 봅시다

1. 실제 시장에서 1차, 2차, 3차 가격차별이 행해지는 사례들을 생각해 보자. 적절한 사례를 발견했다면 어떤 가격차별에 해당하는지 설명하라.
2. 제품의 다양성이 가격차별에 어떤 영향을 미치는지 설명하라.
3. 제품의 질이 가격차별에 어떤 영향을 미치는지 설명하라.
4. 생활 주변에서 끼워팔기의 사례들을 발견할 수 있는가? 만약 있다면 어떤 경제적 효과를 갖는지 설명하라.
5. 생활 주변에서 묶어팔기의 사례들을 발견할 수 있는가? 만약 있다면 어떤 경제적 효과를 갖는지 설명하라.

중요 용어

가격차별	차익거래	심리적 최대가격
1차 가격차별	2차 가격차별	3차 가격차별
끼워팔기	묶어팔기	

참고문헌

1. Dennis W. Carlton and Jeffrey M. Perloff, *Modern Industrial Organization*, 4th ed., (Pearson, 2015).
2. Lipczynski, John, John Wilson, and John Goddard, *Industrial Organization: Competition, Strategy and Policy*, 5th ed., (England: Pearson Education Limited, 2017).

3. Lynne Pepall, Daniel J. Richards, and George Norman, *Industrial Organization: Contemporary Theory and Empirical Applications*, 5th ed., (Wiley, 2014).

4. Louis Phlips, *The Economics of Price Discrimination*, (Cambridge: Cambridge University Press, 1983).

5. Shapiro, Carl, and Hal Varian, *Information Rules*, (Cambridge: Harvard Business School Press, 1998).

6. W.G. Shepherd and Joanna M. Shepherd, *The Economics of Industrial Organization*, 5th ed. (Long Grove, IL: Waveland Press, Inc., 2004).

Chapter

06 독점적 경쟁시장의 경제적 의미

독점적 경쟁시장

Industrial Organization
Part Four

4

06 독점적 경쟁시장의 경제적 의미

Chapter Six

1. 독점적 경쟁시장이란? / 2. 독점적 경쟁시장의 균형 / 3. 제품차별화

1. 독점적 경쟁시장이란?

독점적 경쟁시장은 1930년대 Edward Chamberlin(1933)에 의해 설명되었다. 이 시장은 독점과 완전경쟁의 두 가지 요소를 갖고 있는 시장형태라 할 수 있다.

독점적 경쟁시장의 특징
① 상대적으로 많은 소규모 기업들로 구성되고,
② 생산제품들은 유사하지만 다소 서로 차별화되며,
③ 시장진입과 퇴출이 자유롭다.

독점적 경쟁시장의 특징을 요약하면 (1) 독점적 경쟁시장은 상대적으로 많은 소규모 기업들로 구성되고, (2) 생산하는 제품들은 유사하지만 다소 서로 차별화되며, (3) 시장의 진입과 퇴출이 자유롭다는 것이다. 이러한 점들을 고려하면 독점적 경쟁시장과 완전경쟁시장의 두드러진 차이점은 제품이 차별화된다는 것이다. 한편, 독점적 경쟁시장이 독점시장과 구별되는 차이점은 기업의 수가 많고 시장의 진입과 퇴출이 자유롭게 이루어진다는 것이다. 따라서 독점적 경쟁시장은 완전경쟁시장과 독점시장의 성격을 함께 갖는 이중적 모습을 나타낸다.

독점적 경쟁시장에서 기업들이 생산하는 제품들은 차별화되어 있기 때문에 수요곡선은 수평선이 아니라 우하향하게 된다. 독점적 경쟁시장에서 제품들이 서로 실질적 차이가 별로 없다 할지라도 완전대체재가 될 수 없다. 서울 마포구에 있는 미용실들을 생각해 보자. 미용실들이 서로 완전대체재가 될 수 없는 여러 가지 이유가 있다. 우선 위치가 다르기 때문에 어떤 소비자들은 가까운 미용실을 선호한다. 또 사람들의 선호가 다양하기 때문에 미용실들은 서로 완전대체재가 될 수 없다. 어떤 이들은 A미용실의 서비스가 좋기 때문에, 다른 이들은

B미용실이 커트를 잘하기 때문에, 또 다른 이들은 C미용실이 신뢰할 수 있는 브랜드체인점이기 때문에 등 다양한 이유로 각기 미용실을 선택하게 된다. 이러한 다양한 특성들이 제품의 차별화를 구성한다.

여기서 중요한 점은 제품들이 서로 유사하지만 차별화되어 있기 때문에 개별기업이 약간의 시장지배력을 갖게 된다는 것이다. 독점적 경쟁시장에서 개별기업은 자신의 매출을 줄이면서 가격을 약간 올릴 수 있고, 시장 전체의 매출을 감당하지 않으면서 자신의 매출을 늘리기 위해 가격을 약간 내릴 수 있다. Chamberlin(1933) 모형에서 독점적 경쟁시장에 속하는 기업들은 상당히 작은 규모인 것으로 가정하기 때문에 총매출에서 차지하는 개별기업의 비중은 작다. 개별기업은 자신의 가격과 산출량에 대한 의사결정을 다른 기업들이 알지 못한다고 믿기 때문에 독립적인 의사결정을 하게 된다.[1]

2. 독점적 경쟁시장의 균형

독점적 경쟁시장의 이론은 기본적으로 장기에서 독점시장과 차이가 난다. 단기에는 독점시장이나 독점적 경쟁시장의 차이가 별로 없다. 장기의 경우 시장진입과 탈퇴가 자유롭기 때문에 독점적 경쟁시장은 완전경쟁시장의 성격을 갖게 된다.

2.1 단기균형

〈그림 6-1〉에서 보듯이 독점적 경쟁시장의 기업이 단기에 우하향하는 수요곡선 D에 직면할 경우 이 기업은 단기한계비용곡선 SMC와 한계수입 MR이 일치하는 곳에서 이윤을 극대화하는 의사결정을 하게 된다. 이윤을 극대화하는 가격은 수요곡선 상에서 결정되므로 P_{MC}가 되고, 산출량은 Q_{MC}가 된다. 이 경

1. E. H, Chamberlin, *The Theory of Monopolistic Competition* (Cambridge, MA : Harvard University Press, 1933).

그림 6-1

독점적 경쟁시장에서 개별기업의 단기 균형

단기에 독점적 경쟁시장의 기업은 $SMC = MR$이 되는 곳에서 이윤을 극대화하는 의사결정을 한다. 이윤을 극대화하는 가격은 수요곡선 상에서 결정되므로 P_{MC}가 되고, 산출량은 Q_{MC}가 된다. 단기이윤의 크기는 □$P_{MC}ABC$의 면적이다.

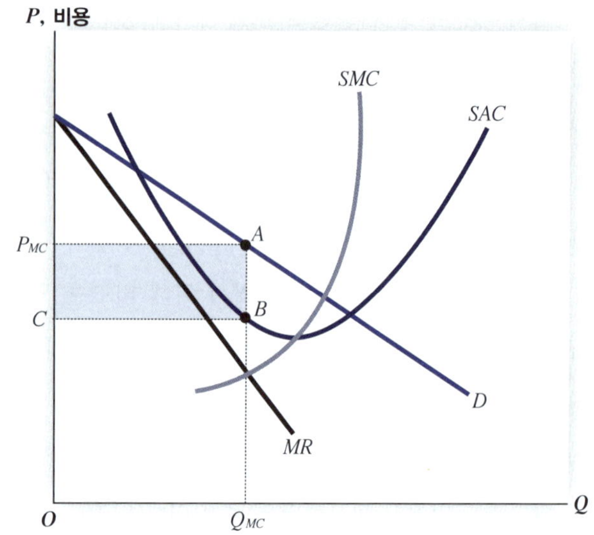

우 기업은 □$P_{MC}ABC$의 단기이윤을 얻게 된다.

〈그림 6-1〉의 경우 $MR = SMC$가 되는 곳에서 단기평균비용곡선이 수요곡선보다 아래에 있기 때문에 양(+)의 경제학적 이윤을 보고 있다. 그러나 독점적 경쟁시장의 경우에도 완전경쟁이나 독점의 경우와 마찬가지로 $MR = MC$가 되는 곳에서 단기평균비용곡선이 수요곡선보다 위에 있는 경우를 생각해 보자. 수요곡선이 평균가변비용곡선(AVC)보다 위에 있으면 손실을 보면서도 여전히 조업을 하지만, 수요곡선이 평균가변비용곡선(AVC)보다 아래에 있는 경우 기업은 결국 조업을 중단한다.

독점적 경쟁시장에서 단기의 경우 경쟁의 압력은 별로 크지 않다. 사실 그래프만 보면 〈그림 6-1〉의 단기균형은 독점의 경우와 차이가 없다. 그러나 장기의 경우 독점시장과 달리 독점적 경쟁시장에서는 기업의 진입과 탈퇴가 자유롭기 때문에 기업이 양(+)의 경제학적 이윤을 보고 있으면 새로운 기업들이 계속 시장에 진입해 생산한다. 이에 따라 결국 양(+)의 경제학적 이윤이 장기에는 사라져 버린다. 아래에서 장기균형을 살펴보자.

그림 6-2

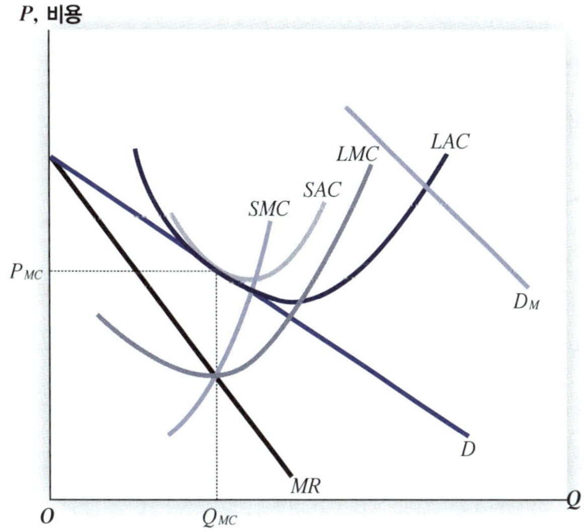

LAC : 장기평균비용곡선　　*LMC* : 장기한계비용곡선
SAC : 단기평균비용곡선　　*SMC* : 단기한계비용곡선
D_M : 시장진입 이전 수요곡선　　*D* : 기업들의 시장진입에 따른 새로운 수요곡선

독점적 경쟁시장에서 개별기업의 장기균형

독점적 경쟁시장에서 기업의 수요곡선을 D_M이라고 하자. D_M은 이윤극대화되는 곳에서 *LAC*보다 위에 있기 때문에 양(+)의 경제학적 이윤을 얻게 된다. 이에 따라 새로운 기업들이 시장에 진입하게 되면, 기존 기업의 수요곡선은 D_M에서 *D*로 수요가 감소해 안쪽으로 이동하게 되고 전보다 가격에 대해 탄력적이 된다. 독점적 경쟁시장의 장기균형은 새로운 수요곡선 *D*와 *LAC*가 접하는 곳에서 이루어지며 균형가격은 P_{MC}, 산출량은 Q_{MC}가 된다.

2.2 장기균형

〈그림 6-2〉는 독점적 경쟁시장의 장기균형을 설명한다. 독점적 경쟁시장의 단기균형은 독점의 경우와 유사하지만, 장기균형은 완전경쟁시장의 균형과 비슷하다. 시장진입이 자유롭기 때문에 모든 경제학적 이윤은 장기에 사라지게 된다. 즉, 가격이 장기평균비용곡선과 같은 곳에서 기업이 생산을 한다. 이는 기업의 수요곡선이 장기평균비용곡선과 접하는 점에서 가격과 산출량에 대한 의사결정이 이루어진다는 것을 의미한다. 완전경쟁시장의 균형과 다른 점은 수요곡선과 장기평균비용곡선의 접점이 장기평균비용의 최저점이 아니라는 것이다. 이것은 독점적 경쟁시장의 경우 수요곡선이 수평이 아니라 우하향하기 때문이다. 이에 따라 수요곡선과 장기평균비용곡선의 접점은 장기평균비용곡선이 우하향하는 부분에서 발생한다. 따라서 독점적 경쟁시장의 장기균형의 산출량은 완전경쟁시장의 경우보다 적다.

〈그림 6-2〉에서 독점적 경쟁시장의 기업은 장기평균비용곡선 *LAC*, 장기

한계비용곡선 LMC를 갖고 있다고 하자. 다른 기업들의 시장진입 전 이 기업의 수요곡선을 D_M이라고 하면 D_M은 이윤극대화되는 곳에서 장기평균비용곡선 LAC보다 위에 있기 때문에 양(+)의 경제학적 이윤을 얻게 된다. 이 기업이 양(+)의 경제학적 이윤을 얻고 있어 다른 기업들도 시장에 진입할 경우 양(+)의 경제학적 이윤을 얻을 것으로 기대하게 된다. 이러한 기대는 새로운 기업들을 이 시장에 진입시키며, 시장에 진입한 기업들의 제품은 차별화되었지만 유사하기 때문에 기존 기업의 제품에 대한 대체재 역할을 하게 된다. 새로운 기업들이 시장에 진입하면서 대체재의 수가 증가하게 되고, 이에 따라 기존 기업의 수요가 감소하게 된다. 새로운 기업의 시장진입은 기업의 경제학적 이윤이 0이 될 때까지 계속될 것이다. 결국 기존 기업의 수요곡선이 D_M에서 D로, 안쪽으로 이동하게 되고 전보다 가격에 대해 탄력적이 된다. 독점적 경쟁시장의 장기균형은 새로운 수요곡선 D와 장기평균비용곡선이 접하는 곳에서 이루어지며, 이때 균형가격과 산출량은 각각 P_{MC}, Q_{MC}가 된다. 이 균형점에서 독점적 경쟁기업이 가격을 올리거나 내리는 것은 손실로 연결된다. 이 균형점에서 양(+)의 경제학적 이윤은 없기 때문에 새로운 기업의 진입도 더 이상 발생하지 않는다.

만약 너무 많은 기업들이 시장에 진입하는 경우 개별기업의 수요곡선은 더 안쪽으로 이동하게 되고 장기평균비용곡선 LAC보다 아래에 위치하게 된다. 이에 따라 기업은 손실을 보게 되고 시장퇴출이 발생하게 되어 결국 수요곡선은 D가 된다. 독점적 경쟁시장에서는 시장의 진입과 탈퇴가 자유롭기 때문에 장기균형은 수요곡선과 장기평균비용곡선 LAC가 접하는 곳에서 이루어지고, 양(+)의 경제학적 이윤은 없지만 **정상이윤**(normal profit)을 누리게 된다. 사실 수요곡선과 장기평균비용곡선 LAC의 접점에서 기업의 이윤극대화원칙이 적용되고 있다. 이 접점에서 한계수입과 장기한계비용이 일치하고 있기 때문이다. 따라서 기업의 산출량은 최적산출량이 된다.

독점적 경쟁시장에서는 시장의 진입과 탈퇴가 자유롭기 때문에 장기균형은 수요곡선과 장기평균비용곡선 LAC가 접하는 곳에서 이루어지고 양(+)의 경제학적 이윤은 없지만 정상이윤을 누리게 된다.

지금까지 살펴본 독점적 경쟁시장의 이론은 개별기업이 의사결정을 할 때 독립적으로 한다는 것이고, 다른 기업의 의사결정은 무시한다는 것을 전제로 했다. 그러나 현실세계의 경우 독점적 경쟁시장의 기업들도 다른 기업들의 의사결정을 고려하는 경우가 보통일 것이다. 독점적 경쟁시장의 기업들은 앞서 살펴본 미용실의 경우에서 보듯이 근방에 위치하고 있기 때문에 의사결정이 상호의존적일 가능성이 높고, 개인적 경쟁의 정도도 치열할 가능성이 높다.

그러나 이러한 상호의존성과 경쟁을 고려한다 할지라도 독점적 경쟁시장의 장기균형에서 양(+)의 경제학적 이윤은 존재하지 않는다. 독점적 경쟁시장에서 기존 기업들이 설사 가격을 고정시킨다 하더라도 양(+)의 경제학적 이윤이 존재하면 새로운 기업들이 진입하게 될 것이고, 이에 따라 기존 기업의 수요가 감소하고 매출이 줄어든다. 결국 새로운 기업들의 진입은 가격과 장기평균비용이 일치할 때까지 이루어지고, 이에 따라 양(+)의 경제학적 이윤은 장기에 0이 된다.

독점적 경쟁시장에서 경제학적 이윤은 결국 장기에 사라진다고 하였다. 그러나 이는 경영능력이 뛰어난 경영자가 혁신적인 의사결정이나 경영능력에 의해 양(+)의 경제학적 이윤을 누리게 되는 기간을 연장할 수 없다는 것을 의미하는 것은 아니다. 독점적 경쟁시장의 기업들은 양(+)의 경제학적 이윤을 누리는 기간을 연장하기 위해 광고를 하고 제품의 품질도 개선하는 등의 노력을 기한다. 마케팅전략에서 성공하는 기업들은 상당 기간 양(+)의 경제학적 이윤을 볼 수도 있다. 어떤 기업들은 생산비를 낮추어 양(+)의 경제학적 이윤을 누리는 기간을 연장할 수 있다. 그러나 어떠한 경영전략도 유사한 제품을 판매하는 다른 기업들에 의해 모방될 수 있기 때문에 독점적 경쟁시장의 장기균형에서 경제학적 이윤은 0이 될 수밖에 없다.

〈그림 6-3〉은 독점적 경쟁시장의 장기균형 하에서 시장에 진입하는 기업들이 많아지는 경우 개별기업당 판매량의 감소로 균형가격이 오히려 상승할 수도 있다는 것을 보여준다. 시장이 균형가격 P_0, 균형량 q_0에서 균형이라고 하자. 시장에 진입하는 기업들이 많아지면서 경쟁이 심해져 기업들의 평균비용곡선이 AC_0에서 AC_1으로 하락하고, 수요곡선은 D_0에서 D_1으로 안쪽으로 회전한다고 하자. 이에 따라 새로운 균형가격은 P_1이 되는데, 이는 당초 균형가격 P_0보다 높은 수준이다. 결국 독점적 경쟁시장에 보다 많은 기업들이 진입함에도 불구하고 새로운 균형가격은 전보다 상승할 수 있다.

그림 6-3

독점적 경쟁시장의 장기균형에서 기업 수 증가의 효과

독점적 경쟁시장의 장기균형 하에서 시장에 진입하는 기업들이 많아지는 경우 경쟁이 심해지면서 AC_0가 AC_1으로 하방이동하고 D_0가 D_1으로 안쪽으로 회전하면, 개별기업의 판매량이 q_0에서 q_1으로 하락하고 균형가격은 P_0에서 P_1으로 상승할 수 있다.

AC_0 : 기존의 평균비용곡선
AC_1 : 시장진입 이후의 평균비용곡선
D_0 : 기존의 수요곡선
D_1 : 시장진입 이후의 수요곡선

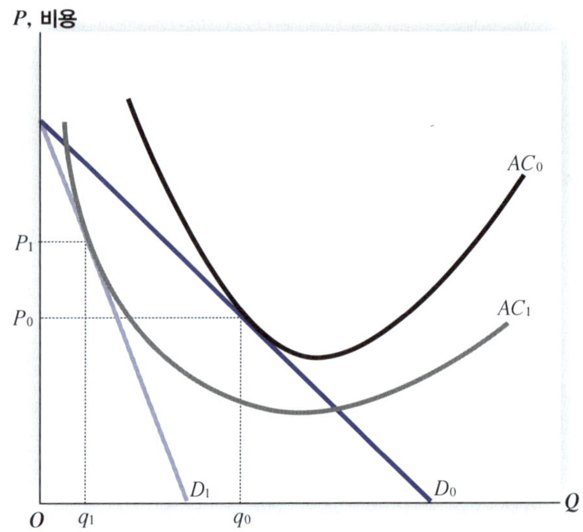

3. 제품차별화

Industrial Organization, Ch. Six

제품차별화는 소비자들이 제품을 어떻게 생각하느냐에 달려 있다.

독점적 경쟁시장 및 과점시장에서 판매되는 제품은 차별화된다고 하였다. 제품의 차별화는 본질적으로 제품이 다르기 때문에 차별화될 수도 있지만 **소비자들이 제품을 어떻게 생각하느냐**가 사실 중요하다. 설사 아주 이질적인 제품들이라 하더라도 소비자들이 동질적이라고 믿고 있으면 동질적인 제품이다. 같은 논리에 의해 동질적 제품들이라 하더라도 소비자들이 이질적이라고 생각하면 차별화된 제품들이 되는 것이다. 실제 시장에서 이러한 예들은 쉽게 발견할 수 있다. 많은 제약회사들이 판매하고 있는 종합감기약이나 소화제의 경우 화학적으로 볼 때 동질적일 수 있으나, 소비자들은 광고 등을 통한 효과 때문에 차별화된 제품들로 생각할 수 있다. 바퀴달린 여행가방의 경우 1972년 처음 만들어졌지만, 소비자들에게 제품차별화가 이루어졌다는 인식을 주지 못해 인기를 끌지 못하였다. 20년 뒤 항공사 승무원들이 사용하는 가방이라는 '승무원 마케

팅' 후에 소비자들은 비로소 기존 가방과 다른 가방이라는 것을 인식하여 제품 차별화가 이루어졌다.[2]

한편, 차별화되어 있는 제품들이라 하더라도 서로 밀접한 대체재냐 아니냐에 따라 한 제품의 가격결정이 다른 제품에 크게 영향을 미칠 수도 있고 전혀 미치지 않을 수도 있다. 음식료품회사가 판매하고 있는 녹차에 대한 가격결정은 '옥수수수염차"나 '17차' 등 다른 차에 대한 가격결정에 영향을 미칠 수 있다. 스포츠드링크 '파워에이드'의 가격결정은 '게토레이'나 '포카리스웨트'의 가격결정에 영향을 미치게 된다.

이러한 제품차별화는 소비자의 선호 및 선택과 연결된다. 소비자들은 커피와 녹차 중 하나를 선택할 수도 있고, 다양한 커피브랜드와 녹차브랜드 가운데 어느 특정 브랜드의 커피와 녹차를 선택할 수도 있다. 다른 한편으로, 소비자들은 제품의 특성이나 특징에 대한 선호를 가질 수 있다. 아이스크림 가운데 어떤 소비자는 모카 아이스크림, 다른 소비자는 초콜릿 아이스크림을 선호할 수도 있다. 이는 그 소비자들이 모카나 초콜릿을 선호하기 때문이다.

다음에서는 제품차별화의 형태를 살펴보고, 차별화된 제품에 대한 대표소비자 모형을 분석한다.

3.1 제품차별화의 형태

제품차별화를 생산자 입장에서 보면 밀접한 대체재들 간에 소비자가 느끼는 제품 간 차이를 만들어내는 행위라고 할 수 있다. 이러한 차이는 제품의 실질적 차이만을 의미하는 것이 아니고, 소비자들이 심리적으로 그러한 차이를 인식하고 있으면 충분하다. 소비자들이 실제로 동질적이거나 비슷한 제품임에도 불구하고 그렇게 인식하지 않는다면 제품차별화가 이루어졌다고 말할 수 있다.

제품차별화는 사실 과점시장의 비가격경쟁 가운데 대표적이라 할 수 있다. 가격경쟁은 종종 상대방 기업뿐만 아니라 가격경쟁을 하는 기업 자체에 치명적인 손해를 입힐 수 있기 때문에 기업들은 가급적 가격경쟁을 피하게 된다. 이러

2. 참조, Robert Shiller, *Narrative Economics* (2019).

한 점에서 제품차별화는 기존 기업들이 다른 기업들을 시장에 진입하지 못하도록 하는 진입장벽의 역할도 한다.

제품차별화는 제품의 질적 차이에 따라 수직적 제품차별화와 수평적 제품차별화로 구분한다. 그리고 제품차별화의 원천에 따라 자연적 제품차별화와 전략적 제품차별화로 구분한다.

제품차별화는 제품의 질적 차이에 따라 수직적 제품차별화와 수평적 제품차별화로 구분할 수 있다. 그리고 제품차별화의 원천이 어디에서 발생하느냐에 따라 자연적 제품차별화와 전략적 제품차별화로 구분할 수 있다. 아래에서 이러한 제품차별화를 설명한다. 한편, 제품차별화를 설명하는 이론 가운데 로케이션 모형을 절을 바꾸어 설명한다.

1) 수직적 제품차별화와 수평적 제품차별화

수직적 제품차별화는 어떤 제품 또는 서비스가 다른 것들과 전체적인 질 차이가 나는 경우를 말한다.

수직적 제품차별화는 어떤 제품 또는 서비스가 다른 것들과 전체적인 질 차이가 나는 경우를 말한다. 우유의 경우 지방을 어느 정도 포함하느냐에 따라 무지방, 저지방, 고지방 우유로 구분된다. 오늘날과 같이 웰빙문화를 추구하는 경향 하에서는 무지방 우유가 고급 우유로 소비자에게 인식된다. 오렌지주스나 포도주스 등과 같은 과일주스의 경우에도 과일함유비율과 당함유비율에 따라 제품들이 구분될 수 있다. 보통은 당함유가 적은 주스가 대부분의 소비자들에게 선호될 것이다.

수평적 제품차별화는 제품이나 서비스가 전체적으로 볼 때는 동일하거나 유사한 질을 갖고 있지만 다양한 제품 특성들을 소비자들에게 제공하는 경우를 말한다.

수평적 제품차별화는 제품이나 서비스가 전체적으로 볼 때는 동일하거나 유사한 질을 갖고 있지만 다양한 제품 특성들을 소비자들에게 제공하는 경우를 말한다. 예를 들어 화장품의 경우 비슷한 가격대에서 다양한 화장품메이커들의 브랜드를 접할 수 있다. 자동차의 경우도 마찬가지이다. 어떤 소비자들은 특정 메이커나 브랜드에 대한 선호를 가지고 있을 수 있고, 다른 소비자들은 특성이나 특징 때문에 다른 메이커나 브랜드를 보다 선호할 수 있다.

제품차별화는 자연적으로 발생할 수도 있고, 전략적으로 발생될 수도 있다. 항을 바꾸어 제품차별화에 대한 원천을 살펴보자.

2) 자연적 제품차별화와 전략적 제품차별화

자연적 제품차별화는 제품을 구별짓는 특성이 생산자가 의도한 것에서 비롯되는 것이 아니라 자연적인 속성이나 특성에서 나오는 경우를 의미한다. 반면에 전략적 제품차별화는 생산자가 의도적으로 만든 특성들 때문에 제품이 차별화되는 경우이다. 생산자가 새로운 브랜드의 제품을 시장에 진입시키거나 광고나 다른 미케팅영업 등에 의해 제품차별화를 하는 경우이다.

자연적 제품차별화는 제품을 구별짓는 특성이 생산자가 의도한 것에서 비롯되는 것이 아니라 자연적인 속성이나 특성에서 나오는 경우를 의미한다.

전략적 제품차별화는 생산자가 의도적으로 만든 특성들 때문에 제품이 차별화되는 경우이다.

자연적 제품차별화를 초래할 수 있는 원천들을 살펴보자.[3]

자연적 제품차별화의 원천들
① 지리적 차이
② 신기술
③ 브랜드와 로고
④ 제품원산지
⑤ 소비자선호

■ **지리적 차이**

동질적인 제품이라 할지라도 소비자들의 입장에서 보면 판매자의 위치나 지리적 차이에 의해 다른 제품으로 인식될 수 있다. 동네 편의점과 동네에서 벗어난 대형할인점은 위치적 측면에서도 다르게 인식될 수 있다. 아파트 브랜드를 생각해 보자. 예를 들어 대림산업의 'e-편한세상' 84평방미터 아파트가 전국 각지에서 동일하게 지어진다 하더라도 서울에 위치하느냐, 경기도에 위치하느냐, 부산에 위치하느냐에 따라 다르게 인식될 수 있다. 그리고 같은 서울에 위치한다 하더라도 강남에 위치하느냐 아니냐에 따라 소비자 입장에서 아주 차별적인 것으로 인식될 수 있다.

■ **신기술**

신기술이 제품의 차이를 가져오는 것은 상당히 많은 예를 통해 설명될 수 있다. 휴대폰의 경우 5G 폰과 4G 폰은 차별화된다. 어두운 곳에서 안경과 모자를 써도 얼굴을 인식하여 사용자를 인식하는 폰과 그렇지 않은 폰은 차별화된다. 폴더블폰과 그렇지 않은 폰도 차별화된다. 스마트폰의 머리라 할 수 있는

3. Lipczynski, Wilson, and Goddard(2017)는 자연적 제품차별화의 원천을 지리적 차이(geographic variation), 신기술(new technology), 브랜드 및 상표(brands and trademarks), 지역사회 및 국가적 차이(community or national differences), 그리고 소비자선호(consumer tastes and preferences)로 설명하고 있다. pp.417～418을 참조 바람.

중앙처리장치나 애플리케이션 프로세스(AP)가 성능을 높여서 새로운 폰이 출시되는 것도 제품차별화를 가져 온다. 3M 포스트잇의 경우 신기술이라고 구분하기 어려울 수도 있지만, 크기에 따라 다른 제품으로 차별화되어 있다. 기존의 기능들을 개선하는 신기술에 의한 제품은 그 이전의 제품들과 차별화된다.

■ **브랜드와 로고**

유사한 제품들을 차별화하는 데 많이 사용되는 것이 브랜드와 브랜드로고이다. 옷의 경우 Bean Pole은 앞바퀴가 큰 자전거를 탄 사람의 로고, Lacoste는 악어를 로고로 하고 있다. 아디다스의 스포츠제품의 로고는 운동선수들이 넘어야 하는 성취감을 일으키는 산을 의미하고, Nike사는 승리의 여신인 니케의 날개를 로고로 하고 있다. 자동차메이커의 경우도 모두 자체의 로고를 사용하고 있다. 현대자동차, 기아자동차, Teslar, Mercedes-Benz, BMW 등 모두 고유의 로고를 사용해 제품을 차별화하고 있다.

〈사례연구 6-1〉은 그동안 써왔지만 혁신의 상징으로서 로고를 바꾸는 기업들이 의외로 많다는 것을 보여준다. 지난 2020~2021년에 걸쳐 기아, GM, 인텔, 닛산, BMW, 버거킹, 교촌, 맘스터치 등이 회사 로고를 바꿨고, LG와 SK는 디자인을 새롭게 보강했다. 로고 변경은 비용과 시간이 소요되고, 혹 소비자들의 반발을 살 수도 있으며, 그동안 알려졌던 브랜드 가치의 일부를 포기해야 하기 때문에 사실 쉽지 않다. 로고 변경은 소비자와 시장의 요구에 맞춰 과감하게 과거와 단절하여 미래를 지향하거나 부족한 부분을 보강해야 할 때가 왔다고 판단될 때 행해진다. 〈사례연구 6-1〉은 이러한 사례들을 잘 설명하고 있다.

사례연구 6-1 혁신의 상징, 로고 바꾸는 기업들

20년 전 입체감 강조한 3D 디자인, 모바일 · 디지털 시대 맞아 2D로

같은 모양에 다양한 색상 적용도

LG그룹은 2021년 2월 8일 기존 LG 로고를 토대로 만든 확장된 브랜드 디자인을 발표했다. LG 로고는 빨간색 원형 그림과 'LG'라는 기업명으로 단순하게 구성됐는데 이번엔 'L'과 'G' 형태의 디자인을 각각 화면 좌측 상단과 우측 하단에 배치한 뒤 가운데에는 영상이나 제품 이미지를 넣을 수 있게 했다. 새 디자인의 색상도 10가지로 늘었다.

기업들의 로고가 바뀌고 있다. 지난 1년간 기아, GM, 인텔, 닛산, BMW, 버거킹, 교촌, 맘스터치 등이 회사 로고를 바꿨고 LG, SK는 디자인을 보강했다. 로고 변경은 쉽지 않다. 사옥 간판부터 제품 라벨, 명함, 유니폼 교체까지 비용과 시간이 든다. 소비자들의 반발도 있고, 인지도의 일부도 포기해야 한다. 그럼에도 왜 로고를 바꿨을까?

업종은 달라도 이유는 같다. 소비자와 시장의 요구에 맞춰 과감하게 과거와 단절해야 할 때가 왔기 때문이다. 자동차는 친환경, 전기차 등 새로운 분야에 진출해야 하고, 외식업은 코로나 사태를 맞아 사업 다각화가 급해졌다.

로고·브랜드 디자인 바꾼 기업들

■ 차 업계, 친환경 · 전동화 강조하려고 단순하게

자동차 회사들의 기존 로고는 음영과 그러데이션을 넣어 입체감을 강조한 3D(3차원) 디자인이란 공통점을 갖고 있다. 대부분 1990년대 말이나 2000년대 초반에 만든 로고다. BMW, GM, 닛산은 모두 3D 로고를 썼다가 2020년 2D의 평면적인 형태로 바꿨다. 기아와 현대자동차의 로고 · CI(corporate identity · 기업 이미지 통합)를 디자인했던 CDR의 K대표는 "20년 전, 자동차 회사들은 밀레니엄에 대한 소비자의 기대감을 충족시키고, 오프라인에서 입체감을 구현하려 디지털 느낌이 많이 나는 3D 로고를 선호했다. 지금은 온 · 오프라인의 다양한 매체, 특히 모바일에 로고를 적용하려면 심플한 2D 로고를 쓸 수밖에 없다"고 했다.

단순하고 가벼워진 로고 디자인은 자동차 회사들의 친환경과 전동화에 대한 의지를 보여주기도 한다. 기아는 사명에서 '모터스'를 빼버리고 타원형의 엠블럼 로고에서 필기체의 'KIA' 알파벳이 연결된 서명 같은 로고로 바꿨다. 엠블럼 로고는 자동차 회사들이 무게와 힘을 드러내기 위해 썼던 방식으로 벤츠가 대표적인 예이다.

제너럴모터스(GM)도 로고 바탕을 파란색에서 흰색으로, 로고 알파벳은 소문자로 바꿨다. 'm' 아래에만 밑줄을 그은 것은 전기차의 플러그 모양을 상징하는 것으로 2035년까지 내연기관차의 생산과 판매를 중단하겠다는 GM의 사업 계획과도 잘 맞는다. BMW는 로고의 검은색 띠 부분을 투명하게 바꾸면서 깨끗한 이미지를 강조했다. 이 로고는 앞으로 나올 전기차에 적용되고, 내연기관차는 기존 로고를 사용한다.

▪ 버거킹은 왜 로고 교체를 알게 모르게?

LG와 SK가 로고에 변화를 준 이유는 오프라인에 비중을 뒀던 홍보와 마케팅이 모바일을 중심으로 한 온라인으로 확장됐기 때문이다. 2020년 12월 SK그룹은 기존 빨간색과 주황색으로 구성된 공식 로고 '행복날개'의 색상을 녹색 · 파란색 · 보라색 · 검은색 등 10가지로 확대했다. 현재 공식 로고는 'SK'와 나비 날개 모양 도안으로 구성돼 있지만, 앞으로는 사명을 뺀 날개 모양의 디자인도 온라인상에서 폭넓게 활용할 계획이다. SK 관계자는 "디지털 환경에서 보다 친근하고 유연하게 사용할 수 있게 제작했다"고 말했다.

버거킹의 새 로고는 기존 로고에서 파란색을 빼고 더 햄버거 모양에 가깝게 만들었다. 1990년대부터 쓰던 기존 로고는 패스트푸드의 '속도'를 강조하기 위해 파란색을 넣었는데, 유기농과 '슬로우 푸드'를 강조하는 식품업계의 변화에 따라 이를 바꿨다. 로고 교체를 대대적으로 알리는 기업과 달리, 버거킹은 국내에서 '알게 모르게' 로고를 바꾸고 있다. 광고와 음식 포장지의 로고는 바뀌었지만, 아직 매장 외관엔 변화가 없다. 외식 컨설턴트 업계는 "지난 20여 년간 버거킹 로고가 국내 소비자에게 강한 인상을 남겼기 때문에 하루아침에 로고를 변경하긴 어려울 것이다"라고 했다.

지난 1년 새 국내 치킨 브랜드의 로고 변화가 유독 많았다. 교촌은 2021년 1월 흘려 쓴 듯한 로고 서체를 고딕체로 바꾸고 로고에 있던 닭 볏도 없앴다. 맘스터치도 2020년 로고에서 '엄마'를 상징하는 빨간색 앞치마와 '치킨 앤드 버거'란 문구를 없애고, 삐뚤게 쓴 글씨도 반듯하게 바꿨다.

출처 : 조선일보(2021. 2. 9)

▪ 제품원산지

제품원산지도 제품차별화를 자연스럽게 초래한다. 풍기 인삼, 성주 참외, Scottish 위스키, 러시아산 보드카, 프랑스산 와인도 다른 제품과의 차별을 자연스럽게 가져온다. 2008년에 사회적 이슈가 된 '미국산 수입소고기' 관련 파동도 소고기가 한우냐, 수입산이냐, 또 수입산이면 미국산이냐, 호주산이냐 등에 따라 소비자에게 차별화되고 있다는 것을 제시한다. 전자제품, 의복, 채소 등도 국내산이냐 중국산이냐에 따라 소비자에게 다른 재화로 인식되고 있다.

▪ 소비자선호

소비자들 스스로 다양한 선호를 갖고 있는데, 이러한 선호도 제품차별화를 가져온다. 소비자들의 다양한 수요를 충족시키고자 기업들은 많은 제품들을 판매하고 있는데, 보통 수평적 제품차별화가 대부분이다. 예를 들어 현대 아반테를 선호하는 소비자들의 경우에도 선호에 따라 어떤 사람들은 검정색을 선호할 수도 있고, 빨간색을 선호할 수도 있다. 양복의 경우에도 어떤 사람들은 타이트하게 꽉 끼는 스타일을 좋아할 수도 있고, 좀 여유 있는 스타일을 원하는 사람들도 있기 때문에 제품차별화가 자연스럽게 이루어진다.

위에서 살펴본 여러 가지 요인들은 자연스럽게 제품차별화를 가져오지만, 어떤 경우에는 기업 스스로 제품차별화를 의도적으로 할 수도 있다. 이러한 **전략적 제품차별화의 원천들**을 좀더 상세하게 살펴보자.[4]

전략적 제품차별화의 원천들
① 생산요소의 차이
② 부가서비스
③ 제품의 수명 : 제품노후화
- 의도된 노후화
- 스타일 노후화
- 기술적 노후화
- 지연된 노후화
④ 소비자 무지

■ 생산요소의 차이

생산요소를 크게 노동과 자본으로 구분한다면, 노동과 자본의 질은 실제 생산국이나 기업에 따라 차이가 있을 가능성이 크다. 동일한 전자제품이나 자동차를 생산한다고 하더라도 OECD에서 생산한 것과 개발도상국에서 생산한 것과는 차이가 있을 수 있다. 예를 들어 불량제품의 발생률이나 마무리공정의 차이 등에서 제품차별화가 초래될 수 있다. 영화산업의 경우에도 주인공을 대중이 선호하는 잘 알려진 스타로 할 경우와 그렇지 않은 경우에 영화 관람객 수의 차이가 클 수 있다.

■ 부가서비스

부가서비스의 제공 여부는 제품차별화를 가져오는 요소라 할 수 있다. 동일한 아반테 자동차를 현대자동차가 무이자할부로 판매하거나 AS를 무상 3년까지 제공한다면 그렇지 않은 아반테와는 분명히 차별화된다. 특히 무상 AS기간을 연장한다든가 AS를 유상에서 무상으로 전환한다면 제품에 대한 긍정적 신호를 시장에 보내기 때문에 그 이전의 제품과는 차별화되는 것이다.

■ 제품의 수명

제품의 수명 또한 제품차별화를 가져오는 요소일 수 있다. 예를 들어 넥타이나 칫솔 등과 같이 소비자예산에서 차지하는 비중이 작은 제품의 경우 스타일

4. 전략적 제품차별화의 원천들을 Lipczynski, Wilson, and Goddard(2017)는 생산요소의 차이, 부가서비스의 제공 여부, 제품차별화 변화율, 소비자 무지로 지적하고 있다. p.418을 참조 바람.

을 노후화시키거나 새로운 스타일의 제품들을 시장에 빠르게 진출시키는 경우 제품이 차별화된다. 페리오칫솔이나 Oral-B 칫솔 등의 경우 칫솔의 마모상태를 색의 변화로 알려주어 소비자들에게 다시 구매하도록 신호를 주는 것도 있는데, 이는 그렇지 않은 칫솔 등과 비교하면 확실하게 제품이 차별화된다는 것을 알 수 있다.

제품의 수명은 제품이 어떻게 노후화되느냐에 따라 달라질 수 있다. 제품노후화는 '의도된 노후화', '스타일 노후화', '기술적 노후화', '지연된 노후화' 등으로 세분할 수 있다.[5]

양말이나 스타킹의 경우도 제품의 수명을 통해 차별화되고 있다고 볼 수 있다. 양말이나 스타킹의 경우 올이 나간다든지 하여 자주 마모되기 때문에 다시 구입하게 되는데, 제조업체의 경우 기술부족이 아니라 소비자들의 구매를 촉진하기 위해 의도적으로 제품수명을 짧게 만들 수 있다. 이는 '의도된 노후화'라 할 수 있다.

남성용 양복의 버튼이 2버튼에서 3버튼으로 다시 2버튼으로 유행이 바뀌는 것이나, 양복의 깃이나 넥타이의 폭이 좁아졌다 넓어졌다 다시 좁아지는 등의 유행변화는 '스타일 노후화'라고 할 수 있다. 여성 의복의 경우 이러한 유행 변화는 보다 심하다. 스커트의 길이가 짧아졌다가 길어졌다가 다시 짧아지는 등의 유행 변화는 그러한 예이다.

카세트테이프를 대체한 CD는 한때 소비자들의 사랑을 많이 받았지만, 이제 거의 수명이 다되어 생산량이 크게 줄었고, 조만간 시장에서 완전히 퇴출될 것이다.[6] 음악을 디지털 음원으로 듣는 것이 보편화되었기 때문이다. 이러한 노후화를 '기술적 노후화'라 한다. '기술적 노후화'의 예들은 실제 생활에서 많이 발견할 수 있다. 컴퓨터의 경우 저장매체로 초기에는 플로피 디스켓이 대부분이었지만 지금은 사라졌고, 이제는 휴대용 저장매체인 USB나 휴대용 외장하드

5. 보다 상세한 논의는 Lipczynski, Wilson, and Goddard(2017), p.419를 참조 바람.

6. 최근 CD와 MP3에 의해 사라졌던 카세트테이프가 다시 일부 애호가들에 의해 유행되어 카세트 플레이어까지 팔리고 있다. 이는 인기를 끌었던 대만 드라마 '상견니'에서 카세트 플레이어를 통해 과거로 돌아간다는 설정 때문에 이 드라마를 즐겨본 MZ세대가 카세트테이프를 다시 찾고 있기 때문이다. 이는 기술적으로 노후화되었지만 소비자 기호의 변화로 인해 다시 선택되어지는 사례라고 할 수 있다. (참조 : 조선일보(2021. 3. 27))

가 대부분 사용되고 있다.

때때로 기술이 이미 진일보했지만 해당 제품의 출시를 의도적으로 미루는 경우를 '지연된 노후화'라고 한다. 이는 기존 제품의 수익성을 보다 높이기 위한 경우가 많다. 예를 들어 자동차의 경우 개발이 이미 완료되었지만 제품생산비 등의 이유로 전기차나 하이브리드카의 생산 및 판매를 지연하는 경우 '지연된 노후화'에 해당한다. 휴대폰의 경우 비슷한 시기에 관련 메이커들이 유사 기능을 가진 신제품들을 동시에 출시하는 경우가 많은데, 이는 의도적으로 신제품 출하시기를 조정하는 것이라 볼 수 있다. 이러한 것도 '지연된 노후화'의 예로 들 수 있을 것이다.

기업들의 제품노후화에 대한 전략도 이처럼 다양하다.

■ 소비자 무지

기업들이 자신들이 생산하는 제품들을 과장하는 것은 소비자들이 이 제품을 잘 모른다고 판단할 때에 발생하는 경우가 많다.

소비자들이 관련 제품을 잘 모르는 경우 "비싼 제품이 보다 질이 우수할 것이다"라고 생각할 수 있는데, 이러한 믿음이 통하는 경우 가격을 올리면 오히려 제품에 대한 수요가 증가할 수 있다. 특히 불법으로 판매되는 암 관련 의약품의 경우 암환자 및 암환자 가족의 절박함 및 무지를 이용해 실제 가치보다 아주 높은 가격을 받고 있는 경우가 많은데, 이 또한 '소비자 무지'를 이용한 것이라 할 수 있다. 〈사례연구 6-2〉는 소비자 무지를 이용해 다이어트, 디톡스 효과 등을 내세우며 거짓 · 과장 광고를 한 유튜버 등 소위 인플루언서와 이들에게 법률에서 금지하고 있는 체험형 광고 등을 의뢰한 유통전문판매업체 등이 적발된 사례이다.

사례연구 6-2 "먹었더니 부기 빠져요" 허위광고 일삼은 유튜버 등 15명 적발

식약처, 팔로워 10만 명 이상 인플루언서 · 유튜버 집중 점검
지자체 경찰에 고발 방침 … "체험기 포함된 사진 · 영상 게시는 불법"
유튜버 등 인플루언서의 허위 · 과대광고

유튜버 A씨는 광고를 의뢰받은 액상차를 '붓기차' 라고 부르며 라이브 방송에서 구매를 유도하고, '디톡스', '독소 배출', '노폐물 제거', '부기 제거' 효과를 강조하는 광고물을 만들어 SNS에 올렸다가 허위 · 과대 광고 혐의로 적발됐다.

유튜버 B씨는 체험기 광고를 의뢰받고, 특정 식품을 먹고 정력이 강화됐다는 식의 동영상을 만들어 게시했다가 단속에 걸렸다.

식품의약품안전처는 이처럼 다이어트, 디톡스 효과 등을 내세우며 거짓 · 과장 광고를 한 유튜버 등 인플루언서(SNS에서 소비자들에게 큰 영향을 미치는 사람) 15명과 이들에게 법률에서 금지하고 있는 체험형 광고 등을 의뢰한 유통전문판매업체 8곳을 적발했다고 2020년 1월 9일 밝혔다.

팔로워가 10만 명 이상인 인플루언서가 게시한 건강 관련 제품 허위 · 과대 광고를 집중적으로 점검한 결과다. 식약처에 따르면 적발된 인플루언서는 유명세를 이용해 주로 '체험기' 방식의 광고를 했다.

SNS에서 일상생활을 보여주면서 특정 제품 섭취 전 · 후의 얼굴, 몸매, 체중 등의 변화를 강조하며 제품을 판매했다. 비교 사진을 올릴 때는 보정한 사진을 쓰는 등 가짜 체험기로 소비자를 현혹하는 경우도 많았다. 또 SNS 계정 첫 화면에 본인이 운영하는 쇼핑몰을 링크하거나 공동구매 날짜를 공지해 구매를 적극적으로 유도했다.

이번에 적발된 광고는 총 153개였고, 제품으로는 33개였다.

적발 내용을 구분해 보면, ▲ 부기 제거 등에 효과가 있다는 식의 거짓 · 과장 광고(65건), ▲ 섭취 전 · 후를 비교한 체험기 광고(34건), ▲ 건강기능식품으로 오인 · 혼동하게 하는 광고(27건), ▲ 원재료의 효능 · 효과를 활용한 소비자 기만 광고(15건), ▲ 심의 결과를 따르지 않은 광고(7건), ▲ 암 예방 등 질병치료 효과 광고(5건) 등이었다.

식약처는 이들 광고에 대해 방송통신심의위원회에 검색 차단을 요청했으며, 인플루언서와 유통업체에 대한 조치는 관할 지방자치단체로 넘겼다. 지자체는 유통업체뿐만 아니라 불법행위 가담 정도가 큰 인플루언서들도 식품 등의 표시 광고에 관한 법률 위반 혐의로 고발할 것으로 보인다.

식약처는 "제품을 직접 판매하지 않더라도 허위 · 과대 광고나 체험기가 포함된 사진, 영상 등을 게시하거나 이를 활용해 광고할 경우 인플루언서 · 유튜버 · 블로거 · 광고대행사 등 누구든지 형사처벌을 받을 수 있다"고 경고했다.

출처 : **출처** : 매일경제신문(2020. 1. 9) ⓒ 매일경제 & mk.co.kr

3.2 제품차별화에 대한 로케이션 모형

제품차별화, 특히 수평적 제품차별화를 설명하는 이론은 크게 **대표소비자 모형**(representative consumer model)과 **로케이션 모형**(location model)으로 구

분할 수 있다.

대표소비자 모형에서 소비자들은 재화와 서비스에 대한 명확한 선호를 갖고 있고, 기업들은 생산하는 제품을 차별화함으로써 소비자들의 선호를 만족시키고자 경쟁한다.[7] 각 기업의 수요는 그 제품의 가격과 경쟁제품 가격의 연속함수로 보통 정의된다. 대표소비자 모형이 소비자 중심의 접근방법이라면 로케이션 모형은 생산자 중심의 접근방법이다. 로케이션 모형에서 소비자들의 선호는 기업들이 생산하는 재화와 서비스의 개별적 특성들에 의해 정의된다.

대표소비자 모형이 소비자 중심의 접근방법이라면 로케이션 모형은 생산자 중심의 접근방법이다.

로케이션 모형 가운데 Lancaster(1966)의 제품특성 모형은 제품들을 개별적 특성들에 의해 정의하는데, 제품차별화는 이러한 특성들을 다양한 비율로 구성해 제품화하는 것을 의미한다.

Hotelling(1929)의 로케이션 모형에서는 지리적 로케이션이 생산자들을 구별하는 특성이다. 생산자의 로케이션이 다르면 제품차별화를 의미하게 된다. Hotelling의 로케이션 모형은 모형을 변형해 다양하게 적용할 수 있다. 예를 들어 두 경쟁기업이 직선 상에 각기 다른 위치를 결정할 때 가격은 고정된 것으로 가정할 수 있다. 반면에 위치를 고정된 것으로 간주하고 가격을 다르게 결정한다고 모형을 변형할 수도 있다.

Salop(1979)의 서클 모형은 Hotelling과 달리 직선이 아닌 원에서 설명한다는 점에서 차이가 있다. 당연히 양 끝점이 없게 되기 때문에 의사결정이 달라질 수 있다. 기업과 소비자들은 모두 원주 상에 위치해 있고, 이에 따라 로케이션과 가격 모두 내생변수로 설명할 수 있다.

1) Lancaster의 제품특성 모형

Lancaster의 제품특성 모형(Product Characteristics Model)에서 소비자들은 그들이 소비하는 재화나 서비스에서 효용을 얻는 것이 아니라 그 재화나 서비스에 체화된 특성에서 효용을 얻게 된다. 이에 따라 재화는 제품특성들의 조

Lancaster의 제품특성 모형에서 소비자들은 그들이 소비하는 재화와 서비스에서 효용을 얻는 것이 아니라 그 재화나 서비스에 체화된 특성에서 효용을 얻는다.

7. Dixit and Stiglitz(1977)는 대표소비자 모형의 틀 안에서 사회적 후생에 대한 제품차별화의 의미를 분석한 바 있다. 제품차별화에 대한 대표소비자 모형 접근방법에 흥미가 있는 독자들은 Lipczynski, Wilson, and John Goddard(2017), p.420 ~ 422를 참조 바람.

그림 6-4

Lancaster의 제품특성 모형

소비자는 2가지 제품특성 A, B의 다양한 결합에서 효용을 얻는다. 무차별곡선은 *IC*로 나타나 있기 때문에 점 *b*, *c*, *d*는 서로 동일한 만족 수준을, 점 *a*는 그보다 낮은 만족 수준을 소비자에게 제공한다.
브랜드 3의 현재 가격 수준 P_0에서 소비자가 브랜드 3에만 모든 지출을 할 경우 c_2에서 소비한다고 하자. 가격이 P_1으로 상승해 여전히 브랜드 3에만 모든 지출을 할 경우 c_1에서 소비한다고 하자. 소비자가 브랜드를 결합해 소비하는 것이 가능하다면 *b*와 *d*를 선형결합해도 c_1의 만족수준을 얻는 것이 가능하다.

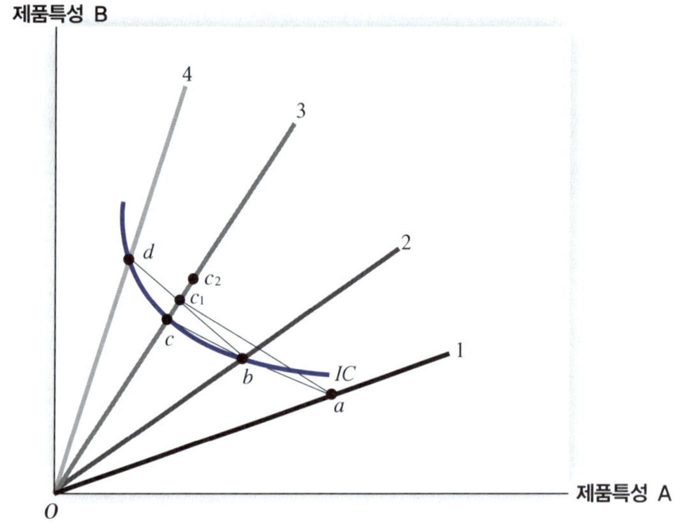

1 : 브랜드 1　2 : 브랜드 2　3 : 브랜드 3
4 : 브랜드 4　*IC* : 무차별곡선
a, *b*, *c*, *d* : 동일한 소득수준 I_0로 브랜드 1, 2, 3 또는 4만을 구입할 경우 각각 선택하는 점

합으로 정의되며, 동일한 제품특성을 갖고 있다고 하더라도 그 조합비율이 다르다면 차별화된 재화이다. 예를 들어 휴대폰의 경우 지문이나 안면 인식 기능, 사진해상도, 중앙처리장치 혹은 AP, 듀얼카메라 및 폴더블 등에 따라 차별화된다. 소비자들은 그들이 원하는 기능들을 구비한 제품을 선택하게 된다. 동일한 승용차라 할지라도 스타일뿐만 아니라 선루프의 유무 여부, ABS 장착 여부, 에어백 유무, 가죽좌석이냐의 여부, 자동운행장치 여부 등에 따라 다양하게 차별화되고, 소비자들은 자신의 취향에 따라 가장 근접한 기능을 가진 차를 선택하게 된다.[8]

〈그림 6-4〉는 Lancaster의 제품특성 모형을 설명하고 있다. 소비자는 2가지 제품특성 A, B의 다양한 결합에서 효용을 얻는다고 가정하자. 제품특성 A, B를 어떻게 결합하느냐에 따라 제품차별화가 이루어진다. 편의상 그림에서와 같

8. Schwarz(2004)는 지역 마트에서 재미있는 제품차별화 사례를 발견했다. 크래커 종류는 85종, 과자 종류는 285종, 생수는 15가지 맛, 치약은 40종, 립스틱은 150종, 아이라이너는 75종, 샴푸는 360종, 주스는 85종 등 다양한 제품차별화의 사례들을 설명하고 있다.

이 1, 2, 3, 4의 브랜드가 있다고 하자. 브랜드 1은 제품특성 A가 제품특성 B보다 상대적으로 많은 브랜드이다. 브랜드 4는 제품특성 B가 제품특성 A보다 상대적으로 많은 브랜드이다. 브랜드 2와 3은 그 중간 성격을 갖고 있다고 할 수 있다. 소비자의 무차별곡선은 *IC*로 나타나 있기 때문에 점 b, c, d는 서로 동일한 만족수준을 소비자에게 제공하고 있다. 무차별곡선의 성격은 재화의 경우와 마찬가지이다. 즉, 제품특성을 많이 가질수록 보다 높은 만족수준을 소비자에게 제공한다. 이 소비자는 소득수준이 I_0인 경우 *IC* 밑에 있는 a를 선택하지 않고 b, c, d 등 동일한 무차별곡선 상의 점들을 선택할 것이다.[9]

브랜드를 결합해 소비할 수 있다면 c_1은 c보다 제품특성을 보다 많이 갖고 있어 소비자에게 보다 높은 만족을 주므로 c_1은 b, c, d보다 상위의 무차별곡선 상에 위치한다. c_2는 c_1보다 제품특성 A와 B 모두 많으므로 역시 c_1보다 상위의 무차별곡선 상에 위치한다.

만약 현재의 가격 수준 P_0에서 소비자가 브랜드 3에만 모든 지출을 할 경우 c_2에서 소비한다고 하자. 이때 브랜드 3의 가격이 P_1으로 상승해 소비자가 여전히 브랜드 3에만 모든 지출을 할 경우 c_1에서 소비한다고 하자. 소비자가 브랜드를 결합해 소비하는 것이 가능하다면 〈그림 6-4〉에서 보듯이 브랜드 2와 4를 결합해, 즉 b와 d를 선형결합해도 c_1의 만족수준을 얻는 것이 가능하다. 만약 브랜드 3의 가격이 P_1을 넘어 상승한다면, 이 소비자는 브랜드 3에 대한 시장에서 나오게 되어 수요곡선이 불연속적으로 나타날 수 있다.

Lancaster의 제품특성 모형은 새로운 브랜드를 시장에 진출시킬 때에도 적용될 수 있다. 〈그림 6-5〉는 새로운 브랜드의 시장론칭을 설명한다. 현재 시장에는 브랜드 1과 3만 있다고 하자. 소비자의 무차별곡선은 *IC*로 주어져 있다. 소득과 가격 수준이 주어졌을 때 이 소비자가 얻을 수 있는 최상의 만족수준이 *IC*에서 이루어진다고 하자. 이는 브랜드의 결합이 가능하다면 브랜드 1의 a와 브랜드 3의 c를 선형결합해 얻을 수 있다. 물론 브랜드 1의 a는 이 소비자가 브랜드 1에만 모든 소득을 지출할 경우에 구입이 가능한 점이다. 브랜드 3의 c도 이 소비자가 브랜드 3에만 모든 소득을 지출할 경우에 구입이 가능한 점이다.

---

9. 현재의 가격 수준에서 b는 소비자가 주어진 소득 I_0로 브랜드 2만을 살 경우이고, c는 브랜드 3만을, d는 브랜드 4만을 살 경우에 선택하는 점이다.

그림 **6-5**

새로운 브랜드 2의 론칭

1과 3은 기존 브랜드, 2를 새로운 브랜드라고 하자. 만약 브랜드 2의 가격이 소비자에게 b_1에서 소비할 수 있도록 책정된다면 새로운 브랜드 2는 시장에 진입할 수 있다. 왜냐하면 브랜드 1과 브랜드 3을 결합해 b를 소비하는 것보다 브랜드 2의 b_1에서 소비하는 것이 보다 높은 만족수준을 주기 때문이다.

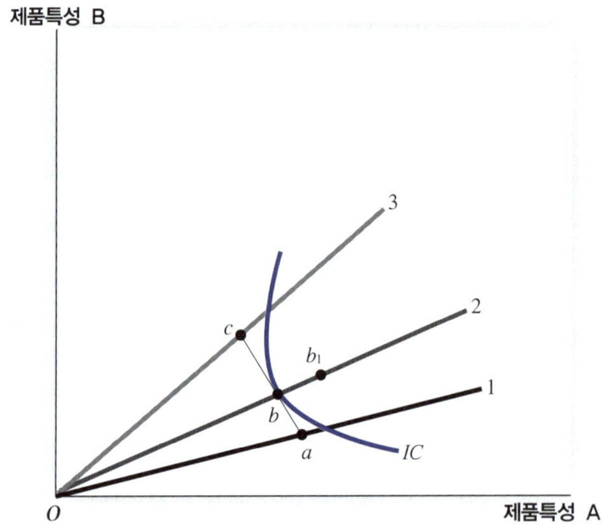

1 : 브랜드 1　　2 : 브랜드 2　　3 : 브랜드 3
IC : 무차별곡선
a, c : 소득수준 I_0로 브랜드 1이나 3만을 구입할 경우 각각 선택하는 점
b : a와 c의 선형결합에 의해 얻을 수 있는 점
b_1: 소득수준 I_0로 새로운 브랜드 2만을 구입할 경우 선택하는 점

〈그림 6-5〉에서 보듯이 브랜드 1과 브랜드 3 사이의 제품특성공간의 갭은 새로운 브랜드의 론칭이 가능하다는 것을 보여준다. 새로운 브랜드를 브랜드 2라 하자. 만약 브랜드 2의 가격이 소비자에게 b_1에서 소비할 수 있도록 책정된다면 새로운 브랜드 2는 시장에 진입할 수 있다. 왜냐하면 브랜드 1과 3를 결합해 b를 소비하는 것보다 브랜드 2의 b_1에서 소비하는 것이 보다 높은 무차별곡선 상에 있으므로 보다 높은 만족수준을 주기 때문이다.

2) Hotelling의 로케이션 모형

Hotelling(1929)의 로케이션 모형은 지리적 위치가 제품의 공급자들을 차별화하는 모형이다.

Hotelling(1929)의 로케이션 모형(Location Model)은 지리적 위치가 제품의 공급자들을 차별화하는 모형이다. 제품이 동일할 때 모든 공급자가 동일한 가격을 책정한다면 소비자들은 가장 가까이에 위치한 공급자로부터 구입하기를 원할 것이다. 이는 각 공급자 또는 기업이 어느 정도의 시장지배력을 갖고 있다

그림 6-6

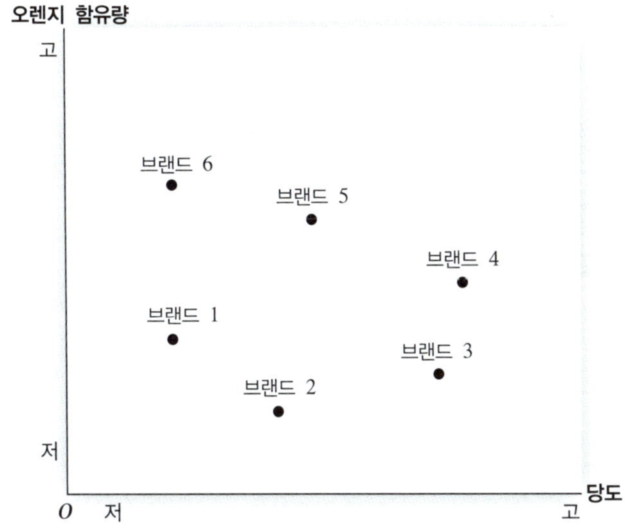

오렌지주스에 대한 제품특성공간

오렌지주스는 오렌지와 당도 함유량의 조합으로 차별화되어 1, 2, 3, 4, 5, 6의 여섯 가지 브랜드가 있다. 소비자들이 제품특성공간에서 위치에 대한 선호와 브랜드선호를 갖고 있다면, 소비자선택은 위치와 제품차별화에 따른 선호가 결합되어 결정된다.

는 것을 의미한다. 설사 어떤 공급자 또는 기업이 가격을 올린다 하더라도 시장지배력 때문에 경쟁기업에게 고객들을 모두 빼앗기지는 않는다. 고객들 가운데 일부는 보다 저렴하게 제품을 구입하기 위해 멀리 떨어진 위치의 공급자에게 제품을 구입할 수도 있지만, 일부는 약간 더 높은 가격을 지불하더라도 가까이에 있는 이 공급자로부터 기꺼이 제품을 구입할 것이기 때문이다.

Hotelling(1929)의 로케이션 모형은 위치선정 경쟁과 제품차별화와 관련된 연구에 많은 영향을 끼쳤다. Hotelling(1929)의 원래 모형은 기업들의 지리적 위치선정 경쟁을 설명하는 것이지만, 많은 다른 분야의 현상을 설명하는 데 쉽게 응용될 수 있다. 제품특성공간(product characteristic space)에서의 경쟁도 한 가지 예이다. 〈그림 6-6〉은 오렌지주스에 대한 제품특성공간에서의 경쟁을 설명하고 있다. 세로축은 오렌지주스의 오렌지함유량을, 가로축은 당도의 정도를 측정한다. 오렌지주스는 그림에서 보듯이 오렌지와 당도 함유량의 조합으로 차별화되어 1, 2, 3, 4, 5, 6의 여섯 가지 브랜드가 있다. 소비자들은 제품특성공간에서 위치에 대한 선호를 갖고 있고 오렌지와 당도의 함유량에 따른 브랜드선호도 갖고 있다면, 소비자선택은 위치와 제품차별화에 따른 선호가 결합되어 결정된다. 위치선호 측면에서 가장 선호되는 브랜드는 자기 위치와 가장 가

그림 6-7

Hotelling의 로케이션 모형
(가격은 고정, 위치선정은 내생변수인 경우)

단위길이가 1로 표준화된 거리에 동일 제품을 판매하는 기업 1과 2가 위치선정 경쟁을 하고 있다. 위에 있는 그림처럼 기업 1이 0.25, 기업 2가 0.75에서 위치를 선정하는 것은 내쉬 균형이 아니다. 왜냐하면 고객수를 증가시키기 위해 기업 1이 기업 2의 바로 왼쪽으로 움직일 수 있고, 동일하게 기업 2도 이동한 기업 1의 왼쪽으로 이동할 수 있기 때문에 균형이 되지 않는다. 아래에 있는 그림처럼 두 기업이 등을 맞대고 거리의 중앙에 위치하는 것이 내쉬 균형이다.

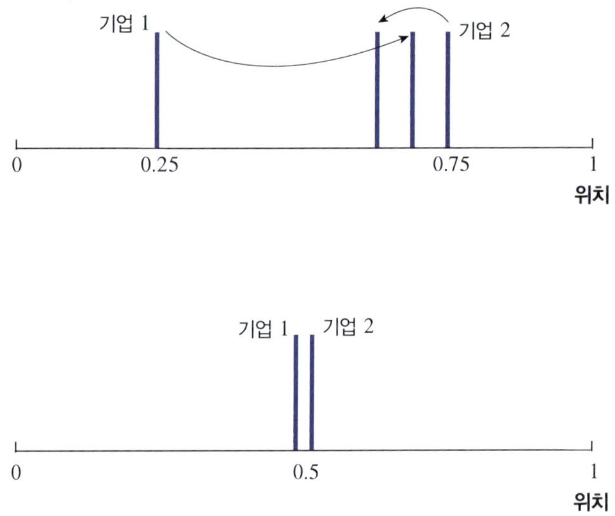

까이에 있는 것이고, 보다 멀리 떨어져 있을수록 선호되지 않을 것이다. 브랜드 선호 측면에서 소비자에게 이상적인 브랜드가 있는 경우 이에 근접한 특성을 가진 브랜드를 그렇지 못한 브랜드보다 선호할 것이다. 만약 모든 브랜드가 동일한 가격을 책정한다면, 소비자는 위치 및 제품 특성을 동시에 고려해 소비자만족(효용)을 가장 크게 만들어주는 브랜드를 선택할 것이다.

Hotelling은 두 기업의 가격이 동일하고 외생적으로 주어졌을 때 두 기업의 위치선정이 어떻게 이루어지는지 분석했다.

Hotelling은 두 기업의 가격이 동일하고 외생적으로 주어졌을 때 두 기업의 위치선정이 어떻게 이루어지는지 분석했다. 그러나 Hotelling의 모형은 가격과 위치선정이 모두 내생적일 경우에도 모형을 변형해 설명할 수 있다. 물론 위치선정이 고정되어 있고, 가격이 변할 때에도 Hotelling의 모형을 이용해 설명할 수 있다. 가격이 외생적으로 주어지고 위치선정이 내생변수인 경우를 생각해 보자.

〈그림 6-7〉을 살펴보자. 가격은 외생적으로 주어져 있고, 생산비는 편의상 0이라고 하자. 두 기업 1과 2는 이윤을 극대화하기 위해 위치선정 경쟁을 한다. 각 기업의 이윤은 고객수의 선형함수이다. 편의상 어떤 거리가 1의 단위길이를 갖고 있다고 표준화하자. 거리의 맨 왼쪽은 0이라 하고, 맨 오른쪽은 1이

라 하자. 소비자들은 이 거리에서 고르게 분포되어 있다. 동일한 제품을 공급하는 2개의 기업이 이 거리의 소비자들에게 제품을 판매하기 위해 위치를 선정한다고 하면 어디에 자리를 잡아야 할까?

예를 들어 기업 1은 0.25에서, 기업 2는 0.75에서 위치를 선정한다고 하자. 기업 1은 [0, 0.5]에 있는 소비자들을 기업 2는 [0.5, 1]에 있는 소비자들을 고객으로 할 수 있다. 그러나 이러한 위치선정은 **내쉬 균형**(Nash Equilibrium)[10]이 아니다. 〈그림 6-7〉의 위에 있는 그림처럼 만약 기업 1이 기업 2의 위치를 0.75에서 고정된 것으로 간주해 기업 1이 기업 2의 바로 왼쪽인, 예를 들어 0.7499로 위치를 옮기면 기업 1은 0과 0.74995 사이에 있는 모든 소비자들을 고객으로 만들 수 있다. 이에 따라 기업 2는 0.74995와 1 사이에 있는 소비자들만을 고객으로 만들 수 있기 때문에 고객수가 크게 감소한다. 그러나 이러한 상황도 내쉬 균형은 아니다. 기업 2 역시 기업 1의 위치가 0.7499로 고정되어 있다고 생각되면 기업 1의 바로 왼쪽인 0.7498로 위치를 변경시킬 수 있다. 이에 따라 기업 2의 고객은 [0, 0.74985]의 모든 소비자들이 되지만, 기업 1의 고객은 [0.74985, 1]의 모든 소비자들로 크게 감소한다. 그렇다면 두 기업의 이러한 위치변경은 계속될 것인가? 두 기업이 등을 맞대고(back-to-back) 거리의 중앙에 위치하게 되면 균형에 이를 수 있다. 두 기업 모두 0.5의 고객을 갖게 되며, 어느 기업이 위치를 변경한다고 하더라도 고객수를 증가시킬 수 없고 오히려 감소시키기 때문에 〈그림 6-7〉의 아래에 있는 그림처럼 두 기업이 거리 중앙에 위치하는 것이 내쉬 균형이 된다.

2개의 기업이 있는 경우 두 기업이 중앙에 위치하는 것이 내쉬 균형이라 하였다. 이러한 균형이 과연 현실적이라고 할 수 있을까?

기업이 3개 이상인 경우 기업들이 중앙에 위치하는 것은 일반적인 경우 더 이상 내쉬 균형이 아니다. 그러나 이러한 경우라 할지라도 동종 기업들이 동일한 위치에 함께 몰려 있는 경우를 실생활에서 종종 발견할 수 있다.

예를 들어 보자. 가구점의 경우 몰려 있는 경우가 많다. 시내에 있는 포장마차를 생각해 보자. 하나 있는 경우도 많지만 몰려 있는 경우도 종종 볼 수 있

10. 동시적 의사결정 상황에서 의사결정자들이 최선의 의사결정을 하는 상황이 내쉬 균형이다. 이에 관하여는 제8장에서 상세히 설명된다.

그림 6-8

Salop의 서클 모형

소비자들은 길이가 1로 표준화된 원주 위에 균일하게 분포되어 있다. 기업 입장에서 경쟁기업과 가능한 한 멀리 떨어져 있어야 가장 많은 고객들을 확보할 수 있다. 기업들의 수가 N이면 기업들 간 최적거리는 $\frac{1}{N}$이 된다. 그림처럼 4개의 기업이 있다면 기업들 간 최적거리는 $\frac{1}{4}$이다.

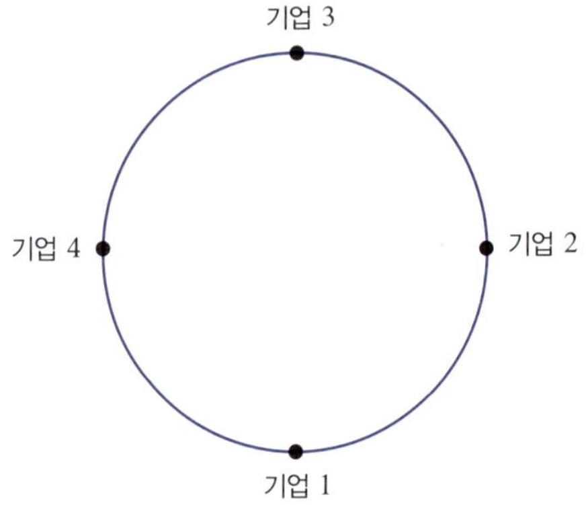

다. 옷을 파는 경우도 대부분 옷가게들이 함께 있는 경우가 많다. 학원의 경우도 밀집되어 있는 것이 보통이다. 서울의 대치동 학원가나 중계동 학원가가 그 예이다. 최근에 치의학전문대학원, 법학전문대학원이 생기면서 강남역 부근에 전문학원가가 형성되고 있는데, 이 또한 예로 들 수 있다. 신림동 고시촌이 형성된 것도 비슷한 맥락에서 생각해 볼 수 있을 것이다.

3) Salop의 서클 모형

Salop 모형에서 원주의 길이를 1이라고 표준화하면 기업들의 수가 N일 경우 기업들 간 최적거리는 $\frac{1}{N}$이다.

Salop(1979)**의 서클 모형**(circle model)은 기업과 소비자들이 원주 위에 위치하기 때문에 Hotelling 모형의 변형이라 할 수 있다. Hotelling 모형에서는 양끝점인 0과 1이 있지만, Salop 모형은 원주를 기본으로 하기 때문에 양끝점이 존재하지 않는다. Hotelling 모형에서 생산비는 0이라고 가정했지만, Salop 모형에서 생산비는 더 이상 0이 아니다. 생산비는 고정비용과 가변비용의 합으로 구성된다. 소비자들은 원주 위에 균일하게 분포되어 있다. 기업 입장에서 경쟁기업과 가능한 한 멀리 떨어져 있어야 가장 많은 고객들을 확보할 수 있다. 원주의 길이를 1이라고 표준화하면 기업들의 수가 N일 경우 기업들 간 최적거리는 $\frac{1}{N}$이 된다. 만약 〈그림 6-8〉처럼 4개의 기업이 있다면 기업들 간 거리는 $\frac{1}{4}$이 최적이 된다.

Salop 모형에서 교통비를 고려할 수 있다. 지리적 위치선정이나 제품특성 공간의 경쟁에서 d는 거리를 나타내고, s는 기업들 간 소비자대체율을 의미한다고 할 때 효용손실은 sd^2로 표현할 수 있다. 즉, 거리가 짧더라도 소비사대체율이 높으면 효용손실은 커질 수 있다. 한 단위의 제품을 소비할 때 소비자가 얻는 효용의 크기를 1로 표준화하자. 만약 기업들 간 떨어져 있는 거리가 동일하면 N개의 기업이 있다고 할 때 소비자가 가야 하는 최대 거리는 $\frac{1}{2N}$이다. 가장 멀리 떨어져 있는 소비자기 제품을 사거나 사지 않거나 동일한 만족을 얻는, 즉 무차별한 가격을 P^I라 한다면 $P^I = 1 - \frac{s}{(2N)^2}$로 나타낼 수 있다.[11] 만약 시장에 3개의 기업이 있다고 하고, 이들 기업이 동일한 P^I를 책정한다면 3기업 각각 $\frac{1}{3}$의 수요량을 갖게 된다.[12]

시장에 3개의 기업, 기업 1, 기업 2, 기업 3이 있다고 하자. 처음에는 기업 1, 2, 3 모두 P^I의 가격을 책정했지만, 지금은 기업 1이 가격을 올릴지 내릴지 숙고한다고 하자. 〈그림 6-9〉에서 보듯이 만약 기업 1이 P^I보다 높은 가격을 책정하면 다른 기업들이 기업 1의 고객을 자기 고객으로 만들기 위해 가격을 같이 올리지 않는 경우 P^I보다 높은 가격 하에서 기업 1이 직면하는 수요곡선은 기업 1에 충실한 고객들만이 남기 때문에 독점적 성격을 갖는다. 따라서 P^I보다 높은 가격 하에 있는 수요곡선의 영역은 독점영역이라 할 수 있다. 반면에 기업 1이 P^I보다 낮은 가격을 책정하면 다른 기업들은 고객들을 빼앗기기 때문에 가격을 같이 내릴 가능성이 크다. 이에 따라 P^I보다 낮은 가격 하에서 기업 1이 직면하는 수요곡선은 다른 기업들과 경쟁하기 때문에 경쟁적 성격을 갖는다. 따라서 P^I보다 낮은 가격 하에 있는 수요곡선의 영역은 경쟁영역이라 할 수 있다. 경쟁영역에서 기업 1이 가격을 내리면 기업 2와 기업 3의 고객들을 새로이 고객으로 확보할 수 있다. 반면에 독점영역에서 기업 1이 가격을 올리면 고객들은

---

11. 소비자의 효용손실은 sd^2라고 하였다. 따라서 가장 멀리 떨어져 있는 소비자가 지불해야 하는 효용손실은 $\frac{s}{(2N)^2}$로 나타낼 수 있다. 한 단위의 제품을 소비할 때 소비자가 얻는 효용의 크기는 1로 표준화했으므로 이 소비자가 얻게 되는 순효용의 크기는 $1 - \frac{s}{(2N)^2}$가 된다. 만약 기업이 이와 동일한 가격 P^I를 책정한다면 이 소비자는 $P^I = 1 - \frac{s}{(2N)^2}$이 되는 가격 P^I에서 제품을 사거나 사지 않거나 동일한 만족을 얻게 된다.

12. 만약 시장에 N개의 기업이 있다고 하고, 이들 기업이 동일한 P^I를 책정한다면 N개의 기업은 각각 $\frac{1}{N}$의 수요량을 갖게 된다. 2개 및 4개의 기업이 있을 때 수요량은 어떻게 될까? 독자들이 스스로 원을 그려 보면서 풀이보기 바란다.

그림 6-9

Salop의 서클 모형에서 수요곡선

기업 1이 P^I보다 높은 가격을 책정하면 다른 기업들이 기업 1의 고객을 자기 고객으로 만들기 위해 가격을 같이 올리지 않는 경우 P^I보다 높은 가격의 수요곡선 영역은 기업 1에 충실한 고객들만이 남기 때문에 독점적 성격을 갖고, 이 영역을 독점영역이라고 한다.

반면에 기업 1이 P^I보다 낮은 가격을 책정하면 다른 기업들은 고객들을 빼앗기기 때문에 가격을 같이 내릴 가능성이 크다. 이에 따라 P^I보다 낮은 가격의 수요곡선 영역은 다른 기업들과 경쟁하기 때문에 경쟁적 성격을 갖고, 이 영역을 경쟁영역이라고 한다.

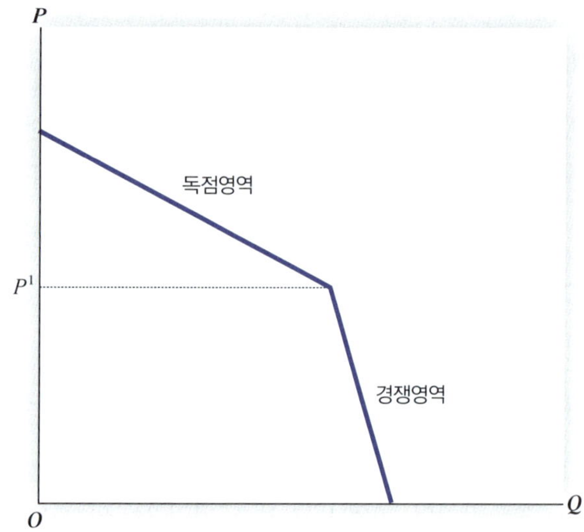

기업 1로부터 여전히 구매하거나, 기업 2나 기업 3으로 구매처를 전환하거나, 시장을 떠나게 된다.

만약 3개의 기업이 있는 시장에 새로운 기업, 기업 4가 진입하면 〈그림 6-9〉의 수요곡선은 어떻게 될까? 기존 기업들이 비용부담 없이 다시 위치를 선정할 수 있다고 하면 기업들은 서로 $\frac{1}{4}$씩 떨어져 있게 된다. 각 기업들의 수요량은 $\frac{1}{3}$에서 $\frac{1}{4}$로 감소하게 된다. 앞에서 소비자가 제품을 사거나 사지 않거나 동일한 만족을 얻는, 무차별한 가격은 P^I이고, $P^I = 1 - \frac{s}{(2N)^2}$로 나타낼 수 있다고 하였다. 이에 따라 기업 수가 증가하면 P^I도 상승한다. 기업 수의 증가로 각 기업의 수요량은 감소하고 새로운 P^I는 상승하므로, 기업 1이 직면하는 수요곡선은 〈그림 6-9〉의 수요곡선이 왼쪽 및 상방 이동하게 될 것이다.

생각해 봅시다

1. 우리 주변에 있는 독점적 경쟁시장을 살펴보고, 단기균형 및 장기균형에 대해 설명하라.
2. 독점적 경쟁시장이 독점시장 및 완전경쟁시장과 어떤 차이점이나 유사점을 갖고 있는지 설명하라.
3. 독점적 경쟁시장에서 경영능력이 뛰어난 경영자가 어떤 기업에 있다고 하더라도 장기에 결국 경제학적 이윤이 0이 된다는 것은 어떤 의미인지 설명하라.
4. 제품차별화가 기업의 잔여수요곡선에 미치는 영향을 설명해 보라.
5. 수직적 제품차별화와 수평적 제품차별화를 실제 생활에서 찾아보고, 이를 구분해 설명하라.
6. 자연적 제품차별화와 전략적 제품차별화를 실제 생활에서 찾아보고, 이를 구분해 설명하라.
7. 제품차별화를 설명하는 로케이션 모형 가운데 Lancaster 모형, Hotelling 모형과 Salop 모형을 각각 설명하라.
8. 본문에서 설명한 것 외에 실제 경제생활에서 발견할 수 있는 기업들의 지리적 위치선정이나 제품특성공간의 경쟁을 설명해 보라.

중요 용어

독점적 경쟁시장	제품차별화	수직적 제품차별화
수평적 제품차별화	자연적 제품차별화	전략적 제품차별화
로케이션 모형	Lancaster 모형	Hotelling 모형
Salop 모형		

참고문헌

1. Carlton, Dennis W. and Jeffrey M. Perloff, *Modern Industrial Organization*, 4th ed., (Pearson, 2015).
2. Dixit, A. K. and Stiglitz, J. E.(1977), "Monopolistic competition and optimum product diversity," *American Economic Review*, 67, 297–308.
3. Hotelling, H.(1929), "Stability in Competition," *Economic Journal*, 39, 41–57.
4. Lancaster, K.(1966), "A New Approach to Consumer Theory," *Journal of*

Political Economy, 74, 132–157.

5. Lipczynski, John, John Wilson, and John Goddard, *Industrial Organization: Competition, Strategy and Policy*, 5th ed., (England: Pearson Education Limited, 2017).
6. Salop, S.(1979), "Monopolistic Competition with Outside Goods," *Bell Journal of Economics*, 10, 141–156.
7. Schwarz, B., *The Paradox of Choice: Why More is Less*, (New York, N. Y.: Harper Collins, 2004).
8. Robert Shiller, *Narrative Economics: How Stories Go Viral and Drive Major Economic Events*, Princeton University Press, 2019.
9. Thomas, Christopher R. and S. Charles Maurice, *Managerial Economics: Foundations of Business Analysis and Strategy*, 13th ed. (New York, N. Y.: McGraw Hill, 2020).

Chapter

07 과점시장의 경제적 의미

08 과점시장의 기업행태

과점시장

Industrial Organization
Part Five

5

07 과점시장의 경제적 의미

Chapter Seven

1. 과점시장이란? / 2. 동질적 제품의 과점시장 / 3. 차별화된 제품의 과점시장

1. 과점시장이란?

과점시장은 소수의 기업들이 시장을 점유하는 형태이다. 이에 따라 의사결정에서 상호의존성이 높다.

과점시장은 소수의 기업들이 시장을 점유하는 형태이다. 이에 따라 의사결정에서 상호의존성이 높다. 과점시장 내 기업들의 상호의존성이나 전략적 행태는 시장상황을 복잡하게 만들 가능성이 높고, 불확실성도 증가시킨다. 이러한 상황 하에서 여러분이 기업의 경영자라면 어떻게 해야 할까? 유감스럽게도 황금률은 존재하지 않는다. 그때그때의 시장상황에 따라 기업들의 대응이 달라질 수 있기 때문이다. 이러한 과점시장의 상호의존성과 불확실성에서 게임이론이 발달되었고, 이는 장을 달리 하여 자세하게 살펴볼 것이다.

이 장에서는 과점시장에서 기업들의 행태를 분석하기 위해 단순한 모형을 통해 설명한다. 현실의 과점시장은 단순한 모형들보다 훨씬 더 복잡하게 전개된다. 과점시장은 기업들이 소수이기 때문에 경쟁이 오히려 치열하다. 따라서 기업들은 경쟁의 정도를 약화시킬 수 있는 담합을 끊임없이 노골적으로, 또는 몰래 모색하게 된다. 각국 정부당국은 이러한 담합을 원칙적으로 금하고 있다.

〈사례연구 7-1〉은 SK텔레콤 · KT · LG유플러스 등 이동통신 3사가 휴대전화 할부수수료를 담합한 혐의로 공정거래위원회의 조사를 받았다는 사례이다. 실제 단말기 할부금리는 지난 2009년 SK텔레콤이 연 5.9%로 책정한 이후 2021년 3월 현재 이동통신 3사의 할부금리는 연 5.9%로 같다.

사례연구 7-1 휴대폰 할부수수료 담합

공정위, 이동통신 3사 조사 착수

SK텔레콤·KT·LG유플러스 등 이동통신 3사가 휴대전화 할부수수료 담합 혐의로 공정거래위원회의 조사를 받는다.

2021년 3월 11일 이동통신 업계 등에 따르면 공정위는 이번 주부터 이통 3사 본사를 찾아 현장 조사를 벌였다. 이통 3사 모두 휴대전화 단말기 할부수수료를 연 5.9%로 책정한 것이 담합일 수 있다는 지적이 나와서다.

공정위는 이전부터 해당 기업 관련 민원 등을 통해 이통 3사의 수수료 문제를 들여다보고 있었다. 과거 국회 국정감사 등에서도 이통사가 통신요금과 단말기 할부금 외에 거두는 수수료가 과도하다는 지적이 나왔다.

실제 단말기 할부금리는 지난 2009년 SK텔레콤이 연 5.9%로 도입한 뒤 LG유플러스가 2012년부터 같은 금리를 적용했다. KT는 2012년 연 5.7%에서 2015년 연 6.1%로 올렸다가 2017년 연 5.9%로 조정했다. 이후 지금까지 이통 3사의 할부금리는 연 5.9%로 같다.

업계는 통신사의 할부수수료가 경쟁 과정에서 동일한 수준으로 맞춰졌다는 입장이다. 업계 관계자는 "어느 한 통신사만 수수료가 비싸면 소비자 등의 지적을 받을 수 있기 때문에 같은 수준으로 자연스럽게 조정된 것"이라며 "서로 입을 맞춰 담합한 것이라고 볼 수 없다"고 주장했다.

출처 : 중앙일보(2021. 3. 11)

〈사례연구 7-2〉는 현대제철 등 7개 제강사의 상습담합에 대하여 과징금 총 3천억 8,300만원을 부과하고, 이를 내부고발한 신고자에게 포상금 20억 5,000만원을 지급한다는 사례이다. 이 사례의 경우 과징금 총 3천억 8,300만원이 상당한 금액이기는 하지만, 상습담합이 이루어지는 것은 담합에서 얻는 이득보다 일반적으로 과징금이 훨씬 적기 때문이다. 따라서 상습담합의 증거를 찾는 것은 쉽지 않기 때문에 내부고발자의 신고포상제를 두고 있다. 이 제보자는 포상금 20억 5,000만원을 받게 된다. 이 사례에서도 관련 구매팀장들은 모임을 예약할 때 '오자룡', '마동탁' 등 가명을 쓰고, 회사 상급자에게도 알리지 않고 비공개로 진행하고, 현금만 쓰는 등 내부사정을 알지 못하는 한 담합을 위한 모임을 알 수 없었다.

사례연구 7-2 3천억원 담합 과징금 이끈 제보자 20억 5,000만원 포상금 받는다

현대제철 등 7개 제강사의 고철 구입가격 담합을 신고한 공익 제보자가 20억 5,000만원의 포상금을 받게 됐다. 2021년 2월 19일 공정거래위원회에 따르면 제강사 고철가격 담합 사건을 알린 신고자에 포상금 20억 5,000만원이 지급될 예정이다.

공정위는 은밀히 이뤄지는 담합을 적발하기 위해 내부 고발을 한 경우 심의위원회 논의를 거쳐 해당 제보자에 포상금을 지급하고 있다. 이번 담합 사건도 내부 고발로 조사가 시작된 것으로 알려졌다.

공정위는 기본적으로 과징금 기준 50억원까지는 10%, 50억원 초과 200억원 이하 구간에서는 5%, 200억원을 넘는 구간에서는 과징금의 5%를 포상금 지급 기본액으로 두고 있다. 다만 이 돈을 모두 포상하는 것은 아니고 제보자가 제출한 증거를 최상, 상, 중, 하 4단계로 구분해 지급 기본액에서 일정 금액을 포상한다.

공정위는 최근 현대제철, 동국제강, 대한제강, 와이케이스틸, 한국제강, 한국철강, 한국특수형강의 고철 구매 기준가격 담합을 적발해 과징금 총 3천억 8,300만원을 부과하고 시정명령을 내렸다. 공정위가 내린 과징금 가운데 4번째로 큰 규모다. 공정위는 또 현대제철, 야마토코리아홀딩스, 한국철강, 대한제강 4곳은 검찰에 고발했다.

공정위는 조사 결과 이들 7개사가 2010~2018년 철근의 원료가 되는 '철스크랩'(고철) 구매 기준가격의 변동 폭과 그 시기를 합의하고 이를 실행했다고 설명했다.

이 담합은 현대제철 주도로 공장 소재지에 따라 영남권과 경인권에서 이뤄졌는데, 7개사가 모두 참여한 영남권과 달리 고철 초과 수요가 적은 경인권에서는 현대제철과 동국제강만 참여했다.

공정위에 따르면 영남권에서 7개사는 2010년 6월부터 2016년 4월까지 고철 구매팀장 모임을 총 120회(월평균 1.7회) 하면서 고철 구매 기준가격을 kg당 5원씩 내리자고 하는 등 변동 폭과 조정 시기를 합의했다.

구매팀장들은 모임 예약 시 '오자룡', '마동탁' 등 가명을 쓰고 회사 상급자에게도 비공개로 진행하며, 법인카드 사용을 금지하고 현금만 쓰는 등 보안에도 각별히 유의했다고 공정위는 밝혔다.

출처 : 한국경제신문(2021. 2. 19) ⓒ 한경닷컴

〈사례연구 7-3〉은 상습담합이 제조사에 납품하는 부품회사들 간에도 만연된 사례를 보여준다. 화승알앤에이(화승)와 디알비동일(동일) 등 4개사는 국내에서 외부 소음이나 빗물 등이 자동차 안으로 들어오는 것을 막는 고무 제품의 시장점유율 약 100%를 차지하고 있다. 이들은 현대자동차 및 기아자동차를 상대로 2007년부터 2018년까지 12년 동안 담합을 통해 낙찰 예정자와 투찰가격을 미리 짜고 부당이득을 얻은 것으로 나타났다. 이러한 중간재 공급업체 간 담합은 최종 생산재의 경쟁력을 약화시키고, 결국 소비자가 그 가격을 부담하게 된다.

사례연구 7-3 간도 큰 차부품사들 담합 … 현대차 · 기아에 12년간 비싸게 팔았다

현대자동차 · 기아를 상대로 12년 동안 담합을 통해 부당이득을 챙긴 자동차부품 업체 4곳에 대해 공정거래위원회가 824억원의 과징금 철퇴를 내렸다. 화승알앤에이(이하 화승)와 디알비동일(이하 동일), 아이아, 유일고무(이하 유일) 등 국내에서 해당 부품 시장점유율 약 100%를 차지하고 있는 이들 4개사는 낙찰 예정자와 투찰가격을 미리 짜고 별다른 경쟁 없이 장기간 물량을 쓸어담아 온 것으로 나타났다.

2021년 3월 24일 공정위는 화승, 동일, 아이아, 유일 등 4개 부품 제조사에 대해 시정명령과 과징금 824억 3,900만원을 부과하기로 했다고 밝혔다. 담합을 주도한 화승과 동일에는 각각 315억 5,700만원, 423억 9,900만원이 부과됐다. 아이아와 유일에는 각각 과징금 45억 6,200만원, 39억 2,100만원이 내려졌다.

공정위에 따르면 이들은 현대차 · 기아가 2007년부터 2018년까지 12년간 실시한 자동차부품 구매 입찰 총 99건에서 담합해 81건의 계약을 따냈다. 담합 대상이 된 부품은 자동차 글라스런과 웨더스트립이었다. 외부 소음이나 빗물 등이 자동차 안으로 들어오는 것을 막는 고무 제품이다. 글라스런은 유리창, 웨더스트립은 차문과 차체에 각각 장착한다.

이들의 담합에는 몇 가지 원칙

이들의 담합에는 몇 가지 원칙이 있었다. 우선 현대차 · 기아가 기존 차종의 새로운 모델을 개발하는 경우에는 기존 모델에 부품을 납품하던 업체가 물량을 따낼 수 있게 밀어줬다. 예를 들어 현대차가 그랜저HG의 차세대 모델인 그랜저IG를 개발했을 때는 그랜저HG 모델에 글라스런을 납품하던 동일을 그랜저IG 부품 입찰의 낙찰 예정자로 결정했다. 이와 비슷하게 기아가 K5의 JF 모델을 새로 개발하자 역시 기존 모델이던 K5 TF의 웨더스트립을 납품하던 화승을 낙찰 예정자로 낙점했다.

반대로 기존에 없던 새로운 차종이 개발되거나 매출 감소 · 공장 가동률 저하 등으로 어려움을 겪는 사업자가 발생했을 때는 별도 합의를 통해 낙찰 예정자를 결정했다. 예를 들어 현대차가 스포츠유틸리티차량(SUV)인 팰리세이드를 개발했을 때는 화승이, 기아가 셀토스를 선보였을 때는 아이아가 각각 부품 일감을 가져갔다.

이들 4개사는 투찰가격은 물론 낙찰 여부를 가르는 데 중요한 요소인 할인 옵션까지 모두 사전에 합의했다. 현대차 · 기아의 글라스런과 웨더스트립 구매 입찰에서는 사업자들이 납품 개시 2년차부터 적용할 할인율을 적어내야 한다. 2년차부터 향후 3년간 전년 대비 부품값을 할인하는 비율인데, 할인율이 낮을수록 납품업체 이윤은 늘어나게 된다. 이들은 사전 합의를 통해 정상적인 경쟁 상태보다 낮은 할인율을 유지하는 방식으로 자신들의 이익을 챙겼다.

공정위에 따르면 2006년 현대차 · 기아 관련 부품 시장에서 경쟁이 심해지면서 담합이 촉발된 것으로 나타났다. 당시 업계 1위였던 화승은 시장점유율이 전년 대비 6%포인트 감소한 48.8%로 내려앉았고, 업계 2위였던 동일은 4.3%포인트 늘어난 점유율 35.4%를 기록하며 화승을 바짝 추격하는 상황이었다. 이에 화승이 경쟁을 회피하기 위해 담합을 제안했고, 동일이 받아들이면서 2007년부터 2개사의 답합 체제가 시작됐다.

1 · 2위 사업자 간 담합에도 불구하고 2010년 이후 업계 3위 아이아, 4위 유일의 저가 투찰로 가격 경쟁이 심해지자 화승 · 동일은 이들도 담합에 끌어들였다. 이들 4개사의 시장점유율은 사실상 100%에 가깝다.

공정위는 앞으로도 산업경쟁력을 저해하는 중간재 시장의 담합 감시를 강화할 방침이다. 공정위 카르텔조사 과장은 "자동차부품 업계에 경종을 울리는 한편 전체 자동차산업의 경쟁력 강화에도 기여할 것으로 기대한다"고 말했다.

출처 : 매일경제신문(2021. 3. 24) ⓒ 매일경제 & mk.co.kr

위의 담합 사례들을 볼 때 기업 입장에서 담합 유인이 강하기 때문에 역설적으로 그것을 적발하기가 쉽지 않다. 더욱이 정보통신기술의 발달로 인한 디지털경제의 시대에서는 새로운 담합 등이 암묵적으로 이루어질 가능성이 크다. 온라인 플랫폼 및 알고리즘 담합 문제 등은 새로운 접근방법이 필요할 수 있다. '알고리즘 담합' 또는 소위 '디지털 카르텔' 은 빅데이터 · AI로 가격 설정 알고리즘을 통해 반경쟁적인 가격 설정을 하는 것을 의미한다.

박양신 · 신위뢰(2020)에 따르면, "빅데이터와 인공지능(AI) 기술의 발달로 경쟁기업과 직접적인 의사교환 없이 동조적 행위를 할 수 있는 알고리즘 담합은 소비자 후생을 악화시킬 가능성이 높다". 이들은 거대 플랫폼 기업에 의한 시장지배적 지위의 남용의 경우에는 경쟁당국의 적극적인 규제가 필요하다고 주장하고 있다. 사실 알고리즘 담합의 경우 기존 사례와 달리 기업 간 커뮤니케이션이 존재하지 않기 때문에 기존 규제로 제재하기 어렵다. 이들은 '알고리즘 담합' 을 막기 위해 리니언시(자진신고자 처벌 면제 · 감면) 제도를 활용할 필요가 있다는 것을 지적하고 있다. 아울러 빅데이터 · AI 관련 시장을 사전적으로 모니터링하고, 담합 의심 사례 관련 데이터를 축적하여 활용할 필요가 있다고 주장하고 있다.[1]

2. 동질적 제품의 과점시장

2.1 꾸르노 모형

꾸르노 모형(Counot Model)에서는 분석을 단순화하기 위해 몇 가지 가정을 한다. 시장 안에 동일한 규모를 갖고 있는 2개의 기업만이 존재한다. 기업들은 산출량만을 결정한다. 개별기업(기업 1)은 다른 기업(기업 2)의 산출량을 주어진 것으로 간주하고 수익을 극대화하기 위해 자신의 최적 산출량을 결정한다고 가

1. 박양신 · 신위뢰(2020)를 참조 바람.

그림 7-1

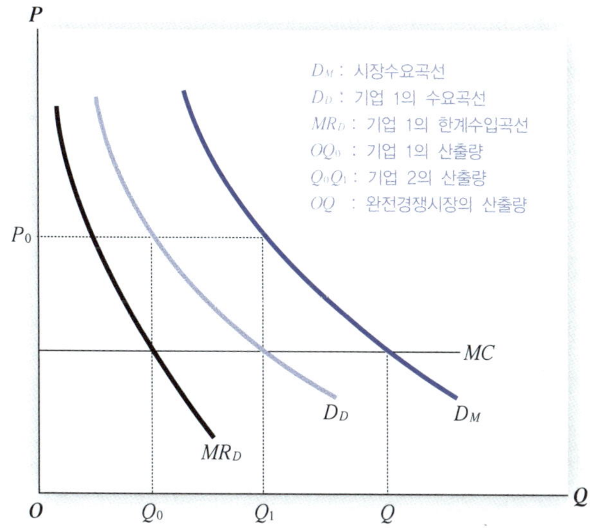

꾸르노 경쟁 : 복점의 경우

기업 1은 기업 2의 산출량을 주어진 것으로 간주하고 수익을 극대화하기 위해 자신의 최적 산출량을 결정한다. 기업 2의 산출량 수준을 Q_0Q_1이라 하면 기업 1의 잔여수요곡선은 시장수요곡선 D_M에서 Q_0Q_1을 차감한 D_D가 된다. $MR_D = MC$에서 이윤이 극대화되므로 기업 1의 산출량 수준은 OQ_0이다. 시장 전체의 산출량은 $OQ_0 + Q_0Q_1 = OQ_1$이다. 이는 $D_M = MC$에서 결정되는 완전경쟁시장의 산출량 Q의 $\frac{2}{3}$에 해당한다. 두 기업이 동일한 규모이기 때문에 각 기업은 $\frac{1}{3}Q$씩 생산한다.
($\because Q_0Q_1 = Q_1Q,\ OQ_0 = Q_0Q_1$)

정하자. 기업 2의 산출량 수준을 Q_0Q_1이라고 하면 기업 1은 잔여수요곡선(residual demand curve)을 갖게 된다.

〈그림 7-1〉에서 시장수요곡선을 D_M이라고 할 때, 기업 1의 잔여수요곡선은 시장수요곡선 D_M에서 기업 2의 산출량 수준 Q_0Q_1를 차감한 D_D가 된다. 한계수입곡선은 기업의 수요곡선에서 파생되므로 MR_D로 나타난다. 한계비용곡선이 MC로 일정해 $Q = Q_0$에서 MR_D와 교차한다면, 한계수입과 한계비용이 일치하는 곳에서 기업의 이윤이 극대가 되므로 기업 1이 선택하는 산출량 수준은 OQ_0가 된다. 따라서 시장 전체의 산출량은 기업 1의 산출량 OQ_0에 기업 2의 산출량 Q_0Q_1를 더한 OQ_1이 된다. 완전경쟁시장이라면 산출량은 MC와 D_M이 만나는 곳에서 결정된다. 즉, 〈그림 7-1〉에서 완전경쟁시장의 산출량은 Q가 된다. 꾸르노 모형은 두 기업이 동일한 규모이기 때문에 사실상 두 기업 1과 2가 각각 $\frac{1}{3}Q$씩 생산하게 되고, 시장산출량 수준은 완전경쟁의 $\frac{2}{3}$수준이 된다.[2]

2. 보다 자세한 내용은 Lipczynski, Wilson, and Goddard(2017), pp.120~123이나 Cournot(1838)를 참조 바람.

그림 7-2

시장수요와 기업 A의 잔여수요곡선(residual demand curve)

시장에 두 기업 A, B만 있고, 시장수요곡선이 D_M인 경우, D_M에서 기업 B의 산출량 Q_B만큼 차감한 수요곡선이 기업 A의 잔여수요곡선 D_A이다.

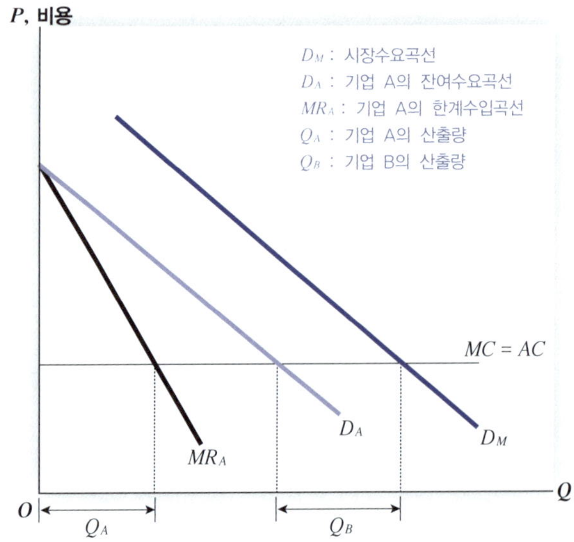

시장에 두 기업 A, B만 있고, 시장수요곡선이 D_M인 경우, D_M에서 기업 B의 산출량 Q_B만큼 차감한 수요곡선을 기업 A의 잔여수요곡선이라 한다.

이제 기업의 **잔여수요곡선**(residual demand curve)을 다시 생각해 보자. 시장 내에 두 기업 A와 B만 있다고 가정하자. 꾸르노 모형의 경우처럼 기업 B의 산출량 수준을 Q_B라고 하면, 시장수요곡선이 D_M이라고 할 때 기업 B의 산출량 Q_B만큼 시장수요곡선 D_M에서 차감한 수요곡선을 기업 A의 잔여수요곡선이라 하고 〈그림 7-2〉에서 D_A로 나타낼 수 있다.

기업 A의 반응곡선은 기업 B의 주어진 산출량 수준이 변함에 따라 기업 A가 선택하는 산출량 수준을 나타내는 점들을 연결한 것이다.

이러한 잔여수요곡선의 논리에서 기업의 **반응곡선**(reaction curve)을 도출할 수 있다. 기업 A의 반응곡선은 기업 B의 주어진 산출량 수준이 변함에 따라 기업 A가 선택하는 산출량 수준을 나타내는 점들을 연결한 것이다. 기업 B의 산출량 수준이 Q_B일 때, 기업 A의 산출량 수준을 Q_A라 하자. 기업 B의 산출량 수준이 변하면 이에 따라 기업 A의 산출량 수준도 변하게 된다. 〈그림 7-3〉에서와 같이 기업 A의 산출량 수준을 가로축, 기업 B의 산출량 수준을 세로축에 놓고, 이러한 점들을 연결하면 기업 A의 반응곡선 R_A를 얻을 수 있다. 기업 B의 경우도 마찬가지 논리에 의해 반응곡선을 구할 수 있는데, 이는 R_B로 나타나 있다. 두 기업의 반응곡선이 일치하는 곳에서 시장은 균형에 이르고, 이는 〈그림 7-3〉에서처럼 균형점 E로 나타난다. 균형점 E는 꾸르노 균형이다.

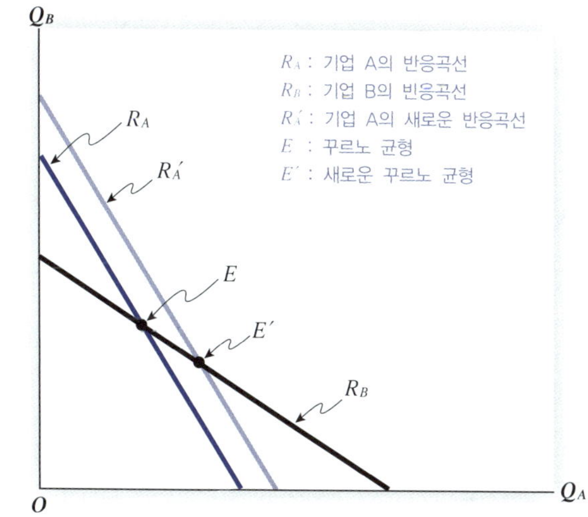

그림 **7-3**

두 기업의 반응곡선

기업 B의 산출량 수준이 Q_B일 때, 기업 A의 산출량 수준을 Q_A라 하자. 기업 B의 산출량 수준이 변하면 이에 따라 기업 A의 산출량 수준도 변한다. 이러한 점들을 연결하면 기업 A의 반응곡선 R_A를 얻는다. 동일한 논리로 기업 B의 반응곡선 R_B도 구할 수 있다. 두 기업의 반응곡선 R_A와 R_B가 일치하는 곳에서 시장은 균형에 이르고, 이는 균형점 E로 나타난다. 어떤 이유로 기업 A의 반응곡선 R_A가 오른쪽으로 이동해 R_A'이 되면 $R_A'=R_B$인 곳에서 새로운 균형점 E'을 얻는다.

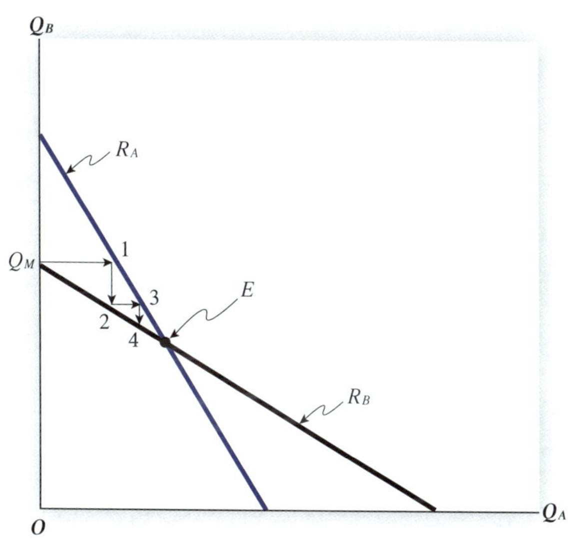

그림 **7-4**

균형점 *E*로의 수렴

만약 기업 B의 산출량 수준이 Q_M이면 기업 A는 이에 반응해 R_A 상의 점 1에서 산출량 수준을 결정하게 된다. 기업 B는 다시 기업 A의 산출량 수준에 반응해 R_B 상의 점 2에서 산출량 수준을 결정한다. 이에 따라 기업 A는 다시 점 3에서 산출량 수준을 결정하고 기업 B는 다시 점 4에서 산출량 수준을 결정하게 되어 결국 두 반응곡선 R_A와 R_B가 만나는 곳인 E점으로 수렴해 조정이 멈추게 된다.

〈그림 7-4〉는 이러한 균형으로 수렴할 수밖에 없는 상황을 보여주고 있다. 만약 기업 B의 산출량 수준이 Q_M이면 기업 A는 이에 반응해 반응곡선 R_A 상의 점 1에서 산출량 수준을 결정하게 된다. 기업 B는 다시 이러한 기업 A의

그림 **7-5**

기업 A의 *MC* 하락에 따른 새로운 산출량의 결정

기업 A가 생산비를 절감하는 새로운 생산방법을 채택할 수 있어 비용우위를 갖게 된 경우, MC_{OLD}는 MC_{NEW}로 하락하게 되어 생산비 하락 이전의 Q_A보다 많은 Q_A^{NEW}를 생산한다.

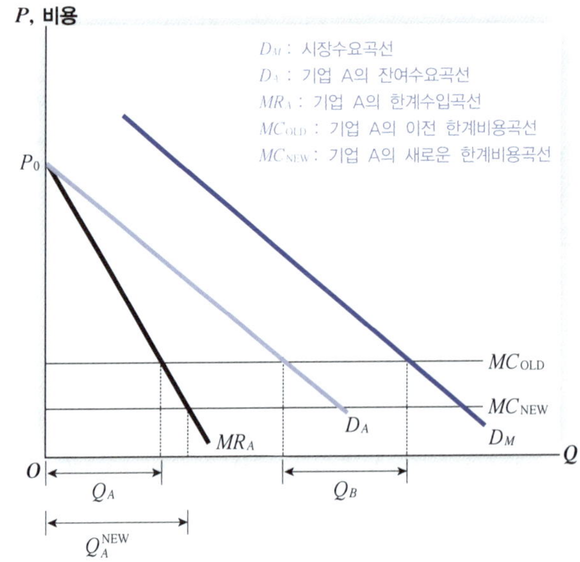

산출량 수준에 반응해 반응곡선 R_B 상의 점 2에서 산출량 수준을 결정한다. 이에 따라 기업 A는 다시 점 3에서 산출량 수준을 결정하고 기업 B는 다시 점 4에서 산출량 수준을 결정하게 되어 결국 두 반응곡선이 만나는 곳인 E점에서 조정이 멈추게 된다. 이러한 과정은 〈그림 7-4〉의 화살표에 의해 나타나고 있는데, 두 반응곡선이 일치하는 곳인 E점에서 균형을 이루게 된다.

기업 A가 생산비를 절감하는 새로운 생산방법을 채택할 수 있어 비용우위를 갖게 되었다고 하자. 이에 따라 기업 A의 한계비용곡선은 〈그림 7-5〉의 경우에서 보듯이 MC_{OLD}에서 MC_{NEW}로 하락하게 되어 생산비하락 이전의 Q_A보다 많은 Q_A^{NEW}를 생산하게 된다.

이에 따라 기업 A의 반응곡선은 오른쪽으로 이동한다. 이는 전보다 생산비용이 저렴해졌기 때문에 이윤을 극대화하기 위해 기업 A가 생산량을 늘리기 때문이다. 따라서 기업 A의 반응곡선은 〈그림 7-3〉의 경우에서처럼 R_A'이 되고, 이에 따라 새로운 균형점은 E'이 된다. 균형점 E'은 비용우위에 따라 기업 A의 산출량 수준이 늘어나고, 기업 B의 산출량 수준은 감소한다는 것을 보여준다.

그림 7-6

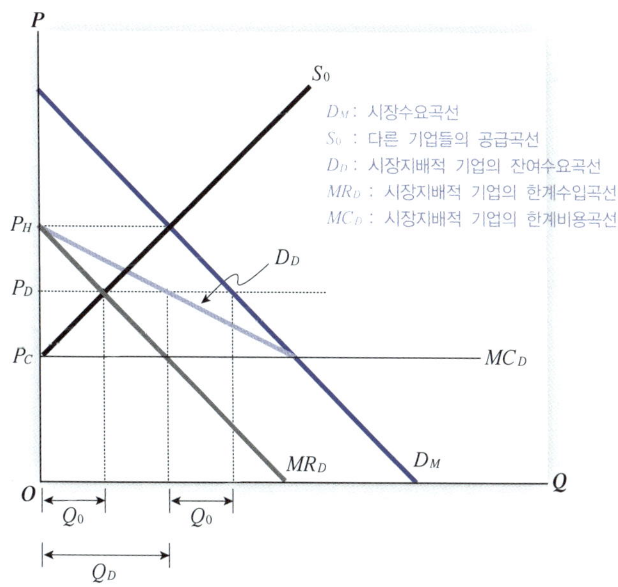

시장지배적 기업이 존재하는 경우의 시장

시장지배적 기업이 가격과 수량을 먼저 결정한 후 잔여기업들이 그 상황에 대응해 선택한 공급곡선을 S_0라고 하면, 시장수요곡선 D_M과 S_0 사이의 거리가 시장지배적 기업의 잔여수요곡선 D_D가 된다. 시장지배적 기업은 $MR_D = MC_D$인 곳에서 가격 P_D, 산출량 Q_D를 결정한다. 이 P_D의 가격 하에서 잔여기업들은 Q_0를 시장에 공급한다. 따라서 가격 P_D에서 총시장공급량은 $Q_D + Q_0$이다.

2.2 시장지배적 기업이 존재하는 경우의 시장

시장지배적 기업은 스스로의 이윤극대화 조건에 따라 시장가격과 산출량을 책정하고, 다른 모든 기업들은 소규모 기업들로서 나머지 수요를 갖게 된다.

시장에 지배적 기업이 존재하는 경우를 생각해 보자. 시장지배적 기업은 스스로의 이윤극대화 조건에 따라 시장가격과 산출량을 책정하고, 다른 모든 기업들은 소규모 기업들로서 나머지 수요를 갖게 된다. 〈그림 7-6〉에서 시장수요곡선은 D_M이다. 시장지배적 기업이 가격과 수량을 먼저 선택한 후 잔여기업들이 그 상황에 대응해 선택한 공급곡선을 S_0라고 하면, 시장수요곡선 D_M과 S_0 사이에 있는 거리가 시장지배적 기업의 잔여수요곡선이 된다. 이는 D_D로 나타나 있다. 가격이 P_C일 경우 시장지배적 기업이 시장의 수요량을 다 충족시킬 수 있지만, 시장지배적 기업이 가격을 책정하므로 가격은 시장지배적 기업의 한계수입과 한계비용이 일치하는 P_D에서 결정되고, 산출량은 Q_D가 된다. 따라서 잔여기업들은 이 가격 하에서 Q_0를 시장에 공급하게 된다. 이에 따라 가격 P_D에서 총시장공급량은 $Q_D + Q_0$이다.

그림 7-7

굴절수요곡선

과점시장에서 기업들은 상대기업들의 반응에 영향을 받는다. 만약 이 기업이 E점에서 가격을 인상할 때 다른 기업들은 인상하지 않으면 수요가 감소해 E점에서 ED_0의 수요곡선은 ED_1으로 왼쪽으로 회전한다. 반면에 이 기업이 E점에서 가격을 인하할 때는 고객들이 이 기업으로 집중될 것을 우려해 다른 기업들도 가격인하를 추종한다. 따라서 시장 전체의 가격이 하락하므로 시장점유율에는 변화가 없고, 수요곡선도 ED_0가 그대로 유지된다. 이렇게 E점에서 가격을 인상하느냐 하지 않느냐에 따라 수요곡선은 E점에서 굴절된 D_1ED_0가 된다. 이를 굴절수요곡선이라고 한다.

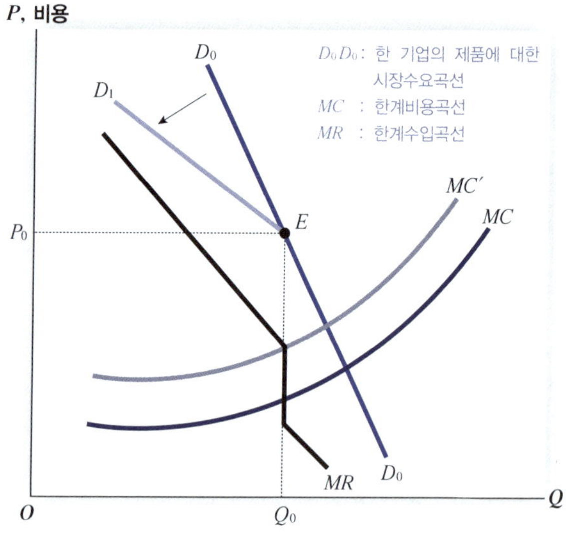

2.3 굴절수요곡선

과점시장에서 경쟁기업들의 가격결정이 경직성을 보이는 경우가 있을 수 있다. Shepherd(1992)에 따르면, "1950년대 및 1960년대 미국의 철강산업과 자동차산업의 가격은 뚜렷한 계단형(stairstep pattern) 추세를 보였다. 그 당시 매년 8월마다 모든 기업들이 일률적으로 가격을 인상했고 가격인상 후 1년간 가격을 변동시키지 않았다."[3]

〈그림 7-7〉을 살펴보자. D_0D_0는 한 기업의 제품에 대한 시장수요곡선이다. 이 곡선은 이 기업의 시장점유율을 반영하고 있다. 시장점유율이 더 높은 기업의 경우에는 수요곡선이 더 오른쪽에 위치할 것이다. 개별기업에 대한 이러한 수요곡선을 **비례수요곡선**(proportional demand curve)이라 한다.

과점시장에서 기업들은 상대기업들의 반응에 영향을 받는다. 수요곡선 상의 점 E를 생각해 보자. 만약 이 기업이 E점에서 가격을 인상하는데 다른 기업들이

3. Shepherd(1992), p.332를 참조 바람.

가격을 전혀 인상하지 않는다면 고객들을 많이 잃게 된다. 즉, 시장점유율이 감소하게 된다. 이 때문에 ED_0에서 ED_1으로 수요곡선이 왼쪽으로 회전한다. 반면에 E점에서 가격을 인하할 경우 다른 기업들도 가격인하한 이 기업에 고객들의 수요가 집중될 것을 우려해 가격인하를 추종할 가능성이 높다. 따라서 시장가격 전체가 하락하므로 개별기업의 시장점유율에는 변화가 없고, E점 아래의 ED_0는 그대로 유지된다. 〈그림 7-7〉은 이러한 수요곡선을 나타내는데, 이를 **굴절수요곡선**(kinked demand curve)이라 한다. 과점기업의 이윤극대화에 따라 $MR = MC$인 곳에서 E점이 균형점이 된다. 즉, 한계수입과 한계비용이 일치하는 곳에서 기업이윤이 극대화되며, E점에서 가격 P_0와 산출량 Q_0를 결정한다.

굴절수요곡선이 존재할 경우 생산비용의 변화가 있어도 생산량(Q_0)과 가격(P_0)은 일정하게 유지될 수 있다. 예를 들어 어떤 이유로 생산비가 상승해 한계비용곡선 MC가 MC'으로 상방이동하더라도 굴절수요곡선의 특성 때문에 이윤극대화 가격과 수량은 전과 동일하게 유지된다.

3. 차별화된 제품의 과점시장

3.1 제품차별화의 의미

제품이 차별화되어 있다는 것은 제품이 동질적이 아니라는 것이다. 각 기업들의 생산제품이 동질적이지 않기 때문에 개별기업 나름대로 고객들을 확보하고 있으며, 차별화의 정도가 높을수록 고객들의 제품에 대한 충성도(loyalty)가 강할 수 있다.

제품이 완전히 차별화되어 있는 경우, 이는 더 이상 한 시장으로 보기 어렵다. 즉, 동일한 시장으로 분석할 수 없다.

그림 7-8

Bertrand 경쟁의 반응곡선 Bertrand 모형에서 반응곡선은 가격변수에 의해 구성된다. Bertrand 모형에서 반응곡선은 왼쪽 그림 (a)처럼 보통 우상향한다. 왜냐하면 경쟁기업들이 책정하는 가격은 보통 같은 방향으로 움직이는 경향이 있기 때문이다. 만약 제품이 완전차별화되어 있다면 오른쪽 그림 (b)처럼 기업 B가 어떤 가격을 책정하는가에 관계없이 기업 A가 가격을 책정하므로 기업 A의 반응곡선은 수직선이 된다.

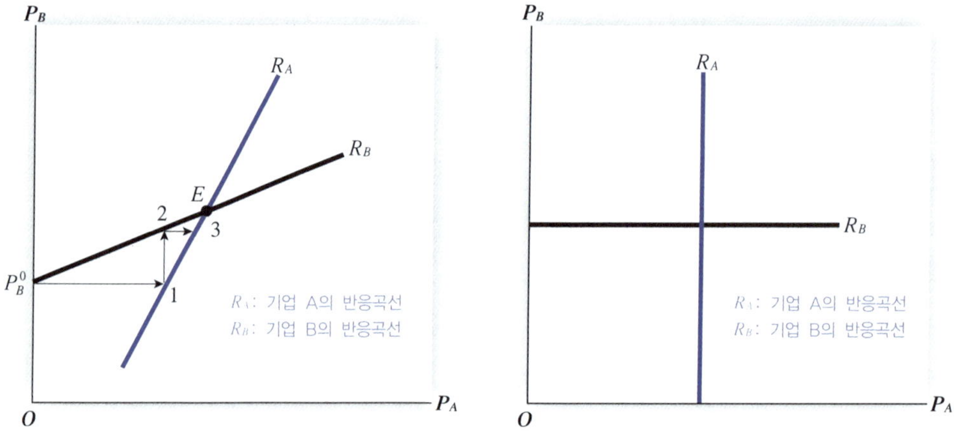

(a) 대체재인 경우 (b) 완전차별적인 제품의 경우

3.2 제품차별화에 따른 Bertrand 모형[4]

Bertrand 모형의 경우 가격이 의사결정의 핵심 요소이다.

꾸르노 모형의 경우 경쟁기업의 산출량이 주어진 것으로 가정하지만, **Bertrand 모형**(Bertrand Model)은 가격이 주어진 것으로 본다. 때문에 Bertrand 모형의 경우 가격이 의사결정의 핵심 요소가 된다.

따라서 Bertrand 모형에서 반응곡선은 가격변수에 의해 구성된다. Bertrand 모형에서 반응곡선은 보통 우상향한다. 왜냐하면 경쟁기업들이 책정하는 가격은 보통 같은 방향으로 움직이는 경향이 있기 때문이다.

〈그림 7-8〉은 Bertrand 모형에서 제품차별화에 따른 반응곡선을 설명하고 있다. 꾸르노 모형의 경우와 같이 Bertrand 모형에서도 두 반응곡선이 일치하는 곳에서 균형이 이루어진다. 〈그림 7-8〉(a)는 두 기업이 생산하는 재화가

4. Bertrand은 1883년에 이 모형을 발표한 바 있다. Shepherd and Shepherd(2004), p.239～241을 참조 바람.

대체재인 경우 이러한 균형으로 수렴할 수밖에 없는 상황을 보여준다. 만약 기업 B의 가격 수준이 P_B^0이면 기업 A는 이에 반응해 반응곡선 R_A 상의 점 1에서 가격 수준을 결정하게 되고, 기업 B는 다시 이러한 기업 A의 가격 수준에 반응해 반응곡선 R_B 상의 점 2에서 다시 가격 수준을 결정하게 된다. 이에 따라 기업 A는 다시 점 3에서 가격을 결정하고, 기업 B는 이에 대응해 다시 가격을 결정하게 되어, 결국 E점으로 수렴해 두 반응곡선이 만나는 곳인 E점에서 조정이 멈추게 된다. 이러한 과정은 〈그림 7-8〉(a)에서 왼쪽 그림의 화살표에 의해 나타나고 있는데, 두 반응곡선이 일치하는 곳인 E점에서 균형을 이루게 된다.

〈그림 7-8〉(b)를 살펴보자. 제품이 완전차별화되어 있다면 기업 A의 반응곡선 R_A는 기업 B가 어떤 가격을 책정하는가에 관계 없이 기업 A가 가격을 책정하므로 수직선의 모양을 갖게 된다. 제품차별화의 정도가 높아질수록 기업 A의 반응곡선은 기업 B의 가격에 대해 둔감해진다.

생각해 봅시다

1. 과점시장의 단순한 형태는 복점이다. 현실에서 복점시장의 예를 들어 보아라. 이 기업들의 경쟁상태는 어떤가 분석하라.
2. 꾸르노 모형을 설명하라. 현실적으로 꾸르노 모형을 적용할 수 있는가?
3. Bertrand 모형을 설명하라. 현실적으로 Bertrand 모형을 적용할 수 있는가?
4. 실제 시장에서 세 개 이상의 기업으로 구성된 과점시장을 찾아볼 수 있는가? 이들의 가격 및 산출량 결정 등 기타 기업행동들을 설명해 보라.

중요 용어

과점시장	꾸르노 모형	꾸르노 균형
잔여수요곡선	반응곡선	굴절수요곡선
Bertrand 모형		

참고문헌

1. Christopher R. Thomas and S. Charles Maurice, *Managerial Economics*, 13th ed. (New York, N. Y.: McGraw Hill, 2020).
2. David Besanko and R. R. Braeutigam, *Microeconomics: An Integrated Approach*, 6th ed., (New York, N.Y.: John Wiley & Sons Inc., 2020).
3. Dennis W. Carlton and Jeffrey M. Perloff, *Modern Industrial Organization*, 4th ed., (Pearson, 2015).
4. Cournot, A., Recherches sur les principes mathématiques de la théorie des richesses, published in Cournot, A. (ed.), *Researches into the Mathematical Principles of the Theory of Wealth* (London: Macmillan, 1897).
5. Lipczynski, John, John Wilson, and John Goddard, *Industrial Organization : Competition, Strategy and Policy*, 5th ed., (England: Pearson Education Limited, 2017).
6. W. G. Shepherd, *The Economics of Industrial Organization* (Englewood Cliffs, N. J.: Prentice Hall, 1992).
7. W.G. Shepherd and Joanna M. Shepherd, *The Economics of Industrial Organization*, 5th ed. (Long Grove, IL: Waveland Press, Inc., 2004).
8. 박양신 · 신위뢰, "디지털경제의 특성과 경쟁정책 방향 : 온라인 플랫폼과 알고리즘 담합을 중심으로," 경제 · 인문사회연구회 포용성장연구단 (Research Brief No.14, 2020. 5).

08 과점시장의 기업행태

Chapter Eight

1. 게임이론 / 2. 반복되는 전략적 의사결정과 협조

1. 게임이론

과점시장에서 기업들은 경쟁기업들의 의사결정이나 반응에 민감하다. 따라서 과점시장은 기업들 상호 간의 상호의존성이 높은 시장구조를 갖는다. 이러한 상호의존성(interdependence)은 기업들의 행동이 경쟁기업을 의식한 전략에 기초할 것을 요구한다.

기업들의 전략적 행태는 경쟁기업들의 의사결정이나 움직임에 대한 반응으로, 취하거나 취할 것으로 예상되는 행태를 말한다.

기업들의 전략적 행태(strategic behavior)는 경쟁기업들의 의사결정이나 움직임에 대한 반응으로, 취하거나 취할 것으로 예상되는 행태로 정의될 수 있다. 경쟁기업들의 잠재적 움직임과 반응적 행태들을 인식하고 예상하는 것은 기업 경영자들에게 아주 중요하다. 왜냐하면 기업의 매출이나 이윤은 시장이 상호의존적인 경우 경쟁기업들의 움직임에 영향을 받기 때문이다.

게임이론은 이러한 상호의존성이 높은 상황에서 기업들의 의사결정 행태를 체계적으로 살펴볼 수 있도록 도와주는 분석도구이다.

1.1 게임이란?

1) 게임의 정의

게임은 개인이나 기업의 입장에서 보면 가장 높은 수익이나 수지(payoff)를

얻기 위해 다른 사람들이나 기업들과 경쟁하는 의사결정의 과정이다. 게임은 게임의 참여자(player), 수지행렬(payoff matrix), 전략(strategy)으로 구성된다.

게임은 개인이나 기업이 가장 높은 수익이나 수지를 얻기 위해 다른 사람들이나 기업들과 경쟁하는 의사결정의 과정이다.

게임의 구성요소
① 참여자(player)
② 수지행렬(payoff matrix)
③ 전략(strategy)

2) 공통지식

수지행렬은 게임의 결과 얻을 수 있는 수익이나 수지를 행렬(matrix)의 형식으로 배열한 것이다. 게임에 참여하는 모든 의사결정자들이 특정한 수지행렬을 알고 있다면, 그 수지행렬을 공통지식(common knowledge)이라고 한다. 다음의 '용의자 딜레마'에서처럼 두 용의자가 수지행렬을 모두 알고 있으면 공통지식을 갖고 있는 것이다. 공통지식을 게임참여자들이 아느냐 모르느냐는 결과적으로 중요한 차이를 가져온다.

공통지식은 게임에 참여하는 모든 의사결정자들이 알고 있는 특정한 수지행렬을 의미한다.

1.2 경쟁기업들이 동시에 의사결정을 하는 경우

1) 의미

기업들이 동시에 의사결정을 하는 게임은 기업들이 의사결정을 할 때 동시에 하기 때문에 다른 경쟁기업들의 의사결정을 알지 못하고 의사결정을 하는 상황이다.

2) 용의자 딜레마

(1) 게임 상황

'용의자 딜레마(prisoners's dilemma)'는 게임이론을 설명할 때 가장 대표적으로 나오는 모델이다. 예를 들어 두 사람 A와 B가 보석상을 털어 절도용의자로 경찰에 체포되었다고 하자. 용의자들은 경찰이 충분한 증거를 갖고 있지 못하기 때문에 둘 가운데 한 사람이 자백하지 않는 경우 중벌에 처할 수 없다는 것을 알고 있다. 두 사람 모두 자백하지 않는 경우 2년형을 받지만, 둘 다 자백하는 경우 두 사람 모두 5년형을 받는다는 것을 알고 있다.

경찰은 공범으로 의심되는 경우 보통 분리해 심문한다. 따라서 경찰은 두 용의자를 별도의 취조실에서 심문한다. 경찰은 두 용의자에게 "두 사람 가운데 한 사람은 자백하고 다른 한 사람이 자백하지 않으면 자백한 용의자는 1년형만을 선고받는데, 다른 용의자는 10년이나 교도소에 있게 될 것이다" 라고 설득을 한다.

용의자 A와 B 모두 다른 용의자가 어떻게 선택하느냐에 따라 1년, 2년, 5년, 10년의 형을 받을 수 있다. [표 8-1]은 가능한 4가지 경우의 수지행렬을 설명한다. 두 용의자 모두 이러한 수지행렬을 공통지식으로 알고 있다. 의사결정이 동시에 이루어지기 때문에 상대방이 어떤 의사결정을 할지 두 용의자는 모르고 있다.

경찰은 이러한 상황을 알고 있기 때문에 두 용의자를 자백하라고 설득하고 있다. 두 용의자에게 주어질 수 있는 선택의 가능성들을 보면 두 용의자는 자백하는 것이 좋은 선택임을 인식하게 된다. A는 자백할 경우 1년 또는 5년, 자백하지 않을 경우 2년 또는 10년의 형을 받게 된다. 어떤 경우든 자백하는 것이 더 낮은 형을 받게 되는 것이다. 따라서 A는 자백을 선택한다. B도 마찬가지다. 우월전략은 경쟁자들이 어떤 의사결정을 하든지 간에 자기에게 최상의 결과를 얻게 하는 전략이다. 용의자 A, B의 경우에는 자백하는 것이 우월전략인 셈이다.

요약하면, 우월전략이 존재할 경우 합리적 의사결정은 우월전략을 선택하는 것이다. 경쟁기업이 우월전략을 갖고 있다는 것을 알고 있으면 그것을 선택할 것이라고 예상하고 자기의 전략을 결정하는 것이 합리적이다.

(2) 수지행렬

[표 8-1]은 용의자 딜레마의 수지행렬이다.

표 8-1 용의자 딜레마 : 우월전략 균형

		용의자 B	
		자백하지 않는 경우	자백
용의자 A	자백하지 않는 경우	(A)2년, (B)2년	(A)10년, (B)1년
	자백	(A)1년, (B)10년	(A)5년, (B)5년

※ 용의자 A와 B 모두 자백하든가, 하지 않든가 두 가지 선택 가운데 하나만 택해야 한다. 만약, 용의자 B가 자백하지 않고 A가 자백하면, 용의자 B는 10년, A는 1년을 복역하게 된다. 반면에 용의자 B가 자백하고 A가 자백하지 않는 경우, 용의자 B는 1년, A는 10년을 복역하게 된다.

(3) 우월전략

경쟁기업들이 어떤 의사결정을 하든지 간에 항상 자기에게 최선의 결과를 가져오는 선택을 하는 전략이나 행동을 **우월전략**(dominant strategy)이라 한다. 사실 우월전략을 찾는 것은 수지행렬의 규모가 커지면 복잡해질 수 있다. 그러나 우월전략을 발견하는 것은 쉽게 설명될 수 있다.

우월전략은 경쟁기업들이 어떤 의사결정을 하든지 간에 항상 자기에게 최선의 결과를 가져오는 선택을 하는 전략이나 행동이다.

[표 8-1]의 경우를 보자. 용의자 A부터 살펴보자. 각 열에 대해, 즉 용의자 B가 할 수 있는 의사결정에 대해 용의자 A에게 최상의 수지를 가져다주는 칸에 A라고 표시하자. 첫 번째 열의 경우 아래 칸, 두 번째 열의 경우 역시 아래 칸에 표시될 것이다. 이러한 과정을 용의자 B의 경우에도 반복하자. 각 행에 대해, 즉 용의자 A가 할 수 있는 의사결정에 대해 용의자 B에게 최상의 수지를 가져다주는 칸에 B라고 표시하자. 첫 번째 행의 경우 오른쪽 칸, 두 번째 행의 경우 역시 오른쪽 칸에 표시될 것이다. 모든 A는 아래 칸에, 모든 B는 오른쪽 칸에 표시되므로 두 번째 행(자백)은 용의자 A에게 우월전략, 두 번째 열(자백)은 용의자 B에게 우월전략이다.

(4) 우월전략 균형(dominant strategy equilibrium)

일단 게임참여자들이 우월전략을 갖고 있다는 것을 알게 되면, 그러한 게임의 결과는 쉽게 알 수 있다. 이렇게 게임에 참여하고 있는 당사자들이 우월전략을 갖고 있고, 이를 실제로 행하는 균형상태를 **우월전략 균형**(dominant strategy equilibrium)이라 한다. [표 8-1]의 경우 A도 자백하고 B도 자백하는 상황이 우월전략 균형이다.

게임참여자들이 우월전략을 갖고 있고, 이를 실제로 행하는 균형상태가 우월전략 균형이다.

3) 한 기업만이 우월전략이 있는 경우의 의사결정

(1) 게임 상황

'용의자 딜레마'의 경우처럼, 결과가 서로 협조하는 것보다 못하더라도 기업의 경영자들은 우월전략을 추구하기로 결정할 수 있다. 만약 한 기업만 우월전략을 갖고 있는 경우, 경쟁기업의 경영진들은 그 기업이 우월전략을 선택할 것이라는 것을 알고 있다. 경쟁기업이 무엇을 할 것인지를 아는 것 자체가 경영진이 어떤 것을 해야 하는지 알려준다. [표 8-2]는 이러한 게임 상황을 수지행렬로 나타내고 있다.

아이스크림가게 갑과 을이 대학로에 나란히 위치해 있다고 하자. 아이스크림가게 갑과 을은 맛의 차이가 있기 때문에 어느 정도 제품이 차별화되어 있지만, 경쟁의 주요 수단은 가격이다. 편의상 갑과 을 모두 높은 가격(₩3,000)이나 낮은 가격(₩1,000) 중에 가격을 결정한다. 개별기업의 수익은 해당 기업과 경쟁기업이 결정하는 가격에 의존하게 된다. 과점시장에서 기업들의 수익은 이처럼 상호의존적이다.

[표 8-2]에서 보는 것처럼 을이 낮은 가격을 선택할 경우(500만원, 150만원)가 높은 가격을 선택할 경우(300만원, 100만원)보다 우월한 결과를 가져온다. 그러나 갑의 경우 (300만원, 150만원)과 (500만원, 100만원) 간의 선택이 되기 때문에 우월전략은 없다.

결과적으로 을의 우월전략은 낮은 가격 ₩1,000을 책정하는 것이다. 갑은 을이 이러한 우월전략을 갖고 있다는 것을 알고 있기 때문에 을이 낮은 가격을 책정할 경우 100만원보다 150만원의 수익이 낫기 때문에 높은 가격인 ₩3,000을 책정한다. 편의상 수지행렬에서 4가지 수지상황을 A, B, C, D라 표시하였다. B의 경우가 이러한 동시적 의사결정게임의 결과이다.

요약하면, 기업 갑이 우월전략을 갖고 있지 않을 때 경쟁기업인 을이 우월전략을 갖고 있다면, 갑은 을이 우월전략을 선택할 것을 자신 있게 예측할 수 있고, 이에 따라 갑은 최선의 전략을 선택한다.

(2) 수지행렬

[표 8-2]는 한 기업만 우월전략이 있는 경우의 수지행렬이다.

표 8-2 한 기업만 우월전략이 있는 경우의 의사결정 : 아이스크림 가격의 책정

		아이스크림가게 을	
		높은 가격(₩3,000)	낮은 가격(₩1,000)
아이스크림 가게 갑	높은 가격(₩3,000)	A (갑)300만원, (을)300만원	B (갑)150만원, (을)500만원
	낮은 가격(₩1,000)	C (갑)500만원, (을)100만원	D (갑)100만원, (을)150만원

※ 을은 갑의 의사결정에 관계 없이 낮은 가격을 선택하는 것이 우월하다. 갑의 경우 을의 의사결정에 관계 없이 선택할 수 있는 우월선략은 없다. 그러나 갑은 을이 이러한 우월전략을 선택할 것을 알고 있다. 을이 낮은 가격을 선택할 때 갑이 얻을 수 있는 수지는 150만원이나 100만원이다. 150만원이 더 나은 수지이므로 갑은 높은 가격을 선택한다.

주 : 수지(payoff)는 한 달 동안의 이윤임.

4) 열등전략들의 연속적 제거

(1) 열등전략

경쟁기업들이 무엇을 선택하든지 간에 적어도 다른 한 전략이 보다 나은 수지를 제공하기 때문에 선택되지 않는 전략이 있다면, 이를 **열등전략**(dominated strategy)이라 한다.

열등전략은 경쟁기업들이 무엇을 선택하든지 간에 적어도 다른 한 전략이 보다 나은 수지를 제공하기 때문에 선택되지 않는 전략이다.

(2) 열등전략들의 연속적 제거

경영진 입장에서 숙고해야 할 의사결정의 선택들이 많은 경우 의사결정이 복잡해진다. 열등전략들을 제거하는 일련의 반복적 과정을 통해 수지행렬을 축소할 수 있는데, 이는 경영진의 의사결정을 용이하게 한다.

5) 내쉬 균형 : 상호 최상의 의사결정

(1) 내쉬 균형

동시적 의사결정 상황에서 의사결정자들이 최선의 의사결정을 하는 상황을 1950년 John F. Nash, Jr.는 그의 박사학위 논문에서 **내쉬 균형**(Nash Equilibrium)으로 설명하였다.[1] Nash의 삶은 Ron Howard가 감독한 영화 'A

내쉬 균형은 동시적 의사결정 상황에서 의사결정자들이 최선의 의사결정을 하는 상황이다.

1. John F. Nash, Jr., "Equilibrium Points in N-person Games" published in the Proceedings of the National Academy of Sciences (USA) (1950)을 참조 바람. Nash는

Beautiful Mind'에서 감동적으로 그려져 있다.

내쉬 균형의 기본적 아이디어는 다음과 같다. 경쟁기업들의 행동들이 어떠할 것인가를 믿으면서 최상의 수지를 가져오는 전략들을 기업들이 선택한다는 것이다. 최상의 수지를 가져오기 위해서는 경쟁기업들의 행동들을 정확하게 예측해야 한다. 그렇지 않을 경우 잘못된 의사결정을 내릴 수 있기 때문이다.

내쉬 균형은 경쟁기업들의 선택이 주어졌을 때 경영자들이 선택하는 최선의 행동집합이다. 즉, 경쟁기업의 전략이 주어졌을 때 기업은 그 자신의 전략을 변화시킬 유인이 없는 상황이 내쉬 균형이다.

내쉬 균형은 경쟁기업들의 선택이 주어졌을 때 경영자들이 선택하는 최선의 행동집합이다. 따라서 내쉬 균형은 비협조적 게임의 균형상태를 의미한다. 즉, 경쟁기업의 전략이 주어졌을 때 기업은 그 자신의 전략을 변화시킬 유인이 없는 상황이 내쉬 균형이다.

(2) 전략의 안정성

내쉬 균형에서는 모든 의사결정들이 상호 최상의 의사결정이기 때문에 어떤 한 기업도 일방적으로 의사결정을 변경해서 수지가 더 나아질 수 없다. 이러한 내쉬 균형의 성격을 '전략의 안정성(strategic stability)'이라고 한다.

6) 최선반응곡선과 연속의사결정

(1) 최선반응곡선

많은 의사결정 상황에서 결정변수는 이산형일 수도 있지만, 연속형일 수도 있다. 예를 들어, 가격에 대한 의사결정은 높은 가격을 택할 것인가 낮은 가격을 택할 것인가 하는 양자택일식으로 의사결정이 이루어질 수도 있겠지만, 연속적인 가격범위 안에서 최선의 가격을 선택하는 방식으로도 이루어진다.

최선반응곡선은 경쟁기업들이 실행할 것으로 믿어지는 행동들 하에서 기업의 이윤극대화를 위한 최선의 의사결정을 나타내는 곡선이다.

최선반응곡선(Best-Response Curve)은 경쟁기업들이 실행할 것으로 믿어지는 행동들 하에서 기업의 이윤극대화를 위한 최선의 의사결정을 나타내는 곡선을 말한다. 〈그림 8-1〉은 자동차회사 A에 대한 최선반응곡선이 도출되는 것을 설명한다. 만약 자동차회사 A가 경쟁회사 B의 자동차 가격이 1,000만원

1994년 두 명의 다른 게임이론학자 R. Selten, J. Harsanyi와 함께 노벨 경제학상을 받았다. 내쉬 균형에 관해 자세하게 알고자 하는 경우 Pepall, Richards, and Norman(2014), p.204～208을 참조 바람.

그림 8-1

자동차회사 A에 대한 최선반응곡선 도출 왼쪽 그림은 A가 $P_B = 1{,}000$(만원)이라고 믿을 경우 그에 기초해 $MR_A = LMC_A$가 되는 곳에서 P_A^0의 가격을 결정한다는 것을 보여준다. 이를 오른쪽 그림에서 점 S로 나타낼 수 있다. S는 $P_B = 1{,}000$(만원)일 때 $P_A = P_A^0$인 점이다. 동일한 논리로 A가 $P_B = 1{,}500$(만원)이라고 믿을 경우 $P_A = P_A^1$이 된다면 오른쪽 그림에서 점 T로 나타낼 수 있다. 이러한 점 S, T 등을 연결한 곡선이 A의 최선반응곡선 BR_A가 된다.

D_A : A의 수요곡선 MR_A : A의 한계수입곡선 LMC_A : A의 장기한계비용곡선
LAC_A : A의 장기평균비용곡선 BR_A : A의 최선반응곡선

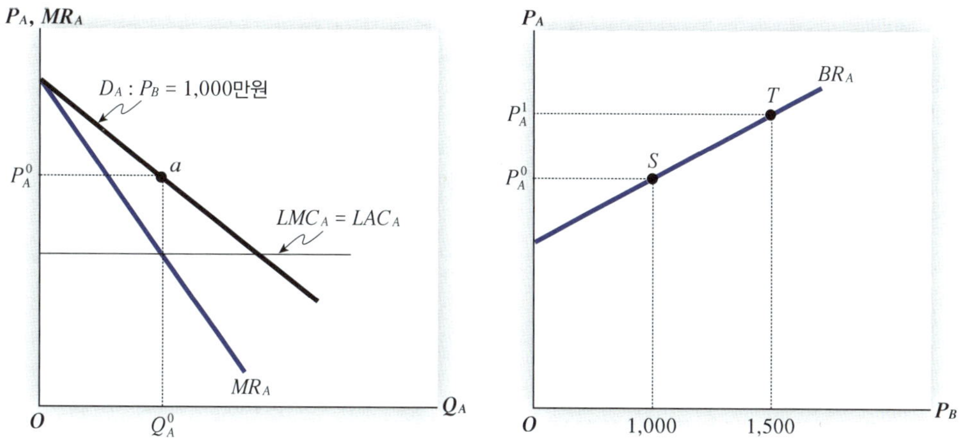

(a) 자동차회사 A가 $P_B = 1{,}000$(만원)이라고 믿는 경우 (b) 자동차회사 A의 최선반응곡선 도출

이 될 것으로 믿는다면, 이에 기초해 한계수입과 한계비용이 일치하는 곳에서 A는 가격과 산출량을 결정할 것이다.

〈그림 8-1〉의 왼쪽 그림을 보자. 수요곡선 상의 점 a에서 자동차회사 A는 B사의 가격 P_B가 1,000만원일 때 P_A^0의 가격을 결정한다. 이를 〈그림 8-1〉의 오른쪽 그림에서 점 S로 나타낼 수 있다. 마찬가지로 만약 자동차회사 A가 B의 자동차 가격이 1,500만원이라고 믿는다면, A의 수요곡선은 D_A보다 바깥쪽에 위치할 것이고, 이에 기초해 한계수입과 한계비용이 일치하는 곳에서 P_A^1의 가격을 결정한다. 이를 〈그림 8-1〉의 오른쪽 그림에서 점 T로 나타낼 수 있다. 이러한 점 S, T 등의 점들을 연결한 곡선이 A의 최선반응곡선이 된다. 이는 BR_A로 나타나 있다.

그림 8-2

최선반응곡선과 내쉬 균형

두 기업의 최선반응곡선 BR_A와 BR_B가 교차하는 점 E에서 내쉬 균형을 이룬다. 점 S의 경우 BR_A 상에 있지만 BR_B 상에 위치하지 않아 B의 입장에서 최선의 선택이 아니다. 점 U의 경우 A, B 어느 기업의 최선반응곡선 상에 위치해 있지 않다. 따라서 점 U는 두 기업의 선택이 될 수 없다. 두 기업의 선택이 상호 최선이고, 다른 기업도 그것을 받아들이는 상황은 점 E의 경우일 뿐이다.

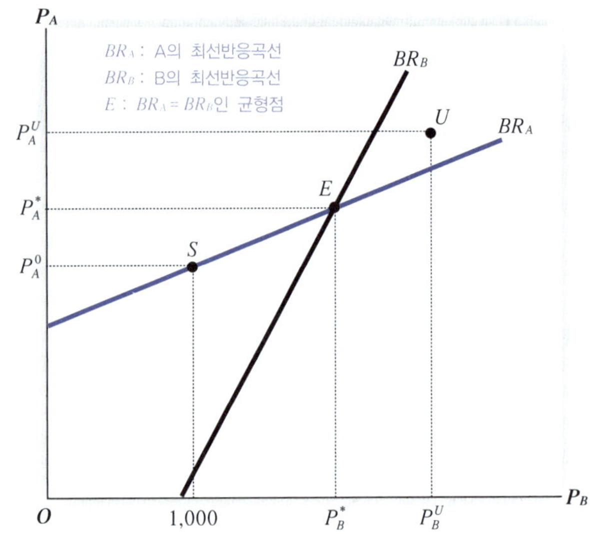

(2) 최선반응곡선과 내쉬 균형

자동차회사 A의 최선반응곡선을 도출하는 것과 마찬가지로 B의 최선반응곡선 BR_B도 도출할 수 있다. 〈그림 8-2〉에서 두 기업의 최선반응곡선이 교차하는 점 E에서 균형을 이루며, 이는 내쉬 균형이다. 점 S의 경우 A의 최선반응곡선 상에 있지만 B의 최선반응곡선 상에 없기 때문에, 이는 자동차회사 B의 입장에서 최선의 선택이 아니다. 점 U의 경우 A, B 어느 기업의 최선반응곡선 상에 위치해 있지 않다. 따라서 이는 두 기업의 선택이 될 수 없다. 두 기업의 선택이 상호 최선이고, 다른 기업도 그것을 받아들이는 상황은 점 E의 경우일 뿐이다. 점 E에서 어느 자동차회사도 일방적으로 가격을 변경해 이윤을 증가시킬 수 없다. 따라서 점 E는 전략의 안정성을 보여준다.

그러나 점 E보다 나은 선택들이 두 회사에 있는 것이 사실이다. 예를 들어 점 U는 두 자동차회사가 협조적으로 가격을 선택할 경우 점 E보다 더 나은 가격 수준을 두 기업에게 제공한다. 따라서 두 기업이 협조적으로 가격을 책정할 경우 점 E보다 나은 선택을 할 수 있게 되고, 두 기업 모두 이윤이 증가할 수 있다. 두 기업이 협조적으로 가격을 결정하지 않는 경우 점 U는 전략의 불안정성을 보이게 된다.

그림 8-3

순차적 아이스크림 가격책정 갑이 먼저 의사결정노드 [1]에서 가격을 결정하고, 뒤어어 을이 의사결정노드 [2]에서 가격을 결정한다. 갑은 '을의 입장에서 갑이 어떻게 할 때 어떻게 할 것인가'를 분석한다. 갑이 높은 가격을 결정하면 을은 낮은 가격을 책정할 때 가장 높은 수지인 500(만원)을 얻는다. 갑이 낮은 가격을 결정할 때에도 을은 낮은 가격을 선택할 때 가장 높은 수지인 150(만원)을 얻는다. 따라서 갑은 을의 우월전략이 낮은 가격이라는 것을 알기 때문에 높은 가격을 결정함으로써 100(만원) 대신 150(만원)의 수지를 얻게 된다. 순차의사결정에서 이러한 후방귀납법적 의사결정은 내쉬 균형에 이르게 한다.

〈게임트리〉

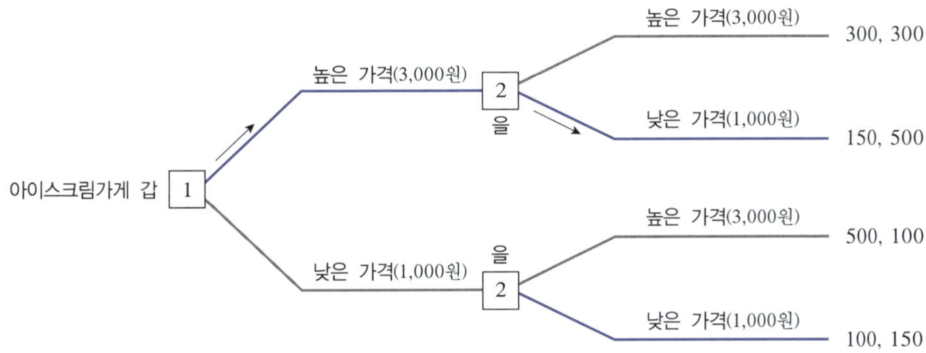

[1] : 의사결정노드 1 [2] : 의사결정노드 2
오른쪽 끝부분에 있는 두 숫자는 수지를 나타낸다. 앞의 숫자는 갑의 수지, 뒤의 숫자는 을의 수지이다. 수지의 단위는 만원이다.

1.3 경쟁기업이 순차적인 의사결정을 할 때의 전략

1) 순차의사결정

(1) 순차의사결정의 의미

순차의사결정(sequential decisions)은 한 기업이 의사결정을 먼저 하고 뒤이어 경쟁기업이 의사결정을 하는 상황을 의미한다.

> 순차의사결정은 한 기업이 의사결정을 먼저 하고 뒤이어 경쟁기업이 의사결정을 하는 상황이다.

(2) 게임트리

순차의사결정 상황의 구조와 수지를 나타내는 그림을 **게임트리**(game tree)라고 한다. 게임트리는 그림을 보면 쉽게 이해할 수 있다. 〈그림 8-3〉과 같은 구조가 게임트리이다.

> 게임트리는 순차의사결정 상황의 구조와 수지를 나타내는 그림이다.

(3) 의사결정노드

의사결정노드는 보통 정사각형 박스에 의해 표시되는데, 그곳에서 의사결정이 이루어진다. 의사결정노드에서 의사결정가지가 뻗어 나간다.

의사결정노드(decision node)는 게임트리에서 보통 정사각형 박스에 의해 표시된다. 그곳에서 의사결정이 이루어진다. 의사결정노드에서 **의사결정가지**가 뻗어 나가며, 한 행동에 하나의 가지가 대응한다. 의사결정의 순서는 가지를 따라 보통 왼쪽에서 오른쪽으로 진행되고, 최종적으로 수지(payoff)가 그러한 의사결정의 가지와 관련해 나타난다.

(4) 후방귀납법

후방귀납법은 보통 게임트리 끝부분에서 시작해 각 의사결정노드에 대해 게임참여자의 최적 결정을 찾아낸다. 이러한 과정은 게임이 시작하는 곳에 도달할 때까지 계속된다.

후방귀납법(backward induction)은 순차의사결정 과정에서 내쉬 균형을 발견하는 방법이다. 이를 **롤백방법**(rollback method)이라 하기도 한다. 후방귀납법을 이용해 순차적 게임을 해결하고자 하는 경우 보통 게임트리 끝부분에서 시작해 각 의사결정노드에 대해 게임참여자의 최적 결정을 찾아낸다. 이러한 과정은 게임이 시작하는 곳에 도달할 때까지 계속된다.

(5) 순차의사결정의 예

〈그림 8-3〉은 순차의사결정의 예를 보여주고 있다. 두 아이스크림가게 갑과 을이 있다. 아이스크림 가격의 결정이 순차적으로 이루어진다고 가정하자. 갑이 먼저 의사결정노드 [1]에서 가격을 결정하고, 뒤이어 을이 의사결정노드 [2]에서 가격을 결정한다. 갑이 먼저 움직이기 때문에 의사결정노드 [1]의 왼편에 위치한다. 갑은 윗가지를 따라 높은 가격을 책정할 수도 아랫가지를 따라 낮은 가격을 책정할 수도 있다. 뒤이어 을이 높은 가격을 결정하거나 낮은 가격을 결정할 수 있다. 을은 갑에 뒤이어 의사결정을 하기 때문에 갑의 가격결정을 알고 있다. 을의 가격결정은 두 개의 의사결정노드를 필요로 하고, 이는 [2]로 나타나 있다. 〈그림 8-3〉 게임트리의 [2]에서 을은 높은 가격이나 낮은 가격을 받을 수 있고, 이에 따라 4개의 가능한 의사결정 상황에 따라 수지가 을의 의사결정가지 맨 오른쪽에 나타나 있다. 이러한 수지는 [표 8-2]와 동일하다. 앞에 있는 숫자가 갑의 수지, 뒤에 있는 숫자가 을의 수지이다.

갑이 먼저 의사결정을 하기 때문에 갑은 가격결정시 을의 가격을 알지 못한다. 그렇다면 갑은 어떻게 가격결정을 해야 할까? 동시적 의사결정의 경우처럼 갑은 '을은 을에게 가장 높은 수익을 주는 결정을 할 것'이라고 가정하면서 을의 의사결정을 예상한다. 갑은 '을의 입장에서 갑이 어떻게 할 때 어떻게 할 것인가' 를 분석한다. 만약 갑이 높은 가격을 결정하면 을은 낮은 가격을 책정할 때 가장 높은 수지인 500만원을 벌게 된다. 갑이 낮은 가격을 결정할 때에도 을은 낮은 가격을 선택하는 것이 더 나은 수지를 얻는다. 즉, 을은 갑이 어떤 의사결정을 하든지 간에 낮은 가격을 선택할 것이다. 을의 입장에서 낮은 가격은 우월전략이다. 따라서 〈그림 8-3〉에서 [2]의 오른쪽에 있는 청색선은 을이 하는 최선의 가격결정을 나타낸다.

갑은 을의 우월전략이 낮은 가격이란 것을 알고 있기 때문에 갑이 어떤 가격결정을 하든지 간에 을이 낮은 가격을 책정할 것이라는 것을 예측할 수 있다. 을이 낮은 가격을 책정할 때 갑이 얻을 수 있는 수지는 150만원과 100만원이다. 150만원이 100만원보다 더 큰 수지이기 때문에 갑은 높은 가격을 결정하게 된다. 현재 최선의 의사결정을 하기 위해 미래 의사결정을 살펴보는 이러한 일련의 과정이 후방귀납법 또는 롤백방법이다.

현재 최선의 의사결정을 하기 위해 미래 의사결정을 살펴보는 일련의 과정이 후방귀납법 또는 롤백방법이다.

순차의사결정에서 이러한 후방귀납적 의사결정은 결과적으로 내쉬 균형에 이르게 한다. 그 이유는, 갑은 을이 할 것으로 기대하는 의사결정 하에서 가장 높은 수익을 얻게 되고, 을 역시 갑이 하는 최선의 의사결정 하에서 최선의 의사결정을 하기 때문이다. 즉, 개별기업은 경쟁기업이 하는 최선의 의사결정이 주어졌을 때 스스로 최선의 의사결정을 하고 있다. 한편 을은 갑의 의사결정이 이루어진 다음에 의사결정을 하기 때문에 갑의 결정을 예측할 필요가 없다. 이러한 가격결정에 대한 완전한 후방귀납법은 〈그림 8-3〉에서 연속적인 청색선(갑은 높은 가격, 을은 낮은 가격)으로 나타나 있고, 이를 **균형의사결정경로**(equilibrium decision path)라고 한다.

2) 선행기업 우위와 후행기업 우위

순차의사결정의 수지는 어느 기업이 먼저 움직이고 어느 기업이 다음에 움직이느냐에 따라 달라진다. 먼저 움직이는 기업이 선행기업, 나중에 움직이는 기업이 후행기업이다.

(1) 선행기업 우위

선행기업 우위는 먼저 의사결정을 함으로써 한 기업이 수지를 증가시킬 수 있는 경우이다.

어떤 경우는 먼저 의사결정을 하는 것이 유리할 수도 있다. 왜냐하면 먼저 의사결정을 하면 이러한 결정에 뒤따르는 후행기업의 의사결정이 이에 영향을 받기 때문이다. 먼저 의사결정을 함으로써 한 기업이 수지를 증가시킬 수 있다면, 이를 선행기업 우위(first-mover advantage)라 한다.

(2) 후행기업 우위

후행기업 우위는 의사결정을 선도기업 다음에 함으로써 수지를 증가시킬 수 있는 경우이다.

반면에 의사결정을 선도기업 다음에 함으로써 수지를 증가시킬 수 있다면 이를 후행기업 우위(second-mover advantage)라 한다.

문제는 순차의사결정의 경우 사전에 선행기업 우위나 후행기업 우위를 어떻게 알 수 있느냐이다. 각 순차의사결정에서 후방귀납법을 사용하는 방법이 가장 쉽고 빈번하게 이용된다. 선행기업이 됨으로써 수지가 증가한다면 선행기업 우위가 존재하고, 후행기업이 됨으로써 수지가 증가하면 후행기업 우위가 존재한다. 순서를 바꾸어도 아무런 수지상의 변화가 없을 수 있다. 이 경우 순서는 중요하지 않다는 것을 의미한다.

3) 전략적 행동: 공언, 위협, 약속

전략적 의사결정은 기업이 의사결정을 할 때 다른 경쟁기업들이 어떻게 반응할 것인가에 의존한다. 따라서 항상 경쟁기업 입장에서 의사결정을 분석해야 한다. 때때로 경쟁기업의 행동을 조정하고자 할 수도 있다. 어떤 경우는 경쟁기업에 손해를 끼침으로써 보다 나은 결과를 얻을 수도 있다.

경쟁기업을 열등한 위치에 놓이게 하는 데 사용될 수 있는 전략적 행동(strategic move)을 살펴보자. 이러한 전략적 행동은 공언, 위협, 약속으로 구성된다. 전략적 행동은 경쟁기업들이 의사결정을 하기 전에 이루어져야 그 효과가 커진다.

전략적 행동은 경쟁기업이 이러한 행동을 신뢰할 때 그 효과가 더 커진다. 그러나 경쟁기업이 그렇게 믿도록 만드는 것은 쉬운 일이 아니다. 또 모든 경우에 적용되는 이상적인 방법도 없다. 다만 이러한 전략적 행동을 경쟁기업들이 믿도록 만드는 기본적 아이디어는 생각해 볼 수 있을 것이다.

(1) 공언

한 기업의 경영진이 경쟁기업들에게 그들이 어떤 의사결정이나 행동을 하든지 간에 특정 행동이나 특정 의사결정을 할 수밖에 없다는 것을 공표하거나 증명한다면 이러한 전략적 행동을 **공언**(commitment)이라고 한다. 공언은 공언하는 기업이 자신의 수지를 증가시키기 위해 행하는 무조건적인 행동이라 할 수 있다. 이러한 공언이 효과를 발휘하기 위해서는 경쟁기업들이 이 기업이 특정한 의사결정이나 행동을 취할 수밖에 없다는 것을 믿어야 한다.

한 기업의 경영진이 경쟁기업들에게 그들이 어떤 의사결정이나 행동을 하든지 간에 특정 행동이나 의사결정을 할 수밖에 없다는 것을 공표하거나 증명한다면 이러한 전략적 행동을 공언이라고 한다.

공언은 되돌릴 수 없는 경우가 아니라면 경쟁기업이 일반적으로 신뢰하지 않는다. 상황이 바뀔 경우 공언기업이 자신의 공언을 취소할 것으로 경쟁기업이 예상한다면 그러한 공언은 효과를 발휘하기 어렵다. 신뢰할 수 있는 공언만이 경쟁기업의 믿음을 확실하게 할 수 있다.

기업들은 무조건적이고 되돌릴 수 없는 행동을 취함으로써 그들의 공언을 신뢰할 수 있는 것으로 만들 수 있다. 신뢰할 수 있는 공언은 순차게임에서 공언기업이 선행기업이 되어 먼저 행동을 취함으로써, 공언기업은 자신의 수익을 극대화하는 방향으로 경쟁기업의 의사결정을 조정할 수 있다.

(2) 위협

공언이 무조건적임에 비해 위협이나 약속은 조건부 의사결정이나 행동이다. **위협**(threat)은 "경쟁기업이 어떤 행동이나 의사결정을 한다면, 경쟁기업에 상당한 부담이 되는 의사결정이나 행동을 하겠다"는 조건부 전략이다. 위협을 하는 목적은 위협을 통해 경쟁기업의 의사결정이나 행동을 조정함으로써 수익을 유지하거나 증가시키고자 하는 것이다.

위협은 "경쟁기업이 어떤 행동이나 의사결정을 한다면, 경쟁기업에 상당한 부담이 되는 의사결정이나 행동을 하겠다"는 조건부 전략이다.

위협은 잠재적 진입기업들에게 많이 사용된다. 시장에서 수익을 보고 있는 기존 기업들이 잠재적 진입기업들에게 "시장에 진입하면, 가격을 낮춰 이윤을 볼 수 없게 만들겠다"고 위협하는 경우를 그 예로 들 수 있다.

위협이 경쟁기업의 의사결정을 바꾸는 데 항상 성공하는 것은 아니다. 경쟁기업들이 실제 그러한 위협이 실행될 것으로 믿을 때에만 가능하다.

(3) 약속

약속은 "경쟁기업이 어떤 행동이나 의사결정을 한다면, 경쟁기업에 유리하거나 보상을 하는 의사결정이나 행동을 하겠다"는 조건부 전략이다.

약속(promise)은 조건부 전략이지만 위협과는 다른 성격이다. 즉, "경쟁기업이 어떤 행동이나 의사결정을 한다면, 경쟁기업에 유리하거나 보상을 하는 의사결정이나 행동을 하겠다"는 조건부 전략이다. 역시 신뢰할 수 있는 약속만이 경쟁기업의 의사결정이나 행동에 영향을 미치게 된다.

예를 들어 "제품의 개선이 가능하지만 비용이 부담되는 경우, 경쟁기업이 비용을 증가시키는 제품개선을 하지 않는다면 우리도 그러한 것을 하지 않겠다"고 하는 경우이다.

2. 반복되는 전략적 의사결정과 협조

Industrial Organization, Ch. Eight

2.1 협조와 반복적 의사결정

'용의자 딜레마'의 경우처럼 비협조적인 내쉬 균형보다, 상호협력을 통해 모든 기업의 수지를 증가시킬 수 있다면 과점시장에서 협조(cooperation)가 나타날 수 있다.

동일한 의사결정이 반복적으로 이루어지는 경우를 반복적 의사결정이라 한다.

동일한 의사결정이 반복적으로 이루어지는 경우를 반복적 의사결정(repeated decisions)이라 한다.

2.2 반복적이 아닌 '용의자 딜레마'와 협조

앞서 설명했듯이 개별 용의자가 각자의 우월전략을 추구해 비협조적 내쉬 균형을 이루는 것보다 협조를 하는 경우 각 용의자의 수지를 증가시킬 수 있다. 그러나 협조는 1회로 끝나는 '용의자 딜레마'에서는 발생하지 않는다. 왜냐하면 협조적 의사결정은 전략상 안정적이지 못하기 때문이다. 특정 게임이 1회만 이루어지는 경우, 또 반복되는 게임인 경우 마지막 순간에 배신(cheating)이 발생할 가능성이 높다.

2.3 협조적 의사결정

협조적 의사결정은 배신하지 않겠다는 의사결정이기도 하다. 이는 기업의 미래 현금흐름에 영향을 미친다. 배신할 경우 지불해야 하는 배신비용의 현재가치의 합이 배신으로부터 얻게 되는 배신편익의 현재가치의 합을 초과하는 경우 배신을 하지 않고 협조하는 전략이 기업의 가치를 증가시킬 것이다. 반대의 경우는 배신하는 것이 기업의 가치를 증가시킬 것이다. 과점시장의 모든 기업들이 배신하지 않기로 의사결정을 한다면, 협조적 의사결정이 과점시장에서 이루어진다.

2.4 반복적 의사결정의 경우 배신에 대한 보복전략

배신에 대한 법적 제재나 벌과금은 대부분 국가에서 불법이다. 배신에 대한 응징은 보통 비협조적 내쉬 균형으로 되돌리는 보복적 의사결정이나 행동으로 나타난다.

보복전략(trigger strategy)은 배신이 발생하는 경우 그에 대해 응징을 하는 처벌전략이다.[2] 보복전략 가운데 대표적인 것은 맞받아치기전략과 엄벌전략이다.

(1) 맞받아치기전략

배신이 발생하면 다음의 의사결정 기간에 응징을 하게 되고, 그러한 응징은 배신이 사라질 때까지 이루어진다. 배신이 계속 이루어지고 있는 경우에는 당연히 처벌도 계속된다. 이러한 상황은 다음 기에 다시 협조적 의사결정으로 돌아가게끔 유도하는 역할을 한다.

만약 기업 A가 지난번 배신을 했다면 기업 B는 이번에 배신을 하고, 기업 A가 지난번 협조했으면 기업 B는 이번에 협조하는 식이 **맞받아치기전략**(tit-for-tat strategy)이다.

만약 기업 A가 지난번 배신을 했다면 기업 B는 이번에 배신을 하고, 기업 A가 지난번 협조했으면 기업 B는 이번에 협조하는 식이 맞받아치기 전략이다.

맞받아치기전략은 실제 수행하기 편하고 경쟁기업도 이해하기 쉽지만, 엄

2. 보복전략을 방아쇠전략이라고도 한다.

벌전략보다는 처벌의 강도가 약하다. 그러나 R. Axelrod(1984)는 '용의자 딜레마'와 같은 게임이 반복되는 경우 과점시장에서 협조적 상황을 유지하기 위해서는 맞받아치기전략이 가장 최선의 전략이라고 하고 있다.[3]

(2) 엄벌전략

엄벌전략은 일단 배신하는 일이 발생하면 영원히 응징하는 보복전략이다.

엄벌전략(grim strategy)은 일단 배신하는 일이 발생하면 상대방을 영원히 응징하는 보복전략이다. 배신했던 기업이 설사 이번에 협조한다고 하더라도 응징은 계속된다. 그야말로 엄벌하는 전략이다.

2.5 협조를 용이하게 하는 가격책정의 관행

기업들 간의 협조는 보통 기업가치뿐만 아니라 이윤을 증가시킨다. 과점시장에서 기업들은 협조적 상황을 만들거나 유지하기 위해 여러 가지 방법들을 사용하고 있다.

실제로 기업들 간의 협조적 가격책정을 보다 쉽게 만들 수 있는 관행들이 있다. 이러한 관행들은 배신편익을 감소시키거나 배신비용을 증가시킴으로써 기업들 간의 협조를 유인한다. 이 관행들은 일반적으로 합법적인 경우가 많지만, 실질적으로 경쟁을 상당히 제한한다고 정책당국이 판단하는 경우 제재를 받을 수 있다.

과점시장에서 비협조적인 가격정책을 제어하거나 제한하는 관행들이 상당히 많다. 이 가운데 동일가격 문제, 판매가격 보장, 가격책정 정보 공개, 가격선도의 4 가지를 살펴보자.

(1) 동일가격 책정

동일가격 책정은 경쟁기업이 가격을 낮추는 경우 항상 그와 동일한 가격을 받겠다는 공언이다.

동일가격 책정(price matching)은 경쟁기업이 가격을 낮추는 경우 항상 이와 동일한 가격을 받겠다는 공언이다. 이는 국내의 대형마트 시장에서 실제로 많이 볼 수 있다. 국내의 대형마트에서 쇼핑하는 경우 "타사가 동일한 제품에

3. Robert Axelrod, *The Evolution of Competition*, (New York : Basil Books, 1984).

대해 보다 낮은 가격을 받으면 그 차액을 환불합니다"라고 하거나, 심지어 "그 차액의 몇 배를 보상하겠다"고 하는 광고 문구를 마주치게 되는데, 이러한 예가 동일가격 책정이라 할 수 있다. 이러한 경우 가격을 인하해 경쟁기업들의 고객을 빼내고자 하는 시도는 실패로 돌아가는 경우가 많다. 왜냐하면 어떤 기업이 가격을 인하하는 경우 상대기업도 즉각 가격을 동일하게 인하하기 때문이다.

〈사례연구 8-1〉은 동일가격 책정의 사례를 보여준다. 이마트는 2021년 4월 8일 특정 상품들을 대상으로 최저가격 보상 적립제를 실시한다고 밝혔다. 소비자가 이마트 오프라인 매장에서 구입한 상품이 경쟁기업인 쿠팡 등보다 비쌀 경우 소비자에게 그 차액을 보상하는 방식이다. 이마트에 앞서 쿠팡은 2021년 4월 2일부터 최저가를 목표로 한정기간 동안 '로켓배송상품 무조건 무료배송'으로 네이버와 신세계그룹(이마트) 등 반 쿠팡연합 선공에 나선 바 있다.

사례연구 8-1 이마트 "쿠팡보다 비싸면 보상" vs 쿠팡 "무조건 무배"

유통가, 최저가 전쟁 포화 속으로
이마트, 최저가 보상제 실시 … '무조건 무배' 쿠팡에 맞불
롯데마트, 한우 · 참돔 30% 할인한 창립행사로 할인전 이어가

2021년 4월 유통가가 '최저가전'에 돌입했다. 반 쿠팡연합의 한 축인 이마트가 '최저가격 보상 적립제' 카드를 뽑아들었다. 비교대상은 쿠팡 · 롯데마트몰 · 홈플러스몰 상품이나 사실상 지난주 한 발 앞서 '무료배송' 카드로 선공에 나선 쿠팡을 정조준하고 있다는 분석이다. 미국 뉴욕증권거래소(NYSE) 상장으로 5조원에 달하는 실탄을 채운 쿠팡이 반 쿠팡연합에 '한시적 완전 무료배송'이란 선제공세를 펼치자 반 쿠팡연합도 이에 맞서고 나선 모습이다.

이마트, 최저가격 보상제 카드 … "쿠팡보다 비싸면 보상"

네이버와 손잡은 신세계그룹 소속 이마트는 '생필품 최저가 비교'로 공세를 펼치고 나섰다. 소비자가 이마트 오프라인 매장에서 구입한 상품이 쿠팡 · 롯데마트몰 · 홈플러스몰 판매 상품보다 비쌀 경우 앱에서 소비자에게 차액을 보상하는 방식이다.

이마트는 2021년 4월 8일 자사 앱을 전면 개편하고 최저가격 보상 적립제를 실시한다고 밝혔다.

해당 적립제가 적용되는 상품은 가공 · 생활용품 중 매출 상위 상품 500개 제품이다. 고객이 상품을 이마트에서 구입한 당일 오전 9~12시 기준 이마트 가격을 비교대상 유통사 가격(동일 용량 기준)과 비교, 더 저렴한 사례가 있으면 차액을 쇼핑 포인트 'e머니'로 적립해 주는 것이다. 비교대상은 쿠팡의 로켓배송 싱품, 롯데마트몰과 홈플러스몰의 점포배송 상품이다.

예를 들어 이마트에서 1,500원에 구매한 상품이 쿠팡에서 1,000원, 롯데마트몰에서 1,100원, 홈플러스몰에서 1,200원에 판매 중인 경우 최저가 1,000원을 기준으로 차액인 500원을 e머니로 적립해 준다.

최저가격 보상 적립제 대상 상품 목록은 대표적으로 신라면, CJ햇반, 서울우유, 코카콜라, 삼다수 등이다.

이마트 관계자는 "최저가격 보상 적립제를 통해 대한민국 대표 생필품 판매처로서의 가격 신뢰도를 높일 것"이라며 "고객이 하나하나 가격을 비교하는 수고를 하지 않더라도 합리적인 쇼핑으로 만족감을 얻을 수 있도록 하기 위한 것"이라고 설명했다.

이마트에 한 발 앞서 포문을 연 곳은 쿠팡이다. 2021년 4월 2일부터 시작한 '무료배송' 카드로 네이버와 신세계그룹(이마트) 등 반 쿠팡연합 선공에 나섰다.

쿠팡은 한정 기간 기존 쿠팡의 유료 멤버십 '와우회원'에 가입하지 않은 고객에게도 한시적으로 무료배송 서비스를 제공하는 '로켓배송상품 무조건 무료배송' 캠페인을 진행하고 있다.

쿠팡은 당시 캠페인의 배경에 대해 "저렴한 가격에 물건을 구매하기 위해 열심히 최저가를 검색했지만 막상 주문을 하려고 보면 배송비가 추가돼 더 이상 최저가가 아니었다는 소비자들의 경험담에 기반을 두고 있다"고 네이버 가격비교 서비스를 지목한 바 있다.

쿠팡은 캠페인 홍보 효과를 더하기 위해 가수 비를 모델로 기용해 광고 영상을 제작했다. 이는 쿠팡이 앞서 상장으로 조달한 자금을 물류 부문에 투자하는 동시에 마케팅에도 투입하는 것으로 풀이된다.

한편, 쿠팡이 내부 직원들 대상으로 진행한 조사에 따르면 소비자들은 구매가격의 평균 10%에 해당하는 배송비를 부담하는 것으로 집계됐다. 또한 쿠팡이 자체 고객 설문조사를 실시한 결과, 응답자의 88%가 구매 확정 전 배송비를 확인하는 등 배송비에 민감하다고 답했다. 응답자 10명 중 8명(76%)꼴로 배송비 때문에 구매를 망설인 적이 있다고 답했다.

출처 : 한국경제신문(2021. 4. 8) ⓒ 한경닷컴

(2) 판매가격 보장

모든 경쟁기업들이 구매자들에게 일정 기간 동안 판매가격을 보장하는 것에 동의할 경우, 이것을 판매가격 보장이라고 한다.

과점시장에서 상대기업의 가격인하를 제어할 수 있는 다른 방법은 모든 경쟁기업들이 구매자들에게 일정 기간 동안 판매가격을 보장하는 것에 동의하는 것이다. 예를 들어 특정 브랜드 청바지를 5만원에 구입하는 경우 동일 품목에 대해 구입 후 15일 이내 더 싼 가격으로 살 수 있다면 그 가격을 보장해 주는 것이다.

이러한 **판매가격 보장**(sale-price guarantees)은 소비자들이 할인판매를 기대해 구입을 늦추는 경우를 억제해 현재의 수요를 늘리고자 하는 것이다. 판매가격 보장을 하는 주요 목적은 기업들이 가격을 할인하는 경우 상당한 비용을 부담하도록 하는 것이다. 예를 들어 15일 판매가격 보장정책은 오늘 가격을 인하하면 당일 매출손실뿐만 아니라 지난 15일 동안 판매되었던 제품에 대한 수입을 크게 감소시키게 된다.

(3) 가격책정 정보 공개

가격책정 정보 공개(public pricing)는 가격책정에 관한 정보를 공개적으로 소비자들에게 알려주어 가격책정 정보를 공개적인 정보로 만드는 방법이다. 비협조적인 가격책정 기업이 가격인하를 하는 경우 경쟁기업들이 서로의 가격책정을 낮은 비용으로 쉽게 모니터할 수 있으면 가격인하로 인한 이윤증대는 별로 없게 된다. 가격책정 정보를 구매자에게 알려준다는 것은 잠재적 구매자뿐만 아니라 경쟁기업들에게도 가격책정에 관한 정보를 알려준다는 의미이기 때문에 가격인하와 같은 가격전쟁을 회피하기 위한 수단으로 이용될 수 있다.

가격책정 정보 공개는 가격책정에 관한 정보를 공개적으로 소비자들에게 알려주어 가격책정 정보를 공개적인 정보로 만드는 방법이다.

가격책정 정보 공개가 효과적으로 기능하기 위해서는 그러한 공개는 적시에, 그리고 진실되게 이루어져야 한다. 만약 가격책정에 관한 정보가 오래된 것이거나 실제 거래되는 가격을 반영하지 못한다면 비협조적인 가격인하를 신속하게 간파하지 못하기 때문에 제대로 기능하지 못할 것이다. 또 일부 기업만 하고 다른 경쟁기업들은 하지 않을 경우에도 가격책정 정보 공개는 제대로 역할을 하지 못할 수 있다.

가격책정 정보 공개에 의해 일방적인 가격인하를 신속하게 간파할 수 있기 때문에 보복적인 가격인하 역시 빠르게 이루어질 수 있다. 따라서 가격책정 정보 공개는 결국 가격인하로 인한 이윤증대를 가져오지 못하게 함으로써 기업들 간 가격인하를 억제한다.

최근 일부 기업들이 인터넷 상에 가격정보를 알려주고 있는데, 이는 구매자들뿐만 아니라 다른 경쟁기업들에게도 가격정보를 신속하게 알려주는 기능을 하고 있다.

(4) 가격선도

가격선도(price leadership)는 가격선도기업이 이윤을 극대화할 수 있는 가격을 먼저 결정하면 시장 내 모든 나머지 기업들이 이를 추종해 가격을 책정하는 것이다.

가격선도는 가격선도기업이 이윤을 극대화할 수 있는 가격을 먼저 결정하면 시장 내 모든 나머지 기업들이 이를 추종해 가격을 책정하는 것이다.

가격선도기업이 일단 가격을 결정하면 시장 내 다른 기업들은 가격을 추종하고, 광고나 여러 가지 마케팅 방법들을 사용해 경쟁한다. 가격선도기업이 가격을 변경시키지 않는 한 가격은 고정된다. 가격선도는 명시적으로 이루어지지 않는 것이 일반적이고, 암묵적으로 다른 기업들이 가격을 추종할 때 발생한다. 이러한 이유 때문에 일반적으로 가격선도는 합법적인 형태를 취한다.

〈사례연구 8-2〉는 가격선도의 예를 보여주고 있다. 애플 이모티콘이 2,500원으로 오르자 2019년 12월 5일 카카오는 카톡 이모티콘과의 가격 차이를 없앤다고 안드로이드 이용자들의 이모티콘 가격을 300원 올렸다. 이처럼 가격선도는 가격선도기업이 가격을 올리면 추종기업이 이를 따르는 행태이다.

가격선도기업은 시장 내 지배적 기업인 경우가 일반적이지만, 반드시 그러한 것은 아니다.

사례연구 8-2 가격선도의 예 : 애플 이모티콘 2,500원 … 그래서 안드로이드 300원 올린 카톡

안드로이드 · PC 카톡 이모티콘 300원↑ … "애플 정책 탓"

가격정책상 애플 iOS폰은 2,500원
카카오, 가격 차이 없앤다며 올려
소비자 "옆집따라 비싸게 팔다니"
애플 이용자도 "늘 돈 더 내" 불만

2019년 12월 5일부터 안드로이드 스마트폰 이용자의 카카오톡 이모티콘 가격이 2,200원에서 2,500원으로 인상된다. 3,300원짜리 대형 · 소리 이모티콘은 450원 오른 3,750원이 된다. PC 버전 카카오 이모티콘샵에서도 마찬가지다.

카카오는 최근 이모티콘샵 공지를 통해 "이용자 간 가격차별을 해소하고, 창작자의 수익 환경을 개선하기 위해 가격이 소폭 인상된다"고 설명했다. 애플의 해외결제 정책인 '가격 티어제' 때문에 iOS 이용자들은 2018년 9월부터 이모티콘 한 개에 2,500원(대형 · 소리 이모티콘은 3,900원)을 지불하고 있다. 이를 '가격차별'로 보고 안드로이드 이용자들의 이모티콘 가격도 올리겠다는 것이다.

애플의 가격 티어제는 0.99달러 단위로만 앱 내 결제를 허용하는 정책이다. 이에 따라 1,200원-2,500원-3,900원- … -1만 2,000원으로 구성된 '10티어(단계)' 중에서만 가격을 책정할 수 있다.

"물가 상승 · 창작자 수익 증대 고려"

카카오가 이모티콘 가격을 인상한 것은 지난 2016년 8월 이후 처음이다. 이때도 카카오는 '가격차별 해소'를 이유로 들었다. 당시 정부가 해외 앱 마켓 사업자에게 부과한 부가가치세 10%를 개발자가 부담하게 한 구글과 달리, 애플은 이를 소비자가격에 얹으면서 이용자 '전체'의 이모티콘 가격이 2,000원에서 2,200원으로 올랐다.

iOS 이모티콘 가격이 2,500원이 된 지 1년 후에야 안드로이드 가격을 올린 데 대해서는 "애플 정책이 변했다고 가격정책을 갑자기 바꾸면 이용자를 고려하지 않은 셈이라 내부에서 많은 고심을 거쳤다"며 "물가와 인건비 상승, 창작자 수익 등을 복합적으로 고려했다"고 밝혔다.

안드로이드 이용자 반발 … 이모티콘 '사재기'도

이에 안드로이드 사용자들은 "애플 정책에 왜 우리까지 비싼 값을 내야 하냐"며 반발 중이다. 평소 이모티콘을 애용한다는 직장인 A(27)씨는 "옆집이 비싸니까 우리도 비싸게 팔겠다는 것"이라며 "이모티콘 외 다른 사업도 많이 하는 카카오가 욕심을 부리는 것 아니냐"고 말했다.

아이폰 사용자인 대학생 B(23)씨도 "아이폰 결제보다 저렴한 PC샵에서 이모티콘을 구매해 왔는데, PC샵 가격도 오른다기에 미리 이모티콘을 구매 중"이라며 "소확행(작지만 확실한 행복)의 상징이었던 이모티콘이 점점 '중확행'이 되는 것 같다"고 말했다.

카카오의 이모티콘 누적 구매자는 2019년 9월 기준 2,100만 명이다. 2019년 3분기 '플랫폼 부문 톡비즈(이모티콘·카톡 내 배너광고·선물하기 등)' 매출은 1조 6,242억원가량이다.

카카오는 "가격이 인상돼도 카카오가 가져가는 마켓 수수료 비율과 수익 분배 구조는 똑같다"는 입장이다. 카카오는 정확한 수익 구조를 공개하지 않고 있지만, 업계는 이모티콘 매출의 30%를 앱 마켓이, 남은 70%를 카카오와 작가·에이전시가 나누는 것으로 보고 있다. 이용사의 반발이 커지자 카카오는 "(미켓 수수료가 없는) PC샵에서 연중 상시 할인 혜택을 제공하겠다"는 방안을 내놨다.

애플 이용자 "늘 비싼 값 내야…애플 정책 소비자 기만"

한편 아이폰-안드로이드 이용자 간 가격 차이는 애플 이용자들의 꾸준한 불만 요소다. 대표적으로 네이버 웹툰의 결제 단위인 '쿠키'나 네이버 브이라이브의 '코인' 등을 구매할 때 iOS 이용자들은 늘 더 비싼 값을 낸다. 모바일 게임도 마찬가지다. 예컨대 안드로이드에선 4,500원인 인기 게임 '모뉴먼트 밸리'는 아이폰에서 4,900원에 팔린다.

이는 세계 iOS 점유율이 약 20~30%에 불과한데도 올 상반기 애플 앱스토어 결제액이 구글플레이(17조원)의 2배에 가까운 30조원까지 치솟는 이유 중 하나다. 네이버 브이라이브를 자주 이용하는 C(25) 씨는 "귀찮아도 꼭 PC를 켜서 코인을 결제한다"며 "소비자를 홀대하는 애플 정책이 어서 바뀌었으면 한다"고 말했다.

출처 : 중앙일보(2019. 11. 14)

2.6 카르텔과 명시적 가격협정

카르텔은 가격과 생산량을 조정하기로 동의한 기업들의 공식적 조직이다.

카르텔(cartel)은 가격과 생산량을 조정하기로 동의한 기업들의 공식적 조직으로, 기업들의 제품은 동질적(homogeneous)인 경우가 보통이다. 카르텔은 회원기업들에게 결정된 가격을 준수하도록 하기도 하고, 산출량을 할당하거나 투자를 조정하고, 카르텔 전체의 이윤을 극대화하고자 한다.[4] 카르텔은 기본적으로 경쟁을 약화시킴으로써 카르텔에 속한 기업들의 이윤을 증가시키기 위해 결

4. Shepherd and Shepherd(2004), p.82를 참조 바람.

그림 **8-4**

카르텔의 균형과 배신유인

카르텔의 이윤은 $MR_C = MC$인 곳에서 극대화된다. 이곳에서 카르텔은 가격 P_C와 Q_C를 결정한다. 그러나 회원기업이 P_C보다 약간 낮은 가격을 받는다면 평균비용이 가격보다 낮기 때문에 추가적 이윤획득이 가능해지고, 이에 따라 배신하게 될 가능성이 높아진다.

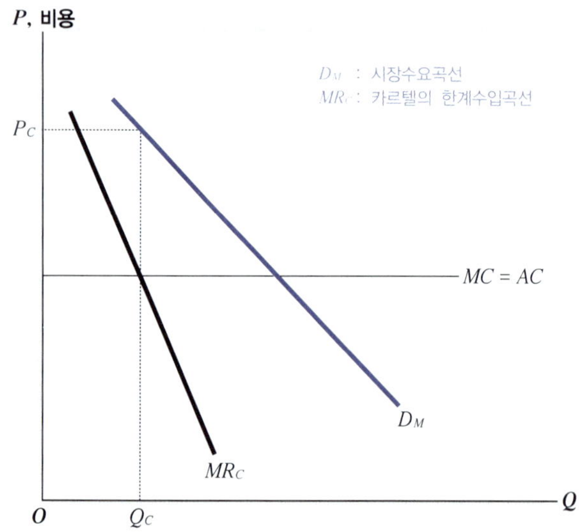

성된다. 만약 카르텔에 속한 기업이 카르텔의 결정을 준수하지 않는 경우 불이익을 강제당하기도 한다. 따라서 각국은 경쟁법이나 경쟁정책을 통해 카르텔을 대부분 금지하고 있다.

그러나 카르텔이 회원기업들에게 결정된 가격을 준수하도록 요청할 때 〈그림 8-4〉에서 보듯이 가격과 한계비용 MC와의 차이가 커질수록 카르텔에 속하는 개별기업들은 배신을 할 가능성이 더욱 커진다. 왜냐하면 카르텔에서 결정된 가격보다 약간 낮은 가격을 받는다면 평균비용이 가격보다 낮은 한 추가적 이윤을 획득할 수 있기 때문이다.

명시적 가격협정은 시장가격보다 높은 가격을 받음으로써 이윤을 증가시키고자 하는 기업들 간의 공공연한 가격담합이다.

명시적 가격협정은 말 그대로 명시적으로 특정 가격을 받기로 기업들이 한 약정이다. 이는 시장가격보다 높은 가격을 받음으로써 이윤을 증가시키고자 하는 기업들 간의 공공연한 가격담합이다. 각국은 이러한 명시적 담합을 경쟁법이나 경쟁정책을 통해 대부분 금지하고 있다.

명시적 가격협정의 경우에도 협정에 가입한 개별기업들은 늘 배신에 대한 유인을 갖는다. 〈그림 8-5〉는 이러한 유인을 설명하고 있다. 오른쪽 그림을 보자. 시장 전체의 수요와 공급곡선이 균형되는 곳에서 가격 P_0와 산출량 Q_0가 결정된다. 이러한 가격 P_0 하에서 개별기업의 경제학적 이윤은 0이 된다. 이는

그림 **8-5**

명시적 가격협정의 배신유인 오른쪽 그림에서 시장수요곡선 D와 시장공급곡선 S가 만나는 점 E에서 균형이 된다. 균형에서 시장가격은 P_0, 산출량은 Q_0이다. 명시적 가격협정을 통해 담합가격이 P_F로 결정되어 이 기업이 이 가격을 준수할 경우 왼쪽 그림처럼 q_F를 생산하고 □$ABCP_F$의 경제학적 이윤을 얻는다. 그러나 이 기업은 q_F의 산출량 수준에서 만족하기 어렵다. 산출량을 조금만 늘려도 이윤이 늘어나기 때문이다. 산출량을 q_F'까지 늘리는 경우 이 기업의 경제학적 이윤은 크게 증가해 □$A'B'C'P_F$의 면적이 된다.

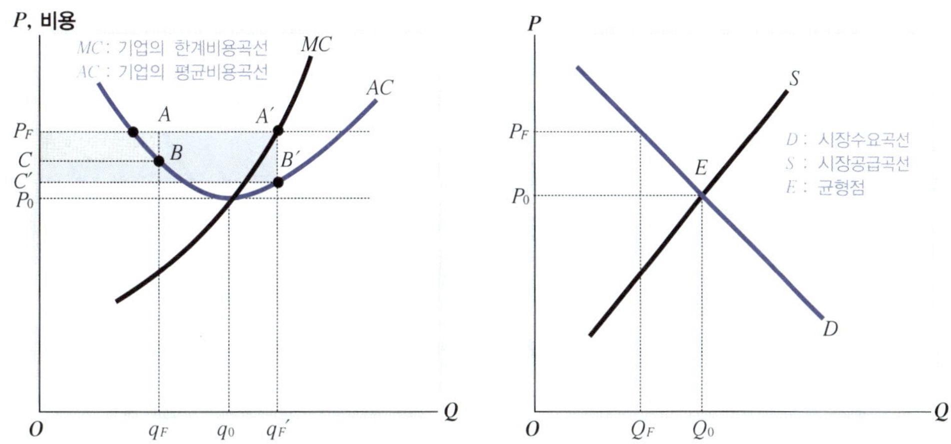

왼쪽 그림에서 쉽게 파악될 수 있다. 명시적으로 가격을 협정하는 경우는 약정된 가격이 시장가격보다 높은 가격 수준일 수밖에 없다. 왜냐하면, 시장가격보다 낮은 가격을 기업들이 담합해 결정할 이유는 없기 때문이다. 담합가격이 P_F로 결정되면 이제 이 기업은 왼쪽 그림에서와 같이 사각형 $ABCP_F$의 경제학적 이윤을 획득하게 된다. 그러나 이 기업은 q_F의 산출량 수준에서 만족하기 어렵다. 왜냐하면 산출량을 조금만 늘려도 이윤이 늘어날 수 있기 때문이다. 산출량을 q_F'까지 늘리는 경우 이 기업의 경제학적 이윤은 크게 증가해, 사각형 $A'B'C'P_F$의 면적이 된다.

〈사례연구 8-3〉은 서울메트로 발주 승강장스크린도어(PSD) 유지보수 입찰 관련 3개 사업자의 부당한 공동행위에 대한 건을 다루고 있다. 관련 기업은 이 사건 입찰에서 낙찰예정자, 들러리를 미리 정하는 합의를 한 후 투찰가격 등을 유선 또는 이메일 등으로 알려주고 입찰에 합의한 그대로 참여하였음이 인정되고 있다. 이는 독점 규제 및 공정거래에 관한 법률(공정거래법) 제19조(부당한 공동행위의 금지) 제1항 제8호의 행위에 대한 합의에 해당한다. 이는 입찰

시장에서의 경쟁을 부당하게 제한(경쟁제한성)하여 경쟁 입찰제도의 취지를 무력하게 만드는 '부당한 공동행위' 이기 때문에 부당하게 경쟁을 제한하는 행위를 다시 하여서는 아니 된다고 주문하고, 아울러 해당 기업들에게 과징금을 부과하였다.

사례연구 8-3 부당한 공동행위 사례 : 서울메트로 발주 승강장스크린도어(PSD) 유지보수 입찰 관련

사건명 서울메트로 발주 승강장스크린도어(PSD) 유지보수 입찰 관련 3개 사업자의 부당한 공동행위에 대한 건
(사건번호 : 2017입담2250)

피심인 1. 삼중테크 주식회사
2. 주식회사 미디어디바이스
3. 주식회사 태빛

피심인 삼중테크 주식회사, 주식회사 미디어디바이스, 주식회사 태빛은 승강장스크린도어(Platform Screen Door, 이하 'PSD') 제조업을 영위하는 자들로서 '독점규제 및 공정거래에 관한 법률(이하 '법' 이라 한다)' 제2조 제1호에서 규정하고 있는 사업자에 해당한다.

PSD란 지하철 등의 승강장부에 설치되어 승객의 추락 등 안전사고를 예방하고, 열차풍 유입 감소, 방음 · 방진 효과를 통해 승강장의 쾌적성을 향상하기 위한 구조물이다. 승강장에 설치되어 평상시에는 닫혀 있지만 지하철 열차가 도착한 뒤 승객의 탑승을 위해 지하철의 출입문이 열림과 함께 스크린도어의 출입문이 자동적으로 열리고 지하철의 출입문이 닫히면 이에 따라 스크린도어의 출입문이 닫히는 구조를 가지고 있다.

국내 PSD 시장은 크게 PSD 제작 및 설치가 이루어지는 'PSD 설치 시장'과 설치된 PSD에 대한 수리, 부품판매 등이 이루어지는 'PSD 유지보수 시장'으로 나누어지며, 국내 PSD 유지보수 시장은 PSD 설치 시장보다 규모가 작다.

이 사건 입찰은 서울메트로가 발주한 것으로 적격심사 또는 최저가 낙찰제 방식으로 낙찰자를 결정하였다.

위법성 판단

1) 삼중테크와 미디어디바이스의 합의 및 실행

피심인 삼중테크 A팀장은 2013년 2월부터 2016년 9월까지 서울메트로가 발주한 5개의 PSD 유지보수 입찰에 참여하면서 입찰공고일과 투찰마감일 사이에 휴대폰 통화를 통해 미디어디바이스 B대표에게 "삼중테크만 입찰에 참여할 것 같으니 유찰방지 차원에서 들러리로 참여해 달라"고 요청하였고, B대표는 이를 수락하였다. 미디어디바이스는 들러리로 입찰에 참여하는 대가로 해당 입찰건 작업 일부에 대해 삼중테크로부터 하도급을 받기로 하였다. 이에 따라 삼중테크와 미디어디바이스는 5개 입찰건 모두 삼중테크를 낙찰예정자로 결정하고 미디어디바이스가 들러리로 입찰에 참여하면서 삼중테크보다 높은 가격으로 투찰할 것을 합의하였다. 피심인 삼중테크와 미디어디바이스는 5건 입찰에 참여하면서, 미디어디바이스가 삼중테크로부터 전달받은 금액대로 투찰하여 삼중테크는 3건의 입찰에서 낙찰받았다.

2) 삼중테크와 태빛의 합의 및 실행

서울메트로가 입찰공고를 하기 전 기초금액 등의 산정을 위해 PSD 제작 업체들에게 견적서를 요청하였는데, 피심인 전 태빛 C차장은 2015. 9. 11. 삼중테크 D

팀장에게 자신이 작성한 견적서를 첨부한 이메일을 보내 삼중테크도 발주처에 견적서를 제출할 것을 요청하였다. 이에 삼중테크 D팀장이 같은 날 요청받은 견적서를 첨부하여 "입찰도 필요하면 지원하여 주겠다"고 이메일로 회신하였고, 이는 실제 입찰공고가 되면 태빛이 낙찰받을 수 있도록 삼중테크가 들러리로서 입찰에 참여하겠다는 의미인 것으로 확인된다. 피심인 태빛은 이를 수락하여 2015년 10월 서울메트로가 발주한 '사당역 승강장안전문(PSD) 제어시스템 개선' 입찰에 참여하면서 입찰공고일과 투찰마감일 사이에 삼중테크에게 유선상으로 투찰할 금액을 전달하였고, 삼중테크가 태빛으로부터 전달받은 금액대로 투찰하여 태빛이 낙찰받았다.

법 규정 및 법리

인정한 사실에 관련 법 규정 및 법리를 종합하여 보면 피심인들은 이 사건 입찰에서 낙찰예정자, 들러리를 미리 정하는 합의를 한 후 투찰가격 등을 유선 또는 이메일 등으로 알려주고 입찰에 합의한 그대로 참여하였음이 인정된다. 이러한 의사의 합치는 입찰에서 낙찰자, 투찰가격, 낙찰가격 등을 결정하는 행위이므로 법 제19조(부당한 공동행위의 금지) 제1항 제8호의 행위에 대한 합의에 해당한다.

피심인들은 이 사건 입찰에서 낙찰예정자를 사전에 정하고 유찰 방지를 위한 들러리 참여 및 투찰가격 등을 합의하여 실행한 것으로서 입찰에서의 공정한 경쟁을 침해하고, 입찰참여자들 간의 경쟁을 통해 거래상대방, 거래 조건 등을 결정하고자 한 경쟁 입찰제도의 취지를 해당 합의가 무력하게 만들고 있는 점 등을 종합하여 볼 때 피심인들의 행위는 하나의 공동행위로 인정되어 이 사건 입찰 시장에서의 경쟁을 부당하게 제한하는 것(경쟁제한성)으로 인정된다. 경쟁제한성이란 사업자가 공동으로 어떠한 행위를 함으로써 시장에서의 경쟁이 감소하여 공동행위 참여자의 의사에 따라 가격, 수량, 품질, 기타 거래조건 결정 등에 영향을 미칠 우려가 있는 경우를 말한다.

피심인들의 행위는 법 제19조(부당한 공동행위의 금지) 제1항 제8호에 위반되므로 시정조치에 대하여는 법 제21조의 규정을, 과징금 부과에 대해서는 법 제22조의 규정을 각각 적용하여 주문과 같이 의결한다.

주문

1. 피심인들은 정부 또는 공공기관에서 발주하는 승강장스크린도어(PSD) 유지보수 입찰에 참가하면서 사전에 낙찰예정자 및 투찰가격 등을 합의하는 방법으로 부당하게 경쟁을 제한하는 행위를 다시 하여서는 아니 된다.
2. 피심인인 삼중테크는 34,000,000원, 미디어디바이스는 19,000,000원의 과징금을 국고에 납부하여야 한다.

출처 : 공정거래위원회(2019. 7. 1), 공정거래위원회 제1소회의 의결 제2019-144호. 이에 근거하여 작성됨.

2.7 암묵적 담합

암묵적 담합(tacit collusion)은 어떤 명시적 협정 없이 경쟁기업들 간에 협조가 이루어지는 경우를 말한다. 가격선도의 경우도 암묵적 담합의 예라고 할 수 있다. 명시적 협정이 없이 경쟁기업들 간에 판매지역을 분리하는 경우도 암

암묵적 담합은 어떤 명시적 협정 없이 경쟁기업들 간에 협조가 이루어지는 경우를 말한다.

묵적 담합이라 할 수 있다. 암묵적 담합은 법적으로는 불법이 아닐 수 있지만, 경쟁기업들이 그러한 협정을 맺고자 하는 시도가 정책당국에 포착되는 경우 제재를 받게 된다.

암묵적 담합은 과점시장 내의 대부분 기업들이 기업 간 상호의존성을 인식하고 협조하지 않을 경우 영업성과가 나빠질 수 있다는 것을 이해하고 있기 때문에 발생한다. 암묵적으로 협조하고자 하는 동기는 명시적 담합이 법적으로 금지되어 있기 때문이다. 즉, 법적 제재나 과징금 등을 회피하는 데 있다. 암묵적 담합도 기업 간 협조에서 비롯한다.

생각해 봅시다

1. 과점시장에서 기업들의 상호의존성이 높다는 것은 무엇을 말하는가? 실제 시장에서 그러한 예를 들 수 있다면, 그러한 상황을 설명하라.
2. 카르텔의 균형과 배신유인을 설명하라. 이 책에서 설명한 예가 아닌 다른 상황을 생각해보고 이를 설명하라.
3. 시장에서 경쟁기업들의 협조를 용이하게 하는 가격책정의 관행을 실제로 발견할 수 있는가? 만약 있다면, 이를 설명하라.
4. 암묵적 담합의 예를 주변에서 찾아보라. 어떤 예를 발견할 수 있는가?
5. 과점시장의 경우에 게임이론을 살펴보았다. 정치상황에 게임이론을 적용할 수 있는가? 만약 있다면 실제 예를 들어 설명하라.
6. 전략적 행동은 공언, 위협, 약속으로 구성된다. 이러한 행동을 실제 시장에서 찾아보고 이에 관해 논하라.

중요 용어

상호의존성	게임	수지행렬
공통지식	용의자 딜레마	우월전략
우월전략 균형	내쉬 균형	전략의 안정성
최선반응곡선	순차의사결정	균형의사결정경로
배신응징에 대한 보복전략	협조를 용이하게 하는 가격책정의 관행	
카르텔	명시적 가격협정	암묵적 담합

참고문헌

1. Christopher R. Thomas and S. Charles Maurice, *Managerial Economics*, 13th ed. (New York, N. Y.: McGraw Hill, 2020).
2. Dennis W. Carlton and Jeffrey M. Perloff, *Modern Industrial Organization*, 4th ed., (Pearson, 2015).
3. Robert Axelrod, *The Evolution of Competition*, (New York : Basil Books, 1984).
4. Lynne Pepall, Daniel J. Richards, and George Norman, *Industrial Organization : Contemporary Theory and Practice Empirical Applications*, 5th ed., (Wiley, 2014).
5. W.G. Shepherd and Joanna M. Shepherd, *The Economics of Industrial Organization*, 5th ed. (Long Grove, IL : Waveland Press, Inc., 2004).

Chapter

09 기업경쟁과 관련된 여러 가지 전략들

10 광고

11 지식재산권

12 규제

13 공정거래정책

시장경쟁과 관련된 제도와 기업전략

Industrial Organization
Part Six

6

09 기업경쟁과 관련된 여러 가지 전략들

Chapter Nine

1. 가격정책 등 진입억제전략 / 2. 수평적 합병, 수직적 합병, 혼합합병
3. 수평적 제한과 수직적 제한

1. 가격정책 등 진입억제전략

시장이나 산업 내의 기존 기업들은 새로운 기업들이 시장에 진입하는 것을 막기 위해 전략적 행동을 취할 수 있다. 이를 진입억제전략(strategic entry deterrence)이라 한다. 이러한 진입억제전략에는 약탈가격전략, 진입저지가격전략, 초과설비유지전략 등 다양한 전략들이 있다.

1.1 약탈가격전략

1) 개념

약탈가격전략은 기업이 시장 내의 다른 경쟁기업들을 몰아내거나, 잠재적 진입기업들의 시장진입을 막기 위해 가격을 낮추었다가 경쟁기업들이 시장에서 퇴출되면 다시 가격을 올리는 가격전략이다.

약탈가격전략(predatory pricing strategy)은 기업이 시장 내의 다른 경쟁기업들을 몰아내거나, 잠재적 진입기업들의 시장진입을 막기 위해 가격을 낮추었다가 경쟁기업들이 시장에서 퇴출되면 다시 가격을 올리는 가격전략을 말한다. 이는 약탈가격을 책정하는 기업이 시장지배력을 유지하고, 장기에 비정상이윤을 얻기 위해 단기손실을 감수한다는 것을 의미한다.[1]

약탈가격전략이 성공하기 위해서는 다른 경쟁기업들이 약탈가격을 책정하는 기업이 시장에서 그들이 퇴출될 때까지 그러한 가격정책을 유지할 것이라고

1. Myers(1994)를 참조 바람.

그림 **9-1**

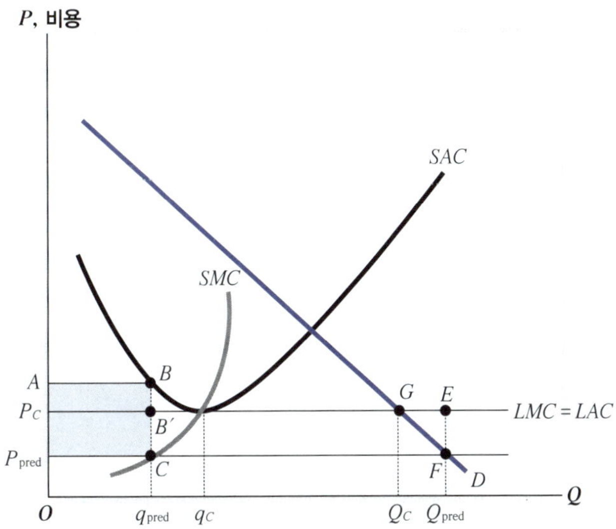

LAC, LMC : 장기비용곡선 SAC, SMC : 단기비용곡선

P_{pred} : LAC보다 낮은 약탈가격 □$ABCP_{pred}$: 경쟁기업의 단기손실

□$B'EFC_{pred}$: 약탈기업의 단기손실

△GEF_{pred} : 약탈가격 때문에 생기는 불필요하게 지출되는 생산비의 크기

□$ABB'P_C$: 약탈가격 때문에 생기는 최저생산비를 초과하는 실제 생산비의 크기

약탈가격전략 : 1단계

약탈기업이 시장에서 경쟁기업을 몰아내기 위해 장기평균비용($LAC = P_C$)보다 낮은 수준의 약탈가격 P_{pred}를 책정한다고 하자. 경쟁기업은 SMC에서 산출량을 결정하기 때문에 산출량을 q_C에서 q_{pred}로 줄이게 된다. 이에 따라 □$ABCP_{pred}$의 단기손실을 보게 된다. 약탈기업이 약탈가격 P_{pred}를 결정하면서 시장수요는 Q_C에서 Q_{pred}로 증가해 약탈기업의 단기손실은 □$B'EFC$가 된다. △GEF는 약탈가격 때문에 불필요하게 지출되는 생산비의 크기이고, □$ABB'P_C$는 약탈가격 때문에 비효율이 발생해 최저생산비를 초과하는 실제생산비의 크기이다. 약탈가격전략의 결과 (□$ABB'P_C$+ △GEF)의 후생손실이 발생한다.

믿어야 한다. 약탈가격을 책정하는 기업이 경쟁기업들보다 이러한 가격에 보다 오래 버틸 수 있어야 성공함은 물론이다. 그러나 현실에서 이러한 약탈가격을 발견하는 것은 쉽지 않다. 왜냐하면 약탈가격을 책정하는 기업은 경쟁기업들을 믿도록 만들 방법이 마땅하지 않고, 경쟁기업들이 시장을 떠난 후 다시 가격을 올릴 때 새로운 기업들이 진입하기 때문이다.

약탈가격전략이 성공하기 위해서는 잠재적 진입기업들이 기존 기업의 이러한 가격전략 때문에 이 시장에서 수익을 얻을 수 없다고 믿어야 한다. 이 경우 기존 기업은 시장진입에 대한 두려움 없이 이윤을 극대화할 수 있는 가격으로 다시 올릴 수 있다.

2) 그림을 통한 설명

〈그림 9-1〉은 약탈가격전략의 제1단계를 설명한다. 편의상 시장에 두 기업만 있고, 두 기업의 비용곡선도 동일하다고 하자. 약탈가격을 책정하는 기업

그림 **9-2**

약탈가격전략 : 2단계

약탈가격 때문에 경쟁기업이 시장을 떠나게 되면 약탈기업이 독점기업이 되어 $MR = LMC$인 곳에서 다시 가격을 책정해 독점이윤 $\square P_M ABP_C$를 얻는다.

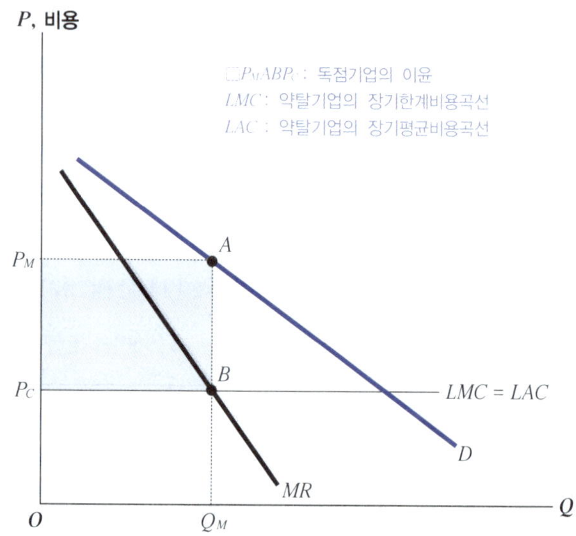

(이하 약탈기업)은 시장에서 경쟁기업을 몰아내기 위해 장기평균비용보다 낮은 수준으로 가격을 낮추게 된다. (편의상 LAC와 LMC는 같고 일정하다고 하자). 이 가격을 P_{pred}라 하면, 이것이 약탈가격이 된다. 단기비용곡선이 SAC와 SMC로 주어졌다면 경쟁기업은 SMC에서 산출량을 결정하기 때문에 $P = P_{pred}$일 때 산출량을 q_C에서 q_{pred}로 줄이게 된다. 이에 따라 $\square ABCP_{pred}$의 단기손실을 보게 된다. 약탈기업이 약탈가격을 채택하면서 낮은 가격 때문에 시장수요가 크게 증가하게 되고, 이에 따라 시장수요는 Q_C에서 Q_{pred}로 증가해 약탈기업의 단기손실은 $\square B'EFC$로 나타난다.

$\triangle GEF$는 약탈가격 때문에 불필요하게 지출되는 생산비의 크기를 나타낸다. 그리고 $\square ABB'P_C$는 약탈가격 때문에 비효율이 발생해 최저생산비를 초과하는 실제생산비의 크기를 말한다. 약탈가격전략의 결과로 비효율이 발생해 $(\square ABB'P_C + \triangle GEF)$의 후생손실이 발생한다.

〈그림 9-2〉는 이러한 약탈가격 때문에 경쟁기업이 시장을 떠나게 되면서 약탈기업이 독점기업이 되어 $MR = MC$인 곳에서 가격을 다시 책정해 독점이윤을 보는 상황을 설명한다. 이를 제2단계라 할 수 있다. 이에 따라 약탈기업은 $\square P_M ABP_C$의 독점이윤을 얻을 수 있다.

1.2 진입저지가격전략

1) 개념

진입저지가격전략(limit pricing strategy)은 기존의 과점기업이나 독점기업이 새로운 기업의 시장진입을 막기 위해 가격을 이윤극대화 수준보다 낮게 책정하는 것을 말한다. 약탈가격전략은 엄격한 기준에서 보면 경쟁기업이 진입한 이후에 기업이 책정하는 사후적 가격전략이지만, 진입저지가격전략은 잠재적 진입기업의 진입을 저지하기 위해 사전적으로 가격을 책정하는 전략이다. 불확실한 미래 하에서 진입저지가격전략이 효과를 거두기 위해서는, 기존 기업의 그러한 가격정책이 실제 시장진입이 이루어져도 계속될 것이라고 잠재적 진입기업들이 반드시 믿어야 한다.

진입저지가격전략은 기존의 과점기업이나 독점기업이 새로운 기업의 시장진입을 막기 위해 가격을 이윤극대화 수준보다 낮게 책정하는 가격전략이다.

만약 기존 기업이 이윤극대화 수준보다 낮은 가격을 책정하는 것이 단순히 진입기업들을 위협하기 위해서이고 실제 진입이 이루어지면 다시 가격을 올릴 것으로 잠재적 진입기업들이 믿는다면 진입저지가격에도 불구하고 시장에 진입할 것이다.

2) 순차게임을 통한 진입저지가격전략의 설명

〈그림 9-3〉은 진입저지가격전략을 설명하고 있다. 가격 P^*를 이윤을 극대화하는 가격이라고 하자. 그러나 진입저지가격전략을 선택하는 기업은 P^*보다 낮은 가격인 P_L을 책정해 진입기업에게 시장에 들어오더라도 양(+)의 경제적 이윤을 볼 수 없다는 것을 보이고자 한다.

잠재적 진입기업이 이러한 진입저지가격전략을 믿어야 그 전략이 효과를 나타낼 수 있다. 따라서 기존 기업은 진입기업의 진입 후 진입저지가격 P_L 하에서 q^*를 생산하는 것이 최적이라는 것을 잠재적 진입기업에게 보여야 한다. 만약 두 기업이 동일한 평균비용곡선을 갖고 있다면 다른 기업이 진입할 때 기존 기업이 산출량을 변경하지 않을 것이라고 믿을 이유는 별로 없을 것이다. 진입저지가격전략이 제대로 작동하기 위해서는 시장진입이 발생할지라도 기존 기업

그림 **9-3**

진입저지가격전략

기존 기업의 이윤을 극대화하는 가격 수준은 P^*, 산출량 수준은 q^*이다. 그러나 기존 기업이 새로운 기업의 시장진입을 막기 위해 P^*보다 낮은 진입저지가격 P_L을 책정하는 경우, AC와 D'이 G점에서 접하기 때문에 시장에 진입해도 진입기업의 경제적 이윤은 0이 된다. P_L의 가격에도 불구하고 기존 기업이 생산설비 때문에 q^*의 산출량을 생산한다고 진입기업이 믿는다면, 진입기업의 잔여수요곡선은 D'이 되기 때문에 시장진입을 포기하게 된다.

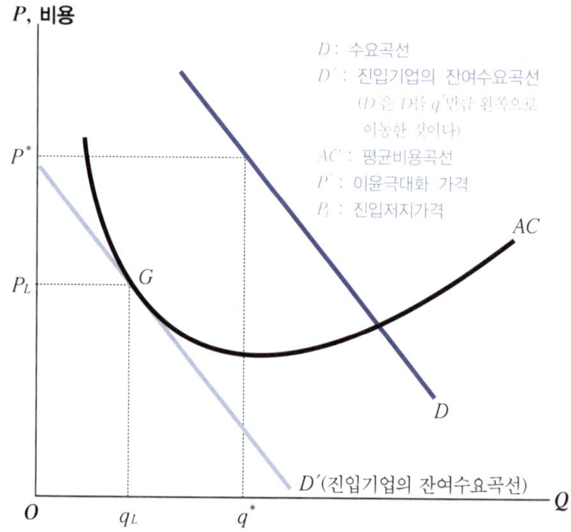

이 q^*를 생산할 만한 타당한 이유가 있다는 것을 시장을 통해 보여야 한다.

예를 들어 다음과 같이 가정하자. 게임의 첫 단계에서 기존 기업이 설비를 증설한다. 게임의 2번째 단계에서만 잠재적 진입기업이 시장에 진입 여부를 결정할 수 있다. 기존 기업이 낮은 한계비용으로 q^*의 양을 생산할 수 있도록 생산설비를 증설한다. 잠재적 진입기업은 기존 기업이 그러한 생산설비를 갖고 있기 때문에 새로운 기업의 시장진입이 일어나든지 않든지 간에 q^*의 양을 생산할 것이라고 믿을 수 있다. 잠재적 진입기업은 기존 기업이 그러한 초과설비를 갖고 있거나 건설하고 있는 것을 알고 있다면 진입기업의 잔여수요곡선은 D'이 되기 때문에 시장에 진입하지 않을 것이다. 이 경우 기존 기업은 진입저지가격전략을 성공적으로 수행하게 된다. q^*의 양을 생산할 것이라는 위협이 먹혀들 수 있도록 실제 생산설비를 증설함으로써 미래에 다양한 규모의 생산설비를 선택할 수 있는 기회를 상실했지만, 다른 기업의 진입을 저지함으로써 이윤을 증가시킬 수 있다.

〈그림 9-4〉는 진입저지에 성공하는 경우의 진입저지가격전략을 순차게임으로 설명한다. 한국타이어가 타이어시장에서 유일한 기업이라고 하자. 독점기업으로서 한국타이어는 타이어 1개당 5만원의 평균가격을 책정함으로써 이윤을

그림 **9-4**

진입저지가격전략 : 진입포기(한국타이어의 초기 의사결정을 되돌릴 수 없는 경우) 의사결정노드 [1]에서 한국타이어는 진입저지가격인 P_L이나 P_H를 책정한다. 이에 따라 의사결정노드 [2]의 b 또는 c에서 세계타이어는 시장에 진입하거나 진입을 포기한다. 한국타이어 입장에서 최선의 수지는 한국타이어가 a에서 가격 P_H를 결정한 후 세계타이어가 c에서 진입을 포기할 때 얻는 90(억원)이다. 반면에 최악의 수지는 a에서 P_L을 결정한 후 세계타이어가 b에서 시장에 진입할 때 얻는 50(억원)이다. 순차의사결정의 롤백방법을 이용하면 [2]의 b에서 세계타이어는 시장진입을 포기하고, [2]의 c에서는 시장에 진입한다. 따라서 세계타이어의 시장진입을 막기 위해 한국타이어는 a에서 진입저지가격 P_L을 선택해 70(억원)의 수지를 얻게 된다. 이 수지는 세계타이어가 시장에 진입할 때 한국타이어가 얻을 수 있는 최선의 수지 60(억원)보다 나은 수지이다. 이 경우 한국타이어의 초기 의사결정은 되돌릴 수 없다는 전제조건이 필요하다.

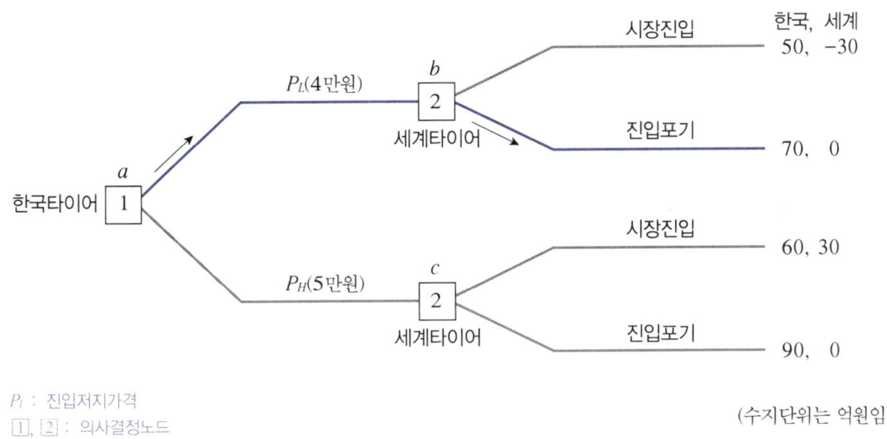

극대화할 수 있다.[2] 한국타이어가 시장에서 독점적 지위를 이용해 이윤을 보고 있기 때문에 세계타이어가 새로이 시장에 진입할 것을 고려하고 있다.

한국타이어 경영진은 세계타이어가 잠재적 신규 진입기업이 될 것이라는 것을 알고 있고 세계타이어가 스스로 시장진입을 포기하기를 원한다. 따라서 한국타이어는 세계타이어의 시장진입을 저지하기 위해 타이어 평균가격을 P_L(4만원)로 낮추어서 계속 유지할 것이라는 것을 시장에 알려야 하며, 이러한 진입저지가격전략이 제대로 작동하기 위해서는 세계타이어 등 시장관계자들이 모두 이를 믿도록 해야 한다. 따라서 한국타이어는 이러한 가격책정이 변함이 없다는 것을 관련 조치를 통해 시장에 신뢰성 있게 전달해야 한다.

〈그림 9-4〉는 이러한 순차의사결정 과정을 통해 진입저지가격전략이 성

2. 타이어는 많은 종류가 있기 때문에 편의상 타이어의 평균가격을 고려하는 것이 타당할 수 있다.

공적으로 새로운 기업의 진입을 저지하는 게임을 보여주고 있다. 의사결정의 첫 단계인 의사결정노드 [1]에서 한국타이어는 진입저지가격인 P_L(4만원)이나 P_H(5만원)를 책정하고, 이에 따라 의사결정의 두 번째 단계인 의사결정노드 [2]에서 세계타이어는 시장에 진입할지, 진입을 포기할지 결정하게 된다.

각 기업의 수지는 맨 오른쪽에 있는 두 숫자들이다. 첫 번째 숫자는 한국타이어의 수지, 두 번째 숫자는 세계타이어의 수지이다. 한국타이어 입장에서 최선의 수지는 P_H(5만원) 하에서 세계타이어가 진입을 하지 않을 때 90억원의 이윤을 얻는 것이다. 반면에 최악의 수지는 P_L(4만원)의 가격 하에서 세계타이어가 진입할 때 얻게 되는 50억원의 이윤이다. 세계타이어 입장에서는 진입을 포기하면 들어가는 비용이 없다고 했을 때 이윤도 손실도 보지 않는다. 그러나 시장에 진입할 경우 한국타이어가 P_H(5만원)의 가격을 유지한다면 30억원의 이윤을 볼 수 있지만 P_L(4만원)의 가격을 유지한다면 30억원의 손실을 보게 된다.

이를 한국타이어의 경영진도 알고 있다. 순차의사결정 과정의 롤백방법을 이용한다면 의사결정노드 [2]에서 b의 경우는 세계타이어가 진입을 포기하고 c의 경우는 진입을 한다는 것을 알 수 있다. 다시 순차의사결정 과정의 롤백방법을 이용한다면, 한국타이어 입장에서 의사결정노드 [1]의 a에서 한국타이어가 P_H(5만원)의 가격을 결정한다면 세계타이어가 진입해 60억원의 이윤을 얻지만, 진입저지가격인 P_L(4만원)을 책정하는 경우 세계타이어가 진입을 포기하기 때문에 70억원의 이윤을 얻을 수 있다.

이에 따라 의사결정노드 [1]의 a에서 한국타이어는 진입저지가격인 P_L(4만원)을 책정하게 된다. 이러한 시나리오가 성립하기 위해선 앞에서 언급했듯이, 한국타이어의 초기 의사결정은 되돌릴 수 없다는 것을 시장관계자들이 모두 알고 있어야 하고, 세계타이어의 의사결정도 번복할 수 없다는 전제가 있어야 한다.

실제로 새로운 기업이 시장에 진입하게 되면 가격결정은 내쉬 균형 하에서 두 기업이 동시에 의사결정을 하게 되므로 진입저지가격을 자연스럽게 포기하게 된다. 즉, 시장진입이 발생할 경우 기존 기업 입장에서 최선의 가격결정은 두 기업의 최선반응곡선이 교차하는 곳에서 이루어진다.

그러나 한국타이어의 초기 의사결정이 번복될 수 있다면 진입저지가격전략은 실패하게 된다. 사실 진입저지가격전략이 시장에서 100% 신뢰성 있게 받아들여지는 것은 어려운 일일 수 있다. 실제로 새로운 기업이 시장에 진입하게 되면 가격결정은 내쉬 균형 하에서 두 기업이 동시에 의사결정을 하게 되므로 진입저지가격을 자연스럽게 포기하게 된다. 즉, 시장진입이 발생할 경우 기존 기업 입장에서 최선의 가격결정은 두 기업의 최선반응곡선이 교차하는 곳에서 이

그림 **9-5**

진입저지가격전략 : 시장진입(한국타이어의 초기 의사결정을 되돌릴 수 있는 경우) 한국타이어의 초기 가격결정이 세계타이어가 시장에 진입할 때 변경될 수 있다고 하자. 이에 따라 그림에서 의사결정노드 [3]이 추가되고, [3]에서 한국타이어는 d 또는 e의 의사결정을 한다. 세계타이어, 한국타이어 모두 시장진입이 이루어지는 경우 P_L이 변경될 수 있다는 것을 알고 있다. 이 경우 진입저지가격전략은 실패할 수밖에 없다. 순차의사결정의 롤백방법을 이용하면 한국타이어 입장에서 최선의 의사결정은 시장진입에 관계없이 [1]의 a에서 가격 P_H를 책정하는 것이다. 이에 따라 세계타이어가 [2]의 c에서 시장진입을 결정하면 [3]의 e에서 한국타이어는 가격을 P_N으로 변경해 68(억원)의 수지를 얻을 수 있다. 이 수지는 세계타이어가 시장에 진입할 때 한국타이어가 얻을 수 있는 가장 나은 수지이다.

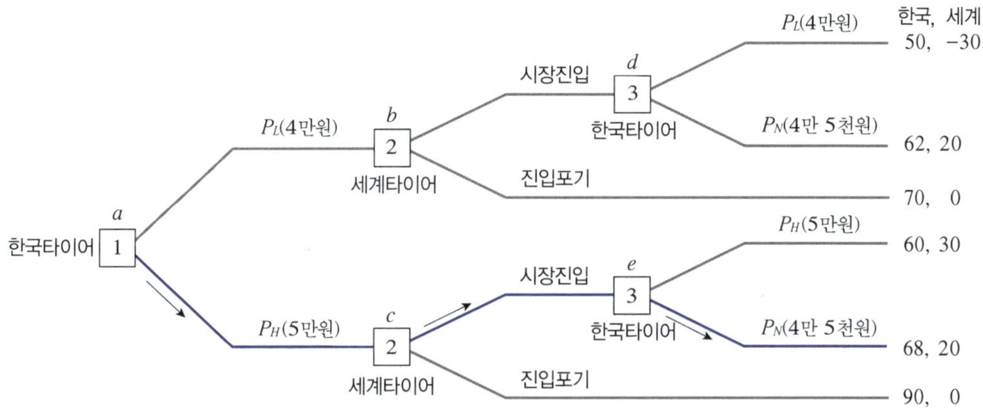

P_L : 진입저지가격
P_N : 두 기업의 최선반응곡선이 교차하는 곳에서의 가격
[1], [2], [3] : 의사결정노드

(수지단위는 억원임)

루어진다. 기존 기업이 진입저지가격을 유지하는 것보다 가격을 변경하는 것이 기존 기업의 입장에서 더 나은 의사결정이 될 수 있기 때문이다.

〈그림 9-5〉는 초기 의사결정을 이렇게 되돌릴 수 있는 경우 시장진입이 발생한다는 것을 설명하고 있다. 한국타이어와 세계타이어의 최선반응곡선이 교차하는 곳에서의 가격을 P_N(4만 5천원)이라고 하자. 한국타이어의 초기 가격결정이 세계타이어가 시장에 진입할 때 변경될 수 있다고 하자. 이에 따라 한국타이어는 의사결정의 세 번째 단계인 의사결정노드 [3]에서 d 또는 e의 의사결정을 하게 된다. 〈그림 9-5〉는 〈그림 9-4〉에 비해 의사결정노드 [3]이 추가되었다.

세계타이어는 한국타이어의 진입저지가격 P_L(4만원)이 자신이 시장에 진입할 때 변경될 수 있다는 것을 알고 있다. 왜냐하면 세계타이어가 진입할 때 한국타이어가 P_L(4만원)의 가격을 고수한다면 한국타이어는 50억원의 이윤을 얻지만, P_N(4만 5천원)으로 가격을 변경하면 이윤이 증가되어 62억원의 이윤을 얻게 되기 때문이다. 이 경우 세계타이어 역시 20억원의 이윤을 얻게 된다. 이러한 상황 하에서는 진입저지가격전략이 실패할 수밖에 없다.

순차의사결정의 롤백방법을 이용한다면 〈그림 9-5〉의 맨 오른쪽 숫자들, 즉 수지가 알려주듯이 한국타이어는 세계타이어가 진입하든지 안 하든지 간에 최선의 의사결정은 의사결정노드 [1]의 a에서 P_H(5만원)의 가격을 책정하는 것이다. 세계타이어가 의사결정노드 [2]의 c에서 P_N(4만 5천원)의 가격으로 시장에 진입하면 한국타이어도 P_N(4만 5천원)의 가격으로 변경하면 된다. 왜냐하면 P_H(5만원)의 가격을 고수하면 60억원의 이윤을 얻지만 P_N(4만 5천원)의 가격으로 변경하면 68억원의 이윤을 획득할 수 있기 때문이다.

1.3 초과설비유지전략

〈그림 9-6〉은 진입장벽으로서의 초과설비를 순차게임을 통해 설명하고 있다. 예를 들어 기존 기업은 다른 기업이 시장에 진입하면 이윤을 얻을 수 없는 수준으로 가격을 낮추겠다는 위협을 통해 새로운 기업의 시장진입을 저지할 수 있다. 그러한 보복적 가격인하 위협을 상대기업이 믿도록 하기 위해서는 새로운 기업이 시장에 진입할 때 보복적 가격인하가 기존 기업이 할 수 있는 최상의 의사결정이어야 한다. 그러나 대부분의 경우 시장진입이 발생할 때 기존 기업은 이를 수용해 자신의 산출량 수준을 줄여 가격이 급격하게 하락하지 않도록 하는 것이 보통이다. 따라서 기존 기업의 보복적 가격인하 위협을 (잠재적) 진입기업이 믿도록 하는 것은 어려운 문제이다.

생산설비를 증설하는 것은 그러한 문제를 해결하는 한 가지 방법일 수 있다. 생산설비를 증설해 기존 기업이 한계비용을 낮출 수 있는 경우, 새로운 기업의 시장진입이 발생할 때 기존 기업 입장에서 최선의 반응은 산출량을 증가시키는 것이다. 이에 따라 발생한 초과생산량을 팔 수 있도록 가격을 낮출 수밖에 없다. 잠재적 진입기업이 이렇게 낮은 가격 하에서는 이윤을 얻을 수 없고 기존 기업의 생산설비 증설이 다른 기업의 시장진입을 수용할 수 없다고 믿는다면, 기존 기업은 설비확장을 진입장벽으로 활용하고 있는 것이다.

생산설비를 증설해 기존 기업이 한계비용을 낮출 수 있는 경우, 새로운 기업의 시장진입이 발생할 때 기존 기업 입장에서 최선의 반응은 산출량을 증가시키는 것이다.

그림 9-6

진입장벽으로서 초과설비 세계타이어의 시장진입이 저지되지 않는 경우인 (a)를 살펴보자. 시장에 진입할 경우 가격을 P_L = 4만원으로 결정해 손실을 입히겠다는 한국타이어의 가격인하 위협을 세계타이어는 믿지 않는다. 왜냐하면 [1]에서 세계타이어가 진입할 경우, [2]에서 한국타이어는 P_L = 4만원보다 P_H = 5만원을 선택하는 것이 보다 나은 수지 60(억원)을 얻을 수 있기 때문이다. 그러나 (b)를 살펴보자. 세계타이어는 한국타이어가 생산설비를 증설했기 때문에 한계비용이 낮아져 설시 시장에 진입하더라도 낮은 가격인 P_L = 4만원을 책정하고 유지할 것으로 믿는다. 이에 따라 세계타이어는 시장진입을 포기한다. 왜냐하면 [1]에서 세계타이어가 시장에 진입하면 [2]에서 한국타이어는 P_H = 5만원 대신 P_L = 4만원을 선택하는 것이 수지를 41(억원)에서 48(억원)로 증가시킬 수 있기 때문이다. 이 경우 세계타이어는 30(억원)의 손실을 보기 때문에 시장진입을 포기한다. [1]에서 세계타이어가 진입을 포기하면 [2]에서 한국타이어는 P_H = 5만원을 선택해 75(억원)의 수지를 얻게 된다.

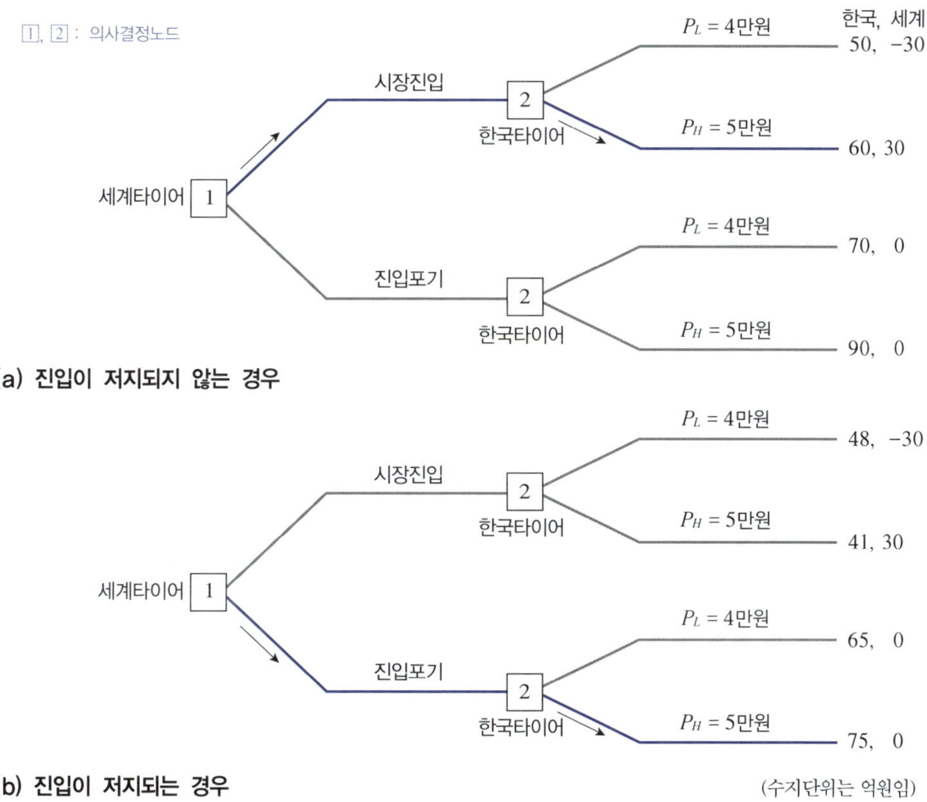

〈그림 9−6〉(b)는 진입이 저지되는 경우를, (a)는 진입이 저지되지 않는 경우를 설명하고 있다. 진입이 저지되는 경우를 좀더 설명하자. 세계타이어는 한국타이어가 생산설비를 증설했기 때문에 한계비용이 낮아져 실사 시장진입이 이루어진다고 해도 낮은 가격인 P_L = 4만원을 책정하고 이를 유지할 수 있다고 믿는다. 이에 따라 세계타이어는 시장진입을 포기하게 되는 것이다. 즉, 세계타이

어가 의사결정노드 [1]에서 시장에 진입하더라도 한국타이어는 의사결정노드 [2]에서 P_H = 5만원을 받는 것보다 P_L = 4만원의 가격으로 이윤을 41억원에서 48억원으로 증가시킬 수 있기 때문에 P_L = 4만원을 받게 되고 세계타이어는 30억원의 손실을 입게 된다. 반면에 세계타이어가 진입을 포기하면 한국타이어는 P_H = 5만원의 가격 하에서 75억원의 이윤을 얻게 된다.

대부분의 생산설비에 대한 투자는 매몰비용의 성격을 갖기 때문에 투자를 되돌릴 수 없다. 따라서 설비증설에 따른 가격인하 위협은 진입하고자 하는 기업 입장에서는 믿을 수밖에 없게 되고, 초과설비는 진입장벽의 역할을 자연스럽게 하게 된다.

대부분의 생산설비에 대한 투자는 **매몰비용**(sunk cost)의 성격을 갖기 때문에 투자를 되돌릴 수 없다. 이러한 상황 하에서 설비증설에 따른 가격인하 위협은 진입하고자 하는 기업 입장에서는 믿을 수밖에 없게 되고, 기존 기업의 초과설비는 이들의 진입을 자연스럽게 저지하게 된다.

2. 수평적 합병, 수직적 합병, 혼합합병

기업의 '인수(Acquisition)'는 다른 기업의 주식이나 자산을 취득하여 그 기업의 경영권을 가져오는 것을 의미하고, '합병(Merger)'은 둘 이상의 기업들이 하나의 기업으로 합쳐지는 것을 의미한다. 기업의 인수 · 합병을 M&A(Mergers & Acquisitions)라고도 한다.

한 기업의 경영진이 기업의 가치를 제대로 실현하지 못할 경우 그 기업의 주가는 유능한 경영진이 있을 경우에 비해 낮은 가격을 갖게 될 것이기 때문에 **인수**(takeover 또는 acquisition) 위협에 직면하게 된다.[3]

기업을 인수할 때 소요되는 인수비용은 인수를 계획하는 비용에 인수를 저지하고자 하는 시도를 극복할 수 있는 소송 등 법적 비용을 포함하는 것이라 할 수 있다. 이러한 인수비용보다 인수에 따른 이득이 더 큰 경우 시장에서 인수시도가 일어나게 된다.

한편 기업 간 합병에는 **흡수합병**(merger)과 **신설합병**(consolidation)이 있

3. acquisition과 takeover는 모두 기업의 인수를 의미한다. 그러나 엄밀히 말하면 acquisition은 인수하고자 하는 기업과 인수되는 기업이 협조하여 (우호적) 인수가 이루어지는 경우이고, takeover는 인수대상기업이 인수에 저항하는 경우의 (적대적) 기업 인수를 의미한다.

다. 흡수합병은 한 기업이 다른 기업을 흡수해 흡수된 기업은 사라지는 형태임에 비해 신설합병은 합병하는 기업들이 새로이 기업을 출범하는 형태이다.

또 합병을 생산물이나 제품과 관련해 수평적 합병, 수직적 합병, 혼합합병의 세 가지 형태로 구분할 수 있다.[4] 이하에서 이를 보다 상세하게 살펴보자. 수평적 합병은 직접적으로 시장지배력을 높이는 경향이 있지만, 수직적 합병과 혼합합병은 간접적으로 영향을 미쳐 합병기업의 시장지배력을 강화시킬 수 있다.

2.1 수평적 합병

1) 개념

수평적 합병(horizontal merger)은 동일하거나 유사한 제품을 생산 또는 판매하는, 같은 업종에 속하는 기업들 간의 합병을 말한다. 둘 이상의 경쟁기업들이 하나의 기업으로 대체되는 경우가 수평적 합병이다. 복점시장의 경우 두 기업이 합병하면 독점시장이 된다. 따라서 수평적 합병은 독점적 시장지배력이 발생하느냐와 관련이 있다.

수평적 합병은 동일하거나 유사한 제품을 생산 또는 판매하는, 같은 업종에 속하는 기업들 간의 합병을 말한다.

2) 수평적 합병의 동기

수평적 합병의 동기는 크게 두 가지로 나누어 살펴볼 수 있다. 하나는 생산비 절감의 차원에서, 다른 하나는 시장지배력을 강화하고자 하는 동기이다. 두 가지 모두 합병을 통해 시너지효과(synergy effect)를 가져오기 때문에 통합기업의 경쟁력을 강화시킬 수 있다.

수평적 합병의 동기
① 비용절감
② 시장지배력 강화

(1) 비용절감

수평적 합병의 근거는 합병을 통해 생산비용 등을 절감할 수 있다는 것이다. 수평적 합병을 통해 어떻게 생산비용을 절감할 수 있을까?

---

4. 관심이 있는 독자는 Shepherd and Shepherd(2004), p.139, Figure 6.1을 참조 바람.

수평적 합병의 동기(비용절감의 차원)
① 규모의 경제 실현
② 한계생산비 감소
③ 연구개발투자 집중화 및 활성화
④ 협상력의 개선
⑤ 차입비용의 개선
⑥ 불확실성의 감소

우선 생각할 수 있는 것은 수평적 합병을 통해 '규모의 경제(economy of scale)'를 실현하는 것이다.[5] 규모의 경제는 생산규모가 커지면서 장기평균비용이 감소할 때 발생한다. 수평적 합병을 통해 생산규모가 커지면 장기평균비용이 감소할 수 있을 것이다.

수평적 합병이 이루어지면 보통 여러 공장을 같이 운영해야 할 상황에 놓이게 된다. 따라서 생산효율이 떨어지는 공장은 문을 닫거나 생산량을 줄이고, 생산효율이 높은 공장에 생산요소를 보다 많이 투입해 전체적으로 한계생산비를 감소시킬 수 있다.

수평적 합병은 각 회사에 분산되어 있던 연구개발투자 활동을 집중화할 수 있도록 한다. 새로운 기술의 전파도 통합회사 안에서 보다 용이하게 이루어질 수 있다. 따라서 연구개발투자의 활성화도 이루어질 수 있다.

수평적 합병을 통해 기업규모가 커지면 원자재 등을 구매할 때 협상력(bargaining power)이 개선되기 때문에 원자재 등을 공급하는 상방공급업자(upstream supplier)로부터 전보다 나은 가격을 제시받을 수 있다. 또 자본시장에서도 보다 저렴한 비용으로 자금을 공급받아 차입비용을 감소시킬 수 있다.

심지어 독점시장이라 할지라도 잠재적 경쟁기업을 늘 염두에 두어야 한다. 특히 과점시장의 경우 경쟁기업이 어떻게 움직이느냐, 어떤 전략을 갖고 있느냐, 이들에 대해 어떻게 반응하느냐가 기업의 성패를 가를 수 있다. 기업들 간 상호의존성은 기업전략을 수립하는 것에서부터 불확실성을 야기할 수 있다. 이러한 불확실성은 기업들 간 경쟁을 심화시키기 때문에 때로는 기업 간 가격이나 제품 차별화의 정도 등에 관한 명시적 혹은 암묵적 담합을 초래하기도 한다. 이러한 담합이 가능하지 않은 경우 수평적 합병은 이러한 불확실성을 감소시켜 관련 비용을 줄이는 역할을 한다.

그러나 다른 한편으로 수평적 합병은 시장에서 경쟁의 압력을 약화시키기 때문에 기업이 생산의 효율성을 달성하지 못하게 작용할 수 있고, 이와 아울러 경영에서 이완된 조직을 갖게 되어 경영의 효율성 역시 저해될 수 있다. 이러한 문제는 자본시장이 발달된 경제에서는 큰 문제가 되지 않을 수 있다. 생산의 효

5. Farrel & Shapiro(2000)는 규모의 경제를 통해 비용절감을 가져오는 수평적 합병은 그렇게 많지 않다고 지적하고 있다.

율성을 달성하지 못한 기업의 주가는 잠재적 가치보다 떨어져 인수·합병의 대상기업이 될 수 있기 때문에 경영진들은 효율적으로 경영하고자 노력할 것이다.

(2) 시장지배력 강화

수평적 합병에 의해 새로이 통합된 기업은 전보다 시장점유율을 높여 시장지배력을 강화할 수 있고, 심지어 경쟁기업을 시장에서 내몰 수도 있다. 이는 경쟁기업의 반응을 고려할 필요 없이 통합기업이 가격을 올릴 수 있다는 것을 의미한다. 시장에서 경쟁기업의 수가 적어질수록 기업 간 협약을 맺거나 협약이행을 통제하는 것이 보다 용이해진다. 이는 경쟁에 반하는 것일 수 있기 때문에 공정거래당국은 이러한 경우 합병을 규제하게 된다. 수평적 합병의 결과 시장집중도가 높아지고 새로운 기업이 시장에 진입하는 것이 전보다 어려워지는 경우 반경쟁적(anticompetitive)으로 간주될 수 있다.

수평적 합병은 기존 기업의 시장지배력을 강화할 목적으로 이루어지기도 하지만 유지할 목적으로 이루어지기도 한다. 시장지배적 기업이 새로운 제품을 시장에 출시하고자 하는 신규 진입기업에게 압박감을 느끼는 경우 기존 상황을 유지하기 위해 진입기업을 인수하고자 시도할 수 있다. 인수 대신에 그 기업의 제품개발에 투자할 수도 있지만, 이 경우 시간이 걸리고 실패할 경우 재무적 곤경을 초래할 수도 있다. 따라서 경쟁기업의 인수가 보다 저렴하고 덜 위험한 전략이 될 수 있다.

> 수평적 합병은 기존 기업의 시장지배력을 강화할 목적으로 이루어지기도 하지만 유지할 목적으로 이루어지기도 한다.

3) 수평적 합병에서 피합병기업의 동기

앞서 수평적 합병의 동기를 살펴보았는데, 이는 합병하고자 하는 기업의 동기라 할 수 있다. 이러한 점에서 수평적 합병의 대상이 되는 피합병기업의 동기를 살펴보는 것도 의미가 있다.

> 수평적 합병에서 피합병기업의 동기
> ① 재무적 곤경에서의 탈피
> ② 영업활동의 지속
> ③ 전문성의 보완

(1) 재무적 곤경에서의 탈피

합병대상 기업의 대주주나 소유자가 자금난 때문에 재무적 곤경(financial distress)에 처해 있을 경우가 있다. 즉, 수입이 감소하고 있기 때문이거나 세금

납부를 위해 또는 부채 해결을 위해 기업을 매각할 필요가 발생할 수 있다.

(2) 영업활동의 지속

합병대상이 되는 기업은 여러 가지 이유로 시장점유율이 하락하고 있거나 이윤의 감소 또는 손실의 발생이 계속 이루어지는 경우가 있을 수 있다. 이러한 경우 수평적 합병은 공장설비를 계속 가동시킬 수 있고, 종업원의 고용도 계속 유지시킬 수 있는 이점이 있다.

(3) 전문성의 보완

피합병기업은 기업성장의 과정에서 기업규모가 커지면서 더 이상 기술적, 재무적, 또는 경영관리상 전문성을 확보하지 못할 수 있다. 이러한 비효율성을 개선하기 위해 수평적 합병이 도모될 수 있다.

〈사례연구 9-1〉은 2020년 12월 28일 공정위가 요기요를 운영하고 있는 독일 기업 딜리버리히어로(DH)와 배달의민족을 운영하고 있는 우아한형제들 간의 수평적 합병을 조건부로 승인한 것을 보여준다. 그 조건은 배달의민족을 사려면 요기요를 팔아야 한다는 것이다. 두 회사의 합병으로 생기는 독과점 우려를 해소하기 위해 요기요 운영사인 DH코리아 지분은 6개월 안에 100% 매각하라는 조건이다. 사실 두 회사는 합병할 경우 배달앱 시장에서 99.2%(2019년 기준)라는 압도적 점유율을 갖게 된다.

이후 2021년 3월 4일 우아한형제들과 독일 딜리버리히어로(DH)의 합병이 완료됐다. 합병 후 우아한형제들의 최종 기업가치는 종가 기준 약 57억 유로(7조 6,800억원)로 책정됐다. 이는 2019년 12월 합병 절차 초기에 산정된 우아한형제들의 기업가치 4조 8,000억원보다 크게 증가한 기업가치이다.

사례연구 9-1 수평적 합병의 사례 : 공정위 "배민 인수하려면 6개월 안에 요기요 팔아라" … M&A 조건부 승인

공정거래위원회가 2020년 12월 28일 배달의민족과 요기요 사업자 간 기업결합을 조건부 승인했다고 밝혔다.

승인인 듯하지만 완전한 승인은 아니다. 배달의민족을 사려면 요기요를 팔아야 한다. 독일 기업 딜리버리히어로(DH)의 계획에 공정거래위원회가 브레이크를 걸었다.

공정위는 12월 28일 국내 1위 배달애플리케이션(앱) 배민과 2위 요기요 사업자 간의 기업결합을 '조건부 승인'으로 결론지었다. 두 회사의 합병으로 생기는 독과점 우려를 해소하기 위해 요기요 운영사인 DH코리아 지분은 100% 매각하라는 조건이다. 공정위는 배민과 요기요 간의 경쟁이 사라지면 소비자에 대한 쿠폰 할인 혜택 등이 줄고 음식점 수수료는 오를 것이라고 우려했다.

공정위의 시정명령을 받은 DH는 앞으로 6개월 안에 DH코리아 지분 전부를 제3자에게 팔아야 한다. 만약 6개월 내 매각을 할 수 없을 경우 추가로 6개월의 기한을 더 주기로 했다. 공정위는 이 기간 요기요에 대한 '현상유지 명령'도 내렸다. 매각 전까지 요기요의 가치를 고스란히 보존하라는 얘기다. DH는 요기요를 팔 때까지 ▶음식점 수수료율을 변경할 수 없고 ▶소비자에게 이전에 제공했던 것 이상의 프로모션 비용을 사용해야 하며 ▶앱 연결·접속 속도, 이용자 화면 구성, 제공 정보 등을 바꾸거나 배민 등 다른 앱으로 전환을 강제·유도할 수 없다. 공정위는 또 ▶배달원의 근무조건 등을 불리하게 변경 금지 ▶요기요의 정보자산을 배민으로 이전하거나 공유 금지 ▶요기요와 다른 배달앱을 분리해 독립 운영 등의 제한을 걸었다.

"배달앱 시장 점유율 99.2%"

공정위가 두 기업의 결합 여부를 결정하는 데 핵심은 '양사의 사업 영역을 어디로 보냐'였다. 공정위는 이 '시장 획정' 과정에서 두 회사가 배달앱 시장, 음식 배달대행 시장, 공유주방 시장을 나눠 갖는다고 봤다.

특히 두 회사는 배달앱 시장에서 압도적 점유율을 갖게 된다. 거래금액을 배달앱 시장의 점유율로 보면 두 회사의 점유율이 99.2%(2019년 기준)에 이른다.

배달앱 시장에서의 지배력은 음식 배달대행, 공유주방 시장에도 영향을 미친다. 그러나 DH 측은 시장 획정을 배달앱뿐만 아니라 전화 주문 시장으로까지 넓혀 보면 두 회사의 점유율이 경쟁을 제한하지 않는다고 반박했다.

핵심 쟁점 떠오른 쿠팡이츠

앞서 DH는 이번 인수·합병(M&A)을 통해 음식 배달 시장에서 경쟁자를 따돌릴 수 있을 것으로 기대했다. DH 입장에선 쿠팡이츠의 성장세가 특히 위협적이었다. 2020년 12월 23일 열린 공정위 전원회의(법원 판결에 해당)에서 DH 측은 "현재의 점유율이 미래의 시장지배력을 설명하지 못한다"며 "업계는 쿠팡이츠를 포함한 시장 점유율의 변화가 임박했다고 보는 상황"이라고 설명했다.

그러나 공정위는 쿠팡이츠, 네이버 간편주문 등의 후발주자가 배민과 요기요에 충분한 '경쟁압력'이 되지 않는다고 봤다. 공정위 심사관은 "쿠팡이츠는 주문이 증가할 때마다 비용도 비례적으로 늘어 지속가능성이 불확실한 서비스"라며 "지난 5년간 점유율 5% 이상을 달성한 서비스가 없었다"고 지적했다.

이에 DH는 "쿠팡이 전자상거래 분야에서 적자를 본다고 네이버쇼핑 등 다른 플랫폼과의 경쟁에 영향을 주지 않는다고 할 수 있냐"며 "압도적인 사용자 수와 후기(리뷰), 거래정보, 포인트 시스템까지 보유한 네이버도 언제든 강력한 사업자가 될 수 있다"고 반박했다. 또 지난 2008년 공정위가 이베이의 G마켓 인수를 수수료 인상 금지 등을 조건으로 걸어 승인한 사례를 들며 "쿠팡이츠는 공정위가 심사보고서를 발송한 뒤에도 폭발적으로 성장하고 있고, 외국의 배달앱은 무조건 승인을 받아서 성장하고 있다"고 주장했다.

공정위는 이번 조치에 대해 "배민과 요기요 간의 경쟁 관계는 유지하면서 DH의 기술력과 우아한형제들의 마케팅 능력은 결합할 수 있도록 했다"고 평가했다. 또 "쿠팡이츠가 빠르게 성장하고 있지만, 전국적으로 충분한 경쟁 압력을 발휘할 수 있을지에 대해서는 근거가 없다는 게 공정위의 판단"이다.

출처 : 중앙일보(2020. 12. 28)

2.2 수직적 합병

1) 개념

수직적 합병은 생산과정이나 유통과정의 수직적 흐름에서 인접한 단계에 있는 기업들 간 합병을 말한다.

수직적 합병(vertical merger)은 생산과정이나 유통과정의 수직적 흐름에서 인접단계에 있는 기업들 간 합병을 말한다. 이러한 기업들은 보통 공급자와 수요자의 관계를 형성하고 있었던 경우가 많다. 이에 따라 수직적 합병은 단일 기업이 생산과정의 연속적 단계에서 생산에 대한 소유권 및 통제권을 보유하고 있는 상황이라 할 수 있다.

2) 성격

수직적 합병은 원자재나 유통경로에 대한 합병기업의 접근을 보다 쉽게 만들기 때문에 때로는 경쟁기업들을 시장에서 퇴출시킬 수도 있다.

원자재 투입 등 생산의 시작단계와 가까운 생산활동을 상방생산활동이라 하고, 최종재 시장과 보다 가까운 생산활동을 하방생산활동이라 한다.

생산과정에 따라 생산활동을 다음과 같이 구분할 수 있다. 원자재 투입 등 시작단계와 가까운 생산활동을 **상방생산활동**(upstream or backward activity), 최종재 시장과 보다 가까운 생산활동을 **하방생산활동**(downstream or forward activity)으로 구분한다.

이에 따라 상방결합은 한 기업이 생산활동을 위해 필요한 투입요소들에 대한 통제권을 갖게 되는 것을 말한다. 예컨대 중간재 생산기업이 원자재 생산기업을 수직적으로 합병하는 경우이다. 하방결합은 그 산출물을 이용하는 활동에 대한 통제권을 갖게 되는 것을 의미한다. 예컨대 원자재 생산기업이 중간재 생산기업을 수직적으로 합병하는 경우이다.

〈사례연구 9-2〉는 상방결합의 성공사례라고 할 수 있다. 포스코가 원자재를 확보하기 위해 2018년 인수한 아르헨티나 옴브레 무에르토 리튬 호수 가치가 급증해 2021년 3월 현재 리튬의 누적 매출액이 35조원에 달할 것으로 추산된다는 것이다. 리튬은 전기차 배터리의 필수 소재이다. 포스코는 호주 등에 니켈 광산 투자를 통해 배터리용 니켈 공급도 자체적으로 확보하고자 하고 있다.

사례연구 9-2 포스코가 산 아르헨 리튬 호수 35조 '잭팟'

차배터리 3.7억 개 생산 분량

포스코가 2018년 인수한 아르헨티나 옴브레 무에르토 리튬 호수 가치가 급증했다. 인수 당시 추정한 것보다 리튬 매장량이 늘고 리튬 시세도 급등한 영향으로 분석된다.

2021년 3월 3일 포스코에 따르면 옴브레 무에르토 리튬 염호(소금호수)에 매장돼 있는 리튬을 생산, 현 시세를 적용해 판매 시 누적 매출액이 35조원에 달할 것으로 추산된다. 중국 탄산리튬 현물 가격이 2020년 7월 t당 5,000달러에서 올해 2월 t당 1만 1,000달러로 배 이상 급등한 덕분이다. 포스코는 2020년 말 호수의 리튬 매장량이 인수 당시 추산한 220만t보다 여섯 배 늘어난 1,350만t임을 확인했다. 이는 전기차 약 3억 7,000만 대에 들어가는 배터리를 생산할 수 있는 규모다. 포스코 관계자는 "중국을 포함해 전 세계적으로 전기차 시장이 성장하고 있어 전기차 배터리의 필수 소재인 리튬 가격은 계속 상승할 것으로 전망된다"고 말했다.

포스코는 리튬 이외에도 2차전지를 구성하는 양극재 핵심 원료인 니켈 투자에도 적극적이다. 니켈은 리튬과 함께 배터리의 성능과 직결되는 소재다. 포스코는 폐배터리를 활용한 리사이클링(재활용) 사업과 호주 등 니켈 광산 투자를 통해 배터리용 니켈 공급을 자체적으로 확보한다는 계획이다. 포스코는 전량 중국에 의존하는 음극재 원료인 흑연의 수급 다변화를 위해 아프리카 탄자니아 흑연광산을 보유한 호주 광산업체 블랙록마이닝 지분 15%를 2021년 2월 인수 완료했다.

출처 : 한국경제신문(2021. 3. 3) ⓒ 한경닷컴

3) 수직적 합병의 동기

수직적 합병의 동기
① 시장지배력 강화
② 비용절감

(1) 시장지배력 강화

수직적 합병의 동기도 다양하다. 우선, 시장지배력을 강화하고자 하기 때문이다. 예를 들어 하방결합의 경우를 생각해 보자. 어떤 특정한 생산물 J를 생산

하는 기업에 독점기업이 투입물을 공급하고 있는 경우, 그 산업에 진입함으로써 투입물 공급에 대한 통제권을 행사해 지배적 기업이 되고자 할 수 있다.

그러나 생산물 J시장이 경쟁시장인 경우에는 이미 효율적이므로 이렇게 할 유인이 없다. 하지만 J시장이 경쟁적이지 않거나 생산에서 비효율적인 경우 하방결합을 통해 비용을 절감할 수 있다. 예를 들어 마케팅 비용이나 광고비 지출 등이 감소될 수 있고, 보유재고의 수량도 축소될 수 있다. 이에 따라 비용절감이 이루어지고 시장지배력이 강화될 수 있다.

한편, 기업 1이 산업 1의 독점기업이라고 하자. 산업 2의 기업들이 기업 1의 산출물을 사용할 경우 기업 1은 독점가격의 형태로 일종의 세금을 부과할 수 있다. 이 경우 산업 2에 속한 기업들은 상방결합에 대한 유인을 갖게 된다. 산업 2에 속한 기업들 가운데 한 기업 2_A가 대안적 투입물을 생산할 능력이 있고 기업 1의 가격이 지나치게 높다고 생각되면 이 투입물을 생산하게 된다. 이 경우 기업 2_A의 생산비가 기업 1이 부과하는 가격보다 낮아야 한다. 이는 기업들이 상방결합을 추구하는 경우이다.[6]

수직적 합병은 때로 가격차별을 하기 위한 수단이 될 수 있다. 가격차별이 이루어지기 위해서는 3가지 조건이 필요하다. 우선 공급업체가 시장에 대한 독점력을 갖고 있고 이를 행사해야 한다. 다음으로 상이한 구매계층들 간 수요의 가격탄력성이 달라야 한다. 마지막으로 상품의 재판매가 가능하지 않아야 한다. 하방결합은 원자재공급 기업이 원자재의 재판매를 막을 수 있는 장치가 될 수 있기 때문에 이를 통해 가격차별을 은밀하게 행할 수도 있다.

(2) 비용절감

수직적 합병의 동기(비용절감의 차원)
① 생산의 효율성 제고
② 불확실성의 감소
③ 외부경제효과의 내부화
④ 투입물의 안정적 확보
⑤ 소송비 절감
⑥ 도덕적 해이 문제 해소
⑦ 쌍방 독점의 갈등이나 문제 해소
⑧ 세금이나 가격통제 회피

제품생산에서 한 기업이 원자재 투입에서 완제품 생산에 이르기까지의 공정을 책임지는 것이 가장 효율적일 수 있다. 수직적 합병은 생산을 효율적으로 만들어 비용을 절감시킬 수 있다.

시장의 불확실성은 생산을 조직화하고자 하는 기업의 노력에 영향을 미치는 여러 문제들을 일으킬 수 있다. 기업의 성패는 경영진들이 예기치 않은 사건이

6. 만약 독점기업이 고객들 일부가 상방결합을 추구하고 있다는 사실을 인지하고 있다면, (원자재) 독점기업은 가격할인을 기꺼이 해줄 것이다.

일어날 때 어떻게 대처하고 적응하느냐에 달려 있다. 이와 아울러 의사결정이 이루어질 때 이용 가능한 정보의 양과 질이 문제될 수도 있다. 수직적 생산과정에서 서로 인접한 기업들은 정보를 공유하고자 하는 유인이 많지 않다. 심지어 불공정한 우위를 확보하고자 정보를 왜곡할 수도 있다. 인접한 생산과정에서 이루어지는 수직적 합병은 이러한 불확실성을 줄이는 한 가지 방법이다. 또 시장 전체의 불확실성도 생산과정의 단계를 통제하는 기업의 수가 감소했기 때문에 줄어들 수 있다.

소유권이 명확하게 정의되지 않을 때 외부효과가 발생한다. 예를 들어 기업 1이 기업 2만이 개발해서 생산해 낼 수 있는 새로운 공정을 발견하게 되었다고 하자. 기업 1은 기업 2가 신공정을 사용하여 만든 그 제품을 기업 1에게만 판매하는 조건으로 기업 1의 경쟁기업에 신공정을 비밀로 유지해 달라고 요청할 수 있다. 그러나 기업 2 입장에서는 일단 그러한 정보를 갖게 된 이상 기업 1에게만 판매할 필요도 없고 그 비밀을 준수할 필요성을 느끼지 못하게 되어 이를 유출할 수 있다. 이러한 우려가 있을 때 기업 1은 기업 2를 수직적으로 합병하고자 하는 유인을 갖게 된다. 즉, 외부경제효과를 내부화해 비용을 감소시킬 수 있다.

기술적으로 복잡하고 전략적으로 중요한 생산요소를 투입해 제품을 생산하는 기업들은 그 투입요소를 공급하는 기업에 전적으로 의존하게 된다. 이러한 투입물의 공급을 안정적으로 확보하고자 할 때 명백한 전략은 투입물 공급업체를 합병하는 것이다. 이는 상방 수직적 합병을 통해 투입물의 공급을 안정적으로 확보하고자 하기 위함이다.

두 연속적인 생산공정이 잠재적으로 복잡한 법적 소송에 연루될 가능성이 있을 때 수직적 통합은 그러한 송사에서 벗어날 수 있는 방법을 제시한다.

주인-대리인 문제에서 발생하는 도덕적 해이는 대리인이 주인을 위해 일할 유인이 없는 경우 발생한다. 서로 다른 생산공정 단계에 있는 기업들 간에 계약이 이루어지는 경우 도덕적 해이 문제가 개입될 수 있다. 투입물을 구매하는 기업이 지나친 프리미엄을 요구하는 투입물 공급기업의 생산공정을 모니터링하는 비용이 너무 많이 들거나 모니터링 자체가 어려운 경우, 상방 수직적 통합으로 그 문제를 해결할 수 있다.

자산특화성이란 자산의 성질상 거래관계에서 어느 정도 특화되었느냐 하는 정도를 의미한다.

두 기업이 서로 의존적일 때 특정 자본재에 대한 투자나 인적자본 투자, 또는 장소나 브랜드에 대한 투자의 결과로서 '**자산특화성**(asset specificity)'이 발생할 수 있다. 자산특화성이란 자산의 성질상 거래관계에서 어느 정도 특화되었느냐 하는 정도를 의미한다. 예를 들어 어떤 상품을 아무 곳에서나 쉽게 사고 팔 수 있다면 자산특화성이 아주 낮다고 할 수 있다. 반면에 다른 곳이나 다른 거래처에서 특정 거래가 쉽게 이루어지지 않는다면 자산특화성이 아주 높다고 할 수 있다. 이 경우 쌍방독점 상황을 초래할 수 있다. 쌍방독점이란 한 기업이 특정 자산이나 자원을 독점적으로 판매하고 다른 한 기업은 이를 독점적으로 구매하는 경우이다. 이 경우 수직적 결합이나 합병이 만약에 있을 수 있는 갈등이나 문제를 해결하는 좋은 방법이 될 수 있다.

때때로 수직적 합병은 **세금이나 가격통제**를 회피하기 위해 이루어질 수 있다. 부가가치세와 같은 판매세나 가격통제를 받기 쉬운 시장거래를 수직적 합병에 의해 내부거래화할 수 있기 때문에 세금이나 가격통제를 피할 수 있다.

〈사례연구 9-3〉은 수직적 합병의 형태는 아니지만 오뚜기의 경우 계열사간 생산과정의 수직적 통제를 통해서 수직적 합병의 효과를 보이는 사례이다. 풀무원은 2021년 3월 23일부터 판매하고 있는 신제품 S막국수 소스에 오뚜기의 계열사 오뚜기제유가 만든 들기름을 납품받아 사용했다. 하지만 출시한 지 나흘째 오뚜기는 풀무원 측에 4월 중순부터 공급을 중단하겠다고 통보했다. 오뚜기는 자회사인 오뚜기제유에서 들기름 제품을 생산한다. 오뚜기제유는 들기름 시장에서 시장점유율 30% 이상을 차지하는 1위 회사이기 때문에 풀무원은 대체 공급처를 찾기 어려울 수 있다. 이에 따라 풀무원의 신제품 S막국수의 제품경쟁력이 약화될 것이고, 상대적으로 오뚜기의 경쟁제품인 신제품 D막국수의 경쟁력은 강화될 수 있다.

사례연구 9-3 오뚜기의 들기름 '공급중단'에 풀무원 '패닉' 왜?

풀무원, 1주일 전 '생가득 들기름 막국수' 출시
'오뚜기×고기리막국수' 출시일 다가오자 견제구

영업부문 간 불협이 원인 "우리 제품 기밀 못 판다"
업계에선 "식품 B2B 상도덕상 있을 수 없는 일"

오뚜기가 풀무원에 B2B(기업 간 거래) 형태로 주기로 한 들기름 공급을 일방적으로 중단해 논란이 일고 있다.

2021년 3월 30일 업계에 따르면 풀무원은 지난 3월 23일부터 판매하고 있는 신제품 '생가득 들기름 막국수' 소스에 오뚜기의 계열사 오뚜기제유가 만든 들기름을 납품받아 사용했다. 하지만 출시한 지 나흘째인 2021년 3월 26일 오뚜기는 풀무원 측에 "초도 물량 제외하고 4월 중순부터 공급을 중단하겠다"고 통보했다.

식품업계에서 막 생산을 시작한 신제품의 재료 공급 계약을 공급사가 일방적으로 파기하는 일은 드물다. 제품 출시 후 최소 3개월에서 1년은 공급하는 것이 관례였던 만큼 상도덕에 어긋난다는 얘기도 나온다. 왜 이런 일이 벌어졌을까.

오뚜기 "우리 '고기리막국수' 안 팔릴라"

오뚜기는 2021년 주요 신제품으로 용인의 막국수 맛집인 '고기리막국수'와 협업한 제품을 선보였다. 연간 30만 명이 다녀가고, 1시간씩 줄 서서 먹는 전국구 맛집 대표 제품이 오뚜기 간편식으로 나온다는 소식에 SNS는 2021년 3월 초부터 들썩였다. "출시일이 언제냐", "무조건 대량구매각이다" 등의 이야기가 쏟아져 나왔다. 지난 3월 30일 자정부터 배달의민족 '배민라이브'와 카카오를 통해 한정 판매를 시작하면서 배민라이브에서는 2만 9,000세트의 판매 물량이 완판되기도 했다.

오뚜기제유의 일방적 계약해지 통보는 오뚜기 내부의 B2B 영업부문과 B2C 영업부문의 불협화음에서 시작된 것으로 알려졌다. 발단은 오뚜기 신제품의 공식 출시일로부터 일주일 앞서 풀무원이 선보인 '생가득 들기름 막국수'였다. 오뚜기제유 경영진들은 "올해의 주력 제품으로 고기리막국수와의 협업 제품이 나오는데 똑같은 들기름을 경쟁 제품에 원료를 납품하는 건 영업기밀을 제공하는 것이나 다름없다"는 입장을 실무 측에 전한 것으로 알려졌다. 입장이 곤란해진 오뚜기제유 쪽 B2B 영업 담당자는 풀무원에 일방적 계약해지를 통보한 것으로 전해졌다.

오뚜기의 B2B 매출은 전체의 40%대로 국내 대형 식품제조사 중 가장 높다. "오뚜기에서 판매하는 제품 수를 오뚜기 직원도 다 모른다"는 이야기가 있을 정도로 외식업체와 식품업체에 납품하는 B2B 소스와 양념 시장에서 독보적 1위다.

오뚜기 "들깨값 급등에 우리도 모자라" … 난감해진 풀무원
수입산 들깨가격 4만원대에서 올해 5만원대로 급등

들기름의 새로운 공급처를 찾아야 하는 풀무원으로선 난감하다는 입장이다. 준비기간을 충분히 주지 않고 자사 제품이 출시됐다는 이유로 일방적 계약해지 통보를 받으면서 안 그래도 '품귀 현상'을 빚고 있는 들기름을 공수하는 데 진땀을 빼고 있다. 실제 OEM 방식으로 이 제품을 제조하고 있는 풀무원의 협력사 세진식품은 공장 설비를 당장 운영 중단해야 하는 위기에 처했다.

오뚜기는 계열사 오뚜기제유에서 들기름 제품을 생산한다. 오뚜기제유는 들기름 시장에서 시장점유율 30% 이상을 차지하는 1위 회사인 데다 이외 나머지는 주로 영세한 식품회사들이 생산하고 있어 풀무원은 대체재를 찾기 쉽지 않을 전망이다.

국내 들기름 시장은 도소매 시장을 합쳐 약 280억 원 규모다. 참기름보다 시장규모가 적어 B2C 시장만 존재하다시피 했지만 B2B에서도 찾는 수요가 늘면서 최근 시장이 급격히 커졌다. 수요는 늘었지만 점점 올라가는 들깨가격이 기업들에겐 큰 부담이다. 수입산 들깨 가격은 20㎏ 기준으로 2020년 4만 9,827원에서 2021년 3월 5만 7,330원으로 15% 이상 올랐다.

오뚜기 관계자는 "자사 제품인 오뚜기×고기리 들기름막국수에 들기름을 납품하기도 빠듯해 풀무원 측에 공문을 보냈다"며 "들깨 가격 상승으로 생산량을 맞추기가 쉽지 않은 상황"이라고 말했다.

출처 : 한국경제신문(2021. 3. 31) ⓒ 한경닷컴

2.3 혼합합병

1) 개념

혼합합병은 다른 종류의 제품이나 서비스를 생산 또는 판매하는, 즉 다른 업종에 속하는 기업들 간의 합병이다.

혼합합병(conglomerate mergers)은 다른 종류의 제품이나 서비스을 생산 또는 판매하는, 즉 다른 업종에 속하는 기업들 간의 합병을 말한다. 때로는 동일한 제품을 시장에 공급하고 있지만 상이한 시장에 있는 기업들 간의 합병을 의미하기도 한다.

혼합합병의 동기
① 시장지배력 강화
② 비용절감

2) 혼합합병의 동기

(1) 시장지배력 강화

혼합합병의 동기로 우선 들 수 있는 것은 시장지배력 강화이다. 혼합합병의 결과 시장에서 '**묶어팔기**'가 가능해진다. 특정 재화나 서비스를 구입하기 위해서는 다른 재화나 서비스를 구입해야 소비자의 구매가 가능해지는 것이 묶어팔기이다. 이러한 점에서 시장에 대한 지배력을 강화할 수 있다.

혼합합병의 동기(비용절감의 차원)
① 범위의 경제 실현
② 불확실성 감소
③ 세금 절감이나 회피
④ 내부자본시장 형성 및 자금조달비용 감소

(2) 비용절감

우선 들 수 있는 것은 혼합합병의 결과 '**범위의 경제**(economy of scope)'가 발생할 수 있다는 것이다. 범위의 경제는 여러 재화와 서비스를 생산하면서 비용을 분산시킴으로써 장기평균비용이 감소할 때 나타난다. 때때로 범위의 경

제는 합병기업에게 경쟁업체보다 비용우위를 가져다 줄 수 있고, 이에 따라 경쟁업체를 시장에서 퇴출시킬 수도 있다.

소비자수요가 큰 폭으로 하락하거나, 시장에서 경쟁이 치열해져 시장의 불확실성이 커지면 **경영위험**에 보다 많이 노출될 수 있다. 보통 이러한 위험은 특정 산업에만 국한될 가능성도 있기 때문에 다른 산업에 속하는 기업들 간의 합병인 혼합합병은 **불확실성을 감소**시켜 이러한 위험을 줄여 주는 효과가 있다.

혼합합병은 세금을 줄이거나 회피하는 수단이 되기도 한다. 한 업종에서 호황을 누려 이에 대한 세금을 내야 하는 경우 다른 업종이 손실을 보고 있으면 혼합합병을 통해 전체적으로 세금을 크게 줄일 수 있다.

혼합합병은 여러 업종에 속하는 기업들 간의 합병이기 때문에 많은 기업들의 결합으로 인해 새로이 **내부자본시장을 형성**할 수 있고, 이를 통해 자금이 필요한 곳에 자금을 조달할 수 있다. 기업이 내부자본시장을 이용해 자금을 조달하면 외부자본시장에서 조달하는 것보다 자금조달비용을 감소시킬 수 있다.

〈사례연구 9-4〉는 히타치, 파나소닉, 소니 등이 TV · 반도체 · 조선에서 한국과 중국 등에 밀리면서 보수적인 기업 문화를 바꾸며 해외 인수 · 합병(M&A)으로 새롭게 사업 구조와 체질을 혁신하고 심지어 주력사업을 바꾸는 사례를 보여주고 있다. 전혀 새로운 분야를 혼합합병을 통해 개척하고 기업경쟁력을 확보하고자 하고 있는 것이다. 소니의 경우 지난 2000년 전체 매출에서 전자사업 비율이 70%에 가까웠지만 지금은 게임이 31%, 전자 22%, 음악 및 영상이 19%를 차지하는 기업구조로 새롭게 변신했다. 카메라 및 필름으로 유명했던 후지필름의 경우 기업인수를 통해 화장품 및 의료기기 개발 등 바이오산업으로 전환하고자 하고 있다. 최근 일본 기업들의 경우 설사 세계 최고 기술력을 갖춘 분야일지라도 미래 전망이 불투명할 경우 과감히 매각하고 돈을 아끼지 않고 인수 · 합병(M&A)을 통해 새로운 신성장 동력을 찾고 있다.

사례연구 9-4 히타치 11조원 이어 … 파나소닉도 미국 SW업체 인수 나서
—일본 제조기업들, M&A로 돌파구 찾기

일본 최대 전기 · 전자기기 업체 히타치는 2021년 미 실리콘밸리의 소프트웨어 기업 글로벌로직을 96억 달러(약 11조원)에 인수하기로 했다. 연매출의 10%가 넘는 금액으로, 일본 전자업계 사상 최대 규모 인수 · 합병(M&A)이다. 일본 산업계에선 "110년 기업의 사활을 건 도박"이라는 반응이 나왔다. 1905년 설립한 히타치는 전후 산업용 기계 · 가전을 앞세워 일본 제조업 신화의 핵심 주역으로 승승장구했다. 하지만 중국 제조업의 저가 공습에 밀려 2008년 일본 제조업 사상 최악의 적자(7,880억엔 · 약 10조원)를 기록한 이후 제조업 비율을 낮춰왔다. 히타치는 이번 인수를 통해 사업의 중심 축을 디지털로 완전히 옮길 것으로 알려졌다.

보수적인 기업 문화로 유명한 일본 기업들이 최근 과감한 해외 인수 · 합병(M&A)으로 사업 구조와 체질을 혁신하고 있다. TV · 반도체 · 조선에서 한국과 중국의 부상에 밀려 절치부심하던 이들은 전혀 새로운 분야에 도전장을 내밀고 부활에 시동을 걸고 있는 것이다. 세계 최고 기술력을 갖춘 분야라도 미래 전망이 서지 않으면 과감히 매각하고 신성장 동력을 찾아 새 분야에 뛰어드는 기업들이 나오고 있다.

M&A에 돈 안 아낀다

소니 · 히타치와 함께 일본 전자업계의 간판이었던 파나소닉은 알짜 수익원이자 90년 역사를 자랑하던 일회용 건전지 사업을 매각했다. 그리고 7조원을 들여 미 소프트웨어 업체 블루욘더 인수전에 뛰어들었다. 유통 매장과 물류 시설용 CCTV와 바코드 판독 단말기 분야의 세계 시장 점유율이 높은 파나소닉은 블루욘더의 인공지능(AI) 물류 분석 기술을 결합해 물류 서비스 시장에 진출하겠다는 전략이다. 이를 통해 가전 등 제조업에 편중된 사업 구조를 IT 서비스업 중심으로 바꾸겠다는 것이다. 디지털 카메라의 최강자인 광학 기업 니콘은 2021년 4월 2일 미국 중소형 위성 개발 업체 모프3D를 인수했다. 스마트폰에 밀려 미래가 불투명해진 디지털 카메라 분야 대신 성장산업으로 부상하고 있는 우주 사업을 강화한 것이다.

일본 산업계는 그동안 기업 M&A에 소극적이었다. 여유 자금이 생기면 기술개발이나 부동산에 투자하는 게 일반적이었다. 이런 안정 추구형 투자 관행은 일본 경제의 체질을 약화한다는 비판을 받았다. 그랬던 일본 기업들이 이제 해외 기업 인수로 새 업종에 뛰어들고 있는 것이다. 금융 정보 업체 리피니티브에 따르면 지난해 일본 기업의 M&A 건수는 총 4,305건으로 지난 2018년(3,943건)을 넘어 사상 최대를 기록했다.

M&A로 주력 사업을 바꾼 대표적인 사례가 소니다. 소니는 2000년대 들어 만년 적자이던 PDP TV, 노트북PC 사업을 과감하게 정리하고 게임 · 음원 · 영화 등 콘텐츠 기업이 됐다. 2020년 말 미국 애니메이션 OTT(온라인 동영상 서비스) 업체 크런치롤(1조 2,000억원), 2019년 게임 개발사 인섬니악게임스(3,000억원), 2018년 글로벌 음반사 EMI(2조원) 등 최근 3년간 콘텐츠 업체 인수에 5조원 넘게 썼다. 소니는 지난 2000년 전체 매출에서 전자 사업 비율이 70%에 육박했지만 현재는 게임 · 음악 · 영상이 50%, 전자 22%로 역전됐다.

코로나 계기로 변화 촉진

코로나 위기는 일본 산업계의 체질 개선을 가속화했다. 대대로 가업을 잇는 전통에 따라 쉽게 사업을 바꾸지 않던 기업들이 코로나 위기를 계기로 발 빠르게 주력 사업을 전환하고 있는 것이다.

산업용 기계 대기업인 미크론정밀은 2020년부터 3D(입체) 프린터를 이용해 페이스실드(얼굴 가리개)를 대량 생산하고 있다. 코로나 사태 직후 도요타 등 주요 고객사들이 주문을 줄이자 의료 시업으로 사실상 업종 전환한 것이다. 미크론정밀은 최근 의료 기기 부서를 신설하고 전동식 뼈 수술 기기를 출시했다. 나고야의 타카라택시 그룹은 2020년 일본 택시 업계가 승객 감소로 줄도산하는 가운데 쇼핑 대행 서비스를 시작했다. 외출을 꺼려하는 고객을 대신해 마트, 약국에서 물건을 구입해 택시로 집까지 배달하는 서비스다.

IT 업계 관계자는 "코로나로 위기에 몰린 일본 업체들이 사업 전환뿐 아니라 종신고용제 · 연공서열제 등 일본 경제 발목을 잡는 요소를 빠르게 걷어내고 있다"며 "과거 일본 산업계에선 보기 힘든 발 빠른 변화가 나타나고 있다"고 말했다.

출처 : 조선일보(2021. 4. 9)

3. 수평적 제한과 수직적 제한

Industrial Organization, Ch. Nine

수평적 제한과 수직적 제한의 경우 가격을 제한하는 경우(가격제한)와 가격 이외의 것들을 제한하는 것(비가격제한)으로 크게 구분할 수 있다.

3.1 수평적 제한

수평적 제한(horizontal restraints)은 동등한 유통단계에 있는 기업들 간 협약을 통해 경쟁을 약화시키고자 하는 것이다. 동일 상품의 판매자들은 보통 경쟁관계에 있기 때문에 지역적으로 판매지역을 제한하는 **시장분할**을 하는 것이 수평적 제한의 예이다. 과거 우리나라 소주시장이 지역적으로 분할된 적이 있는데, 이는 시장분할의 예이다.[7] 다른 한편으로 동일한 가격을 책정한다든지, 카

수평적 제한은 동등한 유통단계에 있는 기업들 간 협약을 통해 경쟁을 약화시키고자 하는 것이다.

7. 1973년 정부는 저질 주류의 생산을 막고, 세금 확보를 위해 주류에 대한 유통질서를 확립하고자 당시 전국 250여 개 소주업체를 1도 1사로 통폐합한 바 있다. '자도주 의무제도'에 의해 해당하는 도의 소주회사는 그 지역에서 독점 판매를 할 수 있었다. 그러나 1996년 헌법재판소가 '자도주 의무제도'에 대해 자유로운 경쟁에 위반된다는 위헌판결을 내리면서 각 지역 소주시장은 치열한 경쟁 속에 있다.
지역소주의 경우 서울 · 경기는 참이슬(하이트진로), 강원도는 처음처럼(롯데주류), 대전 · 충남은 이제우린(맥키스컴퍼니), 충북은 시원한 청풍(충북소주), 대구 · 경북은 맛있는참(금복주), 울산 · 경남은 화이트, 좋은데이(무학), 부산은 C1(대선주조), 전북은 하이트(보배), 광주 · 전남은 잎새주(보해양조), 제주는 한라산(한라산)으로 대표되고 있다.

르텔과 같이 생산량을 할당한다든지 하는 것도 수평적 제한으로 볼 수 있다. 때때로 가격, 산출량, 제품의 질에 관한 정보를 기업 간에 공유하는 경우도 있다. 이러한 수평적 제한은 경쟁을 제한하는 일종의 담합이라 할 수 있다.

3.2 수직적 제한

1) 개념

독립적인 제조회사들 간 거래가 발생하는 경우 제품을 판매한 제조회사는 매입한 회사가 그 제품을 가지고 무엇을 하든지 별로 상관하지 않는 경우가 보통이다. 예를 들어 포스코가 현대자동차에 자동차용 강판을 판매하는 경우 포스코는 현대자동차가 이를 갖고 무엇을 하든지 별로 상관하지 않는다.

제조업체가 유통업체로 제품을 판매하는 경우도 보통 이와 비슷하다. 그러나 제조업체와 유통업체 간 거래는 하나 이상의 수직적 제한이 있는 경우가 많다. **수직적 제한**(vertical restraints)은 수직적으로 연계되어 있는 기업들 간 거래조건이나 거래에 대한 제한을 부과하는 것을 말한다. 수직적 제한은 제조업체가 거래조건으로 유통업체의 행동을 제한하는 등 다양한 형태를 갖고 있다.

수직적 제한은 수직적으로 연계되어 있는 기업들 간 거래조건이나 거래에 대한 제한을 부과하는 것을 말한다.

2) 수직적 제한의 유형

수직적 제한의 유형
① 재판매가격 유지
② 판매지역 제한
③ 소비자 제한

(1) 재판매가격 유지

재판매가격 유지는 제조업체가 특정 가격 이하로 판매업체가 팔 수 없도록 하는 경우이다.

Mathewson & Winter(1998)는 **재판매가격 유지**(resale price maintenance)를 "보통 소매시장에서 하방기업에 의해 판매되고 있는 재화나 서비스의 가격을 상방생산기업이 통제하는 권리를 보유하고 있는 협정"으로 정의하고 있다. 쉽게 말하면, 재판매가격 유지는 제조업체가 특정 가격(보통 최저가격(price

그런데 이러한 소주시장의 공식이 무너졌다. 전국적인 브랜드 인지도와 자본력을 바탕으로 2020년 기준으로 하이트진로 시장점유율이 65.1%, 롯데주류는 13.5%로 하이트진로가 독주하는 가운데 두 회사의 시장점유율을 합하면 전국 소주시장 점유율의 78.6%를 차지하고 있다. (세계일보(2021. 4. 6) 참조)

floor)) 이하로 판매업체가 팔 수 없도록 하는 경우가 대부분이다.

재판매가격 유지는 시장경쟁의 차원에서 보면 경쟁을 제한하는 것이다. 이는 법적으로 문제가 될 소지가 있다. 왜냐하면 제품을 판매한 기업이 구매자가 그것을 어떻게 처분하고 이용하는지에 대한 제약을 하지 말아야 함에도 판매가격을 제한하고 있기 때문이다. 공정거래법 제2조 6호는 "사업자가 상품 또는 서비스를 거래함에 있어서 거래상대방인 사업자 또는 그 다음 거래단계별 사업자에 대하여 거래가격을 정하여 그 가격대로 판매 또는 제공할 것을 강제하거나 이를 위하여 규약, 기타 구속조건을 붙여 거래하는 행위"를 재판매가격 유지 행위로 규정한다. 아울러 동법 제7장을 통해 재판매가격 유지 행위를 제한하고 있다.

〈사례연구 9-5〉는 공정거래위원회가 쿠팡과 마켓컬리, 오아시스 등 새벽배송 이커머스 업체들의 우유 가격 담합 의혹을 조사 중에 오히려 해당 유가공업체가 수차례 가격 인상을 강제한 재판매가격 유지 행위라며 공정위에 신고한 사례이다.

사례연구 9-5 재판매가격 유지 : 새벽배송 우유값이 이상해 … 쿠팡 · 마켓컬리 · 오아시스 담합 조사

공정거래위원회가 쿠팡과 마켓컬리, 오아시스 등 새벽배송 이커머스 업체들의 우유 가격 담합 의혹을 조사 중이다. 그러나 일부 업체는 담합을 한 사실이 없고 오히려 해당 유가공업체가 가격 인상을 강제한 것이라며 공정위에 신고했다.

2021년 5월 12일 업계에 따르면 오아시스는 지난 4월 한 유가공업체를 공정위에 공정거래법상 재판매가격 유지 행위로 신고했다. 재판매가격 유지는 제조업체가 도매 또는 소매 가격을 미리 정하고 그 가격대로 판매하도록 강제하는 행위로 공정위의 규제 대상이다. 판매업자 간 가격담합과 같은 효과를 초래해 제조업체 간 경쟁이 제한되고 소비자 선택이 제한되는 문제 때문이다.

앞서 공정위는 쿠팡과 마켓컬리, 오아시스 등 4개 업체가 비슷한 시기 해당 유가공업체 상품 판매가격을 일제히 인상해 가격담합 의혹이 있다며 2020년 12월 현장조사를 벌였다. 이 유가공업체도 참고조사를 받은 것으로 알려졌다.

조사대상 업체 중 오아시스는 쿠팡 등과 우유 가격을 담합한 사실이 없고, 해당 유가공업체가 공정위 현장조사 이전 약 6개월에 걸쳐 수차례 가격 인상을 강요했다며 카카오톡 메시지 등 증거자료를 첨부해 신고서를 제출했다.

출처 : 동아일보(2021. 5. 12) ⓒ 동아일보 & donga.com

(2) 판매지역 제한

판매지역 제한은 상위 유통단계에 속하는 기업이 하위 유통단계에 속하는 기업들의 판매지역을 분할해 지정하는 것을 말한다.

판매지역 제한(territorial exclusivity)은 상위 유통단계에 속하는 기업이 하위 유통단계에 속하는 기업들의 판매지역을 분할해 지정하는 것을 말한다. 이에 따라 하위유통업체는 특정 지역에서만 영업활동을 할 수 있다.

Katz(1989)는 판매지역 제한이 최종소비자의 탐색비용에 영향을 미칠 수 있다는 것을 지적하고 있다. 소비자가 제품을 구매하기 위해서는 가격 등의 비교를 위해 여러 곳의 판매점을 방문할 필요가 있을 수 있다. 이러한 경우 탐색비용이 증가하면 소비자는 탐색을 줄일 것이다. 판매지역 제한에 의해 브랜드 간 경쟁이 감소하고 산업의 이윤은 증가할 수 있다.

판매지역 제한은 판매점 간 담합을 조장할 수 있다. 특정 지역 내의 판매점의 수를 제한하는 것이 한 예인데, 이 경우 생산업체의 이익에 부정적으로 작용할 수 있다.

(3) 소비자 제한

소비자 제한은 판매업자가 특정 소비자들에게만 판매하기로 동의한 경우와 특정 소비자들에게는 판매하지 않기로 동의한 경우로 구분된다.

소비자 제한은 크게 두 가지 유형으로 구분할 수 있다. 하나는 판매업자가 특정 소비자들에게만 판매하기로 동의하는 경우이다. 예를 들어 군인매장의 상품은 원칙적으로 군인과 군무원에게만 판매할 수 있다. 다른 하나는 특정 소비자들에게는 판매하지 않기로 동의하는 경우이다. 예를 들어 술과 담배의 판매업자는 미성년자들에게는 판매하지 않기로 동의하고 판매한다.

생각해 봅시다

1. 약탈가격전략을 실제로 발견할 수 있는가? 있다면 이를 설명하라.
2. 진입저지가격전략을 실제로 발견할 수 있는가? 있다면 이를 설명하라.
3. 수평적 합병이란 무엇인가? 이에 대한 실제 예를 찾아보고 합병의 결과를 설명하라.
4. 수직적 합병이란 무엇인가? 이에 대한 실제 예를 찾아보고 합병의 결과를 설명하라.
5. 수평적 제한이란 무엇인가? 이에 대한 실제 예를 찾아보고 이를 설명하라.
6. 수직적 제한이란 무엇인가? 이에 대한 실제 예를 찾아보고 이를 설명하라.

중요 용어

약탈가격전략 진입저지가격전략 초과설비유지전략
수평적 합병 수직적 합병 수평적 제한
수직적 제한

참고문헌

1. Carlton, Dennis W. and Jeffrey M. Perloff, *Modern Industrial Organization*, 4th ed., (Pearson, 2015).
2. Farrell, J. and Shapiro, C., "Scale Economies and Synergies in Horizontal Merger Analysis", *Antitrust Law Journal*, Vol. 68, no. 3, 685–710, 2001.
3. Katz, M. L. "Vertical contractual relations", in *Handbook of Industrial Organization*, vol. 1, ch. 11, (Amsterdam: North Holland, 1989).
4. Lipczynski, John, John Wilson, and John Goddard, *Industrial Organization: Competition, Strategy and Policy*, 5th ed. (England: Pearson Education Limited, 2017).
5. Marthewson, F. and Winter, R. A. "The law and economics of resale price maintenance", *Review of Industrial Organization*, 13, 57–84, 1998.
6. Martin, Stephen, *Industrial Organization in Context*, (Oxford University Press, 2010).
7. Myers, G., *Predatory Behavior in UK Competition Policy*, Office of Fair Trading, Research Paper 5 (London: Office of Fair Trading, 1994).
8. Pepall, Lynne, Daniel J. Richards, and George Norman, *Industrial Organization : Contemporary Theory and Empirical Applications*, 5th ed., (Wiley, 2014).
9. Thomas, Christopher R. and S. Charles Maurice, *Managerial Economics : Foundations of Business Analysis and Strategy*, 13th ed. (New York, N. Y.: McGraw Hill, 2020).
10. W.G. Shepherd and Joanna M. Shepherd, *The Economics of Industrial Organization*, 5th cd. (Long Grove, IL: Waveland Press, Inc., 2004).

10 광고

Chapter Ten

1. 광고의 의의

경쟁의 수단은 다양하다. 그 수단들은 가격 중심의 경쟁과 비가격 중심의 경쟁으로 나눌 수 있다. 광고와 연구개발투자는 그러한 비가격경쟁의 일환이다. **광고**(advertising)는 기업이 판매하고자 하는 재화와 서비스에 관한 정보를 소비자들에게 전달하기 위해 기업이 사용하는 수단이다. 광고는 특정 재화와 서비스 및 특정 브랜드를 선택하도록 소비자들에게 정보를 제공하고 소비자들을 설득하는 가장 보편적 수단 가운데 하나이다.

광고는 기업이 판매하고자 하는 재화와 서비스에 관한 정보를 소비자들에게 전달하기 위해 기업이 사용하는 수단이다.

광고는 인터넷, SNS, TV, 신문 등 도처에서 소비자들과 만나고 있다. 넷플릭스 등을 통해 영화를 볼 때나 유튜브 등을 볼 때에도 광고를 접하게 되고, 우리가 입고 있는 옷도 광고판일 수 있는 세상이다. Pepall, Richards, & Norman (2014)에 따르면 미국의 경우 2002년 말 현재 기업들이 GDP의 2.3% 정도에 해당하는 2,369억 달러를 광고비로 지출했다. 그 가운데 약 58%가 언론매체를 통한 광고에 지출되었고, 약 42%는 프로모션, DM, 쿠폰, 카탈로그, 인쇄물, 각종 후원 등에 사용되었다. 삼성전자의 경우 2019년 스마트폰을 비롯해 TV, 생활가전 등 대대적인 제품 마케팅 전략을 펼치면서 마케팅 비용에 총 11조원이 넘는 금액을 지출했다. 반도체 업황이 악화되면서 영업이익이 50%가량 급감하였지만 2018년 대비 광고 및 판촉 비용을 2,000억원가량 더 지출하였다. 삼성전자는 연간 10조원이 넘는 비용을 마케팅에 지속적으로 지출하고 있다.

인터넷 및 SNS가 빠르게 발달하면서 2020년에는 미국을 포함한 글로벌 광고 시장에서 인터넷 광고 비중이 사상 처음으로 50%를 넘어설 것으로 전망된다.[1]

이러한 광고비 지출은 어떤 의미가 있는가? 왜 기업들은 많은 비용을 지불하면서 광고를 하고 있을까? 경제현상으로서 광고를 분석하기 위해서는 광고가 어떻게 작용하는가를 이해해야 한다. 이제 시장에서 광고가 어떤 효과를 갖는지 생각해 보자.

1.1 광고의 경제적 효과

광고의 경제적 효과에 대해서는 오랫동안 논란이 되어 왔다. 광고는 초기에 경쟁과 관련해 주된 분석이 이루어졌다. 광고는 동일한 재화를 판매하는 다양한 브랜드의 기업들 간에 피할 수 없는 경쟁수단이다. 특정 산업에서 광고가 활발하게 이루어지면 소비자들이 다양한 브랜드들을 알게 되고, 결국 가격경쟁을 통해 소비자이익을 증가시킬 수 있다. 이처럼 광고는 소비자들의 편익을 증가시킬 수도 있다. 기업들이 특정 제품을 다양한 가격으로 팔고 있다는 것을 소비자들이 알게 함으로써, 광고는 가격경쟁을 심화시키기도 한다.

반면에 광고는 경쟁을 제한하는 효과도 분명히 있다. 광고는 한 브랜드를 다른 브랜드와 차별화시키는 수단일 수 있기 때문에 소비자의 브랜드 충성도가 높아지게 되면 다른 브랜드로 전환하는 것이 어려워져 시장경쟁을 약화시킬 수 있다. 브랜드 충성도가 높아지면 브랜드 간의 가격경쟁을 약화시키고, 새로운 브랜드가 시장에 진입하는 것을 방해하는 측면이 있다. 이러한 경우 광고가 활발하다는 것은 특정 기업이 시장지배력을 갖고 있다는 신호일 수 있다. 광고는 제품의 시장지배력을 높일 수도 있겠지만, 시장지배력을 유지하기 위해 광고가 이루어질 수도 있다.

광고는 긍정적인 측면도 있지만, 부정적인 측면도 있다. 소비자들에게 불필요한 제품들을 사용하도록 설득하고, 소비자들이 원하지도 않음에도 불구하고

1. 참조 : Adage marketing fact pack 2020, Adage, 2019. 12. 24.

마치 소비자들이 원하는 것처럼 생각하도록 만들어 소비하게 하는 기능도 한다. 완전경쟁시장 하에서 광고비 지출은 기업의 수익성을 증가시키지 못하기 때문에 광고는 단순히 낭비적 경쟁행태일 수 있다. 이 경우 광고비 지출은 경쟁기업으로부터 소비자들을 단순히 빼앗아 오고자 하는 쓸데없는 투쟁으로 볼 수 있다. 광고가 시장에서 소비자들을 증가시키지 못한다면, 생산자잉여의 손실이 소비자잉여의 증가로 나타나지 않는다.

이처럼 광고의 효과를 일률적으로 확언하기는 어렵다. 또 광고가 소비자의 구매 선택이나 브랜드 선택에 어떻게 영향을 미치는가는 정확하게 알 수 없는 것이 사실이다. 광고의 경제적 효과는 복합적이고 미묘하다.

그러나 미국의 경우 광고규모 및 규모의 기업 간 편차를 고려할 때 몇 가지 일관된 사실을 발견할 수 있다. 우선 소비재산업의 수익성은 해당 산업의 광고집중도와 양의 상관관계에 있는 것처럼 나타난다. **광고집중도**(advertising intensity)는 매출액 대비 광고비의 비율, 즉 $\frac{광고비}{매출액}$로 나타내는데, 광고의 중요성을 보여준다.[2] 예를 들어 의약품, 향수, 시리얼, 비누 등과 같은 소비재는 상대적으로 수익률이 높은 산업으로, 매출액 대비 광고비 지출도 높다. 반면에 모자, 보석류와 같은 소비재는 상대적으로 수익률이 낮은 산업으로, 매출액 대비 광고비 지출도 낮다. 다음으로 발견할 수 있는 사실은 산업 간 광고패턴이 시간에 걸쳐 일정한 경향을 보였다는 것이다. 예를 들어 미국이나 유럽의 경우 1950년대 상대적으로 광고비 지출이 높았던 산업이 2000년대에도 여전히 광고비 지출이 높았다.[3]

광고집중도 $= \frac{광고비}{매출액}$

한 나라의 광고비 지출에 영향을 주는 요인들은 다양하다. 예를 들면 가처분소득, 실업률, 정부 규제 등이다.

2. Albion & Farris(1981)는 특정 산업이나 제품의 광고집중도에 영향을 미치는 요인들을 제시했다. 이들에 따르면 기업의 목적, 시장구조, 제품수명, 브랜드의 수 및 제품차별화 정도, 재화와 서비스의 형태 등이 광고집중도에 영향을 미친다.
3. 이에 관해서는 Pepall, Richards, & Norman(2014)을 참조 바람.

1.2 광고와 제품차별화

1950년대 및 1960년대 Kaldor(1950), Solow(1967) 등 경제학자들은 광고를 기업들의 낭비적 경쟁으로 평가했다. 기본적으로 이들은 기업들이 소비자 선호를 변경시키고자 하거나 자기 제품을 사용하도록 소비자를 설득하고자 하는 의도에서 광고를 행한다고 보았다. 이 경우 해당 기업은 소기의 성과를 얻을 수도 있으나, 소비자 입장에서 보면 시장지배력 및 자중손실의 발생, 그리고 광고비라는 비용의 지출로 인해 소비자편익이 감소할 수 있다. 이들은 광고에 의해 제품차별화가 발생했다면, 이러한 차별화는 실제 있는 것이 아니라 소비자 마음에 형성된 허상이기 때문에 이러한 곳에 쓰여진 지출은 낭비적인 것으로 보았다. 또한 실제 재화와 서비스를 만드는 데 자원이 사용되어져야 한다고 생각했다.

1.3 광고와 시장지배력

1) 광고와 시장지배력

대규모 광고는 대량생산 및 규모의 경제가 이루어지는 곳에서 발생할 수 있다. 광고를 큰 규모로 할 경우 광고의 설득적 기능에 의해 기업들은 시장에서 제품을 더 많이 팔 수 있어 시장을 확대할 수 있고, 규모의 경제도 실현할 수 있다. 그러나 이 경우 시장지배력이 더 커질 수 있다는 문제가 발생할 수 있다. 이러한 설득적 광고는 잠재적 경쟁을 억제하고 새로운 기업이 시장에 진입하는 것을 어렵게 만들 수 있다. 이에 따라 Joe Bain은 특정 산업의 매출액 대비 광고비 비율을 진입장벽의 대체변수로 간주한 바 있다. SCP(구조-행동-성과) 패러다임 하에서 많은 경제학자들은 Joe Bain과 비슷한 견해를 보였다.

광고를 많이 하면 기업의 시장지배력을 높이고 기업이 비용보다 높게 가격을 설정할 수 있도록 할까? 동네 약국이나 수퍼마켓을 생각해 보자. 의사의 처방전이 없어도 구입할 수 있는 약의 경우 광고를 통해 많이 접한 약들이 그렇지 않은 같은 종류의 약들보다 높은 가격이 책정되어 있는 경우가 많다. 수퍼마켓의 경우에도 제품의 질이 거의 차이가 없는데도 광고를 통해 많이 접한 브랜드의 제품이 그렇지 않은 브랜드의 제품보다 높은 가격이 책정된 것을 쉽게 발견할 수 있다. 수퍼마켓에서 쉽게 살 수 있는 샴푸, 세제, 청량음료 등이 좋은 예이다. 생산비가 거의 같음에도 불구하고 더 높은 가격을 받을 수 있다는 것은 시장에서 독점적 지배력을 가능하게 하는 광고의 효과라 할 수 있다. Comanor and Wilson(1967)을 비롯한 많은 실증연구들은 다양한 소비재산업에서 광고와 산업수익성 사이에 통계적으로 유의한 양(+)의 상관관계가 있음을 보여주고 있다.

그러나 광고가 시장지배력을 강화하고 경쟁을 제한한다는 가설에 비판적인 견해들도 있다. 첫째, 설득과 정보의 차이이다. 소비자를 설득하기 위해서는 상당한 정보가 소비자에게 전해져야 한다. 광고가 소비자에게 정보를 제공하는 정도는 소비자의 구매에 중요한 역할을 할 것이고, 이는 경쟁을 제한하는 것이 아니라 경쟁을 심화시키는 것일 수 있다. Telser(1964)는 음식, 비누, 화장품의 예를 통해 광고가 독점을 야기한다는 주장에 반대하는 논거를 제시했다. Telser는 기업의 시장점유율이 불안정할수록 광고가 보다 많아진다는 것을 발견했다. 그에 따르면 광고는 소비자들이 특정 제품에 대한 충성도를 강화시키는 것이 아니라 오히려 약화시키고 경쟁을 보다 치열하게 한다.

둘째, 시장지배력과 광고의 정도는 비례적일 수 있다는 것이다. 시장에서 독점적 지배력을 가진 기업의 경우 시장지배력 자체가 광고를 보다 많이 하도록 한다는 것이다. 즉, 광고가 광고 이전에 존재하지 않았던 시장독점을 새롭게 가져오지는 않으며, 광고는 기존 시장지배력을 유지하는 기능을 할 뿐이라는 것이다.

셋째, 광고가 소비자선호를 변화시킨다면 그것에 대한 판단은 철저한 분석을 토대로 해야 한다는 것이다. 어떻게 소비자선호가 변화되었으며, 이에 따라 소비자편익은 어떻게 되었느냐 하는 분석이 요구된다는 것이다.

2) 광고와 브랜드

대부분 광고들은 소비자들에게 광고된 브랜드의 제품이 특별한 것이고 다른 브랜드들과는 다르다고 주장한다. 물론 그러한 주장은 거짓일 수도, 사실일 수도 있다. 브랜드 간 제품차이가 소비자들에게 중요하게 여겨질 때 광고는 소비자들이 선호하는 브랜드를 선택하는 데 도움을 주는 중요하고 유용한 수단일 수 있다.

그러나 브랜드 간 차이가 제품의 차별화를 가져오는 요인이 아닌 경우, 광고는 단지 소비자들을 유인하기 위한 수단에 불과할 수 있다. 이러한 경우 제품 판매를 위한 광고비 지출은 소비자들에게 별로 유용한 정보가 되지 못하기 때문에 광고는 낭비적 경쟁일 수 있다. 특히 광고가 브랜드 간 제품차별화를 가져오는 주된 요인일 경우 이러한 현상이 심각할 수 있다. 이처럼 광고는 소비자들에게 낭비적이거나 해로울 수도 있는 정보를 제공하기도 한다.

그러나 소비자들을 놓고 많은 기업들이 경쟁하는 경우 광고와 브랜드가치의 축적은 기업 입장에서는 중요한 전략일 수 있다. 소비자들이 제품의 다양성 및 차별화 등에 대한 선호를 갖고 있는 경우, 브랜드 이름의 창조는 소비자들과 그 제품을 연결시켜 주는 역할을 한다고 할 수 있다. 광고는 브랜드 이름을 형성하고 그 가치를 축적시켜 주는 역할을 한다. 브랜드 이미지는 제품이나 기업의 평판과 직결되기 때문이다.

소비자들이 제품의 다양성 및 차별화 등에 대한 선호를 갖고 있는 경우, 브랜드 이름의 창조는 소비자들과 그 제품을 연결시켜 주는 역할을 한다.

광고가 소비자의 구매 결정이나 브랜드 선택에 어떻게 영향을 미치는가는 정확하게 알 수 없다. 예를 들어 2019년 아디다스가 영국 프리미어리그 아스날에, 2020년 나이키가 리버풀에 스폰서를 하고 있는 것이 영국 및 글로벌 시장에서 아디다스와 나이키의 매출에 어떤 영향을 미치는지는 정확하게 평가할 수 없다.

2. 기업의 이윤극대화 광고 수준

광고는 비용이 드는 기업의 활동이다. 합리적인 기업이라면 수지가 맞을 때 광고를 할 것이다. 이러한 측면에서 보면, 광고가 매출을 증가시키기 때문에 수익에 긍정적으로 영향을 미친다고 생각될 수 있다. 광고에 비용이 많이 들지 않으면, 기업은 가격을 낮추어 많은 수량을 팔고자 하는 대신, 광고를 통해 수요곡선을 밖으로 이동시켜 동일한 가격 하에서 보다 많은 수량을 팔고자 할 것이다.

아래 수식에서 α는 광고메시지의 양을 의미한다고 가정하자. 예를 들어 TV

나 인터넷의 광고시간이나 인터넷 검색 포털사이트, 유튜브 등 동영상 플랫폼, 신문의 광고면 크기라고 하자. 기업의 한계수입곡선은 α를 포함해 식 (10.1)과 같이 쓸 수 있다. 한계비용은 편의상 식 (10.2)와 같이 c로 일정하다고 하자.

$$MR(Q, \alpha) = P(Q, \alpha) + \frac{\partial P(Q, \alpha)}{\partial Q} \times Q \tag{10.1}$$

$$MC = c \tag{10.2}$$

기업의 이윤극대화 산출량 수준은 $MR = MC$가 되도록 하는 산출량 수준이다. 이때의 산출량 수준을 Q^*, 가격 수준을 P^*라 하자. 이와 동일한 논리로 수익을 극대화하는 광고 수준은 광고로부터 얻게 되는 한계수입과 한계비용이 동일할 때 이루어진다. 광고의 한계수입곡선을 다음과 같이 식 (10.3)처럼 나타낼 수 있고, 한계비용은 편의상 식 (10.4)와 같이 일정하다고 하자. 기업의 이윤극대화 광고 수준은 $MR = MC$가 되도록 하는 광고 수준이다. 이를 α^*라 하자.

$$MR(Q, \alpha) = \frac{\partial P(Q, \alpha)}{\partial \alpha} \times Q \tag{10.3}$$

$$MC = m \tag{10.4}$$

식 (10.3)과 식 (10.4)를 연립해 풀면 다음과 같이 식 (10.5)가 된다.

$$\frac{\partial P(Q, \alpha^*)}{\partial \alpha} \times Q = m \tag{10.5}$$

식 (10.5)의 양변에 $\frac{\alpha}{PQ}$를 곱해 정리하면 식 (10.6)과 같다.

$$\frac{\alpha^*}{P^*}\frac{\partial P(Q, \alpha^*)}{\partial \alpha} = \frac{\alpha^* m}{P^* Q^*} \tag{10.6}$$

탄력성의 개념을 활용해 광고에 대한 수요의 탄력성을 ε_α, 가격에 대한 수요의 탄력성을 ε_P라 하면 식 (10.6)의 좌변은 $\frac{\varepsilon_\alpha}{\varepsilon_P}$와 동일하다.[4]

4. $\varepsilon_\alpha = \dfrac{\frac{\partial Q}{Q}}{\frac{\partial \alpha}{\alpha}} = \dfrac{\alpha}{Q} \times \dfrac{\partial Q}{\partial \alpha}$, $\varepsilon_P = \dfrac{\frac{\partial Q}{Q}}{\frac{\partial P}{P}} = \dfrac{P}{Q} \times \dfrac{\partial Q}{\partial P}$이므로 식 (10.6)의 좌변은 $\frac{\varepsilon_\alpha}{\varepsilon_P}$와 동일해진다.

따라서 기업의 이윤이 극대화될 때 우리는 다음과 같은 사실을 알 수 있다.

$$\frac{광고비}{매출액} = \frac{\alpha^* m}{P^* Q^*} = \frac{\varepsilon_\alpha}{\varepsilon_P} \quad (10.7)$$

Dorfman-Steiner 조건
$\frac{광고비}{매출액} = \frac{\alpha^* m}{P^* Q^*} = \frac{\varepsilon_\alpha}{\varepsilon_P}$

식 (10.7)은 보통 Dorfman-Steiner 조건으로 불린다. 이는 수입에 비례해 광고비를 지출하고자 하는 기업의 이윤은 매출액 대비 광고비 지출 비율이 수요의 가격탄력성 대비 수요의 광고탄력성의 비율과 일치할 때 극대화된다는 것을 의미한다. Dorfman-Steiner 조건은 소비자들이 가격에 비탄력적일수록, 광고에 탄력적일수록 광고비 지출을 많이 해야 한다는 것을 의미한다.

Dorfman-Steiner 조건은 기업의 광고행태를 분석하는 데 중요하다. 이는 기업의 마진(margin)과 광고비 사이에 양(+)의 상관관계가 있음을 제시하기도 한다.[5] 따라서 광고는 기업이 특정 제품을 차별화시키는 수단이고, 어느 정도 시장지배력을 얻고자 하는 수단일 수 있다. 이처럼 광고는 기업이 설사 가격을 올리더라도 소비자들이 다른 제품으로 전환하는 것을 어렵게 만들 수 있다.

Dorfman-Steiner 조건은 수요의 가격탄력성이 낮은 산업에서 광고가 보다 많이 이루어진다는 것을 의미한다. 수요의 가격탄력성이 낮은 산업이나 시장은 보통 특정 기업들의 시장지배력이 높은 경우이므로 Dorfman-Steiner 조건은 광고비 지출이 시장지배력을 가져온다는 것을 의미하는 것이라기보다 시장지배력 자체가 높은 광고비 지출을 가져온다는 것을 의미한다.

사실 완전경쟁시장의 경우 기업은 무한탄력적인 수요곡선을 갖게 되므로, 가격은 비용을 100% 반영해 가격과 비용의 마진은 0이 된다. 따라서 완전경쟁 기업은 광고를 할 유인이 전혀 없다. 현재가격으로 추가적 판촉노력 없이 원하는 수량을 모두 판매할 수 있고, 설사 더 많은 수량을 판매한다고 하더라도 가격이 비용과 동일하기 때문에 추가적 이윤을 가져오지 못하기 때문이다. 반면에 시장지배력을 갖고 있는 기업은 수요의 가격탄력성이 낮아 양(+)의 $P-c$(price−cost), 즉 양(+)의 마진을 갖게 된다. 따라서 광고에 의해 수요곡선을 바깥쪽으로 이동시킬 수 있다면 판매가 늘어날수록 양(+)의 마진도 늘어난다. 따라서 이미 시장지배력을 보유한 기업의 경우 광고를 할 충분한 유인이 있는

---

5. 마진은 $p-c$(price − cost), 즉 가격에서 비용을 차감한 것을 의미한다.

것이다. 독점기업의 경우도 광고가 시장수요를 효율적으로 증가시킨다면 광고를 할 유인이 있다. 그러나 경쟁기업으로부터 소비자들을 빼앗아 오기 위해 광고를 할 필요는 없다. 왜냐하면 독점기업은 정의상 현재 시장 내에 경쟁기업이 없기 때문이다. 그러나 과점시장의 기업들은 가격경쟁을 피하는 것을 원하고, 총수요를 증가시키기 위해, 그리고 경쟁기업으로부터 소비자들을 빼앗아 오기 위해 광고를 하게 된다.

한편, Dorfman-Steiner 조건은 광고비가 변할 때 매출액 대비 광고비 비율, $\frac{\text{광고비}}{\text{매출액}}$는 어떻게 변하는가를 알려준다. 식 (10.7)에서 보는 것처럼 광고비가 변하더라도 광고에 대한 수요의 탄력성 ε_α, 가격에 대한 수요의 탄력성 ε_P 두 탄력성의 비율을 변화시키지 않는 한 이윤극대화 수준의 $\frac{\text{광고비}}{\text{매출액}}$는 변하지 않는다. 즉, 광고비가 증가하더라도 수요의 탄력성이 변하지 않는 한 매출액 대비 광고비 비율은 변하지 않는다.

3. 정보전달적 광고

Industrial Organization, Ch. Ten

전통적 경제이론 하에서 소비자들은 재화나 서비스의 종류에 관해 완전한 정보를 갖고 있다고 가정된다. 그러나 현실 세계에서 과연 그러한가? 현실 세계에서 소비자들은 제품을 구입하고자 할 때 어떤 브랜드들이 있으며, 그 브랜드들은 어떤 차이가 있고, 어느 사이트에서 가장 저렴하게 구입할 수 있는가를 다 알고 있다고 할 수 있는가? 대부분의 소비자들은 이러한 정보들을 모르는 경우가 보통이다. 소비자들은 자동차, 가구 등 생활비에서 차지하는 비중이 높은 제품들의 경우 이러한 정보를 얻는 데 들어가는 시간과 노력을 감수하지만, 생활비에서 차지하는 비중이 낮고 제품가격이 상대적으로 낮은 샴푸, 비누, 세제 등과 같은 제품들에 대해서는 이러한 시간과 노력을 쓰는 데 주저할 가능성이 높다. **정보전달적 광고**(informative advertising)는 소비자들에게 재화와 서비스 및 브랜드의 존재, 그리고 가격, 특징, 용도 등과 같은 특성들에 대한 정보를 제공해 준다. 정보전달적 광고는 소비자들에게 이러한 정보들을 제공함으로써 소

정보전달적 광고는 소비자들에게 재화와 서비스 및 브랜드의 존재, 그리고 가격, 특징, 용도 등과 같은 특성들에 대한 정보를 제공해 준다.

비자들의 탐색비용을 줄여 주고, 소비자의 만족을 극대화시키는 데 도움을 주는 역할을 한다.

지역의 소매상들이 소비자들에게 가격 및 상점의 위치 정보 등을 광고를 통해 알려주는 것은 경쟁을 제한하는 것이 아니라 경쟁을 촉진하는 것일 수 있다.

4. 설득적 광고

BMW나 Mercedes-Benz의 광고는 유용한 정보가 담겨 있다고 보기 어려울 수 있다. 유용한 정보를 소비자들에게 제공한다기보다 이 차를 타면 특별하다고 고객들을 설득하는 것일 수 있다. 광고가 설득적인 경향이 높으면 **설득적 광고**(persuasive advertising)라 할 수 있는데, 제품을 차별화하는 것에 그 목적이 있는 경우가 많다. 설득적 광고는 판매를 증가시키기 위해 소비자들의 재화와 서비스 및 브랜드에 대한 인식을 변화시키고자 한다. 이에 따라 브랜드 간의 가격경쟁이 약화될 수 있다.

설득적 광고는 제품을 차별화하는 것에 그 목적이 있는 경우가 많다.

그러나 광고를 통해 브랜드 Y가 브랜드 X보다 높은 가격에서 보다 우월하다고 하는 것이 과연 어떤 의미가 있는가? 광고는 소비자의 선호를 변화시킬 수 있고, 나아가 소비자의 효용도 변화시킬 수 있다.

소비자선호도 시간에 걸쳐 변하기도 한다. 미국 프로야구를 더 좋아하다가 시간이 지나서 우리나라 프로야구를 더 좋아하게 될 수도 있다.

교향곡에 대한 이해나 추상미술에 대한 이해도 훈련과 경험을 통해 습득되기도 한다. 규칙적 운동이 건강에 좋다는 것도 설득을 통한 이해라 할 수 있다.

그러나 광고를 정보전달적 광고와 설득적 광고로 구분하는 것이 어려울 때도 있다. 많은 광고들이 동시에 정보를 전달하고 소비자들이 자사 제품을 구매하도록 설득하기 때문이다. 기업들이 광고를 하는 이유는 다양할 수 있다. 제품이나 서비스를 새로이 시장에 진입시키고자 할 때나 가격과 제품의 질에 대한 정보들을 소비자들에게 제공하고자 할 때 광고를 하게 된다. 시장점유율을 증가시키거나 유지하고자 할 때도 광고를 하게 된다. 또 브랜드 이미지를 소비자들에게 각인시키거나 소비자들의 브랜드 충성도를 강화시키고자 할 때도 광고를 한다.

5. 광고와 신호

탐색재는 구입하기 전 만지거나 보기만 해도 제품특성을 쉽게 알 수 있는 재화이다.

경험재는 구입 후 제품을 사용해 보아야 제품 특성을 알 수 있는 재화이다.

Nelson(1970, 1974)은 광고를 기업이 제품의 질에 대한 신호를 보내는 수단으로 파악했다. Nelson은 재화를 크게 두 종류로 구분했다. **탐색재**(search goods)는 구입하기 전 만지거나 보기만 해도 제품 특성을 쉽게 알 수 있는 재화이다. 옷, 접시, 가구 등이 탐색재의 예라 할 수 있다. 반면에 **경험재**(experience goods)는 구입 후 제품을 사용해 보아야 제품 특성을 알 수 있는 재화이다. 경험재의 예로서는 치약, 음식, 포도주, 자동차, 냉장고 등을 들 수 있다. Nelson은 탐색재와 경험재에 대한 설득적 광고의 효과는 큰 차이가 난다고 주장했다. 예를 들어 탐색재에 대한 설득적 광고는 소비자가 구입 전 제품의 질을 스스로 평가할 수 있기 때문에 별로 효과가 나타나지 않을 것이다. 그러나 정보전달적 입장에서 보면 탐색재에 대한 광고는 소비자들에게 제품가격이나 제품의 존재를 알려주는 긍정적 역할을 할 수 있다. 반면에 경험재에 대한 광고는 설득적이면서 동시에 정보를 전달해 주는 기능도 한다고 볼 수 있다. 소비자가 구입 전에 그 재화를 평가할 수 없다면 결국 광고에 상당 부분 의존할 수밖에 없다. Nelson은 광고집중도가 탐색재보다는 경험재의 경우 보다 높게 나타난다고 주장했다.

제품의 질에 대한 판단이 소비자가 그 재화나 서비스에 대해 전문지식을 갖고 있어야 가능한 경우, 그 제품의 질은 사용 전이나 사용 후에도 쉽게 평가될 수 없다. 이러한 재화와 서비스를 신뢰재라 한다.

Darby & Karni(1973)는 이러한 재화분류를 확장해 **신뢰재**(credence goods)를 언급하고 있다. 특정 제품의 질에 대한 판단이 소비자가 그 재화나 서비스에 대해 전문지식을 갖고 있어야 가능한 경우 그 제품의 질은 사용 전이나 사용 후에도 쉽게 평가될 수 없다. 이러한 재화와 서비스를 신뢰재라 한다. 예를 들어 치과치료, 의료행위, 차량수리, 그리고 대학강좌 등도 이러한 예가 될 수 있다. 신뢰재의 경우 광고는 설득적이면서 동시에 정보를 전달해 주는 기능도 한다고 볼 수 있다.

제품의 구입빈도도, 특히 경험재의 경우, 설득적 광고의 효과를 측정할 수 있는 수단이 되기도 한다. Arterburn & Woodbury(1981)는 **편의재**(convenience goods)와 **쇼핑재**(shopping goods)를 구분하였다. 편의재는 상대적으로 값이 싸고 빈번하게 구입하는 재화를 의미한다. 반면에 쇼핑재는 값이 비싸고 빈번하게 구입하지 않는 재화를 말한다. 예를 들어 구강청결제나 자동차는 모두 경험재라 할 수 있지만, 구강청결제는 편의재라 할 수 있고 자동차는 쇼핑재라 할 수 있다. 옷과 가구 모두 구입 전이나 소비 전에 제품의 질이 쉽게 평가될 수 있다는 점에서 탐색재이지만, 옷은 편의재, 가구는 쇼핑재라 할 수 있다.

편의재는 상대적으로 값이 싸고 빈번하게 구입하는 재화이다.
반면에 쇼핑재는 값이 비싸고 빈번하게 구입하지 않는 재화를 말한다.

두 가지 브랜드의 치약이 있다고 하자. 하나는 품질이 좋고, 다른 하나는 품질이 나쁘다고 하자. 설득적 광고를 통해 소비자들은 처음에는 아무 브랜드나 사게 될 것이다. 그러나 소비자들 스스로 치약을 평가할 기회를 갖게 되면 동일한 가격이라면 좋은 품질의 브랜드 치약을 구매하지 나쁜 품질의 브랜드 치약을 선택하지는 않을 것이다. 따라서 품질이 나쁜 브랜드에 대한 광고비 지출은 반복적 구매를 가져오지 않을 가능성이 높기 때문에, 기업 입장에서는 이러한 광고를 하지 않을 것이다. 이러한 점에서 보면 광고는 소비자들에게 제품의 품질을 알려주는 역할을 한다고 볼 수 있다. 광고의 내용 자체는 큰 의미가 없을 수 있지만, 광고를 많이 하는 브랜드라는 자체가 생산기업이 그 제품에 대해 자신하고 있다는 것을 의미할 수 있고, 소비자들은 이에 따라 반복적 구매를 할 수 있다.

Fluent & Garella(2001)는 기업이 다른 기업들과 가격경쟁을 할 때 제품의 질에 대한 신호를 보내기 위해 광고를 사용할 필요가 있다고 주장한다. 소비자들은 일부 브랜드가 다른 브랜드들에 비해 광고를 많이 하고 있다는 단순한 사실에서 제품의 질에 관한 유용한 신호를 받기도 하기 때문이다.

반면에 Caves & Green(1996)은 196개의 서로 다른 산업들의 연구를 통해 광고와 브랜드의 질 사이에 특별한 관계가 없다는 것을 발견했다. Hertzendorf (1993)는 가격신호가 효율적으로 작용하면 광고는 필요없다고 주장한다. 그에 따르면 가격이 소비자들에게 제품의 질을 평가할 충분한 정보를 제공하지 못하는 경우에만 광고가 유용하다.

광고의 신호가설에는 실증문제뿐만 아니라 다른 문제들도 제기된다. 우선, 광고를 많이 하면 할수록 제품의 질도 우수하다는 가설은, 기업이 소비자들에게 자기들이 얼마나 많은 비용을 지불하면서 광고를 하고 있는지 알리고자 하는 동기가 있다는 것을 제시한다. 그러나 기업은 소비자에게 광고비 지출을 얼마나 했는지 알리지 않는다.

다음으로 광고가 제품의 질에 대한 신호를 보낸다는 가설은 재화를 실제로 사용했을 경우에만 적용된다는 점이다. 즉, 제품을 사용해 보아야 그 질을 제대로 평가할 수 있다. 구매자의 형태가 중요하지 않음에도 불구하고 실제 현실을 보면 소비재에 대한 광고비 지출은 높지만 생산재에 대한 광고비 지출은 낮다.

6. 소비자 사취와 광고의 진실

소비자 사취는 상대적으로 값이 싼 철이나 납 등의 금속을 값비싼 금으로 바꿀 수 있다는 연금술의 역사만큼 오래되었다고 할 수 있다. 때때로 그러한 소비자 기만은 사소한 것일 수도 있고 심각한 것일 수도 있다. 어떤 특정한 치약이 사람들의 치아를 기존 치약보다 50% 이상 하얗게 만들어주고, 어떤 화장품이 얼굴 주름을 기존 제품보다 30% 더 제거해 준다는 광고를 생각해 보자. 또 만병통치의 약인 것처럼, 불치의 병을 치료해 줄 수 있는 것처럼, 허리 통증 등 고질병을 완치시킬 수 있는 의료기구인 것처럼 광고를 하고 고액에 판매해 많은 사람들을 경제적 · 신체적 어려움에 처하게 하기도 한다.

소비자들이 소비자 사취 광고를 순수하게 믿을 때 희생자들이 되고 만다. 미국이나 우리나라의 경우 모두 거짓되거나 소비자 기만적인 광고를 하는 것을 불공정한 행위로 간주해 처벌하고 있다.

거짓되거나 기만적인 광고는 경쟁을 불공정하게 만든다. 사실이 아닌 것으로 판명된 주장을 명시적으로나 암묵적으로 하여 소비자들의 의사결정에 실질적 영향을 미치는 경우 거짓된 광고로 간주된다. 그러나 의약품을 제외하고는 제품에 관한 정보를 생략했다고 해서 거짓된 광고로 간주되지는 않는다.

거짓되거나 기만적인 광고는 보통 어떤 상황에서 이루어질까? 우선 생각해 볼 수 있는 것이 그러한 광고를 한 기업에게 피해보상을 청구할 수 있는 능력이 없을 때이다. 예를 들어 대부분의 소비자들은 광고내용의 진위를 실험실을 통한 실험이나 전문지식을 통해 입증할 수 없다. 다음으로 생각해 볼 수 있는 것이 소비자 사취 광고의 희생자들이 피해보상을 받으려고 할 때 광고 기업이 하루아침에 사라져 버린 경우이다. 이러한 경우가 가장 심각하고 우려되는 상황이다. 소비자들을 기만하는 광고는 주로 이러한 상황들에서 발생한다.

〈사례연구 10-1〉은 코로나19로 전 국민이 고통을 겪고 있을 때인 2020년 1월부터 2021년 3월까지 식품의약품안전처(식약처)가 코로나19 예방·치료 효과가 있는 것처럼 판매 제품을 허위·과대 광고한 판매 온라인 사이트의 사례 1,031건을 적발한 것을 보여준다. 이처럼 허위 및 과대 광고 등으로 질병 예방이나 치료에 효과가 있다거나 소비자 기만 등으로 소비자에게 그 효과를 오인시킬 수 있는 부당한 광고행위를 하여서는 안 된다.

사례연구 10-1 '먹으면 코로나19 예방' 등 허위·과대 광고사이트 1천여 건 적발

식약처, 2020년 1월부터 점검 … 방심위에 사이트 차단 등 요청

식품의약품안전처(식약처)는 2020년 1월부터 2021년 3월까지 온라인에서 판매되는 식품 및 건강기능식품을 대상으로 코로나19 예방·치료 효과가 있는 것처럼 판매 제품을 허위·과대 광고한 판매 사이트 사례 1,031건을 적발하고 방송통신심의위원회 등에 관련 사이트 차단 등을 요청하였다고 2021년 4월 18일 밝혔다. 적발된 1천 31건 가운데 식품 판매 사이트가 711건, 건강기능식품 판매 사이트가 320건이다.

주요 적발 내용을 보면 질병 예방·치료 표방 1,004건(97.4%), 소비자 기만 24건(2.3%), 건강기능식품으로 오인·혼동 2건, 자율심의 위반 1건(0.1%) 등이다.

홍삼, 식초, 건강기능식품 등이 호흡기 감염, 코로나19 등의 예방·치료 효과가 있는 것처럼 허위 표시하거나 부당한 광고 사례가 1,004건(97.4%)을 차지하여 가장 빈번하였다.

소비자 기만의 경우 흑마늘, 녹차, 도라지 등의 원재료가 코로나19 예방에 효과가 있다는 체험기로 소비자를 기만하는 광고를 한 사례가 24건(2.3%)을 차지했다.

이러한 광고사례 등은 오픈마켓이 477건(46.3%), 포털사 블로그 및 카페가 442건(42.9%), SNS가 65건(6.3%), 일반쇼핑몰이 47건(4.5%) 등 순이었다.

식약처는 온라인쇼핑몰협회, 오픈마켓 등에 자율관리를 강화할 것을 요청했고, 소비자에게는 부당한 광고 행위를 발견하면 국민신문고나 불량식품 신고 전화로 신고해 달라고 요청했다.

출처 : 식품의약품안전처(2021. 4. 18), 보도자료.

7. 광고의 효율성과 경쟁에 대한 광고의 영향

우리나라 TV 방송사가 빈번하게 듣는 불평 가운데 하나는 광고가 너무 많다는 것이다. 광고가 많다 보니 사람들이 넷플릭스(Netflix)나 왓챠(watcha)를 통해 영화나 드라마 등 프로그램을 시청하는 비중이 늘어나고 있다. 광고가 지나치게 많다거나 지나치게 적다는 것은 어떤 기준에서 언급될까? 그 기준은 효율성의 기준이라 할 수 있다. 광고가 효율적일 때 소비자잉여와 생산자잉여의 합은 최대화된다.

광고는 여러 가지 방법으로 특정 시장의 진입장벽으로 작용할 수 있다. 우선 광고가 필요하다는 것을 잠재적 진입기업이 인식하는 경우 창업비용을 증가시킨다. 또, 기존 기업이 이미 상당한 광고를 한 경우 기존 기업의 평판이 좋아지고 소비자 충성도도 높아지기 때문에 진입을 주저할 가능성이 크다. 다음으로 광고에서 규모의 경제가 발생하는 경우 진입하고자 하는 작은 규모의 기업은 기존 기업과 경쟁하는 데 어려움을 느껴 시장진입을 포기할 수 있다.

어떤 학자들은 광고가 소비자의 선호를 왜곡시켜 자원 배분을 비효율적으로 만든다고 주장한다. 반면에 다른 학자들은 광고가 제품과 서비스의 특성들에 관한 정보를 제공하기 때문에 자원 배분을 보다 효율적으로 만든다고 주장한다.

광고의 집중도와 수익성, 시장집중도를 연계시키는 많은 연구들이 있어 왔다. 관련 연구의 실증분석 결과는 다양하게 나타나고 있다.

8. 협력 광고

협력 광고는 제조업체와 유통업체가 협력하거나 둘 이상의 광고주가 공동으로 광고를 하는 경우이다.

이제까지 광고는 제조업체가 하는 것으로 설명했다. 그러나 제조업체와 유통업체가 협력하거나 둘 이상의 광고주가 공동으로 광고를 할 수도 있다. 이를 협력 광고(cooperative advertising)라 한다. 협력 광고는 다양한 형태와 규모로 나타난다. 예를 들어 서적이나 음반소매업의 경우 제조업자가 소매상의 지역언론을 통한 광고에 대해 보조금을 지급한다든가, 점포 내 진열을 돕는다든가 다른 판매촉진 제품들을 제공하는 것은 협력 광고의 사례들이라 할 수 있다. 판촉서비스는 보통 제조업체가 유통업체에 위임하는데, 협력 광고로 구분될 수 있는 새로운 마케팅 약정이 판촉계약에서 공통된 특성으로 나타나고 있다. 이러한 새로운 상거래 관행은 독과점금지법에 저촉될 수도 있다.[6]

Pepall, Rechards, & Norman(2014)에 따르면 미국 수퍼마켓의 경우 '제조업체가 자사의 제품을 진열해 판매하는 것에 대한 대가(slotting allowances)를 지불'하는 경우가 많다. 이러한 지불은 제품을 상품진열대에 있도록 한 것에 대한 전체적 대가를 포함한다. 예를 들어 제품이 소비자의 눈높이 위치에 진열되는 것에 대해 추가로 지급하는 대가나 상품이 진열되는 자체에 대한 일종의 지대, 약정된 기간 동안 매출액이 예상보다 부진할 경우 제조업자가 지불해야 하는 실패수수료 등이 여기에 포함된다.

이러한 협력 광고가 경쟁에 미치는 효과는 복합적이다. 협력 광고가 효율성과 경쟁을 촉진하는 것일 수 있다. 제조업자가 판촉활동에 직접 개입함으로써 소매상들이 판촉활동을 적게 하는 경향을 줄일 수 있다. 제조업체가 수퍼마켓에서 제품을 진열해 판매하는 것에 대한 대가를 지불하는 경우, 가장 효율적인 기업이 가장 좋은 위치를 원하고 높은 수수료를 지불한다면 시장효율성이 개선될 수 있다. 이에 따라 제조업체가 보다 높은 위험을 부담하게 되므로 유통업체가 새로운 제품을 보다 쉽게 취급할 수 있게 되어 경쟁을 촉진시킬 수도 있다.

온라인 플랫폼과 브랜드 및 제조업체 간 협력 광고도 새로운 움직임이다. 협력 광고를 통해 윈-윈이 가능하다. 페이스북(facebook)은 브랜드와 리테일(retail, 소매) 업체 간 컬래버레이션을 돕는 '협력 광고(Collaborative Ads)'를 적극적으로 하고 있다. 협력 광고에 의해 브랜드와 리테일 업체가 간편하고 안전하게 협업해 매출을 늘릴 수 있다. 협력 광고를 통해 브랜드는 리테일 업체의 카탈로그를 사용해 페이스북에 제품 광고를 게재할 수 있고, 소비자들은 구매를 위해 리테일 업체의 웹사이트 또는 앱을 이용하므로 브랜드와 리테일 업체 모두 매출을 높일 수 있다.[7]

6. 보다 자세한 협력 광고에 대한 논의는 Pepall, Rechards, & Norman(2014)을 참조 바람.
7. 참조) https://ko-kr.facebook.com/business/m/collaborative-ads

〈사례연구 10-2〉는 패션 전문 온라인몰 업체인 무신사의 '파트너십 전략'이 큰 성과를 내고 있다는 사례이다. 무신사의 경우 협력 광고의 형태로 "입점 브랜드와 제품의 가치를 정교하게 보여주는 브랜드 쇼케이스를 열고 프레젠테이션이나 스타일 화보 등의 콘텐츠를 제공하고, 서울 주요 지역의 옥외 전광판 광고, 벽화 아트 등 다양한 마케팅 활동"으로 브랜드 인지도를 향상시키고 입점브랜드의 매출을 늘리고 있다. 공동 마케팅 및 판매 전략으로 무신사와 입점 브랜드들의 온라인 시장 매출이 늘어날 것으로 기대된다.

사례연구 10-2 무신사 '한 가족 전략' 빛났다 … 100개 입점 브랜드 매출 5배↑

신생 브랜드 단독 판매 지원
"백화점 입점보다 매출 효과 커"
연 100억 브랜드 탄생에도 일조

무신사는 2020년 거래액 50% 급증

패션 전문 온라인몰 1위 업체인 무신사의 '파트너십 전략'이 큰 성과를 내고 있다. 무신사와 독점적으로 기획 상품을 개발해 '단독 판매'하는 협력 브랜드들이 최근 급성장하고 있는 것이다. 커버낫, 마크곤잘레스, 디스이즈네버댓 등 대표적인 100개 협력 브랜드의 올 매출(거래액)은 2019년보다 최대 10배가량 늘어난 것으로 나타났다.

"브랜드와 함께 성장"

무신사는 자사 온라인몰에 입점해 있는 100개 파트너십 브랜드의 2020년 1~10월 누적 매출을 조사한 결과 2019년 같은 기간보다 평균 5배 이상 늘었고, 최대 10배까지 증가한 브랜드도 있다고 2020년 11월 5일 밝혔다.

커버낫, 마크곤잘레스, 디스이즈네버댓, 컨버스, 엘엠씨 등은 2020년 매출이 벌써 100억원을 돌파했다. 2020년 초 처음 제품을 출시한 코닥이 10월 말까지 8억원이 넘는 매출을 냈고, 파츠가 6억원을 돌파하는 등 신생 브랜드도 급성장하고 있다고 강조했다.

무신사 관계자는 "입점 브랜드와 제품의 가치를 정교하게 보여주는 브랜드 쇼케이스를 열고 프레젠테이션이나 스타일 화보 등의 콘텐츠를 제공한 것이 주효했다"며 "서울 주요 지역의 옥외 전광판 광고, 벽화 아트 등 다양한 마케팅 활동을 펼친 것도 브랜드 인지도 향상에 기여했다"고 설명했다.

무신사의 전략은 간단하다. '될성부른' 신생 브랜드와 기획 상품을 만들어 무신사에서만 단독 판매하는 방식으로 브랜드를 키우고 있다. 차별화된 디자인과 가성비 높은 제품을 선호하는 10~30대에서 그런 브랜드는 금방 주목을 끌었다. "백화점에 매장 하나 내는 것보다 무신사에 단독 판매 방식으로 입점하는 게 훨씬 효과가 크다"는 평가가 나오고 있다.

화제 몰이로 마니아층 공략

화제를 잘 만드는 것도 무신사의 강점이다. 무신사가 밀레 클래식과 손잡고 한정품으로 내놓은 제품은 2020년 2월 출시 당일 모두 품절됐다. 펜필드도 이런 방식의 마케팅으로 2019년 연간 거래액이 전년 대비

15배가량 늘어난 데 이어 2020년도 10월 말까지 전년 동기 대비 4배 이상 증가하는 성과를 냈다.

무작위 추첨 방식으로 제품을 판매하는 '래플'도 무신사 파워를 키운 비장의 무기다. 컨버스가 2020년 5월 무신사 단독 래플로 판매한 A신발은 3일 동안 12만 명이 참여할 정도로 화제가 됐다. 컨버스는 2020년 무신사에서만 작년보다 2배 이싱 높은 거래액을 예상하고 있다.

무신사는 '무진장 신발 사진 많은 곳'이라는 뜻으로, 조만호 대표가 2001년 온라인 커뮤니티로 시작했다. 2009년부터 쇼핑몰 형태를 갖췄는데 신발 마니아들이 모여들었다. 패션에 관심이 많은 이들은 충성도(로열티) 높은 고객으로 발전했고, 무신사 회원 수는 700만 명까지 늘었다. 연매출(거래액)도 2016년 1,990억원에서 2019년 9,000억원으로 급성장했다. 2020년은 1조 4,000억원을 달성할 전망이다.

무신사 성장전략본부장은 "무신사는 지난 10년 동안 유망한 중소 패선 브랜느와 함께 성상하며 온라인 패션 시장을 키워왔다"며 "앞으로도 신생 브랜드들과의 공동 마케팅 및 판매 전략으로 온라인 시장에서의 영향력을 더 키워갈 것"이라고 말했다.

출처 : 한국경제신문(2020. 11. 13) ⓒ 한경닷컴

반면에 협력 광고가 경쟁을 저해할 수도 있다. 우선, 시장에 새로운 기업이 진입해 기존 기업의 수익이 하락하는 경우를 생각해 보자. 다른 기업의 진입을 막기 위해 기존 기업은 새로운 기업의 진입으로 말미암아 예상되는 수익감소분을 소매상들에게 지불할 수 있다. 이러한 경우 자연히 경쟁을 저해하게 된다. 예를 들어 현재 지배적 생산업체가 100억원의 연간 이윤을 올리고 있다고 하자. 새로운 기업이 진입할 경우 시장 전체의 이윤이 80억원으로 감소하면서 새로운 기업은 40억원의 이윤만 올릴 수 있다고 하자. 이 경우 기존의 제조업체는 새로운 기업의 진입을 막기 위해 유통업체에 60억원까지 판매보조비(slotting fee)를 지급할 수 있다. 경쟁기업이 지불할 수 있는 최대한도는 40억원이기 때문에 기존 기업은 경쟁기업보다 우위에 있게 되고, 이에 따라 시장진입을 막을 수 있다.

협력 광고가 시장경쟁을 저해하는 다른 경우를 생각해 보자. 서적판매시장의 경우 협력 광고가 경쟁을 저해할 수 있다. 서적판매는 미국이나 한국의 경우 모두 쉽지 않은 사업분야이다. Pepall, Rechards, & Norman(2014)에 따르면 미국의 경우 매년 15만 권이 넘는 서적들이 출판되고 있다. 한 서적의 재고가 수천 권에 불과하다 할지라도 전체 새로이 발간되는 책들을 기준으로 보면 엄청난 장서가 되고, 이에 따라 소매상인 서점 입장에서 보면 진열대의 공간이 부족

하다. 이러한 공간의 희소성은 특히 진열대가 서점에서 가장 눈에 잘 띄는 곳인 경우 더 심각해진다. 이러한 이유 때문에 미국의 경우 실제로 출판사들은 발간된 서적이 창쪽이나 소비자 눈높이에 있는 진열대에 전시될 수 있도록 하기 위해 US$5,000에서 US$20,000에 이르는 수수료를 서점에 지불했다.

희소한 진열공간을 확보하기 위해 수수료를 지불하는 것은 본질적으로 경쟁을 저해하는 것은 아니다. 문제는 모든 서점이 동일한 조건을 제시받지 못하는 경우 그러한 수수료 지불이 시장경쟁을 저해할 수 있다는 점이다. 미국의 경우 독립적으로 운영되는 상대적으로 영세한 서점들이 줄기차게 그러한 점을 지적해 왔다.

상대적으로 규모가 작기 때문에 출판사들은 이러한 서점들에게 지대를 아주 적게 지불해 왔고, 전혀 지불하지 않는 경우도 많다. 체인형 대형서점의 경우 협력 광고를 통해 판촉비의 보조를 받기 때문에 상대적으로 보다 낮은 가격으로 서적을 판매할 수 있어 독립형 서점보다 우월한 위치에서 시장경쟁력을 갖게 됐다고 할 수 있다. 그러한 가격차별이 발생하고 실질적으로 경쟁을 약화시킨다면, 개별기업에 대한 손해뿐만 아니라 시장경쟁 전체의 손해를 파악하여 관련 법 위반 여부를 판단해야 한다.

최근 서점이 사라져가고 온라인 사이트에서 서적 구입이 늘어나고 있다. 위에서 언급한 논의는 출판사와 책을 판매하는 온라인 사이트와의 경우에도 적용될 수 있을 것이다.

생각해 봅시다

1. 광고의 경제적 효과를 긍정적인 측면과 부정적인 측면으로 나누어 분석해 보라.
2. 우리나라 기업의 광고비 지출이 GDP에서 차지하는 비중을 조사해 보라. 가장 광고비지출이 많은 기업은 어디이고, 주로 어디를 통해 광고를 하는가?
3. 광고가 시장지배력을 강화하고 경쟁을 제한한다는 가설에 대해 어떻게 생각하는가? 동의한다면 그 사례, 반대한다면 그 사례를 현실시장에서 찾아보고 그것을 설명하라.
4. 독점기업의 이윤극대화 광고 수준이 어떻게 결정되는가를 설명하라.
5. 소비자정보를 제공해 주는 광고를 현실에서 찾아보고 이를 설명하라.
6. 설득적 광고를 현실에서 찾아보고 이를 설명하라.

7. 광고의 신호가설을 설명하고 현실 시장에서 실제 광고를 통해 이를 설명하라.
8. "광고가 낭비적 경쟁 측면을 갖고 있다"는 주장에 대해 논하라.
9. 우리나라의 경우 협력 광고의 예를 찾아보라. 이 사례를 통해 협력 광고가 시장경쟁에 미치는 영향을 평가하라.

중요 용어

광고(advertising)
광고집중도(advertising intensity)
Dorfman-Steiner 조건
정보전달적 광고(informative advertising)
설득적 광고(persuasive advertising)
협력 광고(cooperative advertising)
광고의 신호가설
탐색재(search goods)
경험재(experience goods)
신뢰재(credence goods)
편의재(convenience goods)
쇼핑재(shopping goods)

참고문헌

1. Christopher R. Thomas and S. Charles Maurice, *Managerial Economics*, 12th ed. (New York, N. Y.: McGraw Hill, 2016).
2. Dennis W. Carlton and Jeffrey M. Perloff, *Modern Industrial Organization*, 4th ed., (Pearson, 2015).
3. Lipczynski, John, John Wilson, and John Goddard, *Industrial Organization: Competition, Strategy and Policy*, 5th ed., (England: Pearson Education Limited, 2005).
4. Lynne Pepall, Daniel J. Richards, and George Norman, *Industrial Organization: Contemporary Theory and Empirical Applications*, 5th ed., (Wiley, 2014).
5. Stephen Martin, *Industrial Organization in Context*, (Oxford University press, 2010).

11 지식재산권

Chapter Eleven

1. 지식재산권 및 지식재산권제도 / 2. 특허권 / 3. 상표권 / 4. 저작권 / 5. 영업비밀

1. 지식재산권 및 지식재산권제도

우리나라를 비롯하여 많은 국가들이 지식재산권제도를 이용해 제품혁신이나 공정혁신, 새로운 아이디어 및 무형자산, 그리고 상징적인 재료와 관련된 지식의 개발을 보호하고 있다. 이하에서 지식재산권 및 그것을 보호하는 제도들에 관해 생각해 보자.

1.1 지식재산권의 개념과 범위

1) 지식재산권의 개념

미국 특허청은 지식재산권을 지식 창작물에 대한 법적 · 배타적 권리로 정의한다.

미국 특허청(USPTO)에 따르면 지식재산권(IPR ; intellectual property rights)을 '지식 창작물(creations of the mind)'에 대한 법적 · 배타적 권리로 정의하고 있다. 아울러 "지식 창작물이란 공유할 수 있거나 다른 사람들이 재창조나 모방 또는 제조할 수 있는 형태로 체화된 창조적 성과나 아이디어(Creations of the mind-creative works or ideas embodied in a form that can be shared or can enable others to recreate, emulate, or manufacture them)"로 설명하고 있다.

한편 세계지식재산권기구(WIPO)는 지식재산권을 보다 구체적으로 '문학 · 예술 및 과학작품, 연출, 예술가의 공연 · 음반 및 방송, 발명, 과학적 발견,

공업디자인 · 등록상표 · 상호 등에 대한 보호권리와 공업 · 과학 · 문학 또는 예술분야의 지적 활동에서 발생하는 기타 모든 권리를 포함한다'고 정의하고 있다. 한편 지식재산권은 "직 · 간접적인 경제적 이익을 얻을 목적으로 누군가에 의해 산출된 아이디어나 아이디어들의 결합에 대한 배타적 권리"로도 정의할 수 있다.

세계지식재산권기구는 지식재산권을 문학 · 예술 및 과학작품, 연출, 예술가의 공연 · 음반 및 방송, 발명, 과학적 발견, 공업의장 · 등록상표 · 상호 등에 대한 보호권리와 공업 · 과학 · 문학 또는 예술분야의 지적 활동에서 발생하는 기타 모든 권리를 포함한다고 정의한다.

몇 해 전만 해도 지식재산권에 관련한 논의는 제조업과 특허를 중심으로 이루어져 왔다. 그러나 최근 컴퓨터 및 정보통신산업이 발달하면서 반도체 배치설계나 온라인디지털콘텐츠 등 전통적인 지식재산권의 범주에 속하지 않는 것도 등장하게 되었다. 이들을 '신지식재산권'이라고 부르기도 한다. 우리나라를 포함한 상당수 국가들은 이러한 새로운 지적 창작물들을 새롭게 입법이나 판례 등을 통해 지식재산권에 포함시켜 보호하고 있다. 우리나라의 경우 산업재산권은 특허청의 심사를 통과한 후 등록을 해야만 보호되고, 저작권은 출판과 동시에 보호되는 것이 보통이다. 산업재산권의 보호기간은 10년에서 20년 사이이고, 저작권의 보호기간은 보통 저작자가 생존하는 동안과 사망 후 70년간 존속한다.[1]

신지식재산권의 등장

2) 지식재산권의 범위

지식재산권은 그 보호 목적에 비추어 볼 때 산업발전을 목적으로 하는 산업재산권(industrial property)과 문화창달을 위한 저작권(copyright), 그리고 최근 중요성이 더해지고 있는 신지식재산권으로 크게 구분할 수 있다. [표 11-1]은 지식재산권의 범위를 보여주고 있다.

지식재산권은 그 보호 목적에 비추어 볼 때 산업발전을 목적으로 하는 산업재산권과 문화창달을 위한 저작권, 그리고 신지식재산권으로 크게 구분할 수 있다.

1. 저작권 보호기간은 사망 후 50년까지였으나, 한미자유무역협정(FTA) 체결 이후 2013년 7월 1일부터 70년으로 연장되었다. 미국의 경우 1998년 소위 '미키마우스법'이라 불리는 저작권법 개정으로 저작권 보호기간이 연장되어 미키마우스의 저작권 보호는 2023년 12월 31일에 끝나는 것으로 알려져 있다. 미키마우스, 미니마우스, 도널드 덕 등 캐릭터는 아직도 매년 6조원 정도 벌어들이고 있는데, 월트디즈니가 캐릭터 산업으로 얻는 수익 가운데 50%를 넘고 있다. 사실, 저작권이 만료된다고 하더라도 상표법이 있다. 상표는 기간 제한이 없기 때문에 2023년이 지나도 계속 그 권리를 주장할 수 있다. 현재까지도 미키마우스 급의 가치를 가진 다른 동물형 마스코트 캐릭터는 나타나지 않고 있다. 일본의 피카츄나 도라에몽, 헬로 키티 등도 미키마우스에는 미치지 못한다.

표 11-1 지식재산권의 범위

지식재산권	산업재산권	특허권
		실용신안권
		디자인권
		상표권
	저작권	저작재산권
		저작인격권
		저작인접권
	신지식재산권	컴퓨터 프로그램 및 소프트웨어권
		영업비밀보호권
		반도체칩 회로 배치 설계권
		생명공학기술권

산업재산권은 원칙적으로 귀속주의원칙에 따라 자국에 출원해 등록된 산업재산권의 행위에만 적용되고, 그 효력이 발생한다. 특허권 등 산업재산권을 설정해 주는 경우 출원공고 등을 통해 그 내용을 공개하도록 하고 있다.

일반적으로 특허를 받을 수 있는 발명은 자연법칙을 이용한 기술적 사상의 창작으로서 고도의 것에 해당한다.

산업재산권 가운데 **특허권**은 지식재산권에 대한 법적 보호를 통해 발명에 대한 유인을 제공하는 것이라 할 수 있다. 일반적으로 특허를 받을 수 있는 발명은 "자연법칙을 이용한 기술적 사상의 창작으로서 고도의 것"에 해당하는데, 각 나라마다 그 존속기간, 보호범위, 판단기준, 운용제도 등에서 상당한 차이가 있다.

실용신안(utility model)은 발명보다 낮은 단계에서 보호되는 기술적 창작으로서 물품에 관한 고안 그 자체가 보호대상이다. 산업상 이용 가능한 물품의 형성, 구조, 또는 조합에 관한 고안은 실용신안등록을 받을 수 있다.

디자인(industrial design)은 물품의 형상, 모양, 색채나 이것들이 함께 결합된 것으로서 시각을 통해 미감을 일으키게 하는 물품 그 자체에 관한 고안이다. 기술적인 것은 필수요소가 아니나 그 외관에서 심미감을 느낄 수 있어야 한다.

상표란 상품을 생산, 가공, 발명 또는 판매하는 것을 업으로 하고 있는 자가 자기의 상품을 타업자의 상품과 식별시키기 위해 사용하는 기호, 문자, 도형이나 이들이 결합한 것으로서 특별히 현저한 것이어야 한다.

저작권은 세 가지 권리로 구성되는데 인격적 권리, 재산적 권리, 그리고 저작인접권이 그것이다.[2] 이 가운데 재산적 권리가 가장 큰 비중을 차지하는데 저

2. 저작인접권은 저작물의 실연자, 음반제작자, 방송사업자 등이 소유하는 권리를 말한다.

작물을 제3자가 이용하는 것을 허락하고 그 대가를 받을 수 있는 권리이다. 복제권, 상연권, 상영권, 연주권, 방송권 등이 포함된다.

신지식재산권은 컴퓨터 및 정보통신기술의 발전과 생명공학 및 유전공학 등의 발달에 따라 기존 제도로 보호하기 어려워 새로이 보호대상이 되는 것이라 할 수 있다. 이에는 컴퓨터 소프트웨어, 반도체칩, 영업비밀 등을 들 수 있다.[3]

지식재산권은 무체재산권으로 보호기간이 한정된다. 산업재산권과 저작권은 현행법에 의해 보호받고 있지만, 신지식재산권은 선진국을 중심으로 그 보호 논의가 활발해지면서 국제적으로도 관련 협상이 진행 중에 있다. 위에서 지식재산권을 간략하게 살펴보았다. 절을 바꾸어 중요한 지식재산권들을 보다 자세하게 살펴보기로 하자.

왜 이러한 지식재산권을 각국이 보호하고 있는가? 이하에서 생각하여 보자.

1.2 지식재산권제도의 의의

Bainbridge(1996)는 지식재산권이 재산권의 가장 기본적 형태라고 주장한다. 그 이유는 토지나 자본 등의 경우와 달리 지식재산권의 경우 '창의적 정신' 만이 그 근간이 되기 때문이다. 과거 지식재산권과 관련한 논의는 제조업과 특허를 중심으로 이루어져 왔으나, 서비스산업 등을 포함한 다른 산업의 경우에도 혁신적 창의성이 두드러지고 있기 때문에 지식재산권의 보호는 중요한 과제로 인식되고 있다. 예를 들어 과거 제품혁신이나 공정혁신의 경우에는 모방 등이 어려울 수도 있었다. 그러나 오늘날 소프트웨어 산업의 경우 소프트웨어 copy는 누구에게나 손쉬운 일이 되고 있기 때문에 그 보호 문제가 대두되고 있는 것이 사실이다.

지식재산권제도가 있어야 할 당위성을 고려해 보자. 우선 생각해 볼 수 있는 것은 지적 노력의 결과가 다른 사람들이나 기업들이 손쉽게 모방할 수 있는 것이라면 그 개발에 대한 유인이 사라지게 된다는 것이다. 즉, 새로운 아이디어와 지식을 창출하기 위해 창의성을 바탕으로 다양한 과학적 · 기술적 투입물 등

3. 반도체칩의 경우 반도체집적회로 배치설계가 주된 보호대상이다.

을 투입하면서 지불한 비용과 부담은 성공 후에 충분한 수익으로서 보상받아야 그러한 노력이 이루어진다. 이처럼 지적 창의성을 보호하지 않는다면 그 개발이 이루어지지 않기 때문에, 경제가 성장하거나 발전하는 데 큰 장애가 될 수밖에 없다. 이러한 점에서 각국은 제도를 통해 지식재산권을 보호하고 있다.

지식재산권제도는 경제적 측면에서 본다면 그 보호를 통해 지적 창의성을 발휘할 동기를 제공해 줄 뿐만 아니라 시장경쟁을 활성화하는 기능도 한다. 시장경쟁을 활성화한다는 것은, 지식재산권제도가 새로운 제품이나 아이디어를 고안하고 생산하는 비용을 성공 후에 보전할 수 있다는 믿음을 주기 때문에 다른 사람들이나 기업들이 계속해서 혁신을 하게 하고 그 경쟁의 정도도 심화시킨다는 의미이다.

그러나 그 보호의 형태, 즉 제도는 기술발전의 정도 및 필요성에 따라 국가들마다 다양한 것이 사실이다. 우리나라, 미국, 영국, 일본 등은 특허제도나 상표제도를 그 경제적 합리성에 기초해 특허청이나 산업통상자원부가 관할하지만, 독일은 그러한 제도가 윤리적 · 도덕적 합리성에 기초한다고 보고 법무부에서 관할한다. 저작권의 경우 우리나라, 미국, 일본 등은 창의적 노력과 인적자본의 파급효과(spill-over effect)에서 올 수 있는 이득에 보다 중점을 두어 미국의 경우 의회도서관이, 우리나라와 일본의 경우 문화체육관광부 등이 관장하고 있다. 반면에 프랑스의 경우는 지적 창의성의 보호를 윤리적 · 도덕적 관점에 초점을 두고 문화부에서 관장한다. 이렇게 지식재산권제도가 다양한 이유는 지식재산권에 대한 도덕적 · 윤리적 · 사회적 · 경제적 생각이 나라마다 다르기 때문이다.

지식재산권제도가 다양한 이유는 지식재산권에 대한 도덕적·윤리적·사회적·경제적 생각이 국가별로 다르기 때문이다.

더욱이 지식재산권제도는 변화하는 환경에 따라 다양성을 보일 수 있고, 지식재산권제도 자체가 변하는 것도 나라마다 변화의 정도 및 방향이 다를 수 있기 때문에 일관된 지식재산권제도를 국가 간에 확립하는 것은 쉬운 문제가 아니다. 이에 따라 지식재산권이 국가 간에 이동할 때 보호받을 수 있느냐 하는 것과 국가 간 지식재산권제도의 차이 때문에 국가 간 분쟁이 발생하기도 한다.

소셜네트워크 및 정보통신기술의 발전으로 말미암아 세계는 하나가 된 것이 사실이다. 기술의 글로벌화는 다양한 차원에서 이루어질 수 있다. 예를 들어 국가 간 무역을 통해 기술이전이 이루어질 수 있고, 다국적기업들 간 협력을 통해서도 가능할 수 있다. 또 다국적기업의 국제 연구개발투자(R&D)를 통해서도 기술의 글로벌화가 가능하다. 2019년 12월에 발생한 '코로나19'의 전 세계적 감염확산을 전 세계가 경험했듯이, 오늘날 정보는 눈부시게 빠른 속도로 인터넷 등의 세계에서 국가 간 교류가 이루어지고 있다. 따라서 특정 국가나 특정 국가의 사람이나 기업이 많은 시간과 비용을 투입해 얻게 된 다양한 정보들과 기술 등이 다른 나라들에게 대가 없이 이전되게 되면 해당 국가나 기업은 상당한 손해를 보게 된다.

이에 따라 선진국들은 이를 보호하기 위한 조치들을 강구하고 있다. 특허제도의 경우 어느 정도 선진국들 간에는 제도적 일관성이 있으나 전 세계 국가가 일관성을 갖기에는 아직도 요원하다. 하지만 의약품특허제도에 관한 전 세계적인 합의가 추구되고 있다는 점에서 글로벌 특허제도의 발달도 불가능한 것만은 아니다. 그러나 저작권에 대해서는 국가 간 법의 내용 및 집행에서 차이가 크고 다양해 글로벌 저작권제도는 지금으로선 그 태동이 어려워 보인다.

지식재산권제도는 글로벌 네트워크를 통하여 새로운 기술과 창의성을 개발하고 공유할 수 있도록 도움을 주는 것이 사실이다. 특허권이나 저작권의 경우 그 신청 시에 경쟁자들이나 경쟁기업들에게 관련 정보를 즉각적으로 제공한다. 이 결과 경쟁기업들은 직접적으로 특허권 및 저작권 관련 사항들을 사용할 수 없지만 그것들을 자체 노하우(know-how)로 통합해 새로운 것들을 만들 수 있다는 점에서 기술발달, 산업발달이 초래되고 지식이나 창의적 노력 및 기술의 파급이 급속하게 이루어져서 국가경제나 글로벌경제의 발달이 이루어질 수 있다.

지식재산권제도는 글로벌 네트워크를 통하여 새로운 기술과 창의성을 개발하고 공유할 수 있도록 도움을 준다.

오늘날 인터넷 및 정보통신기술이 발달하면서 소프트웨어의 법적 보호 문제, 케이블 및 위성방송 등과 관련된 법적 보호 문제 등이 새로이 대두되면서 특허권과 더불어 저작권이 지식재산권제도 가운데 중요성을 더해 가고 있다. 이렇게 환경이 변하면 지식재산권제도도 이러한 변화를 수용해 같이 역동적으로 변해야 한다. 기술과 기술진보는 기업 및 국가, 그리고 글로벌경제의 경쟁력을 강화시킬 수 있기 때문이다.

어쩌면 지식재산권을 보호하는 가장 좋은 제도는 지식재산권제도가 아니라 기술개발 그 자체일 수도 있다. 급속히 변화하는 기술환경 하에서 아이디어들을 빠르게 개발하는 자체가 기존 기술들을 보호하는 더 큰 수단이 될 수도 있는 것이다. 특히 기술개발의 초기 단계에 있는 경우 가능한 한 빠르게 기술개발에

지식재산권을 보호하는 가장 좋은 제도는 지식재산권제도가 아니라 기술개빌 그 자체일 수도 있다.

성공하는 것이 발명에 대한 최선의 보호일 수 있다. 컴퓨터산업의 경우가 그 예라 할 것이다. 1980년대 중반까지만 해도 컴퓨터 하드웨어나 소프트웨어의 기술진보가 매우 빠르게 이루어졌기 때문에 기존 제품에 대한 지식재산권 보호는 단기간에 그 기술이 쓸모없어지면서 의미가 없어졌다.

1.3 우리나라의 지식재산권제도

우리나라의 지식재산권과 관련된 법률에는 특허법, 실용신안법, 디자인보호법, 상표법, 발명진흥법, 부정경쟁 방지 및 영업비밀 보호에 관한 법률, 반도체집적회로의 배치설계에 관한 법률, 저작권법 등이 있다.

우리나라의 경우 지식재산권과 관련된 법률로는 특허법, 실용신안법, 디자인보호법, 상표법, 발명진흥법, 부정경쟁 방지 및 영업비밀 보호에 관한 법률, 반도체집적회로의 배치설계에 관한 법률, 저작권법 등이 있다.

우리나라는 세계지식재산권기구(WIPO)에 1979년 가입했다. 이 외에 우리나라가 지식재산권 보호를 위해 가입한 국제조약 및 규칙 등은 다음과 같다.[4]

- 특허협력조약(PCT ; Patent Cooperation Treaty) 및 규칙[5]
- 특허절차상 미생물기탁의 국제적 승인에 관한 부다페스트 조약 및 규칙
- 상표법 조약 및 규칙
- 국제특허 분류에 관한 스트라스부르그 협정
- 공업소유권의 보호를 위한 파리 협약
- 특허절차상 미생물기탁의 국제적 승인에 관한 부다페스트 조약
- 표장의 국제 등록에 관한 마드리드 협정에 대한 의정서[6]
- 표장의 등록을 위한 상품 및 서비스의 국제분류에 관한 니스 협정

4. 보다 자세한 내용은 특허청(2021)을 참조 바람.
5. 1국 1특허의 원칙에 따라 해외 특허권 취득을 위해서는 별도의 해외출원이 필요하다. 해외출원 방법은 모든 나라에 각각 개별적으로 특허출원하는 방법으로 Paris 루트를 통한 출원이라고 불리는 전통적인 출원방법과 PCT 국제출원방법으로 대별된다. PCT 국제출원방법은 국적국 또는 거주국의 특허청에 하나의 PCT 출원서를 제출하고, 그로부터 정해진 기간 이내에 특허 획득을 원하는 국가로의 국내 단계에 진입할 수 있는 제도이다. PCT 국제출원의 출원일은 지정국가의 출원일로 인정받을 수 있다. 선출원을 주장하기 위해서는 출원일로부터 12개월 이내에 PCT 국제출원을 하여야 우선권 주장을 인정받을 수 있다.
6. 우리나라 상표법에서 출원 가능한 상표는 '기호, 문자, 도형, 입체적 형상 또는 이들의 결합과 거기에 색채를 결합한 것' 이다. 이를 표장이라고 한다. 다른 나라의 경우 소리 및 냄새 등도 상표로 인정하기도 한다.

— 표장의 도형요소의 국제분류 제정을 위한 비엔나협정

— 세계무역기구 설립을 위한 마라퀘쉬협정(WTO)

— 상표법에 관한 싱가포르 조약 및 규칙

— 산업디자인의 국제등록에 관한 헤이그 협정의 제네바 개정협정

— 산업디자인의 국제분류 재정을 위한 로카르노협정

최근에는 컴퓨터 소프트웨어와 유전공학 기술 등의 보호가 지식재산권 보호제도의 주요 과제가 되고 있다. 컴퓨터 소프트웨어는 대부분 저작권으로 보호하는 추세에 있고, 유전공학 기술은 그 제조방법을 우리나라 등 대다수의 국가가 특허권으로 보호하고 있다.

현재 우리나라의 경우 산업재산권은 특허청에서, 저작권은 문화체육관광부에서 관장하고 있다.

2. 특허권

지식재산권제도에서 가장 큰 축을 이루어 왔던 것은 **특허**(patents)**제도**이다. Machlup(1958)은 특허의 역사를 살펴보면서 '특허장(letters patent)'의 부여는 15세기 유럽으로 거슬러 올라가며, 그 기원에는 두 가지 설이 있다고 주장하고 있다. 첫 번째 설은 그 당시 장인길드가 엄격한 규정 하에 운영되었는데, 제품의 정확한 사양과 제품생산기술까지도 구체화해 제한했다고 한다. 이러한 규정을 위반하는 경우 길드는 법적 행동을 취할 수 있었다. 발명가에게 '특허권'을 부여한다는 것은 새로운 제품이나 공정을 도입할 수 있도록 사실상 허가를 준 것이었다. 이러한 점에서 보면 특허권은 독점적 권리를 부여함으로써 경쟁을 제한한 것이 아니라, 발명가나 기업가가 엄격한 생산자 카르텔에서 벗어나서 자유롭게 생산을 결정하도록 한 것이었다.

두 번째 설은 발명가뿐만 아니라 기술적 · 경제적으로 아무런 우위가 없는, 영국 국왕이 총애하는 사람들에게 특허장을 주기 위한 의도에서 시작되었다는

그림 11-1

특허권에 따른 독점기업의 이윤

발명가가 특허권에 의해 독점을 누릴 수 있게 되면, 그 기간 동안 이윤극대화를 위해 $MR = MC$가 되는 곳에서 가격 P_M과 산출량 Q_M을 결정하고 B의 독점이윤을 얻게 된다.

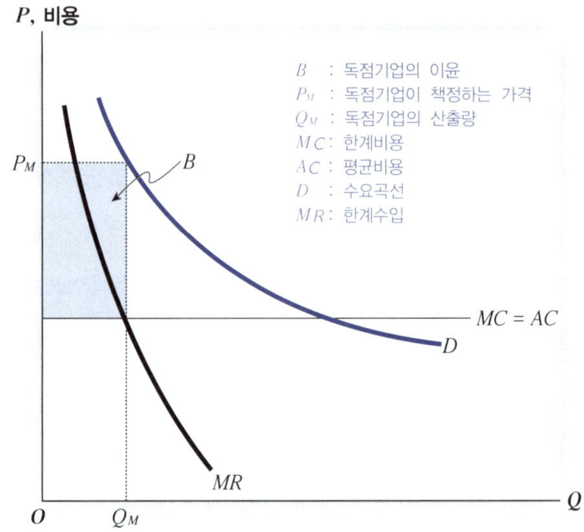

것이다. 따라서 국왕의 총애를 받지 못한 사람들은 이러한 관행에 종지부를 찍고자 했다. 1623~1624년에 영국의회는 '독점법(Statute of Monopolies)'을 통과시켜 국왕이 배타적 거래권을 부여하는 것을 금지했다. 이때 한 가지 예외가 있었는데, 그것은 새로운 제조방법을 처음으로 발명한 발명가에게 특허장을 부여해 14년 동안 배타적 거래권을 행사할 수 있도록 한 것이다.[7]

그러나 Andersen and Howels(2000)가 주장하고 있듯이 특허는 산업혁명 기간 동안 기업 자본주의가 발생하면서 태동했다고 할 수 있다. 19세기 및 20세기 초 제조업을 기반으로 한 기업 자본주의가 성장하면서 제품혁신과 공정혁신과 관련된 오늘날의 특허제도를 형성하고 발전시키게 되었다. 특허제도는 지식재산권제도에서 가장 발달된 제도라 할 수 있다. 특허제도는 영국에서 비롯되었고 많은 나라들이 유사한 특허제도를 갖고 있지만 그 저변에 있는 생각이나 철학의 차이가 국가 간 존재하는 것이 사실이다.

발명은 새로운 아이디어를 창출하기 위해 자원을 활용하기 때문에 생산적 활동이라고 할 수 있다. 발명자에게 제한된 기간 동안 아이디어에 대한 독점적

7. 14년이란 기간제한은 그 당시 도제기간이 7년이었기 때문에 그 2배의 기간인 14년 동안 배타적 거래권을 부여했다. 14년이 지나면 제조법이 대중에게 알려지도록 했다.

지배권을 부여하는 것이 특허권이다. 〈그림 11-1〉은 특허권 부여에 따른 발명가의 독점이윤을 그림으로 설명하고 있다. 편의상 *MC*가 일정하고 *AC*와 같다고 가정하자. 발명가는 독점이 부여된 기간 동안 *MR*=*MC*가 되는 곳에서 가격과 산출량을 결정하고 *B*의 독점이윤을 누리게 된다. 이러한 독점이윤이 지속되면 경쟁기업들은 기존 기업의 특허를 침해하지 않으면서 동일한 효과를 얻을 수 있는 발명을 하게 되어 독점이윤을 더 이상 누리지 못할 수 있다. 이에 대한 최선의 방어는 특허를 얻은 발명에 대한 계속 투자를 하고 연구를 지속해 혁신을 하는 것이다.

발명가에게 일정한 기간 동안 독점권을 부여한다 하더라도 자금이 부족하거나 마케팅 능력 등 경영능력이 부족한 발명가는 특허권을 일정 금액을 받고 매각할 수도 있다. 1899년 Leo Baekeland는 Velox라는 사진 관련 회사를 그 당시로서는 엄청난 금액인 US$1,000,000에 Eastman Kodak에 매각하고, 이 자금을 토대로 하여 연구를 계속하여 관련 특허를 400개를 받으면서 최초의 플라스틱 물질인 베이크라이트(Bakelite)를 발명하여 플라스틱이 없으면 불편한 세상으로 변화시켰다.[8]

특허권을 부여받은 발명을 다른 사람들이나 기업들이 이용할 수 있는 또 다른 방법은 상업화를 통해 얻게 될 수입에 기초해 일정 금액을 주기적으로 지불함으로써 라이센스를 얻는 것이다.

특허권을 부여받았다고 해도 발명만 해놓고 아무것도 하지 않을 수 있다. 왜냐하면 그러한 발명에 대해 시장이 형성되지 않을 수 있기 때문이다. 한편, 다른 사람들이나 기업들이 그러한 아이디어들을 사용하지 못하게 함으로써 기존 제품에 대한 통제력을 보유할 수 있는 경우에도 그러한 일이 발생할 수 있다.

'**특허괴물**(patent troll)' 이란 특허에 의한 상품의 제조나 판매는 하지 않고 특허만 보유해 특허 사용료를 주 수입원으로 삼는 전문기업이다. 최근 미국·유럽에 근거를 둔 '특허괴물' 들은 글로벌 기업들에게 지식재산권 분쟁을 통해 막대한 특허 사용료를 요청하고 있다. 〈사례연구 11-1〉은 한국 기업을 대상으로 한 특허괴물의 무차별 특허 소송이 재차 기승을 부리고 있는 가운데 삼성이

특허괴물은 특허에 의한 상품의 제조나 판매는 하지 않고 특허만 보유해 특허 사용료를 주 수입원으로 삼는 전문기업이다.

8. Gehani(1998), pp.83~85를 참조 바람.

주요 타깃이 되고 있다는 사례이다. 삼성을 상대로 한 특허괴물의 공격이 계속 되고 있는 것은 구조적 문제일 수 있다. 과거 삼성과 애플과의 소송의 경우 제조업체는 타사 기술을 참고할 수밖에 없어 특허소송에서 한쪽이 일방적으로 유리할 수는 없었다. 그러나 특허괴물은 제품 생산을 하지 않고 특허권만 보유하여 소송을 제기하기 때문에 해당 기업이 대응하기 쉽지 않다.

사례연구 11-1 내우외환 삼성, 글로벌 특허괴물 무차별 소송

삼성전자 · 디스플레이 상대
최근 한 달 새 3건 소송 제기
갤럭시S21 등 100여 종 포함

생산 않고 특허권만 갖고 공격
뾰족한 대응책 찾기 어려워

한국 기업을 대상으로 한 글로벌 특허관리회사(Non Practicing Entity ; NPE)의 무차별 특허 소송이 재차 기승을 부리고 있는 가운데 국내 대표 기업인 삼성이 NPE의 주요 타깃이 되고 있다. NPE는 생산활동을 하지 않은 채 특허를 매입한 뒤 이를 바탕으로 소송을 제기해 로열티를 벌어들이는 기업이나 단체를 가리키는 말로 흔히 '특허괴물'로 불린다.

2021년 3월 4일 전자업계에 따르면 최근 1개월여 사이에 미국에서 삼성을 상대로 한 특허괴물의 소송이 잇따르고 있다. 대외적으로 밝혀진 것만 삼성전자 2건, 삼성디스플레이 1건 등 총 3건에 달한다.

가장 최근 공격 사례는 아일랜드 더블린에 본사를 둔 '솔라스 OLED'다. 솔라스 OLED는 2021년 2월 26일(현지 시간) 미국 텍사스 서부지방법원에 삼성디스플레이를 상대로 특허침해 소송을 제기했다. 솔라스 OLED는 삼성디스플레이가 생산해 애플에 공급한 OLED 디스플레이 모듈을 특허 위반 품목으로 지목한 것으로 알려졌다.

솔라스 OLED는 앞서 2019년 5월에도 삼성디스플레이와 삼성전자 미국 법인을 상대로 텍사스 동부지방법원과 미국 국제무역위원회(ITC)에 소송을 제기해 재판이 진행 중이다. 솔라스 OLED는 2020년 11월 ITC 소송을 취하했으나, 자료 보강을 거쳐 2020년 12월 소송을 다시 제기한 것으로 알려졌다.

2021년 3월 23일에는 솔라스 OLED와 같은 그룹에 소속돼 있는 '선래이메모리'가 텍사스 서부지방법원에 삼성전자 한국 본사와 미주법인을 상대로 특허침해 소송을 제기했다. 선래이메모리는 '다중 운용체계를 갖춘 멀티프로세서 칩'에 대한 특허 2건이 침해됐다고 주장하고 있는 것으로 알려졌다.

구체적으로는 삼성전자의 '갤럭시S20' 스마트폰에 탑재된 퀄컴의 스냅드래건 SoC 칩의 구동 기술과 갤럭시S10 시리즈에 적용된 낸드플래시 기술에서 특허가 도용됐다고 주장하고 있다.

앞서 텍사스주 오스틴 소재 회사 '이볼브드 와이어리스'는 2021년 2월 1일 ITC와 텍사스 동부지방법원에 삼성전자를 상대로 특허침해 금지 소송을 제기했다. 전자업계에 따르면 침해가 주장된 제품은 삼성전자 갤럭시Z 폴드2와 갤럭시S21 시리즈 등 스마트폰을 비롯해 태블릿PC, 스마트워치 등 100여 종에 이른다.

특허청 관계자는 "특허괴물의 공격 대상은 보통 표준규격이 정해져 있거나 다른 제품이라도 공통적으로 사용되는 부품 · 기술이 많은 통신 · 전자 기기에 몰릴 수밖에 없다"며 "최근 삼성전자 등 국내 정보기술(IT) · 통신 대기업을 대상으로 소송이 잇따르고 있어 추세를 면밀히 관찰하고 있다"고 말했다.

삼성을 상대로 한 특허괴물의 공격이 잇따르고 있는 것은 구조적 문제라는 게 업계 지적이다. 삼성 역시 곤혹스러운 기색이 역력하다. 과거 애플과의 소송에서 보듯 제조업체는 제품 개발 과정에서 타사 기술을 참고할 수밖에 없어 제조업체 간 특허 소송에서 어느 한쪽이 일방적으로 유리한 고지를 점하기 힘든 것과 달리 특허괴물은 제품 생산을 하지 않으면서 특허권만 갖고 있는 채로 공격을 해 기업 측에서 대응하기가 어렵다.

특허법률사무소 A대표는 "특허괴물이 특허를 사들일 때부터 관련 소송 가능성에 대비하고 소송 징후가 발견되면 사전에 특허의 약점을 파악해 무효 심판을 청구하는 등 적극적인 사전 대처가 필요하다"고 밀했다.

출처 : 매일경제(2021. 3. 4) ⓒ 매일경제 & mk.co.kr

발명은 보통 새로운 유익한 정보들을 창출하기 때문에 외부경제효과를 낳는다. 특허권은 그 법적 보호를 통해 발명에 대한 유인을 제공한다. 발명의 파급효과를 고려하면 발명에서 초래하는 개인적 이득보다 사회적 이득이 더 큰 경우가 많기 때문이다.

Rosegger(1986)는 특허제도의 찬반론을 잘 요약하고 있다.[9]

특허제도 찬성론자의 입장
① 자기 이익 추구는 시장경제의 본질
② 정보 이용 용이
③ 기술개발 투자 촉진
④ 오랜 시간이 걸리고, 대규모 투자이기 때문에 보호 필요
⑤ 생산비와 시장가격 하락
⑥ 개선된 제품의 계속적 개선 가능

찬성론자의 입장을 살펴보자. 첫째, 특허권이 잘 정의되고 보호받는 것은 합리적으로 자기 이익을 추구하도록 개인의 행동을 이끌기 때문에 시장경제의 본질이라는 것이다. 둘째, 특허가 독점권을 부여하지만 관련 기술정보가 공개되기 때문에 대중이 정보 이용을 보다 쉽게 할 수 있도록 한다는 것이다. 셋째, 특허제도는 특허권을 유지하기 위해서나 경쟁자들이 특허권을 넘어서기 위해서 기술개발을 위한 투자를 보다 촉진하는 유인이 된다는 것이다. 넷째, 현대기술은 대규모 투자를 요하는 경우가 많고 새로운 아이디어들을 개발하거나 상업화하는 데 오랜 시간이 걸리기 때문에 특허에 의한 보호가 필요하다는 것이다. 다섯째, 특허권에 의해 독점기업이 단기이윤을 극대화한다고 하더라도 특허가 공정혁신을 가져오는 점을 고려할 경우 생산비를 낮추고 결국 시장가격도 낮춘다는 것이다. 마지막으로 특허에 의해 독점권이 계속 연장될 수 있기 때문에 이미 개선된 제품의 계속적 개선을 가능하게 한다는 것이다.

반대론자의 주장을 살펴보자. 첫째, 특허는 독점을 초래하고 이에 따라 사

9. 특허제도의 찬반론에 관해서는 Rosegger(1986)를 참조 바람. 이하는 Rosegger(1986), pp.168~169를 요약한 것임.

특허제도 반대론자의 입장
① 독점을 초래해 자원의 비효율적 배분
② 정보 이용의 한계비용이 양(+)이므로 낭비적
③ 기술개발을 하지 않음으로써 이익 실현 가능
④ 주변기술에 의한 발명으로 사회적 비용 초래
⑤ 특허소송 시 자금력이 부족한 발명가에게 불리
⑥ 단순히 기술개발을 유인하고자 한다면 불필요한 제도

회의 자원을 효율적으로 배분하지 못한다는 것이다. 둘째, 지식생산(production knowledge)의 측면에서 보면 사회적으로 가장 적절한 것은 기존 정보를 이용하는 한계비용이 0이어야 한다는 것인데, 특허는 양(+)의 가격을 지불하게 하기 때문에 낭비적 제도라는 것이다. 셋째, 특허권을 부여받은 자가 기술개발에 의해 사람들이 혜택을 볼 수 있음에도 불구하고 해당 기술개발을 하지 않음으로써 이익을 보는 경우도 있다는 것이다. 넷째, 다른 이들이 특허권을 침해하지 않기 위해 보호받지 않는 주변기술을 이용해 발명하는 경우, 월등한 제품이 나오는 경우가 드물기 때문에 사회적 비용을 초래한다는 것이다. 다섯째, 특허제도의 타당성에 관한 법적 근거가 없기 때문에 특허소송이 제기될 경우 입증책임은 피고와 원고 모두에게 있기 때문에 자금력이 부족한 발명가에게 불리하다는 것이다. 마지막으로 현대산업사회에서 발명가는 준지대(quasi-rent)를 얻기 위해 다양한 기술적 · 제도적 요인들을[10] 활용하기 때문에 단순히 기술개발을 유인하고자 한다면 특허제도는 불필요한 제도라는 것이다.

이러한 찬반론이 있지만, 현실적으로 특허권은 산업재산권의 중심에 있다.

특허권은 제품혁신이나 공정혁신에 체화된 발명가나 발명기업의 지식개발을 보호한다.

특허권은 제품혁신이나 공정혁신에 체화된 발명가나 발명기업의 지식개발을 보호한다. 특허권은 제품혁신이나 공정혁신을 제조, 이용, 판매 및 판매 제안을 할 수 있는 배타적 권리를 특허권자에게 부여한다. 특허는 상업적 전략과 밀접하게 관련되어 있다. 우리나라는 특허법 제94조에서 특허권의 효력에 대해 규정하고 있는데, 특허권자는 업으로서 특허발명을 실시할 권리를 독점한다고 명시하고 있다.

미국의 경우 특허권은 20년 동안 부여된다. 우리나라의 경우 특허권의 존속기간은 특허법 제88조에 의해 명시되고 있는데, 미국과 마찬가지로 특허권의 설정등록이 있는 날부터 특허출원일 후 20년이 되는 날까지로 하고 있다. 미국의 경우 특허법은 1790년 의회에 의해 최초로 제정되었다.

대부분의 나라에서 특허권의 경우 누가 먼저 신청했느냐가 중요한 결정요소이다.

대부분의 나라에서 특허권의 경우 누가 먼저 신청했느냐가 중요한 결정요소이다. 특허권은 결국 승자가 모든 것을 가지는 경우라 할 수 있다. 따라서 특허권 출원을 가능한 한 빨리 한 측에 프리미엄을 주기 위함이다. 창의성을 누가

10. 다양한 기술적 · 제도적 요인들에는 모방시차, 많은 기술들을 활용하기 위한 광범위한 노하우의 축적, 고객의 브랜드 충성도, 규모의 경제 등이 포함될 수 있다.

먼저 가졌느냐를 판정하는 것도 나라마다 다르다. 미국의 경우 발명일(date of conception)이 특허권 부여의 중요한 기준이 되었지만, 2011년 60년 만에 특허법(발명법 ; Leahy-Smith America Invents Act)이 개혁되어 '선발명주의'에서 '선출원주의'로 변화하였다.

우리나라의 경우 특허법 제36조에서 "동일한 발명에 대하여 다른 날에 둘 이상의 특허출원이 있는 때에는 먼저 특허출원한 자만이 그 발명에 대하여 특허를 받을 수 있다"고 규정하고 있다. 동일한 발명이 동시에 이루어질 수 있는데 이는 드문 경우가 아니다. 이에 따라 우리나라 특허법은 "동일한 발명에 대하여 같은 날에 둘 이상의 특허출원이 있는 때에는 특허출원인의 협의에 의하여 정하여진 하나의 특허출원인만이 그 발명에 대하여 특허를 받을 수 있다. 협의가 성립하지 아니하거나 협의를 할 수 없는 때에는 어느 특허출원인도 그 발명에 대하여 특허를 받을 수 없다"고 구체적으로 명시하고 있다. 한편 때때로 특허권이 본질적으로 동일한 발명에 대해 다른 사람들이나 기업들에게 부여되는 경우가 있는데, 그 이유는 심사 및 교차검증이 불충분했기 때문에 발생한다.

Foray(1995)에 따르면 국가별로 그 취지에 따라 특허제도가 차이가 난다고 한다. Foray(1995)는 미국의 특허제도는 특허 가능한(patentable) 정보를 훨씬 더 강하게 보호하기 때문에 'US P-system'으로 부르고, 일본의 특허제도는 특허를 얻은(patented) 소재의 전파(diffusion)를 보다 중시하기 때문에 그 보호가 강하지 않다는 점에서 'Japanese D-system'으로 분류하고 있다.[11]

특허제도에 대한 기업의 전략들도 국가별로 다르다. Schmoch(1996)는 미국, 일본, 유럽기업들이 특허에 관해 상이한 국제전략들을 취하고 있다고 지적한다. 미국은 세계에서 특허등록이 가장 활발한 나라이다. 미국 기업의 경우 발명은 주로 미국에서 등록되고, 일부가 서유럽이나 일본에서 등록이 이루어진다.

특허권은 혁신을 가져오는 주요 수단이고, 기업 입장에서도 연구활동을 수행하는 과학자나 기술자에게도 본인의 경력상 중요한 역할을 한다.

발명가의 특허클레임은 특허에서 가장 중요한 구성요소이다. 1880년 1월 27일 Thomas Edison은 최초로 백열전구에 대한 특허권을 부여받았다. Edison

11. Andersen and Howels(2000), p.247 주석 5를 참조 바람.

은 특허클레임에서 탄소필라멘트에 국한해 특허권을 부여받았는데, 이 당시 다른 사람들이나 기업들이 탄소가 아닌 다른 물질로 필라멘트를 만들어 시장에 판매할 경우 이는 Edison의 특허권을 침해한 것이 아니었다. Edison이 지나치게 좁게 특허클레임을 청구했기 때문이었다. 이후 후속 특허에서 Edison은 이를 수정했다. 미국의 경우 대부분의 나라들과 달리 특허권을 부여받았다는 것이 특허권의 타당성을 보장하지 않는다. 이에 따라 미국의 경우 특허권 침해가 발생해 소송이 진행될 경우 특허권 침해의 입증책임은 양 당사자 모두에게 있다.

신기술 개발에 따라 국내 및 글로벌 시장의 경쟁조건이 변하면 특허제도 및 관련 법규도 이러한 변화를 수용해야 한다. 이 과정에서 정부의 역할이 중요하다. 이 과정에서 정부의 역할이 중요한데, 발명활동을 제고하는 방향으로 이루어져야 한다.

신기술 개발에 따라 국내 및 글로벌 시장의 경쟁조건이 변하면 특허제도 및 관련 법규도 이러한 변화를 수용해야 한다. 이 과정에서 정부의 역할이 중요하며, 그것은 발명활동을 제고하는 방향으로 이루어져야 한다. 따라서 특허권의 부여나 그 보호는 각국 정부의 기술정책에서 중요한 자리를 차지하고 있다.

3. 상표권

Industrial Organization, Ch. Eleven

상표권은 새로운 아이디어들을 창출할 수 있도록 보호하는 것이 아니라 구매자들에게 관련 정보들을 제공함으로써 시장이 원활하게 기능하도록 하기 위해 부여된다. 상표권을 보호하는 것은 상표에 의해 구매자들이 익숙한 특성을 가진 제품들을 확인할 수 있도록 해주고, 생산자 입장에서도 생산제품에 자신을 갖고 있다는 신호를 구매자들에게 전달하기 때문이다.

상표는 어떤 단어 또는 이름, 상징, 고안물 등이 될 수 있는데, 이들을 다른 사람들이나 기업들로부터 보호할 수 있도록 그 배타적 사용에 대한 권리를 부여하는 것이 상표권이다.

상표(trademarks)는 어떤 단어 또는 이름, 상징, 고안물 등이 될 수 있는데 이들을 다른 사람들이나 기업들로부터 보호할 수 있도록 그 배타적 사용에 대한 권리를 부여하는 것이 상표권이다. 상표는 그 제품을 다른 제품들과 구별할 수 있게 하거나 원산지를 나타내기도 한다.

상표법은 제2조에서 '상표' 란 자기의 상품과 타인의 상품을 식별하기 위하여 사용하는 표장으로 정의하고, '표장' 은 기호, 문자, 도형, 소리, 냄새, 입체적 형상, 홀로그램 · 동작 또는 색채 등으로서 그 구성이나 표현방식에 상관없이 상품의 출처를 나타내기 위하여 사용하는 모든 표시로 규정하고 있다. 즉, 상표권은 재화와 서비스를 차별화하는 단어, 이름, 상징, 소리, 색들을 보호한다. 빈폴의 로고, KFC의 상표, 나이키의 상표, 삼성의 상표 등이 그 예이다. 특허권과 달리 상표권은 계속 사업 중인 한 영구적으로 갱신될 수 있다. 우리나라의 경우 상표권은 출원 후 심사와 출원공고를 거쳐 설정등록된다. 상표법 제83조는 상표권의 존속기간을 상표권의 설정등록이 있는 날부터 10년으로 규정하고 있는데, 10년마다 갱신할 수 있도록 하고 있다.

상표권은 재화와 서비스를 차별화하는 단어, 이름, 상징, 소리, 색들을 보호한다.

상표등록은 우리나라의 경우 특허청에서 해야 한다. 상표등록에 의해 보호를 받기 위해서는 그 상표가 특유한 것이어야 한다. 일반적인 제품명이나 장소 등을 상표에서 사용하면 상표등록이 어려울 수 있다. 예를 들어 '경기미'는 상표등록이 어렵지만 '경기좋은쌀'은 상표등록이 가능할 수 있다. 'Swatch'의 경우에도 'watch'도 아니고 'Swiss watch'도 아니기 때문에 법적으로 상표등록이 가능했다고 볼 수 있다. 한편, 처음에는 상표였다가 나중에 일반명사화하는 경우도 종종 있다. 예를 들어 'nylon'의 경우 처음에는 상표였다가 보통명사화되었다고 할 수 있다. '호치키스(Hotchkiss)' 역시 발명자 호치키스의 이름을 따서 지은 상표명이지만 스태플러(stapler) 대신에 보통 사용하고 있다.

상표가 시장에서 받아들여진다는 것은 상표 보유기업이 시장에서 경쟁우위를 가질 수 있다는 말일 수 있다. 그러나 기업의 경쟁력은 상표가 아니라 여러 가지 복합적인 요소들이 결합해 이루어지는 것이다.

4. 저작권

서비스산업이 빠른 속도로 발전하면서 정보인프라 및 정보산업의 혁신을 가져오게 되었고, 이와 관련된 정보혁신은 현행 특허제도만으로는 보호받기에 충분하지 않은 상황이 발생하게 되었다. 이에 따라 저작권이 지식재산권제도 하에서 그 중요성이 대두되었다. 서비스경제와 관련된 혁신들을 보호하는 제도들이 최근 발전하게 되었다.

저작권에 대한 입법은 1586년 영국의 Stationers Company에 대한 칙령이 그 시초라 할 수 있다. 미국의 경우 1790년 5월 최초의 연방저작권법이 마련되었다. 저작권의 입법역사가 오래되어 그 권리보호도 오래 된 듯 보이지만, 최근과 같은 저작권의 역할은 1960년대 및 1970년대에야 비로소 이루어졌다. 따라서 그 역사가 짧은 편이다. 세계지식재산권기구(WIPO)(1987)는 1974년 전문가들로 구성된 자문그룹으로 하여금 컴퓨터프로그램의 보호에 관해 조사하게 한 결과 몇 개국들을 제외하고는 기존 법령의 개정 없이 그 보호가 어렵다는 것을 보고한 바 있다.

저작권은 주로 상징적 소재의 창작자에게 그 창작물을 활용할 수 있는 여러 가지 방법이나 무형자산에 대한 통제권을 부여함으로써 창작자를 보호한다.

저작권(copyright)은 주로 상징적 소재의 창작자에게 그 창작물을 활용할 수 있는 여러 가지 방법이나 무형자산에 대한 통제권을 부여함으로써 창작자를 보호한다. 저작권은 저술, 음악, 예술작품들과 같은 것들을 보호한다. 미국의 경우 의회도서관에서 저작권을 등록받고 있는데, 작가가 생존해 있는 기간 동안뿐만 아니라 사후 70년까지 그 권리를 인정하고 있다. 우리나라의 경우 저작권법 제39조에 의해 저작재산권은 저작자가 생존해 있는 동안과 사후 70년까지 그 권리를 인정하고 있다.

우리나라에서 저작권은 저작권법에 의하여 규정되고 보호되고 있다. 앞서 지식재산권의 범위에서 언급하였듯이 저작권은 저작인격권, 저작재산권, 저작인접권으로 구성된다.

저작인격권은 저작자가 저작물을 공표할 수 있는 공표권이나 저작물에 실명이나 다른 이름을 표시할 수 있는 성명표시권 등 인격적인 이익을 보호하기 위한 권리를 말한다.

저작재산권은 복제권, 공연권, 공중송신권, 전시권, 배포권, 대여권, 2차적 저작물작성권 등 저작자가 저작물을 이용하여 경제적 이익을 올릴 수 있는 재산권을 말한다.

저작인접권은 창작된 표현을 보호하는 저작권은 아니지만 저작권에 준하여 보호되는 권리를 말한다. 저작권법은 저작권에 영향을 미치지 않는다는 전제 하에서 실연자, 음반제작자 및 방송제작자의 권리를 보호하고 있다. 〈사례연구 11-2〉는 가수 아이유, 토이, 브라운아이즈 등의 노래가 중국 것으로 둔갑한 저작인접권 침해 사례를 설명하고 있다. 중국 업체가 유튜브의 저작권 관리 시스템의 허점을 이용해 원곡자의 동의 없이 한국어 노래에 중국어 가사를 붙인 번안곡을 올리고, 마치 원곡인 것처럼 유튜브에 '콘텐츠 아이디(Content ID)'를 등록하였다. 우리 원곡자에게 지급되어야 할 저작인접권 사용료가 해당 중국 음반사로 배분된 것이다.

사례연구 11-2 아이유 노래가 중국 것? … 저작인접권이 뭐길래

최근 중국 가수 및 음반사가 한국 아티스트의 곡을 번안해 유튜브에 올리고 원곡인 것처럼 자신들의 저작물로 등록했다는 사실이 뒤늦게 알려지면서 엔터테인먼트업계에 피해 사례가 잇따르고 있다. 업계에서는 중국 업체가 유튜브의 저작권 관리 시스템의 허점을 이용해 이런 일을 벌인 것으로 보고 있다.

2021년 5월 27일 업계에 따르면 아이유의 '아침 눈물', 토이 '좋은 사람', 브라운아이즈 '벌써 일년' 등 한국 가수의 노래를 중국 쪽에서 자신들의 저작물로 등록하고 있는 사례가 잇따르고 있다. 원곡자의 동의 없이 한국어 노래에 중국어 가사를 붙인 번안곡을 유튜브에 올리고, '콘텐츠 아이디(Content ID)'를 등록한 것이다.

2009년 발매된 아이유의 노래 '아침 눈물'은 2017년 중국인 가수 루오샤오한(落小寒) & 난링즈(南鈴子)의 '루오러이창한(落了一場寒)'으로 저작권이 등록됐다. 현재 중국인 가수 루오샤오한(落小寒) & 난링즈(南鈴子)의 '루오러이창한(落了一場寒)'으로 저작권이 등록된 아이유의 '아침 눈물' 노래 영상은 아이유의 소속사인 이담엔터테인먼트의 저작권 침해 신고로 차단된 상태다. 토이의 '좋은 사람'은 롱페이롱즈(龍飛龍澤)의 '리구안하이안(日光海岸)'으로, 브라운아이즈의 '벌써 일년'은 쑤이인(蘇一音)의 노래 '인시엔덩다이(隱身等待)' 등으로 등록돼 원곡에 우선해서 저작권자로 명시돼 있는 상태다. 이들 외에 윤하, 이승철, 다비치 등도 피해를 입고 있다.

업계에서는 중국 업체가 유튜브의 저작권 관리 시스템의 허점을 악용했을 것으로 보고 있다. 유튜브가 운영하는 '콘텐츠 아이디'는 알고리즘이 자동으로 콘텐츠의 소유권이 누구인지를 판단하는 자체 저작권 관리 시스템이다. 콘텐츠 소유권을 주장하는 원작자가 원본을 식별할 수 있는 '참조 파일'을 등록하면, 유튜브 알고리즘이 이와 일치하는 복사본을 자동으로 판별한다. 이로 인해 원작자는 타인이 올린 영상에서 이익을 얻을 수 있다.

중국 업체들은 원작자가 유튜브에 먼저 소유권을 등록해야 저작권을 인정받을 수 있다는 맹점을 공략했다. 콘텐츠 아이디가 등록되지 않은 한국 노래를 중국 음반사가 무단으로 중국어 가사로 번안한 뒤, 마치 원곡인 것처럼 유튜브에 등록한 것이다. 이에 따라 한국 원곡자에게 가야 할 저작인접권 사용료가 해당 중국 음반사로 배분돼 왔다.

유튜브의 음악 사용료는 저작인접권료와 저작권료로 구분돼 관리된다. 저작인접권은 음반제작자와 가수 · 연주자 등 실연자의 권리로, 작사 · 작곡 · 편곡자의 몫인 저작권과 차이가 있다. 국내 저작권 관리 단체인 한국음악저작권협회에 따르면 이번에 중국 음반사에 도용된 것은 비교적 관리가 소홀했던 저작인접권으로, 저작권은 넘어가지 않은 상황인 것으로 파악됐다.

한국음악저작권협회는 "정당한 권한이 없는 중국어 번안곡의 음반사는 빌리브 뮤직(Believe Music), EWway 뮤직, 인조이 뮤직 등으로 파악된다"며 "원곡의 음반 제작사(레이블) 측에서는 그간 콘텐츠 아이디를 등록하지 않아, 저작인접권 사용료가 해당 중국 음반사로 배분되고 있었던 것으로 보인다"고 말했다. 이어 "과거 사용료 또한 소급 조치할 예정"이라고 덧붙였다.

문화체육관광부도 현재 한국음악저작권협회를 비롯

해 한국음악실연자협회, 한국음반산업협회 등 음악신탁 관리단체를 통해 피해 상황을 파악하고 있다. 다만 중국 음반사가 무단으로 등록한 저작인접권을 돌려받으려면 원곡자 본인이 유튜브에 이의신청하고 입증자료를 보내야 한다. 유튜브는 해외 유통사에 소유권 주장을 철회하고 참조 파일 등록을 해지하도록 권고하고 있는 것으로 알려졌다.

업계 관계자는 "중국 음반사의 타깃이 된 곡들은 대부분 2010년대 초반에 저작인접권이 다른 회사로 양도됐는데, 당시는 유튜브가 활성화되지 않아 등록 및 관리에 미처 주의를 기울이지 못했던 것으로 보인다"면서 "K팝이 전 세계적으로 사랑받고 있는 만큼 저작권 관리도 철저히 이루어질 필요가 있다"고 말했다.

출처 : 조선비즈(2021. 5. 27)

특허권과 저작권의 차이를 생각해 보자. 기본적으로 특허권은 물질적 산출물에 기초하지만, 저작권은 무형자산 및 정보를 토대로 한다는 점에서 경제적·기술적 차이가 발생한다. 저작권을 보호하는 저작권법은 미국이나 영국의 경우 판례가 형성되면서 발전해 왔다. 특허권의 경우 그 권리를 부여받기 위해 신청하는 것이 당연하지만, 저작권의 경우 자동적으로 문학, 음악, 그림, 녹음이나 영화 등과 같은 시청각 등의 작품 원저자들에게 그 권리가 주어진다. 그러나 때때로 원작 여부는 논쟁의 대상이 될 수 있기 때문에 법적 소송을 통해 확립되기도 한다. 미국의 경우 1980년 컴퓨터프로그램이 저작권 보호의 대상이 되었고, 우리나라의 경우에도 2009년 4월 법개정으로 저작권에서 보호되고 있다.

특허권, 상표권, 저작권은 그 차이가 분명한 듯 보이지만 그 결합이 종종 현실적으로 이루어지는 것이 사실이다. 예를 들어 어떤 발명품에 대해 특허권이 부여되는 경우 그 제품에 대한 유일한 명칭이 등록되면 자연스럽게 상표권을 보유하게 된다. 정보통신산업의 경우 특정 소프트웨어의 일부는 특허에 의해, 나머지는 저작권에 의해 보호를 받을 수도 있다. 특히, 발명의 초기 단계에서 저작권이 유일한 보호수단이 될 수 있다. 예를 들어 영국의 경우 특허출원에 제출된 서류들은 그 심사를 위해 대중에게 공개되어야 한다. 따라서 저작권법에 의해 보호받지 못하는 경우 쉽게 복사되어 사용될 수 있다.

저작권은 특허권보다는 그 보호가 철저하지 않다고 할 수 있다. 이는 기본적으로 특허권은 제조업부문에서 발달되어 왔고, 저작권은 서비스산업부문에서 발달되어 왔기 때문일 수 있다. 서비스산업은 혁신주기(innovation cycle)가 제조업에 비해 짧은 편이다. 특히 그 가운데 소프트웨어산업은 혁신주기가 6개월 미만이라는 연구도 있다.

이러한 특성을 고려해 서비스산업의 혁신기업은 그 지적 창의성을 보호하기 위해 여러 가지 전략들을 택할 수 있다. 예를 들어 서비스산업의 혁신기업이 택할 수 있는 최선의 지식재산권 보호전략은 그냥 비밀을 유지하는 것일 수도 있다. 그러나 그러한 비밀유지가 얼마나 지속될 수 있느냐 하는 것도 문제지만, 서비스산업의 혁신기업들이 점점 더 그 혁신에 대한 보호를 지식재산권제도를 통해 하고 있기 때문에 단순한 비밀유지는 최선의 전략이 아닐 수 있다. 또 다른 전략은 서비스산업의 혁신기업은 지식재산권제도의 조합을 통해, 즉 특허권, 저작권, 상표권을 결합해 그 혁신에 대한 보호를 할 수도 있다.

〈사례연구 11-3〉은 '2020 글로벌 앨범 판매 차트' 에서 1, 2위를 휩쓴 방탄소년단 등의 K팝이나 '완벽한 타인' 등 우리나라 영화나 드라마가 글로벌 인기를 끌면서 2020년 문화예술저작권 무역수지가 1억 6,000만 달러의 사상 첫 흑자를 냈다는 사례이다.

사례연구 11-3 K컬처 저작권 흑자

2020년 K팝 등의 수출 실적이 반영된 문화예술저작권 무역수지가 사상 첫 흑자를 냈다. 흑자 규모도 1억 6,000만 달러에 이른다. 특히 음악과 영상 분야 저작권이 2019년 적자에서 올해 2억 달러에 가까운 대규모 흑자로 돌아섰다. 한국의 대중문화(K컬처)가 세계인을 사로잡았다는 사실이 수치로도 확인된 것이다.

웹툰 기반의 상상력과 잘 만들어진 공포영화

영화의 본고장인 미국 할리우드는 이미 2000년대 초반부터 소재 고갈에 부닥쳤다. 그러다 보니 새로운 것을 찾아 눈을 돌린 게 아시아다. 2018년 미국을 강타한 할리우드 영화 '크레이지 리치 아시안'은 원작자도 출연진도 모두 아시아인이었다. 그런데 찾다 보니 아시아에서도 유독 스토리텔링이 독보적인 나라가 한국이었다. 웹툰 기반의 상상력과 잘 만들어진 공포영화에 세계가 매료되기 시작했다. 그 결과 한국 영화는 100주년을 맞던 2019년 영화 '기생충'으로 한국 영화 최초로 칸 영화제 황금종려상을 받았다.

국내 흥행작이었던 한국 영화 '완벽한 타인'의 원작은 본래 이탈리아 영화인 '퍼펙트 스트레인저'다. 이 원작은 프랑스 등 12개국에서 리메이크됐다. 그런데 베트남의 한 제작사는 완벽한 타인의 제작진을 찾아와 지원을 요청했다. "한국 리메이크가 가장 좋으니 공감 포인트를 어떻게 잡을지 가르쳐 달라"고. 한국 정서를 담자 베트남 리메이크도 대박이 났다. 부산국제영화제도 최근엔 영상으로 제작될 가능성이 높은 원작 콘텐츠(만화와 소설 등)의 지식재산권을 거래하는 마켓을 공들여 운영하고 있다.

방탄소년단(BTS)

방탄소년단(BTS)은 한국 음반시장을 구해낸 공신이다. 20년 전 음악 공유 서비스로 공짜 음악이 나돌게 된 후부터 국내 음반 판매는 추락했다. 하지만 2017년 BTS의 음반이 100만 장 넘게 팔리더니 2020년은 '2020 글로벌 앨범 판매 차트'에서 1, 2위를 휩쓸었다. K팝은 영상미와 스토리가 만난 뮤직비디오로 세계 시장을 장악했다. 변방이었던 K컬처의 확산에는 SNS의 힘도 크다. MZ세대는 스마트폰으로 음악을 들어도 팬심으로 음반을 사고, 자신의 취향을 SNS에 적극 공유한다.

전체 지식재산권 무역수지는 여전히 적자

2020년 문화예술저작권 무역수지는 흑자였지만 전체 지식재산권 무역수지는 18억 7,000만 달러 적자였다. 특히 한국의 게임은 2019년 10억 8,000만 달러 흑자에서 2020년 3억 달러 적자가 됐다. 게임회사들의 수출이 늘었는데도 플랫폼인 구글에 내는 수수료(인앱 결제)가 워낙 많았기 때문이란다. 영상도 넷플릭스 결제가 매년 늘고 있지만 2020년은 수출이 압도해 흑자를 낼 수 있었다. 콘텐츠가 중요하지만 플랫폼도 중요하다. 무역수지 숫자가 'K컬처가 가야 할 길'을 알려준다.

출처 : 동아일보(2021. 3. 24)

〈사례연구 11-4〉는 작곡가나 작사가들이 보유한 음악 저작권을 쪼개 여러 명의 투자자들에게 파는 플랫폼을 소개하고 있다. 아티스트들은 저작권을 팔아 상당한 돈을 한 번에 벌 수 있고, 투자자는 연금처럼 매년 안정적인 수입을 얻을 수 있다. 〈사례연구 11-5〉에서는 이러한 저작권 투자가 투자수익도 가져오는 경우를 설명하고 있다. 브레이브 걸스의 '롤린'처럼 대박이 날 경우 저작권 매매 차익도 커질 수 있고, 음원의 흥행으로 늘어난 배당 수익까지 얻을 수 있다.

사례연구 11-4 "음악 저작권 사고파세요, 돈도 벌고 감상도 하고"

플랫폼 '뮤직카우'

음악 저작권을 사고파는 플랫폼 '뮤직카우'의 J대표는 작사가라는 특이한 이력도 있다. 버스커버스커의 '서울사람들', 울랄라세션의 '너와 함께', 바비킴의 '가슴앓이' 등 유명한 곡들이 그의 손을 거쳤다.

작사가나 작곡가 등 아티스트의 수입은 매출의 10% 정도다. 예컨대 700원을 주고 음원을 다운받으면, 이 중 70원가량이 저작권료로 할당된다. 이 저작권료를 작사가와 작곡가, 가수가 나눠 갖는다. 어떤 곡을 10만 명이 다운받으면 수수료를 빼고 아티스트 몫이 600만원 정도 된다.

J대표가 2016년 설립한 뮤직카우는 작곡가나 작사가들이 보유한 저작권을 쪼개 여러 명의 투자자들에게 판다. 아티스트는 저작권을 팔아 목돈을 챙길 수 있고, 투자자는 연금처럼 소액이지만 매년 안정적인 수입을 얻을 수 있다. 저작권은 원작자 사후 70년간 보호된다. 정 대표는 "마침 초저금리로 투자자들에겐 마땅한 투자처가 없었던 데다 K팝이 전 세계로 뻗어나가면서 사업 여건이 좋아졌다"고 했다.

유일한 진입장벽은 자존심 강한 아티스트들로부터 저작권을 받아오는 것이었다. 아티스트들 대부분은 예술 작품의 권리인 저작권을 매매한다는 것에 부정적인 인식을 갖고 있었기 때문이다. J대표는 아티스트들에게 "저작권을 파는 것은 음악에 생명력을 연장하는 것"이라고 설득했다.

뮤직카우는 오래돼서 잊혀진 곡에 생명력을 불어넣어 가치를 높이는 일을 한다. 유튜브 등을 통해 곡을 홍보하고, 아티스트와 투자자들이 만나는 자리도 마련하고 있다.

현재 뮤직카우에는 윤상이나 쿨 등 1990년대에 활동했던 가수들을 포함해 약 600여 곡이 거래되고 있다. 아이유나 강다니엘 등 아이돌 가수들의 곡도 거래된다. 사업성을 인정받아 A국책은행에 이어 올해 초엔 B기업에서도 투자금을 유치하는 데 성공했다.

J대표는 요즘 투자자 보호장치 마련에 공을 들이고 있다. 그는 "현행법상 음악 저작권을 금융자산으로 인정받지 못해 제약이 많다"며 "그러나 별도 법인을 차려 투자자들의 투자금을 관리하는 등 할 수 있는 조치를 찾아서 하고 있고, 금융자산으로 인정받기 위해 노력 중"이라고 했다.

출처 : 조선일보(2021. 3. 12)

사례연구 11-5 "한 달 만에 1,000% 상승, 주식보다 낫네" … 차트 역주행에 웃는 저작권 투자자

급상승한 주식 얘기도, 가격이 널뛰는 가상화폐 얘기도 아니다. 개인들이 거래하는 노래 저작권 상승률이다. 음원차트를 장악한 '역주행' 곡 저작권 일부를 사들인 투자자들은 소위 대박을 쳤다. 저작권 매매 차익도 커진데다가, 음원 흥행으로 배당 수익까지 높아졌기 때문이다.

음악 저작권 플랫폼 뮤직카우에 따르면, 브레이브 걸스의 '롤린' 저작권은 지난 2021년 3월 12일 1주에 31만 2,000원에 거래됐다. 딱 한 달 전 가격 2만 4,300원 대비 10배 이상 상승한 것이다. 거래량 역시 5주에서 463주로 크게 늘었다. 2021년 3월 24일 기준 19만 1,400원에 거래되고 있지만 여전히 큰 가격상승폭을 유지하고 있다.

'롤린'은 브레이브 걸스가 2017년 3월 발표한 노래다. 최근 유튜브에서 군인 반응 영상이 화제를 모으면서 역주행하기 시작했다. 주요 음원차트 1위를 휩쓴 건 물론이고, 음악방송 1위도 꿰찼다. 출시된 지 4년이 지난 노래가 화제의 중심에 선 건 이례적인 일이다. 그만큼 '롤린'의 저작권을 사들인 투자자의 수익률도 커졌다. 뮤직카우 관계자는 "'롤린'의 경우 각종 음원차트를 휩쓸고 있는 만큼 저작권 거래 가격뿐만 아니라 음원 배당 수익도 높아질 것으로 보인다"고 했다.

뮤직카우는 개인들이 일반 주식처럼 저작권 일부를 매입할 수 있는 플랫폼이다. 노래를 직접 작곡하지 않아도 저작권 수익을 받을 수 있고, 나중에 또 매매가 가능해 소비자들 반응이 좋다. 최근 주식이나 비트코인 등에 투자하는 20~40대 MZ세대(밀레니얼+Z세대)들이 저작권 투자에 눈을 돌리는 경우도 많다. K팝 팬들이 팬심으로 투자하는 사례도 있다. 뮤직카우 누적 고객은 30만 명 정도인데, 그중 70%가 2030세대다.

브레이브 걸스 그룹 자체에 대한 관심도 커지면서 또 다른 곡 '하이힐' 투자 수익도 커졌다. 2021년 2월 25일 기준 1만 500원에 거래되던 하이힐 저작권은 3월 24일 7만 1,200원에 거래됐다. 음원차트 상위권을 차지하면서 투자자들 관심이 쏠린 덕분이다. 브레이브 걸스에 투자한 팬들은 좋아하는 가수의 인기와 더불어

투자수익까지 얻게된 셈이다.

리메이크 곡들도 좋은 투자처로 떠오르고 있다. 리메이크곡의 음원 수익이 원곡 저작권자들에게도 일부 공유되기 때문이다. 2020년 5월 뮤직카우에서 저작권이 공유된 양요섭 · 정은지의 '러브데이'는 2021년 2월까지 1만 6,000원 선에서 거래되다가 3월 들어 7만원까지 뛰었다. 2012년 발매된 '러브데이'가 10년 만에 리메이크됐기 때문이다. 음원차트 2위에 오르는 등 화제를 모으면서 투자자들 거래가 몰렸다. 회사 관계자는 "안정적인 저작권료 외에 역주행은 저작권 투자의 또 다른 상승요인 중 하나다. 투자 수익도 좋지만 무엇보다 음원의 가치를 소중히 하는 것에 우위를 두고 서비스를 운영하고 있다"고 했다.

출처 : 매일경제신문(2021. 3. 25) ⓒ 매일경제 & mk.co.kr

〈사례연구 11-6〉에서는 저작권 보호가 쉽지 않다는 것을 보여준다. 국내 포털사이트인 네이버나 카카오 등은 언론사에 뉴스에 대한 저작권료(전재료)나 광고 수익 가운데 일부를 지급하고 있다. 그러나 글로벌 인터넷 플랫폼인 구글, 페이스북 등은 한국 언론의 뉴스를 이용해 막대한 광고 수익을 올리면서도 전혀 대가를 지불하지 않고 있어 정당한 뉴스 사용 대가를 지불하도록 하는 소위 구글법을 제정하고자 하고 있다.

사례연구 11-6 "뉴스는 공짜가 아니다" 한국판 구글법 추진

여야, 저작권료 의무화법 곧 발의 … 언론사 · 구글 분쟁 땐 정부가 개입

국내 언론사 뉴스를 공짜로 쓰면서 막대한 이익을 올려온 구글 · 페이스북 등 글로벌 인터넷 플랫폼에 대해 정치권이 뉴스 저작권료 지급을 강제하는 이른바 '구글법' 제정에 나섰다.

K의원은 2021년 3월 15일 "구글이나 페이스북이 한국 언론사에 정당한 뉴스 사용 대가를 지불하도록 하기 위해 저작권법과 신문법 일부 개정안을 마련해 이번 주 발의할 예정"이라고 밝혔다. 현행 신문법은 인터넷 플랫폼이 언론사 뉴스를 사용하는 대가를 지급해야 한다는 규정이 없다. 네이버나 카카오 등 국내 포털은 자율적인 협상을 통해 뉴스 저작권료(전재료) 또는 광고 수익 일부를 언론사에 지급하고 있다. 반면 구글, 페이스북 등 글로벌 인터넷 플랫폼은 한국 언론의 뉴스를 이용해 막대한 광고 수익을 올리면서도 전혀 대가를 지불하지 않고 있다.

구글은 언론의 저작권료 지급 요구에 대해 '구글은 검색 결과만 제공할 뿐 뉴스 전문은 해당 뉴스 사이트로 넘어가 보기 때문에 저작권료를 낼 수 없다'고 주장해 왔다. 하지만 개정안은 구글처럼 '검색 결과나 이용자 경향을 분석한 결과로 기사를 배열해 매개하는 업체'도 인터넷뉴스 사업자로 규정해 적정한 저작권료를 지급하도록 명시하고 있다. 인터넷뉴스 서비스 사업자의 범주도 '국외에서 이뤄진 행위라도 국내 시장이나 독자에게 영향을 미치는 경우에는 적용한다'고 명시, 구글과 페이스북 등 해외 기업도 법안의 적용 대상임을 분명히

했다.

개정안에는 인터넷 플랫폼과 언론사의 협상에 정부가 개입할 수 있는 조항도 있다. 문화체육관광부에 분쟁조정위원회를 두고 대가 지급에 대한 양측의 분쟁을 조정하는 방안이다. 인터넷 공룡과의 협상에서 상대적으로 열세인 언론사들이 일방적으로 끌려다니는 것을 막겠다는 것이다. K의원은 "글로벌 기업들이 한국 언론의 콘텐츠를 이용해 수익을 독식하고 언론 시장을 피폐하게 만드는 문제는 반드시 해결해야 한다"고 말했다. 개정안은 여야를 아우르는 초당적 법안이 될 전망이다.

출처 : 조선일보(2021. 3. 16)

저작권 보호는 무차별적인 침해행위를 단속하는 데 초점이 맞춰졌다. 그러나 저작권 보호를 위한 꾸준한 교육과 공정한 이용을 권장하는 것이 보다 바람직하다. 이러한 추세에 따라 문화체육관광부는 UCC(사용자 제작 콘텐츠 ; User Created Contents) 및 블로그의 확산 등에 따라 누구나 쉽게 저작권자가 될 수도 있고 이용자가 될 수도 있기 때문에 저작권 보호에 대한 교육을 강화해야 한다.

그러나 P2P, 포털, 웹하드 등 저작물이 유통되는 온라인서비스사업자(OSP)의 저작권 보호에 대한 책임은 과태료 부과, 불법복제물의 삭제 및 중단 등 처벌조치가 보다 강화될 것으로 전망된다. 콘텐츠업계의 경우 저작권을 무단이나 불법으로 침해하는 사람들에 대해 공정한 이용을 권장하고 있다. 예를 들어 가요계의 경우 아이돌스타들을 내세워 불법음원을 근절하고자 노력하고 있고, 영화계의 경우에도 영화에 대한 불법복제가 한국 영화산업을 어떻게 고사시킬 수 있는지 대중들에게 알리고 있다.

5. 영업비밀

영업비밀(trade secrets)이란 경쟁자들이나 경쟁기업들보다 우위를 갖기 위해 비밀로 유지해야 할 정보를 의미한다. 영업비밀은 여러 가지 형태의 기업 고유기술 및 영업지식이라 할 수 있다. 각국은 이러한 영업비밀 역시 지식재산권제도를 통해 보호하고 있다. KFC의 닭튀김법, 코카콜라의 콜라제조법 등은 그 예라 할 수 있다.

영업비밀이란 경쟁자들이나 경쟁기업들보다 우위를 갖기 위해 비밀로 유지해야 할 정보를 의미한다.

영업비밀은 위에서 언급한 기술적 지식뿐만 아니라 고객정보, 영업계획 및 기업전략 등도 포함한 개념이다. 이러한 기술 및 영업정보들을 비밀로 유지하는 것은 지식재산권을 보호하는 가장 효율적인 비공식 방법이라 할 수 있다. 특허권, 상표권, 저작권 등은 다른 사람들에게 알려진 지적활동의 결과물들을 보호한다. 그러나 영업비밀을 보호한다는 것은 말 그대로 비밀이기 때문에 다른 사람들에게 알려지지 않은 것들을 보호한다는 의미이다. 영업비밀을 유지하기 위해 해당 기업은 소송을 불사할 정도로 영업비밀을 유지하고자 한다.

미국의 경우 영업비밀에 대한 보호는 연방법보다는 주법에 의해 규율되고 있다. 영업비밀 유지를 위반했다는 것을 증명하기 위해서는 그러한 정보가 비적절한 수단에 의해 얻어졌다는 증거를 입증해야 한다. 예를 들어 전에 근무했던 직원이 경쟁기업으로 옮기면서 영업비밀을 누설했다는 것을 입증해야 한다. 산업스파이 역시 영업비밀을 빼내기 위해 활용된다. 실제 소송의 경우를 보면 다양한 수단들이 불법적으로 영업비밀을 얻기 위해 사용되고 있다는 것을 보여준다. 영업비밀이 우연히 발견되었거나 리버스엔지니어링(reverse engineering)에 의해 발견되는 경우, 영업비밀의 의도적 침해가 아니기 때문에 기존 영업비밀은 더 이상 보호되지 않는다. 리버스엔지니어링에 의해 영업비밀이 훼손될 가능성이 있는 경우 특허가 그 해법이라 할 수 있다. 화학, 의약품, 기계류 산업의 경우 특허가 중요한 까닭은 리버스엔지니어링 가능성 때문이다.

영업비밀은 왜 보호되어야 하는가? 시장경쟁에서 생존하기 위해 기업들은 경쟁기업들과 차별화될 수 있는 기술이나 영업에서 고유의 지식이 필요하다. 이러한 지식들을 보호하는 것은 결국 시장이 제대로 작동되게 하는 것이라 할 수 있다. 영업비밀의 특성 때문에 기업들은 특허에 의해 보호를 받을 수 있음에도 불구하고, 기술이나 영업 노하우를 비밀로 유지하는 것을 선호할 수도 있다.

발명을 특허를 내지 않고 비밀로 유지하고자 하는 다른 이유는 특허를 내기 위해 서류를 작성해 신청하기 때문에 모든 관련 정보가 공개가 된다는 점이다. 이를 이용해 잠재적 경쟁기업들은 그동안 개발해 오면서 발생했던 문제점들을 해결하면서 유사제품들을 시장에 내놓을 수 있기 때문이다. 한편 발명가 개인 입장에서 볼 때 기존 기업들에 의해 특허권 침해가 발생할 때 소송을 제기할 자금이 충분하지 않은 경우에도 특허를 출원하기보다 영업비밀로 유지하고자 하게 된다.

다른 한편으로 특정 제품을 보호하는 특허가 있는 경우 특허권을 침해하지 않으면서 동일한 기술적 목적을 달성하는 방법을 경쟁기업들이 발견할 수도 있기 때문에 영업비밀로 유지하고자 하는 동기가 발생한다.

〈사례연구 11-7〉은 두산중공업이 발전소 설비에 사용되는 밸브 제조를 위탁해 납품받는 과정에서 2개 중소업체에 밸브 제작 도면 등 기술자료 4건을 요구했지만, 사전에 하도급법 12조에서 규정하고 있는 비밀유지사항 등을 명시한 서면 요구서를 제공하지 않았다는 내용이다. 이에 따라 공정위는 두산중공업에 과징금을 부과하고, 시정명령을 내렸다. 기업의 제품 제작 도면 등 기술자료 등은 해당 기업의 영업비밀에 해당되기 때문이다.

사례연구 11-7 두산중공업, 납품사에 기술자료 임의 제출 요구로 과징금

두산중공업, 납품사에 기술자료 임의 제출 요구로 과징금

공정거래위원회는 납품업체에 기술자료를 요구하면서 서면 요구서를 제공하지 않은 두산중공업에 2,000만원의 과징금을 부과하고, 시정명령을 내렸다.

2021년 3월 23일 공정위에 따르면 두산중공업은 2015년 7월부터 2018년 6월까지 발전소 설비에 사용되는 밸브 제조를 위탁해 납품받는 과정에서 2개 중소업체에 밸브 제작 도면 등 기술자료 4건을 요구했다.

하지만 사전에 권리 귀속 관계, 비밀유지사항, 대가 등을 명시한 서면 요구서를 제공하지 않았다. 이는 기술자료를 요구할 때 요구서를 의무적으로 제공토록 한 하도급법 12조를 위반한 것이라고 공정위는 설명했다.

공정위는 두산중공업이 기술자료를 요구한 정당성은 인정된다고 봤다. 두산중공업이 요구한 기술자료는 납품받은 밸브가 발주처가 요구하는 사양과 성능, 기준 등을 충족하는지 확인하기 위해서 필요한 자료였기 때문이다.

하지만 기술자료를 요구할 때 요구서를 의무적으로 제공하는 것은 수급사업자의 기술 보호를 위해서 반드시 지켜져야 한다는 게 공정위 판단이다. 핵심 사항을 사전에 명확히 해 원사업자의 자의적 해석과 기술유용 행위를 미연에 예방할 수 있기 때문이다. 공정위 관계자는 "하도급 관계에서 기술자료 요구서를 반드시 제공하도록 감시를 강화할 것"이라고 말했다.

출처 : 한국경제신문(2021. 3. 23) ⓒ 한경닷컴

〈사례연구 11-8〉은 영업기밀 유출 갈등 등으로 과거 한 뿌리였던 치킨 프랜차이즈업체 bhc와 BBQ가 소송전 등 '치킨 전쟁'을 이어가고 있는 사례를 보여주고 있다. 2013년 BBQ는 자회사 bhc를 미국계 사모펀드에 매각하면서 bhc가 소스·파우더 등을 BBQ에 일정 기간 공급하도록 한다는 등의 계약을

맺었지만, 그 공급 과정에서 신메뉴 개발정보 등 영업비밀이 새어 나가고 있다는 이유로 BBQ는 해당 계약을 파기하였다. 이후 치킨 전쟁이 벌어지고 있다.

사례연구 11-8 '한뿌리 치킨' BBQ-bhc, 소송전 점입가경

검찰 "bhc 회장, 아이디 · 비번 도용, BBQ 내부 전산망에 불법 접속"
P회장 측 "접속한 적 없다" 부인

2013년 bhc 매각한 BBQ
영업기밀 유출 등 법적 갈등

과거 한 뿌리였던 치킨 프랜차이즈업체 bhc와 BBQ가 영업기밀 유출 갈등 등에 대한 각종 민 · 형사상 소송전을 치르며 '치킨 전쟁'을 이어가고 있다. bhc P회장 측은 BBQ 내부전산망 불법 접속(정보통신망법 위반) 사건 첫 공판에서 혐의를 모두 부인했고, 양측은 치열한 공방전을 벌였다.

2021년 3월 3일 서울동부지법 심리로 열린 P회장의 정보통신망법 위반 사건 공판에서 P회장 측 변호인은 "(P회장은) BBQ 내부 전산망에 접속하려는 생각도 없었고, 실제로 접속한 적도 없다"며 "공소사실을 인정하지 않는다"고 밝혔다.

P회장은 2015년 7월 BBQ 전 · 현직 직원의 아이디와 비밀번호를 도용해 BBQ 내부 전산망에 두 차례 접속한 혐의로 2020년 11월 기소됐다. 검찰에 따르면 P회장은 BBQ와 진행 중이던 국제중재소송에 관한 서류를 열람하기 위한 목적으로 BBQ 내부 전산망에 접속한 것으로 알려졌다. P회장은 개인정보법 위반 혐의도 받고 있다. 검찰은 2021년 2월 15일 BBQ 전산망에 불법적으로 접근하는 과정에서 P회장이 경쟁업체 직원의 개인정보를 사용한 혐의를 추가로 기소했다.

'BBQ 전산망 불법 접속' bhc P회장, 첫 재판서 혐의 부인

하지만 P회장 변호인 측은 "검찰에서 상대 회사 서버에 접속했다고 특정한 시점에는 그룹웨어에 아이디와 비밀번호를 소지하고 있지 않았다"며 "당시 P회장은 물리적으로 접속이 불가능했다"고 주장했다.

BBQ는 과거 자회사였던 bhc를 2013년 미국계 사모펀드에 매각하면서 'bhc가 BBQ에 소스 · 파우더 등을 일정 기간 공급하도록 해주겠다'는 내용 등의 계약을 맺었다. 이후 BBQ는 bhc로부터 물류를 공급받는 과정에 신메뉴 개발정보 등 영업비밀이 새어 나가고 있다는 이유로 계약을 파기했다. 이와 관련해 BBQ 관계자는 "bhc 측은 일방적 계약 종료라고 하지만 (bhc 측이) 해킹하고 사내문서를 불법 다운로드한 정황이 드러나 신뢰할 수 없어 bhc와 계약을 종료한 것"이라고 했다.

출처 : 한국경제신문(2021. 3. 3) ⓒ 한경닷컴

생각해 봅시다

1. 지식재산권이란 무엇이고, 중요한 구성요소에는 어떤 것들이 있는지 설명하라.
2. 지식재산권을 각국이 왜 보호하고 있는가? 우리나라, 미국, 일본의 경우 지식재산권 보호 제도에는 어떤 유사점과 차이점이 있는가?
3. 특허권에 의해 보호받고 있는 것들을 현실에서 찾아보고 이에 관해 논의해 보라.
4. 상표권에 의해 보호받고 있는 것들을 현실에서 찾아보고 이에 관해 논의해 보라.
5. 저작권에 의해 보호받고 있는 것들을 현실에서 찾아보고 이에 관해 논의해 보라.
6. 영업비밀을 갖고 있는 기업들을 현실에서 찾아보고 이에 관해 논의해 보라.

중요 용어

지식재산권	**지식재산권제도**	**특허권**
상표권	**저작권**	**영업비밀**

참고문헌

1. 특허청(2021) 홈페이지, http://www.kipo.go.kr/kpo/
2. Birgitte Andersen and Jeremy Howels, "Intellectual Property Rights Shaping Innovation in Services," in Birgitte Andersen (eds) *Knowledge and Innovation in the New Service Economy*, (Edward Elgar, 2000).
3. Fritz Machlup, *An Economic Review of the Patent System,* Study of the Subcommittee on Patents, Trademarks, and Copyrights of the Committee on the Judiciary, United States Senate, 85th Congress, 2nd Session, Study No. 15, (Washington DC : US Government Printing Office, 1958).
4. R. Ray Gehani, *Management of Technology and Operations*, (John Wiley & Sons, 1998).
5. Gerhard Rosegger, "Chapter 7 The economics of the patent system," in *The economics of production and innovation : an industrial perspective*, (Oxford, New York : Pergamon Press, 1986).
6. Ulrich Schmoch, "International Patenting Strategies of Multinational Concerns : The Example of Telecommunications Manufacturers," in *Innovation, Patents*

and Technological Strategies, (OECD, 1996).

7. USPTO, www.uspto.gov, 2021.

12 규제

Chapter Rwelve

1. 규제의 의의 / 2. 자연독점에 대한 규제 / 3. 시장실패와 규제
4. 규제의 포획과 바람직한 규제 방향 / 5. 규제완화

1. 규제의 의의

규제의 이유
① 자연독점 등 시장실패에 따른 문제점 해소
② 국민감정 등 정치적 이유
③ 자원보호
④ 불공정 행위에 따른 문제점 해결

시장이 제대로 기능하지 않을 때, 즉 시장이 자원배분을 효율적으로 하지 못할 때 이를 '시장실패(market failure)'라고 한다. 정부는 이러한 시장실패를 바로잡고자 시장에 개입한다. 또는 한 기업이 생산량을 증가시킬 때 평균비용이 계속 하락하는 규모의 경제가 발생해 하나의 기업만이 특정 시장의 생산을 전담하게 되는 경우 '**자연독점**(natural monopoly)'이 발생한다. 이 경우 정부가 소비자후생의 증대를 위해 시장에 개입하는 '**규제**(regulation)'가 발생할 수 있다. 즉, 자연독점 등 시장실패에 따른 문제점들을 해소하기 위해 규제가 필요할 수 있다. 현실경제를 살펴보면 이러한 경제적인 요인들보다 때로는 국민감정 등 정치적 이유 때문에 특정 산업이나 기업에 대한 규제가 이루어지기도 한다. 한편 국가나 지방자치단체가 관리하고 있는 천연자원 등 자원보호를 위해서도 규제가 이루어질 수 있다. 또 거래당사자들 간 불공정한 거래행위가 있는 경우 이를 바로잡기 위해 규제가 행해지기도 한다.[1]

시장실패 등의 이유로 정부개입이 이루어지고, 이러한 정부개입이 실패하는 경우 정부실패(government failure)도 경험하게 된다. 1930년대 대공황으로 경제위기가 닥쳤을 때, 영국의 케인스(J. M. Keynes)가 정부의 적극적 시장개입을

1. Greer(1992), pp. 629~630을 참조 바람.

통해 위기를 극복할 수 있다고 주장하면서, 케인스 경제학이 태동되었다. 그러나 케인스는 대공황으로 경제가 극히 어려워지면서 당시 급속도로 세력을 확장한 사회주의 이념에 동의하지 않았다. 케인스는 시장경제의 틀 안에서 정부가 시장개입을 할 경우는 대공황 등 예외적 상황일 경우에만 시장개입을 인정하였다. 최근 코로나19 팬데믹 상황으로 미국 등은 경제위기 상황을 벗어나기 위해 정부가 적극적으로 시장에 개입하였지만, 기업 규제 등을 강화하는 것이 아니라 금융정책으로 돈을 풀어 경제에 유동성을 공급하여 경제를 활성화시키기 위해 노력하고 있다. 우리나라의 경우 경제를 활성화시켜야 할 기업들을 옥죄는 규제가 계속 강화되고 있어 문제이다. 〈사례연구 12-1〉은 "포스트 코로나 시대에 성장 기반을 마련하기 위해 세계 각국이 '뉴노멀' 에 맞춘 규제 개혁에 나서"고 있다고 지적하면서, 우리는 그 반대 방향의 규제 개혁으로 " '공정경제 3법' 이란 이름으로 포장된 상법 일부 개정안 · 공정거래법 전부 개정안 · 금융그룹 감독법 제정안이 기업들의 경영권에 위협으로 등장했다" 고 주장하고 있다. 시장경제의 핵심은 기업이다. 불필요한 규제를 만들고 강화하면서 기업 경영을 더욱 제약하는 것은 경제회복을 더디게 하고 우리나라의 국가경쟁력을 약화시킬 뿐이다.

사례연구 12-1 권력의 규제 본능을 규제하라

코로나19 팬데믹(전염병 대유행)으로 한국 경제의 기초체력을 의미하는 잠재성장률이 가파르게 하락하고 있다. 코로나 사태가 산업 · 노동구조를 바꾸고, 글로벌 교역도 둔화시키고 있어서다.

잠재성장률 하락을 막기 위한 근본적인 처방은 경제환경을 변화시키는 것이다. 제도 개선을 통해 경제성장률을 높이는 건 성장이론의 기본 명제다. 자원의 이용과 생산성은 제도적 환경, 정책 변화에 많은 영향을 받기 때문이다. 포스트 코로나 시대에 성장 기반을 마련하기 위해 세계 각국이 '뉴노멀' 에 맞춘 규제 개혁에 나서는 배경이기도 하다.

거꾸로 가는 기업규제 환경

규제 개혁이란 글로벌 정책 기조는 본래 경제성장의 한계에 기인했다. 1960년대와 1970년대를 거치면서 선진국들은 성장률 둔화라는 국가적 위기를 맞았다. 그 원인으로 규제가 지목됐고, 신자유주의로 대변되는 처방전이 나왔다. 사회가 다원화되고 시장이 복잡 · 다양해지면서 규제정책이 시장실패를 보완하기보다 자원 배분을 왜곡하고 경제주체의 자율성과 창의력을 저해해 결국 국가 전체의 활력을 떨어뜨린다는 반성에 따른 것이다. 잠재성장률이 빠르게 둔화하는 한국에도 규제 개혁은 가장 효과적인 처방으로 꼽힌다.

세계경제포럼(WEF)의 2019년 국가경쟁력 평가에서 한국은 141개 국가 중 13위를 차지했다. 하지만 세부항목인 '정부 규제가 기업 활동에 초래하는 부담' 부문에선 67위로 중위권에 그쳤다. 경제협력개발기구(OECD)가 발표한 '2020 한국 경제 보고서'에 따르면 한국의 규제 수준은 OECD 35개 회원국 중 5위다. 한국의 규제 장벽이 세계적으로 높다는 의미다.

이런 상황에서 최근 규제 환경은 거꾸로 가고 있다. 하루가 멀다 하고 기업 활동을 가로막는 법안들이 등장하고 있다. '공정경제 3법'이란 이름으로 포장된 상법 일부 개정안 · 공정거래법 전부 개정안 · 금융그룹감독법 제정안은 기업들의 경영권에 위협으로 등장했다. 법무부가 입법 예고한 집단소송법 제정안은 대기업뿐 아니라 상대적으로 소송 대응력이 취약한 중소 · 벤처기업에도 막대한 소송비용 부담을 예고하고 있다.

'비용 총량제'로 막아야

정치의 본원적 임무는 상호 갈등하는 사적 이익들을 공적 이익이란 관점에서 효율적으로 조율하는 것인 만큼 규제는 불가피한 측면이 있다. 하지만 요즘 등장하는 규제의 대부분은 정치적 취향을 대거 반영하고 있다는 점이 문제다. 반기업 정서에 편승한 정치권의 규제안이 주로 기업에 대한 응징과 경영자 처벌에 초점을 맞추고 있는 이유기도 하다. 이런 법들은 결국 이해당사자들의 공감을 잃어 '빈대 잡으려다 초가삼간 태우는 결과'를 낳을 가능성이 크다. 한국 경제의 성장을 막고, 고용을 줄여 훗날 정치권에 부메랑으로 날아올 게 뻔하다.

규제는 권력의 본능에 가깝다. 권위에 의존하는 가부장적 국가일수록 애당초 주어진 범위를 넘어 스스로 권력 크기를 팽창시키는 속성을 갖고 있다. 인류적 재앙인 코로나 사태는 이런 권력 본능이 활개 치기에 더없이 좋은 환경을 제공한다.

정부와 정치권의 규제 폭주를 막기 위해선 유명무실한 '규제비용 총량제'의 실효성을 높여야 한다. 국민의 생명 · 안전과 직접적으로 관련 있는 규제를 추가하면 그만큼 불필요한 규제를 없애 총량을 일정 수준으로 묶도록 법으로 강제하는 식이다. 그래야만 코로나 사태로 부풀 대로 부풀어 오른 권력의 규제 본능에 재갈을 물릴 수 있다.

출처 : 한국경제신문(2020. 11. 12) ⓒ 한경닷컴

2. 자연독점에 대한 규제

Industrial Organization, Ch. Twelve

2.1 자연독점의 의미 및 문제점

1) 자연독점의 의미

자연독점은 시장규모가 협소해 한 기업이 생산량을 증가시킬 때 평균비용이 계속 하락하는 경우에 발생한다.

시장규모가 협소해 한 기업이 생산량을 증가시킬 때 평균비용이 계속 하락하는 경우에 자연스럽게 발생하는 독점을 '**자연독점**(natural monopoly)'이라고

한다. 한 기업의 최소효율 규모(MES)가 시장 전체의 수요를 충당하거나 오히려 초과하는 경우가 자연독점이 발생하는 상황이다. 따라서 생산은 그 기업의 장기 평균비용의 최저점이나 그 가까운 왼쪽에서 이루어진다.

자연독점이 발생하는 산업을 국영이나 공영에 의해 생산을 하는 경우 규모의 경제나 범위의 경제가 실현될 수 있고, 비효율적 경쟁을 차단하는 효과도 있을 수 있다. 반면에 경쟁 자체가 결여되어 있기 때문에 생산성을 높이고자 하거나 비용을 최소화하고자 하는 노력이나 동기가 약할 수 있다. 이러한 이유 때문에 1980년대 및 1990년대 자연독점이 발생하는 산업에서 국영기업이나 공영기업을 민영화하는 추세가 두드러졌다. 이러한 민영화 과정에서 1개의 공영기업이 여러 개의 민영기업으로 탈바꿈하면서 자연스럽게 경쟁이 도입되기도 했다. 그러나 이러한 경쟁이 나타나지 않는 민영화의 경우 그러한 효과를 거둘 수 있도록 하기 위해서 규제가 필요하기도 하다.

2) 자연독점의 문제점

자연독점의 특성을 내포한 산업에 다수의 기업이 진입하는 것은 경제적으로 볼 때 타당하지 않을 수 있다. 예를 들어 규모의 경제효과가 강한 발전산업에서 기존의 발전소 시설로 전 지역의 전기를 공급할 수 있는 상황임에도 불구하고, 새로운 기업이 발전소 건설에 막대한 비용을 투자해 시장 일부에 대한 전기를 공급하는 것은 비경제적일 수 있다. Ogus(1996)는 영국의 경우 수도 및 가스산업에 경쟁을 도입하는 것이 잉여설비를 초래해 경제적으로 타당하지 않을 수 있다는 것을 지적하였다.

새로운 기업이 진입하는 것이 경제적 비효율을 초래할 가능성이 높은 경우 규제가 필요하다. 규제는 자연독점기업의 시장지배력을 약화시킴으로써 Waterson(1987)의 말처럼 '규모의 경제' 혜택을 특정 기업이 모두 갖는 것을 차단해야 한다. 결국 규제는 경쟁의 대안으로서 역할을 할 필요가 있다. 그러나 경우에 따라서는 자연독점이 순기능을 할 수도 있다. 이러한 경우 규제가 불필요하다. 여러 가지 경우들을 하나하나 살펴보자.

2.2 자연독점기업이 시장지배력을 남용하는 경우

자연독점기업이 시장지배력을 남용한다면 어떻게 해야 할까? Ogus(1996)는 다음과 같이 세 가지 방법을 언급하고 있다.

자연독점기업이 시장지배력을 남용하는 경우의 해결 방법
① 자연독점기업의 공기업화
② 공기업의 민영화
③ 일시적 독점권의 부여

우선 생각해 볼 수 있는 것은 자연독점기업을 법규에 의해 국영화 또는 공기업화하는 것이다. 공기업이 시장경쟁 상황 하에 있는 기업과 비슷한 수준으로 가격을 책정하도록 할 때 경쟁시장과 유사한 효과를 거둘 수도 있다.

다음으로 아예 관련 시장을 시장경쟁에 놓이도록 환경을 조성하는 방법을 고려해 볼 수 있다. 공기업의 민영화는 공공부문이 소유하고 있는 자산을 민간부문에 이전하는 것이다. 따라서 시장경쟁을 유도하는 이전과정을 통해 민영화를 할 경우 경쟁을 시장에 도입할 수 있다. 민영화의 목적은 민영화 이후 보다 경쟁적인 시장환경을 조성하는 것일 수 있다. 만약 시장경쟁이 조성될 수 없다면 경쟁에 대한 대안으로서 규제가 필요하다.

세 번째로 생각해 볼 수 있는 것은 일시적으로 '독점권'을 부여하는 방안이다. 독점권을 갖고자 하는 기업들이 경쟁하는 과정에서 자연스럽게 경쟁이 발생한다. 경쟁에 의해 독점권을 획득한 기업과의 계약에서 가격이나 질과 같은 사항을 구체화해 경쟁시장에서 얻을 수 있는 것과 비슷한 효과를 얻을 수 있다.

이하에서 세 가지 방법을 구체적으로 살펴보자.

1) 공기업화

보통 국영기업화나 공기업화하는 경우 법에 의해 독점이 발생한다. 이 경우 새로운 기업은 시장에 진입할 수 없다. 정부가 소유권을 갖고 있기 때문에 정부는 공기업의 의사결정에 간여할 수 있다. 정부는 시장지배력의 문제, 정보의 비대칭, 공공재, 외부효과의 존재와 같은 시장실패를 해결하는 방향으로 공기업의 가격이나 서비스의 질에 관해 통제할 필요가 있다. 그러나 가격결정이 한계비용과 동일한 수준으로 가격책정이 될 때, 자연독점기업이 손실을 보는 경우 배분적 효율성을 달성하기 어렵다. 차선의 가격정책은 그 손실을 보조금에 의해 보전해 주거나 평균비용과 동일하게 가격책정을 하는 방법이다.

자연독점기업을 '국영화(nationalization)', 즉 국영기업화나 공기업화하는 경우 낭비적 경쟁을 제거할 수 있는 이점이 있다. 한편 규모의 경제를 실현해 효율성을 제고할 수 있다. 또 민간기업에 맡길 경우 경제성이 없기 때문에 생산이 이루어지지 않을 수 있는 서비스의 제공이 국영화를 통해 가능해질 수 있다.

그러나 국영화의 경우 많은 문제점이 있을 수 있다는 것을 간과해서는 안 된다. 공기업은 설령 손실을 보더라도 보조금을 통해 보전받을 수 있고, 이에 따라 파산위험을 경험할 가능성이 없다. 보통 경쟁에서 벗어나 있기 때문에 생산성을 향상시킬 필요를 크게 느끼지 못할 수 있다. 경영진이나 종업원의 급여나 각종 인센티브도 기업성과와 관계없이 이루어질 수 있기 때문에 경영의 효율성이 상당히 낮아질 수 있다. 많은 경우 정치적 고려와 경제적 고려가 상충되어[2] 경영의 어려움이 발생할 수 있고,[3] 이윤을 추구하지 않는 방향으로 그 경영목표가 설정될 수 있다.

〈사례연구 12-2〉는 공기업에서 몇 년 전에 일어났다고 하는 전설 같은 이야기이다. 그냥 떠도는 이야기이고 사실이 아니겠지만, 공기업의 경우 큰 잘못을 저지르지 않는 한 해고가 어렵고 정년이 보장되기 때문에, 이러한 말들이 돌고 있을지도 모른다. 사실 공기업의 빚더미와 비효율은 문제일 수 있다. 〈사례연구 12-2〉는 이러한 문제가 발생하는 이유로 공기업에 '기업가정신'이 사라져가고 있기 때문이라고 지적하고 있다.

Industrial Organization

사례연구 12-2 50대 공기업 부장이 음주운전 한 이유

공기업은 빚더미, 무능 비효율
민간기업도 공기업처럼 대하니
기업가정신 사라져간다

몇 년 전 한 공기업에서 있었던 일이라고 들었다. 50대 초반 부장이 사장에게 임원 승진을 제안받고, 고사에 고사를 거듭하다 결국 승진에 동의했다고 한다. 그날 저녁 그는 입사 동기들을 불러 모아서 술자리를 가졌다고 했다. 자축 자리가 아니라 위로주를 사달라고 불렀다고 한다. "60세 정년까지 다닐 수 있는데 본부장이

2. Foster(1992)는 영국 국영기업의 경우 그 의사결정 과정에서 정치적 목적과 경제적 목적이 충돌할 경우 정치적 목적을 보다 고려할 필요가 있다고 주장한다.
3. Rees(1984)에 따르면 국영기업이 경제적 효율성을 추구할 때 강력한 노조에 의해 종종 좌절될 수 있다.

되면 2년 임기에 1년 추가한다 쳐도 3년 뒤면 퇴사해야 하니 어쩌냐", "아직 애들 어린데 큰일이다"라는 동기들의 위로가 쏟아졌다고 한다.

그 뒤 이어지는 장면은 스릴러 영화에 나올 법한 반전이다. 잔뜩 마신 그는 대리기사를 부르지 않고, 직접 운전대를 잡았다고 한다. 평소 음주운전 단속이 잦은 곳으로 곧장 차를 몰고 갔고, 당연히 음주운전으로 적발됐다. 그는 의도했던 대로 결격사유가 생겨서 임원 승진에서 제외됐다고 한다. 징계야 받았겠지만, 공기업에서 그런 걸로 잘리지는 않는다.

어느 공기업에서는 승진 위기에 몰린 50대 부장이 집을 한 채 더 샀다는 말도 들었다. "나는 1가구 2주택자라 승진하면 안 된다"고 당당하게 자백하고 승진 대상에서 제외됐다고 한다.

이런 황당한 일은 정년이 보장되는 직장, 해고가 사실상 불가능한 직장인 공기업에서만 벌어질 수 있는 일이다. 회사가 빚에 파묻혀도 월급 꼬박꼬박 나오고, 빚은 정부가 갚아주는 공기업에서만 가능한 일이다. 민간기업이라면 임원 절반이 날아가고, 구조조정으로 허리띠 졸라매기에 들어갔어야 할 빚더미를 안고 있는 공기업들이 숱하다. 한 정부관계자는 "공기업 리스트를 보면 지뢰밭이 생각난다"는 말을 한 적이 있다.

공기업 부채가 심각하다는 것은 귀에 못이 박힐 만큼 들어서 새롭지 않지만, 엊그제 한국개발연구원(KDI)에서 또 한번 경고장을 날렸다. 비금융 공기업 부채는 2017년 기준 국내총생산(GDP)의 23.5%에 달한다고 했다. 노르웨이를 제외하고 경제협력개발기구(OECD) 회원국 중 가장 높고, 회원국 평균(12.8%)의 2배나 된다. 이 빚잔치는 결국 국민 세금으로 치르게 된다.

공기업의 빚더미와 무능, 비효율은 민간기업이라면 어림없는 일이다. 공기업에는 '기업가정신'이 사라져가고 있기 때문이다. 한 전직 재무부장관이 미국 경제학 교수에게 이런 질문을 받은 적이 있다고 한다. "한국 정부는 시장에 강하게 개입했는데 어떻게 한국 경제가 발전할 수 있었느냐?" 정부의 과도한 개입이 시장을 질식시키지 않고, 세계적인 기업이 만들어질 수 있었던 이유가 궁금했던 모양이다. "그때 우리는 '기업가정신'이 충만한 정부를 운영했다"고 답했다고 한다.

한국은 실패할 요인들이 산처럼 쌓인 나라였다. 1960년 10월 미국의 국제 정치 전문 잡지 '포린어페어스'는 한국을 이렇게 표현했다. "실업자는 노동 인구의 25%이며, 1960년 1인당 국민총생산(GNP)은 100달러 이하, 수출은 2,000만 달러에 불과하다. 한국에 경제 기적의 가능성은 전혀 없다."

하지만 기적을 만들어냈다. 우리보다 앞선 선진국들이 가장 궁금해 하는 것이 "도대체 어디서 그 많은 기업가가 갑자기 나타났느냐"는 것이라고 한다. 한 전직 청와대 경제수석은 하버드대 연구진의 질문에 "정부가 강한 주도권을 갖고 기업들이 생산적인 방향으로 움직이도록 했다. 잠재돼 있던 기업가적 역량이 발휘될 수 있도록 만들었다"고 답했다고 한다.

후략

출처 : 조선일보(2021. 4. 22)

Bos(2003)는 국영기업의 성과가 저조한 경우 그 이유는 소유권이나 통제가 불완전하기 때문으로 설명한다. 예를 들어 국영기업의 경우 경영목표가 명확하지 않을 수 있고, 자금조달이나 투자에서 경제적 고려를 크게 하지 않으며, 효율적인 경영을 할 유인도 별로 없다는 것을 지적하고 있다. 게다가 국영기업의 경우 정치인들의 과도한 간여가 그 경영성과에 부정적으로 영향을 미칠 수 있다. 그러나 국영기업의 경영이 효율적으로 이루어질 수도 있다는 것을 간과해서도 안될 것이다.

2) 공기업의 민영화

'**민영화**(privatization)'는 몇 가지 의미로 사용되고 있다. 우선 민영화는 공공부문이 소유하고 있는 자산을 민간부문에 판매하거나 이전하는 의미로 사용된다. 자산이전이기 때문에 '**시장자유화**(market liberalization)'나 '**규제완화**(deregulation)'가 수반되지 않을 수 있다.

민영화는 공공부문이 소유하고 있는 자산을 민간부문에 판매하거나 이전하는 것을 말한다.

시장자유화나 규제완화 자체를 민영화에 대한 의미로 사용하는 경우도 종종 있다. Winston(1998)에 따르면 시장자유화나 규제완화의 목적은 경쟁을 제고하는 것이다. 보통 진입장벽을 낮추거나 없앰으로써 시장구조를 바꾸기도 한다. Saal(2003)은 규제완화로 인해 경쟁에서 벗어나 있던 한계기업이나 비효율적인 기업이 보다 효율적인 기업들로 대체될 수 있는 이점이 있다고 한다. 그러나 Winston(1998)은 이러한 효율성이 규제완화와 동시에 즉시 발생하는 것이 아니라는 것을 지적하고 있다. 수십년 된 장벽이 하루 아침에 제거된다고 하더라도 기업이 보다 효율적인 생산 및 마케팅을 채택하는 데 오랜 시간이 걸릴 수 있는 것이다. 규제완화의 결과 소비자잉여가 생산자잉여로 대체되는 부정적인 경우도 발생할 수 있다.

시장자유화나 규제완화의 목적은 경쟁을 제고하는 것이다.

3) 일시적 독점권의 부여

공공부문에서 공급하던 서비스를 민간기업이 공급할 수 있도록 '**(일시적) 독점권**(franchising)'을 정해진 계약기간 동안 부여하는 경우이다.[4] 독점권 획득을 위한 기업들의 경쟁과정에서 정부는 독점권을 딴 기업과의 계약에서 재화와 서비스의 가격이나 질(quality)과 같은 사항에 대해 구체화함으로써 경쟁시장에

4. 일부 학자들은 'franchising'을 '배타적 영업권'으로 번역하여 사용하기도 하지만, 정부가 부여한다는 점에서, 그리고 배타적 영업권을 포함하는 보다 포괄적인 개념이기 때문에 '(일시적) 독점권'으로 번역해 사용하고자 한다.

서 얻을 수 있는 것과 비슷한 효과를 거둘 수 있다.

독점권은 특정 재화와 서비스의 배타적 공급권을 부여하는 것이다.

독점권은 특정 재화와 서비스의 배타적 공급권을 부여하는 것이다. 이러한 독점권을 부여받은 기업(franchisee)은 계약기간 동안 경쟁에서 자유롭다. 정부는 효율성이나 사회적 후생을 고려해 이러한 독점권을 부여하는 것이다. 예를 들어 시장에 2개 이상의 기업이 있을 경우 규모의 경제를 실현하지 못할 수 있다. 이 경우 특정 기업에 시장독점권을 부여하고 다른 기업들은 시장에 진입하지 못하게 함으로써 규모의 경제를 실현할 수 있다.

독점소유권은 그 소유기업이나 사람에게 해당 자산에 대한 영구적 소유권을 부여한다.

독점권은 보통 독점소유권이나 독점영업권의 형태로 부여된다. 독점소유권은 그 소유기업이나 사람에게 해당 자산에 대한 영구적 소유권을 부여하여 그 자산을 통제할 수 있도록 한다. 독점영업권은 제한된 기간, 보통 계약기간 동안 해당 자산에 대한 일시적인 소유권을 부여하는 것이다.

독점영업권은 제한된 기간, 보통 계약기간 동안 해당 자산에 대한 일시적인 소유권을 부여한다.

독점소유권이나 독점영업권 모두 보장되는 기간 동안 경쟁의 압력에서 벗어나 있다. 독점영업권의 경우 계약기간이 종료되면 다시 연장되지 않을 수도 있기 때문에 장기투자를 꺼려 할 가능성이 크다. 그러나 Winston(1998)에 따르면 일시적 독점권의 부여는 진입장벽을 없앰으로써 시장을 경합시장(contestable market)으로 만드는 효과를 가지고 있다.[5] 독점권을 얻기 위해 입찰에 참여한 기업들은 입찰가격에서 경쟁을 하게 될 것이고, 이에 따라 낙찰가격은 경쟁시장의 가격과 비슷하게 될 수 있다. Demsetz(1968)도 독점권을 획득하기 위한 입찰경쟁이 치열할 수 있다는 것을 지적한 바 있다.

정부는 독점권을 부여하기 위한 입찰경쟁에서 여러 가지 방법으로 경쟁을 제고할 수 있다. 예를 들어 재화와 서비스의 생산단위당 가장 낮은 비용을 제시한 기업에게 독점권을 부여할 수 있다. 이 경우 문제점은 독점권이 부여된 이후 기술발전이 이루어져 생산비가 하락하는 경우 그 이익은 소비자가 아니라 기업이 모두 얻게 될 수 있다. 다른 문제는 독점권이 여러 재화와 서비스들을 포함하는 경우 가장 낮은 비용을 제시한 기업을 결정하기가 어려울 수 있다는 것이다. 또 우선 독점권을 얻기 위해 평균비용보다 낮은 비용을 제시해 낙찰한 후에 비용이 상승했다고 주장하면서 재협상을 시도할 여지가 있다는 점도 있다.

5. 경합시장에 관해서는 Baumol, Panzar, and Willig(1982)를 참조 바람.

가장 낮은 정부보조금을 요청한 응찰기업에 독점권을 부여하는 방법도 있다. 민영화되는 산업의 경우 민영화 이전부터 손실을 보고 있는 경우가 많고 민영화 이후에도 손실을 볼 것으로 예상되는 경우 정부로부터 보조금을 지원받아야 한다. 이러한 경우 가장 낮은 보조금을 요청하는 기업이 낙찰기업이 되어 독점권을 부여받을 수 있다.

손실이 예상되는 산업도 있지만 독점이윤이 예상되는 산업도 있다. 이 경우 이 산업을 여러 개의 기업에 독점권을 분할하는 경우가 보통이지만 분할하는 것이 바람직하지 않거나 아예 가능하지 않은 경우도 있다. 이 경우 독점이윤이 예상되기 때문에 입찰과정에서 경쟁을 독려한다면 기대되는 독점이윤만큼의 금액을 적어낸 기업이 낙찰받게 되어 경쟁의 효과를 거둘 수 있다. 단기에 이러한 낙찰금액은 정부 입장에서 가용자금이 되지만, 낙찰기업이 계약기간 동안 시장지배력을 이용해 영업을 하는 경우 소비자의 이익이 감소될 수 있다. 규제는 바로 이러한 결과가 나오지 않도록 해야 하기 때문에 계약기간 동안 철저하게 관리해야 할 필요가 있다.

정부 입장에서 독점권을 특정 기업이나 사람에게 부여하는 경우 여러 가지 사항을 고려해야 한다. 우선 계약기간을 어느 정도로 할 것이냐의 문제이다. 기간이 너무 짧으면 정부가 통제권을 갖기 쉽지만 입찰기업들이 별로 없을 가능성이 크고, 너무 길면 정부의 통제권이 약해져 낙찰기업의 이익이 커지고 소비자들의 이익이 감소될 수 있다.

정부 입장에서 독점권을 특정 기업이나 사람에게 부여하는 경우 여러 가지 사항을 고려해야 한다.

한편 입찰경쟁이 치열하고 소수인 경우 입찰기업들 간 담합의 가능성이 있다. 이 경우 담합으로부터 발생한 이득은 입찰기업들 간에 배분된다. 특히 계약기간이 짧은 경우 이러한 담합의 가능성은 커진다. 입찰경쟁이 치열하고 봉인식 입찰이 이루어지는 경우 낙찰기업은 14장에서 살펴볼 **'승자의 저주'**를 당할 가능성도 크다.

한편 해당 산업의 독점권을 부여받는 것이 상당한 고정투자를 요하는 경우에는 입찰기업들이 별로 없을 가능성이 있다. 이 때문에 계약종료시점에 고정자산을 적정한 가격에 양도할 수 있도록 할 수 있다. 그러나 이러한 고정자산에 대한 투자가 특히 매몰비용의 성격을 갖고, 해당 기업에게만 가치가 있는 자산들일 경우 입찰기업들의 수는 크게 줄어들 수밖에 없다.

또 하나 고려해야 할 사항은 입찰기업들 간에 정보의 비대칭 현상이 있을 수 있다는 것이다. 기존에 독점권을 부여받은 기업이 계약연장을 위해 응찰하는 경우 새로이 응찰하는 다른 기업들에 비해 해당 자산에 대한 정보가 양적 · 질적으로 우수할 가능성이 높기 때문에 정보의 비대칭문제가 심각할 수 있다. 이 경우 다른 입찰기업들에게는 공정한 게임이 되지 않을 가능성이 높다.

또 다른 사항은 만약 정부가 생산비 외에 재화와 서비스의 질까지 고려하는 경우이다. 이 경우 입찰조건에 가격과 질을 결합해 응찰하도록 유도할 수 있다. 낙찰기업은 질적 개선이 이루어진 경우 그에 상응한 보상을 받도록 가격을 조정할 수 있게 된다. 그러나 Baldwin & Cave(1998)와 Rovizzi & Thompson (1995)이 지적한 것처럼 재화와 서비스의 질을 어떻게 측정하느냐는 쉬운 문제가 아니다.

일시적 독점권(franchising)의 부여와 유사한 것이 영국의 강제경쟁입찰(CCT ; Compulsory Competitive Tendering)이다.[6]

민영화의 긍정적 효과
① 정부부채의 감소와 기업에 대한 정부통제 소멸
② 시장경쟁 제고
③ 자본시장 발전

민영화의 결과 어떤 긍정적인 경제적 효과가 발생할까? 첫째, 소유권이 정부에서 민간부문으로 이전되기 때문에 정부부채가 감소될 수 있고, 아울러 기업에 대한 정부통제가 사라질 수밖에 없다. 둘째, 시장에 경쟁이 제고될 수 있다. 제고된 경쟁은 가격을 낮추고, 제품과 서비스의 질을 개선하고 소비자의 선택폭을 넓혀주는 역할을 할 것이다. 셋째, 자본시장의 발전을 가져올 수 있다. Wolfram (1998)은 민영화의 결과 민간주주들은 경영진이 보다 수익성을 추구하도록 압력을 가할 것이고, 이에 따라 관료적 · 낭비적 · 비효율적 요소들을 제거함으로써 생산비를 절감하고자 노력하게 될 것이라고 지적하고 있다.

민영화의 부정적 효과
① 소비자 이익 감소
② 경제적 비효율 발생
③ 민영화에 따른 유입자금의 근시안적 지출에 따른 자금유출입의 불합리한 갭 발생

물론 민영화에 따른 부정적 효과도 간과할 수 없을 것이다. 우선, 민영화는 기본적으로 독점권이 공공부문에서 민간부문으로 이전되는 것이기 때문에 주주의 이익을 도모하는 과정에서 소비자이익을 감소시킬 수 있다. 다음으로 생각해 볼 수 있는 것은 1개의 공기업을 여러 개의 민간기업으로 나누어서 민영화하는 경우 작아진 규모 때문에 규모의 경제를 실현할 수 없게 되고, 이에 따라 전보다

6. 강제경쟁입찰(CCT)은 영국의 지방정부, 예를 들어 청소업무를 담당하는 부서와 민간청소업체들을 강제적으로 경매에 참여시켜 보다 저렴한 서비스를 제공하는 곳에 그 업무를 맡기는 제도이다. CCT는 1997년에 Best Value로 대체되었다.

생산비용이 상승해 비효율이 발생할 수 있다. 다른 한편으로는 민영화에 따른 정부재정으로의 유입자금을 장기적 관점이 아니라 근시안적 관점에서 시출하게 되어 자금유입과 지출 사이에 불합리하고 비효율적인 갭이 발생할 수 있다.

2.3 자연독점에 대한 규제방식

미국의 경우 전기, 가스, 수도 산업은 민간기업이 그 공급을 담당하고 있다. 이러한 산업은 해당 기업이 시장지배력을 갖고 있는 경우가 보통이므로 정부 규제 하에 있다. 우리나라의 경우에도 전기, 수도, 가스의 경우 그 가격은 경제적 요인뿐만 아니라 정치적 고려를 하여 결정되고 있다.

자연독점이 발생할 수 있는 전기, 가스 및 수도 산업의 경우 미국은 투자자본에 대한 수익률을 고정하는 '수익률 규제'를 하고 있고, 유럽은 '가격규제'를 주로 하고 있다. 가격규제는 운영의 효율성을 높이는 효과가 있지만 투자를 막는 역할도 배제할 수 없다.

시장에 경쟁을 불러 일으켜야 한다는 것은 시장의 효율성을 제고해 자원을 효율적으로 배분하고자 함이다. 이러한 원칙은 미국의 경우 경쟁정책에서 경쟁을 제고해 소비자를 보호하는 것에 초점을 두는 반독점정책의 모습으로 진행되어 왔다. 그러나 유럽의 경우에는 미국과 경쟁정책의 입장이 다르다. 유럽은 중소기업에 대한 보호, 고용의 안정 등을 산업정책에서 보다 중시하고 있다.

1) 수익률 규제

수익률 규제(rate of return regulation)는 자본에 대한 요구수익률을 고정하는 규제방식이다. 요구수익률 $\overline{R}$는 다음과 같이 표현된다.

수익률 규제는 자본에 대한 요구수익률을 고정하는 규제방식이다.

$$\overline{R} = \frac{TR - TC}{K} \quad (12.1)$$

식 (12.1)에서 $\overline{R}$는 자본에 대한 고정 요구수익률이고, TR은 총수입, TC는 총비용, K는 투하된 자본을 나타낸다. 위 식은 따라서 투하자본 1원당 요구되는 수익을 의미한다.

수익률 규제 하에서 규제당국은 기업이 비용을 충당하고 이윤을 획득할 수 있게 가격을 결정할 수 있도록 허용하는 한편 가격이 정당하게 결정되었느냐는 것을 수시로 점검한다.

그러나 수익률 규제 하에서 자본에 대한 수익률이 보장된다면 기업이 굳이 비용을 최소화하기 위해 노력할 유인은 없다. 생산비가 상승하는 상황이 오면 단순히 그것을 반영해 가격을 조정하면 될 뿐이기 때문이다. 규제당국과 규제받는 기업 간 계약이 어느 정도 빈도로 이루어지느냐에 따라 당사자 간 관계가 밀접하게 발전될 가능성이 크고, 이에 따라 규제받는 기업이 규제당국의 의사결정에 영향을 미치는 '**규제의 포획**(regulatory capture)'이 발생할 가능성이 있다.[7]

미국의 경우 이러한 문제를 해결하기 위해 가격변경을 요청하는 시점과 실행시점 사이에 시차를 두고 있다. 이러한 시차 때문에 생산비를 통제할 수 없는 경우 그 기간 동안 기업의 수익은 감소할 수밖에 없다. 반대의 경우도 가능할 것이다. 이렇게 '규제시차(regulatory lag)'가 있는 경우 기업은 생산비를 가능한 한 낮추고자 하는 유인을 갖게 된다.

수익률 규제의 근본적 문제점은 과연 규제당국이 적정한 요구수익률을 결정했느냐 하는 것이다. Averch & Johnson(1962)이 지적한 것처럼 적정한 것보다 높은 요구수익률을 정한 경우 과잉투자가 발생하고, 보다 낮은 경우 과소투자가 이루어진다. 따라서 적정한 요구수익률을 결정하는 것은 중요한 문제이다.

다른 문제는 요구수익률을 결정할 때 기업이 투하한 자본의 가치를 어떤 기준으로 계산할 것인가 하는 문제이다. 자본의 구입가격을 기초로 해야 하는가, 자본의 대체비용(replacement cost of capital)으로 가치를 결정할 것인가 하는 것도 단순한 문제는 아니다. 이러한 규제당국의 기술적 결정이 결국 기업의 수익성에 크게 영향을 미치게 된다.

7. 4절에서 '규제의 포획'에 대해 자세하게 논의한다.

2) 가격상한 규제

가격상한 규제는 기업이 책정할 수 있는 가격에 상한을 두어 규제하는 것이다.

가격상한 규제(price cap regulation)는 기업이 책정할 수 있는 가격에 상한을 두어 규제하는 것이다. 영국이 가격상한 규제를 하는 대표적 국가이다. 기업이 다음과 같은 공식으로 가격을 책정한다고 하자.

$$\Delta P = RPI - X\,factor \qquad (12.2)$$

식 (12.2)에서 ΔP는 가격변화를 의미하고, RPI는 소매물가지수, $X\,factor$는 생산비에 영향을 미치는 생산성향상이나 다른 요인들을 포함한 개념이다. 예를 들어 3% 소매물가가 상승하고 생산성은 2% 향상된다면 1%의 가격상승이 허용된다. 영국과 대부분의 유럽국가들의 경우 이러한 가격상한은 보통 4~5년마다 조정된다.

비용절감을 위해 재화와 서비스의 질을 낮출 우려도 있기 때문에 질에 관한 규제도 필요할 수 있다. 재화와 서비스의 질을 개선한 경우, 이에 대한 보상을 기업에 해주고자 하는 경우에는 식 (12.1)을 다음과 같이 수정하면 된다.

$$\Delta P = RPI - X\,factor + \Delta Quality \qquad (12.3)$$

식 (12.3)에서 $\Delta Quality$는 재화와 서비스의 질적 개선을 의미한다. 즉, 질적 개선이 있는 경우 가격을 상승시킬 수 있도록 허용하는 것이다. 다만 문제는 앞서 언급한 것처럼 재화와 서비스의 질을 어떻게 측정할 수 있느냐이다.

가격상한 규제에서 기업의 비용절감이 이루어지는 경우 가격을 하락시켜 소비자들에게 이익이 되도록 하고 있다. 기업 입장에서는 단기적으로는 가격결정요소들이 보통 4, 5년마다 검토되는 점을 이용해 그 기간 동안 수익을 증가시키기 위해 비용을 최소화하고자 한다. 그러나 규제당국이 가격결정요소들을 검토할 때 이러한 점을 고려해 $X\,factor$를 높이기 때문에, 장기적으로 비용을 절감할 수 있는 기술개발에 대한 투자를 충분히 하지 않을 가능성이 있다. 이에 따라 철도, 수도 등과 같은 산업의 인프라에 대한 과소투자가 발생할 수 있다.

규제당국은 기업의 *X factor*를 결정할 때 기대되는 생산성 향상의 정도, 예상되는 시장수요의 변화, 기업의 자본구조, 비용구조, 투자안 등을 감안한다. Littlechild(1983)는 수익률 규제보다 *RPI* − *X factor* 방식에 의한 가격상한 규제가 기업들이 그래도 비용절감을 위해 노력하게 하고, 운영하기에 편하며, 그 규제방식이 분명하기 때문에 더 나은 방법이라고 주장한다.

Beesley & Littlechild(1997)는 미국식 수익률 규제와 유럽식 가격상한 규제의 주요 차이점들을 다음과 같이 적시하고 있다. 첫째, 비용절감이 이루어지는 경우 수익률 규제의 경우 가격에 즉시 반영되어 가격이 하락할 수 있으나, 가격상한 규제의 경우 가격결정요소들에 대한 검토가 이루어지는 기간이 4, 5년이기 때문에 이 기간 동안 해당 기업의 수익이 될 수 있다.

둘째, 수익률 규제의 경우 수익률이 요구수익률보다 하락하는 일이 발생하는 경우 즉시 가격변화가 이루어질 수 있지만, 가격상한 규제의 경우 앞의 경우와 마찬가지로 가격검토가 이루어지는 기간에 시차가 있으므로 그 기간 동안 위험에 노출될 수 있다. 하지만 가격상한 규제의 경우 규제당국은 *X factor*를 결정하는 과정에서보다 많은 재량권을 갖게 된다.

유럽의 경우 *X factor*는 규제당국이 독자적으로 결정하는 경우가 많다. 그러나 미국의 경우 규제당국이 관련된 의사결정을 하는 경우 그에 대한 명백한 정당화가 요구된다. 또 유럽의 경우에는 가격상한 규제를 받는 제품포트폴리오의 평균가격이 가격상한에 위배되지 않는 한 개별 재화의 가격에 대해서는 재량권이 있지만, 미국의 경우 수익률 규제 하에 있기 때문에 개별 재화의 가격은 모두 규제당국의 승인을 요한다는 차이점이 있다.[8]

8. 이에 관해서는 Armstrong, Cowan, & Vickers(1994)를 참조 바람.

3. 시장실패와 규제

3.1 시장실패

시장실패를 가져오는 요인
① 기업이 시장지배력을 갖고 있는 경우
② 외부효과가 존재하는 경우
③ 공공재의 경우
④ 시장참여자 간 비대칭 정보가 존재하는 경우

시장실패를 가져오는 요인들은 다음과 같다.

첫째, 기업이 시장지배력을 갖고 있는 경우이다. 완전경쟁시장에서 기업은 한계비용과 동일한 가격을 책정하고, 이에 따라 자원이 효율적으로 배분된다. 독점기업의 경우 한계수입과 한계비용이 일치하는 곳에서 가격을 결정하고, 이에 따라 산출량은 완전경쟁시장보다 적어지고 가격은 높아지게 된다. 자원이 효율적으로 배분되지 못하게 된다. 따라서 이러한 시장지배력을 제한하거나 억제하는 규제가 요청될 수 있다.

둘째, 외부효과가 존재하는 경우이다. 외부효과는 재화와 서비스의 거래당사자가 아님에도 불구하고 '+' 또는 '–'의 경제적 효과를 해당 거래로 인해 받게 되는 경우이다. 소음이나 환경오염 등을 배출하는 재화의 경우 사회가 요구하는 것보다 과잉생산될 가능성이 크고, 기술개발투자 등 다른 산업에 긍정적인 영향을 미칠 수 있는 재화의 경우 사회가 요구하는 것보다 과소생산될 수 있다. 사회가 바람직스럽게 생각하는 수량보다 많거나 적은 경우 자원이 비효율적으로 배분되었다는 것을 시사한다. 이러한 경우 자원이 효율적으로 배분될 수 있도록 규제가 필요할 수 있다.

셋째, 공공재의 경우이다. 공공재는 국방, 치안, 소방, 등대 등과 같이 그 가격(종종 세금)을 지불하지 않은 사람들을 그 소비에서 배제할 수 없는 경우이다. 그러므로 민간기업이 그러한 서비스를 제공한다면 수지타산이 맞지 않기 때문에 더 이상 그러한 서비스를 공급하지 않을 것이다. 이러한 경우 정부가 개입하는 규제가 요구될 수 있다.

넷째, 시장참여자 간 비대칭정보가 존재하는 경우이다. 보통의 경우 기업이 소비자보다 제공하는 재화와 서비스에 대해 보다 많은, 중요한 정보를 갖고 있는 경우가 많다. 이러한 경우 가격이 제대로 그 가치를 반영하지 않을 수 있다. 따라서 자원이 효율적으로 배분되지 않을 수 있다. 규제를 통해 재화와 서비스에 대해 필요한 모든 정보를 소비자들에게 제공하도록 하면 그러한 비효율성을 개선할 수 있을 것이다.

3.2 규제방식

시장실패가 발생할 경우 그 규제방식에서 기본적으로 두 가지 형태가 있다. 시장구조에 기초한 '구조규제'와 시장에서의 기업행동에 기초한 '행위규제'가 그것이다. 아래에서 보다 자세히 살펴보자.

1) 구조규제

구조규제는 시장구조에 초점을 맞추어 하는 규제이다.

구조규제(structural regulation)는 시장구조에 초점을 맞추어 하는 규제이다. 기업들을 여러 가지 보조적 활동에 따라 기능별로 구분하거나,[9] 진입을 제한하거나, 외국기업의 영업활동에 대한 규제를 하는 경우가 여기에 속한다. 이러한 구조규제는 시장진입을 어렵게 만들고 기존 기업들을 경쟁에서 보호해 주는 경향이 있다. 구조규제는 바람직하지 않은 기업행동이 나오지 않도록 그러한 유인(incentive)이나 기회(opportunity)가 없는 상황을 만드는 데 규제의 기본 방향이 있다.

2) 행위규제

행위규제는 기업행위에 영향을 주고자 하는 규제이다.

행위규제(conduct regulation)는 기업행위에 영향을 주고자 하는 규제이다. 예를 들어 가격통제, 수수료수입규제, 광고비규제, 연구개발비에 대한 규제, 유통망확장비율 등에 대한 규제를 통해 직접적으로 기업행위를 제어하고자 하는 것이다. 행위규제는 바람직하지 않은 상황을 초래할 수 있는 기업행위를 제어하는 데 규제의 기본 방향이 있다.[10] 환경보호를 위해 정부가 CO_2 규제를 하는 경우, 외부효과는 시장에서 거래될 수 있다. 〈사례연구 12-3〉은 이와 관련한

9. 예를 들어 한국전력을 발전부문과 배전부문으로 구분하는 경우를 의미한다.
10. 구조규제와 행위규제에 관해서는 Kay & Vickers(1990)를 참조 바람.

행위규제의 사례를 설명하고 있다. 탄소배출권거래제도는 온실가스의 배출을 줄이기 위해 국가가 기업별로 탄소배출량을 미리 할당한 후 온실가스를 배출할 수 있는 권리, 즉 배출권을 탄소배출권 거래소에서 사고팔 수 있게 한 것이다. 환경보호를 위해 정부가 온실가스 감축 목표를 높일 경우 수요가 증가해 탄소배출권가격이 상승할 수밖에 없다.

사례연구 12-3 코로나도 힘겨운데 탄소배출권 가격 치솟아 … 기업들 "너무 힘들어"

탄소배출권 가격이 나날이 오르면서 기업들의 우려가 커지고 있다. 탄소배출권은 국내에서 처음 거래된 2015년 1월 당시 1t당 8,000원대였으나, 이달 4만원 선까지 가격이 뛴 상황이다. 배출권 수요보다 공급이 부족해 기업들이 어려움을 호소하고 있다.

탄소배출권거래제는 온실가스 감축을 달성하기 위해 국가가 기업별로 탄소배출량을 미리 나눠준 뒤 배출량에 따라 탄소배출권 거래소에서 배출권을 사고팔 수 있게 한 제도다. 온실가스 감축 목표가 강화될수록 탄소배출권을 사려는 기업이 늘어나는 식이다.

2020년 3월 7일 한국거래소 배출권 시장 시세정보에 따르면, 지난 3월 4일 배출권 가격은 4만 100원을 기록했다. 전년도인 2019년 같은 기간(2만 6,050원) 대비 53%나 오른 수준으로 배출권 시작 당시와 비교하면 364%나 치솟았다. 반면 일평균 거래량은 2018년 7만 3,000건에서 2019년 3만 6,000건으로 2020년 초부터 현재까지 1만 6,000건으로 줄었다.

3월 들어 가격이 치솟은 이유는 기업들이 배출량 초과를 우려해 배출권을 구매하고 있기 때문이다. 기업들은 3월까지 배출량 명세서를 정부에 제출하고, 6월까지 지난해 배출량만큼의 배출권을 정부에 제출해야 한다. 배출량보다 제출할 배출권이 부족하면 시장가격의 3배인 과징금을 내야 한다.

온실가스 배출량이 많은 기업은 점차 오르는 배출권 가격에 부담을 느끼고 있다. 한 철강사는 "배출권이 3만~3만 5,000원에 거래될 경우 배출권 구매 비용이 전년 대비 1,000억원이 더 들 것"이라고 내다봤다.

또 다른 기업 관계자도 "취지에는 공감하지만 우리나라의 높은 탄소배출권 가격, 적은 할당량은 원가 경쟁력을 크게 떨어뜨리는 요인이 되고 있다"며 "코로나19 사태 등으로 기업 경영이 더욱 힘들어진 상황이라 부담이 더욱 크다"고 말했다.

기업들은 올해보다 내년에 더욱 상황이 어려워질 것으로 보고 있다. 정부가 2030년까지 우리나라의 연간 온실가스 배출량을 5억 3,600만t으로 줄이기로 했기 때문이다. 온실가스 감축은 곧 정부가 배출권 공급을 줄인다는 의미여서 가격 상승 요인이다. 재계에서는 내년부터는 600여 개 기업 대부분의 배출권이 모자라게 될 것으로 보고 있다.

건축자재 업계 관계자는 "지난해에는 건설경기가 침체를 겪다 보니 배출권이 남았지만, 감축량이 늘어나고 배출권 가격이 높아지면 부담이 더욱 커질 것"이라고 말했다. 또 다른 기업관계자도 "올해까지는 탄소배출권이 부족한 기업이 많지 않지만 감축 부담이 강화되면 기업의 생존에도 영향을 미칠 수 있다"며 "개선안을 미리부터 검토해야 한다"고 강조했다.

하지만 기업들의 우려와는 달리, 환경부는 탄소배출권이 부족하지 않을 것이라고 보고 있다.

출처 : 조선비즈(2020. 3. 7)

4. 규제의 포획과 바람직한 규제 방향

Kay & Vickers(1990)는 규제당국과 규제대상기업을 주인-대리인문제로 설명하는데, 규제당국을 주인으로 규제대상기업을 대리인으로 설정해 대리인은 주인의 목적을 실현하기 위해 그 지시를 추종해야 한다고 주장한다. 그러나 규제당국과 규제대상기업을 주인-대리인문제로 단순화하기에는 어렵다. 왜냐하면 공기업의 경우 정부가 대주주일 때에는 그 논리가 타당하지만 민간기업의 경우에는 대리인으로 규정하기가 어려울 것이다. 심지어 공기업이라 하더라도 정부와 다른 기업목적을 갖고 있을 수도 있다.

규제는 기본적으로 시장실패를 해소하는 방향으로 이루어져야 한다. 그러나 규제당국의 규제활동이 규제대상기업의 영향을 받아 규제를 하지 않거나 그 정도가 약화되는 경우도 있다. 이는 소비자들을 위해서가 아니라 규제대상기업이나 규제대상산업의 이익을 보호하기 위해 이루어지는 경우가 많다. Asch & Seneca (1985)가 언급한 것처럼 규제를 담당하는 공무원들이 전에 규제대상 기업에서 근무를 했고 미래에 다시 그곳에서 근무를 원하는 경우, 투명한 규제가 이루어지기 어렵다. 규제대상기업이 규제당국에 과도한 영향을 미쳐 기업들이 원하는 방향으로 규제가 이루어지는 현상을 '**규제의 포획**(regulatory capture)'이라고 한다. 이러한 현상 때문에 Stigler(1971)와 Peltzman(1989)은 규제가 시장경쟁을 제고하는 것이 아니라 오히려 시장을 더 왜곡시킬 수 있다고 지적했다. Becker(1983)는 특정한 상황 하에서 규제대상 기업의 로비를 규제당국이 받아들이는 경향이 있다고도 하였다.[11]

규제의 포획이란 규제대상기업이 규제당국에 과도한 영향을 미쳐 기업들이 원하는 방향으로 규제가 이루어지는 현상을 의미한다.

규제의 포획은 결코 바람직한 현상이 아니다. 그렇다면 바람직한 규제의 방향은 어떠해야 할까? 정확한(accurate) 정보에 기초해 규제당국의 규제목적과 집행이 명확하고(clear), 투명하고(transparent), 일관된(consistent)다면, 해당 규제를 다양한 이해당사자들에게 충분히 설명할(accountable) 수 있을 것이다. 규제

바람직한 규제의 방향
정확한 정보에 기초해 규제당국의 규제목적과 집행이 명확하고, 투명하고, 일관되어야 한다.

11. 규제의 변화에서 발생하는 이익이 규제 변화 때문에 발생하는 소비자들의 손실 및 정치인들의 선거득표 손실보다 작지 않다면 규제대상기업의 로비를 규제당국이 받아들이는 경향이 있다고 한다. Becker(1983)를 참조 바람.

가 이러한 방향으로 이루어진다면 규제의 포획같은 현상은 별로 발생하지 않을 것이다.

규제는 결코 지나쳐서도 안 된다. 시장을 왜곡시키는 정도만큼 그에 비례해 규제가 이루어져야 한다. Parker(2003)가 지적한 것처럼 수많은 이해당사자들, 특히 소비자들을 설득할 수 있는 방향으로 규제가 이루어져야 할 것이다. 〈사례연구 12-4〉는 '규제의 실패'가 우리 커피시장을 스타벅스 세상으로 만들었다는 것을 보여준다. 2012년 공정위는 카페 가맹본부에 대해 기존 매장 반경 500m 이내에 신규 출점을 제한했다. 취지는 골목 카페를 프랜차이즈 커피전문점의 공세에서 보호하고, 프랜차이즈 커피전문점의 수익도 보호하는 것이었다. 그 규제의 효과는 '100% 직영' 원칙인 스타벅스 등에 돌아가 매장을 빠르게 늘려갔고, 토종 브랜드 카페베네 등은 신규 출점이 어려워지면서 경영이 나빠졌다. 문제가 심각해지자 공정위는 2년 만에 카페 출점제한 규제를 없앴다. 하지만 이미 커피 시장은 스타벅스 등 직영점 중심 대형 자본이 시장을 장악한 뒤였다. 이처럼 규제의 취지가 좋다고 해서 그 효과가 좋은 것은 아니기 때문에 규제는 신중하게 이루어져야 한다.

사례연구 12-4 토종 카페베네 발 묶은 정부, 2년 뒤 한국은 '스벅 세상' 됐다

2019년 11월 15일 오후 서울 광화문 근처의 한 스타벅스. 평일 점심시간 이 근처 카페는 주변 상권의 고객들로 앉을 자리를 찾기 어렵다.

"B-34번 고객님, 아이스 아메리카노 나왔습니다."

2019년 11월 15일 낮 1시, 서울 종로구 광화문역 인근의 한 스타벅스 매장. 점심을 마치고 커피를 사러 들른 직장인들로 매장 내부는 발 디딜 틈이 없다. 이 매장만 이렇게 장사가 잘되는 걸까. 길 건너 100m 인근에 있는 또 다른 스나벅스 매장도 미찬기지였다. 대형 사무빌딩이 밀집한 광화문광장 일대의 스타벅스 6곳 모두 '식후 스벅'을 찾는 사람들로 장사진을 이뤘다. 이들 매장은 30분 남짓 만에 6곳을 모두 돌아볼 수 있을 정도로 광화문 일대에 촘촘히 몰려 있었다.

규제의 뿌리, 국회

1999년 한국에 상륙한 스타벅스코리아는 2019년 현재 전국 1,336개 매장을 두고 있다. 모두 직영매장이다. 스타벅스는 2013년 처음으로 국내에서 연간 신규 출점 매장 100개를 돌파하며 전체 매장 수를 599개로 늘린 이후 전국 대도시 주요 핵심 상권과 백화점 등 목 좋은 상권에 간판을 걸었다. 2016년엔 매출 1조원도 돌파했다.

스타벅스는 어떻게 주요 상권을 장악한 것일까. 프랜차이즈 업계는 국내 유통산업에서 반복된 '규제의 실

패'가 스타벅스 같은 외국계 직영 브랜드의 성공 밑거름이 됐다고 평가한다. 2012년 당시 공정거래위원회가 카페 가맹업에 적용한 신규 점포 출점 거리제한 기준이 시작이다. 당시 공정위는 카페 가맹본부에 대해 기존 매장 반경 500m 이내에 신규 출점을 제한했다. 영세한 골목 카페를 가맹 커피전문점의 공세로부터 보호하고, 출점 경쟁에 불이 붙은 가맹 커피전문점의 수익도 보호하자는 취지였다. 하지만 규제의 효과는 '100% 직영' 원칙인 스타벅스에 돌아갔다. 가맹사업 전문가인 L 한국창업전략연구소장은 "당시 질주하던 카페베네가 출점거리 제한 규제대상에 든 뒤 휘청이기 시작한 반면, 스타벅스는 규제를 적용받지 않고 매장을 빠르게 늘렸다"며 "'브랜드 싸움'인 프랜차이즈 업계에서 출점제한 규제가 결과적으로 토종 브랜드의 성장을 가로막은 셈"이라고 말했다. 규제의 역효과 문제가 제기되자 공정위는 2년 만에 카페 출점제한 규제를 없앴지만, 이미 커피 시장은 직영점 중심 대형 자본으로 넘어간 뒤였다.

유통 규제의 실패는 지금도 계속되고 있다. 전통시장과 소상공인 보호 취지로 정부와 국회가 만든 규제 법령이 목적 달성에 실패하자 다시 이를 수습하기 위해 또 다른 규제를 만들어내는 식이다. 대표적인 게 유통산업발전법 개정안이다. 1997년 탄생한 유통산업발전법은 이후 62차례 개정을 거치며 '누더기법'이 됐다. 특히 2010년대 들어 대기업이 운영하는 대형마트가 지역상권을 장악한 이후 전통시장 매출이 급락하자 규제가 강화됐다. 대형마트에만 적용하던 등록제를 기업형 슈퍼마켓(SSM)으로 확대하고 이런 점포의 출점을 제한하는 전통상업보존구역을 도입했다.

20대 국회에서도 유통산업발전법은 42건의 개정안이 발의됐다. 중앙일보와 한국경제연구원이 분석한 결과 이들 개정안의 상당수가 지역 상권의 울타리를 높여 대기업의 대규모 점포의 출점을 더욱 어렵게 제한하는 법안이었다. H의원이 발의한 유통산업발전법 개정안은 대기업의 복합쇼핑몰 입지를 철저히 검증하도록 해 출점을 어렵게 했다. K의원이 2019년 6월 대표발의한 '대기업 등의 영업활동 공정화 및 소상공인 보호에 관한 법률안'은 영세 상인을 위한 생계형 적합업종 중 공정위와 중소벤처기업부가 협의해 '공정영업 대상 업종'을 따로 지정하고, 해당 업종에 대기업의 진출을 제한하는 내용을 담고 있다. 또 기존에 진출한 대기업에 대해서는 의무휴업일 지정을 명하는 등 영업시간을 제한할 수 있게 했다.

대기업 유통 장악은 옛말 … '온라인 vs 오프라인' 경쟁 맞는 규제 나와야

이처럼 대규모 점포의 출점을 막거나 의무휴업일을 지정하는 게 전통시장에 실질적 도움이 되지 않고 소비자의 선택권도 제한한다는 의견이 점차 힘을 받고 있다. A교수는 "온라인 시장 때문에 대기업 유통업체는 이미 인공호흡기를 달아야 할 정도로 어려운 상황"이라며 "대형마트가 의무휴업을 한다고 해서 소비자가 전통시장으로 가지도 않으니 전체적인 소비 위축까지 우려된다"고 말했다. 실제 온라인 유통 시장의 성장세는 가파르다.

대형마트 관계자는 "쿠팡뿐만 아니라 심지어 아마존 같은 해외 온라인 전자상거래와 경쟁해야 하는 마당에 한 달에 2번 문을 닫으면 오프라인 유통은 죽으라는 것"이라며 "같은 기준을 적용하면 온라인 유통사도 한 달에 이틀 정도는 주문을 받지 않아야 하는 것 아니냐"며 목소리를 높였다.

상황이 이런데도 상당수 발의안은 유통을 산업적 관점보다 '대·중소기업 상생'과 '약자 보호'의 시각에서 접근하는 한계에 갇혀 있다. B교수는 "유통산업은 이미 온라인과 오프라인의 경쟁 구도로 넘어왔다"며 "미국의 월마트, 영국의 테스코도 온라인의 아마존에 고전하고 있는데, 중소상인을 보호한다는 명목으로 규제를 늘리는 것은 산업 전체에 불이익을 주는 행위"라고 지적했다.

유통산업 전체를 함께 키울 상생의 길은 없나?

대기업 유통자본에 대한 규제에도 불구하고 골목상권의 위기는 여전하다. 온라인과 신종 오프라인 유통망 등 유통산업이 빠르게 진화하고 있다. 가구 유통 전문점 이케아·생활용품 전문점 다이소 등 새로운 형태의 대규모 유통업체나 대형 식자재마트 등은 대기업을 대상으로 한 규제를 받지 않은 채 골목상권을 장악했다. C연구위원은 "국회가 소상공인과 전통시장 상인의 생존권을 정말 지키려고 한다면 전문성을 더 키워야 한다"고 말했다. D중소기업중앙회부장은 "유통산업 전체가 크게 바뀌는데, 정치권도 대기업에 대한 규제만큼이나 중소상인의 유통 경쟁력을 강화하는 방안을 법안에 담아야 한다"고 말했다.

출처 : 중앙일보(2019. 11. 21)

5. 규제완화

규제완화(deregulation)는 정부의 규제를 없애거나 완화하는 것을 의미한다. 규제완화는 부분규제완화와 완전규제완화로 구분할 수 있다.

규제완화는 정부의 규제를 없애거나 완화하는 것을 의미한다.

1) 부분규제완화

1980년대 규제완화의 파고가 높아지면서 전통적 규제방식이 지나치게 엄격하고 비효율적이라는 비판 속에서 미국의 경우에도 **부분규제완화**(partial deregulation)로서 영국식 가격상한 규제가 도입되었다. 가격상한 규제는 가격상한에 대한 제약을 두기는 하지만 그 폭을 크게 하면 기업이 비용과 가격을 효율적으로 조정할 수 있다.

영국식 가격상한 규제는 부분규제완화의 한 예이다.

이에 따라 미국의 상당수 주정부는 부분규제완화로서 가격상한 규제 등을 채택했고, 연방통신위원회(FCC)도 AT&T의 장거리전화서비스에 가격상한 규제를 적용했다. 그러나 가격상한 규제는 단순하게 적용할 수 있다는 장점도 있었지만 미국 경제에 적합한 규제방식은 되지 못했다. 오히려 시장지배적 기업의 반경쟁적인 행위가 가능할 수 있는 느슨한 규제방식이었다.

앞에서도 언급한 것처럼 가격상한 규제 하에서 기업은 다음과 같이 식(12.3)에 의해 가격을 책정할 수 있다.

$$\Delta P = RPI - X\,factor + \Delta Quality$$

앞에서 설명했듯이 ΔP는 가격변화를 의미하고, RPI는 소매물가지수, $X\,factor$는 생산비에 영향을 미치는 생산성향상이나 다른 요인들을 포함한 개념이고, $\Delta Quality$는 재화와 서비스의 질적 개선을 의미한다.

이에 따라 기업은 생산비가 증가할 때 가격을 올릴 수 있다. 문제는 시장에 지배적 기업이 있는 경우 시장지배력을 강화하거나 심지어 소규모 경쟁기업들을 시장에서 몰아내기 위해 낮은 가격을 책정할 수 있다는 것이다.

또 다른 문제점은 제품의 질적 개선이 있는 경우 가격을 상승시킬 수 있도록 하고 있지만 재화와 서비스의 질과 그 개선을 어떻게 측정할 수 있느냐 하는 것이다. $X\,factor$의 경우도 측정하기가 쉽지 않다는 문제점이 있다. 만약 측정이 잘못 이루어질 경우 기업이윤은 지나치게 높거나 낮게 될 수 있다. 이 경우 결국 감독당국이 개입해야 하는 상황이 초래될 수 있다.

이처럼 가격상한 규제는 어렵고 위험한 규제방식일 수 있다. 그리고 전통적 규제방식이 그렇게 시장에 해롭지 않을 수 있다. 가격상한 규제는 앞의 식에서 의미하듯이 제대로 변수들이 측정될 때 그 역할을 할 수 있다. 또 경쟁기업들이 시장에서 경쟁력을 갖고 있어야 가격상한 규제가 제대로 기능할 수 있다. 그러나 미국의 경우 이러한 부분규제완화는 제대로 그 기능을 하지 못했다. 불필요한 규제를 완화한다는 것은 구호만큼 쉬운 일이 아니다.

2) 완전규제완화

완전규제완화는 특정 독과점산업을 완전하게 규제완화하는 것을 의미한다.

완전규제완화(full deregulation)는 특정 독과점산업을 완전하게 규제완화하는 것을 의미한다. 그러나 완전규제완화는 단순하지도 쉬운 일도 아니다. 오히려 매우 복잡하고 어렵다. 더욱이 완전규제완화는 의도와는 달리 해당 산업의 경쟁을 위태롭게 만들기도 한다. Shepherd and Shepherd(2004)는 “미국의 경우 규제완화는 증권, 은행, 방송, 전기, 전화, 그리고 항공 · 철도 · 트럭운송 등 교통산업의 변혁을 가져왔다. 그러나 정보통신산업 및 전기산업의 경우 규제가 실패한 사례이다. 반면에 해당 산업의 기술수준이 경쟁적이고 시장구조가 이미 상당히 경쟁적인 산업에서는 규제완화가 성공적이었다. 공식적으로 보호받고 있던 그러한 과점시장을 규제완화로 개방한 결과 경쟁시장이 쉽게 자리 잡았다. 증권산업, 항공산업, 동부의 철도산업, 은행 및 트럭운송산업이 그 예이다. 그러나 미국의 경우 1975～1985년 규제완화가 광범위한 산업들에서 이루어졌지만 위에서 언급한 몇 개의 산업에서만 성공했을 뿐이다. 특히 전기, 가스, 수도 산업과 같은 독점산업을 효율적 경쟁시장으로 전환하는 것은 훨씬 더 어렵다. 실제로 대부분 실패했다"고 지적하고 있다.[12]

규제완화의 성공조건 (Shepherd & Shepherd, 2004)
① 시장지배적 기업의 시장점유율이 50% 이하여야 하고, 경쟁할 만한 기업의 수가 4～5개, 자유로운 시장진입이 필요하다.
② 1개 또는 소수의 기업들이 시장경쟁을 저해하는 경우 이에 대한 규제가 필요하다.
③ 규제완화는 시의적절해야 한다.
④ 규제완화 이후에도 엄격한 합병심사와 자유로운 시장진입이 필요하다.

Shepherd and Shepherd(2004)는 규제완화가 성공하기 위한 조건을 제시하고 있다.[13] 첫째, 시장지배적 기업의 시장점유율이 40～50%이거나 40% 이하여야지 50%를 넘어선 안 된다. 아울러 비교할 만한 경쟁기업의 수가 적어도 4～5개, 그리고 다른 기업들의 시장진입이 용이해야 한다는 것이다. 시장지배적 기업의 시장점유율이 50%를 넘는 경우 지나친 독점가격을 책정하거나 경쟁기업들을 시장에서 몰아내기 위한 가격을 전략적으로 책정할 수 있으므로 가격에 대한 규제를 할 필요가 있다고 지적하고 있다.

둘째, 1개 또는 소수의 기업들이 다른 기업들을 배제하거나 시장진입을 어렵게 만드는 상황 하에서는 그러한 기업행동들을 제거하거나 시장진입을 자유롭게 하고 가격책정이 정당하게 이루어지도록 규제가 여전히 필요하다는 것이다.

셋째, 성급한 규제완화가 가장 치명적인 잘못일 수 있으므로 시의적절한 규제완화가 필요하다는 것이다.

넷째, 규제완화 이후 시장은 보통 치열한 과점시장이 되는 경향이 높고 이에 따라 승자가 다시 시장지배력을 확고하게 가질 수 있어 규제완화의 목적이 상실되는 경우가 있을 수 있다는 것이다. 따라서 기업 간 합병 심사를 엄격하게 하고 가격책정 등을 주의 깊게 관찰할 필요가 있다. 시장진입 역시 쉽게 이루어질 수 있도록 해야 한다.

12. Shepherd and Shepherd(2004), p.388을 참조 바람. 특히 미국 전기산업의 경우 주정부들의 규제완화는 2000년 5월～2001년 6월 캘리포니아주 및 서부 주들의 전기회사들이 전기요금을 정상가격 수준보다 10배 이상 크게 인상시키는 결과를 초래하여 주민들의 생활을 어렵게 만들었다. 이에 관해서는 Hirsh(1999)를 참조 바람.

13. Shepherd and Shepherd(2004), pp.388～389를 참조 바람. 이하의 논의는 이를 기초한 것임.

이러한 점을 고려해 볼 때 규제완화에 의해 시장경쟁이 확립되게 하는 것은 쉬운 일이 아님을 알 수 있다. 단순히 규제를 완화한다고 해서 경쟁이 시장 안에 자리 잡는 것은 아니다. 규제의 정도는 감소시키되 독과점에 대한 규제는 오히려 강화할 필요가 있을 수 있다. 미국의 경우 1985~1988년의 항공산업, 1990년대 전기 및 정보통신산업의 경우에서 보듯이 반독과점정책을 느슨하게 집행한 결과 기업 간 합병이 봇물을 이루었고, 결국 시장지배력을 가진 기업들이 다시 등장하게 되었다.

따라서 독과점시장의 규제완화가 성공하기 위해서는 규제당국이 단순히 규제를 없애거나 완화하는 것이 아니라 주의 깊고 현실성 있게 규제완화정책을 입안하고 집행할 필요가 있다. 규제당국은 시의적절한 정책들을 통해 시장에서 기업들이 공정한 경쟁을 할 수 있도록 시장환경을 조성해야 한다. 이와 아울러 자연자원의 보호, 빈민구제, 환경보호 및 정화 등은 사기업들에게 맡겨 놓을 경우 문제가 발생할 수 있기 때문에 이러한 점들을 고려해 규제완화 정책을 해야 한다.

생각해 봅시다

1. 주변에서 가격규제가 되고 있는 사례를 살펴보고 그러한 규제에 대한 의미와 결과를 설명하라.
2. 자연독점이 발생하고 있는 산업을 현실 경제에서 찾아보고 이에 대해 논하라.
3. 자연독점기업이 공기업화해 경영되고 있는 사례를 찾아보고 이를 설명하라.
4. 공기업인 자연독점기업이 민영화되어 경영되고 있는 사례를 찾아보고 이를 설명하라.
5. 자연독점산업에서 일시적 독점권을 부여받아 경영하고 있는 사례를 찾아보고 이를 설명하라.
6. 규제의 포획 사례를 현실에서 찾아보고 이에 대해 논하라.
7. 바람직한 규제의 방향을 설명하라.

중요 용어

규제	자연독점	국영화
민영화	독점권	시장실패
규제의 포획	수익률 규제	가격상한 규제

구조규제 행동규제 규제완화
부분규제완화 완전규제완화

참고문헌

1. Armstrong, M, Cowan, S. and Vickers, J., *Regulatory Reform : Economic Analysis and British Experience*, (Oxford: Oxford University Press, 1994).
2. Asch, P. and Seneca, R., *Government and Market Place*, (New York, N.Y.: Dryden, 1985).
3. Averch, H. and Johnson, L. L., "Behavior of the firm under regulatory constraint," *American Economic Review*, 52, pp.1052–69 (1962).
4. Baldwin, R. and Cave, M., *Understanding Regulation*, (Oxford: Oxford University Press, 1998).
5. Baumol, W.J., J.C. Panzar, and R.D. Willig, *Contestable Markets and the Theory of Industry Structure*, (San Diego: Harcourt Brace Jovanovich, 1982).
6. Becker, G., "A theory of competition among pressure groups for political influence," *Quarterly Journal of Economics*, 98, pp.371–400 (1983).
7. Bos, D., "Regulation : theory and concepts," in Parker, D. and Saal, D. (eds) *International Handbook on Privatization*, (Cheltenham: Edward Elgar, 2003).
8. Carlton, Dennis W. and Jeffrey M. Perloff, *Modern Industrial Organization*, 4th ed., (Pearson, 2015).
9. Demsetz, H., "Why regulate utilities?," *Journal of Law and Economics*, 11, pp.55–65 (1968).
10. Foster, C. D., *Privatisation, Public Ownership and the Regulation of Natural Monopoly*, (Cambridge: Cambridge University Press, 1992).
11. Greer, D. F., *Industrial Organization and Public Policy*, (New York, N.Y.: Macmillan Publishing Company, 1992).
12. Hirsh, Richard F., *Power Loss: The Origin of Deregulation and Restructuing in the American Electricity Utility System*, (Cambridge: MIT Press, 1999).
13. Kay, J. A. and Vickers, J., "Regulatory reform : an appraisal," in Majone,

G. (eds) *Deregulation or Regulation? Regulatory Reform in Europe and the United States*, (London : Pinter, 1990).

14. Lipczynski, John, John Wilson, and John Goddard, *Industrial Organization: Competition, Strategy and Policy*, 5th ed., (England : Pearson Education Limited, 2017).
15. Littlechild, S., *Regulation of British Telecommunications' Profitability*, (London : HMSO, 1983).
16. Martin, Stephen, *Industrial Organization in Context*, (Oxford University Press, 2010).
17. Ogus, A. I., *Regulation: Legal Form and Economic Theory*, (Oxford : Oxford University Press, 1996).
18. Parker, D., "Privatization and the regulation of public utilities: problems and challenges for developing economies," in Parker, D. and Saal, D. (eds) *International Handbook on Privatization*, (Cheltenham : Edward Elgar, 2003).
19. Pelzman S., "The economic theory of regulation after a decade of deregulation," *Brookings Papers on Economic Activity: Microeconomics*, 5, pp.1–41 (1989).
20. Pepall, Lynne, Daniel J. Richards, and George Norman, *Industrial Organization : Contemporary Theory and Empirical Applications*, 5th ed., (Wiley, 2014).
21. Rees, R., *Public Enterprise Economics*, (London: Weidenfeld & Nicholson, 1984).
22. Rovizzi, L. and Thompson, D., "The regulation of product quality in public utilities," in Bishop, M., Kay, J. and Mayer, C. (eds) *The Regulatory Challenge*, (Oxford: Oxford University Press, 1996).
23. Saal, D., "Restructuring, regulation and the liberalization of privatised utilities in the UK," in Parker, D. and Saal, D. (eds) *International Handbook on Privatization*, (Cheltenham: Edward Elgar, 2003).
24. W.G. Shepherd and Joanna M. Shepherd, *The Economics of Industrial Organization*, 5th ed. (Long Grove, IL: Waveland Press, Inc., 2004).
25. Stigler, G. J., "The theory of economic regulation," *Bell Journal of*

Economics, 2, pp.3–21 (1971).

26. Thomas, Christopher R. and S. Charles Maurice, *Managerial Economics*, 13th ed. (New York, N.Y.: McGraw Hill, 2020).
27. Waterson, M., "Recent developments in the theory of natural monopoly," *Journal of Economic Surveys*, 1, pp.59–80 (1987).
28. Winston, C., "US Industry Adjustment to Economic Deregulation," *Journal of Economic Perspectives*, 12, pp.89–110 (1998).

13 공정거래정책

Chapter Thirteen

1. 경쟁과 효율성 / 2. 경쟁정책 / 3. 미국의 경쟁정책 / 4. 우리나라의 공정거래정책

1. 경쟁과 효율성

경쟁이란 어떤 의미를 갖고 있을까? 경쟁은 과연 시장의 효율성을 증가시키는가? 효율성이란 무엇을 의미할까?

기본적으로 효율성은 일정한 투입물로 최대한의 산출량을 얻는 것을 의미한다.

기본적으로 **효율성**(efficiency)은 일정한 투입물로 최대한의 산출량을 얻는 것을 의미한다. 효율성은 시간적 측면에서 두 가지로 구분될 수 있다. 현 자원을 투입물로 사용하는 경우 **정태적 효율성**(static efficiency)이라고 한다. 반면에 기술진보와 관련된 효율성을 **동태적 효율성**(dynamic efficiency)이라고 한다. 동태적 효율성은 2절 경쟁정책에서 고려되어야 할 사항들 가운데 하나인 기술진보에서 보다 자세하게 설명하고자 한다.

정태적 효율성은 크게 두 가지 범주의 효율성으로 구성된다.

배분적 효율성은 시장이 균형일 때 사회적 후생이 극대화되는 경우를 말한다.

우선 '**배분적 효율성**(allocative efficiency)'은 시장이 균형일 때 사회적 후생이 극대화되는 경우를 의미한다. 효율적인 일반균형에서 각 기업이 생산하는 산출량의 수준은 $P = MC$일 때이다. 또, 일반균형에서 P는 LAC의 최소점과 같게 되므로 최대 효율성이 실현된다. 이렇게 일반균형에서 소비자잉여와 생산자잉여 등 사회적 후생이 극대화되는 경우를 배분적 효율성이라고 한다.

생산적 효율성은 X-효율성과 경제적 효율성으로 구성된다.

다음으로 '**생산적 효율성**(productive efficiency)'이다. 이는 '**X-효율성**(X-efficiency)'과 '**경제적 효율성**(economic efficiency)'의 두 가지로 구성된다.

그림 13-1

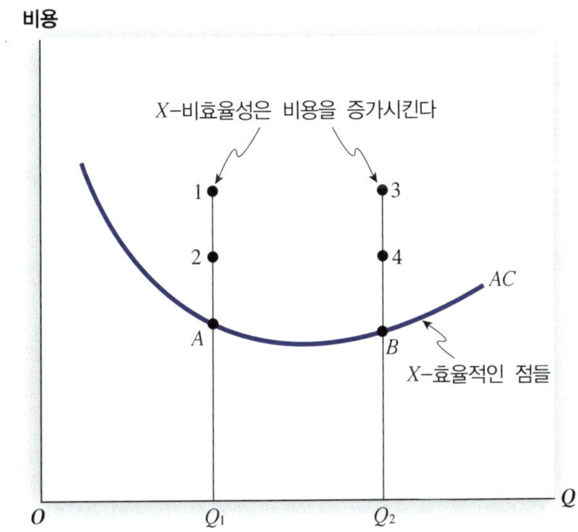

X-비효율성의 의미

산출량 Q_1과 Q_2에서 최소비용은 AC 상에 있는 점 A와 B에서 발생한다. 그러나 산출량 Q_1에서 점 1, 2 산출량 Q_2에서 점 3, 4는 생산비가 최소생산비를 초과하고 있다. 이러한 점들이 X-비효율적인 점들이다. AC는 X-효율적인 점들의 궤적이다.

X-효율성은 현재 투입하고 있는 생산요소의 양이 주어졌을 때 기술적으로 가능한(technologically feasible) 최대생산량을 기업이 생산하고 있는 경우를 말한다.[1] 반면에 '**X-비효율성**(X-inefficiency)'은 두 가지 형태로 발생한다. 우선 기업이 필요 이상으로 투입물을 구입할 경우 X-비효율성이 나타난다. 다음으로 근로자들이 최대 효율성 하에서 일하지 않을 때 발생한다. 〈그림 13-1〉에서 보듯이 AC(평균비용곡선)은 X-효율적인 점들의 궤적이라고 할 수 있다. 예를 들어 산출량 Q_1과 Q_2에서 최소비용은 점 A와 B에서 각각 발생한다. X-비효율성이 발생하는 경우 1, 2 또는 3, 4가 산출량 Q_1과 Q_2 하에서 각각 X-비효율적인 점들이다. 이렇게 X-비효율성은 결국 실제 생산비가 최소생산비를 초과하도록 한다. X-비효율성은 다음과 같은 식에 의해 측정된다.

X-효율성은 현재 투입하고 있는 생산요소의 양이 주어졌을 때 기술적으로 가능한 최대생산량을 기업이 생산하고 있는 경우를 말한다.

$$X\text{-비효율성} = \frac{\text{초과생산비}}{\text{최소생산비}}$$

$$X\text{-비효율성} = \frac{\text{초과생산비}}{\text{최소생산비}}$$

한편, 경제적 효율성은 생산요소의 가격이 주어졌을 때 가능한 한 가장 낮

경제적 효율성은 생산요소의 가격이 주어졌을 때 가능한 한 가장 낮은 비용으로 현재의 산출량을 생산할 수 있는 생산요소의 조합을 기업이 선택한 경우를 의미한다.

1. X-효율성을 '기술적 효율성'이라 하기도 한다. Leibenstein이 1966년에 'X-효율성'이라고 처음으로 언급한 바 있다. Leibenstein(1976) 참조.

은 비용으로 현재의 산출량을 생산할 수 있는 생산요소의 조합을 기업이 선택한 경우를 의미한다.

앞서 우리는 시장구조를 통해 경쟁시장 및 불완전경쟁시장에 관해 살펴보았다. 이제 이러한 효율성의 측면에서 다시 한 번 시장구조를 분석해 보자.

2. 경쟁정책

표현은 다르지만 우리나라의 공정거래정책이나 미국의 반독점정책, 그리고 다른 나라의 유사 명칭을 가진 정책은 모두 경쟁정책이라고 할 수 있다.

1) 시장의 정의

미국이나 영국의 경우 경쟁정책은 세 가지 영역을 다루는 것이 보통이다. 독점, 제한적 관행, 그리고 인수 · 합병에 관한 정책이 그 세 가지이다. 이러한 정책들을 실행하기 위해서 가장 중요한 것은 시장지배력(market power)을 측정하는 것이다. 시장점유율 등으로 시장지배력을 측정할 수 있지만 사실 그렇게 간단한 문제가 아니다. 시장의 범위를 어떻게 정하느냐에 따라 경쟁적일 수도 있고 소수 기업들이나 한 개의 기업이 집중적으로 시장을 점유할 수도 있기 때문이다. 특히 제품의 범위를 어떻게 하느냐, 시장의 지리적 범위를 어떻게 정하느냐에 따라 경쟁의 정도가 달라질 수 있다.

따라서 우리가 경쟁정책을 평가할 때 시장의 범위를 어떻게 설정했느냐가 아주 중요한 문제이다.[2]

2. 시장의 정의 및 범위 설정 등에 관해서는 2장을 참조 바람.

그림 **13-2**

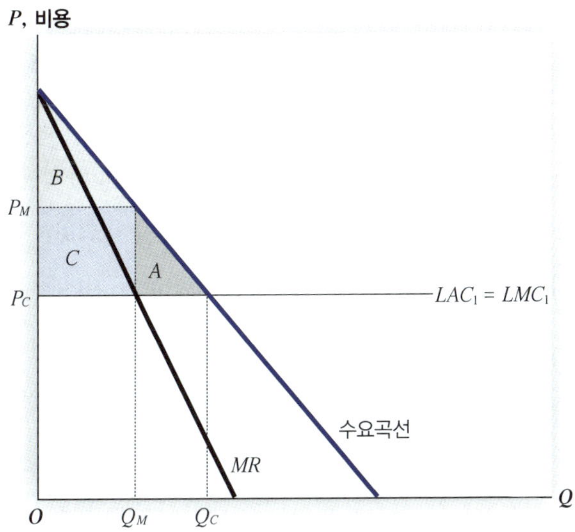

독점의 비효율성 : 자중손실 (deadweight loss)의 발생

시장이 완전경쟁시장인 경우 LMC_1과 수요곡선이 만나는 곳에서 균형이 이루어지고 P_C와 Q_C가 결정된다. 이 결과 소비자잉여는 $A+B+C$의 면적이 된다. 그러나 독점기업의 경우 $MR=LMC_1$이 되는 곳에서 이윤극대화가 되기 때문에 이 곳에서 P_M $(>P_C)$과 Q_M $(<Q_C)$을 결정한다. 이 결과 소비자잉여 가운데 A는 사라져 버리고(자중손실), C는 소비자잉여에서 생산자잉여로 전환되고, B만이 소비자잉여로 남아 배분적 비효율성이 발생한다.

2) 경쟁정책에서 고려해야 할 사항들

경쟁정책에서 고려해야 할 사항들
① 효율성, 사회적 후생 및 이윤
② 가격차별
③ 자연독점
④ 진입장벽과 수직적 제한
⑤ 기술진보와 시장구조

(1) 효율성, 사회적 후생 및 이윤

완전경쟁시장이 효율성이나 후생의 측면에서 가장 바람직한 시장구조일까? '구조-행동-성과(SCP ; structure-conduct-performance)'의 패러다임 하에서는 그렇다. 사실 경쟁정책과 관련된 논쟁에서 기본적인 생각은 경쟁시장은 바람직하고 독점 등 불완전경쟁시장은 그렇지 않다는 것이다. 과연 그러한 생각이나 가정이 타당한 것일까? 이는 분명히 짚고 넘어가야 할 과제이다. 상황에 따라 독점 등 불완전경쟁시장이 경쟁시장보다 반드시 나쁜 것이 아닐 수도 있기 때문이다.

이제 그동안의 분석을 통해 완전경쟁시장과 독점시장을 비교해 보자. 〈그림 13-2〉는 독점시장에서 발생하는 자중손실을 설명한다. 이는 제4장 독점시장의 경제적 의미에서 살펴본 〈그림 4-4〉와 사실 동일한 내용이다. 〈그림 4-4〉에서도 독점기업이 이윤극대화를 하는 과정에서 자중손실(deadweight loss)이 발생하고 있다. 〈그림 13-2〉의 가정은 장기한계비용곡선 LMC와 장기평균비용곡선 LAC가 수평인 동일한 직선 상에 있다는 것이다. 시장이 완전경쟁시장일 경우 LMC_1과 수요곡선이 만나는 곳에서 균형가격 P_C와 균형량 Q_C로 시장이 균형을 이룬다. 균형의 결과 소비자잉여는 $A+B+C$의 면적이 된다.

그러나 독점시장의 경우 $MR=MC$일 때 독점기업의 이윤이 극대화되기 때문에, $MR=LMC_1$이 되도록 하는 수요곡선 상의 점에서 독점가격 P_M과 독점산출량 Q_M을 결정하게 된다. 〈그림 13-2〉는 이러한 독점시장의 균형을 설명하고 있다. 독점시장의 가격 P_M은 완전경쟁시장가격 P_C보다 높게 되며, 산출량 수준은 완전경쟁시장의 Q_C에 비해 낮은 수준인 Q_M을 생산하게 된다. 이에 따라 소비자잉여였던 A, B, C 가운데 A는 자중손실이 되어 사라져 버리고 (deadweight loss), C는 소비자잉여에서 독점기업의 몫, 생산자잉여로 전환되고, B만이 소비자잉여로 남기 때문에 '**배분적 비효율성**(allocative inefficiency)'이 발생한다.

더욱이 독점기업이 경쟁압력에서 벗어나 기술개발 등 경쟁력 확보를 등한시할 경우 완전경쟁시장보다 높은 장기한계비용곡선 LMC와 장기평균비용곡선 LAC 상에서 생산할 수 있다. 즉, 〈그림 13-2〉에서 LMC_1과 LAC_1이 위로 이동해 균형가격도 더 높아지고 균형수량도 더 작아지게 되어, 생산자잉여 C의 일부도 사라져 버리고(deadweight loss), 소비자잉여 B도 일부는 새로이 사라지며 (deadweight loss), 일부는 생산자잉여로 전환되어 배분적 비효율성이 전보다 커질 뿐만 아니라 '**생산적 비효율성**(productive inefficiency)'도 추가적으로 발생할 수 있다.

위와 같은 경우 경쟁시장은 확실히 독점시장보다 다음과 같은 점에서 바람직하다. 첫째, 독점의 경우 완전경쟁시장의 경우보다 가격은 더 높고 산출량은 더 작다. 장기평균비용 LAC가 수평이 아니라 U자형이거나 L자형일 경우 완전경쟁기업은 장기에 최소효율 규모(MES)에서 생산하지만, 독점기업은 그렇지 못하기 때문에 장기평균비용의 최저점에서 생산하지 못하게 된다. 이윤 측면에서 보면 독점기업은 비정상이윤(abnormal profit)을 누리지만, 완전경쟁기업은 정상이윤(normal profit)만을 얻게 된다.

장기평균비용 LAC가 수평이 아니라 U자형이거나 L자형일 경우 완전경쟁기업은 장기에 최소효율 규모(MES)에서 생산하지만, 독점기업은 그렇지 못하기 때문에 장기평균비용의 최저점에서 생산하지 못한다.

둘째, 배분적 효율성 측면에서 보면 독점기업은 가격이 한계비용을 초과하기 때문에 배분적 비효율성이 발생하지만, 완전경쟁기업의 경우 가격은 한계비용과 동일하기 때문에 배분적 효율성을 실현하게 된다. '$P > MC$'라는 것은 재화를 한 단위 더 생산할 때 들어가는 비용보다 그 가격(가치)이 더 높다는 것을 의미한다. 이는 산출량이 바람직한 수준보다 작다는 것이므로 산출량을 증가시키면 사회적 후생이 더 증가할 수 있다는 것을 의미하기 때문에 배분적 비효율성이 발생하는 것이다.

셋째, 생산적 효율성 측면에서 살펴보자. 경쟁압력에서 벗어났기 때문에 경쟁력 확보를 등한시하는 독점기업은 완전경쟁시장보다 높은 장기한계비용곡선 *LMC*와 장기평균비용곡선 *LAC* 상에서 생산할 수 있다. 이러한 독점기업은 생산량 측면에서 생산요소를 효율적으로 사용하지 못하고 있기 때문에 기술적 비효율성, 생산요소조합에서 최소비용을 실현하고 있지 못하기 때문에 경제적 비효율성이 일어나게 되어 결국 생산적 비효율성이 발생하게 된다. 그러나 완전경쟁기업의 경우 모든 기업이 생산적 효율성을 달성하게 된다. 왜냐하면 장기평균비용의 최저점에서 생산하지 못하는 기업들은 손실을 보게 되고 이에 따라 시장에서 퇴출되기 때문이다.

넷째, 후생 측면을 살펴보자. 완전경쟁기업보다 독점기업의 경우 소비자잉여와 생산자잉여가 감소한다는 것을 위에서 살펴보았다. 즉, 독점은 자중손실이 발생하지만 완전경쟁시장은 자중손실이 발생하지 않는다. 자중손실이 발생하는 이유는 독점기업이 이윤극대화를 위해 '$MR=MC$'가 되는 곳에서 가격결정을 하기 때문에 $P > MC$되는 곳에서 산출량을 생산하기 때문이다. 경쟁력 확보를 등한시하는 독점기업의 경우 자중손실이 보다 커진다는 것은 위에서 언급했다.

그러나 만약 독점기업이 완전경쟁시장의 기업들보다 낮은 생산비로 생산할 수 있다면, 사회적 후생의 크기는 독점시장의 경우가 완전경쟁시장의 것보다 클 수 있다. 자연독점이 발생하는 경우나 가격차별의 경우 사회적 후생의 크기가 완전경쟁시장보다 클 수도 있는 것이다. 왜냐하면 독점 등의 경우 Schumpeter에 따르면 과거 기업혁신의 결과 얻어진 산물이고, 이러한 혁신의 결과 완전경쟁기업보다 낮은 평균비용으로 생산할 수 있게 되었기 때문일 수도 있다.

만약 독점기업이 완전경쟁시장의 기업들보다 낮은 생산비로 생산할 수 있다면, 사회적 후생의 크기는 독점시장의 경우가 완전경쟁시장의 것보다 클 수 있다.

우선 독점기업이 완전경쟁시장의 기업들보다 낮은 생산비로 생산하는 경우 사회적 후생의 크기는 〈그림 13-3〉에서 살펴볼 수 있다. 예를 들어 독점기업이 연구개발투자에서 규모의 경제를 실현하는 경우 완전경쟁기업들에게는 가능하지 않았던 생산기술을 개발할 수 있게 되어 이를 생산에 이용할 수 있다. 이

그림 **13-3**

소비자잉여와 생산자잉여 : 독점기업이 완전경쟁기업보다 낮은 생산비를 갖는 경우

기술우위를 실현한 독점기업의 비용곡선이 하락하는 경우 $MR = LMC_2$에서 새로이 생산자잉여 D를 창출하게 되고, 만약 $D > A$라면 사회적 후생의 크기는 독점시장이 완전시장의 경우보다 크다. $D > A$가 되는 것은 $LMC_1 = LAC_1$과 $LMC_2 = LAC_2$의 차이에 의존하고, 그 차이가 커질수록 독점에서의 사회적 후생이 완전경쟁시장의 경우보다 커진다.

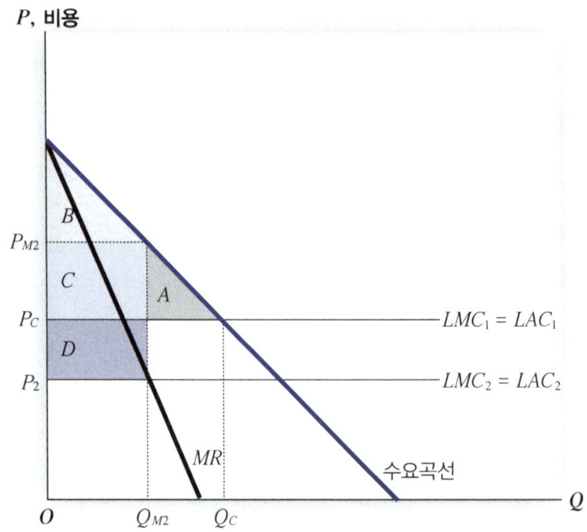

는 Williamson(1968a, b)에 의해 제기되었고, 이후 수평적 합병에 의해 시장지배력을 갖게 되는 대기업들의 방어논리로 사용되고 있다.[3]

〈그림 13-3〉을 보다 상세하게 살펴보자. 기술우위를 실현한 독점기업이 완전경쟁시장의 기업들보다 낮은 생산비로 생산하는 경우 완전경쟁기업의 비용곡선은 $LMC_1 = LAC_1$, 독점기업의 비용곡선은 $LMC_2 = LAC_2$라고 하자. 시장이 완전경쟁시장일 경우 균형의 결과 소비자잉여는 $A+B+C$의 면적이 된다. 그러나 독점시장의 경우 $MR = MC$일 때 독점기업의 이윤이 극대화되기 때문에, $MR = LMC_2$이 되도록 하는 수요곡선 상의 점에서 독점가격 P_{M2}와 독점산출량 Q_{M2}를 결정하게 된다.

이 경우 독점시장의 가격 P_{M2}는 완전경쟁시장가격 P_C보다 높게 되며, 산출량 수준은 완전경쟁시장의 Q_C에 비해 낮은 수준인 Q_{M2}를 생산하게 된다. 이에 따라 소비자잉여였던 A, B, C 가운데 A는 자중손실이 되어 사라져 버리고(deadweight loss), C는 소비자잉여에서 생산자잉여로 전환되고, B만이 소비자잉여로 남는다. 그러나 보다 비용을 절감하는 독점기업은 새로이 생산자잉여 D

3. 합병으로 발생할 수 있는 효율성 증가 측면은 '미법무부 합병지침(US Department of Justice Merger Guidelines)'에서도 고려되고 있다.

를 창출하게 되고 만약 'D > A'라면 사회적 후생의 크기는 독점시장이 완전경쟁시장의 경우보다 크다. 'D > A'가 되는 것은 $LMC_1 = LAC_1$과 $LMC_2 = LAC_2$의 차이에 의존하고, 그 차이가 커질수록 독점에서의 사회적 후생이 완전경쟁시장의 경우보다 커진다.

따라서 독점시장이 완전경쟁시장보다 비효율적이고 사회적 후생을 감소시킨다고 결론짓기는 어렵다. 특정한 독점시장이 계속 유지되어야 하느냐, 경쟁시장으로 전환되어야 하느냐 하는 것은 개별 독점시장 차원에서 평가되어야 한다.

(2) 가격차별

독점시장의 경우 제5장에서 가격차별이 발생할 수 있다고 하였다. 그러나 가격차별에서 발생하는 사회적 후생의 크기를 완전경쟁시장의 경우와 비교하는 것은 쉬운 일이 아니다.

1차 가격차별은 완전가격차별이다. 소비자가 제품에 대해 기꺼이 지불하고자 하는 **심리적 최대가격**(reservation price)이 개인별로 다르기 때문에 개별 소비자별로 서로 다른 가격을 받아 완전경쟁시장의 소비자잉여를 생산자가 모두 갖는 경우이다. 산출물 단위당 가격은 소비자가 누구인지, 그리고 구입량에 따라 결정된다.

2차 가격차별은 독점기업이 판매하고자 하는 제품을 소비자들의 구입량을 기초로 해 몇 개의 군으로 구분해 각 군에 대해 서로 다른 가격을 책정하는 것을 말한다. 따라서 산출물 단위당 가격은 소비자가 누구인지가 아니라 구입량에 따라 결정된다. 특정 수량을 구입하는 모든 소비자들이 동일한 가격을 지불한다.

3차 가격차별은 소비자집단을 분리해 상품의 재판매가 불가능하고 서로 다른 수요의 가격탄력성을 갖는 두 시장을 대상으로 독점기업이 가격차별을 행하는 경우이다. 따라서 산출물 단위당 가격은 구입량이 아니라 소비자가 누구인지에 따라 결정된다. 동일한 가격에서 어떤 소비자들은 더 많거나 더 적게 구입하게 된다. 3차의 가격차별이 성공하기 위해서는 3가지 요건이 충족되어야 한다. 첫째, 독점기업이 소비자들을 그룹화할 수 있도록 쉽게 관찰할 수 있는 기준들이 있어야 한다. 대표적인 것들은 나이, 소득, 지리적 위치, 교육수준 등이다. 둘째, 독점기업은 소비자그룹 간 차익거래를 방지할 수 있어야 한다. 즉 재화의 재판매가 불가능해야 한다. 셋째, 독점기업은 각 그룹에 속하는 모든 소비자들에게 단위당 동일한 가격을 책정해야 한다는 것이다.

가격차별을 할 경우 독점시장의 사회적 후생의 크기가 완전경쟁시장에 비해 작다거나 크다는 결론을 내리기 어렵다.

이러한 가격차별의 경우 사회적 후생의 크기가 완전경쟁시장에 비해 작다거나 크다는 결론을 내리기 어렵다. 이 역시 특정 독점시장을 통해 평가되어야 한다. 예를 들어 1차 가격차별인 경우 가격차별을 하지 않는 독점기업보다 비정상이윤이 높아지게 된다. 그러나 배분적 효율성 측면에서 보면 완전경쟁시장의 소비자잉여가 그대로 생산자잉여로 바뀔 뿐이고 전체 사회적 후생은 완전경쟁시장과 동일하게 된다. 따라서 1차 가격차별을 하는 독점기업이 가격차별을 하지 않는 독점기업보다 사회적 후생 측면에서 보면 바람직하다고 할 수 있다.

(3) 자연독점

자연독점은 장기평균비용 *LAC*가 산출량이 늘어나면서 계속해서 하락하는 경우에 발생한다.

자연독점이 발생할 경우도 독점이 불가피할 수 있다. 자연독점은 시장수요곡선이 주어졌을 때 장기평균비용 *LAC*가 산출량이 늘어나면서 계속해서 하락하는 경우에 발생한다. 이 경우 시장규모가 작기 때문에 산출량 생산에서 규모의 경제를 통한 최소비용을 달성할 수 없어 최소효율 규모(MES)에서 생산할 수 없게 된다. 시장수요가 충분하지 못하기 때문에 자연독점시장은 완전경쟁시장보다 생산비 측면에서 보다 효율적이다. 즉, 2개 이상의 기업들이 시장을 분할하는 것보다 하나의 기업이 시장을 차지하는 것이 보다 낮은 장기평균비용 *LAC*를 갖기 때문에 바람직하다.

이러한 자연독점이 발생하는 경우는 고정비용이 막대하게 소요되는 경우가 보통이다. 예를 들어 전기, 가스, 수도 등과 같은 산업의 경우 막대한 시설 및 건설비용이 요구되기 때문에 시장을 한 기업이 담당하는 것이 바람직할 수 있다. 이러한 산업에서 둘 이상의 기업들이 경쟁하는 경우 자원의 낭비, 예를 들어 하부구조나 서비스제공체제 등에 있어 이중적 지출이 발생할 수 있다.

경쟁정책은 이러한 자연독점을 고려해 시장을 평가해야 한다.

(4) 진입장벽과 수직적 제한

독점기업은 시장독점 상황을 유지하기 위해 수직적 제한을 하거나 새로운 기업이나 잠재적 진입기업의 진입을 막기 위해 진입장벽을 높이는 등 여러 가지

전략을 취할 수 있다. 예를 들어 약탈가격전략, 진입저지가격전략, 제품차별화 등도 그러한 진입장벽을 높이는 전략들이다.

약탈가격전략, 진입저지가격전략, 제품차별화 등은 진입상벽을 높이는 전략들이다.

수직적 제한은 수직적으로 연결되어 있는 기업들에 의해 부과되는 거래조건이나 거래제한을 의미한다. 예를 들어 재판매가격유지, 압류, 배타적 지역영업권, 묶어팔기나 끼워팔기 등과 같은 가격정책 등을 들 수 있다.

수직적 제한은 수직적으로 연결되어 있는 기업들에 의해 부과되는 거래조건이나 거래제한을 의미한다.

이러한 진입장벽과 수직적 제한 등을 특정 시장에서 관찰할 수 있다면, 그것은 시장의 경쟁을 저해하는 것으로 볼 수 있다.

(5) 기술진보와 시장구조

독점시장과 불완전경쟁시장이 만약 경쟁시장과 마찬가지로 기술진보를 가져 온다면 어떻게 평가해야 할까? 1절에서 우리는 경쟁과 정태적 효율성에 관해 주로 논의했다. 기술진보와 관련된 효율성이 동태적 효율성(dynamic efficiency)이다. 기술진보를 가져오는 혁신은 시간에 걸쳐 그 효과가 나타난다는 점에서 동태적이다. 동태적으로 효율적이라는 것은 기술진보가 이루어지면서 동일한 투입물로 산출량도 더 많아지고, 아울러 그 질도 보다 개선된다는 것을 의미한다.

동태적 효율성은 기술진보가 이루어지면서 동일한 투입물로 산출량도 더 많아지고, 아울러 그 질도 보다 개선된다는 것을 의미한다.

혁신은 새로운 제품과 생산공정을 창출하고, 그 수익도 상당할 수 있다. 그러나 혁신은 그냥 이루어지는 것이 아니라 연구개발투자(R&D)를 통해 자원을 사용해야 이루어질 수 있다. 따라서 어떤 산업에서 성공적인 혁신이란 최소의 연구개발투자지출로 빠른 혁신이 이루어져 매기 효율성을 달성하는 것이라고 할 수 있다. 혁신은 미지의 것들과 시도하지 않았던 것들을 시도해 본다는 점에서 불확실성을 수반하고 있다. 즉, 연구개발투자를 한다고 하더라도 혁신에 성공하지 못할 수 있는 것이다.[4]

혁신의 경우 연구개발투자지출과 같은 비용이 수반된다. 연구개발투자에 사용되는 자원은 X-효율적으로 사용된다고 보통 가정한다. 즉, 어떤 낭비적 요소나 효율성의 손실이 없다고 가정한다.[5] 이론적으로 '최적 연구개발투자(optimal R&D)' 수준은 연구개발투자의 한계편익과 한계비용이 같아지는 곳

4. 컴퓨터기술의 소형화는 엄청난 수익을 초래했지만 1950년대 촉망받던 핵발전의 경우 시간이 지나면서 상당한 문제점을 노출시킨 바 있다. Shepherd and Shepherd(2004), p.34를 참조 바람.
5. 물론 현실은 이러한 엄격한 가정이 충족되지 못하는 경우가 많을 것이다.

R&D는 극대화되어야 할 대상이 아니다. 즉, 혁신을 위한 비용 측면이 R&D이므로 일정한 수익률을 얻기 위해 최소의 R&D를 하는 것이 효율적이다.

(Marginal Benefit = Marginal Cost)에서 결정된다. R&D는 극대화되어야 할 대상이 아니다. 즉, 혁신을 위한 비용 측면이 R&D이므로 일정한 수익률을 얻기 위해 최소의 R&D를 하는 것이 효율적이다.[6]

그렇다면 어떤 시장구조가 R&D 수준이 일정할 때 기술진보를 보다 빠르게 가져올까? 일반적으로 혁신에 대한 보상이 더 크고 혁신해야 생존할 수 있는 시장환경 때문에, 경쟁시장이 기술진보를 더 촉진시킨다. 그러나 R&D 지출에서 규모의 경제 효과가 있거나 무임승차 문제가 혁신을 어렵게 만드는 경우 독점시장이 경쟁시장보다 기술진보를 촉진시킨다.

혁신이 이루어지는 경우 혁신의 대체효과가 경쟁시장의 경우 모든 기업에 영향을 미쳐 결국 기존제품과 생산시설을 노후화시켜 버리고 만다. 이를 창조적 파괴라고 한다.

혁신이 성공하는 경우 혁신의 대체효과가 경쟁시장의 경우 모든 기업에 영향을 미쳐 결국 기존 제품과 생산시설을 노후화시켜 버리고 만다. 즉, Schumpeter(1928, 1942)가 언급한 '**창조적 파괴**(creative destruction)'가 경쟁시장에서 빠르게 이루어질 수 있다. 그러나 독점기업의 경우 이러한 대체효과에 따른 손실을 혼자서 부담하기 때문에 새로운 제품과 공정을 도입하는 것을 의도적으로 지연시킬 수 있다. 따라서 사회적으로 바람직한 대체율보다 천천히 혁신을 도입할 가능성이 크다. 반면에 경쟁시장에서 기업이 혁신에 성공하는 경우 혁신으로부터 얻게 되는 수익을 온전히 얻게 되고, 그 이익수준도 상당할 수 있으며, 아울러 시장점유율을 높일 수 있다. 따라서 경쟁시장에서 기업은, 경쟁기업이 성공하기 전에, 최대한도로 빠르게 혁신하고자 하는 경향이 있다.

혁신은 기본적으로 시간이 걸리고 비용도 든다. 일정한 혁신성과를 얻기 위해 빠른 속도로 혁신하고자 하면 비용이 많이 들고 느린 속도로 혁신하는 경우에는 비용이 적게 드는 것이 일반적이다. 또 적절한 속도로 그에 적합한 중간 정도의 비용을 지출해 혁신에 성공할 수도 있다. 즉, 혁신의 성공에는 시간과 비용의 상충관계(trade-off)가 발생한다. 〈그림 13-4〉의 *TC*는 이러한 시간과 비용의 상충관계를 보여주는 혁신기업의 총비용곡선이다.

〈그림 13-4〉에서와 같이 세 개의 기업을 고려해 보자.[7] 하나는 시장지배적 혁신기업이고, 다른 하나는 시장지배적 기업보다 점유율이 낮은 경쟁 혁신기

6. 높은 수준의 연구개발투자를 한다고 해서 그 기업이 뛰어난 혁신기업이라고 하기에는 무리가 있다. Shepherd and Shepherd(2004), p.113을 참조 바람.
7. 이하의 논의는 Scherer(1967)을 참조한 것임.

그림 13-4

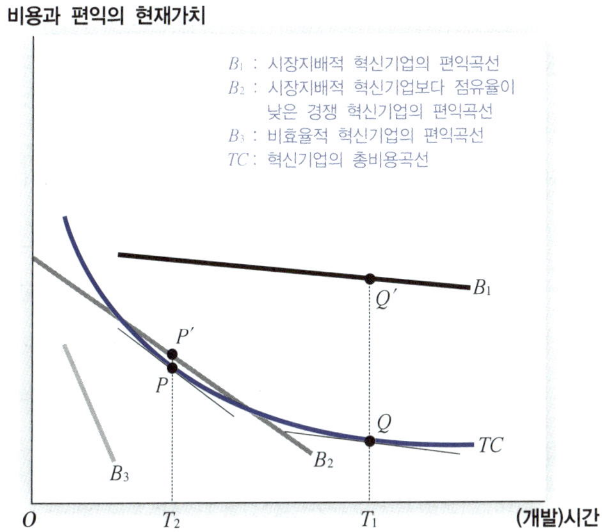

혁신기업의 시간, 비용, 편익 : 시장지배적 기업과 점유율이 보다 낮은 경쟁기업과의 비교

한계편익(MB)과 한계비용(MC)이 일치할 때 혁신이윤이 극대화된다. 시장지배적 혁신기업은 T_1에서 $\overline{QQ'}$의 이윤, 시장지배적 혁신기업보다 점유율이 낮은 경쟁 혁신기업은 T_2에서 $\overline{PP'}$의 이윤을 얻게 된다. $\overline{PP'} \ll \overline{QQ'}$, $T_2 \ll T_1$임을 고려하면 시장지배적 혁신기업의 혁신은 상대적으로 느리게 이루어지지만, 그 이윤은 상당히 크다는 것을 알 수 있다. 비효율적 혁신기업의 편익곡선은 TC보다 밑에 있기 때문에 수익이 나지 않아 결국 혁신을 시도하지 않게 된다. 기업별로 편익곡선의 기울기가 모두 다르게 그려졌다는 것에 유의하라.

업, 그리고 나머지 하나는 비효율적 혁신기업이라 하자. 시장지배적 혁신기업은 시간이 오래 걸리는 혁신의 경우 혁신에서 발생하는 대부분의 이익을 얻을 수 있다. 〈그림 13-4〉에서 B_1은 시장지배적 혁신기업의 편익곡선(benefit curve), B_2는 시장지배적 혁신기업보다 점유율이 낮은 경쟁 혁신기업의 편익곡선, B_3는 비효율적 혁신기업의 편익곡선이라고 하자. 편익곡선은 사실 총수입곡선이다. 즉, 혁신이 성공할 경우 얻을 수 있는 총수입의 궤적이 편익곡선이다. 시장지배적 혁신기업은 혁신이 성공할 경우 가장 큰 수입을 얻을 수 있다는 점에서 가장 위에 B_1과 같이 그려졌다. 〈그림 13-4〉에서는 편의상 편익곡선을 직선으로 나타냈다. 즉, 편익곡선에서 임의의 한 점에서의 기울기가 한계편익(MB ; marginal benefit)이다. 따라서 한계편익은 그대로 편익곡선의 기울기임을 알 수 있다.

편익곡선에서 임의의 한 점에서의 기울기가 한계편익(MB)이다.

편익곡선을 자세히 살펴보면 기울기가 기업별로 모두 다르게 그려졌다는 것을 알 수 있을 것이다. 시장지배적 혁신기업의 편익곡선은 거의 수평에 가까운데, 이는 이 기업이 이미 시장을 지배하고 있기 때문에 경쟁 혁신기업이 혁신에 성공해 미래에 수입을 다 빼앗아 갈 것을 별로 걱정할 필요가 없기 때문이다.

시장지배적 혁신기업은 혁신을 천천히 수행해도 혁신의 성과인 수입의 대부분을 얻을 수 있기 때문이다. 반면에 시장지배적 혁신기업보다 점유율이 낮은 경쟁 혁신기업의 경우 기울기가 가파르게 그려졌다. 그 이유는 혁신에 성공하더라도 작은 기업으로서 성공했기 때문에 그 수입도 작을 수밖에 없고, 다른 기업이 혁신에 먼저 성공하거나 금방 모방해서 뒤쫓아 올 것을 두려워하기 때문이다. 시장지배적 혁신기업보다 점유율이 낮은 경쟁 혁신기업의 편익곡선은 아주 짧은 기간 동안만 총비용곡선 위에 있기 때문에 수익을 얻는 기간도 그렇게 길지 않다는 것을 알 수 있다.[8] 심지어 비효율적 혁신기업의 편익곡선 B_3는 총비용곡선 아래에 위치하고 있기 때문에 혁신을 해봤자 수익이 나지 않아 결국 혁신을 시도하지 않게 된다. 따라서 이 기업을 제외한 두 기업만 고려해 보자.

혁신도 이윤을 극대화하기 위해서 한다고 하면 각 기업은 혁신에서 얻는 한계편익(MB)과 한계비용(MC)이 일치할 때 이윤이 극대화될 것이다. 한계비용은 총비용곡선 위 임의의 한 점에서의 접선의 기울기이므로, 시장지배적 혁신기업의 경우 Q에서 B_1의 기울기와 일치하게 되어 T_1 시점에서 얻게 되는 이윤은 직선 $\overline{QQ'}$이 된다. 시장지배적 혁신기업보다 점유율이 낮은 경쟁 혁신기업의 경우 P에서 B_2의 기울기와 일치하게 되어 T_2 시점에서 얻게 되는 이윤은 직선 $\overline{PP'}$이 된다.[9] 〈그림 13-4〉에서 보듯이 $\overline{QQ'}$은 $\overline{PP'}$보다 상당히 큰 수준임을 알 수 있다. 아울러 T_1이 T_2에 비해 아주 길다는 점을 볼 때 시장지배적 혁신기업의 경우 혁신이 상대적으로 느리게 이루어지는 것을 알 수 있다.

〈그림 13-4〉는 시사하는 바가 크다. 실제 시장에서도 혁신은 보다 작은 기업들에 의해 이루어지는 경우가 많기 때문이다. 시장지배적 기업의 경우도 적극적으로 혁신을 행하지만 보통 느리게 진행하는 경향이 있다. 이에 따라 작은 규모의 기업들이 위험을 무릅쓰고 혁신에 성공하는 경우 시장지배적 기업은 곧 해당 기술을 따라잡아 시장우위를 여전히 확보하는 경향이 있다. 이를 '**재빠른 2등전략**(fast-second strategy)'이라고도 한다. 물론 이러한 경향이 보편적인 것은 아니기 때문에 시장지배적 기업의 경우도 혁신을 통해 기술진보를 이끈다고 이야기할 수 있다. 독점기업이라고 할지라도 잠재적 진입기업이 혁신을 해 시장

작은 규모의 기업들이 위험을 무릅쓰고 혁신에 성공하는 경우 시장지배적 기업은 곧 해당 기술을 따라잡아 시장우위를 여전히 확보하는 경향이 있다. 이를 재빠른 2등전략이라고 한다.

8. B_2가 TC 위에 있는 부분을 보라. 시장지배적 기업에 비해 아주 짧다는 것을 알 수 있다.
9. 점 P, Q에서의 점선은 각각 B_2, B_1과 평행하게 그려졌다.

에 진입하는 것을 두려워하는 경우 혁신을 빠른 속도로 할 것이다. 그러나 그렇지 않은 경우 경쟁시장의 기업들이 혁신을 통해 기술진보를 보다 촉진한다고 할 수 있다.

기술진보는 장기적으로 보면 인류의 생활수준을 향상시키는 데 기여했고, 시장참여자들 입장에서 보면 소비자들의 편익을 증가시켜 왔다고 볼 수 있다. Schumpeter는 독점이나 기업의 시장지배력과 같은 것들을 혁신의 성공에 대한 보상으로 보았다. 예를 들어 혁신을 성공적으로 수행한 기업들은 한동안 그 제품을 독점적으로 공급하거나, 다른 경쟁기업들보다 저렴한 생산비 때문에 시장에서 독점기업으로서 역할을 할 수 있다. 이 경우 독점을 용인할 수도 있다. 정부에서도 때로는 특허권 등의 형태로 혁신을 보호하기도 한다.

그러나 성공적인 혁신에 의한 독점이나 시장지배력은 일시적이다. 왜냐하면 현재 경쟁기업들이나 잠재적 경쟁기업들이 끊임없이 기술개발을 하고, 이에 따라 신기술이 개발되는 경우 이전의 혁신 성공기업의 독점이나 시장지배력은 상실되기 때문이다. 따라서 연구개발투자 등에 힘을 쏟는 기업의 독점이나 시장지배력에는 어느 정도 관대할 필요도 있을 것이다.

3) 경쟁정책의 집행

(1) 경쟁정책의 기본적 방향

앞에서 경쟁정책에서 고려해야 할 사항들을 검토해 보았다. 일률적으로 완전경쟁시장이 불완전경쟁시장보다 바람직하다고 볼 수 없다는 것도 사회적 후생 등 관련 개념을 통해 살펴보았다. 이러한 경쟁정책의 집행에서 여러 가지 사항들을 신중하게 고려해야 한다.

경쟁정책은 경쟁을 촉진하고 기업의 시장지배력 남용이나 오용을 통제하는 데 그 기본을 두어야 한다. 각국의 경쟁정책은 이러한 점에서 같은 방향으로 전개되고 있다. 이하에서 살펴볼 미국이나 우리나라의 경쟁정책들도 시장효율성 및 혁신을 촉진하고 소비자의 편익을 증기시키는 방향으로 집행되고 있다. OECD(1984)는 경쟁정책이 가져야 할 중요한 목표는 "경쟁과정을 유지하고 촉진하는 것" 이라고 규정하고 있다. 왜냐하면 경쟁과정은 혁신과 기술진보에 영

경쟁정책은 경쟁을 촉진하고 기업의 시장지배력 남용이나 오용을 통제하는 데 그 기본을 두어야 한다.

OECD는 경제정책이 가져야 할 중요한 목표는 경쟁과정을 유지하고 촉진하는 것이라고 규정하고 있다.

향을 미쳐 시간이 지남에 따라 재화와 서비스의 생산적 · 배분적 효율성을 높여 경제성장을 지속적으로 유지하도록 할 수 있기 때문이다.

(2) 경쟁정책의 주요 영역

경쟁정책의 주요 영역
① 독점
② 인수 · 합병
③ 제한적 관행

경쟁정책이 다루고 있는 주요 영역은 다음과 같다.

첫째, 독점에 관한 정책이다. 만약 어떤 기업이 독점적 지위를 시장에서 가질 경우 그러한 시장지배력을 이용해 경쟁이나 대중의 이익에 반하는 기업정책을 추구할 수 있다. 이 경우 정책당국은 규모의 경제가 가져온 또는 가져올 수 있는 추가적 비용절감의 이득과 경쟁이나 소비자이익을 감소시킴에 따라 발생하거나 발생할 수 있는 추가적 비용을 판단해 독점에 관한 정책을 집행해야 한다.

둘째, 인수 · 합병에 관한 정책이다. 둘 이상의 기업들이 합병하고자 하는 경우 합병기업이 시장지배력을 갖게 되면 문제가 될 수 있다. 정책당국은 이러한 합병의 결과 소비자편익을 증가시킬 수 있는지, 아니면 오히려 시장지배력의 잠재적 남용으로 그 편익을 감소시키는 결과를 야기하는지 신중하게 평가해야 한다. 그러나 인수 · 합병정책은 지나치게 제한적이어서는 안 된다. Marris (1964)가 지적하듯이 비효율적인 경영진들이 합병위협이나 인수위협에서 자유로울 경우 생산적 효율성이나 배분적 효율성을 높일 수 없기 때문이다.

셋째, 제한적 관행에 관한 정책이다. 제한적 관행은 경쟁을 제한하기 때문에 대부분 소비자편익에 해가 되는 경우가 많다. 제한적 관행은 기업 간 가격협정, 약탈가격전략, 또는 수직적 제한 등을 포함한다. 노골적으로 하든 몰래 하든 담합의 경우도 경쟁을 제한하고 약화시킨다. 수평적 협약은 동종 산업에 있는 기업들 간 협약을 통해 경쟁을 약화시키고자 하는 것이다. 공동가격 책정, 생산량 할당, 시장분할, 그리고 가격이나 산출량 및 제품의 질에 관한 정보를 공유하는 것도 수평적 협약의 예이다. 수직적 협약은 생산이나 유통의 단계에서 연속된 단계에 있는 기업들 간 협약이다. 이 역시 경쟁을 약화시키거나 없애는 역할을 한다. 판매지역 제한, 재판매가격 유지와 같은 것들이 그 예이다.

수평적 협약은 동종 산업에 있는 기업들 간 협약을 통해 경쟁을 약화시키고자 하는 것이다.

수직적 협약은 생산이나 유통의 단계에서 연속된 단계에 있는 기업들 간 협약이다.

대부분의 나라에서 위 세 가지가 경쟁정책의 주요 영역이지만 우리나라의 경우 재벌, 즉 대기업집단에 대한 정책도 주요 영역을 구성하고 있다. 재벌에 대한 국민감정은 그렇게 호의적이지 못하다. 이는 경제력 집중이 시장경쟁을 저해할 수 있을 뿐만 아니라 소비자후생을 감소시킬 수 있기 때문이다. 그러나 수출위주의 우리나라 입장에서 시장을 글로벌 시장으로 확대한다면 재벌이나 대기업집단에 대한 규제가 바람직하지 않을 수 있다. 이 역시 일률적인 적용보다는 특정 시장을 기준으로 판단하는 것이 바람직할 수 있다.

위에서 언급한 경쟁정책의 주요 영역과 관련하여 가장 중요한 것 중의 하나는 어떻게 시장을 규정하고, 시장지배력을 실제로 어떻게 측정하느냐 하는 것이다. 시장지배력을 측정할 수 있는 척도로 가장 대표적인 것이 시장점유율이다. 영국의 경우 한 기업의 시장점유율이 30%를 넘는 경우 시장지배력을 가진 것으로 간주된다. 상위 k기업 집중률(CR_k)도 시장지배력을 측정할 수 있는 대표적 척도라 할 수 있다. Shepherd(1997)는 상위 4기업 집중률(CR_4)이 0.6을 넘는 경우 시장지배력을 남용하는 경우가 많아 정책당국이 통제하는 것이 바람직하다고 주장하고 있다.

따라서 시장지배력을 평가할 때 시장의 범위를 어떻게 정하느냐가 관건이 된다. 시장의 범위를 지나치게 좁게 정의하면 대부분 시장지배력을 가진 것으로 나타나고, 너무 넓게 정의하면 대부분 시장경쟁의 정도가 높은 것으로 나타나기 때문이다. 시장을 정의하는 데 있어서 제품의 범위나 지리적 범위를 어떻게 정하느냐에 따라 시장의 범위가 달라지게 된다. 옥션, Amazon 등의 온라인 시장의 경우에도 그 범위를 어떻게 정하느냐에 따라 경쟁의 정도가 다르다.

어떻게 정의하든지 간에 중요한 것은 시장경쟁 상황을 시장의 정의가 제대로 반영하고 있느냐 하는 것이다. 반영하고 있지 못하는 경우 정책당국의 경쟁정책과 관련한 의사결정은 잘못된 것일 수밖에 없다. 따라서 시장을 정의할 때 정태적으로 정의하는 것은 바람직하지 않다. 기술발전이나 소비자선호의 변화 등을 감안한 동태적 정의가 시장의 경쟁상황을 보다 잘 반영할 것이다.

3. 미국의 경쟁정책

독점에 관한 법, 즉 경쟁법은 19세기 후반 '트러스트(trust)'가 빠르게 증가하면서 미국에서 처음 도입되었다. 트러스트라는 용어는 19세기 말부터 20세기 초에 미국에서 많이 이루어진 특수한 기업결합의 형태였다. 트러스트는 여러 기업의 주주들이 그들이 소유한 주식을 단일 그룹의 수탁자들(a single group of trustees)에게 위탁함으로써 경영을 수탁자들에게 일임하는 형식으로 실현되었다. 이 결과 독립적 경쟁기업들이 합쳐져 하나의 대기업이 되는 상황이 발생했고, 이 대기업은 각자 속한 산업을 빠른 속도로 지배하게 되었다. 예를 들어 명시적 가격협정, 가격차별과 같은 경쟁을 저해하는 관행이 나타났다.

이러한 트러스트의 급속한 발달은 경쟁법을 낳게 되었고, 오늘날 미국의 경쟁법을 보통 Antitrust law, 즉 반트러스트법이라 하는 것도 이에서 연유하게 되었다. 반트러스트는 '반독점'만을 의미하는 것은 아니고 '반독과점'을 의미하는 것으로 보는 게 타당하나 보통 반독점으로 번역하여 사용하고 있다. 미국의 반독점법은 트러스트가 경쟁에 미치는 부정적 영향을 해소하거나 감소시키기 위해 태동되었다.

반독점법의 집행은 미국의 경우 법무부 산하의 반독점국(Antitrust Division)과 연방거래위원회(FTC)에 의해 수행된다.[10] 반독점국은 정책입안이 아니라 검사(prosecutor)의 역할을 담당하고 있다. 반면에 FTC는 독립기관으로서 여러 가지 경쟁에 관한 문제들에 대해 경제적 분석을 제시하기도 하고 공식적인 조사 및 처벌도 담당하고 있다. 민간당사자들도 반독점법의 위반 여부에 따라 소송을 제기할 수 있고, 피고가 패소할 경우 원고에게 반독점법 위반에 따른 원고 손해액의 3배를 배상하도록 하고 있다.

우리나라, 일본, 독일 등은 성문법 국가지만 미국은 영국과 마찬가지로 불문법 국가이다. 이에 따라 미국의 법은 모든 것을 상세하게 규정하고 있지 않다.

---

10. FTC(Federal Trade Commission)는 1914년 Federal Trade Commission법에 의해 설립되었다. 1938년 Wheeler-Lea법은 FTC에 반독점 문제뿐만 아니라 소비자 보호 문제도 담당할 수 있도록 조사권을 부여해 FTC를 강화하였다.

미국 경쟁법 가운데 Sherman법, Clayton법, FTC법, 반독점개선법 등 주요한 법들을 살펴보자.

1) Sherman법(1890)

1890년에 통과된 Sherman법은 두 개의 주요 부문으로 구성되어 있다. 하나는 기업이 경쟁을 감소시키고자 하는 전략을 추구할 경우 불법이라는 것이다. 예를 들어 명시적 가격협정, 생산량 할당 등과 같은 것들을 들 수 있다. 다른 하나는 어떤 기업이라도 한 산업을 독점화하는 것은 불법이라는 것이다. Sherman법은 법원이 각각의 위반에 대해 $5,000까지 벌금을 부과할 수 있도록 했는데, 2004년 최고 벌금액은 기업 1억 달러, 개인 1백만 달러 및 징역(개인) 10년으로 강화되었다. 그러나 Sherman법은 무엇이 불법적인 독점을 구성하는지에 관해서는 명백하게 규정하고 있지 않다. 이에 관해서는 법원의 해석에 맡기고 있다.

Sherman법에 따라 1911년 Standard Oil Company(이하 Standard Oil)의 사례가 처리되었다.[11] Standard Oil은 원유, 정유 및 석유 산업을 독점화했다는 사유로 기소되었다. Standard Oil은 당시 정유시장에서 점유율이 80%를 넘었는데, 가격차별과 더불어 경쟁기업들을 시장에서 몰아내고자 시도했다는 이유로 기소되었다. 아울러 철도운영회사로부터 우대운송비를 적용받기 위해 시장지배력을 이용했다는 점도 기소장에 포함되었다. 이에 미 대법원은 Sherman법의 해석에서 'rule of reason(합리의 원칙)'에 따라 Standard Oil이 독점적 지위를 남용했다고 결론을 내리고, 이 회사를 34개의 독립된 회사로 분리하도록 했다. 오늘날 Exxon, Mobil 등은 Standard Oil에서 분리된 회사들이다.

'rule of reason(합리의 원칙)'은 미대법원의 다음과 같은 판결문에서 유래되었다. "(합리의) 원칙은 불합리하게 거래를 제한하는 것과 계약만이 반독점법의 적용을 받고 독점력의 크기와 보유 여부가 불법을 구성하는 것은 아니다"라는 것에서 비롯되었고, 이에 따라 이러한 '합리의 원칙'이 이후 사례에서도 적용되었다.[12] '합리의 원칙'은 경쟁과 후생에 대한 기업행동 및 그 결과가 기업규

합리의 원칙은 불합리하게 거래를 제한하는 것과 계약만이 반독점법의 적용을 받고 독점력의 크기와 보유 여부가 불법을 구성하는 것은 아니라는 것에서 비롯되었다.

11. the case of Standard Oil Co. of New Jersey v. United States, 221 U.S. 1 (1911).

12. 원문은 다음과 같다. "The rule, stated and applied in the case of Standard Oil Co. of

모나 시장점유율과 같은 시장의 구조적 특성들보다 중요하다는 것을 의미한다.

그러나 미 대법원은 1945년 Alcoa 사례에서 '합리의 원칙'을 파기하고 보다 명백한 독점의 해석에 의존했다. Alcoa(Aluminum Company of America)는 알루미늄의 잉곳생산시장(virgin ingot production market)[13]에서 시장지배력을 남용했다는 증거가 없었음에도 불구하고 단순히 시장점유율이 90%를 초과했기 때문에 독점적 영업을 한 것으로 유죄판결을 받았다.[14] 이는 단순히 독점시장구조이기 때문에 불법이라는 것을 의미한다. 이에 따라 'rule of reason(합리의 원칙)'은 파기되었다.

1946년 American Tobacco 사례는 Sherman법 하에서 담합에 대한 처벌 사례이다. 당시 미국 담배산업은 3개의 기업들에 의해 지배되었다.[15] 20년에 걸쳐 이들 기업들은 거의 동일한 담배 소매가격을 책정했고, 담배의 원재료 가격도 세 기업 모두 동일한 가격으로 수매했다. 가격에 대한 명시적 담합의 증거는 없었지만 관찰된 기업행동에 근거해 암묵적 담합으로 판결을 내렸다. 그러나 미 대법원이 벌금을 부과했지만 담배산업의 시장구조나 기업행동을 바꾸게 할 조치는 취하지 않았다.

1974년 AT&T(American Telephone and Telegraph Company)는 전화설비 및 시내통화와 장거리통화시장을 독점화했다는 이유로 기소되었다. 전화설비시장에서 AT&T는 사내 제조부문에서만 설비를 구매함으로써 경쟁을 저해했고, 자사의 전화망에 다른 전화설비회사 및 서비스회사의 접근을 차단함으로써 경쟁을 제한했다는 것이 기소 이유였다. 이에 따라 1982년 AT&T는 제조부문과 장거리전화서비스는 허용되었지만, 회사규모는 자산 기준으로 기존의 1/3로 축소되었고, 22개 지역전화회사가 새로이 탄생되었다. 이에 따라 미국의 전화설비 및 통화시장에서 경쟁이 도입되었다.

New Jersey v. United States, 221 U.S. 1 (1911), is that only combinations and contracts unreasonably restraining trade are subject to actions under the anti-trust laws and that size and possession of monopoly power are not illegal."

13. 잉곳(ingot)은 제련된 후에 압연이나 단조 등 가공하거나 다시 용해할 수 있도록 거푸집에 넣어 굳힌 금속덩이를 말한다.
14. the case of Aluminum Co. of Am. v. United States, 377 U.S. 271 (1945).
15. 3개의 기업들은 American Tobacco, Reynolds, 그리고 Ligget and Myers였다.

2) Clayton법(1914)

Clayton법은 독점적 시장지배력의 남용을 보여주는 사례들을 구체화하는 한편 배타적 공급계약, 묶어팔기, 가격차별 등과 같은 시장 관행을 제한하고 있다.

Clayton법은 Sherman법을 보완하는 법이라 할 수 있다. 왜냐하면 Clayton법은 독점적 시장지배력의 남용을 보여주는 사례들을 구체회하는 한편 배타적 공급계약, 묶어팔기, 가격차별 등과 같은 시장관행을 제한하고 있기 때문이다. 예를 들어 가격차별의 경우 구입량의 차이가 있거나, 제품의 질적 차이가 있거나, 수송비나 유통비의 차이가 있더라도 그 차이가 가격차별을 정당화하기에 충분할 경우에만 허용되도록 하고 있다. 1936년의 Robinson-Paton법은 이러한 조항들을 보다 강화하였다. Clayton법은 아울러 기업 간 지분 교차소유와 동일 산업에 속한 기업들 간 주식인수를 통한 합병이 독점을 야기하는 경우 그러한 합병도 제한하고 있다.

1957년 DuPont-General Motors 사례는 Clayton법이 적용되었다. 당시 DuPont은 직물, 페인트 및 기타 화학제품의 시장지배적 공급자였는데, General Motors의 주식 23%를 취득했다. 1947년의 경우 GM은 DuPont에서 자동차 에나멜 등 페인트제품의 68%, 직물의 38.5%를 구매했기 때문에 DuPont이 GM의 구매정책에 영향을 미치고자 주식을 취득한 것으로 판단되었다. 이러한 행위는 자동차회사에 대한 직물 및 페인트시장의 경쟁을 저해하고 다른 경쟁기업들에게 불이익을 야기했기 때문에 Clayton법을 위반한 것으로 미 대법원은 판결을 내리고 취득한 주식을 매각하도록 했다.

3) FTC법(1914)

FTC법은 거래를 촉진하고 경쟁을 저해하는 불공정한 수단들을 사전에 차단하기 위해 마련되었다.

FTC법(Federal Trade Commission Act)은 거래를 촉진하고 경쟁을 저해하는 불공정한 수단들을 사전에 차단하기 위해 마련되었고, 연방거래위원회(FTC ; Federal Trade Commission)의 설립 및 그 권한과 의무 등을 규정하고 있다. 이 법에 따라 FTC는 설립되었다. 1938년 Wheeler-Lea법에 의해 FTC는 불공정하거나 사취적인 거래행위 등 반독점 문제들뿐만 아니라 소비자 보호에 관한 사항들도 담당할 수 있게 되었고, 이들과 관련해 조사권을 갖게 되어 FTC가 강화되었다.

FTC는 독립기관으로서 여러 가지 경쟁에 관한 문제들에 대해 경제적 분석을 제시하기도 하고 공식적인 조사 및 처벌도 담당하고 있다. FTC법은 대기업들의 불공정한 거래관행을 차단하기 위해 부당한 경쟁행위 등에 대한 정지 명령(Cease and Desist Orders)을 내릴 수 있는 권한을 FTC에게 부여하고 있다. FTC법은 미 의회가 시장경쟁과 관련한 사법적 문제들에 보다 유연성을 갖고 대응할 수 있도록 한 것이 특징이다. FTC는 미 의회에 보고서를 제출하고 입법제안을 할 수 있다.

4) 반독점개선법(1976)

반독점개선법은 기업합병에 대한 규제를 개선하고자 하는 특정 목적을 갖고 있다.

반독점개선법(Antitrust Improvements Act)은 기업합병에 대한 규제를 개선하고자 하는 특정 목적을 갖고 있다. 반독점개선법은 $1억을 초과하는 자산을 가진 기업이 $1,000만을 초과하는 기업들과 합병하고자 하는 경우 관련 규제당국에 합병 30일 전 보고하도록 규정하고 있다. 이에 따라 규제당국은 해당 합병에 대한 조사를 보다 용이하게 할 수 있게 되었고, 만약 합병을 반대하는 경우 그 처리도 보다 수월하게 할 수 있게 되었다.

앞에서 미국의 경쟁법들을 간략하게 살펴보았다. 경쟁법들이 시간이 지남에 따라 발달하면서 미국은 나름대로 경쟁법체계를 갖추고 있다. 시장경쟁을 저해한다고 판단되는 경우 미 법원은 다양한 조치를 취했다. 앞서 살펴보았듯이 Standard Oil의 경우처럼 하나의 대기업을 여러 개의 기업들로 분할하도록 하거나, American Tobacco의 경우처럼 벌금을 과중하게 부과하기도 했다.

그러나 미국은 기본적으로 불문법 국가이기 때문에 시장지배력을 남용한 경우나 제한적 관행의 경우 그에 대한 처벌은 일관되지 못하였고, 그때그때 다양하게 변화되어 왔다. Kovacic & Shapiro(2000)는 미국의 반독점정책이 때로는 엄격하기도 하고 느슨하기도 했다고 하면서 1900년대, 1920년~1950년대, 1970년대, 1990년대의 경우 반독점정책이 비교적 엄격하게 이루어졌다고 지적하고 있다. 제한적 관행에 관한 정책은 항상 엄격하게 집행되었는데, 특히 명시적 가격협정과 같은 행위는 엄격하게 처리되었다. 담합의 경우도 엄격하게 처리되었지만 암묵적 담합의 경우는 그 증거를 제시하기가 어려운 경우가 많기 때문에 그 처리가 용이하지 않았다.

Demsetz(1992)는 Sherman법이 만들어진 지 100년이 지났지만 미국의 모든 산업에서 경쟁이 효율적으로 이루어지기 위해선 경쟁법의 해석 및 집행 등에서 여전히 많은 것들이 이루어져야 한다고 주장하고 있다.

〈사례연구 13-1〉은 미국 법무부가 2020년 10월 구글을 상대로 제기한 반독점 소송을 말하면서 미국 반독점 규제의 역사를 살펴보고 있다. 미국의 반독점 규제는 1890년 셔먼법이 제정된 이래 역사적으로 중요 산업 역할을 해왔던 석유·철도, 담배, 통신 및 최근의 IT산업과 빅테크기업에 이르기까지 산업구조가 바뀌는 패러다임 시프트가 생길 때마다 자유로운 시장경쟁을 촉진하기 위해 이루어져 왔다.

사례연구 13-1 록펠러도 무릎꿇린 법, 구글 겨냥했다 … 미국 반독점 규제 역사는

이번엔 구글이다. 120여 년에 걸친 미국의 반독점 규제 역사의 한 페이지를 세계 최대의 검색엔진 업체인 구글이 장식하게 됐다. 미국 법무부가 2020년 10월 20일(현지시간) 구글을 상대로 반독점 소송을 제기하면서다. '석유왕' 존 록펠러와 투자은행 JP모건의 창업자 존 피어폰트 모건도 무릎을 꿇었던 칼날을 구글도 마주하게 됐다.

미국의 반독점 규제는 석유·철도와 담배, 통신에 이어 정보기술(IT)과 빅테크까지 미국 경제 산업 구조가 바뀌는 패러다임 시프트마다 자율 경쟁을 독려하기 위한 규제장치로 등장했다. 미국의 반독점 규제는 단순한 사법당국의 기업 손보기가 아니다. 기업 간 건전한 경쟁을 보장하기 위해 정부가 브레이크를 걸어온 역사적 맥락의 연장선상에서 읽어야 한다.

구글이 IT업계에서 지배적 위치를 남용해 독점을 강화한다면 '넥스트 구글'이 나올 수 없다는 우려가 녹아 있다. 미국 검색엔진 시장의 90% 이상을 차지하는 업계 지배력을 감안하면 제소는 시간문제였다는 분석도 나온다. 월스트리트저널(WSJ)은 "예견됐던 조치"라고 했다.

미국 역사상 첫 반독점법은 1890년 제정된 셔먼법(the Sherman Act)이다. '공정경쟁의 마그나 카르타(대헌장)'로 불리는 이 법은 대표 발의자인 공화당 존 셔먼 의원 이름을 붙였다. 록펠러가 1870년 세운 정유회사인 스탠더드오일이 미국 각지의 석유 기업들을 인수하면서 미국 내 석유 생산량의 90%를 점유한 게 발단이 됐다.

남북전쟁(1861~1865) 이후 미국의 경제와 산업 발전을 이끈 핵심축인 석유업을 특정 기업이 쥐락펴락하면서 각 주 정부와 의회가 규제 필요성을 제기했고, 그 결과 셔먼법이 제정됐다. 셔먼은 당시 "정치에서 전제군주를 원치 않듯, 경제에서도 독점기업은 원하지 않는다"고 말했다. 독점 행위가 소비자 이익 및 기업의 공정한 경쟁에 어떤 영향을 미쳤는지를 평가해 위법 여부를 판단한다.

미국의 반독점 규제 역사에서 가장 굵직한 사건은

스탠더드오일의 해산이다. 미 법무부는 1909년 스탠더드오일을 셔먼법 위반으로 제소했고, 대법원은 1911년 법무부의 손을 들어주며 기업 분할을 명령했다. 그 결과 스탠더드오일은 34개 기업으로 흩어졌다. 그 후신이 엑손모빌과 셰브런 등이다.

JP모건이 소유했던 철도기업인 노던 시큐리티즈 역시 반독점법의 철퇴를 맞고 해체됐다. 미국 담배시장의 95%를 독점했던 아메리칸 타바코도 반독점 위반 혐의로 제소된 뒤 1911년 11개 회사로 찢겼다.

법무부와 연방거래위원회가 미국의 반독점 규제를 관장하는 현재의 구조는 1914년에 틀이 만들어졌다. 클레이턴법과 연방거래위원회법이 제정되면서 미국의 반독점법은 모두 3개의 법령으로 구성된 구조를 갖추게 된 것이다.

1980년대 통신 → 1990년대 IT → 21세기 빅테크

반독점 규제의 역사는 미국 산업의 변화와도 궤를 같이한다. 미국 산업의 중심이 통신업으로 바뀐 1980년대엔 당시 미국 최대 통신사였던 AT&T가 도마 위에 올랐다. AT&T는 당시 장거리 통신 사업 본부와 미국의 22개 지역의 시내전화 사업을 독점했다.

그러나 법무부가 AT&T를 반독점법 위반으로 제소했고, 법원이 법무부의 손을 들어주면서 AT&T는 1984년 7개 지방전화사업 회사를 포함한 8개의 개별 기업으로 분할됐다. AT&T는 장거리 통신사업만 운영하도록 했다. 이후 장거리 통신사업에서도 자유 경쟁이 활성화되며, 2000년 설립된 버라이즌이 AT&T를 제치고 2009년 미국 내 업계 1위가 됐다.

IT가 대세가 된 1990년대엔 마이크로소프트(MS)가 규제 대상이 됐다. 1998년 MS가 윈도우 체제를 판매하면서 MS워드 및 인터넷 익스플로러 등 다른 프로그램들까지 한꺼번에 번들 판매(끼워팔기)한 것을 문제 삼았다. 당시 법무부는 2000년 MS를 제소하며 기업분할을 요구했다. MS를 운영 체제를 판매하는 기업과 기타 프로그램을 판매하는 기업으로 각각 분할하라는 요구였다.

지난한 법정 공방 끝에 MS는 기업 분할까지 이르지는 않았다. 2002년 벌금을 물고 사업 운영 방식을 개편하는 수준에서 소송을 마무리했다. 빌 게이츠가 최고경영자(CEO) 자리에서 물러나 일선 후퇴한 것도 그 여파였다.

기업 분할까지는 아니지만 반독점 규제로 산업계의 굵직한 인수 · 합병에도 제동이 걸렸다. AT&T의 T모바일 인수(2011년)와 스프린트의 AT&T 인수(2014년) 모두 반독점법에 발목이 잡혀 무산됐다.

반독점법에 대한 반대의 목소리도 꾸준히 제기됐다. 대표주자가 앨런 그린스펀 전 미국 연방준비제도(Fed) 의장이다. 그린스펀은 2014년 쓴 글에서 "셔먼법은 새로운 기업이 인수 · 합병을 통해 비용을 절감하고 새로운 제품을 만들 기회를 죽이는 법"이라며 "경제적 불합리성과 무지의 결과"라고 비판했다.

그럼에도 반독점 규제의 필요성에 대한 미국 내 공감대는 공고하다. 자유 경쟁의 토양을 조성하기 위해 사법적 개입이 필요하다는 것은 공화당과 민주당 모두 초당적으로 공유하는 가치다. 2020년 10월 초 미 하원은 "(구글 · 애플 · MS · 페이스북) 빅테크 업체들이 과거 석유 · 철도회사처럼 시장지배력을 남용하고 있다"며 449쪽짜리 보고서를 내기도 했다.

출처 : 중앙일보(2020. 10. 21)

4. 우리나라의 공정거래정책

Industrial Organization, Ch. Thirteen

1) 독점 규제 및 공정거래에 관한 법률(공정거래법)

우리나라의 경쟁법은 '독점 규제 및 공정거래에 관한 법률'(약칭 : 공정거래법)이다.

우리나라의 경쟁법은 '독점 규제 및 공정거래에 관한 법률'이다.[16] 이는 보통 공정거래법으로 불린다. 공정거래법은 1980년 12월에 제정되어 1981년 4월 1일부터 시행되었다. 이후 재벌의 경제력 집중에 대한 우려가 높아지면서 1986년 12월에 공정거래법은 1차로 개정되었다. 1차 개정에서 기업집단의 개념을 도입하고, 대규모 기업집단에 대한 규제제도를 만들었다. 이를 위해 계열회사 간 상호출자를 전면금지하고, 타회사 출자액은 순자산의 40%로 제한했다. 한편, 지주회사의 설립이 금지되고 계열회사 간 내부거래가 제한되었다.

그후 공정거래법은 1989년, 1992년, 1994년에 개정되었고, 그 이후에는 1997년, 1998년, 1999년, 2001년, 2002년, 2004년, 2005년, 2007년, 2008년, 2009년, 2011~2020년 등 거의 매년 개정되어 오늘에 이르고 있다.

공정거래법은 제1조(목적)에서 "사업자의 시장지배적 지위의 남용과 과도한 경제력의 집중을 방지하고, 부당한 공동행위 및 불공정거래행위를 규제하여 공정하고 자유로운 경쟁을 촉진함으로써 창의적인 기업활동을 조장하고 소비자를 보호함과 아울러 국민경제의 균형있는 발전을 도모함을 목적으로 한다" 고 밝히고 있다.

이러한 목적을 달성하기 위해 공정거래법은 총 14장 71조로 구성되어 있다. 그 내용을 보면, 제1장 총칙, 제2장 시장지배적 지위의 남용금지, 제3장 기업결합의 제한 및 경제력 집중의 억제, 제4장 부당한 공동행위의 제한, 제5장 불공정거래행위 및 특수관계인에 대한 부당한 이익제공의 금지, 제6장 사업자단체, 제7장 재판매가격유지행위의 제한, 제8장 삭제, 제9장 전담기구, 제9장의 2 한국공정거래조정원의 설립 및 분쟁조정, 제10장 조사 등의 절차, 제10장의 2 과징금 부과 및 징수 등, 제11장 손해배상, 제12장 적용제외, 제13장

16. 이 책의 부록에서 '독점 규제 및 공정거래에 관한 법률' 을 살펴볼 수 있다.

보칙, 제14장 벌칙으로 구성되어 있다. 시장경쟁의 차원에서 보면 제5장이 가장 핵심적인 내용을 담고 있다. 경제력 집중에 관한 사항을 제외하고는 대부분 제5장과 연관되어 있다. 공정거래법의 제5장은 불공정거래행위의 금지를 규정하고 있기 때문이다.

불공정거래행위의 내용을 살펴보면, 그 내용으로는 부당하게 거래를 거절하거나 거래상대방을 차별하는 행위, 부당하게 경쟁자를 배제하는 행위, 경쟁자의 고객을 부당하게 자기와 거래하도록 유인하거나 강제하는 행위, 거래상의 지위를 부당하게 이용하여 상대방과 거래하는 행위, 거래상대방의 사업활동을 부당하게 구속하는 조건으로 거래하거나 다른 사업자의 사업활동을 방해하는 행위, 특수관계인이나 다른 회사에 대하여 부당하게 자금 · 자산 · 인력 등을 지원하는 경우로 규정하고 있다.

〈사례연구 13-2〉는 공정거래위원회가 온라인 앱 마켓에 입점한 사업자 250곳을 대상으로 한 실태조사의 결과 40%나 되는 사업자들이 애플이나 구글 등 앱 마켓에서 불공정거래를 경험했다는 사례이다. 명확한 기준 없이 앱 등록을 거부하거나 심사를 지연한 사례도 있었다. 공정거래위원회가 야놀자, 여기어때 등 숙박 앱에 대해서도 같은 방식의 실태조사를 한 결과 숙박 앱의 입점 사업자 중 31.2%가 불공정거래를 경험했다고 답했다.

사례연구 13-2 앱마켓 사업자 "갑질 1등은 애플, 2등은 구글"

스마트폰 앱(애플리케이션) **사업자 10곳 중 4곳 애플, 구글 등 앱마켓에서 갑질 경험**

2021년 3월 2일 공정거래위원회가 온라인 앱마켓에 입점한 사업자 250곳을 대상으로 한 실태조사 결과에 따르면, 40%가 앱마켓에서 불공정거래를 경험했다고 답했다. 앱마켓별로 보면 애플 앱스토어에서 불공정거래를 경험했다는 응답이 45.1%로 가장 많았다. 구글 구글플레이는 39.9%, 원스토어는 26.8%였다.

명확한 기준 없이 앱 등록을 거부하거나 심사를 지연한 사례가 23.6%로 가장 많았다. 대기업과 차별하거나(21.2%), 자체 결제 시스템을 강요하는(20%) 등의 사례도 많았다.

이런 갑질을 줄이려면 노출 순위에 대한 기준을 공개(47%)하고, 애플과 구글이 장악하고 있는 독점 구조를 개선(46%)해야 한다는 응답이 많았다.

사업자들은 앱마켓에 수수료로 판매금액의 20~30%를 지불하고 있는 것으로 조사됐다. 사업자의 22.8%는 자신의 앱을 화면 윗부분에 노출시키기 위해 거액의 광고비도 내고 있었다. 앱 1개에 대한 광고비는 1개월 기준 구글플레이는 평균 1,402만원, 앱스토어는 평균 585만원, 원스토어는 평균 272만원으로 조사됐다.

공정위는 야놀자, 여기어때 등 숙박 앱에 대해서도 같은 방식의 실태조사를 했다. 숙박 앱의 입점 사업자 중에선 31.2%가 불공정거래를 경험했다고 답했다. 사업자들은 판매금액의 평균 10.6%를 숙박 앱에 수수료로 내고 있는 것으로 조사됐다. 사업자 10명 중 6명(62%)은 광고비도 지출했다고 답했다. 이들이 부담하는 광고비는 월평균 100~200만원(29%)이 가장 많았다.

출처 : 조선일보(2021. 3. 3)

공정거래법의 주요 내용을 살펴보자. 우선 공정거래법은 시장지배적 사업자의 요건을 정하고, 이 기준에 따라 공정거래위원회가 매년 구체적으로 어느 사업체가 시장지배적 사업자라는 것을 지정해 고시하도록 하고 있다. 공정거래법은 한 회사의 시장점유율이 50%를 넘거나 매출액 상위 3개사의 시장점유율이 75% 이상인 경우 시장지배적 사업자로 추정하고 있다. 단, 상위 3개사 중 매출액점유율이 10% 미만인 업체는 시장지배적 사업자 지정에서 제외하고 있다.

공정거래위원회는 시장지배적 사업자가 가격을 마음대로 올리거나 제품의 출고를 조절하는 행위, 새로 시장에 진입하고자 하는 기업을 방해하는 행위, 기타 소비자의 이익을 해칠 우려가 있는 행위 등을 금지해 소비자의 이익을 보호하고자 하고 있다. 한편, 시장지배적 지위 남용행위(동법 제3조의 2)로는 상품가격이나 서비스 가격의 부당한 결정 · 유지 또는 변경하는 행위, 상품판매 또는 서비스의 제공을 부당하게 조절하는 행위, 다른 사업자의 사업활동을 부당하게 방해하는 행위, 새로운 경쟁사업자의 참가를 부당하게 방해하는 행위, 경쟁사업자를 부당하게 배제하거나 소비자의 이익을 현저히 저해할 우려가 있는 행위로 구체화하고 있다.

> 공정거래위원회는 시장지배적 사업자가 가격을 마음대로 올리거나 제품의 출고를 조절하는 행위, 새로 시장에 진입하고자 하는 기업을 방해하는 행위, 기타 소비자의 이익을 해칠 우려가 있는 행위 등을 금지하고 있다.

공정거래법과 관련된 법률로는 하도급거래 공정화에 관한 법률(이하 "하도급법"), 표시 · 광고의 공정화에 관한 법률(이하 "표시 · 광고법"), 약관의 규제에 관한 법률(이하 "약관법") 등이 있다. 하도급법, 표시 · 광고법, 약관법 등은 공정거래법을 보완하는 부속법이라 할 수 있다.

> 공정거래법과 관련된 법률로는 하도급법, 표시 · 광고법, 약관법 등이 있다.

하도급법은 공정한 하도급 거래질서 확립을 위한 법이다. 예를 들어 원사업자가 수급사업자에게 건설 · 제조 · 수리공사를 위탁하면서 서면미교부, 대금미지급 및 지연행위 등의 불공정행위를 하는 것을 규제하고 있다.

표시 · 광고법은 소비자 오인성이 있는 표시 · 광고행위로 인한 소비자피해를 예방하기 위한 법이다. 이는 허위 및 과장 표시 · 광고, 기만적인 표시 · 광고, 부당한 비교 표시 · 광고, 비방적인 표시 · 광고행위 등을 규제한다.

약관법은 경제적 강자인 사업자가 일방적으로 작성한 약관을 이용해 다수 소비자에게 불이익을 강요하는 행위를 방지하기 위한 법률이다.

〈사례연구 13-3〉은 공정위에서 결혼중개업체와 계약을 중간에 해지할 때 가입자가 프로필을 받기 전 해약할 경우 위약금이 20%에서 10%로 줄어든다는 사례이다. 사실 데이트를 한 번도 못했는데 위약금을 20%나 내야 할 경우 소비자들의 불만이 컸었다. 렌털서비스업도 소비자 중심으로 내용이 개선되어, 전자제품 등을 렌털한 뒤 정기관리 등 서비스가 어려운 지역으로 이사한 경우 위약금 없이 계약 해지가 가능하도록 했다.

〈사례연구 13-4〉는 2021년 1월 27일 공정위가 넷플릭스, 왓챠 등 OTT 기업 6곳의 이용약관을 심사해 불공정 조항을 시정한 것을 보여준다. 넷플릭스, 왓챠 등 OTT에 가입한 후 서비스를 이용하지 않았을 경우 일주일 이내에 해지하고 돈을 돌려받을 수 있도록 한 것이다.

공정위는 이처럼 약관법 및 '소비자분쟁 해결 기준' 등에서 소비자에게 불이익을 강요하는 행위를 방지하고자 하고 있다.

사례연구 13-3 결혼업체 위약금 낮아지고, 내비 보증기간 늘어난다

결혼정보회사에 가입한 뒤 곧바로 계약을 해지할 경우 물어야 할 위약금이 가입비의 20%에서 10%로 줄어든다. 내장형 내비게이션 품질보증 기간도 1년에서 2년으로 늘어난다.

공정거래위원회는 이런 내용이 담긴 소비자 분쟁해결 기준 개정안을 2021년 4월 19일까지 행정예고한다고 2021년 3월 29일 발표했다. 소비자 분쟁해결 기준은 소비자와 사업자 사이에 분쟁이 발생할 때 이를 해결하기 위한 기준이 되는 공정위 고시다.

현행 결혼중개업 분쟁해결 기준은 만남을 하기 전 계약을 해지할 경우에도 가입비의 20%를 위약금으로 규정하고 있다. 이에 개정안은 프로필 제공 전 해지 시에는 가입비의 10%, 프로필 제공 후 만남 일자 확정 전에는 15%, 일정 확정 후 해지는 20%를 위약금으로 내도록 차등화했다. 차량이 출고될 때 장착된 내장형 내비게이션의 품질보증 기간은 1년에서 2년으로 늘어나고, 부품 보유기간도 5년에서 8년으로 연장된다.

렌털서비스업도 소비자 중심으로 내용이 개선됐다. 개정안은 전자제품 등을 렌털한 뒤 정기관리 등 서비스가 되지 않는 지역으로 이사한 경우 위약금 없이 계약을 해지할 수 있도록 했다. 렌털 계약을 중도에 해지할 때 소비자에게 청구하던 제품 회수 비용은 관련 내용을

계약서에 명시한 경우에만 비용을 청구할 수 있도록 바꿨다. 일부 업체가 모바일 상품권을 사용할 때 수수료나 배달료를 추가로 결제하도록 한 관행도 손봤다. 추가 대금을 받으면 이를 환불해 주도록 기준을 고치면서다.

공정위는 행정예고 기간 이해관계자 의견을 수렴하고 전원회의 의결을 거쳐 개정안을 확정·시행할 계획이다.

출처 : 한국경제신문(2021. 3. 29) ⓒ 한경닷컴

사례연구 13-4 넷플릭스 결제 뒤 이용 않고 7일 내 해지하면 100% 환불

공정위, OTT 불공정약관 시정

앞으로 넷플릭스, 왓챠 등 유료 온라인동영상서비스(OTT)에 가입한 후 서비스를 이용하지 않았다면 일주일 이내에 해지하고 돈을 돌려받을 수 있다.

공정거래위원회는 넷플릭스, 웨이브, 티빙, 시즌, 왓챠, 구글(유튜브 프리미엄) 등 OTT 기업 6곳의 이용약관을 심사해 불공정 조항을 이같이 시정했다고 2021년 1월 27일 밝혔다. 최근 신종 코로나바이러스 감염증(코로나19) 확산으로 집에서 OTT를 이용하는 사람이 늘어나면서 환불 등 소비자 분쟁이 증가했기 때문이다.

넷플릭스, 시즌, 왓챠 등은 이용자가 서비스를 해지하면 잔여기간을 의무적으로 이용하게 하고 돈을 돌려주지 않았다. 앞으로는 이용자들이 서비스를 이용하지 않거나 사업자의 잘못이 있을 때는 결제일 이후 7일 이내에 해지를 하고 환불받을 수 있다. 예를 들어 이달 1일 넷플릭스 1개월 구독료를 결제했는데 서비스를 이용하지 않았다면 7일까지는 100% 환불받을 수 있다.

또 OTT 업체는 서비스 요금이 인상될 때 미리 고객에게 동의를 받아야 한다. 고객이 동의하지 않으면 서비스 사용료를 자동으로 결제할 수 없다.

출처 : 동아일보(2021. 1. 28)

2) 공정거래위원회의 기능과 역할

공정거래법에 의해 공정거래위원회(약칭: '공정위')가 설립되어 운영되고 있다. 공정거래위원회는 시장지배적 지위의 남용 금지, 부당한 공동행위의 제한, 불공정거래 행위의 금지, 재판매가격 유지 행위의 제한 등과 같이 공정거래법뿐만 아니라 하도급법, 표시·광고법, 약관규제법, 카르텔일괄정리법, 전자상거래소비자보호법, 방문판매법, 가맹사업거래법, 할부거래법과 같은 9개의 법률에 근거해 경쟁정책과 소비자정책을 수립 및 집행하고 관련법 위반 사건을 조사하고 시정하는 등 다양한 활동을 하고 있다.

공정거래위원회의 4가지 핵심 기능
① 경쟁촉진
② 소비자 주권 확립
③ 중소기업 경쟁 기반 확보
④ 경제력 집중 억제

공정거래위원회는 네 가지 핵심 기능을 수행하고 있다.[17]

첫째, **경쟁촉진**이다. 이를 위해 각종 진입장벽 및 영업활동을 제한하는 반경쟁적 규제를 개혁하고 경쟁제한적 기업결합을 규율하여 경쟁적 시장환경을 조성하고자 하고 있다. 아울러 시장지배적 지위 남용행위, 부당한 공동행위, 기타 불공정거래행위를 금지하여 공정한 시장경쟁질서를 확립하고자 하고 있다.

둘째, **소비자 주권 확립**이다. 불공정 약관 및 할부거래, 방문판매, 전자상거래 등으로 인한 소비자 피해를 방지하고, 허위 · 과장의 표시 및 광고를 시정하고 소비자가 정확한 정보를 바탕으로 합리적인 선택을 할 수 있도록 하고자 하고 있다.

셋째, **중소기업 경쟁 기반 확보**이다. 하도급대금 지급, 물품 수령 등 하도급 거래에서 발생할 수 있는 대형업체들의 각종 불공정행위를 시정하고, 대형유통업체, 가맹사업본부 등이 거래상의 우월적 지위를 이용하여 중소 입점, 납품업체, 가맹점에게 행하는 각종 불공정행위를 시정하고자 하고 있다.

넷째, **경제력 집중 억제**이다. 이를 위해 대기업집단 계열사 간 상호출자, 채무보증 금지, 부당내부거래 억제 제도 등을 운영하여 선단식 경영체제의 문제점을 시정하고자 하고 있다.

공정거래위원회의 조직은 의사결정기구인 위원회와 실무기구인 사무처로 구성되어 있다. 위원회는 위원장 및 4명의 비상임위원을 포함해 9명의 위원으로 구성되어 있으며, 공정거래 관련 사건을 심의 및 의결하는 역할을 한다. 사무처는 경쟁정책을 직접 입안 및 추진하거나 공정거래 관련 사건을 조사해 위원회에 상정하고 위원회의 결정에 따라 처리한다.[18] 〈그림 13-5〉는 공정거래위원회의 조직도이다.

2007년 8월 3일 공정거래법 제9장의 2가 신설되어 '한국공정거래조정원'이 설립되었다. 이는 동법 제23조(불공정거래행위의 금지) 제1항을 위반한 혐의

17. 이하는 공정거래위원회 홈페이지(2021), http://www.ftc.go.kr/를 참조 바람.
18. 공정위 조직도 및 조직구성에 관해서는 공정거래위원회 홈페이지(2021), http://www.ftc.go.kr/에서 조직구성을 참조 바람.

그림 13-5

공정거래위원회 조직도

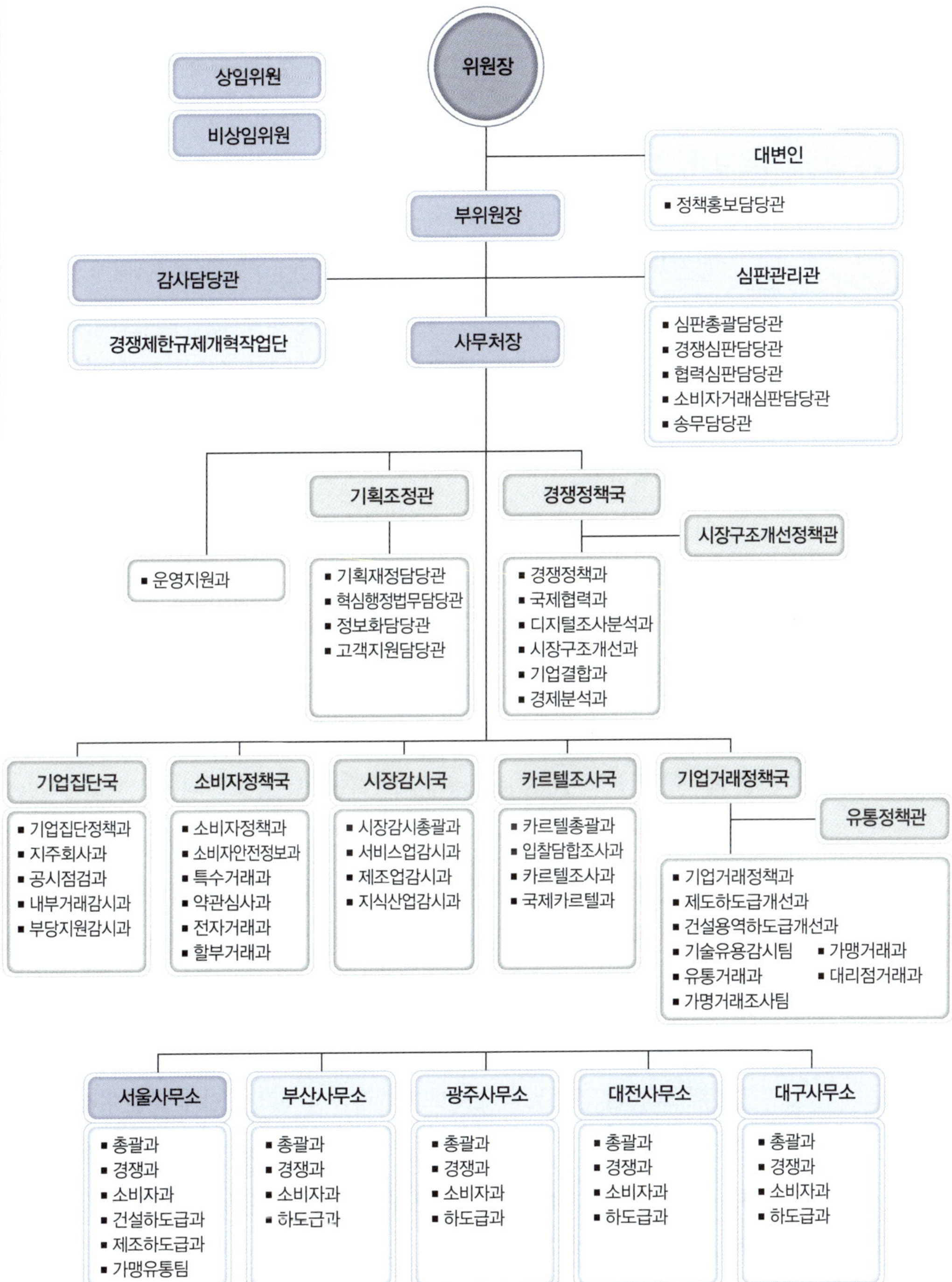

출처 : 공정거래위원회 홈페이지(2021. 5. 29), www.ftc.go.kr.

가 있는 행위와 관련된 분쟁의 조정, 다른 법률에서 조정원으로 하여금 담당하게 하는 분쟁의 조정, 시장 또는 산업의 동향과 공정경쟁에 관한 조사 및 분석, 사업자의 거래 관행과 행태의 조사 및 분석 등을 위해 설립되었다. 한국공정거래조정원은 그동안 공정거래위원회가 시장의 경쟁제한성과는 별 관련이 없는 당사자 간의 거래분쟁에 많은 자원을 투입해야 했기 때문에 이를 개선하기 위해 설립되었으며, 공정거래위원회를 보완하는 역할을 하고 있다.

공정거래위원회는 김대중 정부 시절 2002년 주요 정책과제로서 1) 시장특성별 경쟁촉진시책의 추진, 2) 기업형태와 규모별 성격에 맞는 경쟁질서 확립, 3) 그룹별 소비자대책으로 실질적인 소비자주권 확보, 4) 글로벌시대에 부응하는 경쟁법 운영체제 확립, 5) 기업소비자와 함께하는 열린 경쟁정책의 구현을 제시한 바 있다.[19]

이명박 정부의 경우 2009년 주요 정책과제로서 1) 서민과 중소기업의 피해를 방지하기 위하여 서민 보호를 위한 반칙행위 감시와 예방 강화 및 중소기업 보호를 위한 불공정거래 관행 개선, 2) 지속적인 기업규제의 완화를 위하여 대기업집단에 대한 규제 완화, 합리적인 경쟁법 운용을 통한 기업부담 경감, 경쟁제한적 규제의 지속적 개선, 3) 소비자 권익증진, 4) 경쟁법 집행의 국제화 등을 제시하였다.[20] 2009년의 경우 세계적인 경제불안의 위기가 도래했지만, 기본적으로 이들 정책과제는 공정거래위원회가 경쟁의 촉진과 소비자 보호라는 공정거래법의 제1조(목적)에 충실한 역할을 수행하고자 함을 보여준다.

문재인 정부의 경우 2021년 다음과 같은 변화를 보여준다. 1) 주요 불공정거래 분야에서 을에 대한 보호제도를 강화하여 **대 · 중소기업 간 공정한 거래 기반 조성**, 2) 대기업집단의 부당지원 및 총수일가 사익편취 등을 제재하여 **대기업집단의 경제력 남용 방지**, 3) 플랫폼 및 ICT 분야에 대한 디지털 공정경제 정책으로 혁신 생태계 구현 및 담합과 독점력 남용행위 등을 제재하여 경쟁 촉진, 4) 소비자 피해의 예방 및 구제를 통한 소비자권익 증진 등을 주요 정책과제로 제시하였다.

19. 공정거래위원회(2021), 2002년도 주요 업무계획.
20. 공정거래위원회(2021), 2009년도 주요 업무계획.

공정거래위원회의 경쟁정책은 크게 보면 시장경쟁을 촉진하고자 하는 정책과 경제력 집중을 억제하는 정책으로 구분할 수 있다. 두 정책이 상호 충돌할 수 있다는 것은 특수한 경제상황에 기인한다.

시장경쟁을 촉진하고자 하는 정책은 기본적으로 자원배분에 관한 시장의 효율성에 기초한다. 즉, 경쟁정책은 자원을 효율적으로 배분하는 경제환경을 마련하는 데 그 기본 목적이 있다. 사실 독과점이나, 불공정거래행위, 부당한 공동행위 등은 효율적 자원배분이라는 시장의 효율성을 저해하기 때문에 규제를 하는 것이다.

〈사례연구 13-5〉는 공정위가 2020년에 고발, 과징금, 시정명령, 경고 등 제재를 총 1,298건 내렸음을 보여주고 있다. 이는 2000년에 1,027건을 처리한 이후 20년 만에 가장 작은 규모다. 이는 2021년 5월 9일 공정위가 발간한 『공정거래위원회 40년사』에 나와 있는 사실이다. 결국 공정거래위원회가 법을 어긴 기업에 고발이나 과징금, 경고 이상 제재를 한 실적이 20년 만에 가장 낮은 수준으로 줄었다는 의미는 공정위가 본연의 업무를 충실하게 하지 못하고 있다는 이야기일 수 있다. 사실 공정위는 갑을관계 개선 등에서 기대에 미치지 못했다는 평가를 받고 있고, '2020년도 정부 업무평가' 모든 항목에서 최하위 등급을 받은 바 있다.

사례연구 13-5 본업은 뒷전인 공정위? 사건처리 실적 20년 만에 최저

공정거래위원회가 법을 어긴 기업에 고발이나 과징금, 경고 이상 제재를 한 실적이 20년 만에 가장 낮은 수준으로 줄었다.

2021년 5월 9일 공정위가 최근 발간한 『공정거래위원회 40년사』를 보면 공정위는 2020년 고발, 과징금, 시정명령, 경고 등 제재를 총 1,298건 내렸다. 이는 2000년(1,027건) 이후 20년 만에 가장 작은 규모다.

유형별로 보면 가맹사업법 위반(−55.9%), 사업자단체 금지행위(−55.3%), 부당한 표시 · 광고(−31.6%)에서 눈에 띄게 줄어들었다. 대금 후려치기 등 불공정 하도급 거래행위 제재도 20.9% 감소했다. 불공정거래, 불공정 약관, 시장지배적 지위 남용, 전자상거래법 · 방문판매법 · 할부거래법 위반에 대한 제재도 모두 줄었다. 경제력 집중 억제 위반, 부당한 공동행위, 대규모 유통업법 · 대리점법 위반만 늘었다.

신종 코로나 바이러스 감염증(코로나19)에 현장조사가 어려워지고 제재 수준을 결정하는 전원회의, 소회의가 잠시 중단됐다는 점을 고려해도 공정위 칼날은 점점 무뎌지는 추세다. 공정위 제재 건수는 문재인 정부 출범 첫해인 2017년 전년 동기 대비 19.3% 줄어든 1,840

건을 나타낸 후 2018년(1,820건 · -1.1%), 2019년(1,728건 · -5.1%), 지난해(1,298건)까지 매년 하락했다.

특히 2020년은 제재 건수가 전년 동기 대비 24.9%나 줄어드는 등 2019년 가을 이후부터 감소세가 더 가팔라졌다. 고발, 시정명령, 시정 권고, 경고 등(자진 시정이나 과태료 포함) 가릴 것 없이 모두 줄었다. 공정위는 갑을관계 개선 등에서 기대에 미치지 못했다는 평가를 받는 동시에 전 · 현직 직원들이 과징금 인하 청탁 등에 연루되면서 '2020년도 정부 업무평가' 모든 항목에서 최하위 등급을 받기도 했다.

공정위 일부 직원들 사이에서는 "정권 후반기가 되면서 힘이 빠진 것도 사실이지만 2020년은 특히 온라인 플랫폼 공정화법 제정, 전자상거래법 개정에 집중하면서 본래의 업무가 뒷전으로 밀렸다"는 불만도 나온다. 당장 2021년 공정위 업무계획도 디지털 시장에서의 공정한 거래질서 확립이 최우선이다. 2018년까지만 해도 첫 순위 과제였던 총수일가 사익편취 제재는 3순위로 밀려났다.

공정위 관계자는 "2017~2020년 처리한 사건 수는 이전 시기보다 감소했다"며 "대리점법이 2016년 12월부터 시행된 만큼 관련된 사건처리는 점차 증가할 것으로 보인다"고 설명했다.

출처 : 조선비즈(2021. 5. 9)

담합은 노골적으로 하든 몰래 하든 간에 시장경쟁을 저해하거나 약화시켜 결국 소비자편익을 감소시키게 된다. 공정거래위원회와 법원은 이러한 담합에 대해 엄격하게 대처하고 있다.

다른 나라 경쟁정책의 경우에는 우리나라와 같은 방식(상호출자 금지, 출자총액 제한, 지급보증의 제한)과 같은 기업집단에 대한 규제가 거의 없다. 공정거래법 제2조 2호 및 동 시행령 3조에서 기업집단을 동일인이 단독으로 또는 배우자, 6촌 이내의 혈족, 4촌 이내의 인척 등과 합해 당해 회사의 발행주식 총수의 30/100 이상을 소유하거나, 또는 임원의 임면 등으로 당해 회사의 경영에 대하여 지배적인 영향력을 행사하고 있다고 인정되는 회사로 규정하고 있다.

> 공정거래법 및 동 시행령은 기업집단을 동일인이 단독으로 또는 배우자, 6촌 이내의 혈족, 4촌 이내의 인척 등과 합해 당해 회사의 발행주식 총수의 30/100 이상을 소유하거나, 또는 임원의 임면 등으로 당해 회사의 경영에 대하여 영향력을 행사하고 있다고 인정되는 회사로 규정하고 있다.

삼성, LG, 현대자동차 등이 이에 속하는 기업집단이다. 네이버와 넥슨, 셀트리온 등도 자산규모가 증가하면서 2021년 대기업집단으로 지정되었다. 이는 기업집단에 대한 우리 국민감정이 다른 나라와 다른 데에 기초한다고 할 수도 있다. 기업집단의 생성 및 성장과정에서의 특혜와 정치적 고려, 직접금융 및 간접금융에서의 상대적 우위, 부 및 경영권의 세습 및 이에 대한 국민감정 등이 오늘날 경제력 집중억제정책으로 나타난 것이라 할 수 있다.

총수가족의 소수지분만으로 전체 계열기업의 지배, 부정부패나 뇌물수수, 내부거래 등은 경쟁을 저해할 가능성이 높다. 따라서 시장에 정부가 개입하지 않는 경우 기업집단 소속기업들과 그렇지 못한 기업들 간 경쟁력의 우위가 이미

결정되어 기업집단에 대한 규제가 필요하다는 것이 그 논리이다. 즉, 경제력 집중 억제정책은 소위 재벌 또는 기업집단에 대한 경제력 집중 현상을 차단하고, 완화하고자 하는 데에 그 기본이 있다.

3) 공정거래정책의 방향

Tesla의 일론 머스크는 SpaceX를 설립하여 인류의 화성 이주 꿈을 실현해 나가고 있고, 아마존 창업자 제프 베조스의 '블루 오리진(Blue Origin)'은 2021년 7월 20일 '뉴 셰퍼드(New Shepherd)' 로켓으로 제프 베조스 본인을 포함하여 우주여행 티켓을 구입한 첫 번째 민간 우주관광객을 태우고 인류 역사상 첫 민간 상업우주여행을 실현하였다. 제프 베조스에 앞서 2021년 7월 11일 리처드 브랜슨 버진그룹 회장은 본인이 직접 자신의 기업 버진 갤럭틱(Virgin Galactic)에서 제작한 유인 우주선 'VSS유니티'를 타고 지구 고도 88.5km까지 올라가 미세중력을 체험하고 귀환하는 데 성공하여 세계에 민간 우주관광 사업의 실현 가능성을 증명하였다.[21]

SpaceX는 아울러 2021년 3월 14일 스타링크 위성 60개를 한꺼번에 지구 저궤도에 쏘아 올리고 1단 로켓을 지구로 재착륙시켜 회수하는 데 성공했다. 이는 지구 전역에 초고속 우주인터넷 서비스를 판매하려는 일론 머스크의 목표가 착실히 실현되고 있다는 것을 보여준다. 창업 초기 아무도 Amazon이 성공할 것이라고 생각하지 못했지만, 그 성공으로 제프 베조스는 2021년 2월 현재 세계 최고 부자 반열에 올랐다. 제프 베조스나 일론 머스크 등은 돈이 아니라 꿈을 이루기 위해 일하고 있다.

코로나19로 인해 비대면거래가 활성화되어 비대면 전성시대가 되고 있다. 코로나19가 끝난다고 하더라도 비대면거래와 대면거래가 공존하겠지만, 비대면거래가 보다 큰 비중을 차지할 것으로 예상된다. 예를 들어 메타버스(Metaverse)는 가상세계와 현실이 뒤섞여 시공간의 제약이 사라진 세상을 뜻하는데, 관련

21. 2021년 7월 현재 1인당 비용은 US 25만 달러(약 2억 9천만원)이고, 레오나르도 디카프리오, 브래드 피트, 저스틴 비버 등 약 600명 가량이 예약한 것으로 알려져 있다.

기업들이 빠르게 성장하고 있다.[22] AI, 메타버스, 클라우드 컴퓨팅, 블록체인, 우주기술 등 기술의 급속한 발전과 융합은 새로운 산업생태계를 조성할 가능성이 크다.

세상이 이처럼 놀라울 정도로 바뀌고 있다. 글로벌 시장에서 기업들이 경쟁하는 디지털 경제 시대이다. 따라서 기업을 단순하게 자산규모나 계열기업의 수 등에 의해서 규제하는 데에서 벗어나야 한다. 때로는 공정거래위원회의 규제가 시장경쟁을 오히려 저해할 수도 있다.

기업집단, 대기업, 중기업, 소기업, 벤처기업 모두 국가경쟁력을 강화하는 기업군들이다. 글로벌 시장에서 경쟁력을 가진 기업은 국가경쟁력을 강화시킬 수 있다는 점에서 단순한 규제보다는 시장경쟁을 촉진할 수 있는 방향으로의 공정거래정책이 필요하다.

한 경제의 지속적 성장이 가능하기 위해서는 대기업, 중기업, 소기업 등이 유기적으로 연결되어 공생할 때 가능하다. 이러한 경제시스템은 정부가 아니라 시장이 만드는 것이고, 정부의 역할은 그러한 시스템이 빠르게 정착할 수 있도록 도움을 주는 것이어야 한다.

시장에서 기업의 진입과 퇴출이 자율적으로 이루어져서 효율적인 기업들만이 시장에서 생존하는 시스템으로의 전환이 필요한 때이다. 공정거래정책은 이러한 문제들을 최소화하거나 제거하고 시장경쟁이 제대로 기능하도록 하는 것이어야 할 것이다.

〈사례연구 13-6〉은 코로나19로 1년 늦춰져 개최된 2021년 7월 2020 도쿄올림픽에서 한국 남녀 모두 혼성 및 단체전 양궁에서 금메달을 딴 배경을 설명하고 있다. '공정'과 '기회의 평등'이 만든 33년 무패는 양궁에게만 적용되는 것이 아니라 세계무대에서 경쟁하고 있는 우리 기업들에 대한 공정거래정책에도 당연히 적용될 것이다. 국내 시장경쟁이 제대로 기능해야 글로벌 시장경쟁에서도 우리 기업들이 제대로된 경쟁력을 가질 것이다.

22. 메타버스(Metaverse)는 '추상 · 가공'을 뜻하는 그리스어 Meta와 '현실 세계'를 의미하는 Universe의 합성어이다.

사례연구 13-6 "가장 잘 쏜 선수가 태극마크" … '공정'이 만든 33년 무패

세계 최강 한국 양궁 비결은 …

'원칙의 힘'이 만든 금메달
1988년부터 한 번도 금 안 놓쳐
나이·경력 안 따지고 공정 선발
양궁협회 "기회의 평등" 고수

'한국 양궁에는 금수저가 없다'는 말이 있다. 과거 성적, 학벌과 관계없이 수개월간 이어지는 선발전에서 수천 발의 화살을 과녁 가운데에 가장 잘 꽂은 선수가 태극마크를 단다. 국가대표를 포함한 모든 선수가 '제로 베이스'에서 시작해 선발전이라는 촘촘한 체를 통해 걸러진다. 고등학생에게 세계 톱랭커들이 덜미를 잡히는 곳이 한국 양궁대표 선발전이다. 대한양궁협회 부회장은 "어떤 배경, 어떤 환경에 있는지와 관계없이 오로지 잘 쏜 선수가 선발되는 제도"라고 했다.

기회의 평등 원칙 '무적' 신화 밑거름

'기회의 평등'이라는 원칙을 고수한 양궁협회의 뚝심은 여자 단체전을 '33년 동안 무적'으로 이끈 원동력이 됐다. 2021년 7월 25일 열린 2020 도쿄올림픽 양궁 여자 단체전 결승전에서 '9연패'를 달성한 강채영(25), 장민희(22), 안산(20)은 '올림픽 루키'들이다. 하지만 이들은 쟁쟁한 메달리스트 언니들을 이긴 실력자이기도 하다. 5년 전 리우데자네이루올림픽에서 전 종목 석권의 중심이었던 선수도 2차 선발에서 떨어졌다.

2021년 7월 24일 한국 선수단에 첫 금메달을 선사한 혼성 경기 출전 선수 선발 과정은 양궁협회의 원칙주의를 보여준 대표적인 사례다. 협회는 장고 끝에 '현재 최고 기량을 보여준 선수를 대표로 내세운다'는 원칙을 지키기로 했다. '혼성 대표 내부 선발전'을 대회 기간 열리는 랭킹라운드로 삼았다. 혼성전에서 2012 런던올림픽 금메달리스트, 2016 리우올림픽 금메달리스트가 아니라 고교생 김제덕(17)이 선발된 배경이다.

랭킹라운드에서 680점을 쏴 25년 묵은 올림픽 기록을 갈아치운 안산 역시 세계랭킹 1위를 경험한 선수를 밀어냈다. 결국 국제대회 혼성 경기 경험이 사실상 전무했던 두 막내를 첫 혼성 경기에서 시상대 가장 높은 곳으로 이끌며 '원칙의 힘'을 증명했다.

양궁협회는 이번 대회를 앞두고 공정성을 더 높이기 위해 선발 제도를 바꾸기도 했다. 2019년 8월 열린 대표 선발전부터 기존 국가대표 선수들도 1차전에 모두 참가하도록 한 것이다. 기존에는 비국가대표 선수들끼리 1·2차 선발전을 거친 뒤 국가대표 선수들과 3차 선발전-평가전을 치러 대표를 뽑았다. 기존 국가대표 선수들에게 그나마 남아 있던 마지막 혜택까지 완벽히 지웠다. 이른바 '짬짜미'를 막기 위해 같은 팀 선수끼리 첫 경기에 대결하도록 대진을 짜기도 했다.

줄 잇는 '영재 궁사'

'기회의 평등' 원칙은 원활한 세대교체도 촉진하고 있다. 역대 양궁 최연소 금메달리스트인 김제덕이라는 스타도 발굴할 수 있었다. 기보배 KBS 해설위원(런던·리우올림픽 금메달리스트)이 "이런 궁사는 처음 본다"고 말할 정도로 패기 넘치는 김제덕은 벌써 한국 양궁의 '슈퍼스타'로 거론된다. 그는 2019년 도쿄올림픽 선발전에서 어깨 부상으로 낙마했다가 올림픽이 1년 미뤄지면서 두 번째 도전 만에 출전하는 행운을 잡았다. 초등학교 3학년 때 양궁을 시작한 그는 2016년 SBS '영재 발굴단'에 '양궁 신동'으로 소개됐다. 결국 처음 출전한 올림픽에서 금메달을 목에 거는 '대형사고'를 쳤다.

3관왕에 오른 안산도 자신의 이름을 세계에 알렸다.

그는 중학교 3학년 때 문화체육관광부장관기에서 전 종목 우승(6관왕)을 차지했다. 2017년 광주체고에 진학한 뒤에는 유스세계선수권대회 혼성전 은메달을 시작으로 2019년 세계양궁연맹(WA) 현대양궁월드컵 4차 대회 개인전 금메달을 목에 걸었다.

출처 : 한국경제신문(2021. 7. 26) ⓒ 한경닷컴

생각해 봅시다

1. 완전경쟁시장에 비해 독점시장에서 발생할 수 있는 비효율성에 관해 논의하라.
2. 경쟁압력에서 벗어났기 때문에 경쟁력 확보를 등한시하는 독점기업의 경우 사회적 후생이 어떻게 되는지 그림을 그려 설명하라.
3. 경쟁시장이 항상 독점시장 등 불완전경쟁시장보다 나은 것일까? 이에 관해 논의해 보라.
4. 경쟁정책에서 고려할 사항들을 논의해 보라.
5. 시장구조와 기술진보와의 관계를 논의해 보라.
6. 경쟁정책에서 시장의 정의와 시장집중도를 측정하는 척도에 관해 논하라.
7. Standard Oil 사례에서 미 대법원이 채택한 'rule of reason(합리의 원칙)'을 설명하라.
8. 미국의 경쟁정책에 관해 논의하라.
9. MIcrosoft사의 반독점적 사례에 대해 미 대법원은 어떻게 처리했나? 이에 관해 조사해 보고 발견한 사항을 논의해 보라.
10. 우리나라 공정거래정책을 설명하라.

중요 용어

정태적 효율성(static efficiency)
동태적 효율성(dynamic efficiency)
배분적 효율성(allocative efficiency)
생산적 효율성(productive efficiency)
***X*-효율성**(*X*-efficiency)
***X*-비효율성**(*X*-inefficiency)
경제적 효율성(economic efficiency)
경쟁정책에서 고려해야 할 사항들
재빠른 2등전략(fast-second strategy)
rule of reason(합리의 원칙)
독점 규제 및 공정거래에 관한 법률(약칭 : 공정거래법)
불공정거래행위
시장지배적 지위 남용행위

참고문헌

1. Demsetz, H., "How many cheers for antitrust's 100 years?" *Economic Inquiry*, 30, pp.202–217 (1992).
2. Kovacic, W. E. and Shapiro, C., "Antitrust policy : a century of economic and legal thinking," *Journal of Economic Perspectives*, 14, pp.43–60 (2000).
3. Leibenstein, Harvey J., *Beyond Economic Man*, 2nd ed., (Cambridge : Harvard University Press, 1976).
4. Lipczynski, John, John Wilson, and John Goddard, *Industrial Organization: Competition, Strategy and Policy*, 5th ed., (England: Pearson Education Limited, 2017).
5. Marris, R., *The Economic Theory of Managerial Capitalism*, (London : Macmillan, 1964).
6. OECD, *Competition and Trade Policies*, (Paris, OECD, 1984).
7. Scherer, F. M., "Research and Development Resource Allocation Under Rivalry," *Quarterly Journal of Economics*, 81, pp.359–394 (1967).
8. Schumpeter, J., "The instability of capitalism," *Economic Journal*, 30, pp.361–386 (1928).
9. Schumpeter, J., *Capitalism, Socialism, and Democracy*, (New York: HarperCollins, 1942).
10. W.G. Shepherd and Joanna M. Shepherd, *The Economics of Industrial Organization*, 5th ed. (Long Grove, IL: Waveland Press, Inc., 2004).
11. Williamson, O. E., "Economies as an anti-trust defence : the welfare trade-offs," *American Economic Review*, 58, pp.18–36 (1968a).
12. _______________, "Economies as an anti-trust defence: correction and reply," *American Economic Review*, 58, pp.1372–76 (1968b).
13. 공정거래위원회 홈페이지, http://www.ftc.go.kr/ (2021).

Chapter

14 네트워크 경제, 공유경제 및 경매

산업조직론의 새로운 전개

Industrial Organization
Part Seven

7

14 네트워크 경제, 공유경제 및 경매

Chapter Fourteen

1. 네트워크 경제

2020년 상반기 전 세계 PC 운영체제 점유율은 Microsoft Windows 시리즈가 여전히 87%를 넘는 압도적인 점유율을 차지하고 있다. 스마트폰 중심의 모바일 운영체제 점유율은 Google Android가 전체의 71%, 애플 iOS는 28%의 비중을 차지하여 1, 2위 두 기업이 시장점유율 99%를 차지하고 있다. 웹 브라우저 시장의 경우 Google Chrome이 모바일이나 데스크톱 웹 브라우저 시장의 60%를 넘는 시장점유율을 차지하고 있어 사실상 인터넷 표준 브라우저로 자리 잡은 상황이다.[1] Microsoft사의 *Excel*과 *PowerPoint*의 경우도 관련 시장에서 가장 큰 시장점유율을 보이고 있다. 왜 이렇게 개인 PC 운영체제나 웹 브라우저 등과 같은 특정 시장들의 경우 한 회사의 시장점유율이 지나칠 정도로 높을까? 특정 산업의 경우 규모의 경제나 범위의 경제, 그리고 기술의 우월성이나 편리성 등 여러 가지 요인들을 들 수도 있겠지만 보다 중요한 것은 네트워크(network)가 형성되어 있느냐는 것이다.

예를 들어 많은 컴퓨터 소프트웨어가 특정한 운영체제 하에서만 작동하는 경우 이 운영체제의 네트워크가 형성되어 있다고 할 수 있다. 대부분의 spreadsheet 사용자들이 *Excel*을 사용하고 있다면 다른 프로그램을 사용하는 사람들

1. 디지털투데이(2020.7. 4) 참조(Digital Today)(http://www.digitaltoday.co.kr).

은 호환이 되지 않아 그 사용에 불편을 느끼게 되고 결국 *Excel*로 전환할 가능성이 크다. 이러한 경우를 고려해 처음부터 *Excel*을 사용하는 경우도 있다. *Excel*의 경우 역시 네트워크가 형성되어 있다고 할 수 있다. 이 경우 네트워크가 형성되어 있지 않은 다른 운영체제나 spreadsheet가 질적으로 우월하다고 해서 경쟁력을 가질 수 없는 것이 사실이다.

네트워크가 형성되면 그에 따른 외부효과(externality)가 존재한다. 예를 들어 특정 이동통신회사에 가입한 고객의 경우 다른 소비자들이 그 회사에 보다 많이 가입하는 경우 망내 할인 등을 통해 더 큰 이득을 얻을 수 있다. 또 '리니지2m' 이나 '배틀그라운드 모바일' 과 같은 모바일게임을 즐기는 경우 혼자만 가입한 경우에 비해 친구들과 함께 가입한 경우 그 즐거움이 크게 증가하는 것도 같은 맥락이다. 통계분석용 소프트웨어를 예로 들면 SPSS를 많이 사용하면 할수록 관련 파일의 교환도 쉬워지고 분석과 관련된 자문을 해주는 컨설턴트들도 늘어 더욱 많은 사람들이 사용하게 된다. 차량구독 서비스와 같은 구독경제의 경우도 마찬가지이다. 서비스에 가입한 사람들이 많아질수록 서비스 가격은 낮아져서 그 만족도가 높아질 수 있다.

이러한 것을 '**네트워크 외부효과**(network externality)' 또는 단순히 '**네트워크 효과**' 라 한다. 네트워크 외부효과는 어떤 재화나 서비스를 구입하는 소비자의 수가 증가하면 할수록 그 재화나 서비스에 대한 소비자의 지불용의(willingness to pay)도 커지는 현상을 의미한다. 특정 시스템에 가입하고자 하는 개인의 독립된 의사결정이 그 시스템에 이미 가입한 다른 소비자들에게 외부에서 발생한 이익을 주는 현상이다. 네트워크 외부효과가 큰 산업의 예를 들면 정보통신산업, PC운영체제 및 소프트웨어, 온라인게임시장, 전자상거래시장 등 다양하다.

네트워크 외부효과는 어떤 재화나 서비스를 구입하는 소비자들의 수가 증가하면 할수록 그 재화나 서비스에 대한 소비자의 지불용의도 커지는 현상이다.

네트워크 외부효과는 산업경쟁의 성격과 시장성과의 특성을 변화시킨다. 보통 이러한 네트워크 효과는 복수 균형을 보일 가능성이 많으며 시장이 이 가운데 올바른 균형점을 선택할 것으로 기대할 수 없다.

실질적으로 완전한 시장붕괴의 가능성도 있다. 이 경우 어떤 기업도 상품을 생산하지 않게 된다. 네트워크가 시장에서 계속 유지되기 위해서는 규모가 어느 정도 커야 할 필요가 있기 때문에 시장의 형태는 자연스럽게 소수의 기업들이 있는 과점이나 독점화하는 경향이 있다. 한편 네트워크와 관련된 것, 예를 들어 운영체제나 다른 응용프로그램들을 개발하는 데에는 상당한 비용이 들 수 있고 매몰비용의 성격을 갖고 있지만, 이 제품들을 재생산하는 비용은 별로 들지 않는다는 특성을 갖고 있는 것이 보통이다.

Microsoft사는 20세기 후반 가계와 기업 모두에게 전자통신혁명의 파고가 몰아칠 때 그 중심에 있던 기업이다. 21세기 현재도 *Word*, *Excel*, *PowerPoint* 등을 고려하면 그와 같은 주장이 여전히 성립된다는 것을 알 수 있다. Microsoft사는 1975년에 Bill Gates와 친구 Paul Allen, 두 사람이 운영하는 순자산 0인 기업이었지만, 2021년에는 총자산이 US$3,000억 달러를 넘고 근로자는 전 세계 16만 명을 넘는 기업으로 성장했다.

전자통신 및 인터넷의 발달은 혁신을 일으켜 21세기 새로운 경제분야인 디지털 경제를 열고 있다. 이러한 과정에서 Microsoft, Amazon, Tesla 등 많은 기업들이 성공의 물살을 탔다. Amazon은 1994년 7월 월스트리트에서 일하던 Jeff Bezos가 설립하였으며, 온라인 서점으로 시작하였지만 컴퓨터 소프트웨어, 음반, 게임, 전자제품, 의류, 가구, 음식, 장난감, 보석 등 다양한 실물 및 디지털 콘텐츠들을 판매하고 있다. 드넓은 아마존강의 지류와 수량처럼 다양하고 수많은 제품들을 파는 온라인 장터(online marketplace)가 되자는 설립 당시의 의미를 실천하고 있는 셈이다. Amazon은 드론 배달서비스를 열면서, 아마존웹서비스(AWS)로 클라우드 컴퓨팅 서비스 및 AI 서비스도 제공하고 있다. 2020년 Amazon은 세계에서 가장 브랜드 가치가 높은 기업으로 평가된 바 있다. 2020년 Amazon의 총자산 규모는 US$3,200억 달러를 넘고, 근로자 수는 전 세계 약 130만 명의 기업으로 성장했다. Jeff Bezos는 우주개발기업 Blue Origin을 설립하여 Elon Musk의 Space X와 유인우주비행, 우주화물운송 및 우주관광 등 우주산업에서도 경쟁하고 있다.

Bill Gates나 Jeff Bezos 등은 인터넷의 거대한 잠재력을 최초로 인식한 사람들이다. 인터넷은 매우 짧은 시간에 수많은 구매자와 판매자들에게 엄청난 정보를 쉽게 제공할 수 있기 때문에 전 세계적으로 수많은 거래를 가능하게 만들고 있다.

Microsoft사나 Amazon과 같은 기업들은 관련 시장을 지배하고 있다. 여기에서 몇 가지 공통점을 생각해 볼 수 있다. 예를 들어 많은 사람들이 MS의

Windows 운영체제를 사용하는 이유는 다른 사람들도 이러한 운영체제를 사용할 것으로 기대하기 때문이다. 사람들이 이러한 운영체제를 사용하면 할수록 개발되는 소프트웨어들도 이러한 운영체제에서 작동되도록 개발된다. 따라서 Windows 운영체제는 그 유용성이 더욱 높아진다. Amazon의 경우도 마찬가지이다. 사람들이 Amazon에서 구매하면 할수록 판매자들도 Amazon을 보다 더 이용하게 된다. 이는 다시 구매자들을 유인하고, 이러한 구매자들의 증가는 다시 판매자들의 증가를 초래하게 되어 Amazon의 활성화가 이루어진다.

어떤 재화를 사용하는 소비자들의 수가 증가하면서 한 소비자에 대한 그 재화의 가치가 증가할 때 그 재화시장은 네트워크 외부효과를 나타낸다고 한다. 이처럼 네트워크 외부효과가 있는 네트워크 경제에서는 플랫폼 독점이 자연스럽게 발생할 수 있다.

어떤 재화를 사용하는 소비자들의 수가 증가하면서 한 소비자에 대한 그 재화의 가치가 증가할 때 그 재화시장은 네트워크 외부효과를 나타낸다고 한다.

1.1 네트워크 서비스의 독점적 제공

Rohlfs(1974)의 모형을 단순화해 네트워크 서비스를 독점기업이 공급하는 경우를 생각해 보자.[2]

단순화를 위해 이 독점기업은 가입료는 부과하지만 사용자 사용량에 따른 이용료는 부과하지 않는다고 하자. 이 네트워크의 가입료인 접속료를 p라고 하자. 네트워크 서비스의 최대 접속인원은 편의상 일백만 명이라고 하고, 실제 이 네트워크 가입자의 비율을 g라고 하자. 임의의 값 g에 대해 네트워크 서비스에 대한 소비자 i가 생각하는 가치는 gv_i로 나타낼 수 있다. 만약 g가 1이면 그 가치는 v_i이다. v_i는 0과 100 사이에 균일분포를 한다고 가정하자. g가 증가할수록 소비자 i가 생각하는 가치 gv_i도 증가한다. 이 네트워크 서비스에 접속하고자 하는 소비자 i의 수요는 다음과 같이 표현된다.

$$q_i^D = 0 \text{ if } gv_i < p \quad \text{또는} \tag{14.1}$$

$$= 1 \text{ if } gv_i \geq p$$

단, $0 \leq g \leq 1$; $v_i \sim \text{Uniform}(0, 100)$

2. 이하의 모형전개는 Rohlfs(1974)의 모형을 단순화한 Pepall, Richards, and Norman(2014)에 기초하고 있다. 보다 자세한 논의는 Pepall, Richards, and Norman(2014)을 참조 바람.

식 (14.1)은 네트워크 서비스에 실제 가입한 가입자의 수가 수요량에 영향을 미치고 있음을 보여주고 있다. 소비자들이 기꺼이 지불하고자 하는 가격 p는 네트워크 가입자의 비율 g와 상호의존적이고, 이는 다시 외부효과와 연계된다.

네트워크 가입자들은 가입할 때 그들이 만드는 외부경제효과를 고려하지 않는다. 네트워크 가입자들은 가입할 때 그들이 얻게 되는 가치만을 고려할 뿐이지만, 네트워크의 사용자가 많아지면서 그 네트워크의 유용성이 높아짐에 따라 외부경제효과를 갖게 된다.

식 (14.1)을 이용해 주어진 가격 p에서 네트워크 서비스에 가입하게 될 소비자비율을 계산할 수 있다. 한계소비자 i가 이 네트워크 서비스에 대해 기꺼이 지불하고자 하는 가치(reservation valuation)를 v_i^*라 하자. 한계소비자 i는 이 네트워크 서비스에 가입하거나 가입하지 않는 것이나 마찬가지인 소비자를 의미한다. 따라서 다음 식이 성립한다.

$$v_i^* = \frac{p}{g}$$

v_i^*보다 낮게 가치를 부여하는 소비자들은 이 네트워크 서비스에 가입하지 않을 것이다. 다른 나머지 소비자들은 이 네트워크 서비스에 가입할 것이다. v_i는 0과 100 사이에서 균일분포를 하기 때문에, v_i^*보다 작은 가치평가를 갖고 있는 소비자 비율은 $\frac{v_i^*}{100}$로 나타낼 수 있다. 따라서 v_i^*보다 높은 가치평가를 갖고 있는 소비자 비율 g는 다음과 같이 나타난다.

$$g = 1 - \frac{v_i^*}{100} = 1 - \frac{p}{100g} \tag{14.2}$$

식 (14.2)에서 p에 관해 정리하면 독점기업이 직면하는 역수요곡선을 얻을 수 있다.

$$p = 100g(1-g) \tag{14.3}$$

이를 그림으로 나타내면 〈그림 14-1〉과 같다.

그림 **14-1**

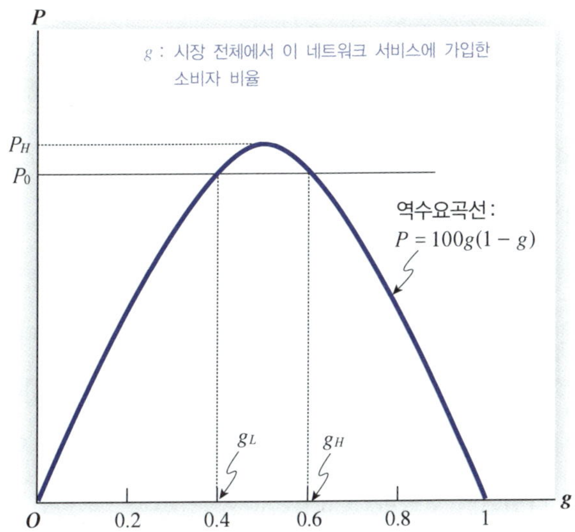

네트워크 서비스의 독점기업에 대한 수요: 네트워크 외부효과가 있는 경우

가격 P_0에서 두 개의 균형이 g_L과 g_H에서 발생한다. 그러나 g_L은 불안정한 균형이고, g_H만이 안정적 균형이다.

〈그림 14-1〉을 좀더 살펴보자. 가격이 P_H보다 높게 되면 양의 g값에 대해 균형은 존재하지 않게 된다. 따라서 매몰비용을 충당하거나 다른 이유 등으로 독점기업이 P_H보다 높은 가격을 책정하면 설사 사회적으로 필요하다 하더라도 이 네트워크 서비스는 실패하고 만다.

〈그림 14-1〉에서 보듯이 가격 P_0에서 g_L보다 적은 소비자들이 구입하는 경우 가입자들이 모두 이탈하게 되면서 균형은 $g = 0$으로 될 것이다. g_L보다 많은 소비자들이 구입하는 경우 균형은 g_H가 된다. 가격 P_0에서 1개 이상의 균형이 있을 수 있다는 것을 알 수 있다. 가격 P_0의 경우 균형은 $g = g_L$과 $g = g_H$의 두 곳에서 이루어진다.

그러나 Rohlfs(1974)는 $g = g_L$과 같이 낮은 가입자 비율을 보이는 균형은 불안정하다고 지적했다. 예를 들어 가격이 조금만 상승하거나 가입자가 약간 감소해도 g_L보다 적은 소비자들이 구입하는 경우가 되기 때문에 균형은 $g = 0$이 되어 네트워크 서비스는 유지될 수 없다. 한편 $g = g_L$에서 가격이 조금만 하락하거나 가입자가 1명이라도 늘어나게 되면 $(0, g_H)$의 모든 소비자들이 이 네트워크 서비스에 대해 기꺼이 지불하고자 하는 가치가 증가하게 되므로 높은 가입자 비율을 보이는 $g = g_H$에서 새로이 균형에 이르게 된다.[3] $g = g_H$에서 균형은 안정적이 되어 가격이나 가입자 수의 사소한 변화가 있더라도 균형은 변화하지 않게 된다.

1.2 네트워크와 경쟁

Rohlfs(1974)의 모형은 독점기업을 대상으로 한 것이지만, 이 산업에 경쟁이 있는 경우 외부효과가 있기 때문에 상황은 단순하지 않다. 외부효과가 존재하는 경우 시장실패가 발생한다. 혹은 유일한 균형이 존재하는 것이 아니라 복수균형이 존재하고, 시장은 최선의 선택을 하지 못하는 경우가 발생할 수 있다.

네트워크 서비스를 제공하는 기업이 둘 이상이고 그 경쟁이 치열한 경우, 그리고 그 산업에서 오직 하나의 기업만이 생존할 수 있을 때 시장상황 역시 단순하지 않다. 오직 한 기업만이 생존하는 경우는 "승자가 모든 것을 취하는 경우(winner-take-all)"라 할 수 있다. 이 산업에서 승리한 기업은 모든 수요자를 고객으로 할 수 있지만 패배한 기업은 아무것도 얻을 수 없다.

한 기업이 고객을 잃기 시작하는 경우 시장은 불안정해진다. 왜냐하면, 남아 있는 고객들에게도 제품의 가치가 하락하기 때문에 결국 고객들이 빠르게 떠나게 되고 결국 이러한 악순환이 반복되면서 실패기업이 되고 만다.

네트워크 서비스가 다른 보조적 구성요소나 서비스를 필요로 하는 시스템적 네트워크인 경우 시장상황은 더욱 복잡할 수 있다.

1.3 시스템 경쟁과 산업표준화 경쟁

1) 시스템 경쟁

네트워크시스템 간의 경쟁은 보통 한 기업만을 생존시키는 것은 아니다. 둘 이상의 기업들이 존재하면서 개별기업은 각자 고유의 네트워크에서 운영될 수 있다.

네트워크시스템 간의 경쟁은 보통 한 기업만을 생존시키는 것은 아니다. 둘 이상의 기업들이 존재하면서 개별기업은 각자 고유의 네트워크에서 운영될 수 있다. 이동통신사의 경우 SK Telecom, LG Telecom, KT 등이 시장을 점유하고 있다. 인터넷 서비스 제공 사업의 경우 훨씬 더 많은 기업들이 공존하고 있

3. Rohlfs(1974)는 낮은 가입자 비율의 균형 $g = g_L$을 네트워크 서비스에 대한 '임계값(critical mass)'이라고 했다.

다. 각 기업이 그 자신의 네트워크에서 영업하고 있음에도 불구하고 시장에 이러한 기업들이 둘 이상 공존하고 있는 경우 여러 가지 요소가 기본적 분석에 추가되어야 한다. 예를 들어 제품의 **네트워크 호환가능성**(network compatibility)도 숙고해야 할 요소들 중의 하나이다. 산업이 특정 표준을 선택해야 한다면 어떤 것이 표준이 되어야 할 까 하는 것도 흥미로운 일일 것이다.

2) 산업표준화 경쟁

네트워크 외부효과가 있을 경우 기술선택 문제를 [표 14-1]의 수지행렬을 통해 생각해 보자. 두 기업 A와 B가 기존 기술(구기술)을 고수할지 새로운 기술(신기술)을 채택할지를 고민하고 있다고 하자. 의사결정을 보다 구체화하기 위해 각각의 경우 얻게 되는 수익을 [표 14-1]의 수지행렬과 같이 나타내 보자. [표 14-1](a)는 두 기업 모두 신기술을 채택하는 경우 수익이 개별적으로도 높아질 뿐 아니라 두 기업 수익의 합도 구기술을 고수할 때보다 증가한다는 것을 보여준다. 반면에 [표 14-1](b)는 두 기업 모두 구기술을 고수하는 경우 수익이 개별적으로도 높을 뿐 아니라 두 기업 수익의 합도 신기술을 채택할 때보다 크다는 것을 보여준다. 따라서 [표 14-1](a)는 신기술이 구기술보다 파레토 우월한 경우이고, [표 14-1](b)는 구기술이 신기술보다 파레토 우월한 경우이다.

두 기업 모두 구기술이나 신기술을 동일하게 채택하는 경우 외부경제효과를 누릴 수 있다.

표 14-1 **네트워크 외부효과가 있을 때: 기술선택의 수지행렬** (단위 : 억원)

(a) 신기술이 구기술보다 파레토 우월한 경우

		기업 A	
		구기술	신기술
기업 B	구기술	(B) 45, (A) 35	(B) 25, (A) 15
	신기술	(B) 25, (A) 25	(B) 65, (A) 75

(b) 구기술이 신기술보다 파레토 우월한 경우

		기업 A	
		구기술	신기술
기업 B	구기술	(B) 65, (A) 75	(B) 25, (A) 15
	신기술	(B) 25, (A) 25	(B) 45, (A) 35

수지행렬을 좀더 자세히 살펴보면 개별기업의 수익은 경쟁기업이 어떤 기술을 선택하느냐에 따라 좌우된다. 예를 들어 [표 14-1](a)의 경우를 보면 두 기업 모두 신기술을 선택하는 경우 각각 65, 75의 수익을 얻게 되지만, 기업 B는 신기술을 택하고 기업 A는 구기술을 택하는 경우 각각 25, 25에 불과한 수익을 얻게 된다. 이러한 수익을 얻게 되는 이유는 구기술과 신기술의 호환가능성에 기초한 것일 수 있다. 예를 들어 구기술과 신기술이 호환되지 않는다면 상이한 기술을 선택하는 경우 이들 기업들은 외부경제효과를 누릴 수 없기 때문에 수익이 크게 줄어든다. 반면에 두 기업 모두 구기술이나 신기술을 함께 택하는 경우 외부경제효과를 누릴 수 있다. [표 14-1](a)와 (b) 모두 두 기업이 구기술이든 신기술이든 동일한 기술을 택할 경우 수익이 크다는 것을 보여주고 있다.[4]

두 기업이 모두 호환되지 않는, 즉 양립할 수 없는 기술을 선호하는 경우 서로의 기술을 산업 표준기술로 만들고자 하는 전쟁에 돌입하게 된다.

그러나 두 기업이 모두 호환되지 않는, 즉 양립할 수 없는 기술을 선호하는 경우 서로의 기술을 산업 표준기술로 만들고자 하는 전쟁(battle)에 돌입하게 된다. [표 14-2]는 이러한 기술표준화 게임의 수지행렬을 나타낸다. 외부효과가 있는 전자산업에 두 개의 기업 S전자와 L전자가 있다고 가정하자. 이들 기업들은 서로 양립할 수 없는, 즉 호환될 수 없는 2개의 기술, α기술과 β기술을 각각 선호한다고 하자. [표 14-2]에서 보듯이 두 기업 모두 α기술을 선택하는 경우 500, 500의 수익을 얻지만, L전자가 α기술을 고수할 경우 S전자가 β기술을 채택하면 L전자가 600, S전자가 700의 수익을 얻을 수 있기 때문에 S전자는 β기술을 채택할 것이다. 그러나 L전자 입장에서는 S전자가 α기술을 채택하고, 자신은 β기술을 채택할 때 가장 높은 수익 800을 얻을 수 있다. 따라서 두 기업 모두 양립할 수 없는 기술을 선호한다. 이에 따라 자기가 선호하는 기술이 채택되도록 싸움에 돌입하게 되고 이 전쟁(battle)에서 이기기 위해 모든 노력을 경주할 것이다.

---

4. 사실 [표 14-1](a)나 [표 14-1](b)의 경우 두 개의 내쉬 균형이 있게 된다. 어떤 균형을 택하게 되느냐 하는 것은 개별기업의 기술선택에 달려 있다. [표 14-1](b)의 경우는 구기술을 그대로 채택하는 것이 낫기 때문에 자연스럽게 신기술로 변경하지 않을 것이다. 그러나 [표 14-1](a)의 경우 구기술을 그대로 고수하는 것보다 신기술을 채택하는 것이 낫다. 그러나 신기술을 다른 기업이 채택하지 않을 경우 상당한 손실을 볼 수 있기 때문에 신기술 채택에 따른 위험이 존재하게 된다. 그러나 이러한 위험을 상호 피하기 위해 협상 등을 할 경우 보다 나은 내쉬 균형이 가능하다.

표 14-2　기술표준화 게임의 수지행렬　(단위 : 억원)

		S전자	
		α기술	β기술
L전자	α기술	(L) 500, (S) 500	(L) 600, (S) 700
	β기술	(L) 800, (S) 550	(L) 300, (S) 300

※ 두 기업이 모두 호환될 수 없는 기술을 선호하는 경우 두 기업은 표준화 전쟁에 돌입하게 된다.

Besen & Farrell(1994)은 그러한 전쟁에서 기업들이 택하는 전략 가운데 4가지 형태를 언급하고 있다. 첫째, 시장에서 가능한 한 가장 많은 사용자들이 이용하도록 대규모 기반설비를 갖춤으로써 초기 우위를 선점하고자 한다. 이를 위해 치열한 가격경쟁을 불가피하게 치러야 할 가능성이 크다. 초기에 사용자를 많이 확보하면 할수록 사용자들이 호환되지 않는 다른 기술의 기업으로 구매기업을 바꿀 가능성은 작아진다. 기업들은 잠재적 고객들을 끌어들이기 위해 이미 상당한 사용자들이 있다는 것을 시장에 적극 알리고 때때로 매출액을 과장하기도 한다.

둘째, 보완재의 공급업체들을 확보하는 것이다. 컴퓨터 운영체제의 경우 많은 부가적 서비스를 제공하는 소프트웨어업체들을 확보해야 고객들을 유지 내지 증가시킬 수 있다. 아무리 탁월한 운영체제라도 이 체제 하에서 운영될 수 있는 소프트웨어가 별로 없다면 소비자들이 선택하지 않게 된다. PC 운영체제에서 Microsoft와 경쟁하고 있는 Apple의 사례는 좋은 예라 할 수 있다. Apple의 경우 그 운영체제에서 호환성이 있는 소프트웨어들의 공급이 충분하지 못했기 때문에 Microsoft에 비해 상대적으로 고객들을 충분히 확보하지 못했다.

셋째, 신제품의 개발 및 출시를 미리 시장에 알리는 전략이다. 경쟁기업 네트워크의 성장을 지연시킬 수 있는 방안 가운데 하나는 정기적으로 새로운 제품을 시장에 내놓기 전에 미리 알리는 것이다. 이러한 전략은 베이퍼웨어(vaporware)를 낳는 경우가 많기 때문에 '베이퍼웨어전략'이라 불리기도 한다. 베이퍼웨어는 개발 초기부터 요란하게 선전하지만, 실제로는 가까운 장래에 완성될 가능성이 없는 소프트웨어를 의미한다.

예를 들어 자율주행 전기자동차도 베이퍼웨어전략의 성공사례이다. 물론 이러한 지체가 의도적인 것이 아닐 수도 있다. 예상치 못한 어려움 때문에 지연

Besen & Farrell(1994)은 기술표준화 전쟁에서 기업들이 보통 다음의 4가지 전략을 택한다고 주장한다.
① 대규모 기반설비를 갖춰 초기 우위를 선점한다.
② 보완재 공급업체들을 확보한다.
③ 신제품 개발 및 출시를 시장에 미리 알린다.
④ 장기적 저가전략을 택한다.

베이퍼웨어는 개발 초기부터 요란하게 선전하지만, 실제로는 가까운 장래에 완성될 가능성이 없는 소프트웨어를 의미한다.

되기도 하고 아예 시장에 나오지 않는 경우도 있다. 그러나 Hahn(2003)은 실제로 존재하지 않는 신제품을 약속하는 '베이퍼웨어전략'이 경쟁기업의 시장진입을 억제하는 통상 사용되는 효율적 방법임을 보였다.

넷째, **장기적 저가전략**이다. 장기적으로 저가전략을 실행하고 유지하는 것은 새로운 소비자들이 이러한 저가전략의 기업을 선택하도록 유인하는 역할을 한다. 특히 규모의 경제나 학습효과가 있는 경우 처음에 대규모 기반설비를 갖추는 것은 수익을 유지하면서 고객들에게 계속 저렴한 가격을 제공하고 유지할 수 있게 해준다.

어떤 전략을 택하든 간에 경쟁기업도 자신이 선호하는 특정 기술을 산업표준화로 만들기 위해 다양한 전략을 택할 것이고, 이에 따라 다양한 결과가 나타날 수 있다. 그러한 시장은 단일한 균형을 갖는 것이 아니라 복수균형을 가질 수 있고, 균형도 불안정할 수 있다. 균형 하에서 호환되지 않는 제품들의 공존은 불안정할 가능성이 높다.

두 기업이 서로 호환될 수 있는 기술표준화에 동의하고, 그 표준화 기술의 선택에 동의하는 경우가 [표 14-3](a)에서 설명된다. S전자, L전자 모두 동일한 기술인 α기술을 선택하면 각각 500, 500의 수익을 얻고, β기술을 동시에 채택하게 되면 300, 300의 수익을 얻게 된다. 그러나 두 기업이 서로 상이한 기술을 선택하는 경우 모두 동일한 기술을 선택할 때보다 낮은 수익을 얻기 때문에 기술표준화에 동의해 동일한 기술을 선택한다. 게다가 β기술을 동시에 선택할 경우보다 α기술을 함께 선택하면 두 기업 모두 보다 높은 수익을 얻게 되므로, α기술을 함께 선택해 표준화의 선택에 동의한다.

표 14-3 The Battle of the Sexes (단위 : 억원)

(a) 호환될 수 있는 기술표준화와 표준화 선택에 동의하는 경우

		S전자	
		α기술	β기술
L전자	α기술	(L) 500, (S) 500	(L) 200, (S) 150
	β기술	(L) 250, (S) 200	(L) 300, (S) 300

(b) 호환될 수 있는 기술표준화에 동의하지만 표준화 선택에 동의하지 않는 경우

		S전자	
		α기술	β기술
L전자	α기술	(L) 300, (S) 550	(L) 200, (S) 150
	β기술	(L) 250, (S) 200	(L) 500, (S) 280

[표 14-3](b) 역시 두 기업이 서로 상이한 기술을 선택하는 경우, 두 기업이 동일한 기술을 선택할 때보다 낮은 수익을 얻기 때문에 기술표준화에 동의해 동일한 기술을 선택하고자 한다. 그러나 어떤 기술을 표준화 기술로 채택할지에 대해선 두 기업 모두 동의할 수 없다. 왜냐하면 α기술을 함께 채택하면 S전자의 수익이 L전자보다 높게 되고, β기술을 동시에 채택하면 반대의 경우가 발생하기 때문이다.

이러한 문제를 해결하기 위해 한 기업이 위협전략을 택할 수도 있고, 반면에 서로 협조해 문제를 해결할 수도 있다. 예를 들어 공동으로 기술을 개발하거나 기술개발에 대한 대가를 지불하는 등으로 문제를 해결할 수 있다. [표 14-3]의 제목 'The Battle of the Sexes'처럼 남자와 여자가 데이트할 때 남자는 야구경기 관람을 제일 좋아하고, 여자는 영화를 보는 것을 가장 즐긴다고 할 때 데이트를 취소하는 것보다는 서로 타협해 데이트를 즐기는 것이 낫다. 야구장으로 가느냐, 극장으로 가느냐 하는 것은 서로 간의 전략에 따라 결정될 것이다.

1.4 네트워크 재화와 정부정책

네트워크 서비스와 관련해 우리는 시장이 반드시 효율적 결과를 초래하지 않는다는 것을 알게 되었다. 사회적으로 바람직한 재화와 서비스의 공급수준이 시장에서 제공되지 않을 수 있다는 것이다. 다른 한편으로, 복수균형의 가능성도 제기될 수 있다. 이 경우 시장이 바람직하지 않은 균형을 선택하고, 기업도 열등한 기술을 선택할 수 있다. 경쟁이 이 시장에서 아예 없을 수도 있으며, 때로는 경쟁 자체가 시장실패의 어떤 해결책도 제시하지 못하는 경우가 발생할 수 있다.

기술표준화의 경우 정부의 역할은 어떠해야 할까? 기술표준화를 기하기 위해 정부가 다른 기업들의 기술선택을 조정하고 통제하는 것이 과연 바람직한 것인가? 시스템 경쟁과 기술발전을 위해 정부의 조정이 필요한 것이 아니라 그대로 시장에 맡겨 놓는 것이 바람직할 수 있다.

유럽의 경우 유럽의회가 모든 이동통신회사들이 동일한 기술표준을 채택하도록 했기 때문에 프랑스 거주자도 영국이나 이탈리아에서 아무런 불편 없이 휴대폰을 사용할 수 있다. 그러나 미국의 경우 그러한 기술표준을 연방정부에서 채택하지 않았기 때문에 기업들은 4개의 기술표준을 선택했고, 이에 따라 처음에는 소비자 불편이 상당했다. 그러나 결국 다양한 기술표준들의 존재는 기술표준들 간 경쟁을 심화시켰고, 이에 따라 기술발전이 획기적으로 이루어지게 되었다. 미국인들의 이동통신 사용범위도 유럽인들의 경우처럼 넓어졌으며, 경쟁과 기술진보에 따른 부가적 혜택도 아울러 누리게 되었다.

2. 공유경제

공유경제의 개념은, 1984년 마틴 와이즈먼 교수가 실업률이 높아지고 인플레이션이 동시에 발생하는 스태그플레이션에 대처하기 위해서는 공유경제가 필요하다고 제안하면서 등장하였다.

최근 개념과 비슷한 맥락으로는 2002년 에잔 맥카이 교수가 'GNU/리눅스'를 공유경제의 예로 언급한 바 있다. 공유경제(sharing economy)라는 용어는 2008년 하버드대 로렌스 레시그(Lawrence Lessig) 교수가 사용하였는데, 일상의 상거래경제와 구분하여 '나나 당신(I or You)의 편익'을 가져오기 위해 공유경제에 참여하게 된다고 설명한 바 있다.

본격적인 공유경제는 2008년 글로벌 경제위기가 발생하면서 저성장, 취업난, 가계소득 저하 등으로 사회문제가 심해지자 과소비를 줄이고 합리적인 소비생활을 하자는 사회적 배경에서 등장하였다.

공유경제는 재화와 서비스를 소유하지 않고 필요에 의해 서로 공유하는 활동이다.

공유경제는 재화나 서비스를 소유하지 않고 필요에 의해 서로 공유하는 활동이다. 공유경제는 개인이나 공동체가 연결된 네크워크를 통하여 재화나 서비스를 만들거나 소비할 수도 있고, 필요한 곳에 자금을 조달할 수도 있으며, 원하는 것을 학습할 수도 있다. 공유경제는 인터넷과 SNS가 발달하면서 빠르게 발달하고 있다.

공유경제는 개인이나 공동체가 연결된 네트워크에 기초하고 있다는 점에서 네트워크 경제의 한 예이다. 거래형태에 따라 공유경제는 다양한 형태를 보이고 있다.

2.1 공유경제의 형태

생산 측면에서 네트워크 연계를 통해 서로 협력하여 재화와 서비스의 디자인, 생산 및 분배를 할 수 있다. 소비 측면에서는 효율적 재분배와 공유접근(shared access)을 통해서 자산을 최대한 이용할 수 있다. 자금조달의 경우 개인 간 금융과 크라우드 펀딩을 통해서 분권화된 자금조달이 이루어질 수 있다. 학습의 경우 교육이 개방되고 개인 간 학습모델을 통해서 분권화된 교육이 이루어질 수 있다.

소비 측면에서 좀더 구체적으로 살펴보면, 공유경제를 협력소비(collaborative consumption)라고 할 정도로 그 형태는 다양하다.

우선, 소유를 하지 않고 재화와 서비스를 공유하여 소비하는 형태를 생각할 수 있다. 예를 들어 BMW의 DriveNow는 필요한 시간, 장소에서 차를 대여하고 분 단위로 이용료를 받는다. Car Sharing의 경우도 소유하는 대신 공유를 통해 차를 이용하는 형태이다. 〈사례연구 14-1〉은 소비자가 소유를 포기하고 일정 금액을 내고 정기적으로 제품이나 서비스를 받아보는 '구독경제'가 빠르게 증가하고 있다는 것을 보여준다. 가전제품, 생필품 중심에서 자동차, 그림, 가구 등으로 그 영역이 계속 확장하고 있다. 소위 MZ세대의 경우 자동차를 소유하는 대신 차량구독 서비스를 많이 활용하고 있다.[5]

구독경제는 소비자가 소유를 포기하고 일정 금액을 내고 정기적으로 제품이나 서비스를 받아보는 것을 의미한다.

5. MZ세대는 M세대와 Z세대를 합쳐 부르는 말이다. M세대는 1980년대 초에서 2000년대 초 사이 출생하여 IT에 능숙하고, 대학진학률이 높은 특색이 있다. Z세대는 1990년대 중반에서 2000년대 초 사이 출생하여 디지털 세상에서 자라나 디지털 네이티브(디지털 원주민)라고 불리는 세대이다. MZ세대는 겹치는 부분이 있지만 2019년 통계청 기준으로 15~39세 인구로 보면 총인구 5,140만 명 가운데 1,740만 명을 차지하여 총인구의 약 34%를 차지하고 있다.

사례연구 14-1 구독경제의 발전 … 매달 차 바꿔타고, 샤넬백은 10만원에 나흘 빌려

직장인 J씨(34)는 석 달 전부터 월 75만원에 쏘나타 · 투싼 등 현대차의 4개 차종을 달마다 바꿔 탈 수 있는 차량구독 서비스를 이용 중이다. J씨는 "매달 새로운 차를 경험하는 즐거움이 있다"며 "나와 잘 맞는 차를 찾고 나면 구독을 해지하고 구매할 생각도 있다"고 말했다. 매달 일정액(59~99만원)을 내고 여러 차종을 바꿔 탈 수 있는 '현대 셀렉션' 서비스 이용자가 8,395명인데, 62%가 20~30대인 'MZ세대'다.

MZ세대가 소비 주축으로 거듭나면서, 과거 가전제품 · 생필품 중심이었던 구독경제 영역은 자동차 · 그림 · 가구 등으로 확장하는 추세다. 구독경제란 소비자가 일정 금액을 내고 정기적으로 제품 · 서비스를 받아보는 것이다. 소유를 포기하는 대신 이용료를 낮추면서 고가 제품 시장이 대중화되는 효과도 생긴다.

그림 구독 업체 오픈갤러리는 수백만원짜리 그림을 월 10만원 안팎에 빌려주고 3개월 단위로 그림을 바꿀 수 있는 구독 서비스를 제공한다. 미술품은 직접 구매해 소장하며 혼자 즐기거나 자녀에게 물려주는 재테크 수단으로 인식되어 왔다. 그러다 보니 '미술품 시장 = 부유층'이라는 인식이 강했다. 하지만 구독경제를 통해 자신의 집이나 사무실에서 미술품을 즐기는 MZ세대가 등장하면서 미술품 시장은 훨씬 대중화됐다. 오픈갤러리 고객의 70% 이상이 20~40대 여성이다. 가구업체인 H기업은 침대 매트리스에 이어 침대 · 소파 등 고가 가구로 구독상품을 확대할 계획이다.

필요할 때만 빌려 쓰는 렌털 시장도 덩달아 성장세다. 수십만원짜리 골프웨어나 수백만원짜리 샤넬 백을 10만원 안팎에 3~4일 빌려 쓰는 렌털 서비스는 흔해졌다. 명품 가방이 필요한 날은 1년에 며칠 안 되는데, 필요할 때만 빌려 쓰면 된다는 것이다. KT경제경영연구소는 개인 및 가정용품 렌털 시장 규모가 2020년 10조원을 넘어선 것으로 분석했다.

출처 : 조선일보(2021. 3. 1)

물물교환은 재화와 서비스를 재분배시키는 기능을 하고 있다. 중고 교환 및 매매도 공유경제에서 활발하게 이루어지고 있다. 때로는 무료로, 때로는 중고 교환으로, 때로는 현금결제를 통해 재화와 서비스의 재분배가 이루어진다. 미국의 Swap.com이나 우리나라의 당근마켓도 이러한 예이다. 〈사례연구 14-2〉는 중고 명품백까지 거래되는 서울 청담동 '당근마켓'의 사례를 보여준다. 2015년 7월 오픈된 당근마켓은 이용자의 거주지역을 중심으로 사용하던 중고 물품을 직거래하고 지역 관련 정보를 교류할 수 있다. 이러한 특성 때문에 동네별로 다양한 중고 물품이 지역민들 간에 거래되고 있다.

한편, 특정 커뮤니티 내부의 사용자 간 협력소비가 이루어지는 경우도 있다. 숙박공유 플랫폼인 Airbnb가 그러한 예이다.

사례연구 14-2 서울 청담동 당근마켓은 클래스가 다르다 … "명품관 저리가라"

지역 주민과 중고 물건을 사고파는 중고거래 플랫폼 '당근마켓'을 이용하는 사람들이 늘고 있는 가운데 최근 온라인 커뮤니티에 등장한 '청담동 당근마켓' 게시물이 관심을 끌고 있다.

2021년 2월 7일 온라인 커뮤니티에 따르면 해당 게시물을 올린 A씨는 '청담동 당근마켓에서는 뭐를 파는지 궁금해서 보게 됐다'라는 글과 함께 당근마켓 캡처 사진을 공개했다.

그가 공개한 사진 속 당근마켓 청담동 지역에서는 에르메스, 샤넬 등 고가 명품들의 중고거래가 줄을 이었다. 게시된 물건들의 판매가격 또한 높은 금액으로 이목을 끌었다. 중고거래임에도 불구하고 적게는 80만원부터 많게는 2,500만원대의 금액을 자랑했다.

이를 본 누리꾼들은 "순간 백화점 명품샵인줄 알았다" 등의 반응을 보였다.

2015년 7월 서비스를 시작한 당근마켓은 이용자가 거주하는 지역을 중심으로 중고 물품을 직거래하고 지역 관련 정보를 교류할 수 있는 게 특징이다. 위치정보를 기반으로 동네를 인증할 수 있고 거래자 매너 평가, 거래후기 제도 등을 갖추고 있다. 상대방의 평판, 거주 동네 등을 확인할 수 있기 때문에 비교적 안전하게 거래가 가능하다.

출처 : 한국경제신문(2021. 2. 7) ⓒ 한경닷컴

2.2 공유경제의 편익과 문제점

"사용하지 않는 가치는 낭비된 가치이다(Unused value is wasted value). 낭비된 가치는 다른 사람에게는 꼭 필요한 가치이다"라는 것이 공유경제의 근본 핵심이다.

공유경제의 근본 핵심은 사용하지 않는 가치는 낭비된 가치이고, 낭비된 가치는 다른 사람에게는 꼭 필요한 가치라는 것이다.

이러한 공유경제가 가져올 수 있는 좋은 점들을 생각해 보자.

우선, 공유경제는 자원을 순환시키는 선기능을 하고 있다. 이에 따라 탄소배출을 줄이고, 자원 소비를 줄여 환경오염을 감소시킬 수 있다. 한편, 지역 내 잉여를 다시 지역 내에서 사용할 수 있다는 점에서 지역사회의 연대를 강화시킬 수 있다. 사용하지 않는 빈 방이나 자동차 등을 활용한다는 점에서 리사이클링을 통해 소비자비용을 절감할 수 있다. 경제적으로 구입할 여유가 없거나 임시 사용할 필요가 있는 사람들에게 재화와 서비스를 사용할 수 있는 기회를 제공할 수 있다. 다른 한편으로 크라우드펀딩을 통해서 금융부문의 진입장벽이 완화될 수 있다. 마지막으로, 공유경제의 다양한 형태를 통해 혁신이 이루어져 사람들의 삶이 윤택해질 수 있다.

각 경제(Gig Economy)는 산업현장에서 필요에 따라 사람을 구해 계약직이나 임시직 형태로 인력을 고용하는 경제형태이다.

하지만 공유경제의 환상이 현실적으로 깨어지는 경우도 있다. 공유경제로 소위 '긱 경제(Gig Economy)'가 일반적이 될 수도 있다. 긱 경제는 산업현장에서 필요에 따라 사람을 구해 계약직이나 임시직 형태로 인력을 고용하는 경제 형태이다. 1920년대 미국의 재즈클럽에서 단기 섭외한 연주자를 '긱'이라고 부른 데서 유래했다. 일하는 사람 입장에서는 정규직이 아니라 임시직을 뜻하기 때문에 고용이 불안정해져 삶의 질이 떨어질 수 있다. 미국 뉴욕시 공유경제 플랫폼 노동자의 경우 자유롭고 유연한 노동시장 참여가 아니라 저임금과 장시간 노동으로 힘들게 살고 있는 사례들도 나타나고 있다.[6] 〈사례연구 14-3〉은 미국 노동부장관이 긱(gig) 근로자들을 독립 사업자가 아니라 직원으로 인정해야 한다고 인터뷰한 후 긱 근로자들에 대한 정부 관계자 및 노사의 생각을 다루고 있는 사례이다. 미국 노동부장관은 우버 운전기사나 도어대시의 음식배달원들이 사실상 해당 기업의 근로자이기 때문에 실업보험, 연금 등 혜택을 받아야 한다고 주장하고 있다. 긱 기업들은 노동의 유연성과 자율성이 훼손될 경우 노사 모두 피해를 볼 수 있다는 점들을 지적하고 있다. 긱 노동자 입장에서는 실업보험과 연금 등 혜택을 받아야 고용의 안정성을 체감할 수 있을 것이다.

사례연구 14-3 미국 "긱 근로자도 직원" … 궁지 몰린 우버 · 리프트

노동장관 "보험 · 휴가 보장해야"
'독립 사업자'로 분류해 왔던
공유경제 기업 관행에 제동

우버 · 리프트 · 도어대시는 반발
"코로나 적자에 비용부담 크다"
시총 하루 만에 150억 달러 증발

마티 월시 미국 노동부장관이 "긱(gig) 근로자들은 독립 사업자가 아니라 직원으로 분류돼야 한다"고 말했다. 우버 운전기사나 도어대시의 음식배달원들이 사실상 기업에 소속된 근로자이기 때문에 실업보험, 연금 등 혜택을 받아야 한다는 것이다. 긱 기업들은 "노동 유연성과 자율성이 훼손되면 노사 모두 피해를 볼 수 있다"며 강력 반발했다.

월시 장관은 2021년 4월 29일(현지 시간) 로이터통신과의 인터뷰에서 "긱 근로자들은 어떤 경우엔 독립적인 지위를 유지하지만 다른 경우에는 그렇지 않다"며

6. 사실 코로나19의 영향으로 차량 및 승차 공유업체, 호텔 및 숙박 공유업체 등이 상당한 타격을 입었다. 코로나19 이전 차량 및 승차 공유업체의 경우 우버가 단연 선두주자였지만, 2020년 말 이용자 수 기준으로 중국업체 디디추싱이 1위, 그랩과 올라가 2, 3위를 차지하고 우버는 4위 업체로 떨어졌다. 공유업체 간 경쟁도 치열하다. 이와 관련하여 이데일리(2020. 12. 1)를 참조 바람.

"일관성이 있어야 한다"고 강조했다. 그는 "많은 경우 긱 근로자는 직원으로 간주돼야 한다는 게 내 판단"이라고 덧붙였다.

월시 장관은 노동운동가 출신으로, 보스턴시장을 지내다가 2021년 3월 말 바이든 내각에 마지막으로 합류했다. 긱 근로자는 고용주의 필요에 따라 단기계약을 맺고 일하는 임시직이다.

우버, 리프트, 도어대시, 포스트메이트 등 긱 경제의 핵심 기업들은 피고용인 역할을 하는 운전기사와 배달원 등을 '계약자'로 분류해 왔다. 2020년 미국 대선 과정에서 '긱 근로자에 대한 지위 향상'을 공약으로 내세웠던 조 바이든 행정부가 이런 관행에 본격적으로 제동을 걸고 나섰다는 분석이 나온다.

월시 장관은 "긱 기업들이 매출과 이익을 내고 있는데 이에 대해 누구도 탓하지 않는다"며 "다만 기업 성공의 과실이 근로자에게 흘러가도록 확실히 해야 한다"고 강조했다. 그는 "향후 수개월간 긱 근로자를 사실상 고용하고 있는 기업들과 접촉해 일정한 급여와 병가, 의료서비스 접근권 등을 보장하라고 요청하겠다"고 말했다. 긱 근로자들의 노조 성격인 '긱 워커스 라이징'은 별도 성명을 내고 "규제당국이 근로자들을 보호하기 위해 적극 개입해야 한다"고 촉구했다.

월시 장관의 발언 내용이 알려지자 이날 뉴욕증시에서 긱 기업들의 주가는 급락했다. 우버는 5.99%, 리프트는 9.94%, 도어대시는 7.60% 떨어졌다. 하루 동안 사라진 시가총액만 150억 달러에 달했다.

우버 "근로자도 유연근무 선호"

긱 기업들은 크게 반발했다. 독립된 사업자를 직원으로 분류하면 비용 부담이 너무 커진다는 것이다. 다른 정보기술(IT) 업체와 달리 여전히 손실 폭이 크다는 하소연도 하고 있다. 최근 분기 실적에서 우버는 9억 6,800만 달러, 리프트는 4억 5,800만달러, 도어대시는 3억 1,200만 달러의 순손실을 기록했다.

우버는 성명을 통해 "가장 중요한 것은 우리 차량공유 기사들의 생각"이라며 "압도적 다수가 독립적이고 유연한 근무제를 선호하고 있다"고 강조했다. 도어대시는 "우리 배달원들은 1주일에 평균 4시간만 일하고 있다"며 "이들은 언제, 어떤 방식으로 일할지 스스로 선택할 수 있는 점을 중시한다"고 했다.

우버 등 긱 기업들은 국가 및 지역에 따라 다른 전략을 써왔다. 우버는 2021년 3월 영국에서 자사 운전기사 7만여 명을 직원으로 분류한 뒤 최저임금, 유급휴가, 연금 등 혜택을 부여했다. 영국 대법원이 2021년 2월에 우버 기사를 직원으로 대우하라고 판결한 데 따른 조치다. 하지만 2020년 11월 캘리포니아주 주민투표를 통해 기사들에게 정직원 혜택을 줄 필요가 없게 되자 운전자를 독립 계약자로 유지하는 대신 의료보험 보조금 등을 지급하는 식의 타협안을 마련했다.

출처 : 한국경제신문(2021. 5. 1) ⓒ 한경닷컴

2.3 공유경제의 미래

공유경제가 유지 및 발전할 수 있기 위해서는 몇 가지 조건들이 충족되어야 한다. 우선, 자금조달의 경우 크라우드펀딩 플랫폼(crowdfunding platforms)을 통해서 일반투자자들로부터 직접 자금을 조달할 수 있어야 한다. 다음으로, 소비자들이 필요로 할 때에는 전문가 네트워크(expert network)를 통해 전문가들

이 정보를 제공해야 하고, 관련 데이터는 투명하고 개방되어 공유경제의 참여자들 누구나 이용할 수 있어야 한다. 물론 시장참여자 간 상호 신뢰가 뒷받침되어야 함은 당연하다.

공유경제는 몇 가지 요인들 때문에 빠르게 발전하고 있다. 우선, 정보기술 및 사회적 미디어의 발달에 의해 촉진되고 있다. Mobile 기기 등을 사용하여 편리하게 네트워크를 통하여 직접 거래를 할 수 있기 때문이다. 소셜 네트워킹에 의해 소셜커머스도 빠르게 증가하고 있다. 이러한 상거래를 통해 경제적 이득을 볼 수 있고, 지속 가능한 성장이 가능해지며, 활동의 즐거움 등 때문에 공유경제 참여가 늘어나고 있다. 아울러 도시 라이프스타일의 변화도 공유경제를 발전시키고 있다. 예를 들어, 차량공유 서비스의 우버(Uber)나 리프트(Lyft), 배달앱인 '배달의 민족'이나 '쿠팡이츠'는 가까운 곳에 사는 사람들의 잉여를 소비하는 것이고, Airbnb는 먼 곳에 사는 사람들의 잉여를 소비하는 것이다. 이와 아울러 자연자원을 사용할 때 들어가는 비용의 변동성이 커지면서 자원의 순환을 위해 소유 대신 대여나 공유라는 공유경제가 발전하고 있다.

공유경제는 기본적으로 시장참여자뿐만 아니라 사회 전체의 이익이 되는 win-win 구조를 지향하고 있기 때문에 계속해서 다양한 형태로 발전해 나갈 것으로 보인다.

3. 경매

Industrial Organization, Ch. Fourteen

경매는 오랜 시간 동안 존속해 왔다. 그 오랜 역사 때문에 때때로 경매는 경쟁의 궁극적 형태로 간주되기도 한다. 미술품이나 주파수 등을 판매하기 위해 경매를 이용하는 것은 경쟁시장을 실제화하는 것으로 생각될 수 있다. 그러나 경매의 일부 특성들은 경쟁시장과는 거리가 먼 시장성과를 초래할 수 있다.

현재 경매가 이루어지는 가장 유명한 곳은 미국의 소더비(Sotheby's)와 영국의 크리스티(Christies)라 할 수 있는데, 두 곳 모두 1700년대로 거슬러 올라간다. 소더비와 크리스티는 골동품과 미술품, 그리고 가격을 결정하기 어려운 재화들을 보통 거래하고 있다. 이러한 것들은 사람들의 취향이나 생각, 그리고 시장상황에 따라 가치가 결정될 수 있기 때문이다.

최근 인터넷거래로 경매가 폭발적으로 이루어지고 있다. 이처럼 온라인 경매(online auction)가 발전하는 이유는 전자통신산업의 비약적인 발전과 전자상거래의 급속한 성장 때문이다. 전 세계 수백만 명의 소비자들이 매일 경매시장에서 거래를 하고 있다. 인터넷은 수많은 사람들의 수요와 공급을 큰 비용 없이 충족시키는 기능을 하고 있다. 이에 따라 경매사이트는 인터넷에서 인기 있는 곳 중의 하나이다.

경매시장은 다른 가치와 다른 정보를 갖고 있는 사람들을 한 곳에 모은다. eBay를 가든, 다른 경매사이트를 가든 기본적인 것은 사람들마다 해당 사이트에서 판매되는 제품에 대해 상이한 가치를 부여한다는 것이고, 이에 따라 입찰가격이 달라진다. 물론 그러한 가치에는 상이한 선호를 단순히 반영하는 것일 수 있다. 어떤 사람에게는 현대식 소파가 더 멋있어 보이고, 다른 이에게는 앤틱 소파가 더 매력적일 수 있기 때문이다. 서로 다른 정보를 갖고 있을 때 경매되는 재화에 대한 가치평가가 달라질 수 있는 것은 당연하다 하겠다.

경매시장은 다른 가치와 다른 정보를 갖고 있는 사람들을 한 곳에 모은다. eBay를 가든 다른 경매사이트를 가든 기본적인 것은 사람들마다 해당 사이트에서 판매되는 제품에 대해 서로 다른 가치를 부여한다는 것이고, 이에 따라 입찰가격이 달라진다.

이하에서 경매의 여러 형태를 살펴보고, 경매이론의 가장 유명한 결과인 '**수입등가정리**'의 의미를 생각해 본다. '**승자의 저주**'와 같은 잘 알려진 현상도 살펴본다.

경매시장이 효율적이라는 의미는 무엇일까? 경매대상 물건이 그 재화를 가장 가치 있게 여기는 구매자에게 낙찰되고, 낙찰가격은 구매자가 생각하는 그 재화의 최대가치와 근접할 때 효율적이라고 할 수 있다. 경매디자인이 그러한 방향으로 이루어지도록 하는 것이 바람직하겠지만, 늘 쉽게 달성되지는 못한다.

경매는 점점 보편화되어 가고 있다. 기업들은 경매를 통해 필요한 재화와 서비스를 구매하기도 하고, 소비자들 역시 원하는 재화와 서비스를 인터넷 경매사이트를 통해 구매하고 있다. 정부 역시 경매를 통해 국채를 판매하기도 한다. 한국자산관리공사는 국유지나 부동산 등을 경매를 통해 매매하고 있다.

경매시장의 발전 과정을 통해 볼 때 다른 산업과 마찬가지로 경매시장도 시장지배력과 같은 문제에서 벗어나지 못하고 있다. 반면에 경매와 경매시장이 효율적으로 운영될 때 경매시장은 조세부담을 경감시키고, 이에 따라 세금이 가져오는 경제적 왜곡을 감소시킬 수 있다. 이제 경매 및 경매시장은 산업조직론에서 중요한 의미를 갖고 있다.

경매는 이베이 같은 온라인 거래뿐만 아니라 국가 간 협상 및 정책에도 활용돼 국민경제에 큰 영향을 줄 수 있다.

〈사례연구 14-4〉는 2020년 노벨 경제학상 공동수상자인 로버트 윌슨 교수와 폴 밀그럼 교수가 제안한 동시 라운드 경매방식을 통해 미국 연방통신위원회(FCC)가 주파수 경매를 통해 1994년부터 2014년까지 1,200억 달러(약 137조원)를 벌었다는 사례를 설명하고 있다. 사실 로버트 윌슨 교수는 완전경쟁시장에서 시장의 보이지 않는 손에 의해 가격이 결정된다는 전통적인 시각에 의문을 품었다. 가격은 오히려 소수의 경쟁기업 간 전략적 의사결정에 의해 결정되는 것으로 생각했다. 폴 밀그럼 교수는 경매이론을 현실에 적용하여 경제이론과 현실경제를 연결하고자 시도했다. 이들이 제안한 경매방식은 이익극대화가 아닌 사회적 후생 극대화를 목표로 했다는 데서 의미가 있다. 이후 주파수 경매는 세계적인 트렌드가 됐고, 우리나라도 2011년 8월 처음 주파수 경매를 했다. 당시 SK텔레콤이 KT와 치열한 경쟁을 통해 4세대 이동통신의 황금주파수로 불리는 1.8GHz 대역을 차지한 바 있다. 2018년 실시한 5G 주파수 경매도 이같은 경매방식을 적용했다. 총 2번에 걸쳐 진행됐는데 1차로는 주파수 폭을, 2차로는 위치를 결정했다.[7] 영국, 스페인, 독일 역시 이들이 제안한 주파수 경매 방식을 통해 상당한 성공을 거두었다. 이들의 경매방식은 무선주파수 및 라디오 주파수 경매, 항공기 이륙 및 착륙 배정에도 활용되고 있다.

---

7. 2018년에 실시된 경매에서 5G 이동통신용 주파수 경매 결과 3.5GHz 대역에서 블록당 968억원에 SK텔레콤과 KT가 각각 100GHz 폭을, LG유플러스는 80GHz 폭을 할당받았다. 이후 진행된 3.5GHz의 위치 경매의 결과 3.42~3.50GHz는 LG유플러스, 3.50~3.60GHz는 KT, 3.60~3.70GHz는 SK텔레콤이 차지한 바 있다. 3.5GHz 대역의 최종 낙찰가는 SK텔레콤 1조 2,185억원, KT 9,680억원, LG유플러스 8,095억원의 순이었다. (출처 : 뉴스웍스(2020. 10. 12)(http://www.newsworks.co.kr))

사례연구 14-4 노벨 경제학상 수상자가 만든 '동시 라운드' 주파수 경매

공정한 경매 방법은? 정보의 비대칭에 주목

▲ **2020년 노벨 경제학상 수상자인 로버트 윌슨 교수**(좌) **와 폴 밀그럼 교수**(우). (스탠퍼드대 제공)

"폴 … 자네 노벨상 받았어"

2020년 10월 12일(현지 시간) 새벽 2시 15분 로버트 윌슨 미국 스탠퍼드대 교수는 같은 대학에서 근무하는 동료이자 과거 제자였던 폴 밀그럼 교수의 집 초인종을 눌렀다. 노벨 경제학상 수상 소식을 알리기 위해서였다.

2020년 노벨 경제학상은 경매이론을 연구한 폴 밀그럼 교수와 로버트 윌슨 교수가 공동 수상했다. 두 사람은 기존 경매방식에서 정보의 비대칭 때문에 발생하는 판매자와 구매자의 이득 및 손실을 줄이는 새로운 경매 방법을 고안했다. 이 방법은 국가가 통신사업체 주파수를 할당하거나 공공 조달을 위한 쓰레기 처리 업체 선정 같은 경매에 폭넓게 활용된다.

경매는 가격이 정해지지 않은 상품을 거래하는 행위처럼 보이지만, 사실은 주어진 조건을 활용해 최적의 해를 찾는 과정이다. 구매자는 경매 방법, 규칙, 상품에 관한 정보를 활용해 상품을 가능한 적은 금액으로 입찰받을 수 있는 전략을 찾는다.

경매는 이베이 같은 온라인 거래부터 국가 간 협상까지 활용돼 국가 경제에 큰 영향을 줄 수 있다. 이런 이유로 1996년 노벨 경제학상을 받은 경제학자 윌리엄 비크리가 1960년대 초 '경매이론'이라는 분야를 개척하면서 공평한 경매 방법과 전략을 찾는 연구가 학자들의 관심을 이끌게 됐다.

경매 방법은 다양하지만 대표적으로 영국식 경매와 네덜란드식 경매가 있다. 영국식 경매는 모든 구매자가 가격을 제시하고, 가장 높은 가격을 제시한 사람이 상품을 입찰받는다. 네덜란드식 경매는 상품을 파는 사람이 높은 가격부터 시작해 점차 가격을 낮추다가 최초의 구매 희망자에게 파는 방법이다.

경매 방법과 규칙은 모든 판매자와 구매자가 알고 있지만, 상품에 관한 정보는 그렇지 않다. 예를 들어 경매에 나온 상품에 전문가만 알 수 있는 손상이 있다면, 이 사실을 모르는 사람은 상품의 가치를 실제보다 높이 평가해 손해를 볼 가능성이 크다. 이를 '승자의 저주'라고 한다.

윌슨 교수는 1960년대와 1970년에 걸쳐 정보의 불확실성으로 인해 상품의 실제 가치를 모를 때 구매자가 어떤 전략을 취할 것인지 밝혔다. 구매자는 정보가 불확실하다고 판단하면 스스로 책정한 가격보다 낮은 가격을 제시하거나 기권하는 경향이 있었으며, 이런 경향은 구매자 간에 불확실성의 정도가 커질수록 높아졌다.

당시 윌슨 교수의 제자였던 밀그럼 교수는 윌슨 교수의 연구를 토대로 1980년 구매자들이 가진 정보와 구매자가 제시하는 금액의 연관성이 클수록 구매자와 판매자의 수익이 높다는 연구를 발표했다. 밀그럼 교수에 따르면, 영국식 경매는 구매자가 상품에 대해 알고 있는 정보를 토대로 금액을 제시하므로 금액을 제시하지 않는 네덜란드식 경매보다 공정한 방법이다.

새로 고안한 동시 라운드 경매, 주파수 분배에 큰 활약

1990년대 미국 연방통신위원회(FCC)는 통신사업체

에게 주파수를 분배하는 문제를 고민했다. 국가 소유인 주파수 이용 권한을 사기업 중 일부에게 분배해야 했고, 처음에는 사업체가 보낸 제안서를 토대로 결정했으므로 각종 로비가 발생하는 일이 잦았다.

이 문제를 해결하기 위해 1990년대에는 무작위 추첨 방식으로 바꿨지만, 주파수를 당첨자에게 임의로 배정했기 때문에 사업체가 원하는 주파수를 받을 수 없었다. 이는 곧 주파수 이용 권한에 웃돈을 얹어 판매하는 2차 거래로 이어졌고 1993년 경매를 통해 할당하기로 결정했다.

윌슨 교수와 밀그럼 교수는 새로운 경매 방법인 '동시 라운드 경매(SMRA)'를 고안했다. 동시 라운드 경매는 여러 주파수를 동시에 경매하는 방법으로, 1회 이상의 라운드를 거쳐 낙찰자를 결정한다. 특정 라운드에서 한 주파수의 최고가 입찰자가 결정되면, 다음 라운드부터 다른 입찰자가 해당 주파수에 더 높은 가격으로 입찰하지 않으면 다른 주파수에 입찰할 수 없다. 모든 주파수에 더 이상의 입찰이 없으면 경매를 종료한다.

FCC는 1994년 7월 동시 라운드 경매로 10개의 주파수를 47개 라운드에 걸쳐 판매했고, 1994년부터 2014년까지 1,200억 달러(약 137조원)를 벌어들였다. 이후 핀란드, 인도, 캐나다, 노르웨이, 폴란드, 스페인, 영국, 스웨덴, 독일이 동시 라운드 경매를 이용해 주파수를 분배하며 큰 성공을 거뒀다.

출처 : 동아일보(2020. 10. 14)

3.1 경매의 형태

1) 영국식 경매

영국식 경매는 입찰가격을 점차 높여가는 형식의 경매이다.

영국식 경매(ascending-bid or English auction)는 입찰가격을 점차 높여가는 형식의 경매이다. 인터넷 경매가 보편화되기 전에는 경매인이 점점 가격을 높여가면서 마지막으로 경매인이 "Going, going, gone"이라 할 때 경매가 종료되고, 경매인이 마지막으로 부른 가격에 손을 든 사람이 그 재화를 갖게 된다. 영국식 경매는 경매에서 보통 이용되는 방법이지만 수많은 경매방식 중 한 방식에 불과하다.

2) 네덜란드식 경매

네덜란드식 경매는 가격을 점차 낮추어 가는 형식의 경매이다.

네덜란드식 경매(descending-bid or Dutch auction)는 가격을 점차 낮추어 가는 형식의 경매이다. 네덜란드식 경매의 경우 시작 가격은 보통 아주 높지만 점점 낮아지게 되고 처음으로 손을 든 사람이 그 재화를 갖게 된다. 네덜란드의 꽃 경매에서 보통 이러한 방식이 이용되었기 때문에 네덜란드식 경매라 부른다.

이 경매 형식의 경우 낙찰가격은 알지만, 다른 가격들은 결국 알 수 없게 된다. 봉인식 경매와 전략상 동일하다고 할 수 있다.

3) 봉인식 경매

봉인식 경매는 관심있는 구매자가 가격을 적어 그것을 봉투에 넣어 봉인한 다음 그 봉투를 개봉하면서 가장 높은 가격을 적은 사람이 해당 재화를 갖도록 하는 방식이다.

봉인식 경매(sealed-bid auction)는 관심 있는 구매자가 가격을 적어 그것을 봉투에 넣어 봉인한 다음 그 봉투를 개봉하면서 가장 높은 가격을 적은 사람이 해당 재화를 갖도록 하는 방식이다. 응찰자는 다른 사람들의 가격을 알 수 없다는 점에서 네덜란드식 경매와 유사하다.

그러나 이 방식의 경매가 언제나 동일한 것은 아니다. 두 가지 형태로 다시 구분할 수 있는데, **최고가격경매**(first-price auction)는 최고가격을 부른 경매참여자가 그 가격을 지불하는 것임에 비해, **2위가격경매**(second-price auction)는 최고가격을 적어낸 경매참여자가 차상위 가격인 2위 가격을 지불하는 경매방식이다.

봉인식 최고가격경매는 2015년 한국전력이 현대자동차에 삼성동 부지를 매각할 때 썼던 방식이다. 이 방식으로 경매가 이루어지면 경매참여자 모두 그 결과에 만족하지 못할 수 있다. 낙찰받은 참여자는 경쟁에서 이기기 위해 지나치게 높은 가격을 써낸 것을 후회하고, 다른 쪽은 경쟁에서 졌기 때문에 후회할 수 있다.

3.2 수입등가정리

수입등가정리는 경매 형식이 영국식이든, 네덜란드식이든, 봉인식이든 어떤 형식을 취하더라도 경매결과에 따른 수입이 동일하다는 정리이다.

'**수입등가정리**(revenue equivalence theorem)'는 경매 형식이 영국식이든, 네덜란드식이든, 봉인식이든 어떤 형식을 취하더라도 경매결과에 따른 수입이 동일하다는 정리를 말한다. 낙찰가격은 경매 형식에 관계 없이 모든 경우에 동일하게 된다는 것이다.

수입등가정리에 따르면 경매방식은 전혀 문제가 되지 않는다. 사실 이 정리가 유지되기 위해선 많은 조건들이 충족되어야 한다. 예를 들어 경매인이 2위가격경매의 경우 경매참여자들이 다른 가격들을 볼 수 없다는 사실을 이용해 2위가격을 속일 가능성도 있는 것이다. 그러나 Lucking-Reily(2000)는 경매방식을 적절히 혼합한다면 경매인이 속일 위험을 벗어날 수 있는 방법들이 있다는 것을 제시하고 있다.

3.3 공통가치경매

최고가격 봉인식 경매를 할 경우 경매대상물건은 모든 경매참여자에게 공통된 하나의 진정한 가치를 갖고 있다고 가정된다. 이러한 경매를 공통가치경매라고 한다.

최고가격 봉인식 경매를 할 경우 경매대상 물건은 모든 경매참여자에게 공통된 하나의 진정한 가치를 갖고 있다고 가정된다. 이러한 경매를 '**공통가치경매**(common value auctions)'라고 부른다.

공통가치경매는 경매되는 재화가 단 하나의 진실한 가치를 갖고 있다는 것을 의미한다. 공통가치경매의 예를 들어 보자. '석유탐사 및 시추권'에 대한 경매의 경우 석유회사가 수요자가 되어 경매에 참여하는데, 각 석유회사는 유전에 대한 검사를 통해 매장량을 추정하고 유전의 가치를 계산한다. 석유회사들이 유전의 다른 지역에서 검사를 행하고, 이에 따라 매장량 및 가치추정을 하기 때문에 입찰가격이 상이할 수밖에 없다. 그러나 분명한 것은 그 유전의 진실한 가치는 석유매장량이 분명하기 때문에 해당 유전에 대한 석유탐사 및 시추권의 가치는 오직 하나라는 것이다.

경매참여자의 가치추정치가 서로 상관관계에 있다면 수입등가정리는 공통가치경매의 경우 적용되지 않는다.

1) 승자의 저주

승자의 저주란 공통가치경매에서 낙찰자가 너무 높은 가격을 불렀기 때문에 오히려 승자가 패자가 되는 경우이다.

공통가치경매의 경우 낙찰자가 너무 높은 가격을 불렀기 때문에 오히려 승자가 패자가 되는 경우를 '**승자의 저주**(winner's curse)'라고 한다.[8] 이는 낙찰자가 편의된 정보에 의해 지나치게 상황을 낙관적으로 보고 있기 때문이다. 승자의 저주는 경매의 경우뿐만 아니라 기업의 M&A 경쟁에서도 종종 나타난다.

8. '승자의 저주'란 용어는 1971년 유전개발 회사인 애틀랜틱리치필드사에서 근무하던 케이펜, 클랩, 캠벨 등 3인이 공동으로 쓴 논문에서 처음 등장했다. 이 용어는 1992년 Richard Thaler가 쓴 저서 『승자의 저주(The Winner's Curse)』를 통해 널리 알려졌다.

이 경우 지나친 경쟁으로 인해 높아진 입찰액 때문에 낙찰가격이 실제 인수대상 기업의 가치를 초과해서 손해를 보는 상황이 승자의 저주이다. 한편 각종 예기치 못한 상황 변화로 가치하락의 위험에 빠지는 상황도 '승자의 저주'라 할 수 있다.

〈사례연구 14-5〉는 금호아시아나그룹의 사례를 통해 승자의 저주를 설명하고 있다.

사례연구 14-5 끈질긴 승자의 저주 … '아름다운 사람들' 떠나다

31년 2개월. 제2 민간 항공사 아시아나항공이 금호그룹과의 이별을 앞두고 있다. 금호아시아나그룹이 아시아나항공 매각을 확정하면서 새 주인을 맞이하게 됐다.

아시아나항공은 1988년 서울올림픽의 산물이다. 88 서울올림픽 개최를 계기로 제2의 민간정기항공운송사업자로 금호그룹을 선정해 '서울항공'이 출범할 수 있었다. 1988년 8월 아시아나항공으로 사명을 바꿔 오늘에 이르렀다.

처음엔 보잉 737기 한 대가 전부였다. 1989년 제주 노선 취항과 함께 본격적인 항공기 도입에 나섰고 1990년 1월 국제선(서울~도쿄) 첫 취항을 기록했다. 복수 민항기 경쟁체제를 확립하려는 정부 방침과 맞물려 아시아나항공의 사세는 급격히 확장했다. 1989년 정부의 해외여행 자유화 시행, 대한항공과 아시아나항공의 경쟁으로 1990년대 국내 항공업계는 황금기를 맞았다.

'아름다운 사람들'이란 슬로건을 앞세운 아시아나항공 CF는 이 황금기의 상징이다.

호남 기반 기업 이미지가 강한 금호아시아나는 김대중·노무현 정부 시절 승승장구했다. 인수·합병(M&A) 승부사로도 불린 박 전 회장은 몸집 키우기에 거침이 없었다. 2006년 대우건설, 2008년 대한통운을 잇달아 품었고 자산규모를 26조원까지 키웠다.

금호아시아나의 재계 순위는 순식간에 7위로 치솟았다. 하지만 무리한 사세 확장은 결국 독이 돼 돌아왔다. 당시 사상 최고가인 6조 6,000억원에 인수한 대우건설은 감당할 수 없는 짐이 됐다. 여기에 글로벌 금융위기(2008)까지 겹치면서 돈줄은 꽉 막혔다. 유동성 위기는 그룹 전체를 흔들었다.

대우건설은 2009년 재무구조 개선 작업(워크아웃)에 들어가 결국 경영권은 산업은행에 넘어갔다. 이 과정에서 대우건설과 대한통운은 바로 되팔았다.

재계에선 무리한 M&A가 아시아나항공을 매각으로 몰아간 원인이라고 분석한다. 재계 관계자는 "무리한 확장 경영은 아시아나항공의 유동성 위기를 불러왔다"며 "과거의 방식으로 사세를 확장하려는 경영 방침이 현재 상황을 만든 것"이라고 했다. 금호아시아나그룹 매출의 61%를 차지하는 아시아나항공이 팔리면 금호아시아나그룹은 금호고속과 금호산업만 남는 중견 그룹으로 쪼그라든다.

금호 품을 떠나게 됐지만 아시아나의 등장 덕분에 양대 항공사의 경쟁을 통해 비빔밥 기내식 등 한국형 항공산업이 발전했다는 평가다. 후발주자로 고군분투하면서 어렵게 쌓아온 업력을 아까워하는 목소리도 나온다.

출처 : 중앙일보(2019. 4. 16)

2) 근사공통가치경매

경매대상 물건의 가치가 모든 구매자들에게 공통적이지 않지만, 공통가치와 그 가치의 차이가 거의 없는 경매를 근사공통가치경매라고 한다.

경매대상 물건의 가치가 모든 구매자들에게 공통적이지 않지만, 공통가치와 그 가치의 차이가 거의 없는 경매를 생각해 보자. 이를 '**근사공통가치경매**(almost common value auctions)'라고 한다. 이는 공통가치경매와 매우 유사하지만, 그 결과는 상당한 차이를 보일 수 있다. 과장된 '승자의 저주' 때문에 경쟁자들이 보수적으로 응찰하는 경우, 낙찰자는 훨씬 더 낮은 가격으로 낙찰받을 수 있게 된다.

상이한 경매방식이 지배적 구매자나 비교우위가 있는 구매자의 능력에 영향을 미칠 수 있기 때문에 수입등가정리 역시 적용되지 않을 수 있다.

4. 경제학의 실패? 새로운 산업조직론의 모색

경제현상을 기존 경제학이 제대로 설명하지 못할 때 우리는 경제학에 회의를 느낀다고 말하지만, 엄밀히 말하면 기존의 방법론이 현상을 제대로 설명하고 있지 못함에 불과하다. 경제현상에 대한 설명을 기존 이론들이 제대로 하지 못할 때, 그리고 기존 이론들이 지나치게 틀 속에 갇혀 있을 때 새로운 경제이론들이 모색되어 왔고 앞으로도 계속 모색될 것이다. 산업조직론의 경우도 마찬가지이다.

이러한 측면에서 볼 때 〈사례 14-6〉을 통해 대부분의 사람들이 합리적이라는 경제학의 패러다임을 부정하고 새로이 경제학의 지평을 열어가고 있는 Richard Thaler 교수의 사례를 살펴보면 흥미로울 것이다. Thaler 교수는 기존 경제학에 심리학을 접목시킨 행동주의 경제학을 1970년대부터 연구하기 시작했다. 사람들은 항상 합리적이지 않고 엉뚱하고 비합리적인 판단을 자주 내린다고 주장한다. 글로벌 베스트셀러가 된 『넛지』의 공동저자인 Thaler 교수의 주장은 미국의 퇴직연금제도 등 공공정책에서 실제 긍정효과를 낳은 바도 있다. 인간 의사결정에서 드러나는 비합리성을 파악해 바람직한 결정을 유도하려는 행동경제학의 '넛지 전략'은 각국의 정책 설계에서 중요하게 떠오르고 있다.

경제학은 최근 심리학과 연계해 발전하고 있는데, Robert Shiller 교수는 소위 '이야기 경제학(Narrative Economics)', 즉 개인이나 경제주체의 경제 행태에 영향을 미치는 이야기들에 대한 연구가 비트코인 광풍을 설명할 수 있으며, 금융위기나 경기불황 등 주요 경제문제들을 예측하고, 대비하고, 감소시킬 수 있다고 주장하고 있기도 하다.[9] 한편, 인터넷의 경우에서 알 수 있지만 한계비용이 거의 0에 가까운 시장도 급속도로 발전해 가고 있다. 이는 기존의 방법론을 그대로 적용해 산업 및 기업을 경제학적으로 연구하기에는 무리일 수 있다는 것을 시사한다. 산업조직론은 향후 이러한 변화를 수용하면서 발전해야 할 것이다.

사례연구 14-6 부드러운 개입 『넛지』 노벨 경제학상 툭 찌르다

Richard Thaler
엉뚱하고 비이성적 인간심리 주목 … 변화 유도 위한 행동경제학 개척

▲ Richard Thaler
출처 : https://commons.wikimedia.org/wiki/File:Richard_H._Thaler_EM1B8783_(38891871821).jpg#/media/파일:Richard_H._Thaler_EM1B8783_(38891871821).jpg

2017년 노벨 경제학상은 행동경제학의 거장인 Richard Thaler 미국 시카고대 경영대학원 교수(72)가 수상했다. Thaler 교수는 세계적인 베스트셀러 『넛지』의 공저자이면서 『승자의 저주』 저자로 잘 알려져 있다.

스웨덴 왕립과학원 노벨상위원회는 "Thaler 교수는 행동경제학의 개척자"라며 "얼마 전까지만 해도 학문으로서 논란이 많고 주변부에 머물렀던 행동경제학의 위상을 당당한 주류 경제학으로 발전시키는 데 큰 역할을 했다"고 선정 이유를 밝혔다.

Thaler 교수는 기존 경제학에 심리학을 접목시킨 행동주의 경제학을 1970년대부터 연구하기 시작했다. 2002년 노벨 경제학상을 수상한 대니얼 카너먼(Daniel Kahneman) 프린스턴대 명예교수 등과 함께 행동경제학의 선두주자로 불린다.

기존의 경제학 이론은 사람들이 항상 합리적이고 이성적인 판단을 내릴 수 있다고 보지만 Thaler 교수는 정작 실상은 이와 다르다고 봤다. 주변 환경에 대한 잘못된 해석이나 개인적 편견으로 엉뚱하고 비합리적인 판단을 자주 내린다는 것이다.

Thaler 교수의 '심리 회계(mental accounting)' 이론은 그 대표적인 사례다. 같은 돈이라도 사람의 마음이 이를 다르게 분류한다는 것이다. 갑자기 생긴 돈을 '공돈'으로 분류해 쉽게 써버린다는 설명은 로또 당첨자 상당수가 파산하는 현상도 해석해 냈다.

그는 2007년 미국발 글로벌 금융위기도 감당할 수

9. 참조, Robert Shiller, *Narrative Economics*, (2019).

없이 많은 빚을 지고, 뻔한 미래조차 내다보지 못하는 인간의 비이성에서 비롯됐다고 봤다.

넛지(Nudge)는 사전적으로는 '(팔꿈치로) 슬쩍 찌르다'는 의미지만 Thaler 교수는 이를 '타인의 선택을 유도하는 부드러운 개입'으로 새로 정의했다. 강요보다는 은근한 개입이 더 큰 행동의 변화를 이끌 수 있다는 것이다.

가령 사무실을 수평적으로 만드는 것만으로 직원 간 소통이 늘고 진열방식을 바꾸는 것만으로 특정 상품의 판매를 늘릴 수 있다고 Thaler 교수는 설명했다. 넛지를 활용한 캠페인은 이미 우리 생활 깊숙한 곳까지 들어와 있다. 파리 그림이 그려진 암스테르담 공항의 소변기가 대표적인 사례다. 그는 "화장실을 깨끗하게 사용하라는 말이나 파리를 겨냥하라는 문구가 없어도 (밖으로 새어나가는 소변을 줄이는) 원하는 결과를 얻어냈다"고 설명했다.

국내에서도 '넛지 효과'를 노린 캠페인이 늘고 있다. 고성방가에 시달리던 서울 마포구 연남동 주택가에는 근처 공원(연트럴파크)에 베개 모형을 설치해 야간 소음을 줄였다. 최근 각 지방자치단체에서는 안전한 공간에서 어린이가 보행신호를 기다리게 하고 운전자도 어린이를 잘 알아볼 수 있게 '옐로 카펫'을 설치하고 있다. 길거리에 환경미화원 스티커를 붙여 쓰레기 무단투기를 줄이기도 한다.

Thaler 교수는 2009년 서울에서 열린 '제2회 기업가정신 주간 국제 콘퍼런스'에 참석해 "정부가 강력하게 개입하는 것은 옳지 않다는 것이 넛지의 원칙"이라고 밝히기도 했다.

Thaler 교수는 미래의 보상보다 현재의 이익을 중시하는 인간의 특성을 이용해 저축 플랜을 설계한 것으로도 유명하다. 현재 가진 돈을 저축하라고 강요하기보다 미래 봉급 인상분을 예금 계좌에 넣어 저축액을 늘리도록 설득했다. 그는 이 프로그램으로 저조했던 미국의 저축률을 극적으로 끌어올렸다는 평가를 받기도 했다.

12억원이 넘는 노벨상 상금을 어떻게 쓸 것이냐는 질문에는 "가장 비이성적인 방법으로 쓸 것"이라고 농담하기도 했다.

출처 : 동아일보(2017. 10. 10)

생각해 봅시다

1. 네트워크 서비스 산업이 외부효과를 갖는 경우 어떤 문제들을 갖게 되는가?
2. 우리나라 이동통신산업의 경우 네트워크 효과를 갖고 있다고 하자. 경제적 후생 차원에서 분석을 해보고 그에 관해 논의하라.
3. '승자의 저주'를 우리나라의 경우에도 찾아볼 수 있는가? 본문에 나오지 않은 사례를 살펴보고 그것을 설명하라.
4. '수입등가정리'가 현실적으로 유지된다고 보는가? 동의하는 경우나 동의하지 않는 경우나 그 이유를 설명하라.
5. 최근 인터넷 경매사이트에서 경매를 통한 물건 구입이 활발하게 이루어지고 있다. 이는 어떤 스타일의 경매방식인가?

중요 용어

네트워크 외부효과	네트워크 호환가능성	기술표준화게임
베이퍼웨어전략	Battle of the Sexes	영국식 경매
네덜란드식 경매	봉인식 경매	수입등가정리
공통가치경매	근사공통가치경매	승자의 저주

참고문헌

1. Besen, S. M., and J. Farrell, "Choosing How to Compete : Strategies and Tactics in Standardization," *Journal of Economic Perspective*, 8, pp.117–31 (Spring, 1994).
2. Christopher R. Thomas and S. Charles Maurice, *Managerial Economics*, 13th ed. (New York, N. Y.: McGraw Hill, 2020).
3. Dennis W. Carlton and Jeffrey M. Perloff, *Modern Industrial Organization*, 4th ed., (New York, N.Y.: HarperCollinsCollegePublishers, 2015).
4. Hahn, M., "Vaporware as a Means of Entry Deterrence," *Journal of Industrial Economics*, 51, pp.345–58 (September, 2003).
5. Lucking–Reily, David, "Vickrey Auctions in Practice : From Nineteenth Century Philately to Twenty–First Century E–Commerce," *Journal of Economic Perspectives*, 14, pp.183–92 (2000).
6. Lynne Pepall, Daniel J. Richards, and George Norman, *Industrial Organization : Contemporary Theory and Empirical Applications*, 5th ed., (Wiley, 2014).
7. Robert Shiller, *Narrative Economics : How Stories Go Viral and Drive Major Economic Events*, (Princeton University Press, 2019).
8. Stephen Martin, *Industrial Economics : Economic Analysis and Public Policy*, (New York, N. Y.: Macmillan Publishing Company, 1988).

부록

독점 규제 및 공정거래에 관한 법률

독점 규제 및 공정거래에 관한 법률(약칭 : 공정거래법)

[법률 제17290호, 2020. 5. 19., 일부개정]

제1장 총칙

제1조(목적) 이 법은 사업자의 시장지배적 지위의 남용과 과도한 경제력의 집중을 방지하고, 부당한 공동행위 및 불공정거래행위를 규제하여 공정하고 자유로운 경쟁을 촉진함으로써 창의적인 기업활동을 조장하고 소비자를 보호함과 아울러 국민경제의 균형있는 발전을 도모함을 목적으로 한다.

제2조(정의) 이 법에서 사용하는 용어의 정의는 다음과 같다. 〈개정 1992.12.8, 1996.12.30, 1999.2.5, 2001.1.16, 2004.12.31, 2007.4.27, 2007.8.3〉

1. "사업자"라 함은 제조업, 서비스업, 기타 사업을 행하는 자를 말한다. 사업자의 이익을 위한 행위를 하는 임원, 종업원, 대리인, 기타의 자는 사업자단체에 관한 규정의 적용에 있어서는 이를 사업자로 본다.

1의2. "지주회사"라 함은 주식(지분을 포함한다. 이하 같다)의 소유를 통하여 국내회사의 사업내용을 지배하는 것을 주된 사업으로 하는 회사로서 자산총액이 대통령령이 정하는 금액 이상인 회사를 말한다. 이 경우 주된 사업의 기준은 대통령령으로 정한다.

1의3. "자회사"라 함은 지주회사에 의하여 대통령령이 정하는 기준에 따라 그 사업내용을 지배받는 국내회사를 말한다.

1의4. "손자회사"란 자회사에 의하여 대통령령으로 정하는 기준에 따라 사업내용을 지배받는 국내회사를 말한다.

2. "기업집단"이라 함은 동일인이 다음 각 목의 구분에 따라 대통령령이 정하는 기준에 의하여 사실상 그 사업내용을 지배하는 회사의 집단을 말한다.

가. 동일인이 회사인 경우 그 동일인과 그 동일인이 지배하는 하나 이상의 회

사의 집단

나. 동일인이 회사가 아닌 경우 그 동일인이 지배하는 2 이상의 회사의 집단

3. "계열회사" 라 함은 2 이상의 회사가 동일한 기업집단에 속하는 경우에 이들 회사는 서로 상대방의 계열회사라 한다.

4. "사업자단체" 라 함은 그 형태 여하를 불문하고 2 이상의 사업자가 공동의 이익을 증진할 목적으로 조직한 결합체 또는 그 연합체를 말한다.

5. "임원" 이라 함은 이사 · 대표이사 · 업무집행을 하는 무한책임사원 · 감사나 이에 준하는 자 또는 지배인 등 본점이나 지점의 영업 전반을 총괄적으로 처리할 수 있는 상업사용인을 말한다.

6. "재판매가격유지행위" 라 함은 사업자가 상품 또는 용역을 거래함에 있어서 거래상대방인 사업자 또는 그 다음 거래단계별 사업자에 대하여 거래가격을 정하여 그 가격대로 판매 또는 제공할 것을 강제하거나 이를 위하여 규약, 기타 구속조건을 붙여 거래하는 행위를 말한다.

7. "시장지배적 사업자" 라 함은 일정한 거래분야의 공급자나 수요자로서 단독으로 또는 다른 사업자와 함께 상품이나 용역의 가격 · 수량 · 품질 기타의 거래조건을 결정 · 유지 또는 변경할 수 있는 시장지위를 가진 사업자를 말한다. 시장지배적 사업자를 판단함에 있어서는 시장점유율, 진입장벽의 존재 및 정도, 경쟁사업자의 상대적 규모 등을 종합적으로 고려한다.

8. "일정한 거래분야" 라 함은 거래의 객체별 · 단계별 또는 지역별로 경쟁관계에 있거나 경쟁관계가 성립될 수 있는 분야를 말한다.

8의2. "경쟁을 실질적으로 제한하는 행위" 라 함은 일정한 거래분야의 경쟁이 감소하여 특정 사업자 또는 사업자단체의 의사에 따라 어느 정도 자유로이 가격 · 수량 · 품질 기타 거래조건 등의 결정에 영향을 미치거나 미칠 우려가 있는 상태를 초래하는 행위를 말한다.

9. "여신" 이라 함은 국내금융기관이 행하는 대출 및 회사채무의 보증 또는 인수를 말한다.

10. "금융업 또는 보험업" 이라 함은 「통계법」 제22조(표준분류) 제1항의 규정에 의하여 통계청장이 고시하는 한국표준산업분류상 금융 및 보험업을 말한다.

제2조의2(국외행위에 대한 적용) 이 법은 국외에서 이루어진 행위라도 국내 시장에 영향을 미치는 경우에는 적용한다.

[본조 신설 2004.12.31]

제2장 시장지배적 지위의 남용 금지

제3조(독과점적 시장구조의 개선 등) ① 공정거래위원회는 독과점적 시장구조가 장기간 유지되고 있는 상품이나 용역의 공급 또는 수요시장에 대하여 경쟁을 촉진하기 위한 시책을 수립 · 시행하여야 한다.

② 공정거래위원회는 제1항의 규정에 의한 시책을 추진하기 위하여 필요한 경우에는 관계행정기관의 장에게 경쟁의 도입, 기타 시장구조의 개선등에 관하여 필요한 의견을 제시할 수 있다.

③ 공정거래위원회는 제1항의 규정에 의한 시책을 수립 · 추진하기 위하여 시장구조를 조사하여 공표한다. 〈신설 1999.2.5〉

④ 공정거래위원회는 사업자에 대하여 제3항에 의한 시장구조의 조사 · 공표를 위하여 필요한 자료의 제출을 요청할 수 있다. 〈신설 1999.2.5〉

⑤ 공정거래위원회는 제3항 및 제4항의 사무를 대통령령이 정하는 바에 의하여 다른 기관에 위탁할 수 있다. 〈신설 1999.2.5〉

[본조 신설 1996.12.30]

제3조의2(시장지배적 지위의 남용 금지) ① 시장지배적 사업자는 다음 각 호의 1에 해당하는 행위(이하 "남용행위"라 한다)를 하여서는 아니 된다. 〈개정 1999.2.5〉

1. 상품의 가격이나 용역의 대가(이하 "가격"이라 한다)를 부당하게 결정 · 유지 또는 변경하는 행위
2. 상품의 판매 또는 용역의 제공을 부당하게 조절하는 행위
3. 다른 사업자의 사업활동을 부당하게 방해하는 행위
4. 새로운 경쟁사업자의 참가를 부당하게 방해하는 행위

5. 부당하게 경쟁사업자를 배제하기 위하여 거래하거나 소비자의 이익을 현저히 저해할 우려가 있는 행위

② 남용행위의 유형 또는 기준은 대통령령으로 정할 수 있다. 〈신설 1996.12.30, 1999.2.5〉

제4조(시장지배적 사업자의 추정) 일정한 거래분야에서 시장점유율이 다음 각 호의 어느 하나에 해당하는 사업자(일정한 거래분야에서 연간 매출액 또는 구매액이 40억원 미만인 사업자는 제외한다)는 제2조(정의) 제7호의 시장지배적 사업자로 추정한다. 〈개정 2007.8.3〉

1. 1사업자의 시장점유율이 100분의 50 이상
2. 3 이하의 사업자의 시장점유율의 합계가 100분의 75 이상. 다만, 이 경우에 시장점유율이 100분의 10 미만인 자를 제외한다.

[전문개정 1999.2.5]

제5조(시정조치) 공정거래위원회는 제3조의2(시장지배적 지위의 남용 금지)의 규정에 위반하는 행위가 있을 때에는 당해 시장지배적 사업자에 대하여 가격의 인하, 당해 행위의 중지, 시정명령을 받은 사실의 공표, 기타 시정을 위한 필요한 조치를 명할 수 있다. 〈개정 1996.12.30, 2004.12.31〉

제6조(과징금) 공정거래위원회는 시장지배적 사업자가 남용행위를 한 경우에는 당해 사업자에 대하여 대통령령이 정하는 매출액(대통령령이 정하는 사업자의 경우에는 영업수익을 말한다. 이하 같다)에 100분의 3을 곱한 금액을 초과하지 아니하는 범위 안에서 과징금을 부과할 수 있다. 다만, 매출액이 없거나 매출액의 산정이 곤란한 경우로서 대통령령이 정하는 경우(이하 "매출액이 없는 경우등"이라 한다)에는 10억원을 초과하지 아니하는 범위 안에서 과징금을 부과할 수 있다.

[전문개정 1996.12.30]

제3장 기업결합의 제한 및 경제력 집중의 억제

제7조(기업결합의 제한) ① 누구든지 직접 또는 대통령령이 정하는 특수한 관계에 있는 자(이하 "특수관계인"이라 한다)를 통하여 다음 각 호의 1에 해당하는 행위(이하 "기업결합"이라 한다)로서 일정한 거래분야에서 경쟁을 실질적으로 제한하는 행위를 하여서는 아니 된다. 다만, 자산총액 또는 매출액의 규모(계열회사의 자산총액 또는 매출액을 합산한 규모를 말한다)가 대통령령이 정하는 규모에 해당하는 회사(이하 "대규모회사"라 한다)외의 자가 제2호에 해당하는 행위를 하는 경우에는 그러하지 아니하다. 〈개정 1996.12.30, 1999.2.5, 2007.8.3〉

1. 다른 회사의 주식의 취득 또는 소유
2. 임원 또는 종업원(계속하여 회사의 업무에 종사하는 자로서 임원 외의 자를 말한다. 이하 같다)에 의한 다른 회사의 임원지위의 겸임(이하 "임원겸임"이라 한다)
3. 다른 회사와의 합병
4. 다른 회사의 영업의 전부 또는 주요 부분의 양수 · 임차 또는 경영의 수임이나 다른 회사의 영업용고정자산의 전부 또는 주요 부분의 양수(이하 "영업양수"라 한다)
5. 새로운 회사설립에의 참여. 다만, 다음 각 목의 1에 해당하는 경우는 제외한다.
   가. 특수관계인(대통령령이 정하는 자를 제외한다) 외의 자는 참여하지 아니하는 경우
   나. 「상법」 제530조의2(회사의 분할 · 분할합병) 제1항의 규정에 의하여 분할에 의한 회사설립에 참여하는 경우

② 다음 각 호의 1에 해당한다고 공정거래위원회가 인정하는 기업결합에 대하여는 제1항의 규정을 적용하지 아니한다. 이 경우 해당 요건을 충족하는지에 대한 입증은 당해 사업자가 하여야 한다. 〈개정 1999.2.5〉

1. 당해 기업결합 외의 방법으로는 달성하기 어려운 효율성 증대효과가 경쟁제한으로 인한 폐해보다 큰 경우
2. 상당기간 대차대조표상의 자본총계가 납입자본금보다 작은 상태에 있는 등 회생이 불가한 회사와의 기업결합으로서 대통령령이 정하는 요건에 해당하

는 경우

③ 삭제 <2007.8.3>

④ 기업결합이 다음 각 호의 어느 하나에 해당하는 경우에는 일정한 거래분야에서 경쟁을 실질적으로 제한하는 것으로 추정한다. <신설 1996.12.30, 1999.2.5, 2007.8.3>

1. 기업결합의 당사 회사(제1항 제5호의 경우에는 회사설립에 참여하는 모든 회사를 말한다. 이하 같다)의 시장점유율(계열회사의 시장점유율을 합산한 점유율을 말한다. 이하 이 조에서 같다)의 합계가 다음 각 목의 요건을 갖춘 경우
   가. 시장점유율의 합계가 시장지배적 사업자의 추정요건에 해당할 것
   나. 시장점유율의 합계가 당해 거래분야에서 제1위일 것
   다. 시장점유율의 합계와 시장점유율이 제2위인 회사(당사 회사를 제외한 회사중 제1위인 회사를 말한다)의 시장점유율과의 차이가 그 시장점유율의 합계의 100분의 25 이상일 것
2. 대규모회사가 직접 또는 특수관계인을 통하여 행한 기업결합이 다음 각 목의 요건을 갖춘 경우
   가. 「중소기업기본법」에 의한 중소기업의 시장점유율이 3분의 2 이상인 거래분야에서의 기업결합일 것
   나. 당해 기업결합으로 100분의 5 이상의 시장점유율을 가지게 될 것

⑤ 제1항의 규정에 의한 일정한 거래분야에서 경쟁을 실질적으로 제한하는 기업결합과 제2항의 규정에 의하여 제1항의 규정을 적용하지 아니하는 기업결합에 관한 기준은 공정거래위원회가 정하여 이를 고시할 수 있다. <신설 1996.12.30, 1999.2.5, 2007.8.3>

제7조의2(주식의 취득 또는 소유의 기준) 이 법의 규정에 의한 주식의 취득 또는 소유는 취득 또는 소유의 명의와 관계없이 실질적인 소유관계를 기준으로 한다.

[본조 신설 1996.12.30]

제8조(지주회사 설립 · 전환의 신고) 지주회사를 설립하거나 지주회사로 전환한 자는 대통령령이 정하는 바에 의하여 공정거래위원회에 신고하여야 한다. 〈개정 2001.1.16〉

[전문개정 1999.2.5]

제8조의2(지주회사 등의 행위제한 등 〈개정 2004.12.31〉) ① 이 조에서 사용하는 용어의 정의는 다음과 같다. 〈신설 2004.12.31, 2007.8.3〉

1. "공동출자법인"이라 함은 경영에 영향을 미칠 수 있는 상당한 지분을 소유하고 있는 2인 이상의 출자자(특수관계인의 관계에 있는 출자자 중 대통령령이 정하는 자 외의 자는 1인으로 본다)가 계약 또는 이에 준하는 방법으로 출자지분의 양도를 현저히 제한하고 있어 출자자 간 지분변동이 어려운 법인을 말한다.
2. "벤처지주회사"라 함은 「벤처기업육성에 관한 특별조치법」 제2조(정의) 제1항에 따른 벤처기업(이하 "벤처기업"이라 한다)을 자회사로 하는 지주회사로서 대통령령이 정하는 기준에 해당하는 지주회사를 말한다.

② 지주회사는 다음 각 호의 어느 하나에 해당하는 행위를 하여서는 아니 된다. 〈개정 2001.1.16, 2002.1.26, 2004.12.31, 2007.4.13, 2007.8.3, 2013.4.5, 2013.5.28〉

1. 자본총액(대차대조표상의 자산총액에서 부채액을 뺀 금액을 말한다. 이하 같다)의 2배를 초과하는 부채액을 보유하는 행위. 다만, 지주회사로 전환하거나 설립될 당시에 자본총액의 2배를 초과하는 부채액을 보유하고 있는 때에는 지주회사로 전환하거나 설립된 날부터 2년간은 자본총액의 2배를 초과하는 부채액을 보유할 수 있다.
   가. 삭제 〈2004.12.31〉
   나. 삭제 〈2004.12.31〉
   다. 삭제 〈2004.12.31〉
2. 자회사의 주식을 그 자회사 발행주식총수의 100분의 40[자회사가 「자본시장과 금융투자업에 관한 법률」에 따른 주권상장법인(이하 "상장법인"이라 한다)인 경우, 주식 소유의 분산요건 등 상장요건이 국내 유가증권시장의 상장요건에 상당하는 것으로 공정거래위원회가 고시하는 국외 증권거래소에 상장된 법인(이하 "국외상장

법인" 이라 한다)인 경우, 공동출자법인인 경우 또는 벤처지주회사의 자회사인 경우에는 100분의 20으로 한다. 이하 이 조에서 "자회사주식보유기준" 이라 한다) 미만으로 소유하는 행위. 다만, 다음 각 목의 어느 하나에 해당하는 사유로 인하여 자회사주식보유기준에 미달하게 된 경우에는 그러하지 아니하다.

가. 지주회사로 전환하거나 설립될 당시에 자회사의 주식을 자회사주식보유기준 미만으로 소유하고 있는 경우로서 지주회사로 전환하거나 설립된 날부터 2년 이내인 경우

나. 상장법인 또는 국외상장법인이거나 공동출자법인이었던 자회사가 그에 해당하지 아니하게 되어 자회사주식보유기준에 미달하게 된 경우로서 그 해당하지 아니하게 된 날부터 1년 이내인 경우

다. 벤처지주회사이었던 회사가 그에 해당하지 아니하게 되어 자회사주식보유기준에 미달하게 된 경우로서 그 해당하지 아니하게 된 날부터 1년 이내인 경우

라. 자회사가 주식을 모집하거나 매출하면서 「증권거래법」 제191조의7(우리사주조합원에 대한 우선배정)의 규정에 따라 우리사주조합에 우선 배정하거나 당해 자회사가 「상법」 제513조(전환사채의 발행) 또는 제516조의2(신주인수권부사채의 발행)의 규정에 따라 발행한 전환사채 또는 신주인수권부사채의 전환이 청구되거나 신주인수권이 행사되어 자회사주식보유기준에 미달하게 된 경우로서 그 미달하게 된 날부터 1년 이내인 경우

마. 자회사가 아닌 회사가 자회사에 해당하게 되고 자회사주식보유기준에는 미달하는 경우로서 당해 회사가 자회사에 해당하게 된 날부터 1년 이내인 경우

바. 자회사를 자회사에 해당하지 아니하게 하는 과정에서 자회사주식보유기준에 미달하게 된 경우로서 그 미달하게 된 날부터 1년 이내인 경우(자회사주식보유기준에 미달하게 된 날부터 1년 이내에 자회사에 해당하지 아니하게 된 경우에 한한다)

사. 자회사가 다른 회사와 합병하여 자회사주식보유기준에 미달하게 된 경우로서 그 미달하게 된 날부터 1년 이내인 경우

3. 계열회사가 아닌 국내회사(「사회기반시설에 대한 민간투자법」 제4조(민간투자사

업의 추진방식) 제1호부터 제4호까지의 규정에 정한 방식으로 민간투자사업을 영위하는 회사를 제외한다. 이하 이 호에서 같다)의 주식을 당해 회사 발행주식총수의 100분의 5를 초과하여 소유하는 행위(소유하고 있는 계열회사가 아닌 국내회사의 주식가액의 합계액이 자회사의 주식가액의 합계액의 100분의 15 미만인 지주회사에 대하여는 적용하지 아니한다) 또는 자회사 외의 국내 계열회사의 주식을 소유하는 행위. 다만, 다음 각 목의 1에 해당하는 사유로 인하여 주식을 소유하고 있는 계열회사가 아닌 국내회사나 국내 계열회사의 경우에는 그러하지 아니하다.

가. 지주회사로 전환하거나 설립될 당시에 이 호 본문에서 규정하고 있는 행위에 해당하고 있는 경우로서 지주회사로 전환하거나 설립된 날부터 2년 이내인 경우

나. 계열회사가 아닌 회사를 자회사에 해당하게 하는 과정에서 이 호 본문에서 규정하고 있는 행위에 해당하게 된 날부터 1년 이내인 경우(같은 기간 내에 자회사에 해당하게 된 경우에 한한다)

다. 주식을 소유하고 있지 아니한 국내 계열회사를 자회사에 해당하게 하는 과정에서 그 국내 계열회사 주식을 소유하게 된 날부터 1년 이내인 경우(같은 기간 내에 자회사에 해당하게 된 경우에 한한다)

라. 자회사를 자회사에 해당하지 아니하게 하는 과정에서 당해 자회사가 자회사에 해당하지 아니하게 된 날부터 1년 이내인 경우

4. 금융업 또는 보험업을 영위하는 자회사의 주식을 소유하는 지주회사(이하 "금융지주회사"라 한다)인 경우 금융업 또는 보험업을 영위하는 회사(금융업 또는 보험업과 밀접한 관련이 있는 등 대통령령이 정하는 기준에 해당하는 회사를 포함한다) 외의 국내회사의 주식을 소유하는 행위. 다만, 금융지주회사로 전환하거나 설립될 당시에 금융업 또는 보험업을 영위하는 회사 외의 국내회사 주식을 소유하고 있는 때에는 금융지주회사로 전환하거나 설립된 날부터 2년간은 그 국내회사의 주식을 소유할 수 있다.

5. 금융지주회사 외의 지주회사(이하 "일반지주회사"라 한다)인 경우 금융업 또는 보험업을 영위하는 국내회사의 주식을 소유하는 행위. 다만, 일반지주회사로 전환하거나 설립될 당시에 금융업 또는 보험업을 영위하는 국내회사의 주

식을 소유하고 있는 때에는 일반지주회사로 전환하거나 설립된 날부터 2년간은 그 국내회사의 주식을 소유할 수 있다.

③ 일반지주회사의 자회사는 다음 각 호의 어느 하나에 해당하는 행위를 하여서는 아니 된다. 〈개정 2004.12.31, 2007.4.13, 2007.8.3, 2015.1.20〉

1. 손자회사의 주식을 그 손자회사 발행주식총수의 100분의 40(그 손자회사가 상장법인 또는 국외상장법인이거나 공동출자법인인 경우에는 100분의 20으로 한다. 이하 이 조에서 "손자회사주식보유기준"이라 한다) 미만으로 소유하는 행위. 다만, 다음 각 목의 어느 하나에 해당하는 사유로 인하여 손자회사주식보유기준에 미달하게 된 경우에는 그러하지 아니하다.
   가. 자회사가 될 당시에 손자회사의 주식을 손자회사주식보유기준 미만으로 소유하고 있는 경우로서 자회사에 해당하게 된 날부터 2년 이내인 경우
   나. 상장법인 또는 국외상장법인이거나 공동출자법인이었던 손자회사가 그에 해당하지 아니하게 되어 손자회사주식보유기준에 미달하게 된 경우로서 그 해당하지 아니하게 된 날부터 1년 이내인 경우
   다. 손자회사가 주식을 모집 또는 매출하면서 「증권거래법」 제191조의7(우리사주조합원에 대한 우선배정)의 규정에 따라 우리사주조합에 우선 배정하거나 당해 손자회사가 「상법」 제513조(전환사채의 발행) 또는 제516조의2(신주인수권부사채의 발행)의 규정에 따라 발행한 전환사채 또는 신주인수권부사채의 전환이 청구되거나 신주인수권이 행사되어 손자회사주식보유기준에 미달하게 된 경우로서 그 미달하게 된 날부터 1년 이내인 경우
   라. 손자회사가 아닌 회사가 손자회사에 해당하게 되고 손자회사주식보유기준에는 미달하는 경우로서 당해 회사가 손자회사에 해당하게 된 날부터 1년 이내인 경우
   마. 손자회사를 손자회사에 해당하지 아니하게 하는 과정에서 손자회사주식보유기준에 미달하게 된 경우로서 그 미달하게 된 날부터 1년 이내인 경우(같은 기간 내에 손사회사에 해당하지 아니하게 된 경우에 한한다)
   바. 손자회사가 다른 회사와 합병하여 손자회사주식보유기준에 미달하게 된 경우로서 그 미달하게 된 날부터 1년 이내인 경우

2. 손자회사가 아닌 국내 계열회사의 주식을 소유하는 행위. 다만, 다음 각 목의 어느 하나에 해당하는 사유로 인하여 주식을 소유하고 있는 국내 계열회사의 경우에는 그러하지 아니하다.
   가. 자회사가 될 당시에 주식을 소유하고 있는 국내 계열회사의 경우로서 자회사에 해당하게 된 날부터 2년 이내인 경우
   나. 계열회사가 아닌 회사를 손자회사에 해당하게 하는 과정에서 당해 회사가 계열회사에 해당하게 된 날부터 1년 이내인 경우(같은 기간 내에 손자회사에 해당하게 된 경우에 한한다)
   다. 주식을 소유하고 있지 아니한 국내 계열회사를 손자회사에 해당하게 하는 과정에서 당해 계열회사의 주식을 소유하게 된 날부터 1년 이내인 경우(같은 기간 내에 손자회사에 해당하게 된 경우에 한한다)
   라. 손자회사를 손자회사에 해당하지 아니하게 하는 과정에서 당해 손자회사가 손자회사에 해당하지 아니하게 된 날부터 1년 이내인 경우(같은 기간 내에 계열회사에 해당하지 아니하게 된 경우에 한한다)
   마. 손자회사가 다른 자회사와 합병하여 그 다른 자회사의 주식을 소유하게 된 경우로서 주식을 소유한 날부터 1년 이내인 경우
   바. 자기주식을 보유하고 있는 자회사가 회사분할로 인하여 다른 국내 계열회사의 주식을 소유하게 된 경우로서 주식을 소유한 날부터 1년 이내인 경우
3. 금융업이나 보험업을 영위하는 회사를 손자회사로 지배하는 행위. 다만, 일반지주회사의 자회사가 될 당시에 금융업이나 보험업을 영위하는 회사를 손자회사로 지배하고 있는 경우에는 자회사에 해당하게 된 날부터 2년간 그 손자회사를 지배할 수 있다.

④ 일반지주회사의 손자회사는 국내 계열회사의 주식을 소유하여서는 아니 된다. 다만, 다음 각 호의 어느 하나에 해당하는 경우에는 그러하지 아니하다. 〈신설 2004.12.31, 2007.8.3〉

1. 손자회사가 될 당시에 주식을 소유하고 있는 국내 계열회사의 경우로서 손자회사에 해당하게 된 날부터 2년 이내인 경우
2. 주식을 소유하고 있는 계열회사가 아닌 국내회사가 계열회사에 해당하게 된

경우로서 당해 회사가 계열회사에 해당하게 된 날부터 1년 이내인 경우

3. 자기주식을 소유하고 있는 손자회사가 회사분할로 인하여 다른 국내 계열회사의 주식을 소유하게 된 경우로서 주식을 소유한 날부터 1년 이내인 경우

4. 손자회사가 국내 계열회사(금융업 또는 보험업을 영위하는 회사를 제외한다) 발행주식총수를 소유하고 있는 경우

⑤ 제4항 제4호에 따라 손자회사가 주식을 소유하고 있는 회사(이하 "증손회사"라 한다)는 국내 계열회사의 주식을 소유하여서는 아니 된다. 다만, 다음 각 호의 어느 하나에 해당하는 경우에는 그러하지 아니하다. 〈신설 2007.8.3〉

1. 증손회사가 될 당시에 주식을 소유하고 있는 국내 계열회사인 경우로서 증손회사에 해당하게 된 날부터 2년 이내인 경우

2. 주식을 소유하고 있는 계열회사가 아닌 국내회사가 계열회사에 해당하게 된 경우로서 그 회사가 계열회사에 해당하게 된 날부터 1년 이내인 경우

⑥ 제2항 제1호 단서, 제2항 제2호가목, 제2항 제3호가목, 제2항 제4호 단서, 제2항 제5호 단서, 제3항 제1호가목, 제3항 제2호가목, 제3항 제3호 단서, 제4항 제1호 및 제5항 제1호를 적용함에 있어서 각 해당 규정의 유예기간은 주식가격의 급격한 변동 등 경제여건의 변화, 주식처분금지계약, 사업의 현저한 손실 그 밖의 사유로 인하여 부채액을 감소시키거나 주식의 취득 · 처분 등이 곤란한 경우에는 공정거래위원회의 승인을 얻어 2년을 연장할 수 있다. 〈신설 2007.4.13, 2007.8.3〉

⑦ 지주회사는 대통령령이 정하는 바에 의하여 당해 지주회사 · 자회사 · 손자회사 및 증손회사(이하 "지주회사 등"이라 한다)의 주식소유현황 · 재무상황 등 사업내용에 관한 보고서를 공정거래위원회에 제출하여야 한다. 〈개정 2004.12.31, 2007.8.3〉

[본조 신설 1999.2.5]

제8조의3(상호출자제한 기업집단의 지주회사 설립제한) 제14조 제1항 전단에 따라 지정된 상호출자제한 기업집단(이하 "상호출자제한 기업집단"이라 한다)에 속하는 회사를 지배하는 동일인 또는 해당 동일인의 특수관계인이 지주회사를 설립하거나 지주회사로 전환하려는 경우에는 다음 각 호에 해당하는 채무보

증을 해소하여야 한다. 〈개정 2002.1.26, 2017.4.18〉

1. 지주회사와 자회사 간의 채무보증
2. 지주회사와 다른 국내 계열회사(당해 지주회사가 지배하는 자회사를 제외한다) 간의 채무보증
3. 자회사 상호 간의 채무보증
4. 자회사와 다른 국내 계열회사(당해 자회사를 지배하는 지주회사 및 당해 지주회사가 지배하는 다른 자회사를 제외한다) 간의 채무보증

[본조 신설 1999.2.5]

[제목 개정 2002.1.26, 2017.4.18]

제9조(상호출자의 금지등) ① 상호출자제한 기업집단에 속하는 회사는 자기의 주식을 취득 또는 소유하고 있는 계열회사의 주식을 취득 또는 소유하여서는 아니 된다. 다만, 다음 각 호의 어느 하나에 해당하는 경우에는 그러하지 아니하다. 〈개정 2002.1.26, 2017.4.18〉

1. 회사의 합병 또는 영업 전부의 양수
2. 담보권의 실행 또는 대물변제의 수령

② 제1항 단서의 규정에 의하여 출자를 한 회사는 당해 주식을 취득 또는 소유한 날부터 6월 이내에 이를 처분하여야 한다. 다만, 자기의 주식을 취득 또는 소유하고 있는 계열회사가 그 주식을 처분한 때에는 그러하지 아니하다.

③ 상호출자제한 기업집단에 속하는 회사로서 「벤처투자 촉진에 관한 법률」에 따른 중소기업창업투자회사는 국내 계열회사 주식을 취득 또는 소유하여서는 아니 된다. 〈개정 2002.1.26, 2007.8.3, 2020.2.11〉

제9조의2(순환출자의 금지) ① 삭제 〈2007.4.18〉

② 상호출자제한 기업집단에 속하는 회사는 순환출자를 형성하는 계열출자를 하여서는 아니 된다. 상호출자제한 기업집단 소속 회사 중 순환출자 관계에 있는 계열회사의 계열출자대상회사에 대한 추가적인 계열출자[계열출자회사가 「상법」 제418조 제1항에 따른 신주배정 또는 제462조의 2 제1항에 따른 주식배당(이하 "신주배정 등"이라 한다)에 따라 취득 또는 소유한 주식 중에서 신주배정 등이 있기 전

자신의 지분율 범위의 주식, 순환출자회사집단에 속하는 계열회사 간 합병에 의한 계열출자는 제외한다! 또한 같다. 다만, 다음 각 호의 어느 하나에 해당하는 경우에는 그러하지 아니하다. 〈개정 2016.3.18, 2017.4.18〉

1. 회사의 합병 · 분할, 주식의 포괄적 교환 · 이전 또는 영업전부의 양수
2. 담보권의 실행 또는 대물변제의 수령
3. 계열출자회사가 신주배정등에 의하여 취득 또는 소유한 주식 중에서 다른 주주의 실권 등에 의하여 신주배정 등이 있기 전 자신의 지분율 범위를 초과하여 취득 또는 소유한 계열출자대상회사의 주식이 있는 경우
4. 「기업구조조정 촉진법」 제9조 제1항에 따라 부실징후기업의 관리절차를 개시한 회사에 대하여 같은 법 제24조 제2항에 따라 금융채권자협의회가 의결하여 동일인(친족을 포함한다)의 재산출연 또는 부실징후기업의 주주인 계열출자회사의 유상증자 참여(채권의 출자전환을 포함한다)를 결정한 경우
5. 「기업구조조정 촉진법」 제2조 제2호의 금융채권자가 같은 법 제2조 제7호에 따른 부실징후기업과 기업개선계획의 이행을 위한 약정을 체결하고 금융채권자협의회의 의결로 동일인(친족을 포함한다)의 재산출연 또는 부실징후기업의 주주인 계열출자회사의 유상증자 참여(채권의 출자전환을 포함한다)를 결정한 경우

③ 제2항 단서에 따라 계열출자를 한 회사는 다음 각 호의 어느 하나에 해당하는 기간 내에 취득 또는 소유한 해당 주식(제2항 제3호부터 제5호까지의 규정에 따른 경우는 신주배정 등의 결정, 재산출연 또는 유상증자 결정이 있기 전 지분율 초과분을 말한다)을 처분하여야 한다. 다만, 순환출자회사집단에 속한 다른 회사 중 하나가 취득 또는 소유하고 있는 계열출자대상회사의 주식을 처분하여 제2항의 계열출자에 의하여 형성 또는 강화된 순환출자가 해소된 경우에는 그러하지 아니하다.

1. 제2항 제1호 또는 제2호에 따라 계열출자를 한 회사는 해당 주식을 취득 또는 소유한 날부터 6개월
2. 제2항 제3호에 따라 계열출자를 한 회사는 해당 주식을 취득 또는 소유한 날부터 1년
3. 제2항 제4호 또는 제5호에 따라 계열출자를 한 회사는 해당 주식을 취득 또

는 소유한 날부터 3년

[본조 신설 2014.1.24]

제10조 삭제 〈2009.3.25〉

제10조의2(계열회사에 대한 채무보증의 금지) 상호출자제한 기업집단에 속하는 회사(금융업 또는 보험업을 영위하는 회사는 제외한다)는 채무보증을 하여서는 아니 된다. 다만, 다음 각 호의 어느 하나에 해당하는 채무보증의 경우에는 그러하지 아니하다.

1. 「조세특례제한법」에 따른 합리화기준에 따라 인수되는 회사의 채무와 관련된 채무보증
2. 기업의 국제경쟁력 강화를 위하여 필요한 경우 등 대통령령으로 정하는 경우에 대한 채무보증

[전문개정 2017.4.18]

제10조의3 삭제 〈2001.1.16〉

제11조(금융회사 또는 보험회사의 의결권 제한) 상호출자제한 기업집단에 속하는 회사로서 금융업 또는 보험업을 영위하는 회사는 취득 또는 소유하고 있는 국내 계열회사 주식에 대하여 의결권을 행사할 수 없다. 다만, 다음 각 호의 어느 하나에 해당하는 경우에는 그러하지 아니하다. 〈개정 1992.12.8, 1996.12.30, 2002.1.26, 2004.12.31, 2007.4.13, 2007.8.3, 2016.3.29〉

1. 금융업 또는 보험업을 영위하기 위하여 주식을 취득 또는 소유하는 경우
2. 보험자산의 효율적인 운용ㆍ관리를 위하여 「보험업법」 등에 의한 승인 등을 얻어 주식을 취득 또는 소유하는 경우
3. 당해 국내 계열회사(상장법인에 한한다)의 주주총회에서 다음 각 목의 어느 하나에 해당하는 사항을 결의하는 경우. 이 경우 그 계열회사의 주식 중 의결권을 행사할 수 있는 주식의 수는 그 계열회사에 대하여 특수관계인 중 대통령령이 정하는 자를 제외한 자가 행사할 수 있는 주식수를 합하여 그 계열회

사 발행주식총수(「상법」 제344조의3 제1항 및 제369조 제2항 · 제3항의 의결권 없는 주식의 수는 제외한다)의 100분의 15를 초과할 수 없다.

가. 임원의 선임 또는 해임

나. 정관 변경

다. 그 계열회사의 다른 회사로의 합병, 영업의 전부 또는 주요 부분의 다른 회사로의 양도

제11조의2(대규모내부거래의 이사회 의결 및 공시) ① 제14조 제1항 전단에 따라 지정된 공시대상 기업집단(이하 "공시대상 기업집단"이라 한다)에 속하는 회사는 특수관계인을 상대방으로 하거나 특수관계인을 위하여 대통령령으로 정하는 규모 이상의 다음 각 호의 어느 하나에 해당하는 거래행위(이하 "대규모 내부거래"라 한다)를 하려는 때에는 미리 이사회의 의결을 거친 후 이를 공시하여야 한다. 제2항에 따른 주요 내용을 변경하려는 때에도 또한 같다. 〈개정 2002. 1.26, 2007.4.13, 2017.4.18〉

1. 가지급금 또는 대여금 등의 자금을 제공 또는 거래하는 행위

2. 주식 또는 회사채 등의 유가증권을 제공 또는 거래하는 행위

3. 부동산 또는 무체재산권 등의 자산을 제공 또는 거래하는 행위

4. 주주의 구성 등을 고려하여 대통령령으로 정하는 계열회사를 상대방으로 하거나 동 계열회사를 위하여 상품 또는 용역을 제공 또는 거래하는 행위

② 공시대상 기업집단에 속하는 회사는 제1항에 따라 공시를 할 때 거래의 목적 · 상대방 · 규모 및 조건 등 대통령령으로 정하는 주요내용을 포함하여야 한다. 〈개정 2017.4.18〉

③ 공정거래위원회는 제1항의 규정에 의한 공시와 관련되는 업무를 「자본시장과 금융투자업에 관한 법률」 제161조(주요사항보고서의 제출)에 따른 신고수리기관에 위탁할 수 있다. 이 경우 공시의 방법, 절차, 기타 필요한 사항은 공시와 관련되는 업무를 위탁받은 신고수리기관과의 협의를 거쳐 공정거래위원회가 이를 정한다. 〈개정 2007.8.3〉

④ 공시대상 기업집단에 속하는 회사 중 금융업 또는 보험업을 영위하는 회사가 약관에 따라 정형화된 거래로서 대통령령으로 정하는 기준에 해당하는 거래행

위를 하는 경우에는 제1항에도 불구하고 이사회의 의결을 거치지 아니할 수 있다. 이 경우 그 거래내용은 공시하여야 한다. 〈개정 2017.4.18〉

⑤ 제1항의 경우에 상장법인이 「상법」 제393조의2(이사회 내 위원회)에 따라 설치한 위원회(「자본시장과 금융투자업에 관한 법률」 제9조 제3항에 따른 사외이사가 3인 이상 포함되고, 사외이사의 수가 위원총수의 3분의 2 이상인 경우에 한정한다)에서 의결한 경우에는 이사회의 의결을 거친 것으로 본다. 〈신설 2007.8.3, 2015.1.20〉

[본조 신설 1999.12.28]

제11조의3(비상장회사 등의 중요사항 공시) ① 공시대상 기업집단에 속하는 회사 중 자산총액 등이 대통령령으로 정하는 기준에 해당하는 회사(금융업 또는 보험업을 영위하는 회사는 제외한다)로서 상장법인을 제외한 회사는 다음 각 호의 어느 하나에 해당하는 사항을 공시하여야 한다. 다만, 제11조의2에 따라 공시되는 사항은 제외한다. 〈개정 2007.4.13, 2007.8.3, 2017.4.18〉

1. 최대주주와 주요 주주(「자본시장과 금융투자업에 관한 법률」 제9조 제1항 제2호에 따른 주요 주주를 말한다)의 주식보유현황 및 그 변동사항, 임원의 변동 등 회사의 소유지배구조와 관련된 중요사항으로서 대통령령이 정하는 사항
2. 자산 · 주식의 취득, 증여, 담보제공, 채무인수 · 면제 등 회사의 재무구조에 중요한 변동을 초래하는 사항으로서 대통령령이 정하는 사항
3. 영업양도 · 양수, 합병 · 분할, 주식의 교환 · 이전 등 회사의 경영활동과 관련된 중요한 사항으로서 대통령령이 정하는 사항

② 제11조의2(대규모내부거래의 이사회 의결 및 공시) 제2항 및 제3항의 규정은 제1항의 규정에 의한 공시에 관하여 이를 준용한다.

[본조 신설 2004.12.31]

제11조의4(기업집단현황 등에 관한 공시) ① 공시대상 기업집단에 속하는 회사 중 자산총액 등이 대통령령으로 정하는 기준에 해당하는 회사는 그 기업집단의 다음 각 호의 어느 하나에 해당하는 사항으로서 대통령령으로 정하는 사항을 공시하여야 한다. 〈개정 2017.4.18〉

1. 일반 현황
2. 주식소유 현황
3. 지주회사등이 아닌 계열회사 현황[지주회사등의 자산총액 합계액이 기업집단 소속 회사의 자산총액(금융업 또는 보험업을 영위하는 회사의 경우에는 자본총액 또는 자본금 중 큰 금액으로 한다) 합계액의 100분의 50 이상인 경우로 한정한다]
4. 2개의 계열회사가 서로의 주식을 취득 또는 소유하고 있는 상호출자 현황
5. 순환출자 현황
6. 채무보증 현황
7. 취득 또는 소유하고 있는 국내계열회사주식에 대한 의결권 행사(금융업 또는 보험업을 영위하는 회사의 주식에 대한 의결권 행사는 제외한다) 여부
8. 특수관계인과의 거래 현황

② 제1항에 따른 공시에 관하여는 제11조의2(대규모 내부거래의 이사회 의결 및 공시) 제3항을 준용한다.

③ 제1항에 따른 공시의 시기, 방법 및 절차에 관하여 제2항에 규정된 것 외에 필요한 사항은 대통령령으로 정한다.

[본조 신설 2009.3.25]

제12조(기업결합의 신고) ① 자산총액 또는 매출액의 규모가 대통령령이 정하는 기준에 해당하는 회사(제3호에 해당하는 기업결합을 하는 경우에는 대규모회사에 한하며, 이하 이 조에서 "기업결합신고대상회사"라 한다) 또는 그 특수관계인이 자산총액 또는 매출액의 규모가 대통령령이 정하는 기준에 해당하는 다른 회사(이하 이 조에서 "상대회사"라 한다)에 대하여 제1호부터 제4호까지의 어느 하나에 해당하는 기업결합을 하거나 기업결합신고대상회사 또는 그 특수관계인이 상대회사 또는 그 특수관계인과 공동으로 제5호의 기업결합을 하는 경우에는 대통령령이 정하는 바에 따라 공정거래위원회에 신고하여야 한다. 기업결합신고대상회사 외의 회사로서 상대회사의 규모에 해당하는 회사 또는 그 특수관계인이 기업결합신고대상회사에 대하여 제1호부터 제4호까지의 어느 하나에 해당하는 기업결합을 하거나 기업결합신고대상회사 외의 회사로서 상대회사의 규모에 해당하는 회사 또는 그 특수관계인이 기업결합신고대상회사 또는 그 특수관계

인과 공동으로 제5호의 기업결합을 하는 경우에도 또한 같다. 〈개정 2004.12.31, 2007.4.13, 2007.8.3〉

1. 다른 회사의 발행주식총수[「상법」 제370조(의결권 없는 주식)의 규정에 의한 의결권없는 주식을 제외한다. 이하 같다]의 100분의 20(상장법인의 경우에는 100분의 15) 이상을 소유하게 되는 경우
2. 다른 회사의 발행주식을 제1호에 따른 비율 이상으로 소유한 자가 당해 회사의 주식을 추가로 취득하여 최다출자자가 되는 경우
3. 임원겸임의 경우(계열회사의 임원을 겸임하는 경우를 제외한다)
4. 제7조(기업결합의 제한) 제1항 제3호 또는 제4호에 해당하는 행위를 하는 경우
5. 새로운 회사설립에 참여하여 그 회사의 최다출자자가 되는 경우

② 제1항에 규정된 기업결합신고대상회사 및 상대회사의 자산총액 또는 매출액의 규모는 각각 기업결합일 전부터 기업결합일 후까지 계속하여 계열회사의 지위를 유지하고 있는 회사의 자산총액 또는 매출액을 합산한 규모를 말한다. 다만, 제7조(기업결합의 제한) 제1항 제4호의 규정에 의한 영업양수의 경우에 영업을 양도(영업의 임대, 경영의 위임 및 영업용고정자산의 양도를 포함한다)하는 회사의 자산총액 또는 매출액의 규모는 계열회사의 자산총액 또는 매출액을 합산하지 아니한 규모를 말한다. 〈신설 2004.12.31〉

③ 제1항에 불구하고 다음 각 호의 어느 하나에 해당하는 경우에는 신고대상에서 제외한다. 〈신설 2001.1.16, 2002.1.26, 2002.8.26, 2004.12.31, 2007.8.3, 2016.3.29, 2020.2.11〉

1. 「벤처투자 촉진에 관한 법률」 제2조 제10호 또는 제11호에 따른 중소기업창업투자회사 또는 벤처투자조합이 「중소기업창업 지원법」 제2조 제2호에 따른 창업자(이하 "창업자"라 한다) 또는 벤처기업의 주식을 제1항 제1호에 따른 비율 이상으로 소유하게 되거나 창업자 또는 벤처기업의 설립에 다른 회사와 공동으로 참여하여 최다출자자가 되는 경우
2. 「여신전문금융업법」에 따른 신기술사업금융업자 또는 신기술사업투자조합이 「기술보증기금법」 제2조(정의) 제1호의 신기술사업자(이하 "신기술사업자"라 한다)의 주식을 제1항 제1호에 따른 비율 이상으로 소유하게 되거나

신기술사업자의 설립에 다른 회사와 공동으로 참여하여 최다출자자가 되는 경우

3. 기업결합신고대상회사가 다음 각 목의 어느 하나에 해당하는 회사의 주식을 제1항 제1호에 따른 비율 이상으로 소유하게 되거나 다음 각 목의 어느 하나에 해당하는 회사의 설립에 다른 회사와 공동으로 참여하여 최다출자자가 되는 경우

가. 「자본시장과 금융투자업에 관한 법률」에 따른 투자회사

나. 「사회기반시설에 대한 민간투자법」에 따라 사회기반시설 민간투자사업 시행자로 지정된 회사

다. 나목에 따른 회사에 대한 투자목적으로 설립된 투자회사(「법인세법」 제51조의2 제1항 제6호에 해당하는 회사에 한한다)

라. 「부동산투자회사법」에 따른 부동산투자회사

④ 제1항의 규정은 관계중앙행정기관의 장이 다른 법률의 규정에 의하여 미리 당해 기업결합에 관하여 공정거래위원회와 협의한 경우에는 이를 적용하지 아니한다.

⑤ 제1항 제1호 · 제2호 또는 제5호의 규정에 의한 주식의 소유 또는 인수의 비율을 산정하거나 최다출자자가 되는지 여부를 판단함에 있어서는 당해 회사의 특수관계인이 소유하고 있는 주식을 합산한다. 〈개정 2004.12.31, 2007.8.3〉

⑥ 제1항의 규정에 의한 기업결합의 신고는 당해 기업결합일부터 30일 이내에 이를 하여야 한다. 다만, 제1항 제1호 · 제2호 · 제4호 또는 제5호의 규정에 의한 기업결합(대통령령으로 정하는 경우는 제외한다)으로서 기업결합의 당사 회사 중 1 이상의 회사가 대규모회사인 경우에는 합병계약을 체결한 날 등 대통령령이 정하는 날부터 기업결합일 전까지의 기간 내에 이를 신고하여야 한다. 〈개정 1999.2.5, 2004.12.31, 2009.3.25〉

⑦ 공정거래위원회는 제6항에 따라 신고를 받으면 신고일부터 30일 안에 제7조에 해당하는지를 심사하고, 그 결과를 해당 신고자에게 통지하여야 한다. 다만, 공정거래위원회가 필요하다고 인정할 경우에는 그 기간의 만료일 다음 날부터 계산하여 90일까지 그 기간을 연장할 수 있다. 〈신설 2012.3.21〉

⑧ 제6항 단서의 규정에 따라 신고를 하여야 하는 자는 제7항에 따른 공정거

래위원회의 심사결과를 통지받기 전까지 각각 주식소유, 합병등기, 영업양수계약의 이행행위 또는 주식인수행위를 하여서는 아니 된다. 〈개정 2004.12.31, 2012.3.21〉

⑨ 제7조(기업결합의 제한) 제1항에 규정된 기업결합을 하고자 하는 자는 제6항에 규정된 신고기간 이전이라도 당해 행위가 경쟁을 실질적으로 제한하는 행위에 해당하는지 여부에 대하여 공정거래위원회에 심사를 요청할 수 있다. 〈개정 1999.2.5, 2001.1.16, 2004.12.31, 2012.3.21〉

⑩ 공정거래위원회는 제9항에 따라 심사를 요청받은 경우에는 30일이내에 그 심사결과를 요청한 자에게 통지하여야 한다. 다만, 공정거래위원회가 필요하다고 인정할 때에는 그 기간의 만료일 다음날부터 기산하여 90일의 범위 안에서 그 기간을 연장할 수 있다. 〈개정 1999.2.5, 2001.1.16, 2004.12.31, 2012.3.21〉

⑪ 제1항의 규정에 의한 신고의무자가 2 이상인 경우에는 공동으로 신고하여야 한다. 다만, 공정거래위원회가 대통령령이 정하는 바에 의하여 신고의무자가 소속된 기업집단에 속하는 회사중 하나의 회사를 기업결합신고대리인(이하 이 조에서 "대리인"이라 한다)으로 정하여 그 대리인이 신고한 경우에는 그러하지 아니하다. 〈개정 2012.3.21〉

[전문개정 1996.12.30]

제12조의2(기업결합 신고절차 등의 특례) ① 다음 각 호의 어느 하나에 해당하는 법인의 설립이나 합병 또는 최다액출자자 변경 등(이하 이 조에서 "법인설립 등"이라 한다)에 관한 승인·변경허가추천 등(이하 이 조에서 "승인 등"이라 한다)을 신청하는 자는 법인설립 등이 제12조(기업결합의 신고) 제1항에 따른 신고대상에 해당하는 경우에는 승인 등의 주무관청(방송통신위원회를 포함한다. 이하 이 조에서 같다)에 승인 등을 신청할 때 기업결합 신고서류를 함께 제출할 수 있다. 〈개정 2009.3.25〉

1. 「전기통신사업법」 제13조(사업의 양수 및 법인의 합병 등) 제2항에 따른 법인의 설립

2. 「방송법」 제15조(변경허가등) 제1항 제1호에 따른 법인[「방송법」 제2조(용어의 정의) 제3호나목에 따른 종합유선방송사업자인 법인에 한한다. 이하 이 조에

서 “종합유선방송사업자”라 한다)의 합병

3. 「방송법」 제15조의2(최다액출자자 등 변경승인) 제1항에 따라 종합유선방송사업자의 최다액출자자가 되고자 하거나 종합유선방송사업자의 경영권을 실질적으로 지배하고자 하는 경우

② 승인 등의 신청인이 제1항에 따라 주무관청에 기업결합 신고서류를 제출한 때에는 그 서류가 주무관청에 접수된 날을 제12조(기업결합의 신고) 제1항에 따른 신고가 있은 날로 본다.

③ 주무관청은 제1항에 따라 기업결합 신고서류를 제출받은 때에는 지체 없이 공정거래위원회에 기업결합 신고서류를 송부하여야 한다.

④ 제12조(기업결합의 신고) 제6항 단서에 따라 기업결합 신고를 하여야 하는 자는 공정거래위원회에 기업결합 신고를 하는 때에 법인설립등의 승인등에 관한 서류를 함께 제출할 수 있다.

⑤ 공정거래위원회는 제4항에 따라 법인설립 등의 승인 등에 관한 서류를 제출받은 때에는 지체 없이 법인설립 등의 승인 등에 관한 서류를 주무관청에 송부하여야 한다.

[본조 신설 2007.8.3]

제13조(주식소유현황 등의 신고) ① 공시대상 기업집단에 속하는 회사는 대통령령으로 정하는 바에 따라 해당 회사의 주주의 주식소유현황 · 재무상황 및 다른 국내회사 주식의 소유현황을 공정거래위원회에 신고하여야 한다. 〈개정 1996.12.30, 2002.1.26, 2009.3.25, 2017.4.18〉

② 상호출자제한 기업집단에 속하는 회사는 대통령령으로 정하는 바에 따라 채무보증 현황을 국내금융기관의 확인을 받아 공정거래위원회에 신고하여야 한다. 〈신설 1992.12.8, 1996.12.30, 2002.1.26, 2017.4.18〉

③ 제12조 제11항 단서의 규정은 제1항 및 제2항의 신고에 관하여 이를 준용한다. 〈개정 1996.12.30, 2001.1.16, 2004.12.31, 2012.3.21〉

④ 삭제 〈1996.12.30〉

제14조(상호출자제한 기업집단 등의 지정 등) ① 공정거래위원회는 대통령령

으로 정하는 바에 따라 산정한 자산총액이 5조원 이상인 기업집단을 대통령령으로 정하는 바에 따라 공시대상 기업집단으로 지정하고, 지정된 공시대상 기업집단 중 일정규모 이상의 자산총액 등 대통령령으로 정하는 기준에 해당하는 기업집단을 대통령령으로 정하는 바에 따라 상호출자제한 기업집단으로 지정한다. 이 경우 지정된 기업집단에 속하는 회사에 지정 사실을 대통령령으로 정하는 바에 따라 통지하여야 한다. 〈개정 2017.4.18〉

② 제9조, 제9조의2, 제10조의2, 제11조, 제11조의2부터 제11조의4까지, 제13조 및 제23조의2는 제1항 후단에 따른 통지(제14조의2 제3항에 따른 계열회사 편입 통지를 포함한다)를 받은 날부터 적용한다. 〈개정 2017.4.18〉

③ 제2항에도 불구하고 제1항에 따라 상호출자제한 기업집단으로 지정되어 상호출자제한 기업집단에 속하는 회사로 통지를 받은 회사 또는 제14조의2 제1항에 따라 상호출자제한 기업집단의 계열회사로 편입되어 상호출자제한 기업집단에 속하는 회사로 통지를 받은 회사가 통지받은 당시 제9조 제1항 · 제3항 또는 제10조의2를 위반하고 있는 경우에는 다음 각 호의 구분에 따른다. 〈개정 1999.12.28, 2001.1.16, 2002.1.26, 2005.3.31, 2009.3.25, 2017.4.18〉

1. 제9조(상호출자의 금지 등) 제1항 또는 제3항의 규정을 위반하고 있는 경우[취득 또는 소유하고 있는 주식을 발행한 회사가 새로 계열회사로 편입되어 제9조(상호출자의 금지 등) 제3항의 규정을 위반하게 되는 경우를 포함한다]에는 지정일 또는 편입일부터 1년간은 동항의 규정을 적용하지 아니한다.
2. 삭제 〈2009.3.25〉
3. 제10조의2를 위반하고 있는 경우(채무보증을 받고 있는 회사가 새로 계열회사로 편입되어 위반하게 되는 경우를 포함한다)에는 지정일 또는 편입일부터 2년간은 동항의 규정을 적용하지 아니한다. 다만, 각 호 외의 부분의 규정에 의한 회사에 「채무자 회생 및 파산에 관한 법률」에 의한 회생절차가 개시된 경우에는 회생절차의 종료일까지, 각 호 외의 부분의 규정에 의한 회사가 회생절차가 개시된 회사에 대하여 채무보증을 하고 있는 경우에는 그 채무보증에 한하여 채무보증을 받고 있는 회사의 회생절차의 종료일까지는 동항의 규정을 적용하지 아니한다.

④ 공정거래위원회는 회사 또는 해당 회사의 특수관계인에 대하여 제1항에 따

른 기업집단의 지정을 위하여 회사의 일반 현황, 회사의 주주 및 임원 구성, 특수관계인 현황, 주식소유 현황 등 대통령령으로 정하는 자료의 제출을 요청할 수 있다. 〈개정 2017.4.18〉

⑤ 공시대상 기업집단에 속하는 회사(청산 중에 있거나 1년 이상 휴업 중인 회사를 제외한다)는 공인회계사의 회계감사를 받아야 하며, 공정거래위원회는 공인회계사의 감사의견에 따라 수정한 대차대조표를 사용하여야 한다. 〈신설 1998.2. 24, 2002.1.26, 2004.12.31, 2016.3.29, 2017.4.18〉

[제목 개정 2001.1.16, 2017.4.18]

제14조의2(계열회사의 편입 및 제외 등) ① 공정거래위원회는 공시대상 기업집단 등의 계열회사로 편입하거나 계열회사에서 제외하여야 할 사유가 발생한 경우에는 해당 회사(해당 회사의 특수관계인을 포함한다. 이하 이 조에서 같다)의 요청이나 직권으로 계열회사에 해당하는지 여부를 심사하여 계열회사로 편입하거나 계열회사에서 제외하고 그 내용을 해당 회사에 통지하여야 한다. 〈개정 2002.1.26, 2017.4.18〉

② 공정거래위원회는 제1항의 규정에 의한 심사를 위하여 필요하다고 인정하는 경우에는 해당 회사에 대하여 주주 및 임원의 구성, 채무보증관계, 자금대차관계, 거래관계, 기타 필요한 자료의 제출을 요청할 수 있다. 〈개정 2017.4.18〉

③ 공정거래위원회는 제1항의 규정에 의하여 심사를 요청받은 경우에는 30일 이내에 그 심사결과를 요청한 자에게 통지하여야 한다. 다만, 공정거래위원회가 필요하다고 인정할 때에는 60일을 초과하지 아니하는 범위 안에서 그 기간을 연장할 수 있다.

[본조 신설 1996.12.30]

제14조의3(계열회사의 편입·통지일의 의제) 공정거래위원회는 제14조(상호출자제한 기업집단 등의 지정 등) 제4항 또는 제14조의2(계열회사의 편입 및 제외 등) 제2항에 의한 요청을 받은 자가 정당한 이유 없이 자료제출을 거부하거나 허위의 자료를 제출함으로써 상호출자제한 기업집단 등의 소속회사로 편입되어야 함에도 불구하고 편입되지 아니한 경우에는 대통령령이 정하는 날에 그 상호출

자제한 기업집단 등의 소속회사로 편입·통지된 것으로 본다. 〈개정 2002.1.26〉
[본조 신설 1999.2.5]

제14조의4(관계기관에 대한 자료의 확인요구 등) 공정거래위원회는 제9조, 제9조의2, 제10조의2, 제11조, 제13조, 제14조 또는 제14조의2의 시행을 위하여 필요하다고 인정하는 경우에는 다음 각 호의 어느 하나의 기관에 대하여 공시대상 기업집단의 국내계열회사 주주의 주식소유현황, 채무보증 관련자료, 가지급금·대여금 또는 담보의 제공에 관한 자료, 부동산의 거래 또는 제공에 관한 자료 등 필요한 자료의 확인 또는 조사를 요청할 수 있다. 〈개정 1997.12.31, 1998.1.8, 1998.2.24, 2002.1.26, 2007.8.3, 2008.2.29, 2017.4.18〉
1. 「금융위원회의 설치 등에 관한 법률」에 의하여 설립된 금융감독원
2. 삭제 〈1998.2.24〉
3. 제2조 제3호의7 각 목에 따른 국내 금융기관
4. 기타 금융 또는 주식의 거래에 관련되는 기관으로서 대통령령이 정하는 기관
[본조 신설 1996.12.30]

제14조의5(공시대상 기업집단의 현황 등에 관한 정보공개) ① 공정거래위원회는 과도한 경제력 집중을 방지하고 기업집단의 투명성 등을 제고하기 위하여 공시대상 기업집단에 속하는 회사에 대한 다음 각 호의 정보를 공개할 수 있다.
1. 공시대상 기업집단에 속하는 회사의 일반현황, 지배구조현황 등에 관한 정보로서 대통령령으로 정하는 정보
2. 공시대상 기업집단에 속하는 회사 간 또는 공시대상 기업집단에 속하는 회사와 그 특수관계인 간의 출자, 채무보증, 거래관계 등에 관한 정보로서 대통령령으로 정하는 정보

② 공정거래위원회는 제1항 각 호에 규정된 정보의 효율적 처리 및 공개를 위하여 정보시스템을 구축·운영할 수 있다.
③ 제1항 및 제2항에 규정된 사항 외에 정보공개에 관하여는 「공공기관의 정보공개에 관한 법률」이 정하는 바에 따른다.
[본조 신설 2007.4.13]

제15조(탈법행위의 금지) ① 누구든지 제7조 제1항, 제8조의2 제2항부터 제5항까지, 제8조의3, 제9조, 제9조의2, 제10조의2 또는 제11조의 적용을 면탈하려는 행위를 하여서는 아니 된다. 〈개정 2017.4.18.〉

② 제1항의 규정에 의한 탈법행위의 유형 및 기준은 대통령령으로 정한다. 〈신설 1996.12.30〉

제16조(시정조치 등) ① 공정거래위원회는 제7조 제1항, 제8조의2 제2항부터 제5항까지, 제8조의3, 제9조, 제9조의2, 제10조의2, 제11조, 제11조의2부터 제11조의4까지 또는 제15조를 위반하거나 위반할 우려가 있는 행위가 있는 때에는 해당 사업자[제7조 제1항을 위반한 경우에는 기업결합 당사회사(기업결합 당사회사에 대한 시정조치만으로는 경쟁제한으로 인한 폐해를 시정하기 어렵거나 기업결합 당사회사의 특수관계인이 사업을 영위하는 거래분야의 경쟁제한으로 인한 폐해를 시정할 필요가 있는 경우에는 그 특수관계인을 포함한다)를 말한다] 또는 위반행위자에 대하여 다음 각 호에 해당하는 시정조치를 명할 수 있다. 이 경우 제12조 제6항 단서에 따른 신고를 받아 행하는 때에는 같은 조 제7항에 따른 기간 내에 이를 하여야 한다. 〈개정 1996.12.30, 1998.2.24, 1999.2.5, 1999.12.28, 2001.1.16, 2002.1.26, 2004.12.31, 2007.8.3, 2009.3.25, 2014.1.24, 2017.4.18〉

1. 당해 행위의 중지

2. 주식의 전부 또는 일부의 처분

3. 임원의 사임

4. 영업의 양도

5. 채무보증의 취소

6. 시정명령을 받은 사실의 공표

7. 기업결합에 따른 경쟁제한의 폐해를 방지할 수 있는 영업방식 또는 영업범위의 제한

7의2. 공시의무의 이행 또는 공시내용의 정정

8. 기타 법위반상태를 시정하기 위하여 필요한 조치

② 공정거래위원회는 제7조 제1항, 제8조의3 또는 제12조 제8항을 위반한 회사의 합병 또는 설립이 있는 때에는 당해 회사의 합병 또는 설립무효의 소를

제기할 수 있다. 〈개정 1996.12.30, 1999.2.5, 2001.1.16, 2002.1.26, 2004.12.31, 2007.8.3, 2012.3.21, 2017.4.18〉

③ 공정거래위원회는 제7조(기업결합의 제한) 제1항을 위반하는 행위에 대하여 제1항 각 호의 시정조치를 부과하기 위한 기준을 정하여 고시할 수 있다. 〈신설 2007.8.3〉

제17조(과징금) ① 공정거래위원회는 제9조(상호출자의 금지 등), 제9조의2(순환출자의 금지)를 위반하여 주식을 취득 또는 소유한 회사에 대하여 위반행위로 취득 또는 소유한 주식의 취득가액에 100분의 10을 곱한 금액을 초과하지 아니하는 범위 안에서 과징금을 부과할 수 있다. 〈개정 1996.12.30, 1998.2.24, 1999.12.28, 2009.3.25, 2014.1.24.〉

② 공정거래위원회는 제10조의2를 위반하여 채무보증을 한 회사에 대하여 해당 법위반 채무보증액의 100분의 10을 곱한 금액을 초과하지 아니하는 범위에서 과징금을 부과할 수 있다. 〈신설 1992.12.8, 1996.12.30, 1998.2.24, 2001.1.16, 2017.4.18〉

③ 삭제 〈1999.2.5〉

④ 공정거래위원회는 제8조의2(지주회사 등의 행위제한 등) 제2항 내지 제5항을 위반한 자에 대하여 다음 각 호의 금액에 100분의 10을 곱한 금액을 초과하지 아니하는 범위 안에서 과징금을 부과할 수 있다. 〈개정 2004.12.31, 2007.4.13, 2007.8.3, 2016.3.29〉

1. 제8조의2(지주회사 등의 행위제한 등) 제2항 제1호의 규정을 위반한 경우에는 대통령령이 정하는 대차대조표(이하 이 항에서 "기준대차대조표"라 한다)상 자본총액의 2배를 초과한 부채액
2. 제8조의2(지주회사 등의 행위제한 등) 제2항 제2호의 규정을 위반한 경우에는 당해 자회사 주식의 기준대차대조표상 장부가액의 합계액에 다음 각 목의 비율에서 그 자회사 주식의 소유비율을 뺀 비율을 곱한 금액을 그 자회사 주식의 소유비율로 나누어 산출한 금액
   가. 당해 자회사가 상장법인 또는 국외상장법인이거나 공동출자법인인 경우 및 벤처지주회사의 자회사인 경우에는 100분의 20

나. 삭제 〈2007.4.13〉

다. 가목에 해당하지 아니하는 경우에는 100분의 40

3. 제8조의2(지주회사 등의 행위제한 등) 제2항 제3호 내지 제5호, 같은 조 제3항 제2호, 같은 조 제4항 또는 같은 조 제5항을 위반한 경우에는 위반하여 소유하는 주식의 기준대차대조표상 장부가액의 합계액

4. 제8조의2(지주회사 등의 행위제한 등) 제3항 제1호의 규정을 위반한 경우에는 당해 손자회사 주식의 기준대차대조표상 장부가액의 합계액에 다음 각 목의 비율에서 그 손자회사 주식의 소유비율을 뺀 비율을 곱한 금액을 그 손자회사 주식의 소유비율로 나누어 산출한 금액

가. 당해 손자회사가 상장법인 또는 국외상장법인이거나 공동출자법인인 경우에는 100분의 20

나. 가목에 해당하지 아니하는 손자회사의 경우에는 100분의 40

제17조의2 삭제 〈2009.3.25〉

제17조의3(이행강제금) ① 공정거래위원회는 제7조(기업결합의 제한) 제1항을 위반하여 제16조(시정조치 등)에 따라 시정조치를 받은 후 그 정한 기간 내에 이행을 하지 아니하는 자에 대하여 매 1일당 다음 각 호의 금액에 1만분의 3을 곱한 금액을 초과하지 아니하는 범위 안에서 이행강제금을 부과할 수 있다. 다만, 제7조(기업결합의 제한) 제1항 제2호의 기업결합을 한 자에 대하여는 매 1일당 200만원의 범위 안에서 이행강제금을 부과할 수 있다. 〈개정 2007.8.3〉

1. 제7조(기업결합의 제한) 제1항 제1호 또는 제5호의 기업결합의 경우에는 취득 또는 소유한 주식의 장부가격과 인수하는 채무의 합계액

2. 제7조(기업결합의 제한) 제1항 제3호의 기업결합의 경우에는 합병의 대가로 교부하는 주식의 장부가격과 인수하는 채무의 합계액

3. 제7조(기업결합의 제한) 제1항 제4호의 기업결합의 경우에는 영업양수금액

② 이행강제금의 부과 · 납부 · 징수 · 환급 등에 관하여 필요한 사항은 대통령령으로 정한다. 다만, 체납된 이행강제금은 국세체납처분의 예에 따라 이를 징수한다.

③ 공정거래위원회는 제1항 및 제2항의 규정에 의한 이행강제금의 징수 또는 체납처분에 관한 업무를 국세청장에게 위임할 수 있다.

[본조 신설 1999.2.5]

제18조(시정조치의 이행확보) ① 제16조(시정조치 등) 제1항에 따른 주식처분명령을 받은 자는 그 명령을 받은 날부터 당해 주식에 대하여는 그 의결권을 행사할 수 없다. 〈개정 1996.12.30, 2007.8.3〉

② 제9조(상호출자의 금지 등), 제9조의2(순환출자의 금지)를 위반하여 상호출자, 순환출자를 한 주식에 대하여는 그 시정조치의 명령을 받은 날부터 법위반상태가 해소될 때까지 당해 주식 전부에 대하여 의결권을 행사할 수 없다. 〈개정 1996.12.30〉

③ 삭제 〈2009.3.25〉

④ 삭제 〈2009.3.25〉

[전문개정 1992.12.8]

제4장 부당한 공동행위의 제한

제19조(부당한 공동행위의 금지) ① 사업자는 계약, 협정, 결의, 기타 어떠한 방법으로도 다른 사업자와 공동으로 부당하게 경쟁을 제한하는 다음 각 호의 어느 하나에 해당하는 행위를 할 것을 합의(이하 "부당한 공동행위"라 한다)하거나 다른 사업자로 하여금 이를 행하도록 하여서는 아니 된다. 〈개정 1992.12.8, 1994.12.22, 1996.12.30, 1999.2.5, 2004.12.31, 2007.8.3〉

1. 가격을 결정 · 유지 또는 변경하는 행위
2. 상품 또는 용역의 거래조건이나, 그 대금 또는 대가의 지급조건을 정하는 행위
3. 상품의 생산 · 출고 · 수송 또는 거래의 제한이나 용역의 거래를 제한하는 행위
4. 거래지역 또는 거래상대방을 제한하는 행위

5. 생산 또는 용역의 거래를 위한 설비의 신설 또는 증설이나 장비의 도입을 방해하거나 제한하는 행위
6. 상품 또는 용역의 생산 · 거래 시에 그 상품 또는 용역의 종류 · 규격을 제한하는 행위
7. 영업의 주요 부문을 공동으로 수행 · 관리하거나 수행 · 관리하기 위한 회사 등을 설립하는 행위
8. 입찰 또는 경매에 있어 낙찰자, 경락자(競落者), 투찰(투찰)가격, 낙찰가격 또는 경락가격, 그 밖에 대통령령으로 정하는 사항을 결정하는 행위
9. 제1호부터 제8호까지 외의 행위로서 다른 사업자(그 행위를 한 사업자를 포함한다)의 사업활동 또는 사업내용을 방해하거나 제한함으로써 일정한 거래분야에서 경쟁을 실질적으로 제한하는 행위

② 제1항의 규정은 부당한 공동행위가 다음 각 호의 1에 해당하는 목적을 위하여 행하여지는 경우로서 대통령령이 정하는 요건에 해당하고 공정거래위원회의 인가를 받은 경우에는 이를 적용하지 아니한다. 〈신설 1996.12.30〉

1. 산업합리화
2. 연구 · 기술개발
3. 불황의 극복
4. 산업구조의 조정
5. 거래조건의 합리화
6. 중소기업의 경쟁력향상

③ 제2항의 규정에 의한 인가의 기준 · 방법 · 절차 및 인가사항변경 등에 관하여 필요한 사항은 대통령령으로 정한다. 〈신설 1996.12.30, 1999.2.5〉

④ 제1항에 규정된 부당한 공동행위를 할 것을 약정하는 계약 등은 사업자 간에 있어서는 이를 무효로 한다.

⑤ 2 이상의 사업자가 제1항 각 호의 어느 하나에 해당하는 행위를 하는 경우로서 해당 거래분야 또는 상품 · 용역의 특성, 해당 행위의 경제적 이유 및 파급효과, 사업자 간 접촉의 횟수 · 양태 등 제반사정에 비추어 그 행위를 그 사업자들이 공동으로 한 것으로 볼 수 있는 상당한 개연성이 있는 때에는 그 사업자들 사이에 공동으로 제1항 각 호의 어느 하나에 해당하는 행위를 할 것을 합의한

것으로 추정한다. 〈개정 2007.8.3〉

⑥ 부당한 공동행위에 관한 심사의 기준은 공정거래위원회가 정하여 고시할 수 있다. 〈신설 2007.8.3〉

제19조의2(공공부문 입찰 관련 공동행위를 방지하기 위한 조치) ① 공정거래위원회는 국가 · 지방자치단체 또는 「공공기관의 운영에 관한 법률」에 따른 공기업이 발주하는 입찰과 관련된 부당한 공동행위를 적발하거나 방지하기 위하여 중앙행정기관 · 지방자치단체 또는 「공공기관의 운영에 관한 법률」에 따른 공기업의 장(이하 "공공기관의 장"이라 한다)에게 입찰 관련 자료의 제출과 그 밖의 협조를 요청할 수 있다. 〈개정 2009.3.25〉

② 대통령령으로 정하는 공공기관의 장은 입찰공고를 하거나 낙찰자가 결정된 때에는 입찰 관련 정보를 공정거래위원회에 제출하여야 한다.

③ 제2항에 따라 공정거래위원회에 제출하여야 하는 입찰 관련 정보의 범위 및 제출 절차에 관하여는 대통령령으로 정한다.

[본조 신설 2007.8.3]

제20조 삭제 〈1996.12.30〉

제21조(시정조치) 공정거래위원회는 제19조(부당한 공동행위의 금지) 제1항의 규정을 위반하는 행위가 있을 때에는 당해 사업자에 대하여 당해 행위의 중지, 시정명령을 받은 사실의 공표, 기타 시정을 위한 필요한 조치를 명할 수 있다. 〈개정 1996.12.30, 2004.12.31〉

제22조(과징금) 공정거래위원회는 제19조(부당한 공동행위의 금지) 제1항의 규정을 위반하는 행위가 있을 때에는 당해 사업자에 대하여 대통령령이 정하는 매출액에 100분의 10을 곱한 금액을 초과하지 아니하는 범위 안에서 과징금을 부과할 수 있다. 다만, 매출액이 없는 경우 등에는 20억원을 초과하지 아니하는 범위 안에서 과징금을 부과할 수 있다. 〈개정 2004.12.31〉

[전문개정 1996.12.30]

제22조의2(자진신고자 등에 대한 감면 등 〈개정 2007.8.3〉) ① 다음 각 호의 어느 하나에 해당하는 자에 대하여는 제21조(시정조치)의 규정에 의한 시정조치 또는 제22조(과징금)의 규정에 의한 과징금을 감경 또는 면제할 수 있고, 제71조(고발)에 따른 고발을 면제할 수 있다. 〈개정 2001.1.16, 2004.12.31, 2007.8.3, 2013.7.16〉

1. 부당한 공동행위의 사실을 자진신고한 자

2. 증거제공 등의 방법으로 조사에 협조한 자

② 제1항에 따라 시정조치 또는 과징금을 감경 또는 면제받은 자가 그 감경 또는 면제받은 날 이후에 새롭게 제19조 제1항을 위반하는 경우에는 시정조치 또는 과징금을 감경 또는 면제받은 날부터 5년 이내에는 제1항에 따른 시정조치 또는 과징금의 감경 또는 면제를 하지 아니한다. 〈신설 2016.3.29〉

③ 공정거래위원회 및 그 소속 공무원은 소송수행을 위하여 필요한 경우 등 대통령령으로 정하는 경우를 제외하고는 자진신고자 또는 조사에 협조한 자의 신원 · 제보내용 등 자진신고나 제보와 관련된 정보 및 자료를 사건 처리와 관계없는 자에게 제공하거나 누설하여서는 아니 된다. 〈신설 2007.8.3., 2016.3.29〉

④ 제1항의 규정에 의하여 감경 또는 면제되는 자의 범위와 감경 또는 면제의 기준 · 정도 등과 제3항에 따른 정보 및 자료의 제공 · 누설 금지에 관한 세부사항은 대통령령으로 정한다. 〈개정 2001.1.16, 2007.8.3, 2016.3.29〉

[본조 신설 1996.12.30]

제5장 불공정거래행위 및 특수관계인에 대한 부당한 이익제공의 금지 〈개정 2013.8.13〉

제23조(불공정거래행위의 금지) ① 사업자는 다음 각 호의 어느 하나에 해당하는 행위로서 공정한 거래를 저해할 우려가 있는 행위(이하 "불공정거래행위"라 한다)를 하거나, 계열회사 또는 다른 사업자로 하여금 이를 행하도록 하여서는 아니 된다. 〈개정 1996.12.30, 1999.2.5, 2007.4.13, 2013.8.13〉

1. 부당하게 거래를 거절하거나 거래의 상대방을 차별하여 취급하는 행위

2. 부당하게 경쟁자를 배제하는 행위

3. 부당하게 경쟁자의 고객을 자기와 거래하도록 유인하거나 강제하는 행위

4. 자기의 거래상의 지위를 부당하게 이용하여 상대방과 거래하는 행위

5. 거래의 상대방의 사업활동을 부당하게 구속하는 조건으로 거래하거나 다른 사업자의 사업활동을 방해하는 행위

6. 삭제 〈1999.2.5〉

7. 부당하게 다음 각 목의 어느 하나에 해당하는 행위를 통하여 특수관계인 또는 다른 회사를 지원하는 행위

가. 특수관계인 또는 다른 회사에 대하여 가지급금 · 대여금 · 인력 · 부동산 · 유가증권 · 상품 · 용역 · 무체재산권 등을 제공하거나 상당히 유리한 조건으로 거래하는 행위

나. 다른 사업자와 직접 상품 · 용역을 거래하면 상당히 유리함에도 불구하고 거래상 실질적인 역할이 없는 특수관계인이나 다른 회사를 매개로 거래하는 행위

8. 제1호 내지 제7호 이외의 행위로서 공정한 거래를 저해할 우려가 있는 행위

② 특수관계인 또는 회사는 다른 사업자로부터 제1항 제7호에 해당할 우려가 있음에도 불구하고 해당 지원을 받는 행위를 하여서는 아니 된다. 〈신설 2013.8.13〉

③ 불공정거래행위의 유형 또는 기준은 대통령령으로 정한다. 〈개정 1996.12.30, 2013.8.13〉

④ 공정거래위원회는 제1항의 규정에 위반하는 행위를 예방하기 위하여 필요한 경우 사업자가 준수하여야 할 지침을 제정 · 고시할 수 있다. 〈개정 2013.8.13〉

⑤ 사업자 또는 사업자단체는 부당한 고객유인을 방지하기 위하여 자율적으로 규약(이하 "공정경쟁규약"이라 한다)을 정할 수 있다. 〈개정 1999.2.5, 2013.8.13〉

⑥ 사업자 또는 사업자단체는 공정거래위원회에 공정경쟁규약이 제1항 제3호를 위반하는지 여부에 대한 심사를 요청할 수 있다. 〈개정 2013.8.13, 2017.4.18〉

제23조의2(특수관계인에 대한 부당한 이익제공 등 금지) ① 공시대상 기업집단(동일인이 자연인인 기업집단으로 한정한다)에 속하는 회사는 특수관계인(동일인

및 그 친족에 한정한다. 이하 이 조에서 같다)이나 특수관계인이 대통령령으로 정하는 비율 이상의 주식을 보유한 계열회사와 다음 각 호의 어느 하나에 해당하는 행위를 통하여 특수관계인에게 부당한 이익을 귀속시키는 행위를 하여서는 아니 된다. 이 경우 각 호에 해당하는 행위의 유형 또는 기준은 대통령령으로 정한다. 〈개정 2017.4.18〉

1. 정상적인 거래에서 적용되거나 적용될 것으로 판단되는 조건보다 상당히 유리한 조건으로 거래하는 행위
2. 회사가 직접 또는 자신이 지배하고 있는 회사를 통하여 수행할 경우 회사에 상당한 이익이 될 사업기회를 제공하는 행위
3. 특수관계인과 현금, 그 밖의 금융상품을 상당히 유리한 조건으로 거래하는 행위
4. 사업능력, 재무상태, 신용도, 기술력, 품질, 가격 또는 거래조건 등에 대한 합리적인 고려나 다른 사업자와의 비교 없이 상당한 규모로 거래하는 행위

② 기업의 효율성 증대, 보안성, 긴급성 등 거래의 목적을 달성하기 위하여 불가피한 경우로서 대통령령으로 정하는 거래는 제1항 제4호를 적용하지 아니한다.

③ 제1항에 따른 거래 또는 사업기회 제공의 상대방은 제1항 각 호의 어느 하나에 해당할 우려가 있음에도 불구하고 해당 거래를 하거나 사업기회를 제공받는 행위를 하여서는 아니 된다.

④ 특수관계인은 누구에게든지 제1항 또는 제3항에 해당하는 행위를 하도록 지시하거나 해당 행위에 관여하여서는 아니 된다.

[본조 신설 2013.8.13]

제23조의3(보복조치의 금지) 사업자는 제23조(불공정거래행위의 금지) 제1항의 불공정거래행위와 관련하여 다음 각 호의 어느 하나에 해당하는 행위를 한 사업자에게 그 행위를 한 것을 이유로 거래의 정지 또는 물량의 축소, 그 밖에 불이익을 주는 행위를 하거나 계열회사 또는 다른 사업자로 하여금 이를 행하도록 하여서는 아니 된다.

1. 제48조의6 제1항에 따른 분쟁조정 신청
2. 제49조 제2항에 따른 신고

3. 제50조에 따른 공정거래위원회의 조사에 대한 협조

[본조 신설 2014.5.28]

제24조(시정조치) 공정거래위원회는 제23조(불공정거래행위의 금지) 제1항 또는 제2항, 제23조의2(특수관계인에 대한 부당한 이익제공 등 금지) 또는 제23조의3(보복조치의 금지)을 위반하는 행위가 있을 때에는 해당 사업자[제23조(불공정거래행위의 금지) 제2항 및 제23조의2(특수관계인에 대한 부당한 이익제공 등 금지)의 경우 해당 특수관계인 또는 회사를 의미한다]에 대하여 해당 불공정거래행위 또는 특수관계인에 대한 부당한 이익제공행위의 중지 및 재발방지를 위한 조치, 해당 보복조치의 중지, 계약조항의 삭제, 시정명령을 받은 사실의 공표 기타 시정을 위한 필요한 조치를 명할 수 있다. 〈개정 1996.12.30, 1999.2.5, 2004.12.31, 2013.8.13, 2014.5.28〉

제24조의2(과징금) ① 공정거래위원회는 제23조(불공정거래행위의 금지) 제1항(제7호는 제외한다) 또는 제23조의3(보복조치의 금지)을 위반하는 행위가 있을 때에는 당해사업자에 대하여 대통령령이 정하는 매출액에 100분의 2를 곱한 금액을 초과하지 아니하는 범위 안에서 과징금을 부과할 수 있다. 다만, 매출액이 없는 경우 등에는 5억원을 초과하지 아니하는 범위 안에서 과징금을 부과할 수 있다. 〈개정 1999.12.28, 2004.12.31, 2013.8.13, 2014.5.28〉

② 공정거래위원회는 제23조(불공정거래행위의 금지) 제1항 제7호 또는 같은 조 제2항, 제23조의2(특수관계인에 대한 부당한 이익제공 등 금지) 제1항 또는 제3항을 위반하는 행위가 있을 때에는 해당 특수관계인 또는 회사에 대하여 대통령령으로 정하는 매출액에 100분의 5를 곱한 금액을 초과하지 아니하는 범위에서 과징금을 부과할 수 있다. 다만, 매출액이 없는 경우 등에는 20억원을 초과하지 아니하는 범위에서 과징금을 부과할 수 있다. 〈신설 2013.8.13〉

[전문개정 1996.12.30]

제6장 사업자단체

제25조 삭제 〈1999.2.5〉

제26조(사업자단체의 금지행위) ① 사업자단체는 다음 각 호의 1에 해당하는 행위를 하여서는 아니 된다. 〈개정 1996.12.30, 1999.2.5〉

1. 제19조(부당한 공동행위의 금지) 제1항 각 호의 행위에 의하여 부당하게 경쟁을 제한하는 행위
2. 일정한 거래분야에 있어서 현재 또는 장래의 사업자수를 제한하는 행위
3. 구성사업자(사업자단체의 구성원인 사업자를 말한다. 이하 같다)의 사업내용 또는 활동을 부당하게 제한하는 행위
4. 사업자에게 제23조(불공정거래행위의 금지) 제1항 각 호의 1의 규정에 의한 불공정거래행위 또는 제29조(재판매가격유지행위의 제한)의 규정에 의한 재판매가격유지행위를 하게 하거나 이를 방조하는 행위
5. 삭제 〈1999.2.5〉

② 제19조(부당한 공동행위의 금지) 제2항 및 제3항은 제1항 제1호의 경우에 이를 준용한다. 이 경우에 "사업자"는 "사업자단체"로 본다. 〈개정 1996.12.30, 2007.8.3〉

③ 공정거래위원회는 제1항의 규정에 위반하는 행위를 예방하기 위하여 필요한 경우 사업자단체가 준수하여야 할 지침을 제정·고시할 수 있다.

④ 공정거래위원회는 제3항의 지침을 제정하고자 할 경우에는 관계행정기관의 장의 의견을 들어야 한다.

제27조(시정조치) 공정거래위원회는 제26조(사업자단체의 금지행위)의 규정에 위반하는 행위가 있을 때에는 당해 사업자단체(필요한 경우 관련 구성사업자를 포함한다)에 대하여 당해 행위의 중지, 시정명령을 받은 사실의 공표, 기타 시정을 위한 필요한 조치를 명할 수 있다. 〈개정 1992.12.8, 1996.12.30, 1999.2.5, 2004.12.31〉

제28조(과징금) ① 공정거래위원회는 제26조(사업자단체의 금지행위) 제1항 각 호의 1의 규정에 위반하는 행위가 있을 때에는 당해 사업자단체에 대하여 5억원의 범위 안에서 과징금을 부과할 수 있다.

② 공정거래위원회는 제26조(사업자단체의 금지행위) 제1항 제1호를 위반하는 행위에 참가한 사업자에 대하여는 대통령령이 정하는 매출액에 100분의 10을 곱한 금액을 초과하지 아니하는 범위 안에서 과징금을 부과할 수 있다. 다만, 매출액이 없는 경우 등에는 20억원을 초과하지 아니하는 범위 안에서 과징금을 부과할 수 있다. 〈개정 2012.3.21〉

③ 공정거래위원회는 제26조 제1항 제2호부터 제4호까지의 규정을 위반하는 행위에 참가한 사업자에 대하여는 대통령령으로 정하는 매출액에 100분의 5를 곱한 금액을 초과하지 아니하는 범위에서 과징금을 부과할 수 있다. 다만, 매출액이 없는 경우등에는 10억원을 초과하지 아니하는 범위에서 과징금을 부과할 수 있다. 〈신설 2012.3.21, 2016.3.29〉

[전문개정 1996.12.30]

제7장 재판매가격유지행위의 제한

제29조(재판매가격유지행위의 제한) ① 사업자는 재판매가격유지행위를 하여서는 아니 된다. 다만, 상품이나 용역을 일정한 가격 이상으로 거래하지 못하도록 하는 최고가격유지행위로서 정당한 이유가 있는 경우에는 그러하지 아니하다. 〈개정 2001.1.16〉

② 제1항의 규정은 대통령령이 정하는 저작물과 다음 각 호의 요건을 갖춘 상품으로서 사업자가 당해 상품에 대하여 재판매가격유지행위를 할 수 있도록 공정거래위원회로부터 미리 지정을 받은 경우에는 이를 적용하지 아니한다.

1. 당해 상품의 품질이 동일하다는 것을 용이하게 식별할 수 있을 것
2. 당해 상품이 일반소비자에 의하여 일상 사용되는 것일 것
3. 당해 상품에 대하여 자유로운 경쟁이 행하여지고 있을 것

③ 사업자가 제2항의 규정에 의한 지정을 받고자 할 때에는 대통령령이 정하는

바에 의하여 이를 공정거래위원회에 신청하여야 한다.

④ 공정거래위원회가 제2항의 규정에 의하여 재판매가격유지행위를 할 수 있는 상품을 지정한 때에는 이를 고시하여야 한다.

제30조(재판매가격유지의 수정) 공정거래위원회는 제29조(재판매가격유지행위의 제한) 제4항의 규정에 의하여 공정거래위원회가 지정 · 고시한 상품을 생산 또는 판매하는 사업자가 당해 상품의 재판매가격을 결정하고 유지하기 위하여 체결한 계약이 소비자의 이익을 현저히 저해할 우려가 있는 경우에는 계약내용의 수정을 명할 수 있다. 〈개정 2007.8.3〉

[전문개정 1999.2.5]

제31조(시정조치) 공정거래위원회는 제29조(재판매가격유지행위의 제한) 제1항의 규정에 위반하는 행위가 있는 때에는 당해 사업자에 대하여 당해 행위의 중지, 시정명령을 받은 사실의 공표, 기타 시정을 위한 필요한 조치를 명할 수 있다. 〈개정 1996.12.30, 2004.12.31〉

제31조의2(과징금) 공정거래위원회는 제29조(재판매가격유지행위의 제한)의 규정에 위반하는 재판매가격유지행위가 있는 경우에는 당해 사업자에 대하여 대통령령이 정하는 매출액에 100분의 2를 곱한 금액을 초과하지 아니하는 범위 안에서 과징금을 부과할 수 있다. 다만, 매출액이 없는 경우 등에는 5억원을 초과하지 아니하는 범위 안에서 과징금을 부과할 수 있다.

[전문개정 1996.12.30]

제8장 삭제

제9장 전담기구

제35조(공정거래위원회의 설치) ① 이 법에 의한 사무를 독립적으로 수행하기 위하여 국무총리소속 하에 공정거래위원회를 둔다.

② 공정거래위원회는 「정부조직법」 제2조(중앙행정기관의 설치와 조직)의 규정에 의한 중앙행정기관으로서 그 소관사무를 수행한다. 〈개정 2007.8.3〉

[전문개정 1996.12.30]

제36조(공정거래위원회의 소관사무) 공정거래위원회의 소관사무는 다음 각 호와 같다.

1. 시장지배적 지위의 남용행위 규제에 관한 사항
2. 기업결합의 제한 및 경제력 집중의 억제에 관한 사항
3. 부당한 공동행위 및 사업자단체의 경쟁제한행위 규제에 관한 사항
4. 불공정거래행위 및 재판매가격유지행위 규제에 관한 사항
5. 부당한 국제계약의 체결제한에 관한 사항
6. 경쟁제한적인 법령 및 행정처분의 협의 · 조정 등 경쟁촉진정책에 관한 사항
7. 기타 법령에 의하여 공정거래위원회의 소관으로 규정된 사항

이하 생략

제9장의2 한국공정거래조정원의 설립 및 분쟁조정 〈신설 2007.8.3〉

제48조의2(한국공정거래조정원의 설립 등) ① 다음 각 호의 업무를 수행하기 위하여 한국공정거래조정원(이하 "조정원"이라 한다)을 설립한다. 〈개정 2012. 3.21, 2020.5.19〉

1. 제23조(불공정거래행위의 금지) 제1항을 위반한 혐의가 있는 행위와 관련된 분쟁의 조정
2. 다른 법률에서 조정원으로 하여금 담당하게 하는 분쟁의 조정

3. 시장 또는 산업의 동향과 공정경쟁에 관한 조사 및 분석
4. 사업자의 거래 관행과 행태의 조사 및 분석
5. 공정거래위원회로부터 위탁받은 제51조의2 제3항에 따른 동의의결의 이행관리
6. 그 밖에 공정거래위원회로부터 위탁받은 사업

② 조정원은 법인으로 한다.

③ 조정원의 장은 제37조(공정거래위원회의 구성등) 제2항 각 호의 어느 하나에 해당하는 자 중에서 공정거래위원회 위원장이 임명한다.

④ 정부는 조정원의 설립과 운영에 필요한 경비를 예산의 범위 안에서 출연하거나 보조할 수 있다.

⑤ 조정원에 관하여 이 법에서 규정한 것 외에는 「민법」 중 재단법인에 관한 규정을 준용한다.

[본조 신설 2007.8.3]

이하 생략

제10장 조사 등의 절차, **제10장의2** 과징금 부과 및 징수 등, **제11장** 손해배상, **제12장** 적용제외, **제13장** 보칙, **제14장** 벌칙 및 **부칙**은 생략함.

2nd Edition

찾아보기

Second Edition

Industrial Organization

Index

가

나

다

라

아

자

차

카

타

파

하

영문

지은이에 대하여

김광두

서강대학교 경제학학사(B.A.)

미국 하와이대학교 경제학석사(M.A.), 경제학박사(Ph.D.)

서강대학교 경제학부 교수

국제경제연구원 수석연구원

일본 히토츠바시대학교 객원교수(Japan Foundation Fellow)

서강대학교 경상대학장 · 부총장

한국응용경제학회 회장

한국국제경제학회 회장

금융통화위원회 위원

산업자원부 산업발전심의회 위원장

창조경제확산위원회 위원장

국민경제자문회의 부의장

현, 국가미래연구원 원장(2010~현재)

민간미래전략위원회 위원장(2014~현재)

GFIN 위원장(2016~현재)

[주요 저서 및 논문]

"The Analysis of the Technological Cooperation Bet. Korea and Japan", Kumamoto Kekuyen Univ., Kumamoto, Japan.

「한국자동차산업의 경쟁력과 발전전략」, 국제통상학회.

「한국제조업의 경쟁력 수준과 강화 방안」, 한국산업조직학회.

"The National Competitiveness of Korea; Present Position and Perspective", Japan Society of International Economics, Tokyo, Japan.

「이데올로기와 국가경쟁력」, 한국국제경제학회.

「잠재성장율과 사회경제시스템」, 한국응용경제학회 외 다수.

공명재

서강대학교 최우수졸업(*summa cum laude*)

서강대학교 경제학학사(B.A.)

Vanderbilt University 경제학박사과정

New York University 경제학석사(M.A.), 경제학박사(Ph.D.)

한국재무관리학회 회장

한국수출입은행 감사

한국수자원공사 비상임이사

코스닥시장상장위원회 위원

중소기업 혁신생태계확산위원회 위원

금융발전심의회 위원

U.C. Berkeley Visiting Scholar

C.V. Starr Center for Applied Economics, Research Fellow

한국외환은행

현, 계명대학교 교수(1995~현재)

[주요 저서 및 논문]

「공정거래법에 대한 소고」, 산업경영연구소.

「현금흐름변수가 상장 제조기업의 투자에 미치는 영향에 관한 연구」, 한국재무학회.

「제조업 의무대출비율과 한국 상장제조업체의 자금조달행태 및 유동성제약」, 한국증권학회.

"Stock Market Development, Liquidity Constraint and Investment", AEJ.

『기업의 연구개발투자와 현금흐름』(공저), 중소기업학회.

『기업의 재고투자와 유동성제약』(공저), 한국국제경제학회.

『금융회사의 가치경영과 금융상품』(역서), 경문사.

『금융기관론』, 제2판, 명경사 외 다수.

2nd Edition 산업조직론
— 사례를 중심으로

초 판 1쇄 발행 2009년 8월 31일
제2판 1쇄 발행 2021년 8월 30일

지은이 김광두 · 공명재

펴낸이 박기남
펴낸곳 **율곡출판사**
08590 서울시 금천구 가산디지털1로 84(에이스하이엔드 8차), 803호
전화 (代) 02) 718-9872/3
팩스 02) 718-9874
home-page www.yulgokbooks.co.kr
e-mail yulgokbook@naver.com
등록 1989.11.10. 제5-206호(윤)
ISBN 979-11-91812-03-9 93320

정가 30,000원